KB074195

컨 버 전 스

컨버전스
CONVERGENCE

현대 과학사에서 일어난 가장 위대한 지적 전환

피터 왓슨 지음 · 이광일 옮김

책과함께

데이비드 헨과 데이비드 윌킨슨에게

일러두기

1. 이 책은 Peter Watson의 *Convergence: The Deepest Idea in the Universe* (Simon&Schuster, 2016)를 완역한 책이다.
2. Convergence는 여러 가지 것들이 통일이나 단일성을 향해 나아가는 것, 혹은 여러 기술이나 성능이 하나로 합쳐지는 일을 뜻한다. 아직 해당 개념의 뜻을 제대로 전달하는 번역 용어가 정립되지 않아서 이 책에서는 주로 원어 그대로 '컨버전스'라고 쓰되, 맥락에 따라 '수렴'으로 옮기기도 했다.
3. 외국의 인명과 지명은 국립국어원 외래어표기법을 따랐다.
4. 필요한 경우 원어를 병기했고 학명과 속명은 이탤릭체로 병기했다.
5. 인용 시 중간을 생략하는 경우 '……'으로 표시했다.
6. 옮긴이가 한국 독자를 위해 덧붙인 해설은 '(─옮긴이)'로 구분했다. 나머지 모든 괄호, 각주, 미주는 지은이가 붙인 것이다.
7. 단행본, 신문, 잡지는 《 》으로, 논문, 칼럼, 성서의 장, 공연명은 〈 〉으로 표시했다.

컨버전스: 현대 과학사에서 일어난 가장 위대한 지적 전환

1912년 4월 초, 덴마크 물리학자 닐스 보어가 영국 잉글랜드 북부의 번잡한 도시 맨체스터에 도착했다. 불과 몇 달 전 덴마크를 떠난 보어는 처음 영국 땅을 밟을 때만 해도 영국 산업의 심장부라고 할 이 도시에서 일하게 될 줄은 꿈에도 몰랐다. 숲을 이룬 공장 굴뚝은 24시간 내내 연기와 매연을 뿜어냈다. 특히 중심가인 마켓 스트리트는 유럽에서도 인파가 가장 몰리는 곳으로 유명했다. 보어가 원래 목적지로 삼은 곳은 '쾌적하고 우아한' 케임브리지 대학교 캠퍼스였다. 얼마 전 코펜하겐 대학교에서 금속 관련 전자 이론으로 박사학위를 받은 보어는 케임브리지 대학교로 향했다. 이 대학교 소속 '캐번디시 연구소' 소장인 J. J. 톰슨과 함께 연구를 진행하기 위해서였다. 톰슨은 1897년에 물질의 기본 단위인 전자를 발견한 공로로 1906년에 노벨 물리학상을 수상한 인물이다.

보어는 코펜하겐에 있는 약혼녀 마르그레테에게 보낸 편지에서 톰슨을 언급할 때도 대단히 정중한 표현을 사용했다. 그러나 보어와 'J. J.'(Joseph John의 약자로 톰슨은 늘 J. J.로 통했다)는 처음에는 잘 맞지 않았다. 기골이 장대한 덴마크인 보어는 영어를 학교에서 배웠는데 어투가 여전히 부자연스럽고 틀에 박힌 듯했다. 찰스 디킨스의 소설《데이비드 코퍼필드》를 읽으며 영어 실력을 키워보려 했지만 그다지 도움이 되지 않았다. 톰슨 소장과 좋은 관계를 만들어갈 요량으로, 대화할 때 그의 작업에 나타난 몇 가지 사소한 실수를 지적했는데 그런 행동도 오히려 역효과를 냈다. 보어로서는, 깜빡깜빡하기로 유명한 톰슨이 자신의 박사학위 논문을 읽는 데만 몇 주가 걸린 일도 불만이었을 것이다. 보어의 논문은 물리학자가 아닌 보통의 덴마크 사람이 영어로 번역한 수준이었다. ('하전 입자'라는 표현이 '장전 입자'로 되어 있을 정도였다.) 공정하게 말한다면, 톰슨은 캐번디시 연구소장으로서 매우 바쁘신 몸이라 보어나 보어의 논문에는 별로 관심이 없었던 것 같다.

그러던 차에 크리스마스 직후에 어니스트 러더퍼드가 케임브리지에 와서 강연을 했다. 캐번디시 연구소 연례 만찬회 자리에서였다. 갖가지 강연이 진행되는 한편으로, 흥에 겨워 합창을 하기도 하는 시끌벅적한 행사였다. 보어는 그 행사에 완전히 매료되었다. 러더퍼드는 현실적인 인물이었다. 어깨가 떡 벌어지고 혈색은 불그레했으며, 실험을 하다가 뜻대로 안 되면 고함을 치고 욕설을 하는 것으로 유명했다. 러더퍼드는 뉴질랜드 사람으로 캐번디시 연구소에서 대학원 과정을 이수했으며, 캐나다 맥길 대학교 교수로 있다가 그때는 마침 맨체스터 대학교에서 교수로 일하던 참이었다. 방사성 연구로 1908년에 노벨 화학상을 받은 러더퍼드는 1911년 5월에는 원자의 기본 구조를 발견해 세계 물리학계를 두 번째로 놀라게 했다. 그는 원자의 구조가 미니 태양계와 비슷하다는 사실을 입증했다. 원자는 양전하를 띤 핵을 중심으로, 그로부터 상당히 먼 거리를 두고 같은 양의 음전하를 띤 전자가 궤도 운동을 하는 구조를 지녔다는 주장이었다. 〔비유적으로 설명한다면, 원자 주위를 도는 전자구름과 원자 핵의 크기를 비교하면 거대한 런던 로열홀 속에 모래알 하나가 있는 것과 같다. 다른 식으로 표현하면, 핵을 농구공만 하다고 할 때 전자들은 그 핵으로부터 한 도시의 세 블록 정도 떨어져 있다고 보면 된다. 실제로 가장 큰 원자는 은백색의 알칼리 금속인 세슘—성질은 포타슘(칼륨)과 비슷하며 1860년에 발견되었다—원자인데, 직경이 0.0000005밀리미터(5×10^{-7}밀리미터)에 불과하다. 그런 원자 1000만 개를 나란히 늘어놓아야 우표딱지 톱니바퀴 모양의 홈 하나를 메울 수 있다.〕

보어는 러더퍼드의 강연을 듣고 나서 맨체스터 대학교로 가서 그와 함께 작업해야겠다는 결심을 굳힌 듯하다. 보어는 당시엔 맨체스터에서 살고 있었지만 전에 코펜하겐에서 일했던 아버지 친구에게 부탁해서 러더퍼드를 직접 만났다. 이번의 관계는 J. J.와의 경우보다는 훨씬 성공적이었다. 훗날 러더퍼드는 자신이 만나본 사람 중에 보어가 가장 똑똑한 인물이라고 말했다.

맨체스터 대학교 실험실에서는 스태프 전원이 매일 오후 한자리에 모여 늦게까지 차를 마시는 것이 관행이었다. 케이크와 버터 바른 빵도 실험실 탁자마다 준비되어 있었다. 러더퍼드는 높다란 나무 의자에 앉아 토론을 이끌었다. 토론은 물리학에만 한정되지 않았다. 연극에서부터 정치, 새로 나온 자동차에 이르기까지, 무슨 주제든 토론이 가능했다. 바로 그런 자리를 통해 보어는 이제 막 정체가 밝혀지기 시작한 원자의 기본 구조를 동원하면 원소에 대한 이해를 한층 증진시킬 수 있겠다고 어렴풋이나마 확신했다. 보어는 원소마다 서로 다른 특성은 원자가 구조화된 방식과 관련이 있을 것이고, 바로 그 구조가 왜 어떤 원소는 금속이고 다른 원소는 액체이며 어떤 원소는 활성이고 어떤 원소는 불활성인지를 결정한다고 말했다. 보어는 또 물질의 방사성은 핵에서 비롯되는 반면에 화학적 특성은 외곽을 도는 전자에서 비롯된다고 생각했다.

이는 깔끔한 추론이었지만 문제가 있었다. 물질은 안정적인 동시에 불연속적이다. 철은 딱딱하다. 반면에 어떤 물질은 액체이고 어떤 물질은 기체다. 화학반응에서는 한 원소가 다른 원소와 반응해 제3의 물질을 생성한다. 제3의 물질은 처음의 두 원소와는 다르지만 일반적으로 역시 안정적인 상태를 유지한다. 그런데 고전물리학에 입각하여 러더퍼드 모델로 보면, 핵 주위의 궤도를 도는 전자들이 왜 에너지를 잃고 나선을 그리면서 핵으로 빨려들어 가지 않는지를 이해할 수 없다. 그런 안정성은 어디서 연유하는 것일까?

보어가 맨체스터에 도착했을 때 러더퍼드는 벨기에에서 열린 학술회의에 참석하고 막 돌아온 참이었다. 그 회의에서 러더퍼드는 처음으로 알베르트 아인슈타인과 막스 플랑크를 만났다. 그 두 사람 다 물리학에 양자 개념, 즉 에너지는 고전물리학에서 말하는 바와 달리 작은 불연속 다발 형태로 존재하며 연속적이지 않다는 발상을 도입한 인물들이다. 이런 발상은 당시로서는 논란의 소지가 컸지만, 보어로서는 훗날 유명해지는 계기가 되는 아이디어를 얻은 셈이었다. 나중에 보어는 어느 편지에서 다음과 같이 말했다. "1912년 봄, 나는 러더퍼드 원자 모델의 전자 구조가 전적으로 작용양자에 의해 지배된다고 확신하게 되었다."

맨체스터에서 4개월간 체류한 보어는 그해 7월에 코펜하겐으로 돌아가 결혼했다. 이어 몇 달간 원자는 전자들의 성공적인 '결합'에 의해 형성된다는 점을 입증하기 위해 생각을 가다듬고 또 가다듬었다. "자유전자는 차례차례 원자의 태양계 속으로 빨려들어 가다가 결국은 전자의 수가 핵의 전하와 동일해지고 전체 시스템은 중성화된다."[1] 그러나 보어가 이룬 진정한 진전은, 결합 에너지는 불연속 다발, 즉 양자로 존재하므로 전자들은 서로 다른 반경을 두고 핵 주위 궤도를 돌 때에만 **일종의 안정 상태**를 유지할 수 있다는 가설이었다. 어떤 조건에서는(예를 들면 화학반응의 경우) 전자가 궤도 사이로 이동할 수 있는데, 그것은 작용양자, 즉 최소 규모의 불연속 도약에 의해서만 가능하다. 그리고 그런 궤도들의 배열 상태는 물질의 안정성뿐만 아니라 원소들이 어떻게 제각각 달라지는지를 설명하는 근거가 되었다. 요점은 연속적인 궤도들 속의 전자 수, 특히 맨 바깥쪽 궤도의 전자 수가 원소의 특성을 결정한다는 것이었다.

처음에 보어의 아이디어는 일부 과학사가의 표현에 따르면 '직관적' 아이디어, 나아가 '철학적' 아이디어로 여겨졌다. 러더퍼드는 이론을 불신하는, 철저한 실험 중심주의자였는데도 보어의 노력을 지지했고, 그의 이론이 책으로 출간되는 데 도움을 주었다. 보어의 논문 세 편은 1913년에 출판되어 후대에 엄청난 영향을 미쳤다. '3부작'으로 통칭되는 이 논문들에서 보어는 원소들이 주기율표와 어떻게 맞아떨어지는지, 전자의 수가 핵을 중심으로 하는 동심원 궤도로 배열되어 있는 것이 원소의 원자량과 어떤 관련이 있는지, 한 원소는 비슷한 성질을 가진 다른 원소들과 어떤 관계가 있는지, 그리고 왜 가장 바깥쪽 궤도에 있는 전자들의 배열에 따라 어떤 원소가 다른 원소들보다 활성이 강해지는지 등을 설명해냈다.

다른 말로 표현하자면, 보어는 물리학과 화학을 통일했다. 이는 과학사에서 매우 흥미진진하면서도 중요한 통합 가운데 하나였다. 이 '3부작'으로 보어는 1922년에 노벨 물리학상을 수상했다.

아니, 보어는 물리학과 화학을 **거의** 통일했다고 말하는 편이 진실에 가까울 것이다. 그런데 1922년 노벨상 시상식 때만 해도 한 가지 불편한 미

해결 문제가 있었다. 당시 원소 주기율표에는 72번 자리가 비어 있었다. 보어의 이론에 따른다면, 아직 밝혀지지 않은 원소는 그 옆자리를 차지한 희토류 원소들보다는 지르코늄(원소 번호 40) 및 티타늄(원소 번호 22)과 특성이 비슷해야 했다. 그런데 1922년 5월에 72번 원소 문제는 극적 전기를 맞는다. 프랑스 과학자들이 새 희토류 원소를 발견했다고 주장하면서 그것을 주기율표의 72번 자리에 올려놓은 것이다.[2] 새 원소는 프랑스인의 선조인 켈트족을 의미하는 셀튬celtium으로 명명되었다. 셀튬이 희토류라면 보어의 이론에서는 대단히 당혹스러운 상황에 처하게 되는 것이었다.

보어가 노벨상 시상식 참석차 코펜하겐을 떠나 스톡홀름으로 향하고 있을 때, 그의 두 동료는 바로 이 문제를 천착하고 있었다. 이들은 지르코늄 함유 광물을 엑스선 분광분석법으로 조사하던 중이었다. 두 연구원은 연출가라도 흐뭇해할 만큼 절묘한 타이밍 감각을 발휘해, 수상식이 열리기 전날 밤에 보어에게 연락을 취했다. 오랫동안 밝혀지지 않았던 원소를 마침내 찾아냈으며 그 화학적 특성이 지르코늄과 매우 흡사하다는 내용이었다. 새 원소에는 하프늄Hafnium이라는 이름이 붙여졌다. 코펜하겐의 옛 명칭인 하프니아Hafnia에서 따온 이름이었다. 덕분에 보어는 노벨상 수상 기념 강연—시상식 다음 날 수상자 전원이 하는 강연이다—에서 엊그제 받아 든 최근 소식을 공표할 수 있었다. 그것은 그의 이론이 물리학과 화학의 통일에 성공했음을 딱 부러지게 알려주는 성과였다.

보어가 원자 구조에 대한 연구를 시작하던 바로 그해(1913년)에 앤드루 엘리커트 더글러스도 독자적으로 연구에 착수했다. 그러나 1928년에서 1929년까지는 연구 성과를 발표해도 될지 확신이 서지 않았던 것 같다. 문제의 연구는 나이테연대학dendrochronology(그리스어로 dendro는 '나무',

chrono는 '시간', ology는 '학문'을 뜻하며, 연륜年輪연대학, 수목樹木연대학으로 번역하기도 한다—옮긴이)으로, 천문학·기후학·식물학·고고학을 연계해 새로운 사실을 밝혀내는 과학이었다.

15~16세기 이탈리아 화가 레오나르도 다빈치의 노트에는 나이테를 보면 비가 많이 온 해와 가문 해를 알아낼 수 있다는 취지의 짧은 문단이 나온다. 동일한 관찰 결과를 1837년에 영국 수학자 찰스 배비지—컴퓨터의 조상이라고 할 수 있는 최초의 기계식 계산기를 설계한 인물로 유명하다—도 보고한 바 있다. 그런데 배비지는 나이테가 다른 형태의 연대 측정과 연관이 있을지도 모른다는 아이디어를 추가했다. 그 뒤로 여러 세대 동안 이 대목에 주목한 사람은 아무도 없었다. 그러다가 미국의 물리학자이자 천문학자인 애리조나 대학교 스튜어드 천문대 소장 앤드루 더글러스가 개념의 발전을 획기적으로 일구어냈다.

더글러스가 관심 있게 연구한 내용은 태양의 흑점이 지구의 기후에 미치는 영향이었다. 다른 천문학자나 기후학자와 마찬가지로 그는, 개략적으로 말해서 11년 정도마다 태양의 흑점 활동이 최고조에 도달하며 그때마다 지구가 폭풍우에 시달린다는 사실을 알아냈다. 그런 시기에 식물과 나무는 평균을 훌쩍 상회하는 수분을 얻을 수 있다. 이 상관관계를 입증하기 위해 더글러스는 그런 패턴이 아주 먼 과거에도 반복되었음을 보여주어야 했다. 이런 프로젝트를 추진하는 데에는 불완전하고도 간헐적인 기상 관련 신문 보도로는 매우 불충분했다. 그때 더글러스의 뇌리에 어린 시절에 눈여겨보았던 것이 떠올랐는데, 시골에서 자란 사람이라면 누구나 경험했을 법한 일이다. 나무를 베어 윗부분을 가져가고 나면 그루터기만 남는데, 그 표면에 새겨진 동심원 형태의 나이테를 볼 수 있다. 벌목꾼이나 정원사, 목수라면 직업 특유의 전문 지식이 있으므로 누구나 나이테는 1년에 하나씩 생긴다는 사실을 알고 있었다. 그런데 더글러스가 주목한 지점—누구도 이 부분은 깊이 생각한 적이 없었다—은 나이테들의 두께가 동일하지 않다는 점이었다. 어느 해에 생긴 나이테는 폭이 좁았고 또 어느 해에 생성된 나이테는 폭이 넓었다. 더글러스는 넓은 나이테는 성경에서 말하는 '풍년'(습윤한 해)을, 좁은 나이테는 '흉년'(건조한 해)을 나타내는 것이 아닐까 하는 생각이 들었다.

이는 단순하지만 기발한 착상이었다. 특히 이 발상은 비교적 쉽게 검증할 수 있었다. 더글러스는 새로 벌채한 나무의 맨 바깥쪽 나이테들을 최근의 공식 기상 기록과 비교해봤다. 만족스러웠다. 자신이 세운 가설이 사실에 부합하는 것을 확인해서였다. 이어서 그는 시기를 더 위로 거슬러 올라가보기로 했다. 그가 사는 애리조나에는 수령이 300년인 나무들이 있었다. 그런 나무들의 나이테를 줄기 중앙부까지 추적해보면 과거 몇백 년 동안 해당 지역의 기후 변동을 재구성할 수 있을 터였다. 조사해보니, 11년마다 흑점 활동과 일치하는 방향으로 '풍년'이 있었고, 폭이 넓은 나이테가 수년간 이어서 나타났다. 더글러스는 자신의 주장, 말하자면 흑점 활동(천문학)과 기상 상황과 나무의 생장이 상호 연관된다는 것을 입증했다.[3]

그런데 이 새로운 기법을 다른 용도로 사용할 가능성이 눈에 들어왔다. 애리조나 지역에서 자라는 나무는 대부분이 소나무였는데, 유럽인들이 아메리카 대륙을 침략하기 직전인 1450년 이전에 태어난 나무는 없었다. 더글러스는 16세기 초에 스페인 사람들이 선교 시설을 짓기 위해 벌채한 나무의 샘플부터 우선 입수했다. 그런 다음 미국 서남부에서 활동하는 여러 고고학자에게 편지를 보내, 현장에서 나무줄기에 원통을 박아 그 안의 내용물을 채취한 코어core 샘플을 보내달라고 부탁했다. 미국 뉴멕시코 주의 선사 유적인 푸에블로 보니토에서 북쪽으로 80킬로미터 떨어진 아즈텍 유적에서 발굴 작업을 하던 얼 모리스와 푸에블로 보니토에서 발굴 작업을 하던 닐 저드, 두 사람이 샘플을 보내주었다. 아즈텍 문화권의 '대저택'은 그 스타일이나 출토 유물로 볼 때 같은 시기에 건축되었으리라 추정되었다. 하지만 고대 북아메리카에는 문자로 된 달력이 없었기에 촌락이 건립된 정확한 시기는 누구도 단정할 수 없었다. 그런데 모리스와 저드로부터 나무 샘플을 받고 나서 얼마 후, 더글러스는 놀라운 소식을 전하는 것으로 그들에게 감사를 표했다. 더글러스는 편지에 이렇게 썼다. "들으면 흥미로워하실 소식이 있습니다. 아즈텍 유적 천장에서 발견된 들보 가운데 가장 늦은 시기의 목재는 푸에블로 보니토 유적 천장에서 발견된 가장 늦은 시기의 들보 목재보다 불과 9년 전에 벌채된 것입니다."[4]

이렇게 해서 나이테연대학이라는 새로운 과학이 탄생했다. 푸에블로 보니토 유적은 나이테연대학이 최초로 문제 해결에 도움을 준 고전적인 사례였다. 더글러스는 서로 다른 시기에 벌채된 서로 다른 수령의 나무에서 얻은 샘플을 교차 비교함으로써 미국 남서부 지역 나무들의 나이테를 처음에는 기원후 1300년까지, 얼마 후에는 기원후 700년까지 완벽하게 재구성해냈다. 나이테의 흐름을 보면 특히 1276년부터 1299년까지 혹독한 가뭄이 있었음을 알 수 있는데, 그 점이 바로 그 시기에 푸에블로에서 인디언들의 대규모 이주가 일어난 이유―수십 년간 고고학자들을 난감하게 만든 바로 그 문제―를 설명해주는 요체였다. 이로써 식물학이 고고학의 가장 중요한 문제 가운데 하나를 해결한 셈이다.

세 번째 통일은 2차 대전 종전 직후에 일어났다. 당시 심리학계에서 매우 중요하게 다가온 문제 가운데 하나는 전후 유럽의 수많은 고아였다. 영국은 물론이고 프랑스, 네덜란드, 독일, 러시아도 너 나 할 것 없이 극심한 폭격을 당했고, 그로 말미암아 가정이 파탄 났다. 영국의 소아정신과 의사이자 정신분석가이며 런던 타비스톡 클리닉 소아과 과장이던 존 볼비는 1949년 세계보건기구로부터 전쟁고아들의 정신건강 문제에 관한 보고서를 작성해달라는 의뢰를 받았다. 보고서를 준비하면서 볼비는 많은 의사들에게 도움을 청했고 프랑스, 네덜란드, 스웨덴, 스위스, 미국을 둘러봤다.

볼비는 각국을 돌아본 경험을 토대로 얼마 후에 소아과학小兒科學, 정신분석, 동물행동학(특히 진화론적 관점에서 동물의 행동을 연구하는 분야)을 통합했으며, 무의식이라는 관념을 철학적/심리학적 개념으로부터 확고한 근거를 갖춘 생물학적 실체로 정립했다. 이런 식으로 여러 분야를 통합한 볼비는 당시 정신분석의 '생물학화'에 극도의 거부감을 가진 정신분석가들의 혹독한 비판에 시달렸다. 그러나 그는 자신의 생각을 고수했고 결국 역사는 그의 손을 들어줬다.

볼비의 보고서는 6개월 만에 작성되어 1951년 세계보건기구에서 《어머니의 보살핌과 정신건강Maternal Care and Mental Health》으로 출간되었다. 이 보고서는 14개국 언어로 번역되었으며, 영어판 페이퍼백은 40만 부나 팔렸다. 개정판 《육아와 애정의 성장Child Care and the Growth of Love》은 2년 뒤 영국 펭귄 출판사에서 나왔다.[5]

이 보고서는 많은 사람들에게 영아기의 첫 몇 달이 지극히 중요하다는 사실을 처음으로 일깨워주었다. 보고서는 광범위한 부작용을 낳는 어린이 발달장애의 원인을 설명하기 위해 '모성 박탈maternal deprivation'이라는 핵심 개념을 도입했다. 아주 어린 영아는 어머니의 적절한 보살핌을 받지 못할 경우, '무기력하고, 말이 없고, 우울하고, 누가 웃어주거나 다정하게 말을 걸어도 반응이 없으며', 커서도 지능이 떨어지거나 경우에 따라 장애를 겪기도 한다는 주장이었다. 이런 연구 결과 못지않게 중요한 일은, 볼비가 모성 박탈을 겪은 아이들이 타인과의 관계 맺기 능력을 제대로 키우지 못하거나 사소한 실수에도 지나치게 깊이 죄책감을 느낀다는 많은 연구 결과를 강조했다는 점이다. 그런 아이들은 '애정을 과도하게 요구하거나 무감정한 태도'를 보인다. 나아가, 볼비는 비행 청소년 집단은 그렇지 않은 경우보다 모성 박탈이 심한 결손 가정 출신일 가능성이 높다는 점을 입증했다.

볼비로서는 상당히 높은 학문적 성과를 이룬 셈이었다. 그런데 볼비는 1951년에 저명한 생물학자 줄리언 헉슬리를 통해 오스트리아의 동물행동학자 콘라트 로렌츠의 학설을 접한다. 특히 1935년에 나온 '각인 imprinting'에 관한 논문을 접한 일이 그에게는 중요한 전기였다. 지금은 널리 알려진 이 연구는, 특히 중요한 어떤 단계에서 어린 오리들에게 자극을 가하면(해당 연구에서는 로렌츠 자신이 이 역할을 맡았다) 그 자극이 각인된다는 점을 입증했다. 로렌츠가 가는 곳마다 일단의 어린 오리가 그 뒤를 졸졸 따라다니는 사진과 동영상은 보는 이들의 마음을 사로잡았다. 이 논문을 본 볼비는 동물행동학을 소아과학과 정신분석을 매개하는 동시에 발전시킬 수 있는 새로운 분야로 여기고 무의식 개념을 서서히 세련되게 다듬어갔다. 바로 그 시기에 타비스톡 클리닉에 합류한 인물이 메리 에인스워스였다. 캐나다인인 에인스워스는 근무지가 바뀐 남편을 따라 잠시 런던에 체류하고 있었고, 다시 우간다로 갔다가 근거지라고 볼 수 있는 미국 볼티모어로 돌아갔다. 어쨌든 에인스워스는 타비스톡 클리닉에 있는 동안에 다양한 관찰 기법을 동원해 특정 그룹별 실험을 하는 동시에 다른 종과의 동물행동학적 비교(원숭이 모자의 상호작용 등) 작업을 진행했다.

이렇게 해서 볼비와 함께 제시한 이론이 훗날 그토록 유명해진 '애착 이론attachment theory'이다.[6]

애착 이론은 하나의 과학 분과가 다른 과학 분과와 결합함으로써 현상에 대한 이해의 폭을 넓히고 서로 다른 분과 학문들이 상호 도움을 주는 동시에, 새로운 치료법까지 만들어낼 수 있음을 보여주었다는 점에서 그 의미가 깊다. 볼비와 에인스워스는 소아과학과 동물행동학을 통합해 모자 결속 관계 및 그로 말미암아 나타날 수 있는 다양한 무의식적 행동의 가능성을 확고한 생물학적 토대 위에 올려놓았다. 여기서 다시금 중요한 점은 진화적 맥락이 강조되었다는 사실이다. 볼비와 에인스워스의 이론에 따르면, 애착은 (오리의 각인처럼) 본능적인 반응이다. 인생의 가장 중요한 시기에 영아를 엄마에게, 그리고 엄마를 영아에게 묶어주는 기능을 하고, 그렇게 함으로써 갓 태어난 생명체가 진화론 차원에서 생존의 가능성을 높이도록 한다는 것이다.[7]

그리고 이에 따라 아이는 자신이 '괜찮고 믿을 만한 인간이다'라거나 '무가치하고 무능한 인간이다'라는 식으로 '내적 작동 모델Internal working model'을 습득한다. 볼비로서는 이것이야말로 무의식을 이해하는 최상의 방법이었다. 내적 작동 모델은 말도 배우기 전인 생애 첫해에 습득되며, 점차 습관화되거나 자동화되어 의식적으로 파악하기가 어려워진다. 주로 모자 양자 간에 긴밀하게 이루어지는 관계(그 나이에는 대개 그렇다)이므로 거기서 형성되는 유대 관계는 대단히 강렬하다.[8] 이렇게 해서 프로이트 이전에 순수 철학적/심리학적 개념으로 시작된 무의식이 이제 확고한 생물학적 토대를 갖추게 되었다.

빅뱅에서 빅 히스토리까지

지금까지 살펴본 세 가지 사례는 주제도 다르고 나라도 다르고 시기도 약간 차이가 나지만 하나같이 이 책의 주제를 보여준다.

컨버전스convergence(여러 가지가 통일이나 단일성을 향해 나아가는 것, 혹은 여러 기술이나 성능이 하나로 융합되거나 합쳐지는 일로, 보통 '수렴'으로 옮긴다―옮긴이)는 현대 과학으로서 독특한 변화를 겪는다. 그런 변화는 누구나 보면 알 수 있었는데도 지금까지 그 의미가 제대로 명쾌하게 설명되지 못했다. 컨버전스 개념의 핵심은, 다양한 과학 분과들―출발점도 아주 다르고 관심 영역도 큰 차이가 있다―이 실제로 지난 150년 동안 서로 통합되어왔다는 사실이다. 분과들은 서로 융합되고 통합되면서 독특한 거대 서사master narrative, 즉 여러 부분을 서로 연결해주는 강력하고도 수미일관된 하나의 이야기를 드러내 보여준다. 그것은 다름 아닌 우주의 역사다. 그런 성취들 가운데 물리학과 화학의 결합은 잘 알려져 있다. 양자화학과 분자생물학에서도 그런 연계가 이루어졌다. 입자물리학은 천문학과 손을 잡고 우주 진화의 초기 역사를 밝혀냈다. 소아과학은 동물행동학의 통찰에서 큰 도움을 받았으며, 심리학은 물리학과 화학은 물론이고 경제학과도 손을 잡았다. 유전학은 언어학과 조화를 모색하고 있고, 식물학은 고고학과, 기후학은 신화와 손을 잡았다. 이런 양상은 얼마든지 찾아볼 수 있다. 빅 히스토리Big History―위대한 세계 문명들의 궤적에 관한 거대 서사―에 대한 설명도 등장했고, 여러 과학 분야의 상호 연계를 통해 빅 히스토리의 내용도 더욱 풍부해지고 있다. 이는 단순한 통찰이지만 그 결과는 심대하다. 컨버전스는 노벨 물리학상 수상자인 스티븐 와인버그가 말했듯이, '우주에 관해 알게 된 가장 심오한 아이디어'다.

과학들 간의 컨버전스, 즉 종합·결합·통합에 관한 이야기는 지금까지 이루어진 모든 주요한 발견을 그것(컨버전스)을 규준으로 맞춰볼 수 있는 단일한 역사의 시간표를 제공하는 것으로 밝혀지고 있다. 그 시간표는 결코 직선은 아니지만 확실히 하나의 선을 이룬다. 그 선은 아주 길고도 복잡한, 서로 다른 크기의 척추 뼈들로 구성된 구불구불한 척추와 다를 바 없다. 나는 또 그러한 컨버전스에서 생겨나는 질서—그리고 한 과학이 다른 과학을 뒷받침해주는 방식—가 지식의 한 형태인 과학적 이해에 타의 추종을 불허하는 권위를 부여하며, 따라서 앞으로 컨버전스의 범위는 전통적으로 과학과 연관이 없던 분야들로까지 **확대될** 것이라고 생각한다. 사실 이미 그렇게 되고 있고, 그런 사실을 우리는 이제 기꺼이 받아들여야 한다. 사실로 입증된 과학의 상호 연계성은 앞으로 이루어질 연구를 한층 더 촉진할 것이다.

거대 서사에 나타난 연계와 중첩이 모두 동일한 강도로 강력하지는 않다. 닐스 보어가 물리학과 화학을 융합한 일은 매우 근본적 사태였다. 나중에 라이너스 폴링을 필두로 한 사람들(9장 참조)에 의해 양자화학이 분자생물학과 결합된 일도 마찬가지다. 소립자를 우주 진화의 초기 역사와 연결시키고(11장) 심리학을 '엄밀과학화'하는, 비교적 최근에 진행된 작업—예를 들어 행동과 뇌화학을 연결하는 흐름—도 위의 두 사례 못지않게 근본적 차원의 일이다(16장). 유전학과 고고학 사이에, 유전학과 고고학과 언어 사이에 중첩되는 부분이 있다는 사실이 밝혀진 것도 동일한 사례라고 할 수 있다(12장). 융합과 중첩이 근본적 차원의 일이기보다는—사소한 차원에 불과하다는 얘기는 아니다—연구에 도움이 되고 흥미로운 수준인 경우도 있다. 나이테연대학이 바로 그런 경우다. 지금까지 발견된 또 다른 과학적 연대 측정 기술, 예를 들면 칼륨-아르곤 연대 측정법도 마찬가지다(12장). 이는 식물학뿐 아니라 물리학, 분자생물학, 유전학이 역사를 재구성하는 데 도움이 될 수 있음을 잘 보여준다. 중요한 것은, 서로 다른 연대 측정 방법이 결과에서는 일치한다는 사실이다. 따라서 특히 고대사는 이제 학제적 과학 분야로 자리를 잡아가고 있다.

그러나—이 부분이 아직 숨어 있는 논점이다—지금까지 드러난 모든 연계와 중첩, 모든 패턴과 위계는 근본적인 것이든 그렇지 않은 것이든 개념적으로 서로 잘 들어맞고 있다. 예외는, 적어도 중요한 예외는 없다. 과학적 발견들은 어떤 식으로든 반복적으로 통합됨으로써 서로를 뒷받침해주면서 일관성 있으며 연결된 하나의 이야기를 들려준다. 중요한 이야기이니 다시 비유적으로 말하자면, 그런 이야기는 고유한 중력을 가지고 있어서 각각의 장場들이—서서히 냉각되는 기체 속의 입자들처럼—똘똘 뭉쳐서 탄탄하게 단일한 내러티브를 형성한다.

문제의 내러티브는 138억 년 전 빅뱅에서 우주가 탄생한 사건에서 시작해 소립자들의 생성, 상대적으로 가벼운 화학원소에 이은 무거운 화학원소들의 형성, 우리의 태양을 포함한 별과 행성의 형성, 광범위한 우주구조(은하들의 배치 양상)의 진화로 이어진다. 그런 다음 기체들이 응축되어 지구의 암석이 되는데, 그런 암석들이 어떻게 지금과 같은 형태로 연결되는지, 지구는 어떻게 나이를 먹어가는지, 빙하기는 어떻게 왔다 가는지, 대륙들은 왜 지금과 같은 형태로 배열되어 있는지, 대양은 왜 특정한 패턴으로 지구를 순환하는지, 원시적 형태의 생명은 언제 어디서 나타났는지, 점점 복잡해지는 분자들과 유기체들은 어떻게 등장했는지, 성性은 어떻게 분화되었는지, 나무와 식물은 어떻게 해서 지금과 같은 형태를 취하게 되었는지, 나뭇잎은 왜 녹색인지, 왜 어떤 동물은 다리가 여섯 개인데 어떤 동물은 네 개인지, 식물과 동물(인간 포함)은 왜 지금과 같은 양상으로 지구에 분포되어 있는지, 거대한 자연재해는 어떻게 각 지역에 널리 퍼진 신화를 낳으면서 우리의 신앙을 형성했는지, 사실에 부합한다는 개념은 어떻게 발전했고 중요해졌는지, 과학 자체는 어떻게, 왜, 어디서 출현해 (지금까지는) 인류와 지구에 거주하고 있는 서로 다른 문명들에서 정점을 찍고 있는지를 설명한다. 아닌 게 아니라 이런 하나의 이야기는 **왜** 서로 다른 문명들이 지금과 같은 방식으로 지구에 존재하는지를 보여준다. 과학들 간의 컨버전스는 가능한 최대의 단일 스토리, 즉 빅 히스토리를 설명하는 데 도움이 된다.

서사적 추리소설과 새로운 차원

그런데 나는 시작에서 시작해 끝에서 끝내는 식으로 그 이야기를 하지 않겠다. 떠오르는 대로 이야기하는 편이 훨씬 더 새로운 사실 정보를 제공하고, 더 설득력 있으며, 그만큼 스릴이 넘치기 때문이다. 이야기는 적절한 시점에 시작해서 한 발짝 한 발짝, 한 장章, 한 장 나아가다가 일단 하나로 수렴된 뒤, 갑자기 속도를 높이고 열정과 확신을 더해간다. 과학들 간의 중첩과 상호 의존 양상, 서로 다른 분야에서 나타나는 모든 패턴과 위계, 그 과정에서 점차 드러나는, 근저에 깔린 질서는 분명 현대 과학에서 아마도 아주 매혹적인 측면들 가운데 하나일 것이다. 사실 그런 질서는 서사적 차원들로 구성된 집단적 추리소설이다. 과학들 간의 컨버전스와 그것을 통해 새롭게 드러나는 질서—일종의 통일성이라고도 할 수 있다—는 과학 지식에서 가장 중요할 뿐 아니라, 고개를 절로 끄덕이게 하는 요소들 가운데 하나다. 더구나 애초에 그런 걸 찾으려 한 사람이 아무도 없었기에 그만큼 설득력이 있다.

　많은 과학사와 달리, 나는 고대 그리스의 '이오니아의 마법Ionian enchant-ment'(영국의 물리학자이자 역사학자인 제럴드 홀턴의 표현으로, '세계는 질서 정연하며 몇몇 자연법칙으로 설명할 수 있다'는 주장. 미국 진화생물학자 에드워드 윌슨이 인용하면서 주목을 끈 표현이다—옮긴이)이나 코페르니쿠스와 갈릴레이의 발견 또는 17세기 과학혁명에서 이야기를 시작하지 않겠다. 그보다 한참 뒤인 1850년대—앞으로 설명하겠지만 그야말로 중대한 10년간이다—에서 시작하는 이유는 그 시기에 과학들 간의 컨버전스가 시작되고 다양한 분과들 간의 연계와 중첩이 처음으로 근본적인 두 분야에서 그 형태를 드러냄으로써 과학에 완전히 새로운 차원을 추가했기 때문이다. 당시만 해도 그런 현상의 의미가 제대로 파악되지 못했다. 에너지 보존이라는 아이디어가 처음 공표된 시기가 바로 1850년대다. 이를 통해 열, 광학, 전기, 자기, 음식과 혈액의 물질대사 과정 등을 둘러싼 당대의 발견들이 하나로 통합되었다. 이와 거의 동시에 다윈의 자연선택에 의한 진화론이 아주 멀리 떨어져 있는 우주를 다루는 천문학, 아주 먼 과거를 다루는 지질학·고생물학·인류학·지리학·생물학을 하나로 버무렸다. 두 가지 이론은 최초의 대통합으로, 1850년대가 여러 면에서 과학사의 가장 획기적인 10년간이며, 지금까지 밝혀진 바로는 어쩌면 전 시대를 통틀어 가장 위대한 지적 전환을 이룩한 시기임을 시사한다. 한 분야의 과학이 다른 분야의 과학을 더 깊은 차원에서 설명해 준다는 것을 체감한 것이다. 그때까지 잘 몰랐던 새로운 이해 방식이 시작된 셈이다. 이는 지적 차원의 모든 측면에서 일대 신기원이었다.

　과학의 역사나 우주의 역사를 예전에 과연 이런 식으로 이야기한 사람이 있었는지 나는 잘 모르겠다. 바로 그런 점이 우리가 다룰 과학의 역사를 다른 과학사들과 차별화하는 강점이라고 생각한다.

나는 일부 과학사가와 사회과학자, 철학자 들이 모든 과학에는 통일성 내지 질서가 있다는 발상 자체에 이의를 제기한다는 사실을 **잘** 알고 있다. 그러나 나는, 이 책에서 서술하는 과학들 간의 컨버전스와 그것을 통해 드러나는 새로운 질서에 더는 설명이 필요치 않다고 주장한다. 그리고 그런 몇몇 반론에 대해서는 〈맺는말〉에서 답하고자 한다.

물론 과학들이 어떤 위계적 방식으로 연계되어 있다는 발상이 지금은 새로운 생각이 아니며, 환원주의reductionism라는 이름으로 잘 알려져 있다. 환원주의는 지금까지 대체로 비판을 받았지만—특히 최근 20~30년간 환원주의에 유리한 증거가 그 어느 때보다 확고해졌음에도 불구하고—정작 학계를 주도하는 과학자들은 그런 반론을 묵살해왔다. 미국의 고생물학자 조지 게일로드 심프슨, 물리학자이자 수학자인 프리먼 다이슨, 물리학자 필립 앤더슨, 벨기에의 물리·화학자 일리야 프리고진, 파키스탄의 이론물리학자 압두스 살람, 미국 물리학자 스티븐 와인버그와 로버트 로플린 같은 인물들(뒤의 다섯 명은 노벨상 수상자다)은 모두 확고부동한 환원주의자임을 자처해왔다. 저명한 사회생물학자 에드워드 윌슨은 이렇게 표현했다. "환원주의란 현상들을 자르고 깎는, 과학의 가장 중요한 도구다."

이 책을 탈고할 무렵, 연구자들이 소형 실리콘 칩 두 개를 사지마비 환자의 후두정엽에 삽입했다는 뉴스가 나왔다. 그 칩에는 신경세포 약 100개의 활동을 동시에 기록할 수 있는 미세 전극 96개가 들어 있었다. 과거에 원숭이를 대상으로 했던 실험—이를 통해 연구자들은 인간 두뇌의 특정 영역에 주의를 기울이기 시작했다—을 토대로 연구자들은 신경세포 100개의 변화하는 패턴을 분석함으로써 환자가 마비된 팔을 어디로 움직이려고 **의도하는지** 읽어낼 수 있다는 사실을 발견했다. 이어 그런 정보를 활용해 환자가—손상된 척추를 우회해—로봇 팔에 명령을 내려 맥주잔을 잡아 올리거나 컴퓨터 모니터에서 커서를 이동시킬 수 있도록 했다. 연구자들은 심지어 환자가 얼마나 빨리 움직이고자 하는지, 왼팔을 움직이려고 하는지, 오른팔을 움직이려고 하는지까지도 예측할 수 있었다. 또 다른 유사한 실험에서는 단일 신경세포의 활동을 화면에 보여줌으로써 환자가 세포의 활동을 바꿀 수 있었다. 실험은 대단히 정밀했다. 예를 들어 어떤 세포는 환자가 어깨를 돌리는 상상을 하면 활동을 증가시키고, 코를 만지는 상상을 하면 감소시킨다. 이런 실험의 정밀성, 그리고 실험이 단순히 인간의 실제 행동뿐 아니라 **의도**를 이해하는 데 도움을 줄 수 있다는 사실은 미래에 큰 희망이 된다. 그러나 우리의 관점에서 보면 그것은 환원주의를 새로운 차원으로 넓혀서 심리학과 물리학을 한층 더 강하게 통합하는 작업이다.

심오한 질서의 아름다움

그렇기는 하지만 아직 최종적인 질서는 존재하지 않으며, 어쩌면 결코 존재하지 않을지도 모른다. 그러나 이미 드러난 질서만 해도 충분히 인상적이다. 질서, 특히 자생적 질서spontaneous order는 현재 과학의 주요 관심사다.

물론 이 책에서 펼쳐지는 이야기는 단순한 내러티브 이상이다. 컨버전스가 만들어내는 질서에는 두 가지 깊은 함의가 있기 때문이다.

첫째는 앞서 언급한 내용이다. 컨버전스—새롭게 드러나는 질서—는 너무도 강력하고 너무도 수미일관된 것이어서 지식의 한 **형태**로서의 과학은 이제 다른 분야들로, 전통적으로 과학과는 다른 체계 또는 심지어 과학에 적대적인 다른 지식 체계들 속으로 침투해 들어가, 그런 **지식 체계들**을 설명해주는 동시에 발전시키고 있다. 과학은 철학, 윤리, 역사, 문화 일반, 나아가 정치에까지 침투해 어떤 질서를 부여하고 있다(14, 15, 19장 참조). 이런 흐름에 대해 비판자들은 지적 제국주의라며 반론을 제기하지만, 신문들은 예컨대 최근의 심리학 연구 기법이 우리의 정직성, 관대함, 신뢰, 범행 관련 소질, 폭력적 기질 등등 다양한 영역에 적용되고 있다는 보도를 매일같이 쏟아내고 있다. 램프 속의 요정 지니를 한번 불러내면 다시 병 속에 가둘 수 없는 법이다.

과학들이 상호 수렴됨으로써 드러난 그런 총체적 일관성과 질서가 새로운 역사의 단계로 우리를 안내한다고 말하는 것은 과장이 아니다. 그 어떤 다른 형태의 지식도 수렴되는 과학들이 밝혀낸 일관성과 질서를 가지고 있지 못하다. 과학의 방법과 하부구조의 효과는 대단히 유용하며, 실제로 현대 민주주의의 가장 탁월한 측면인 동시에, 미래에는 과거에 그랬던 것보다 사회의 모든 측면을 형성해가는 데 훨씬 큰 역할을 할 것이다. 당연히 그래야 한다. 이것은 본질적으로 지금 우리 시대의 이야기다.

새롭게 드러나고 있는 질서의 두 번째 측면은 질서 자체와 관련이 있다. 질서란 자연 속에서 무생물조차도 자생적으로 스스로를 조직화하는 방식—초자연적 힘의 개입은 없다는 점을 말해두어야겠다—으로, 최근 10년 사이에 가장 중요한 새로운 주제로 등장했다. 자연**에는** 현상으로 드러나기에 앞서 미리 존재하는 질서—심지어 '혼돈복잡성chaoplexity(혼돈chaos과 복잡성complexity의 합성어다)'의 근저에도 깔려 있는 심층 질서deep order가 바로 그런 질서에 해당할 것 같다—가 있다는 발상은 그 자체로서 대단히 중요한 철학적 수수께끼처럼 들린다. 자생적 질서는 현재 물리학자, 화학자, 생물학자, 수학자 들이 열심히 탐구하고 있고, 지금까지는 소립자들 사이에, 분자들 간에, 복잡계에, 생명체들 사이에, 두뇌에, 수학에, 심지어 교통에도 존재하고 있음이 밝혀졌다. 이 모든 것이 지금 우리가 다루는 주제가 얼마나 핵심적인지를 말해준다(17, 18장 참조). 이 분야에서 획기적 돌파구가 열린다면 특히 진화에 대한 우리의 이해에 감탄을 금할 수 없는 결과를 가져올 것이다(18장 참조).

그리고 이 책에서 하는 것과 같은 이야기는 지금까지 없었다. 스티븐 와인버그가 말했듯이, 컨버전스는 과장 다 빼고 말해도 우리가 상상할 수 있는 가장 근본적인 이야기다.

끝으로, 간과하면 안 되는 부분은, 지금 과학들이 통합되고 있다는 사실이 일종의 위안을 줄 수 있다는 사실이다. 종교적 위안은 아니겠지만 상호 수렴되는 과학들이 지적/철학적 **만족**을 준다는 점은 분명한 듯하다. 그것은 일종의 아름다움인 동시에, 적어도 당분간은, 근저에 깔려 있는 질서가 궁극적으로 무엇을 의미하느냐에 관한 수수께끼라고도 할 수 있다. 그런 점에서 상호 수렴하는 과학들은 상당히 오랜 시간 동안 우리에게 **설렘과 흥분**을 안겨줄 것이다.

차례

2부 물리학 법칙의 놀라운 파급력

3부 물리과학, 생물과학을 침략하다

4부 미네랄에서 인간까지, 그 머나먼 길

눈으로 볼 수 있는 세계의 통일성

우리는 19세기 중엽 하고도 도저히 그럴 리 없을 것 같은 장소에서부터 이야기를 시작해보고자 한다. 1852년 영국 잉글랜드 남서부 콘월의 해변을 거닐던 행인이 며칠 전 불어닥친 폭풍우에 떠밀려 온 기다란 나무판자를 발견했다. 판자에는 '메리 서머빌Mary Somerville'이라는 글씨가 적혀 있었다. 선주가 메리서머빌호의 간판 제작을 의뢰한 때는 1834년으로, 그 당시까지 그 배는 면화, 차, 밀가루를 싣고 영국 리버풀과 인도, 중국 사이를 정기적으로 운항하던 배였다. 그 배가 바로 며칠 전에 침몰한 것이다.

1834년 바로 그해, 리버풀의 부유한 선박 제조업자 윌리엄 포터는 실존 인물 메리 서머빌에게, 존경의 의미로 배 이름을 메리서머빌호라고 붙이고 싶은데 배 앞머리에 부착할 조형물로 흉상 복제본을 주실 수 있겠느냐고 물었다. 얼마 전 완성된 흉상 원본은 사교계 저명인사 전문 조각가인 프랜시스 챈트리 경이 만든 것이었다. 챈트리는 영국 국왕 조지 3세와 조지 4세, 총리 윌리엄 피트 2세, 미국 대통령 조지 워싱턴, 과학자 제임스 와트와 존 돌턴의 상을 제작한 인물이었다. 원래 서머빌의 흉상을 주문한 기관은 런던의 영국왕립학회였고 흉상은 학회 대강당에 설치되었다.[1]

여성인 메리 서머빌이 왕립학회 회원으로 **선출**되는 데에는 아무 문제가 없었다. 물론 1876년까지만 해도 여성은 학회에서 주관하는 강연에 참석하는 것조차 불가능했다. 그러나 흉상 제작과 장사꾼의 구애가 입증해 주듯이 서머빌은 탁월한 성취를 이룬 여성이었다. 따라서 일반적이지는 않지만 대단한 **여성**을 소개하면서 우리의 과학 책을 시작하는 것도 결코 어색하지는 않을 것이다. 서머빌이야말로 우리가 다룰 주제를 감탄스러울 정도로 잘 소개해줄 인물이다.

서머빌은 1780년 12월에 잉글랜드와 스코틀랜드 경계 지역인 제드버러에서 메리 페어팩스Mary Fairfax라는 이름으로 태어났다. 그때 그녀의 어머니는 해군 장교인 남편을 송별하고 집에 막 돌아온 참이었다. 메리의 아버지는 오랜 시간 해외 근무를 하고 메리가 여덟 살이 되어서야 집에 돌아왔다. 그사이 메리는 정상적인 교육을 전혀 받지 못했으며 어머니는 딸을 그냥 '방치'해두었다. 아버지는 집에 돌아오자마자 딸이 읽기와 쓰기, 가계부 작성 같은, '현모양처가 되는 데 꼭 필요한' 기술을 익히지 못한 것을 보고 놀라서 바로 기숙학교로 보냈다. 거기서 메리는 사교댄스, 그림 그리기, 음악, 요리, 바느질, '기초 지리' 등을 배웠다.[2]

그녀는 심성이 진지해서 대중잡지에 실린 퍼즐 문제를 보면서 대수학을 독학했다. 또 수학에 타고난 자질이 있음을 자각했다. 독서광인 그녀는 책을 가지고 남들과 토론할 여건은 못 되었지만 미모를 타고나서 23세에 결혼했다. 그리고 신랑 새뮤얼 그레그 대위와 런던에서 신접살림을 차렸다. 남편은 러시아 해군 장교이면서 런던 주재 러시아 영사였다. 부부에게는 아들이 둘 있었지만 메리의 결혼 생활은 고독했다. 남편이 갑작스레 죽었을 때 처음에는 도저히 슬픔을 가눌 수 없었지만 곧 친정 스코틀랜드로 돌아갔다.[3] 이제 거기서, 죽은 남편의 연금 등에서 나오는 적은 수입으로 살아가며 원하던 삶을 개척할 수 있게 되었다. 특히 이종사촌인 윌리엄 서머빌을 만난 후에는 더더욱 그랬다. 윌리엄은 얼마 안 있어 그녀에게 청혼했다. 윌리엄은 죽은 메리의 남편보다는 한결 더 그녀와 잘 어울리는 사람이었다. 둘 다 정치, 종교, 교육에 자유주의적 시각을 가지고 있었고 과학에 대한 관심도 동일했다. 군의관인 윌리엄은 남아프리카에서 자연사 및 민족지 연구 차원의 선구적인 탐사 활동을 벌인 적도 있었다(그리고 비밀리에 기타 군사 관련 임무도 수행했다).

유럽에서 가장 특출한 여성

그때부터 메리 서머빌의 지적 삶은 그야말로 비약하기 시작했다. 두 사람은 먼저 스코틀랜드의 중심 도시인 에든버러로 갔다. 당시는 스코틀랜드 계몽주의 운동의 시대였다. 운동에 참여한 남성들 중 다수는 여성의 역할에 대해 자유주의적 견해를 가지고 있었고, 메리와 함께 수학에 대한 관심을 나눈 인사들 가운데에는 제임스 허턴과 존 스튜어트 밀 같은 사람들도 있었다. 이때가 영국 최고의 잡지, 아니 세계 최고의 잡지 가운데 하나라고 할 수 있는 《에든버러 리뷰》의 전성기였다. 그런데 영국 과학을 개혁하고자 하는 인사들이 수학적 난제를 중심으로 삼은 (당대의 유행이었다) 새 잡지를 19세기 초에 이미 창간했다. 잡지 제호는 〈새로운 수학의 보고寶庫, New Series of the Mathematical Repository〉였는데, 1811년 6월 메리에게 더할 나위 없이 기쁜 일이 생겼다. 잡지에서 주관한 수학 문제 현상 공모에서 우승해 자신의 이름이 새겨진 은메달을 받은 것이다.[4]

케임브리지 대학교 교수이자 빅토리아 시대 과학사 전문가였던 제임스 시커드는 메리가 "수학을 하면서 가장 강렬하게 살아 있다는 느낌, 본연의 자신이 되었다는 느낌을 갖게 되었다"라고 말한다. 그는 또 "수학을 한다는 것은 일종의 신학적 참여였다. …… 서머빌이 생각할 때, 신의 초월적 능력을 가장 충만하게 경험할 수 있는 사람들은 (그녀 자신처럼) 수학의 언어를 이해하는 사람들이었다"라고 썼다. 서머빌 스스로도 이런 말을 했다. "신의 전지하심을 상징하는 이런 공식들은 우주 불변의 법칙들을 소수의 상징으로 응축시킨다. 인간이 가진 그런 강력한 도구 자체가 인간 정신의 본원적 구조에서 비롯되는 것으로서 '그분' 속에 영원히 존재해온 소수의 기본 공리들을 토대로 한다. 그분은 자신의 모습에 따라 인간을 창조하실 적에 인간의 가슴속에 그런 공리들을 심어놓으셨다." 메리는 처음부터 겉으로 드러나 보이는 세계의 다양성이 어떻게 그런 극소수의 기본 공리로 환원될 수 있는가 하는 문제에 관심을 가졌다.

이어 메리와 윌리엄은 런던으로 자리를 옮겼고 거기서도 과학에 관심 있는 사람들 사이에서 유명인사가 된다. 두 사람이 정규적으로 교류하는 친구들 가운데 최소한 26명은 영국왕립학회 회원이었다. "아무리 대단한 작가라도 살아 있는 동안 그렇게 많은 당대 최고의 일급 인사들과 교분을 유지하기는 거의 불가능할 것이다."[5] 이는 메리 서머빌이 성심성의껏 처신한 덕분이라고 할 수 있다. 원래 명문가 출신이기도 하지만 그녀가 유명해진 것은 꾸준히 편지를 보내고 직접 대화를 나누고 하는 노력 덕분이었다고, 앨런 채프먼은 서머빌 전기에서 말했다. 특히 런던의 지식인 사회는 이 특출한 여성에 대해 다들 일찍이 알고 있었고, 그녀의 연구 업적을 통해 물리과학physical sciences이 어떻게 작동하는지 전문적인 이해를 얻었다. 물리학자이자 수학자로 세인트앤드루스 대학교와 에든버러 대학교 총장을 겸임한 데이비드 브루스터는 서머빌을 '유럽에서 가장 특출한 여성'이라고 평했다.[6]

사실 탁월한 수학적 재능 말고도 그녀를 유명하게 만든 것은 두 가지가 더 있었다. 당대의 부유한 아마추어 과학자들처럼 서머빌도 간단한 실험에 여러 차례 참여했는데, 특히 자기와 태양 광선의 관계를 다루는 실험에 관심을 쏟았다.[7] 이때는 덴마크 물리학자 한스 크리스티안 외르스테드가 자기와 전기의 관계에 대한 발견(1장 참조)으로 세상을 떠들썩하게 한 직후였다. 그녀가 얻어낸 실험 결과가 매우 흥미로웠던 터라, 남편 윌리엄(영국왕립학회 회원이었다)은 왕립학회에 논문을 제출하기에 앞서 부인이 작성한 글을 읽어보았다. 그 이후 관련 논문들은 왕립학회가 발행하는 학술지《철학 회보Philosophical Transactions》에 게재되었고, 그렇게 해서 수많은 독자들에게 알려졌다. 학회는 논문 발췌본을 파리에 있는 천문학자 피에르시몽 라플라스와 화학자 조제프 루이 가이뤼사크, 코펜하겐에 있는 외르스테드를 비롯한 여러 인사에게 보냈다.

서머빌의 성취를 눈여겨본 헨리 브루엄은 그녀에게 뉴턴의 주저《자연철학의 수학적 원리Philosophiæ Naturalis Principia Mathematica》와 라플라스의 유명한 저서《천체 역학Mécanique céleste》에 대한 해설서를 '실용지식보급협회Society for the Diffusion of Useful Knowledge(SDUK)'의 출간 예정 도서 목록에 넣자고 제안했다. 브루엄은 스코틀랜드 출신의 괴짜 법률가로, 내각의 진퇴를 국왕이 아닌 선거로 결정하도록 한 1832년의 영국 선거법 개정을 주도한 인물이다. 그는 참으로 다방면에서 두각을 드러냈는데 1826년에 실용지식보급협회를 창설한 이도 그였다. 이 협회의 설립 취지는 지식을 '우리가 숨 쉬는 공기처럼 풍부해지고 널리 확산될 때까지' 보급하는 것이었다. 협회는 매주 값싼 단행본을 출판했는데, 주제는 양조에서 수력학, 곤충에서 이집트 골동품까지 다양했다. 협회에서 가장 성공한 사업은 삽화가 들어간 주간지 《페니 매거진Penny Magazine》을 발행하는 사업으로, 전성기에는 판매 부수 20만 부 이상을 기록했다.[8]

서머빌이 초반에 쓴 책들은 《페니 매거진》 독자들이 읽기에는 너무 상세하고 전문적이어서 실용지식보급협회의 방향과 전혀 맞지 않았다. 서머빌은 브루엄에게 자기 책은 미적분 이야기를 해야 해서 독자들이 좋아하지 않을 거라는 말을 계속 했다. 그런데 런던 지식인 사회에서 빼놓을 수 없는 인물로 꼽히는 출판업자 존 머리가 서머빌의 원고 판권을 잽싸게 사들였고, 그 일을 계기로 서머빌은 과학 저술가로서 본격적으로 성공을 거두기 시작했다. 이것이 다른 여성 작가들과의 차별화를 낳은 두 번째 요인이었다. 서머빌은 《천체의 메커니즘Mechanism of the Heavens》(1831), 《물리과학들의 연관성에 관하여On the Connexion of the Physical Sciences》(1834), 《물리지리학Physical Geography》(1848), 《분자과학과 미시과학에 관하여On Molecular and Microscopic Science》(1869), 《회고록Personal Recollections》(사후인 1874년에 출간됨), 이렇게 모두 다섯 권의 책을 썼다.

여기서 우리의 관심을 끄는 것은 두 번째로 출간한 《물리과학들의 연관성에 관하여》로 서머빌의 주저로 평가되는 책이다. 이 책을 쓰던 시기는 그녀의 명성이 절정에 달했던 때로, 챈트리 경이 그녀의 흉상을 제작하는 중이었고 그로부터 1년 후에는 정부가 과학에 공헌한 일을 치하하여 그녀에게 연금을 연간 200파운드씩(이에 대해 많은 이들이 분개했다) 지급하기에 이른다. (연금은 나중에 탁월한 과학적 성취를 이룬 마이클 패러데이 및 존 돌턴과 동일한 300파운드로 인상되었다.)

당시에《물리과학들의 연관성에 관하여》의 논지는 지금 우리가 생각하는 것보다 훨씬 강렬하게 받아들여졌다. 이 논문의 의도는 당시 서로 다른 분과로 분리되어 나아가던 물리과학들을 하나로 묶어주는 통합적 요소들, 즉 연계, 융합 등등을 밝혀내는 것이었다. 서머빌은 결코 뜻을 굽히지 않았다.

눈으로 볼 수 있는 세계의 통일성을 입증하다

《물리과학들의 연관성에 관하여》가 내건 주제는 제목에서 알 수 있듯이 당시 급격한 변화를 겪고 있던 물리과학 분야의 다양한 주제를 **하나로 통합**하는 것이었다. 여기서 다시 시커드 교수의 말을 들어보자. "《물리과학들의 연관성에 관하여》는 널리 읽히면서 17~18세기의 '자연철학'을 19세기의 '물리학'으로 변화시키고, 눈으로 볼 수 있는 세계의 통일성을 입증하는 핵심 저술이 되었다."

그 책이 핵심 저술이기는 하지만, 지금부터 살펴볼 것처럼 최초의 저술은 아니었다. 모든 사물을 포괄하는 비전, 심지어 우주의 질서에 대해서도 그런 인식에 도달하고자 하는 열망은 고대부터 존재했다. 최소한 아리스토텔레스로 거슬러 올라가는 이른바 '이오니아의 마법'이 바로 그것이다. 플라톤, 아리스토텔레스 등등에서 비롯된 존재의 거대한 사슬은 무無에서 무생명의 세계를 지나 식물의 영역으로, 다시 가축과 야생 동물로, 이어 인간으로, 그리고 인간을 넘어 천사와 기타 '비물질적이고 지적인' 존재를 거쳐 결국은 지고의 존재, 즉 절대자로 끝나는 위계질서를 상정했다. 중세에는 신학자 토마스 아퀴나스가《신학 대전Summa Theologica》을 통해 아리스토텔레스의 과학과 기독교의 조화를 이루고자 했다. 그로부터 400년 후 뉴턴은 천체에 대해, 또 운동과 빛과 같은 기타 문제들에 대해 질서를 부여했다. 계몽주의는 모든 지식의 통일성이라는 관념을 고수했다. 데카르트는 지식은 종국에는 수학으로 추상화될 수 있는 상호 연결된 진리들의 체계라는 비전을 지녔고, 콩도르세는 수학을 사회과학에 적용하는 선구적인 시도를 했다. 한편 독일 철학자 셸링은 만물의 '우주적 통일성'이라는 개념을 제안했다. 다만 그런 통일성은 인간의 이해 범위를 벗어난다고 생각했다. 18세기 스웨덴 식물학자 린네는 라틴어 학명으로 생물 세계를 분류해 질서를 부여하고자 했다.

서머빌의 접근법은 한층 더 현대적이었다. 그녀의 머릿속에서는 그녀가 쓰고자 한 내용이 명료했던 것 같다. 그런데 책 제목에 사용한 '물리과학 physical sciences'이라는 용어는 그때 막 등장한 신조어였다. 당시 몇몇 철학자들은 물리학을 좀 더 통일성 있고 일관된 학문으로 만들기 위해 애썼는데 그중에서도 가장 성공적인 인물이 영국의 수학자이자 지리학자인 존 플레이페어(1748~1819)와 천문학자 존 허셜(1792~1871)이었다. 이미 1812년에 플레이페어는 《자연철학 개요Outlines of Natural Philosophy》 1권에서 '자연철학의 기본 진리들을 압축해, …… 상호 의존 관계의 순서에 따라 배열하는 것'을 목표로 삼고 있다고 공언한 바 있었다. 그는 자연철학을 화학과 구별하고 자연철학의 범주에 드는 것은 동역학, 정역학, 유체역학, 천문학, 광학, 전기, 자기 등이라고 보았다. 그는 또 중력이 '모든 자연을 관통하는, 시간적으로 가장 멀리 떨어진 시기는 물론이고 공간적으로 가장 멀리 떨어진 지역들까지 하나로 묶어주는' 단일 원리라고 보았는데, 이런 생각은 폭넓게 지지를 얻었다. 플레이페어는 '아마도' 비슷한 원리가 중력과 무관한 문제에도 적용되리라고 생각했다.[9]

허셜은 《자연철학 연구에 관한 예비적 고찰Preliminary Discourse on the Study of Natural Philosophy》(1831)에서 힘, 운동, 물질을 과학의 하위 분과를 분류하는 데 기초로 삼았다. 그는 힘을 다루는 과학에는 양대 분과, 곧 동역학과 정역학이 있고, 다시 그 아래 분과로 기계학, 결정학crystallography, 음향학, 빛과 시각, 천문학, 천체역학, 지질학, 광물학, 화학, 열, 자기, 전기 등이 있다고 생각했다. 여기서 알 수 있는 것처럼 당시 사람들은 어떤 유사성을 발견해내려 했지만 실제로 발견하지는 못한 상태였다. 아직은 물질과 과정의 차이가 제대로 밝혀지지 않은 시대였다.

메리 서머빌은 프랑스인들이 18세기 이래로 '물리학la physique을……수학과도 화학과도 구별되는 과학의 한 갈래로' 인식하고 있었음을 알고 있었을 것이다. 물질, 열, 빛, 전기와 자기의 성질에 더해 기상학까지가 '라 피지크'를 구성하는 내용이었다.

따라서 《물리과학들의 연관성에 관하여》는, 19세기에 들어서서 다소 어설프고 초보적인 수준이나마 자연철학에 어떤 통일성을 부여하고자 한 운동의 정점을 찍는 역할을 했다. 그녀의 책은 흡인력이 있었고, 바로 그런 이유로 책을 읽은 전문가들이 찬사를 아끼지 않았다. 그 책이 물리과학들을 새로운 방식으로 통합하고자 했기 때문이다. 《역학 매거진 Mechanics' Magazine》은 이 책을 대단히 중요하다고 보고 서가에 꽂아놓기만 해서는 안 된다며, "우리는 말한다, 읽어보라! 읽어보라!"라고 썼다. 제임스 클러크 맥스웰(맥스웰의 위대한 업적에 대해서는 1장에서 만나볼 것이다)은 《물리과학들의 연관성에 관하여》가 "과학 하는 사람들의 머릿속에서 이미 작동하고 있고 그럼으로써 이런저런 발견을 가능케 하면서도 아직 명료하게 진술하지 못한 기본 개념들을 명료하면서도 이해하기 쉬운 형태로 표현한 문제작이다"라고 말했다.[10]

서머빌은 수학을 궁극적 통일성을 드러내줄 가능성이 가장 높은 학문으로 간주했다. 다만 그런 수학을 이해할 수 있는 사람이 극소수라는 점은 인정했다. 그런 점을 염두에 두었기에 그녀는 방정식을 단 한 개도 사용하지 않고 수학적 논리를 전개했다.

그녀는 그 책의 대부분을 남들 모르게 썼다. 여성이 썼다는 사실이 알려지면 어떤 반응이 나올지 자신이 없어서였다. 물론 그녀는 이미 수학적 성취를 통해 유럽 전역에서 유명해진 상태였다(브루엄이 실용지식보급협회 간행물 목록에 그녀의 글을 포함시킨 것도 바로 그래서였다). 또 스코틀랜드 출신 여성 시인 겸 극작가인 조애나 베일리가 적절히 지적했듯이, 서머빌은 "시를 짓고 소설을 쓰는 모든 여성이 이룩한 일보다 더 많은 일을 해냄으로써 여성의 능력을 경시하는 풍토를 날려버렸다."[11]

그 책의 초판 2000부는 가격이 7실링 6페니였는데도 금세 다 팔렸고, 그 이후 40년 넘게 10판을 거듭하며 계속 인쇄되었다. 또한 독일어, 프랑스어, 이탈리아어로도 번역되었고, 미국 필라델피아와 뉴욕의 출판업자들은 해적판을 펴냈다. 주간 문예 평론지 《애서니엄Athenaeum》은 그녀의 책이 '서재에 틀어박힌 철학자들은 물론이고 거실에 자리 잡은 교양 숙녀들을 위한 적절한 입문서'라고 인정했다.

일반화와 보편 법칙을 추구하다

'연관성Connexion'이라는 표현에 대해서는 책의 머리말에 상세한 설명이 나온다. "현대 과학의 발전, 특히 최근 5년 동안 벌어진 상황은 자연법칙들을 단순화하고 멀리 떨어져 있는 분과들을 일반 법칙으로 통일하는 경향을 보여주었다는 점에서 놀라웠다. 어떤 경우에는 전혀 공통점이 없어 보이는 부분들에서 동일성이 입증되었다. 전기의 작용과 자기의 작용 같은 경우가 그러하다. 또 어떤 경우에는 빛과 열의 사례처럼, 그런 식의 유비가 밝혀짐으로써 궁극적으로는 단일 작용요인 탓이 아닌가 하는 예상이 맞아떨어졌다. 그리고 모든 면에서 하나로 통일되는 모종의 유대 같은 것이 존재한다. 그런 힘은 어떤 분야에서도 다른 분야에 대한 지식이 없으면 도달할 수 없는 것이다." 이어지는 그녀의 결론은 다음과 같다. "물리과학들이 밀접하게 연관되어 있음을 입증하는 수많은 사례를 들 수 있을 것이다. 그런 사례의 대부분은 단일 분석 원리를 통해 점점 더 긴밀하게 연관되어 있음이 밝혀지고 있다. 단일 분석 원리는 매일같이 그 적용 영역을 확대하고 있으며, 궁극적으로는 자연의 거의 모든 분야를 그 공식들로 망라하게 될 것이다."[12]

서머빌 연구가인 캐스린 닐리는 과학의 목표가 당시에는 오늘날과 동일하지 않았다는 사실을 상기시킨다. 중요한 차이점 하나는, 당시 과학은 아직 전문화하지 않았기에, 또는 그 후에 벌어진 양상과 달리 고도로 전문화하지 않았기에 "박학다식이 지적인 이상으로 널리 인정되었다"라는 점이다. 닐리는 빅토리아 시대 초기 지식인들은 토론과 논쟁을 즐겼지만 "지적인 삶에 대해서는 단일한 태도를 보였다"라고 말한다. 그들은 문화를 하나의 전체로 보았으며 전문화는 그런 단일성을 위협한다고 보아서 좋게 생각하지 않았다는 뜻이다. 말하자면 '모든 것에 대해 어느 정도씩은, 그리고 어떤 것에 대해서는 모든 것을' 알아야 한다는 식이었다. 서머빌의 친구였던 존 허셜이 영국과학발전협회British Association for the Advancement of Science(BAAS) 회장직을 맡지 않은 것도 그런 조직이 과학의 세분화를 조장할까 우려했기 때문이다.

이런 태도는 본질적으로 종교적 시각으로, 과학은 일반화 수준을 점차 고도화함으로써 발전한다는 주장이다. 이런 접근 방식이 처음 공표된 곳은 독일이었다. "그런 더 높은 수준의 일반화는 대개 더 설득력 있는 새로운 법칙들의 형태를 취했다. …… 다양한 현상을 서로 연결시켜서 더 널리 적용될 수 있는 법칙을 추구하려는 열망…… 점점 높은 수준의 일반화는 점점 많은 양의 구체적인 정보를 축적하고 의미 있는 패턴과 유비를 추구해야만 얻을 수 있다."[13] 초기 빅토리아 시대 사람들은 누구나 자신이 하는 작업을 '지적 총체성intellectual totality'의 일부라고 생각했다.

더구나 이런 식의 단일한 지적 삶은 숭고함의 한 가지 형태로 간주되었다. "과학은 자연신학의 숭고한 진리들을 참조하지 않고는 제대로 배울 수 없다는 생각, 그리고 자연에 대한 과학적 연구는 신을 드러내는 작업이라는 생각이 일반적인 믿음이었다. …… 과학적 숭고함 속에서, 독자는 과학에 의해 자연 속에 드러난 신의 속성과 만나는 형태로 위대한 것과 연결된다." 통합은 '힘의 확장', 즉 지성의 힘을 과학에 구현하거나 과학 속에 분명히 드러나도록 만드는 일과 비슷했다. 이 모두가 메리 서머빌이 생각하는 바였음은 분명하다. 모든 부분을 하나의 일관된 전체로 통합하는 그런 것이야말로 힘이었다.[14]

일반 원리로 통합하다

《물리과학들의 연관성에 관하여》는 무수한 논평의 대상이 되었지만 호의적인 평가가 대부분이었다.[15] 그중에서도 가장 흥미롭고 영향력 있는 비평은 《쿼털리 리뷰Quarterly Review》 3월 호에 실린 윌리엄 휴얼의 지적일 것이다. 휴얼은 케임브리지 대학교 트리니티 칼리지의 학장이자 과학사 관련 책을 여러 권 저술한 인물이다. 그는 이렇게 썼다. "지금까지 오랫동안 모든 과학은 점점 더 서로 분리되고 단절되는 경향을 보였다. 과거에 '학자들'은 지식의 나무를 구성하는 모든 가지를 넓은 품에 다 끌어안았다. 옛날의 스칼리제르와 보시우스 같은 사람들은 수학자인 동시에 철학자, 물리학자인 동시에 골동품 투기꾼이었다.* 그러나 그런 시절은 이제 지나갔다. …… 토머스 홉스 같은 모럴리스트가 수학 분야에 뛰어들거나 괴테 같은 시인이 실험과학 영역을 넘보면 온갖 반대와 경멸에 직면한다. …… 분열이 진행되고 있다. …… 물리과학 자체도 끝없이 세분화되고, 그렇게 나뉜 분과들은 서로 단절된다. …… 수학자는 화학자를 외면하고 …… 그 화학자는 아마도 전기화학을 전문으로 하는 화학자일 것이다. 그렇다면 그는 일반적인 화학 분석은 다른 사람들에게 넘긴다. …… 그리고, 그런 식으로 해서 과학은, 단순한 물리과학조차 통일성의 흔적을 모두 잃고 만다."[16]

휴얼의 지적은 이렇게 이어진다. "그런 결과를 보여주는 흥미로운 현상이 바로 물질세계에 관한 지식을 연구하는 사람들을 총칭할 수 있는 명칭이 없다는 사실일 것이다. 우리는 그런 사태에 대해 영국과학발전협회 회원 제위께서〔협회BAAS 창립 이후〕요크, 옥스퍼드, 케임브리지에서 열린 세 차례의 하계 회의 때 대단히 난감해했다는 사실을 잘 알고 있다. 회원들께서 자신이 추구하는 바를 잘 보여주면서 스스로가 무엇을 하는 사람인지 쉽게 소개할 수 있는 일반적인 명칭이 없었기 때문이

---

* 조제프 유스투스 스칼리제르(1540~1609)와 게라르두스 보시우스(1577~1649) 두 사람 다 역사학과 인문학이 신학에서 벗어나 영역을 확장하는 데 기여한 인물이다.

다. philosopher(철학자)는 너무 광범위하고 고원한 용어로 느껴졌다. 따라서 [새뮤얼 테일러] 콜리지 선생이 문헌학자와 형이상학자로서의 능력 등을 고려해 그런 표현을 사용하지 말라고 한 것은 대단히 적절한 행동이었다. savants(박식한 학자)은 영어가 아닌 프랑스어라는 점 외에도 다소 거만해 보였다. 어떤 독창적인 신사분은 artist(예술가)라는 표현에 착안해 scientist(과학자)라고 부르면 괜찮겠다는 제안을 하면서, 이미 sciolist(사이비 학자), economist(경제학자), atheist(무신론자) 같은 단어가 있으니만큼 -ist라는 접미사를 쓰는 데 크게 구애될 이유가 없다는 의견을 제시했다. 그러나 scientist도 다들 흡족해할 만한 표현은 아니었다. 어떤 분들은 우리 협회와 유사한 독일 단체에서 자신들을 지칭하는 용어를 번역해서 쓰고자 했다. 그러나 독일어로 natur-forscher(자연을 탐구하는 사람)라는 표현에 해당하는 영어를 찾기가 쉽지 않았다. 그렇게 찾다 보니 자연에 호기심을 갖고 탐구하는 사람들naturœcuriosi을 뜻하는 말로 nature-poker(자연을 쿡쿡 찌르는 사람) 또는 nature-peeper(자연을 엿보는 사람) 같은 격 떨어지는 복합어가 나왔다. 하지만 회원들의 격렬한 반대로 폐기됐다."

이렇게 해서 'scientist'라는 단어가 처음 공개석상에 등장했는데, 휴얼은—이 점은 반드시 지적해두어야겠다—신조어를 좋아했고 신조어를 잘 만들어냈다. 알려지기로는 그는 scientist라는 단어 외에도 'physicist'(물리학자)라는 단어를 만들었으며, 마이클 패러데이에게 'ion'(이온), 'anode'(양극), 'cathode'(음극) 같은 표현을 써보라고 제안했다고 한다.

시간이 가면서 보편화된 신조어를 만든 휴얼의 논평은 다음과 같이 이어졌다. "과학이라는 땅을 무한히 작은 구획으로 분할하는 것이 얼마나 불편한지 느낀 사람이 종종 있었고, 불만도 표출되곤 했다. 우리는 그런 불편함을 서로 다른 분야에 종사하는 이들을 한데 묶는 방식으로 해소하는 것이 영국과학발전협회가 추구하는 목표 가운데 하나였다고 믿는다. 또 다른 방식으로 그런 폐해를 제거하자는 것이 서머빌 여사의 책이 추구하는 목표이기도 하다. 우리가 그분의 의도를 제대로 파악하고 있다면, 그런 작업은 과학사를 돌아볼 때 멀찍이 떨어져 있던 가지들이 일반 원리의 발견을 통해 하나로 통합되어왔다는 점을 보여주는 방식이 되어야 할 것이다."

휴얼이 서머빌에게 공감한 한 가지 이유는 그 역시 '과학자'라는 신조어를 만드는 등 나름의 방식으로, 크게 보아 그녀와 비슷한 사고의 발전 과정을 거쳤기 때문이다. 그는 여러 과학 분야들 간의 차이점에 주목하기보다 유사점(휴얼의 경우는 과학에서 사용되는 방법 등등)을 강조했다. 이런 입장을 종합해 1840년에 발표한《귀납적 과학의 철학The Philosophy of the Inductive Sciences》에서 휴얼은 처음으로 'consilience'(컨실리언스. 한국에서는 통섭統攝이라는 단어로 번역되기도 한다—옮긴이)라는 단어를 사용했다. 이 말은 "모든 학문 분과 전반에 나타나는 사실들과 사실에 기초한 이론을 연계함으로써" 지식이 "함께 도약해(라틴어로 con은 '함께', silience는 '뛰어오름'을 뜻한다—옮긴이) 설명을 위한 공통의 기초를 만들어내는 것"을 의미한다.[17]

그러나 사실 이 정도는《물리과학들의 연관성에 관하여》가 주목했던 연관 관계 수준이다.《물리과학들의 연관성에 관하여》는 37개 항목으로 구성되어 있는데 분량은 400페이지가 넘고, '달 운동론' '행성 궤도의 섭동攝動' '조석과 해류' '양극화의 법칙들' '전기, 회전과 열' 같은 주제를 다루었다. 내러티브 구조도 없고 거창한 수준의 논리 전개도 없다. 책에 실린 연관 관계들은 대부분 위에 적은 것처럼 협소한 주제에 속하는 두 쌍

간의 관계이지 사태의 근저를 이루면서 총체적으로 설명할 수 있는, 깊은 차원의 원리(서머빌이 가장 신경 썼던 수학적 원리들은 별개로 하고)를 다루지는 않는다. 예를 들어 물질의 원리에 관한 지식은 그것이 빛에 미치는 영향을 예측하는 데 필요하다고 그녀는 말했다. 서머빌은 왜 태양이 지평선에 가까워지는 저녁에는 해를 쳐다볼 수 있는데, 해가 중천에 뜬 한낮에는 쳐다볼 수 없는지를 설명했다. 소리는 빛과 동일한 법칙에 따라 표면에 부딪히면 반사될 수 있다. 따라서 이제 곧 나타날 사태—에너지 보존과 자연선택에 의한 진화라는 두 가지 거대한 통일 이론을 뜻하며, 이는 우리 책 1부에서 다룰 주제이기도 하다—를 염두에 둘 때,《물리과학들의 연관성에 관하여》에 제시된 연관 관계들은 그런 연계 양상을 구성하기 위한 초기의 시도로서 중요하다. 그러나 좀 더 넓은 차원에서 보면 그런 연관 관계들은, 제임스 시커드의 말에 따르면 '대단치 않은' 것들이었다.[18]

그런 연관 관계들은 과학이 파편화되어 가던 시대에 시의적절하게 포괄적인 논리를 전개했다는 데 그 의의가 있다.[19]《물리과학들의 연관성에 관하여》의 10판이 나온 해는 1877년으로 그 후로는 새 판이 발행되지 않았다. 거대한 양대 통일 이론—모든 시기를 통틀어 가장 거대한 이론이라고 할 수도 있겠다—이 1850년대에 이미 세상에 공표되어 당시에 널리 알려졌다. 이 두 이론은 내용이 구체적으로 계속 보강되었고, 앞으로 우리가 살펴보겠지만, 거기서 드러나는 연관 관계들에 비하면 서머빌의 주장은 독창성을 지녔음에도 불구하고 대단치 않아 보인다.

신을 드러내 보이는 컨버전스

《물리과학들의 연관성에 관하여》최종판은 서머빌 사후 1877년에 출간됐는데 당시에 벌써 시대에 뒤떨어진 책이 되었다. 서머빌은 92세까지 장수했고, 사후에도 높은 평가를 받았다. 그녀가 미친 영향은 2년 뒤 옥스퍼드 대학교에 여학생 전용 칼리지가 신설됐을 때 단과대학 명칭을 그녀의 이름에서 딴 점에서도 알 수 있다. 서머빌 칼리지는 나중에 인도 총리를 지낸 인디라 간디, 노벨 화학상을 수상한 도러시 호지킨, 영국 총리를 역임한 마거릿 대처 같은 굵직굵직한 인물들을 배출했다.

메리 서머빌에게 물리과학들의 연관성이 전한 근본적 가르침은 종교적인 것이었다. 그녀는 엄격한 신앙생활과 전통을 중시하는 장로교 집안에서 태어났지만 원죄와 지옥과 저주를 강조하는 분위기에 반기를 들었다. 그녀 자신이 가장 강력하게 체험한 것은 자연, 그중에서도 특히 수학이었다. 수학은 신이 스스로를 드러내는 장소라고 그녀는 믿었다. 순수한 수학 속에서, 그리고 소수의 방정식이 눈으로 볼 수 있는 세계의 다양한 현상을 **통합하는** 방식으로 신이 드러난다고 보았다. 그러한 통합이야말로 신을 원천으로 하는 컨버전스 과정—언젠가 그 최종점에 도달할 것이다—의 증거였다.

이와 같은 신과의 연결이 이제는 일반적인 견해가 아니다. 물론 우리가 앞으로 살펴보겠지만, 사실로만 보면 현재 과학들 간의 연계는 서머빌이 제시했던 증거보다도 훨씬, 훨씬 더 강력하다. 그녀가 집필할 당시 과학들이 새로운 질서를 더 많이 밝혀내지 못한 것은 결코 그녀의 잘못이 아니다. 그러나 《물리과학들의 연관성에 관하여》 초판이 나온 지 얼마 안 돼서 과학들이 상호 수렴되기 시작했고, 그런 경향은 그녀가 살아 있는 동안 가속화되었다. 그런 경향은 그 이후로도 진행되고 있다.

과학들 간의 컨버전스(와 잠재적 통합)는 무제한 계속되는 이야기다. 그것은 아마도 때로 전혀 다른 분야로 보일 수 있는 것들의 역사에서 가장 흥미로운 측면일 것이다. 노벨 물리학상을 수상한 스탠퍼드 대학교 교수 로버트 로플린이 말한 대로, "우리는 모두 내심 궁극적인 하나의 이론을 희구한다. 모든 진리가 거기서 흘러나오는 핵심적인 소수의 법칙들 말이다." 종교와는 거리가 먼 우리 시대에 그런 컨버전스가 신을 가리키지는 않을 것이다. 그렇다면 그것은 무엇을 **가리킬까?**

메리 서머빌의 책과 달리 나의 책은 내러티브를 가지고 있다. 사실 두 가지 내러티브다. 하나는 연대기적 설명으로, 시간적으로 앞으로 갔다가 다시 뒤로 갔다가 하는 식으로 전개된다. 다양한 과학 분야에서 획기적인 돌파구가 잇달아 열리면서 처음에는 완전히 동떨어진 현상들이었지만 시간이 가면서 서로 연계되어 있다는 사실이 드러난다. 두 번째 내러티브는 그런 연계들이 우리를 어디로 이끌고 가느냐에 관한 이야기다. 결론부터 말하면 우리가 거주하고 있는 우주에 대한, 그리고 그 총체성 속에서 우리가 차지하는 위치에 대한 통일적이고도―질서가 잘 잡힌―역사적 설명으로 나아간다. 이런 이야기가 점진적으로 전개되는 과정은 어떤 추리소설 혹은 암호 해독에 성공하는 과정과 같다. 그리고 앞에서 한 얘기를 반복하자면, 지금까지 드러난 그 내러티브가 더더욱 인상적인 것은 적어도 애초에는 그런 걸 찾으려 한 사람이 아무도 없었기 때문이다.

우리는 맨 마지막 부분에 가서 그런 내러티브가 지금은 어디로 가고 있는가 하는 질문을 다룰 것이다. 그때까지는 일단 메리 서머빌이 시작한 작업을 계속 앞으로 밀고 나갈 것이다.

1부

가장 중요한
통일 이론 두 가지

"그냥 보면 완전히 별개의 사물처럼 보이는 복잡한 현상들이 통일성을 가지고 있음을 깨달을 때, 그야말로 경이로운 느낌이다."

—알베르트 아인슈타인(물리학자)

"우리는 지금 엄청난 컨버전스의 시점에 서 있다. 각종 데이터와 과학과 기술이 모두 한데 합해져서 사상 최대의 미스터리를 풀고 있다. 개인이든 사회든, 우리의 미래가 거기에 있다."

—알베르트라슬로 버러바시(물리학자)

"모든 것은 숨겨진 하나의 재료로 되어 있다."

—랠프 월도 에머슨(사상가)

"과거 어느 시점에 물리학이 있었고 화학이 있었지만, 생물학이라는 것은 없었다."

—줄리어스 레베크(화학자)

"우주는 질서 정연하다. 거기에는 본디의 어떤 특성들이 있는데, 어디서부터 왜 그렇게 되었는지 우리는 모르지만 현상을 결정할 수 있고, 우리가 재구성해낼 수 있는 역사의 시간 동안 변함도 없었다."

—조지 게일로드 심프슨(고생물학자)

"매 시대마다 어떤 전환점이 있었다. 세계의 일관성을 다시금 보고 과연 그렇구나 하고 선언하는 순간이었다."

—제이콥 브로노우스키(과학사가)

1851년 빅토리아 시대 영국 런던 하이드파크에서 만국박람회가 열렸다는 것은 세상이 다 아는 일이다. 박람회장 건물은 당시 충격적일 만큼 새로웠다. 거의 유리로만 만든 건물의 이름은 수정궁 Crystal Palace이었다. 5개월 동안 28개국에서 온 600만 명이 전시회장을 찾았다. 박람회의 주제는 런던의 일간지 《타임스》의 한 논평가가 말한 대로 '과학이 산업에 주는 선물The Gifts of Science to Industry'이었다. 당시에 역사상 그 어느 때보다 많은 사람들이 과학과 과학의 실용적 가능성에 대해 알고 있었을 것이다. 어쩌면 당연한 일인 것이, 수정궁 전시회를 전후로 한 10년 동안은 과학의 역사에서 가장 중요한 시기라고 할 수 있기 때문이다.

과학사는 대개 고대 그리스의 이오니아의 마법에서 시작하거나 코페르니쿠스-케플러-갈릴레이-뉴턴으로 이어지는 천문학 분야의 주요한 관찰과 발견 또는 1660년대 영국왕립학회와 파리 왕립아카데미 창설로 대표되는 이른바 '과학혁명'에서 시작한다. 우리가 다루는 주제, 곧 과학들의 통합과 거대한 컨버전스는 그보다 한참 뒤인 1850년대에서 시작한다. 수정궁 및 수정궁으로 대변되는 모든 것 외에도 그 10년 사이에 전 시대를 통틀어 가장 강력한 두 가지 통일 이론이 등장했기 때문이다.

에너지 보존이라는 아이디어, 자연선택에 의한 진화에 관한 이론 이 두 가지가 세상에 알려진 때가 바로 1850년대다. 둘 다 여러 과학이 융합되어 거둔 결실이었다. 에너지 보존의 경우는 열, 광학, 전기, 자기, 음식과 혈액의 화학작용에 관한 과학들이 융합된 결과이고, 진화론의 경우는 아주 멀리 떨어져 있는 우주 공간을 다루는 천문학, 아주 먼 과거를 다루는 지질학, 고생물학, 인류학, 지리학, 생물학이 융합된 결과였다. 이는 최초의 거대한 통합으로, 1850년대가 여러 면에서 과학사에서 가장 획기적인 10년간이며, 또 나중에 밝혀진 바와 같이 전 시대를 통틀어 가장 흥미진진한 지적 전환이 이루어진 시기라고 할 수 있다는 의미다. 하나의 과학이 다른 분야의 과학을 뒷받침해주고 서로서로 얽히면서 사상 유례가 없는 이해 방식이 탄생한 것이다. 그 결과 과학의 권위가 엄청나게 증대되었다. 과학의 권위는 과학들이 중첩되고 한결 더 연계되는 과정에서 새로운 질서가 지속적으로 밝혀짐으로써 계속 확장되었다. 이런 연계 양상은 누구나 볼 수 있었는데도 그 전까지는 거의 주목을 받지 못했다.

1장

가장 위대한 일반화 이론

1847년 8월 말의 어느 날 아침, 영국 맨체스터의 부유한 양조업자이자 저명한 물리학자인 제임스 프레스콧 줄은 콜 드 라 포르클라 아래쪽 스위스 동부 생마르탱 인근을 거닐고 있었다. 이탈리아 국경에서 그리 멀지 않은 곳이었다. 줄은 생마르탱에서 생제르베로 이어지는 길을 가다가, 후일 켈빈 경으로 더 유명해지는 동료 물리학자 윌리엄 톰슨을 예기치 않게 만나는 바람에 깜짝 놀랐다. 톰슨은 그다음 날 수학 교수인 아버지에게 보낸 편지에서, 줄이 성능이 아주 좋은 온도계를 몇 개 가지고 있었으며, 특이한 실험을 하려고 하는데 도와줄 수 있겠느냐고 묻더라는 얘기를 전했다. 줄은 현지에 있는 폭포 상단부와 하단부의 물 온도를 측정하고자 했다. 톰슨은 편지에서 줄의 부탁이 특히 이례적인 일 같다고 말했다. 줄은 당시 신혼여행 중이었기 때문이다.

폭포 관련 실험은 무위로 끝나고 말았다. 계단식 폭포 맨 아래쪽에서부터 벌써 물보라가 너무 심해서 줄도 톰슨도 측정 대상인 물줄기 한가운데로는 접근조차 할 수 없었기 때문이다. 그러나 실험 아이디어는 독창적이었고, 어떤 면에서 그것은 그야말로 시대의 산물이었다. 줄은 후일 전 시대를 통틀어 가장 중요한 과학 개념 가운데 하나라는 점—절대 과장이 아니다—이 입증될 관념에 한 발 한 발 다가서고 있었다. 그것은 자연을 바라보는 새롭고도 중요한 관점이었다.

그런 생각을 줄만 하고 있지는 않았다. 몇 년 전부터 영국은 물론이고 독일, 네덜란드, 프랑스에서 활동하는 열다섯 명이나 되는 과학자가 하나같이 에너지 보존에 대해 생각하고 있었다. 과학사가 토머스 쿤은 에너지 보존은 "'동시 발견'이라고 하는 현상 중에서도 그야말로 놀라운 사례"라고 말한다. 열다섯 명 가운데 네 명—1832년 파리의 사디 카르노, 1839년 리옹의 마르크 세갱, 1845년 만하임의 카를 홀츠만, 1854년 뮐루즈의 귀스타브아돌프 이른—이 각기 독자적으로 열과 일은 양적으로 상호 변환될 수 있다는 확신을 기록으로 남겼다. 1837년부터 1844년 사이에 코블렌츠의 카를 모어, 런던의 윌리엄 그로브와 마이클 패러데이, 기센의 유스투스 폰 리비히는 하나같이 현상들의 세계를 "다양하게 나타나지만 단일한 '힘', 즉 전기로, 열로, 역학적 형태를 비롯한 다양한 형태로 나타날 수 있지만 아무리 형태가 달라져도 결코 창조되거나 소멸될 수 없는 힘"이라고 묘사했다.[1] 이어 1842년에서 1847년 사이에는 유럽 '곳곳의' 과학자 네 명, 곧 튀빙겐의 율리우스 폰 마이어, 맨체스터의 제임스 줄, 코펜하겐의 루트비히 콜딩, 베를린의 헤르만 폰 헬름홀츠가 에너지 보존 가설을 공표했다고 쿤은 말한다. 헬름홀츠를 제외하고는 서로들 무슨 연구를 하고 있는지 전혀 모르는 상태였다.

줄과 폭포 실험을 논외로 하면, 아마도 서로 다른 이야기들 중에서 가장 낭만적인 것은 율리우스 폰 마이어의 경우일 것이다. 1840년 2월부터 그해 말까지 마이어는 동인도 제도를 오가는 네덜란드 상선에서 선원을 치료하는 의사로 일했다. 독일 뷔르템베르크 하일브론에서 약사의 아들로 태어난 그는 음울한 성격에 안경을 썼다. 그는 당대의 유행에 따라 턱밑으로 수염을 길렀지만 정작 **턱에는** 털이 없었다. 마이어의 삶과 학술 활동은 긴밀히 연결되어 있어서 지적인 면에서는 생산적이었지만 다른 면에서는 비극적이었다. 대학생 때는 당국에서 금지한 조직의 복장을 했다는 이유로 체포되어 잠시 투옥된 적도 있었다. 1년간 국외로 추방되었을 때는 여행으로 시간을 보냈다. 이때 가본 곳이 바로 네덜란드령 동인도 제도였다. 후일 그 경험이 그에게는 행운이었음이 밝혀진다. 마이어는 1838년에 튀빙겐 대학교 의학부를 졸업했다. 그러나 물리학이야말로 처음으로 그가 열정을 느낀 분야였다. 그리고 네덜란드 동인도 회사 소속 선원들의 담당 의사로 입사하면서 곧바로 그런 열정에 사로잡히기 시작했다. 동인도 제도로 항해하던 길에 일생의 전기가 될 사건을 겪은 것이다.

항해 도중에 대서양 남부 남아프리카 연안에서 마이어가 탄 돛대 세 개짜리 선박이 큰 폭풍우를 만나 배에 파도가 들이쳤다. 그런데 가만히 보니 그 물이 평온한 바닷물보다 따뜻했다. 이 사건을 계기로 마이어는 열과 운동에 대해 생각하게 되었다. 이어 1840년 여름에 인도네시아 자카르타에 기착했을 때, 그 유명한 관찰을 하게 됐다. 당시 관습대로 그는 최근 자바에 도착한 유럽 출신 선원 몇 사람의 피를 사혈해주었다. 그런데 그들의 피가 정말로 붉은 것을 보고 놀랐다. 피를 정맥에서 뽑았는데(정맥혈은 심장으로 돌아간다), 거의 동맥혈처럼 붉었기 때문이다. 마이어는 선원들의 피가 평소보다 붉은 것은 인도네시아의 높은 기온 탓이라고 추정했다. 이는 선원들이 평소의 신체 체온을 유지하려면 고온의 환경에서는 물질대사의 활동 수준을 낮춰야 할 필요가 있음을 의미했다. 따라서 신체가 동맥혈에서 산소를 덜 잡아챘고, 그래서 심장으로 순환하는 정맥혈이 다른 때보다 더 붉었던 것이다.[2]

열과 운동은 동일하다

마이어는 혈액의 변화를 보고 깊은 인상을 받았다. 같은 독일 사람인 화학자이자 농업 전문가 유스투스 폰 리비히의 이론을 명쾌하게 입증해주는 증거로 보였기 때문이다. 리비히는 동물의 열은 몸에서 섭취한 음식의 화학물질들이 연소(산화)함으로써 발생한다고 주장했다. 실제로 리비히는 음식에 잠재된 화학적 '힘'(당시에는 이런 용어를 썼다)이 (몸의) 열로 변환되는 것을 관찰을 통해 확인하려 했다. 동물 체내로 들어가는 유일한 '힘'은 그들이 섭취한 음식(연료)이고, 동물이 겉으로 드러내 보이는 유일한 형태의 힘은 활동과 열이다. 따라서 이 두 가지 힘은 항상—본질적으로—평형을 이루어야 한다. 음식에 들어 있는 그 힘은 달리 갈 데가 없으니 말이다.

마이어는 원래 연구 성과를 권위 있는 학술지 《물리·화학 연보Annalen der Physik und Chemie》에 발표하려고 했다. 1790년 《물리학 연보Annalen》라는 이름으로 창간된 이 잡지는 존재 자체가 당시 일고 있던 과학 분야의 변화를 보여주는 상징과도 같았다. 1840년대에 많은 신생 학술지가 등장했지만 역시 《물리·화학 연보》가 독일에서는 가장 중요한 물리학 잡지였다. 1824년 이후 《물리·화학 연보》의 편집장을 맡아온 요한 크리스티안 포겐도르프는 '사실에 목을 매는 실험 중심주의자이자 과학 관련 전기 작가'로서 물리학의 본질에 대해 확고한 신념을 가진 사람이었다. 19

세기 중엽이 되면 이미 '수량화 및 수학적 법칙의 추구를 보편적 목적으로 삼는 독특한 물리학 분야'가 등장한 상황이었다. (바로 이것이 메리 서머빌이 끌린 분야라는 점을 상기하자.) 포겐도르프는 과학자의 성공을 가능케 할 수도 있고 끝장낼 수도 있는 인물이었다. 이 점에 관한 한 1877년 사망할 때까지 42년간 《물리·화학 연보》 편집장을 지냈으니 더 말할 나위가 없다.

그러나 물리학 지식이 약했던 마이어는 기본적인 오류를 많이 저지른 탓에 포겐도르프에게 논문 게재를 거절당했다. 마이어는 좌절했지만 굴하지 않고 모교인 튀빙겐 대학교 물리학 교수에게 자신의 아이디어에 대해 의견을 구했다. 교수는 마이어와 생각은 달랐지만 아이디어를 좀 더 발전시키는 차원에서 몇 가지 실험을 더 해보는 것이 어떻겠느냐고 제안했다. 마이어가 제시한 내용이 사실이라면, 열과 운동은 본질적으로 동일한 것이고 물은 진동에 의해 덥혀야 한다고 교수는 말했다. 줄도 같은 생각을 하고 있었다.

마이어는 교수가 제안한 실험을 하면서 물이 진동에 의해 **덥힌다**는 사실을 확인했을 뿐 아니라 서로 다른 힘들인 진동, 운동 에너지, 열까지 측정할 수 있었다. 이런 연구 결과는 1842년 〈무생물계의 힘들에 관하여 Remarks on the Forces of Inanimate Nature〉라는 논문으로 쓰여 《화학·약학 연보 Annalen der Chemie und Pharmacie》에 게재되었다. 바로 이 논문에서 마이어는 운동과 열의 관계에 대해 "운동과 열은 서로 변환 및 전환될 수 있는 동일한 힘의 서로 다른 표현일 뿐이다"라는 주장을 펼쳤다. 마이어의 아이디어는 당시에 큰 영향을 미치지는 못했다. 뻔한 얘기지만 '전문' 물리학자가 아니었기 때문이다. 그러나 《화학·약학 연보》 편집장이 마이어의 논문을 게재할 가치가 있다고 판단한 것은 너무도 분명하다. 그 편집

장은 다름 아닌 유스투스 폰 리비히였다.[3]

똑같은 생각을 한 위대한 과학자들

마이어와 줄의 실험과 아이디어, 관찰 결과는 어느 날 하늘에서 뚝 떨어진 것이 아니다. 19세기 초 내내, 그리고 리비히의 관찰과는 별도로 한동안 도발적인 실험 결과들이 계속 나왔다. 1799년 이탈리아 코모의 알레산드로 볼타가 전지(배터리)를 발명해 세상을 놀라게 했다. 볼타 전지는 서로 다른 두 금속을 옅은 소금물에 여러 겹의 샌드위치처럼 잇달아 덧붙여 넣어 전류를 발생시키는 장치였다. 1820년 코펜하겐에 살던 한스 크리스티안 외르스테드는, 옆에 놓은 전지를 껐다 켰다 해서 연결된 전선을 통해 전류를 흘려보내면 바로 옆에 놓아둔 나침반의 자침磁針이 자북 방향에서 이탈한다는 사실을 관찰했다. 5개월 후인 같은 해 9월, 런던 앨버말 스트리트의 영국왕립연구소Royal Institution 건물 지하 실험실에서는 마이클 패러데이가 외르스테드의 실험을 재현하고 있었다. 결과는 동일했다.

이어 패러데이는 새로운 단계로 나아갔다. 우선 코르크와 철사, 유리병, 은제 컵을 준비했다. 그리고 철사를 코르크에 넣고, 바닥에 약간의 수은을 깐 병 속에 철사를 집어넣었다. 그러고서 바닥에 수은이 깔린 병에 물을 약간 부었다. 그런 다음 코르크를 물에 띄워 코르크 속의 철사 끝이 수은과 접촉하게 만들었다. 그런 후 철사 상단부를 가장자리에 수은 알갱이가 있는, 뒤집은 은제 컵에 철사 상단부를 고정시켰다. 이 장치를 전지와 연결하자 전류를 차단하지 않고도 철사가 움직이는 회로가 완성되었다. 다음 단계로 철사 옆에 자석을 갖다 대자 철사가 움직였다. 철사 반대편으로도 같은 조치를 반복하자 동일한 결과가 나왔다.

이렇게 해서 중요한 변화가 일어났다. 패러데이는 유리관 속에다 자석을 고정시키고 다른 내용물들을 배치했다. 그리하여 수은에 잠긴 코르크의 철사가 전류를 넣으면 자석 주위를 회전하게 만들었다. 그런 식으로 회로를 연결하고 탁, 탁, 탁 스위치를 눌렀다. 그러자 철사가 자석 주변을 돌았다. 이때 패러데이는 작업대 주변을 뛰어다니며 춤을 추었다고 한다.[4]

볼타의 전지에서는 화학적 힘들이 전기를 만들어냈다. 외르스테드는 전기와 자기의 연관성을 입증해 보였고, 패러데이의 실험에서는 전기와 자기가 운동을 야기했다. 더구나 1830년대에 발명된 사진이라는 신기술은 빛을 이용해 화학반응을 만들어냈다. 특히 열에서 역학적인 힘을 만들어내는 기계인 증기기관이 등장했다. 증기 기술은 적어도 한동안은 가장 생산적인 변혁을 가져온다. 1830~1840년대에 동력에 대한 수요가 급증했다. 식민지가 팽창하던 시기에 철도와 증기선을 향한 욕망은 거의 끝이 없었고, 그런 기계들은 동력, 즉 에너지 누수를 최소화함으로써 더욱 효율적인 수준으로 발전시켜야 했다.

그러나 토머스 쿤은 에너지 보존 이론 분야의 선구자 열두 명 가운데 다섯 명이 독일인이고, 다른 두 명은 독일의 영향권에 있던 프랑스 알자스와 덴마크 출신이라는 점에도 주목한다. 그는 독일계가 다수를 차지하는 이유를 "에너지 보존 법칙을 발견한 사람들 중 다수는 기질적으로, 모든 자연현상의 근저에 자리한 파괴할 수 없는 단일한 힘을 포착하게끔 되어 있었다"는 사실에서 찾았다. 쿤은 그런 근본적인 발상을 **자연철학** Naturphilosophie 문헌에서 찾을 수 있다고 봤다. "예를 들어 셸링은 〔특히〕 자기, 전기, 화학적 현상, 나아가 유기적 현상조차도 서로 얽히고설켜서 하나의 거대한 결합체를 이룬다고 주장했다." 리비히는 대학에서 2년 동안

셸링과 같이 공부했다.[5]

과학사가 크로스비 스미스에 따르면 스코틀랜드와 잉글랜드 북부의 물리학자들과 엔지니어들이 극도의 실용주의 정신을 지녔다는 점이 결정적이었다. 이들은 새로운 기계의 상업적 가능성에 탐닉했다. 이런 점들이 전부 마이어와 줄을 비롯한 다른 연구자들의 생각을 규정하는 '깊은 배경'이었다. 그러나 존 시어도어 머츠(1840~1922)는 《19세기 유럽 사상사 History of European Thought in the Nineteenth Century》(1904~1912, 전4권)에서 마지막으로 가장 중요한 요소는 그 모든 실험과 관찰로 가능해진 사유의 통일은 "좀 더 일반적인 용어 …… 한층 높은 수준의 일반화, 좀 더 완벽한 지식의 통합을 필요로 하며 …… 모든 올바른 일반화 가운데 가장 위대한 것은 에너지라는 개념이다"라고 말한다.[6]

자연의 통화 체계: 지속적 변환

적어도 처음에 에너지 보존 법칙의 탐구에서 가장 큰 역할을 한 다른 사람들—영국의 줄과 윌리엄 톰슨, 독일의 헤르만 폰 헬름홀츠와 루돌프 클라우지우스—은 마이어보다 사정이 한결 나았다. 물론 누가 무엇을 맨 처음으로 발견했느냐를 놓고 19세기 중반 내내 논쟁이 그치지 않았다.

맨체스터 인근 샐퍼드의 양조장 집안 출신인 제임스 줄(1818~1889)은 빅토리아 시대 특유의—거의 제왕 같은 느낌이라고 할 수 있다—갈기 머리가 인상적이었다. 머리카락이 등까지 치렁치렁 늘어졌고, 수염이 앞가슴까지 내려왔으며 머리털이 무성했다. 지금은 그가 딱 한 가지로 유명하지만 그것은 당시에도 중요했고, 지금도 중요하다. 그는 그것을 좀 더 정확하게 설명하기 위해 오랜 세월을 실험에 매진했다.

청년 시절 줄은 집안에서 하는 양조장에서 일했다. 그래서 열에 깊이 관심을 갖게 되었을 것이다. 그런 관심은 맨체스터 대학교에서 존 돌턴에게 화학을 배우면서 한층 커졌다. 돌턴은 원자론으로 유명한 인물이었다. 각각의 화학원소는 서로 다른 종류의 원자로 구성되며, 서로 다른 원자들 간의 가장 중요한 차이는 원자의 질량이라는 것이 돌턴 원자론의 핵심이었다. 돌턴은 그런 '기본 원자들'은 창조될 수도 파괴될 수도 없다고 생각했다. 그는 서로 다른 원소들이 결합해서 새로운 물질을 만들어내는데, 그 물질에는 원자들이 일정한 비율로 포함되어 있으며 단 하나의 원자도 바깥에 따로 남는 것이 없다는 관찰 내용을 근거로 제시했다.

줄은 상업에 종사한 가문이라는 배경 때문에 늘 과학의 실용적 목적에 관심이 있었다. 증기기관의 효율을 능가하는 전기모터의 가능성을 모색한 것이 한 예다. 이런 구상은 당시에 실현되진 못했지만 열과 일과 에너지 사이의 관계에 대한 그의 관심은 결국 결실을 보았다. 내가 '결국'이라는 말을 덧붙인 것은, 전기와 열의 관계를 다룬 줄의 초기 논문이 영국왕립학회에서 거절당했기 때문이다. 마이어의 발상이 포겐도르프에게 거부된 경우와 마찬가지였다. 줄은 하는 수 없이 왕립학회 회보보다 권위가 약한 《철학 매거진Philosophical Magazine》에 논문을 게재했다. 그러는 한편으로는 외차外車(증기선에 딸린 수레바퀴 모양의 프로펠러—옮긴이)로 수조 속의 물을 휘젓는 실험을 계속하면서 일(운동)이 열로 변환된다는 것을 입증하기 위해 애썼다. 줄은 "열은 **물질**이 아니라 어떤 **진동** 상태로 보아야 한다"라고 썼다. (운동에 대한 이런 간접적 표현은 폭포 상단의 물과 하단의 물 온도가 다르다는 그의 발상과 비슷하며, 폭풍우가 칠 때의 파도는 고요한 바닷물보다 따뜻하다는 마이어의 관찰과도 유사하다.) 줄은 평생에 걸쳐 1파운드의 물을 화씨 1도 올리려면 정확히 얼마만큼 일이 필요한지('일당량'의 전통적 정의 다)를 좀 더 정밀하게 계산해내기 위해 여러 가지 방법을 동원했다. 에너 지 보존 법칙을 증명하려면 정확성이 필수였다.[7]

그러자 줄의 견해에 공감하는 사람들이 차츰 생겨났다. 예를 들어 1842년에 줄은 영국과학발전협회BAAS가 주관하는 회의에서 여러 차례 강연을 했고, 1847년에도 그랬다. 그러는 사이에 마이어는 체열과 혈액의 색깔을 관찰한 내용을 논문으로 발표했고, 줄의 경우는 BAAS를 통해 도 약의 계기를 잡았다. 당시 BAAS는 이미 권위 있는 단체로 자리를 잡은 상태였다. 1831년에 독일자연과학자·의사협회Gesellschaft Deutscher Natur- forscher und Ärzte를 모델로 창설된 BAAS는 매년 영국의 여러 도시에서 연례 회의를 개최했다. 줄에게 필요한 것은 BAAS 청중 가운데 자신의 이 야기가 중요하다는 점을 알아봐줄 단 한 사람이었다. 그런데 바로 그런 계 기가 1847년 회의에서 생겼다. 줄의 생각에 흥미를 느낀 사람은 스물한 살 젊은이였다. 당시 그의 이름은 윌리엄 톰슨이었지만 나중에는 켈빈 경 으로 더 널리 알려지게 된다.

줄은 나이가 큰아버지뻘인 돌턴과 친구 사이가 되었듯이, 어린 톰슨과 도 친구가 되었다. 실제로 줄은 톰슨과 함께 기체 이론을 연구했다. 구체 적으로 말하면 기체들이 어떻게 냉각되는지, 그리고 그 모든 과정이 돌턴 의 원자론과 어떤 관련이 있는지를 연구했다. 줄은 특히 기체의 분자들이 움직이는(당연히 기체의 온도와 관계가 있는 운동이다) 평균 속도를 정확히 포착하는 데 관심이 있었다. 그는 수소를 1차 과제로 잡고, 수소는 서로 부딪치는 동시에 기체를 담은 용기 벽에도 부딪쳐 튀어나오는 미소한 입 자들로 구성된다고 보았다. 그는 부피에 영향을 주는 온도와 압력을 조작 함으로써 화씨 60도(섭씨 15.5도)의 온도와 수은압력계 높이 30인치(762밀리미터)의 압력(실내 온도 및 기압과 대동소이하다)에서 기체 입자들이 초당 6225.54피트(1897미터)로 움직인다는 계산을 해냈다. 또한 산소의 경우는 분자들의 무게가 수소 무게의 열여섯 배인 데다 역제곱 법칙*이 적용되므로, 보통의 공기 상태에서 산소 분자들은 수소 분자들 운동 속도의 4분의 1에 해당하는 속도, 즉 초당 1556.39피트로 움직인다. 그런 극미한 운동을 정확히 포착한 것은 놀라운 성취였다. 결국 줄은 영국왕립학회의 초청을 받아 강연을 했으며 회원으로도 선출되었다. 젊은 시절 왕립학회로부터 논문 게재가 거부된 일을 만회하고도 남는 영광이었다.

줄은 톰슨과 많은 부분을 공유했다. 종교적 신념도 마찬가지였다. 이것이 어떤 사람들에게는 이론 형성에서 중요한 역할을 한다. 지속적 변환(또는 교환)이라는 원리는 신께서 '자연이라는 경제'에서 역동적 안정성을 보장해주는 '자연의 통화 체계'의 기초로서 수립하고 유지해주시는 것이라고, 줄은 주장했다. "실제로 자연의 현상들은 역학적인 것이든 화학적인 것이든 생명이 있는 것이든 간에, 공간, 활력活力, 열이 서로를 끄는 힘에 의해 지속적으로 상호 변환되는 것이 핵심이다. 그렇게 해서 우주 속에서 질서가 유지된다. 이탈하는 것도 없고 사라지는 것도 없다. …… 존재 전체를 주재하는 것은 신의 절대적 의지다."[8]

윌리엄 톰슨은 줄이 중단한 지점에서 연구를 이어갔다. 1824년 6월에 아일랜드 벨파스트에서 태어난 톰슨은 거의 평생을 대학에서 보냈다. 아

---

* 역제곱 법칙(inverse square law)은 어떤 힘이나 에너지가 어느 한 점에서 3차원 공간으로 균일하게 복사될 때(전구를 생각하면 된다) 적용되는 법칙이다. 구체의 표면적은 반지름의 제곱에 비례하므로, 예를 들어 복사된 빛은 광원으로부터 떨어진 거리의 제곱에 비례해 확대되는 공간으로 퍼져나간다. 전구 옆에서 책을 읽어보면 그런 현상을 쉽게 이해할 수 있다. 의자를 처음의 위치보다 광원으로부터 두 배 멀리 떨어뜨려 놓고 책을 보면 빛은 그 거리의 제곱, 즉 2^2만큼 줄어든다. 따라서 네 배가 어두워진다.

버지는 벨파스트 대학교의 전신인 벨파스트 왕립학교 수학 교수였다. 윌리엄과 그의 형은 집에서 아버지한테 교육을 받았다(형 제임스도 물리학자가 되었다). 어머니는 윌리엄이 여섯 살 때 사망했고, 1832년에는 아버지가 글래스고 대학교로 자리를 옮겨 다시 수학 교수가 되었다. 두 아들은 일종의 특혜로 글래스고 대학교에서 강의를 들을 수 있었다. 윌리엄에게 정식 입학 허가가 난 것은 열 살 때인 1834년이었다. 글래스고대를 마치고 나면 케임브리지 대학교로 갈 예정이었다. 그런데 글래스고대를 졸업하면 케임브리지가 있는 남쪽 지방에서는 '불이익'을 받을지 모른다는 우려가 제기되어서, 졸업시험에 합격하고 이듬해에는 석사과정 입학시험에도 합격했지만 정식으로 졸업은 하지 않았다. 따라서 당시에는 'William Thomson BATAIAP(사실상 학사 윌리엄 톰슨)'라는 서명을 사용했다.

윌리엄이 케임브리지 대학교로 이적한 해는 1841년이고 4년 후에 졸업했다. 그는 재학 중에 이미 상을 많이 받았고《케임브리지 수학 잡지 Cambridge Mathematical Journal》에 여러 편의 논문을 발표했다. 이어 파리에 가서 연구원으로 한동안 일하며 탁월한 프랑스 물리학자 사디 카르노(애석하게도 요절했다)의 연구 내용을 접했고, 다시 아버지가 교수로 있는 글래스고 대학교로 돌아가 자연철학 교수가 되었다. 아버지 제임스 톰슨은 아들을 글래스고대로 불러들이기 위해 무진 애를 썼지만 부자가 함께 교수로 일한 기간은 잠시였을 뿐, 얼마 못 가 콜레라로 사망했다. 반면에 윌리엄은 교수로 임명된(20대 중반이었다) 이후 75세로 은퇴할 때까지 줄곧 글래스고대에 재직했다. 퇴직하고 나서는 '녹슬지 않기 위해' 다시 연구학생으로 등록했다. 역사학자 존 그리빈이 감탄해 마지않았듯이, 그리하여 톰슨은 '글래스고대 최연소 학생이자 최고령 학생'으로 기록되었다.[9]

톰슨은 일반 과학자 수준을 훌쩍 뛰어넘는 인물이었다. 그는 대서양을 관통해 영국과 미국을 잇는 해저 전신 케이블을 부설하는 작업에 관여했다(이전에 이루어진 부설 시도는 모두 실패했다). 케이블이 완벽하게 작동함으로써 오늘날의 인터넷에 버금가는, 아니 어쩌면 당시로서는 인터넷보다 훨씬 더 대단한 커뮤니케이션의 혁명을 가져왔다. 그는 과학과 산업 관련 특허로 돈도 많이 벌었다. 그 덕분에 1866년에 기사 작위를 받았고, 1892년에는 '라그스의 켈빈 남작'으로 승격되었다(라그스는 글래스고대 캠퍼스를 관통하는 강의 이름이다).

모든 자연에 스며든 원리

톰슨은 과학 연구는 물론이고 종교적 측면에서도 줄과 닮았다. 그는 이렇게 썼다. "내가 보기에 일은 (전도가 일어날 경우) **인간에게는** 완전히 **없어지지만** 물질계에서는 없어지지 않는다는 점을 입증할 수 있을 것 같다." 크로스비 스미스는 톰슨이 1849년 이후 처음으로 '에너지'라는 단어를 사용하면서 자신의 분석 결과를 신학적이고 우주론적인 용어로 표현했다고 말한다. "에너지의 파괴는 물질계에서는 지고의 통치자가 보유하신 힘의 역사에 의하지 않고는 일어날 수 없는 일이다. 하지만 변환은 일어난다. 그래서 힘의 원천을 인간에게 유익하게 활용할 기회를 이용했다면 충분히 잡았을 기회조차 인간의 통제로부터 돌이킬 수 없이 사라지고 만다."[10] '지고의 통치자'인 신이 이런 '에너지 보존' 법칙을 확립해놓기는 했지만 자연에는 이용할 수 있는 에너지의 원천(폭포 같은 경우)이 존재했다. 사실 톰슨이 보기에 그런 원천들을 사용하지 않는 것은 과오였다. 그런 일은 낭비였고, 장로교에서 볼 때 도저히 참지 못할 죄악이었다. 끝으로, 자연에서 일어나는 변환에는 신만이 되돌릴 수 있는 어떤 **방향**이 있었다. "물질계는 인간에게 계시된 법칙들을 위반하지 않고는 이전 단계로 돌아갈 수 없다."

그러나 순수하게 과학의 차원에서 보면 켈빈 경이 세운 가장 중요한 공은 19세기 중엽에 열역학(더 일반적으로 알려진 표현은 에너지 보존 법칙이다)을 과학의 한 분과로 확립한 일이다. 역시 스코틀랜드 출신인 피터 거스리 테이트와 공저한 《자연철학 강의Treatise on Natural Philosophy》(1867)는 뉴턴을 다시 쓰는 한편으로 열역학과 에너지 보존 법칙을 신과학(19세기 물리학)의 핵심에 놓으려는 시도였다. 켈빈 경은 아마도 그러한 새로운 의미에서 '에너지'라는 단어를 처음 사용한 인물이었을 것이다. 1881년에 그는 이렇게 말했다. "에너지라는 용어는 토머스 영 박사가 금세기 초에 지금과 같은 의미로 처음 사용했지만, 실질적으로 널리 사용된 것은 단순한 수학적 역학 공식을 넘어서서 …… 모든 자연에 스며들어 있고 모든 분야의 과학적 연구를 이끌고 있는, 지금과 같은 에너지 보존 법칙이 발견된 이후의 일이다."[11] 테이트와 켈빈 경은 《자연철학 강의》 2권을 계획했지만 실제로 집필에 이르지는 못했다. 구상에는 "'우주의 **유일** 법칙'인 에너지 보존에 관한 장문의 장"이 들어 있었을 것이다.

이밖에도 켈빈 경은 절대온도를 확립했다. 절대온도 개념 역시, 열은 일과 동일하며(줄은 이 문제를 입증하기 위해 평생 애썼다) 특정한 온도의 변화는 특정한 일의 양과 동일하다는 아이디어에서 시작되었다. 이런 생각의 논리적 최종점은 실제로 절대 최소 가능 온도는 화씨 −273도라는 것이었다. 현재는 이를 켈빈온도 0도($0°K$)라고 부르는데, 더는 일이 이루어질 수 없고 어떤 체계에서도 열을 뽑아낼 수 없는 지점을 뜻한다.

"인간의 기관과 증기기관은 다르지 않다"

톰슨의 아이디어와 유사한 연구 작업이 독일에서는 헤르만 폰 헬름홀츠 (1821~1894), 루돌프 클라우지우스에 의해 진행되고 있었다. 이제 와서 돌아보면 모든 것이 에너지 보존 법칙이라는 이론을 향해 달려가고 있었다고 볼 수 있겠다. 그러나 법칙을 명쾌하게 정식화하기 위해서는 특정 인물의 등장이 필요했다. 바로 그 작업을 해낸 사람이 헬름홀츠다. 1847년에 발표한 역저《힘의 보존에 관하여On the Conservation of Force》에서 그는 열, 빛, 전기, 자기 현상을 '에너지'의 서로 다른 표현으로 간주하고 그것들을 하나로 묶는 최소한의 수학 공식을 제시했다.

켈빈 경과 마찬가지로 헬름홀츠는 다방면에 관심이 많았고 다재다능했다. 그는 '특급' 군사 도시인 독일 포츠담에서 태어났는데, 부모는 지적인 중산층이었고(아버지가 인문계 고등학교 교사였다), 세례를 받을 때 대부와 대모 역할을 자청한 사람이 스물세 명이나 되었다. 대학 초기에는 프로이센 군 장학금으로 생리학을 공부했다. 장학금 지급 조건에 따라 졸업 후 군의관으로 복무하다가 1849년 쾨니히스베르크 대학교 생리학 조교수가 되었다. 이어 1850년에 안구의 내부를 검사할 수 있는 검안경을 발명했고, 발효와 같은 주제뿐 아니라 광학 및 입체적 지각의 생리학적 원리에 관한 논문을 다수 발표했다. 그러나 지금 여기서 우리가 헬름홀츠를 거론하는 이유는 1847년에 발표된 그의 소책자《힘의 보존에 관하여》때문이다.[12]

마이어와 마찬가지로 헬름홀츠도 처음에는 이 논문을《물리학 연보》의 편집장 포겐도르프에게 보냈는데 수록이 거부되어 개인적으로 출판하기로 마음먹는다. 그런데 마이어와 마찬가지로 헬름홀츠도 에너지 문제를 의학적 관점에서 접근했다. 앞서 그가 출간했던 생리학 관련 논문들은 하나같이 동물 신체의 열과 동물의 근육 활동의 근원은 음식물의 산화라는 점을 보여주기 위해 썼던 것들이다. 말하자면 증기기관과 인간의 기관은 별로 다를 바 없다는 취지였다. 헬름홀츠는 오로지 생명체에게만 존재하는 독특한 힘 같은 것은 없다고 생각했으며, 유기체의 생명이란 비유기적 영역에서 작동하는 힘들이 '변형된' 결과라고 강조했다. 이런 발상은 마이어와 켈빈 경뿐 아니라 리비히와도 맥을 같이했다.

헬름홀츠가 생각하는 순수 역학적 세계에서는 사람이 하는 일과 기계가 하는 일 사이에 연관성이 있음이 분명했다. 그가 보기에 생명력Leben-skraft('life force'의 독일어 표현이다)이란 활력vital force과는 무관한 것으로, 관련 부분들의 '조직화'를 표현한 데에 불과했다.[13] "일이라는 개념은 인간이 하는 일과 동물이 하는 일을 비교해볼 때 기계에도 적용될 수 있음이 분명하다. 인간과 동물이 하는 일을 바로 기계가 대체해주니 말이다. 그래서 우리는 아직도 증기기관이 하는 일의 양을 말이 하는 일(마력)을 기준으로 측정한다." 헬름홀츠는 어떻게 힘의 보존이라는 원리를 파악했을까? "우리는 역학적 힘을 창조할 수 없다. 그러나 자연이라고 하는 만물의 보고에서 도움을 얻을 수는 있다.…… 제분소 주인은 낙차 크게 떨어지는 개천 물의 중력이나 세찬 바람의 생명력을 자기 것이라고 주장한다. 자연이라는 가게가 전시하고 있는 그런 요소들이야말로 제분소 주인의 보물이다." 자연의 '가게'라는 헬름홀츠의 표현은 줄이 말한 자연의 '통화'와 맥을 같이한다.

헬름홀츠는 자기 이론을 설명하면서 실험적 증거를 제시하지 않았다―프로이센 왕립 과학 아카데미 회원들은 헬름홀츠의 강연에 감탄하면서도 이런 측면을 깊이 인식하고 있었다―는 점에서 '이론물리학과 실험물리학을 명확하게 구분한 최초의 인물'이라고 할 수 있다.

엔트로피

의사였던 마이어와 헬름홀츠가 생리학을 통해 일이라는 과학적 문제에 접근한 반면 헬름홀츠와 같은 프로이센 사람이었던 루돌프 클라우지우스는 동시대의 영국 및 프랑스 학자들처럼 당시 보편적으로 쓰이던 증기 기관을 통해 동일한 현상에 접근했다.

만년의 클라우지우스는 다소 험악한 얼굴이었다. 이마는 아주 넓고, 쏘아보는 듯한 눈에 입술은 가늘고 근엄했다. 양쪽 뺨과 턱에는 테를 두른 듯 흰 수염이 무성했다. 공정하게 말한다면 이런 근엄한 인상은 1870~1871년 프로이센-프랑스 전쟁 참전 때 당한 부상으로 말미암은 지속적인 통증의 결과였다고 볼 수 있다. 열렬한 민족주의자였다는 점도 그런 인상을 만든 한 요인이었을 것이다.

클라우지우스는 1822년 1월에 독일 쾨슬린(지금의 폴란드 코샬린)에서 태어났는데, 아버지는 목사로 자신이 직접 설립한 사립학교를 운영하고 있었다. 여섯째 아들로 태어난 루돌프는 몇 년간 이 학교를 다니다가 슈테틴(지금의 폴란드 슈체친)에 있는 김나지움(인문계 고등학교)으로 옮겼고, 1840년에 베를린 대학교에 진학했다. 처음에는 역사학에 흥미를 느껴 역사학의 대가인 레오폴트 폰 랑케 밑에서 공부했다. 이때의 경험이 추후에 그의 민족주의 신봉에 영향을 미쳤을 것이다. 그러다가 전공을 수학과 물리학으로 바꿨다. 베를린 대학교를 졸업하고 2년 뒤인 1846년에는 할레 대학교에서 아우구스트 뵈크가 주관하는 세미나를 수강하고서 하늘이 왜 파란지를 설명하는 작업에 몰두했다. 하늘은 평소에 왜 파란지, 그리고 저녁과 새벽에는 왜 붉은지에 대해 클라우지우스가 제기한 이론은 잘못된 물리학에 바탕을 두고 있었다. 그는 빛의 반사와 굴절이 원인이라고 생

각했다. 반면에 존 스트럿(후일 레일리 경이 됨)은 빛의 산란이 그 원인임을 입증했다.[14]

그러나 클라우지우스가 세운 특별한 공은 그 당시까지의 어느 누구보다 철저하게 수학을 물리학에 적용한 일이었다. 그의 연구는 열역학과 이론물리학의 확립에 한 획을 그었다. 그가 최초로 쓴 논문은 열의 역학 이론을 논한 것으로 1850년에 출간되었는데, 이 논문이 그의 가장 유명한 업적이다. 이 문제에 대해서는 잠시 후 다시 살펴보기로 하자. 그는, 적어도 처음에는, 훌륭한 연구 성과를 잇달아 내놓았고, 첫 논문 덕에 1850년 9월에 베를린 왕립포병공대의 교수로 초빙되었다. 이어 스위스 취리히 연방공과대학교 교수로 부임해 한동안 재임했다. 그사이 두어 차례 독일로 돌아와달라는 요청도 받았다. 그러다가 결국 1869년에 뷔르츠부르크 대학교 교수 자리를 수락했고, 다시 1년 후에는 본 대학교로 자리를 옮겼다. 그동안 프로이센-프랑스 전쟁이 터졌다. 누군가의 말마따나 '열혈 민족주의자'였던 클라우지우스는 내일이면 쉰이 되는 나이에 자원입대했고, 본 대학교 학생들을 중심으로 조직한 야전 의무대 대장직을 맡았다. 그가 수행한 주요 임무는 비옹빌과 그라블로트 같은 대규모 전투에서 부상한 아군을 후방으로 수송하는 일이었다. 독일군(프로이센군)은 그라블로트 전투에서만 2만 명의 사상자를 냈다. 양측의 교전이 계속되는 상황에서 클라우지우스는 다리에 부상을 입었고, 그 이후 평생을 심한 통증과 장애에 시달렸다.[15] 이때의 공로로 그는 1871년에 독일 최고의 무공훈장인 철십자훈장을 받았다.

마이어나 헬름홀츠와 달리 클라우지우스는 최초의 중요 논문 〈열의 동력 및 그로부터 연역 가능한 열의 본질에 관한 법칙들에 관하여On the moving force of heat, and the Laws regarding the Nature of Heat that are deducible therefrom〉가 1850년에 《물리·화학 연보》에 게재되었다. 1850년에 발표된 이 논문의 중요성은 즉각 널리 입소문을 탔다. 논문에서 클라우지우스는 일의 생성은 (프랑스의 물리학자이자 공병 장교였던 사디 카르노가 주장한 것처럼) 열의 **분포**가 변화한 결과일 뿐 아니라 열의 **소비**에서 기인한다고 주장했다. 쉽게 말해, 열은 일의 '소비'에 의해 생성될 수 있다는 얘기다. 그는 이렇게 썼다. "일의 생성에서 …… 어느 정도는 열이 소비될 수 있다. 나아가 그 이상의 열이 따뜻한 몸에서 차가운 몸으로 전이될 수 있다. 그리고 양쪽 모두 생성된 일의 양과 특정한 비례 관계를 보일 수 있다." 이를 통해 클라우지우스는 두 가지 기본 원리를 천명한 셈인데, 이는 훗날 열역학 제1법칙과 제2법칙으로 알려진다.

열역학 제1법칙은 훗날 막스 플랑크가 제시한 설명을 통해 한층 더 명확해진다. 플랑크는 19세기에서 20세기로 넘어가는 전환기에 클라우지우스의 연구 성과를 토대로 이론적 발전을 이루었다. 한 인부가 무거운 돌을 지붕에 얹어놓는다고 치자. 돌은 지붕에 놓인 다음에는 한동안 그 자리에 있을 것이다. 미래의 어느 시점에 땅에 떨어질 때까지는 에너지를 보존하고 있는 셈이다. 제1법칙은, 에너지는 결코 창조되거나 파괴될 수 없다고 말한다. 그러나 클라우지우스는 제2법칙에서, 제1법칙은 전체 상황을 제대로 설명하지 못한다고 지적한다. 앞에 제시한 예에서, 에너지는 돌을 지붕에 올려놓을 때 인부에 의해 소모되고 그 과정에서 열로 **소산**消散된다. 인부가 땀이 나는 이유도 그 때문이다. 이처럼 에너지가 흩어져 사라지는 것(소산)을 클라우지우스는 '엔트로피entropy'라고 명명했고, 이는 대단히 중요한 개념이 되었다. 에너지란 우주 안에서 사라지는 않지만 절대 원래 형태로 복원될 수 없기에 그렇게 말한 것이다. 클라우지우스는 그래서 세계는(그리고 우주는) 항상 무질서가 증대되는 방향으로 가고 있

으며, 항상 엔트로피를 증가시킬 수밖에 없다고 결론지었다.[16]

클라우지우스는 열에 관한 이론을 꾸준히 다듬었고, 그 과정에서 기체 운동론에도 관심을 가졌다. 특히 기체의 거시적 특성들은 기체를 구성하는 입자, 또는 분자들의 미시적 운동의 기능이라는 개념을 수립했다. 그는 열이란 그런 입자들의 운동이 지닌 기능이라는 생각을 하게 되었다. 뜨거운 기체는 빠르게 운동하는 입자들로 구성되어 있고, 차가운 기체는 느리게 운동하는 입자들로 구성되어 있다는 것이었다. 일은 '어떤 물체를 구성하는 분자들의 배열이 이런저런 방식으로 변환되는 것'으로 이해되었다.

열이 운동의 한 형태라는 이런 발상이 새로운 생각은 아니었다. 줄과 마이어의 연구 결과는 물론이고, 미국 물리학자 벤저민 톰프슨도 드릴로 포신 구멍을 깎는 과정에서 열이 발생한다는 사실을 관찰했고, 영국에서도 화학자 험프리 데이비 경이 얼음을 마찰시키면 녹는다는 사실을 발견했다. 클라우지우스의 관심을 끈 부분은 열로 변환되는 운동이 정확히 어떤 형태를 띠는가 하는 문제였다. 내부 입자들의 진동인가, 아니면 입자들이 한 위치에서 다른 위치로 이동하는 '변환' 운동인가, 그것도 아니면 입자들이 자체를 축으로 해서 회전 운동을 하는가?

클라우지우스의 두 번째 중요 논문 〈열이라고 칭하는 운동의 종류에 관하여On the Kind of Motion that We Call Heat〉가 《물리·화학 연보》에 게재된 때는 1857년이다. 이 논문에서 그는 기체의 열은 모두 세 가지 형태의 운동으로 구성되며, 따라서 기체가 내는 전체 열은 그런 운동들의 총합에 비례한다고 주장했다. 또 그런 입자들 자체가 차지하는 부피는 극히 미미하고, 입자들은 모두 동일한 평균 속도—(줄의 계산에 입각해) 초당 수백 미터라고 추산했다—로 움직인다고 주장했다. 곧바로 일부 인사들이 반론을 제기했다. 일부 기체는 일반적으로 알려진 것보다 훨씬 빨리 확산되므로, 클라우지우스의 주장과 계산은 틀렸을 가능성이 높다는 주장이었다. 그러나 클라우지우스는 기존의 접근법을 버리고 '평균자유행로mean free path'(기체에서 직선적으로 움직이는 분자가 다음 분자와 충돌하기 전까지 이동하는 거리의 평균값) 개념을 도입했다.[17]

전기·자기·빛의 통합

클라우지우스는 1868년에 영국왕립학회 회원으로 선출되었고, 1879년에 왕립학회가 수여하는 최고의 영예인 코플리 메달을 받았다. 그의 연구 성과에 깊이 관심을 보인 사람들 중에는 특히 영국의 제임스 클러크 맥스웰이 있었다. 맥스웰은 1860년 《철학 매거진》에 〈기체 역학 이론 해설 Illustrations of the Dynamical Theory of Gases〉이라는 논문을 발표했는데, 여기서 클라우지우스의 평균자유행로 개념을 충분히 활용했다.

맥스웰의 전기를 쓴 한 작가는 맥스웰의 과학적 발상이 "어떤 철학자의 작업 못지않게 심오하고, 어떤 그림 못지않게 아름다우며, 어떤 정치 행위나 전쟁 못지않게 강력했다. 그와 같은 일은 다시없을 것이다"라고 썼다. 너무 어마어마한 얘기여서 알기 쉽게 설명하기는 어렵지만 간단히 말하면, 맥스웰은 네 가지 방정식을 구상했다. 전기와 자기와 빛을 단번에 하나로 통합하고, 그럼으로써 우리가 눈으로 볼 수 있는 빛은 '속도는 모두 동일하지만 진동하는 주파수가 서로 다른' 지극히 다양한 범위의 파동들 가운데 아주 작은 일부 대역에 불과하다는 사실을 입증한 방정식이었다.[18] 앞에서 말한 맥스웰 전기 작가는, 물리학자들은 맥스웰을 뉴턴 및 아인슈타인과 같은 반열로 높이 평가하는데 일반 대중은 "어떤 이유에서인지 그를 잘 모른다"라고 지적한다. 맥스웰의 이런저런 연구 업적은 모두 메리 서머빌이 살아 있을 때 이루어졌고, 그런 연유로 서머빌의 《물리과학들의 연관성에 관하여》는 더더욱 철 지난 책으로 전락하고 말았다.

맥스웰은 8세가 될 때까지 스코틀랜드 남서부 갤러웨이에 있는 글렌레어의 아버지 집에서 자랐다. 집안은 지방에서 이름깨나 있는 유지였다. 할아버지는 작곡가이자 왕립학회 회원으로 여러 지역 단체의 명예직을 맡은 바 있었다. 삼촌 중 한 명은 제임스 허턴의 친구로 허턴의 기념비적 저서 《지구에 관한 이론Theory of the Earth》에 삽화를 그렸다(2장 참조). 맥스웰의 부모는 결혼이 늦은 데다 첫아이가 어려서 사망했다. 제임스를 낳았을 때 그의 친모는 불혹을 바라보는 나이였다.

맥스웰이 워낙 늦둥이였는지라 부모는 아이를 더더욱 애지중지했다. 얼마 가지 않아 아이는 특출한 녀석임이 드러났다. 세상만사가 어떻게 돌아가는지에 골몰하면서 그 모든 것을 설명하려 했다. 그런 성향 탓인지 아이는 어렸을 때부터 뜨개질, 빵 굽기, 바구니 짜기 등 온갖 일을 마다하지 않고 배웠다. 그런가 하면 험프리 데이비, 마이클 패러데이 같은 19세기 과학자들처럼 시 짓기에도 몰두했다. 그가 살아 있는 동안 인쇄물로 나온 것은 없는데 그 이유는 충분히 짐작할 만하다. 그가 쓴 시 한 구절을 보자.

그러하면 Vn/Vt 탄젠트는 동일할 것이니
출발 지점 각도로부터 결국은 밝혀지리라

또 다른 시에는 그래프까지 들어가 있다.
글렌레어가 있는 베일오브에어Vale of Urr라는 지역을 현지인들은 '해피 밸리'(행복한 계곡)라고 불렀다. 그러나 맥스웰의 어머니 프랜시스는 47세에 위암에 걸렸고, 수술 직후에 사망했다(당시에는 마취제 없이 수술했다). 어머니가 죽자 부자 간의 정은 더욱 끈끈해졌지만 아들 교육에 문제가 생겼다. 원래는 13세가 될 때까지 집에서 공부를 시킬 작정이었는데, 아버지는 이제 이것저것 돌봐야 할 일이 너무 많았다. 그래서 스코틀랜드의 중심 도시라고 할 수 있는 에든버러에 사는 이모가 맥스웰을 데려갔고, 거기서 에든버러 아카데미라는 고등학교에 보냈다. 이 학교는 스코틀랜드에서 손꼽히는 명문고였다.[19]

처음에는 분위기가 별로 좋지 않았다. 학교는 정원이 거의 찬 상태여서 맥스웰은 자기 학년보다 1년 위의 학급에 들어가야 했다. 같은 학년생들은 이미 몇 달을 보낸 상태여서 나름의 서클을 형성하고 분위기를 잡고 있었다. 게다가 대부분 에든버러 지역의 부유한 집안 출신이었다. 그러니 동급생들이 촌뜨기 차림새를 한 맥스웰을 좋게 볼 리 없었고 그의 시골 사투리를 비웃곤 했다. 가차 없는 왕따 신세였다. 맥스웰은 (처음에는) 위아래가 붙은 헐렁한 트위드 튜닉에 주름 잡힌 칼라, 놋쇠로 된 죔쇠가 달린 뾰족구두를 신고 있었다. 도회지인 에든버러에서 이런 복장을 한 경우는 볼 수 없었다. 다른 학생들은 몸에 꼭 맞는 튜닉에 신발도 날렵했다. 친구들은 맥스웰을 '쪼다'라고 놀려댔다.

상황이 이랬던 터라 맥스웰의 학교 생활은 한동안 어려웠다. 말더듬이라고 할 정도로 조신하게 처신했건만 별로 달라지지는 않았다. 학교와 이모네는 천양지차였다. 맥스웰은 이모 집이 정말 좋았다. 그 집엔 책과 스케치와 그림이 한가득 있었다. 이종사촌, 곧 이모의 딸은 전도유망한 화가여서 당대의 저명한 화가인 에드윈 랜시어마저 높이 평가할 정도였다.

그럭저럭하다가 상황이 한결 나아졌다. 입학한 지 2년째 되던 해에 기하학 분야에서 발군의 실력을 발휘하자 학교 사람들, 특히 급우들이 그를 바라보는 눈이 완전히 달라졌다. 당시 고등학교에서는 학생들이 성적순으로 자리에 앉았다. 따라서 맥스웰은 이제 앞자리로 옮겨갔고, 잘 대해주는 친구들이 많아졌다. 친구도 여럿 사귀었는데 그중 한 사람이 피터 거스리 테이트다. 그는 후일 스코틀랜드 출신의 저명한 물리학자들 가운데 한 사람이 되는데, 앞서 윌리엄 톰슨과《자연철학 강의》를 공저한 인물로 소개한 바로 그 사람이다.[20]

맥스웰은 14세라는 어린 나이에 최초의 논문을 출간했다. 타원을 어떻게 그릴 것인가를 다룬 논문이었다. 끈을 핀에 고정시키고 연필을 끈 반대편에 달아 돌리면 완벽한 원을 그릴 수 있다는 것쯤은 누구나 알고 있는 사실인데, 맥스웰은 핀을 두 개 박아놓고 한쪽 끝을 다른 쪽 끝에 줄로 연결한 다음, 연필을 줄에 밀어서 돌리면 완벽한 타원이 그려진다는 사실을 발견했다. 그런 다음 한쪽 줄을 풀어 남은 핀에 감은 다음, 다시 돌리면 또 하나의 달걀 모양의 타원이 그려진다. 이런 식으로 여러 타원을 그린 다음, 그 타원들의 수학적 관계를 연구해 관련 공식을 정리했다. 그 공식 가운데 일부는 다름 아닌 프랑스 철학자 르네 데카르트가 일찍이 밝혀낸 내용이었지만 맥스웰이 제시한 공식이 훨씬 간결했기에, 에든버러 왕립학회에 소개해도 충분하다는 결론이 내려졌다. 당시 맥스웰은 나이가 너무 어려서 논문은 다른 사람이 대독했다.

맥스웰은 근엄한 장로교 스타일의 독실한 기독교 신자였고, 그런 사정이 글래스고에서 장로교 계열 친척들을 만났을 때 도움이 되었다. 그중에 사촌 제미마는 글래스고 대학교 수학 교수인 휴 블랙번의 부인이었는데, 블랙번은 같은 대학교 자연철학 신임 교수 윌리엄 톰슨과 절친한 사이였다. 그 덕분에 맥스웰과 톰슨은 바로 의기투합했고 계속 우정을 이어갔다.

〈서론〉에서 언급한 대로, 19세기 중반 영국에서는 '과학자'라는 표현이 아직 일반화되지 않은 상황이었다. 물리학자와 화학자는 스스로를 '자연철학자natural philosopher'라고 불렀고, 생물학자는 '자연사학자natural historian'라고 자칭했다. 맥스웰은 에든버러 대학교에 입학해 수학과 자연철학과 논리학을 공부하기로 결심했다. 정식 입학 허가는 16세 때 받았다.

그때부터 맥스웰은 혼자 힘으로 실험을 해나가기 시작했다. 5월 말부터 11월 초까지 집에서 농사일을 돕도록 방학을 하는 스코틀랜드 대학교들의 관행이 도움이 되었다. 맥스웰은 글렌레어에서 읽고 또 읽으며 최초로 실험을 진행하면서 전자기와 편광에 대한 관심을 키워갔는데, 직접 실험하는 과정에서 실험 기술 외에 더 중요한 성과를 얻었다. 자연의 여러 물질과 과정에 대한 감각을 키웠을 뿐 아니라 이론 작업의 감각을 익힌 것이다. 맥스웰은 에든버러에 머물 때 에든버러 왕립학회에서 논문 두 편을 더 발표했다. 덕분에 케임브리지 대학교로 진학한 19세 무렵에는 상당한 지식을 축적했을 뿐 아니라, 자기 명의로 발표한 논문 몇 편, 학계와 과학계에서 상당한 영향력을 행사하는 친구들을 이미 확보한 상태였다.

케임브리지 대학교에서 처음 들어간 단과대학은 피터하우스 칼리지였다. 그러나 별 재미를 느끼지 못하고 곧 트리니티 칼리지로 옮겼다. 트리니티 칼리지는 한결 정서에 맞고 수학적 마인드가 훨씬 강한 곳이었다(당시 학장은 윌리엄 휴얼이었다). 케임브리지 재학 중에 맥스웰은 수학계에서 '시니어 랭글러senior wrangler 제조기'로 유명한 윌리엄 홉킨스의 수업을 들었다. 랭글러란 케임브리지 학생 전원이 치러야 하는 수학 졸업시험에서 1등급을 얻은 학생들을 말하는데, 그중에서도 최우수자를 시니어 랭글러라고 한다. 랭글러로 선정되면 졸업 후 어떤 분야로 나가도 평생 명예가 뒤따랐다. 이 트라이포스는 하루 여섯 시간씩 꼬박 7일 동안 계속되는 아주 힘든 시험인데 거기서 맥스웰은 2등으로 뽑혔다. 당시 1등(최우수자)은 E. J. 루스로 훗날 그의 이름을 딴 루스 함수로 유명한 탁월한 수학자가 된다. (에든버러 고등학교 때 친구였던 P. G. 테이트는 맥스웰보다 2년 앞서 시니어 랭글러로 선발되었다.)[21]

트라이포스가 끝나자 맥스웰은 학부 2년 동안 구상만 했던 생각들을 자유롭게 연구할 수 있는 여건이 되었다. 그가 탐색하고자 했던 물리적 세계는 두 가지 측면이었다. 눈으로 보는 행위가 이루어지는 과정, 특히 우리가 색채를 지각하는 방식 및 전기와 자기에 관한 문제였다.

그는 색채 연구에서 일찌감치 획기적인 진전을 이루었다. 그는 물감이나 염료를 섞는 경우처럼 색소를 혼합하는 것과, 여러 색으로 된 원판을 돌릴 때 빛이 혼합되는 것 사이에는 근본적 차이가 있다는 사실을 발견했다. 색소는 색을 추출해내는 작용을 하기 때문에, 두 물감을 섞은 뒤에 우리가 보는 빛은 물감들이 흡수하지 못한 색깔이다. 다른 말로 하면 색소를 섞는 것은 제거하는 과정인 반면에, 빛을 혼합하는 것은 추가하는 과정이다. 따라서 빛은 예를 들어 파랑과 노랑을 섞으면 색소를 혼합할 때처럼 녹색이 되지 않고 **핑크**가 된다. 이와 함께 맥스웰은 실험을 통해 빛의 관점에서는 삼원색이 빨강, 파랑, 녹색이며 이것들을 서로 다른 비율로 혼합하면 무지개의 모든 색깔을 얻을 수 있다는 사실을 입증했다. 이는 중요한 발전이었으며, 지금도 예를 들어 컬러텔레비전이 색깔을 내는 이론적 원리다.

그러는 한편으로 맥스웰은 전기와 자기 문제에도 몰두했고, 그리하여 1855년에 위대한 논문 세 편 가운데 첫 번째 편을 출간했다. 마이클 패러데이는 역선力線, lines of force을 불연속 촉수 같은 것으로 생각했었다(철가루를 자석 주변에 뿌려놓으면 일정한 형태의 선으로 배열되는 것과 유사하다). 그런데 맥스웰은 역선이 하나의 연속적인 실체에 통합되어 있다고 보고 그것을 플럭스flux라고 불렀다. 특정 지점에서 플럭스의 밀도가 높아질수록 그곳의 전기력이나 자기력은 강해진다. 나아가 맥스웰은 물체들 사이의 전기력과 자기력은 그 거리의 제곱에 역비례해서 달라진다는 사실을 파악했다. 뉴턴이 중력에 대해 한 말과 유사한 이야기다.[22]

이런 식으로 해서 역선은 '장場, field'이 되었고, **바로 이 개념**이야말로 맥스웰의 독창성을 입증하면서 그를 뉴턴이나 아인슈타인과 동급의 반열에 서게 했다. 맥스웰은 여기서 그치지 않고 장 개념을 기초로 삼아 6년 후에는 **전자기파**electromagnetic waves 개념을 완성했다.

그러는 사이 아버지가 병환으로 몸져눕자 맥스웰은 병간호에 많은 시간을 써야 했다. 그러나 그것도 임시방편이었다. 그러는 한편으로 집 근처에 직장을 구해야 했다. 바로 그때 우연찮게도 애버딘에 있는 매리셜 칼리지 자연철학 교수 자리를 제안 받았다. 이 대학은 얼마 후 다른 대학과 합해져 애버딘 대학교가 된다. 덕분에 부자는 한시름 놓았지만 그에 따른 단점도 있었다. 맥스웰은 후일 친구에게 보내는 편지에서 이렇게 썼다. "이 동네 사람들은 농담이라는 걸 전혀 몰라. 나도 두 달 동안 농담을 한 번도 안 했네. 농담이 터져 나올 것 같으면 혀를 깨물고 참아야 할 거야." 하지만 그렇다고 완전히 절망적이지만은 않았다. 맥스웰은 완벽한 이상형이라고 할 수 있는 매리셜 칼리지 학장의 딸을 알게 되어 그녀에게 청혼했다. 청혼은 곧 성사되었다.[23]

1858년 6월에 맥스웰은 캐서린과 결혼했고, 몇 달 뒤 기체의 확산 문제를 논한 클라우지우스의 논문을 읽었다. 여기서 문제는, 일부 인사들이 지적한 대로, 상온에서 기체가 받는 압력을 설명하려면 분자들이 아주 빠른 속도로 움직여야 한다는 점이었다. 줄이 이미 계산한 것처럼 초당 수천 미터는 되어야 할 판이었다. 그렇다면 왜 향수 냄새 같은 것은 비교적 느린 속도로 방 안에 퍼질까? 클라우지우스는 각 분자가 엄청난 횟수의 충돌을 겪은 결과로 분자의 방향이 계속 변하기 때문이라고 설명했다. 냄새를 방 전체로 퍼뜨리려면 분자(들)는 실제로 수천 킬로미터를 이동해야 할 것이다.

클라우지우스는 특정 시점에 모든 분자가 동일한 속도로 움직인다고 가정했다. 그는 그런 설명이 옳지 않음을 직감했으나 더 나은 설명을 생각해낼 수 없었다. 맥스웰도 처음에는 이 문제를 도저히 풀 수가 없었다. 그러다가 어떤 영감 같은 것이 떠올랐다. 전기 작가 베이질 마혼의 설명에 따르면, 단박에 "세계가 어떻게 작동하는지를 이해하는 방식에 엄청난 진전을 가져다줄 길이 열렸다."

맥스웰은 이제 수많은 운동을 단일한 방정식, 즉 **통계적** 법칙으로 표현하는 방법이 필요함을 직감했다. 그는 개별 분자들에 대해서는 아무것도 말하지 않는 대신, 주어진 범위 안에서 각 분자들의 속도 **분포**를 설명하는 방정식을 고안해냈다. 이는 물리학 역사에서 처음으로 등장한 통계적 법칙이었는데, 속도 분포는 결국 우리가 잘 알고 있는 연령별 인구 분포와 유사하게 평균점을 축으로 하는 종 모양으로 밝혀졌다. 그러나 그 형태는 온도에 따라 달라서, 기체가 뜨거울수록 곡선이 납작해져서 종 모양이 아래쪽이 넓은 형태가 된다.

이는 엄청나게 대단한 발견으로 시간이 흐르면서 열역학에 대한 적확한 이해 방식인 통계역학으로, 그리고 양자역학의 확률 분포 개념 활용으로 이어진다. 이 발견만으로도 맥스웰은 1급 과학자 반열에 오르기에 충분했다. 영국왕립학회도 맥스웰에게 물리학계 최고의 영예인 럼퍼드 메달을 수여한 것을 보면 그렇게 생각했음이 분명하다. 장기적으로 볼 때 이에 못지않게 중요한 사건은 킹스 칼리지 런던에서 자연사 담당 교수를 물색하는 중이었는데, 맥스웰이 거기에 응모해 교수로 임명되었다는 사실이다. 게다가 그의 머릿속에서는 또 다른 획기적 발견이 구상되고 있었다.

템스 강 바로 북쪽 스트랜드에 위치한 킹스 칼리지 런던은 계급이나 종파에 관계없이 누구에게나 입학을 허용하는 유니버시티 칼리지—성공회(영국 국교회) 색채가 아주 강한 옥스퍼드대와 케임브리지대의 대안으로 1829년에 설립됐으며 킹스 칼리지에서 북쪽으로 1마일(1.6킬로미터) 떨어져 있다—에 맞서 설립한 성공회 계열 대학이었다. 애버딘 대학교나 케임브리지 대학교 스타일의 전통적인 커리큘럼과 달리, 킹스 칼리지 런던의 커리큘럼은 훨씬 현대적이었다.

맥스웰에게 런던에서 거주한다는 것은 왕립학회의 각종 모임과 왕립과학연구소Royal Institution에 드나들 수 있는 것을 의미했고, 그런 기회를 통해 패러데이와도 우정을 돈독히 할 수 있었다. 두 사람은 그동안 서신 왕래는 수없이 했지만 이제 마침내 직접 대면하게 됨으로써 우정이 더욱 깊어졌다. 다른 한편으로 맥스웰은 마지막 위대한 통찰을 가시화하는 데 전력을 쏟았다.

〈패러데이의 역선에 관하여On Faraday's Lines of Force〉라는 논문에서, 맥스웰은 어떻게 수학식을 통해 역선을 연속적인 장으로 표현하는 방법을 찾아냈는지, 그리고 전기장과 자기장이 상호작용하는 방식을 규정하는 일련의 방정식을 만들게 된 단초가 무엇이었는지를 보여주었다. 그러나 이것은 전체 그림의 일부에 불과했다. 사실 여기서 그림이라는 표현은 어폐가 있다. 그 시점에 이미 물리학은 우리에게 친숙한 시각적 비유가 통하지 않는 세계로 진입하기 시작했기 때문이다. '장'이라는 이미지는 그 자체로는 쉽게 상상할 수 있다. 그러나 맥스웰이 스스로 구상한 방정식들을 통해 그토록 올바로 설명하고자 애썼던 것은 이제 일상 언어로 설명하기가 너무도 어려웠다. 그 역시 그런 점을 절감해—나중에는 누구나 절감했다—, 1862년에 발표한 논문에서 예전과는 완전히 다르게, 스스로 고안한 수학식을 동원해 빛도 일종의 전자기파 교란 현상이며, 나아가 파동인 동시에 입자들의 흐름 다발로 볼 수 있다는 결론을 내렸다. 그것은 당시까지 전혀 들어본 적 없는 주장이었고, 언어로 표현해도 이해가 불가능했으나 수학적으로 설명하면 충분히 이해가 되는 내용이었다.[24]

실제로 맥스웰이 도출한 네 가지 방정식을 다 합하면 '고전역학에서 전기와 자기에 관해 설명할 수 있는 모든 것을 한마디로 요약하는 것'이었다. 맥스웰이 물리학자들 사이에서—아직 일반 대중에게는 아니었지만—뉴턴과 동급이 되는 이유는 바로 그 때문이다. "뉴턴의 법칙들 및 중력 이론에 맥스웰의 방정식 네 개를 합하면 1860년대 말까지 물리학자들이 알고 있던 모든 것을 설명할 수 있었다." 맥스웰이 세운 업적은 1687년에 발표된 뉴턴의 《자연철학의 수학적 원리》 이후 최고로 획기적이었다.[25]

여기가 끝이 아니었다. 맥스웰의 네 방정식에는 가시광선보다 파장이 훨씬 긴, 다른 형태의 전자기파들이 존재할 수밖에 없다는 함의가 들어 있었다. 그런 전자기파의 발견이 얼마 지나지 않아 실현된다.

맥스웰의 경이로운 이력을 장식하는 마지막 장은 케임브리지 대학교에 신설된 중요 교수직 제안을 수락한 일이었다. 당시 케임브리지의 이사장이었던 데번셔 공작은 막대한 현금을 희사해 교육과 연구를 위한 연구 기관을 신설하고자 했다. 유럽 대륙, 특히 독일의 최우수 유사 기관들과 경쟁을 하자는 취지였다. 당시 케임브리지는 이미 실험과학 분야에서 프랑스와 독일은 물론이고 다수의 영국 신생 대학들과의 경쟁에서 뒤처진 상황이었다.

맥스웰은 처음에는 케임브리지의 제안을 썩 달가워하지 않았다. 그가 주장한 이론은 너무도 새로운 것이어서 제대로 이해하는 이가 많지 않았고, 거기로 가봤자 어떤 대접을 받을지 확신이 서지 않았기 때문이다. 그러나 그의 연구 성과를 줄곧 **지켜본** 케임브리지의 젊은 물리학자 다수가 제발 와달라고 간청했고, 그것으로 일은 결정되었다.[26]

시간이 물질의 속성이 되다

클라우지우스는 기체 안에 있는 입자는 모두 동일한 평균 속도로 이동한다고 생각했다. 맥스웰은 통계학이라는 신생 학문의 연구 성과를 토대로 입자 속도의 무작위 분포를 계산해낸 다음, 입자들 간의 충돌은 속도의 균일화보다는 평균점을 중심으로 한 속도 분포 곡선으로 귀결된다고 주장했다. (여기서 말하는 입자가 무엇인지 당시에는 전혀 확정되지 않은 상태였다. 그러나 맥스웰은 그것이 '신과 같은 제조자의 존재를 입증하는 증거'라고 확신했다.)

이렇게 물리학에 도입된 통계학 및 확률론의 요소는 대단히 논쟁적이었으나 근본적 차원의 발전이었다. 1850년에 발표한 논문에서 클라우지우스는 열역학 제2법칙 가운데 열 흐름의 '방향성'에 주의를 환기시켰다. 열은 더 뜨거운 물체에서 더 차가운 물체로 이동하는 경향이 있다는 생각이었다. 그는 처음에는 그런 과정의 불가역성이나 그 반대의 의미에 신경을 쓰지 않았다. 그러나 1854년이 되면 열이 일로 변환되는 것, 그리고 열이 높은 온도에서 더 낮은 온도의 열로 변환되는 것은 사실상 동일한 현상이며 어떤 조건에서는 일을 열로 전환시킴으로써 그런 변환을 저지할 수 있다고, 달리 말하면 역전시킬 수 있다고 주장했다. 이런 경우에 열은 차가운 물체에서 더 따뜻한 물체로 흐른다. 이는 클라우지우스로서는 가역적(인위적) 과정과 불가역적(자연적) 과정이 서로 다름을 강조하는 데에 불과했다. 썩어 무너진 집은 절대 저절로 재건되지 않고, 깨진 병은 절대 스스로 다시 붙지 않는다는 얘기다.[27]

클라우지우스가 불가역적 과정에 대해 '엔트로피'('변환'이라는 뜻의 그리스어에서 차용한 말이다)라는 용어를 제안한 것은 한참 뒤인 1865년이었다. 열이 따뜻한 물체에서 차가운 물체로 흐르는 경향은 이제 엔트로피 증가의 사례로 서술할 수 있게 되었다. 이렇게 함으로써 클라우지우스는 물리적 과정의 **방향성**을 강조했다. 엔트로피가 에너지와 짝을 이루는 개념인 이유는 '두 개념이 유사한 물리적 의미를 가지고 있기 때문'이었다. 클라우지우스는 열역학의 두 법칙을 다음과 같이 설명했다. "우주의 에너지는 항상 일정하다", 그리고 "우주의 엔트로피는 최대화되는 경향이 있다." 어떤 미스터리한 방식으로 시간이 물질의 한 속성이 된 것이다.

어떤 사람들에게 제2법칙은 클라우지우스가 알고 있던 것보다 훨씬 더 깊은 의미가 있는 법칙이었다. 윌리엄 톰슨은 제2법칙의 특징인 불가역성, 곧 에너지의 소산은 '진보론적 우주생성론'(우주는 잠시만 존재한다는 식의 성서적 견해를 사실상 강화하는 논리다)을 의미한다고도 생각했다. 특히 톰슨은 제2법칙에서 우주―당시에는 계속 식어가고 있다고 여겨졌다―는 '한정된 시간이 지나면' 멈춰 서고 생명체가 살 수 없게 될 것이라는 함의를 끌어냈다. 헬름홀츠 역시 제2법칙의 이런 함의를 알아차렸다. 클라우지우스 자신이 우주의 '열 사망heat death'을 인정한 것은 1867년에 가서였다.(그는 취리히에서 다시 독일로 돌아온 상태였다.)[28]

수학과 물리학의 결합

클라우지우스와 맥스웰이 공표한 통계학적 개념은 오스트리아 물리학자 루트비히 볼츠만(1844~1906)의 관심을 사로잡았다. 볼츠만은 축제일인 '기름진 화요일Mardi Gras'과 사순절 참회를 시작하는 '재의 수요일' 사이 한밤중에 빈에서 태어났다. 볼츠만은 자신이 강렬한 행복감과 극도의 우울 사이를 오가는 식으로 기분 변화가 잦고 극심한 것은 바로 태어난 시기 탓이라고 반농담조로 불평하기도 했다. 세무 공무원의 아들로 태어난 그는 키가 작고 땅딸했지만 곱슬머리 덕분에 나이보다 젊어 보였다. 약혼녀는 그를 '우리 뚱보 자기'라고 불렀다.

볼츠만은 빈 대학교에서 박사학위를 취득하고 그라츠 대학교에서 강의를 하다가 하이델베르크로, 그리고 나중에는 베를린으로 이주해 분젠, 키르히호프, 헬름홀츠에게서 수학했다. 1869년에는 25세의 나이로 그라츠 대학교 이론물리학 교수로 임명됐다. 그 후 볼츠만의 학문적 여정은 순탄치 않았다. 수없이 교수 자리를 바꿨는데, 적어도 두 차례는 동료 교수들과 잘 지내지 못한 것이 그 원인이었다. 볼츠만은 끊임없는 논쟁으로 극심한 스트레스를 겪었을 때 처음으로 자살을 기도했다.

그 모든 방황 끝에 그는 결국 1901년에 빈으로 돌아가 동료들과 벌인 언쟁으로 그만두었던 자리에 복직했다. 다행히 그사이 해당 교수직이 공석이었다. 과학철학 관련 강좌도 맡았다. 강의는 금세 크게 인기를 얻어 오스트리아 황제 프란츠 요제프의 궁전에까지 초대를 받을 정도였다.

이 정도만 해도 화려하다고 할 수 있지만, 볼츠만의 주요 업적은 기체 분자들의 속도, 공간적 분포, 충돌 확률—이 모든 것이 기체의 온도를 결정한다(다시 열과 운동의 문제다)—을 수학적 용어로 기술한 두 편의 유명한 논문을 쓴 일이다. 여기서 수학은 통계학적인 것이었으며, 맥스웰의 속도 분포 법칙은 기체의 처음 상태가 어떠하든지 간에 기체의 평형 상태를 설명해준다는 것을 보여주었다. 이것이 바로 그 유명한 맥스웰–볼츠만 분포Maxwell-Boltzmann distribution다. 볼츠만은 엔트로피에 대한 통계학적 설명도 제시했다.[29]

1904년 볼츠만은 미국으로 건너가 세인트루이스 만국박람회를 둘러보고 강연을 몇 차례 한 뒤, 버클리 대학교와 스탠퍼드 대학교를 방문했다. 두 대학에 머무는 동안 그가 보인 행동은 이상했다. 사람들은 그의 지나친 쾌활함이 병 탓인지 일부러 그러는지 판단할 수가 없었다. 이어 그는 집으로 돌아와 가족과 이탈리아 북부 트리에스테 인근 두이노로 휴가를 떠났다. 아내와 딸들이 수영을 하는 동안 볼츠만은 목을 맸다. 평소 불안정한 성격이 자살의 원인인지, 아니면 그의 이론을 주변에서 지속적으로 공격한 것이 원인이었는지는 누구도 확신할 수 없었다. 확실한 것은, 불행하게도, 그가 사망 당시 자신의 이론이 곧 실험을 통해 확인되리라는 사실을 전혀 알지 못했다는 점이다.

마이어, 줄, 헬름홀츠, 그리고 특히 클라우지우스, 맥스웰, 볼츠만의 작업에서 중요한 것은—우리가 수학식을 따라갈 수 있든 없든 간에—물리학에 **확률**을 도입했다는 사실이다. 어떻게 그럴 수 있는가? 물질은 분명히 존재하고, 변환(물이 어는 것과 같은 변화)은 불변의 법칙을 따르게 되어 있는데 말이다. 거기에 확률이 무슨 관계가 있단 얘기일까? 이것이 바로 물리학의 '이상함'이 처음 등장한 사건으로, 점점 더 이상해지는 20세기 양자 세계의 출현을 알리는 서곡이었다. 이들 초기 물리학자들은 또 '입자'(원자, 분자 또는 다른 것일 수도 있는데, 아직은 그 정체를 명확하게 파악하지 못한 상황이었다)를 물질의 양태를 결정하는 본질적인 부분으로 만들었다.[30]

열역학에 대한 이해는 19세기 물리학에서 가장 흥미로운 부분으로 물리학과 수학이 처음으로 결합된 과정이었다. 이는 메리 서머빌이 젊어서부터 생각했던 아이디어에 힘입은 바 크다고 할 수 있다. 열역학에 대한 이해는 철저히 기계적인 뉴턴식 자연관의 종언을 알렸다. 이는 그야말로 대단히 새로운 형태의 에너지, 곧 원자력에 도달하는 데에도 결정적 역할을 했다. 이 모든 것이 결국은 에너지 보존이라는 개념에서 비롯되었다.

2장

생명, 의미, 목적, 물리법칙을 단번에 통합하다

지금은 이해가 잘 안 가지만 18세기 말에서 19세기 초 문헌학자들이 기독교의 근본에 대해 맹공격을 퍼부을 때—예를 들어 성경의 앞뒤가 맞지 않거나 부조리한 부분들을 조롱했다—과학 하는 사람들은 대부분 거기에 가담하지 않았다. 생물학자, 화학자, 생리학자 들은 대부분 여전히 신심이 깊었다. 성서에 기록된 연대기가 틀렸을 수밖에 없다는 가장 확실한 증거를 제시하게 될 두 과학 분과인 천문학과 지질학에 종사하는 사람들 역시 대다수가 마찬가지였다.

천문학은 코페르니쿠스와 뉴턴 이래 가장 거대한 변화를 겪고 있었다. 이는 영국 의회가 독일인을 국왕으로 초빙하기로 결정하지 않았다면 결코 이룰 수 없는 위업을 이룬, 어울리지 않는 두 사람 덕분이었다.

전기 작가 리처드 홈스의 이야기에 따르면 조지프 뱅크스—식물학자이자 탐험가로 제임스 쿡 선장의 첫 번째 항해에 동행했다—는 1778년 영국왕립학회 회장으로 선출되기 직전에 한 재능 있는 아마추어 천문학자가 "잉글랜드 서부 지역에서 나름대로 열심히 연구를 하고 있다"라는 이야기를 들었다. 뱅크스에게 이 소식을 전해준 사람은 왕립학회 사무총장 윌리엄 왓슨 경이었다. 왓슨의 아들은 잉글랜드 남서부 서머싯에 살고 있었는데, 배스 철학협회Bath Philosophical Society(배스는 소도시 이름이다—옮긴이)의 핵심 멤버였다. 관련 설명에 따르면 문제의 괴짜 천문학자는 독일인으로, 성능이 매우 뛰어난 망원경을 독자적으로 만들어 관측을 하고서 달에 관해 듣도 보도 못한 주장을 하고 있다고 했다.

그의 이름은 빌헬름으로 영어식으로 하면 윌리엄 허셜이었다. 키가 훤칠한 데다 점잖게 차려입고 '머리카락에는 파우더를 뿌렸지만' 그의 영어는 독일식 억양이 강했고(독일 하노버 출신이었다), 왓슨의 아들이 배스의 자갈길 뒷골목에서 허셜을 만났을 때, 그는 하인 한 명 대동하지 않은 채 달을 보고 있었다.[1] 왓슨의 아들은 그 망원경을 좀 볼 수 있겠느냐고 물었다. 보통 아마추어들이 사용하는 굴절망원경이 아니라 반사망원경임을 직감했기 때문이다. 길이가 2미터 남짓 되는, 이상해 보이는 장비는 자체 제작한 것인데도 왓슨의 아들이 그때까지 보았던 어느 망원경보다 해상도가 좋았고, 달의 모습도 어느 때보다 선명하게 보였다.

왓슨의 아들은 허셜과 계속 교분을 나누다 그가 배스에 있는 옥타곤 채플(교회 이름—옮긴이)의 오르간 연주자이며 음악 교습으로 생계를 유지하고 있다는 사실을 알게 되었다. 허셜은 작곡도 했고, 집에는 천문학을 비롯한 다양한 분야의 책들이 산더미처럼 쌓여 있었다. 그리고 그는 여동생과 같이 살고 있었는데, 여동생이 오빠를 보살펴주었지만 그 자신은 동생을 '천문학 조수'라고 불렀다.

이런저런 사정을 알게 된 왓슨의 아들은 허셜에게 배스 철학협회에 나오라고 권했고, 허셜은 비로소 논문을 쓰게 된다. 그가 제출한 논문들은 너무도 독특하고 놀라운 내용이었다. 왓슨은 그것들을 자기 아버지에게 보냈는데, 그중 가장 놀라운 일부 논문이 왕립학회 기관지인 《철학 회보》에 게재되었다. 게재 논문 1호는 〈달의 산악 지대에 관한 관찰Observations on the Mountains of the Moon〉로, 자체 제작한 망원경으로 달 표면에 '숲'이 있음을 관찰했다고 주장하면서 달에 생명체가 살고 있음이 '거의 확실하다'고 결론짓는 내용이었다. 보수적인 왕립학회 회원들은 이런 주장에 격분한 나머지 회원 중 일부가 허셜을 만나려고 배스로 찾아갔다. 양측의 만남이 별다른 성과를 올리지는 못했다. 하지만 회원들도 허셜이 제작한 망원경에 깊은 인상을 받았고, 왜소하기 이를 데 없는 여동생 캐럴라인에게도 크게 호기심을 느꼈다. 그녀가 오빠 못지않게 천문학에 완전히 미쳐 있는 듯이 보였기 때문이다.[2]

그로부터 1년 후, 허셜이 새로운 행성을 발견했다고 선언하면서 모든 것이 바뀐다. 피타고라스 시대 이후 최초로 벌어진 일이었다. 더구나 허셜이 발견한 새 행성은 태양계의 구조 측면에서 중요한 함의를 가졌다.

여기서 먼저 그의 출신 배경부터 살펴보자. 허셜은 1738년 11월 15일 독일 하노버 공국에서 태어났고, 12년 뒤에 여동생 캐럴라인이 출생했다. 오누이는 어린 시절부터 정이 깊었다. 우리가 오누이의 삶에 대해서 지금 알고 있는 내용은 캐럴라인이 쓴 일기를 통해서다. 윌리엄과 캐럴라인 허셜의 부모는 모두 열 남매를 낳았는데—2년에 한 명꼴이다—, 그중 여섯 명이 살아남았다.[3] 윌리엄이 어렸을 때 아버지가 아주 작은 바이올린을 만들어주었는데, 윌리엄은 그것을 손에 쥘 수 있게 되자마자 연주법을 익혔다고 한다. 그때부터 나무를 다루고 각종 도구를 만드는 재능이 발현되었던 듯하다. 겨울밤이면 부모는 아이들을 밖에 데리고 나가 별을 관찰하게 했다. 당시에는 빛 공해로 별이 안 보이는 경우가 별로 없었으므로 밤 하늘이 지금보다 훨씬 선명했다.

그러나 모든 것이 장밋빛만은 아니었다. 어머니가 그토록 애지중지하던 맏이인 장남 야콥이 얼마 지나지 않아 성격이 비뚤어져 동생들을 괴롭히는 폭군이 되었다. 여동생 캐럴라인을 매질하는가 하면, 윌리엄이 학교에서 우수한 성적을 거둘 때면 동생을 괴롭히곤 했다. 다재다능한 음악가였던 야콥은 인생에서 음악 외에 다른 것은 중요하지 않다고 생각했다. 윌리엄은 열네 살 때 아버지, 형과 함께 하노버 공국 군악대에 들어갔고, 거기서 오보에, 바이올린, 하프시코드, 기타, 그리고 마침내 오르간까지 배웠다.

1756년 봄, 윌리엄이 열일곱 살이고 캐럴라인이 여섯 살이 되었을 때, 하노버 보병 연대가 영국으로 파견되어 동맹국인 영국의 하노버 왕가 출신 국왕 조지 2세의 지휘를 받게 됐다. 삼부자는 잉글랜드 동남부 켄트주의 메이드스톤에 주둔하다가 1년 뒤에 귀국했다. 리처드 홈스에 따르면, 야콥은 귀국할 때 '멋진 영국 양복 한 벌'을 가져간 반면에 윌리엄은 사상가 존 로크의 《인간 오성론An Essay concerning Human Understanding》을 들고 갔다고 전한다. 그러나 귀국한 허셜 일가는 프랑스와 독일 간 전쟁에 휘말리고 만다. 심지어 프랑스 군대가 집 안에 주둔하는 상황에까지 이르렀다. 야콥과 윌리엄은 영국으로 탈출하여 마침내 함께 런던에 도착했으나 무일푼 신세였다.

형제는 음악 실력을 이용해 일자리를 구했다. 연주도 하고 교습도 했다. 나중에 독일의 정세가 안정되자 야콥은 고향으로 돌아가기로 결심했다. 반면에 윌리엄은 영국 생활이 훨씬 행복했다. 독일의 작은 공국들에서와 같은 사소한 제약이 없는 자유로운 삶의 방식이 좋았고, 소설, 연극, 정치 등등 영국식 문화가 좋았다. 허셜은 더럼 민병대 악장 자리를 얻어, 당시에 가장 세련된 지역 중심지인 요크셔 주 리치먼드에 체류했다. 그는 밤이면 요크셔의 황무지로 나가 풀밭에 담요를 깔고서 별들의 배치를 연구했고 곧 그것에 일가견을 갖게 되었다.

허셜은 형 야콥이 여동생 캐럴라인을 여전히 괴롭히고 있으며, 캐럴라인이 티푸스에 걸려 살아남기는 했지만 성장하는 데 문제가 많음을 잘 알고 있었다. 캐럴라인을 영국으로 살짝 불러들인 것도 그래서였다. 허셜은 캐럴라인을 배스로 데려갔다. 당시 그는 옥타곤 채플의 오르간 연주자로 일하고 있었다. 캐럴라인은 영어를 거의 하지 못했고, 얼굴에는 얽은 자국이 심했으며, 키는 152센티미터가 채 안 되었다. 외모는 사내아이 같았지만 곱슬머리가 얼굴 주위로 나풀거리고 '아주 작은 턱이 대단히 단호한 인상'을 주었다.[4] 허셜은 캐럴라인을 잉글랜드로 데려오는 길에 마차 지붕 위에 앉혀서 별들을 관찰할 수 있게 해줬다. 특히 여동생을 애정으로 대하기는 했지만 엄격했다. 그러나 캐럴라인은 하녀가 아니었다. 허셜은 동생이 이제부터 안주인 역할을 한다는 사실을 분명히 했다. 허셜이 34세일 때 캐럴라인은 22세였는데 그때부터 캐럴라인은 차츰 오빠의 조수 역할을 해냈다.

1766년 2월, 허셜은 처음으로 천문 관측 일지를 쓰기 시작한 동시에 각종 망원경을 수집·제작하기 시작한다. 시작은 굴절망원경이었으나 점차 뉴턴식 반사망원경으로 옮겨갔다. 최초로 엄청난 구상을 한 것도 바로 이 무렵이었다. 당시 대부분의 천문학자들은 밤하늘을 수놓은 수많은 별들이 거대한 유리 돔에 박힌 다이아몬드 같다고 생각했다. 물론 일부 별과 행성은 다른 것들보다 지구와 더 가까운 곳에 있다는 점은 알았지만 **아주 멀리 떨어져 있는 우주 공간**deep space이라는 발상은 허셜이 처음 한 것으로 보인다.

허셜은 1774년에 길이 152센티미터짜리 반사망원경을 처음 제작했는데, 타의 추종을 불허하는 집광력과 선명도를 자랑한다는 점이 곧장 알려졌다.[5] 예를 들면 이 망원경으로 북극성—오랜 세월 항해의 길잡이였고 시인에게는 독특한 불변의 상징이었다—이 하나가 아니라 **두 개의 별**이라는 사실을 확인할 수 있었다. 허셜은 또 당시만 해도 미스터리였던 성운에 관심을 쏟았다.

성운의 존재를 파악한 것은 당시로서는 비교적 새로운 사건이었다. 1740년대에는 약 30개의 성운이 알려져 있었는데, 그 시점에 허셜이 등장했다. 당시 프랑스의 가장 유명한 천문학자이자 천체 목록 작성자인 샤를 메시에는 성운의 수를 약 100개로 늘려놓은 상태였다. 그런데 10년 만에 허셜이 관측을 통해 그 수를 약 1000개로 대폭 늘린 것이다. 당시 천체의 구성과 기원, 혹은 지구로부터의 거리 등등을 알고 있는 사람은 아무도 없었다. 가장 일반적인 인식은, 천체는 가스가 느슨하게 뭉쳐 있는 상태로 우리 은하계에 속해 있으며, '신의 창조하심이 느슨하게 떠도는 상태'라는 것이었다.[6]

하노버에 있던 남동생까지 영국으로 데려오는 등 집안일이 어느 정도 정리되자, 허셜은 1779년경부터 천문학 탐구를 진지하게 확대·강화했다. 첫 번째 발상은 이중성二重星의 목록을 작성하는 것이었다. 그중 몇 개는 이미 알려져 있었고, 또 다른 일부는 초대 왕실천문대장인 존 플램스티드(1646~1719)가 목록을 작성해놓은 상태였다. 이중성의 요체는 시차視差로 말미암아 지구에서 얼마나 멀리 떨어져 있는지 좀 더 정확한 정보를 제공할 수 있다는 것이었다. 당시에는 천문학적 거리에 관한 이해, 다시 말해 우리 은하계가 얼마나 거대한지 실질적 이해가 없었다. 철학자 칸트는 시리우스(천랑성)가 그 밝기로 보아 우리 은하계는 물론 우주 전체의 중심일 거라고 생각했다.[7] 또 많은 천문학자들이 다른 별에도 생명체가 존재하리라고 추측했다.

새로운 행성의 발견

한편 윌리엄 허셜은 이중성 목록 작성 작업을 꾸준히 계속했다. 그러던 차에 1781년 3월 13일 화요일 자정 직전에 '쌍둥이자리에서 움직이는 원반 형태의, 새로운 미확인 물체'를 포착했다. 그의 관찰 일지에 따르면 허셜은 처음에 문제의 물체를 혜성이라고 생각했다. 그러나 사나흘 지난 뒤에는 해당 물체가 형태가 또렷하며 혜성과 달리 꼬리가 없다는 점에 주목해 다르게 생각하기 시작했다. 그것은 새로운 '방랑자', 즉 새로운 행성이라는 의미일 수밖에 없었다. 그리고 과연 그가 발견한 것은 목성과 토성 너머에 있는 태양계의 일곱 번째 행성이었다. 프톨레마이오스(기원후 90년경~168년경) 시대 이후 처음으로 새 행성이 발견된 것이다. 허셜은 처음에 이 행성을 자신의 후원자인 하노버 왕가 출신 국왕인 조지 3세를 기리는 뜻에서 '게오르기움 시두스Georgium Sidus'(조지의 별)라고 이름 붙이려고 했으나, 결국 우라누스(천왕성)로 알려지게 된다. 그리스 신화에 나오는 천문天文의 여신 '우라니아Urania'에서 따온 이름이다.[8]

그러나 한동안 허셜이 발견한 것이 정확히 무엇인지에 대해 의견을 같이할 수 있는 사람은 아무도 없었다. 결국 허셜은 관측 내용을 왓슨에게 전했고, 왓슨은 이를 다시 왕립학회에 보냈다. 왕립학회는 파리에 있는 메시에에게 의견을 구했다. 과거 허셜은 달에 생명체가 존재한다는 황당한 주장을 했던 터라 그의 의견에 곧바로 공감하는 사람이 별로 없었기 때문이다.

　왕실천문대장 네빌 매스켈라인이 특히 난처했다. 허셜이 주장하는 바를 곧이곧대로 인정했다가는 자신의 신뢰도에 위험이 따를 수 있었기 때문이다. 반면에 허셜의 주장은 영국 과학의 위업이 될 가능성(독일인이 낸 성과이기는 하지만)도 있었다. 자칫하다가는 욕심 많은 프랑스인들이 허셜의 업적을 먼저 인정함으로써(새 행성의 이름을 먼저 명명하는 방식으로) 그 공을 차지할지도 몰랐다. 게다가 왕립학회 회장 조지프 뱅크스의 압박이 심했다. 왕립학회는 신임 국왕과의 관계를 돈독히 해야 한다는 입장이었다. 신임 국왕은 별에 지대하게 관심을 가졌다고 알려져 있었다. 매스켈라인은 문제의 물체를 직접 관찰한 뒤 그 실체를 확인했으나, 그 시점에는 그것이 행성인지 혜성인지 단언하지 않았다. 그러다가 생각을 바꿔 허셜을 지지하기로 결심했다. 메시에도 파리에서 공감을 표하는 서한을 보내왔다. 자신이 직접 확인한 혜성이 열여덟 개나 되지만 허셜이 발견한 물체는 그중 어느 것과도 닮지 않았다는 내용이었다. 결국 허셜은 그해 4월 말에 왕립학회에 논문을 제출했다. 이 논문 〈한 혜성에 관한 해석An Account of a Comet〉의 요지는 허셜 자신이 새로운 행성을 발견했다는 것이었다. 그 직후 허셜은 왕립학회 회원으로 선출되었다.[9]

천체의 질서

천왕성의 발견은 대중의 우주관에 일대 혁명을 불러일으켰다. 전 유럽의 천문학자들이 허셜에게 편지를 보내 관련 장비 내역을 알려달라고 요청했다. 물론 왕립학회에는 아직도 어찌할 바를 모르는 회의론자들이 있었다.

그런 회의론자가 아니었던 사람 가운데 한 사람이 국왕 조지 3세였다. 그 자신 천체에 매료되었던 조지 3세는 허셜을 윈저 궁으로 초대해 그의 위업을 치하했다. 1782년 5월, 같은 하노버 출신인 두 사람은 영어로 담소를 나눴다. 화기애애한 만남이었다.

과학 증진을 늘 열망하던 조지프 뱅크스 회장도 가만있을 수 없었다. 그래서 허셜에게 일자리와 좀 더 좋은 거주지를 마련해주기로 결심한다. 왕실천문대장 자리는 이미 차 있었기에, 뱅크스는 국왕을 설득해 연봉 200파운드의 국왕 고문 천문학자 직위와 함께 윈저 궁 인근 대칫에 주택을 얻어주었다.[10] 캐럴라인은 관측 일지를 계속 작성함으로써 남매가 이룬 성과를 입증했다.

1784년과 1785년에 허셜은 우주에 관한 새롭고도 대단히 급진적인 견해들을 종합해 왕립학회 기관지인 《철학 회보》에 발표하기 시작했다. 1784년에 출간된 〈천체의 구조에 관한 고찰An Investigation of the Construction of the Heavens〉에서 허셜은 새 성운 466개의 존재를 확인하면서 처음으로 그 성운들 가운데 다수가 우리 은하계 **바깥에** 존재하는, 거대하고도 독립적인 성단 또는 은하일 가능성이 높다는 주장을 제기했다. 이는 결국 우리 은하계는 편평한 것이 아닌 3차원이며, 우리는 실제로 그 은하계 **내부에** 존재하고 그것의 일부라는 주장이었다. 동시에 우리 은하계는 원반 형태지만 잔가지들이 바깥쪽 아주 멀리 떨어져 있는 우주 공간으로 뻗어나가는 형태라는 이야기였다.

1년 후 발표한 두 번째 논문 〈천체의 구조에 관하여On the Construction of the Heavens〉에서는 천문학이 귀납법을 통해 발전하려면 관찰과 추론 사이에 '미묘한 균형'이 필요하다는 발언을 서두에 내세웠다. 단순한 관찰만으로는 충분치 않다는 얘기였다. 이어 우주는 정적이지 않으며, 아주 멀리 떨어져 있는 천체가 지속적으로 변하고 있다면서 가스 상태의 성운이 별로 '농축될 수 있고', 실제로 우리 은하계 저 먼 바깥의 거대한 성단을 이룰 수 있다고 주장했다. 이를 통해 허셜은 우주의 크기를 어마어마하게 확장한 셈이다. 이런 주장을 할 무렵에 그가 제시한 성운의 개수는 900개를 한참 넘어섰고, 그중 다수가 우리 은하계보다 훨씬 규모가 크다는 것이 그의 지론이었다.[11] 그는 또 아주 멀리 떨어져 있는 우주 공간은 "적어도 지구에서 시리우스 사이 거리의 6000~8000배는 된다"라고 추산했다. 그는 이것이 개략적인 추산임을 스스로 인정했다. 이런 수치는 지금 우리가 알고 있는 수준에는 훨씬 못 미치지만, 당시로서는 아주 괴상한 주장이었다.

〈천체의 구조에 관하여〉에서 허셜은 지나가는 말로 여동생이 성운 성단 가운데 하나를 발견했다고 썼다. 아주 간략한 언급이었지만 그 말이 캐럴라인의 자신감을 키워주는 계기가 됐을 것이다. 그 뒤로 캐럴라인은 독자적인 천문학자로서 점차 이름을 알렸고, 최소 여덟 개의 혜성을 발견했다.

윌리엄 허셜은 또 자신이 확인한 많은 성운의 체계가 제각각 다르다고 주장했다. 좀 더 '응축된 상태'의 성운도 있고, '응축 중인 상태'인 성운도 있다고 했다. 또 일부 성운은 더 오래되었고, 더 **진화된** 상태라는 가설도 제시했다. 성운도 나이가 들고 성숙해지면서 절정 상태에 도달한다는 주장이었다. 이런 변화를 야기하는 근본적인 힘은 중력으로, 성운의 가스를 서서히 농축시켜 거대하고 밝게 빛나는 은하계들을 만들고, 은하계는 다시 결국에 개개의 별로 응축된다는 것이었다.

천문학의 성격이 근본적으로 바뀐 계기 역시 바로 이 논문이었다. 천문학은 이로써 기본적으로 항해술과 깊은 연관성이 있던 수리과학數理科學

에서 별들의 진화와 우주의 기원에 관심을 쏟는 우주론적 과학으로 발전했다.[12]

이런 주장의 함의를 대중이 받아들이는 데는 많은 시간이 걸렸다(어쩌면 사람들이 **받아들이고 싶지 않았기** 때문일 것이다). 그런데 허셜의 발상을 계승·발전시킨 사람은 프랑스의 수학자이자 천문학자(무신론자라는 점도 상당히 중요한 사실일 것이다)인 피에르시몽 라플라스였다. 라플라스가 성운 가설에 관한 논문을 발표한 해가 1796년이다.

라플라스는 허셜의 아이디어를 태양계의 형성에 적용했다. 종종 프랑스의 뉴턴으로 일컬어지는 라플라스는 물리학자이자 천문학자인 동시에 타고난 수학자였다. 그의 어린 시절은 그야말로 연기 속으로 사라졌다. 그의 가족이 살았던 대저택이 1925년에 화재로 소실되고 말았다. 그러나 우리는 그가 1749년에 프랑스 노르망디 보몽탕오주의 농민 집안에서 태어났다는 사실을 알고 있다. 또 베네딕트 수도원 분원에서 공부했고, 아버지는 아들을 교회로 진출시키기를 원해 나중에는 신학을 공부하도록 캉 대학교로 진학시켰다는 사실도 알고 있다.

라플라스가 허셜의 아이디어를 태양계에 적용한 이론은 《우주 체계 해설Exposition du système du monde》(1796)과 대작 《천체 역학Mécanique céleste》(1799)으로 출간됐다. 특히 《천체 역학》에서 태양은 성진으로 구성된 성운에서 시작해 서서히 응축된 뒤 우리 행성계 전체를 파생시켰으며, 우주 전체의 다른 행성계들도 마찬가지 방식으로 생성된다고 주장했다.*
그는 블랙홀의 존재도 거의 예측했다. 우주에는 중력이 너무 커서 빛조차

---

* 메리 서머빌이 존 머리의 실용지식보급협회에서 출간하는 도서용으로 처음 쓴 글이 바로 《천체 역학》을 소개한 글이다(우리 책 〈서론〉 참조).

그 표면에서 빠져나올 수 없을 만큼 질량이 큰 별들이 존재할 수 있다고 그는 보았다. 이 모든 가설의 의미는 당연히 과학적인 만큼이나 신학적인 것이었다. 그의 가설은 결국 특별한 창조란 존재한 적이 없다, 오히려 지구의 기원은 순전히 물질적인 것이며 신의 의도 같은 것은 필요치 않았다, 다시 말해 창세란 없었다는 이야기였다. 우주의 다른 부분에서도 신의 창조 같은 것은 보이지 않았다.

윌리엄 허셜의 아들 존은 1838년 5월에 준準남작이 되었고 얼마 후 웨스트민스터 사원에서 열린 빅토리아 여왕 대관식에 참석했으며, 같은 해에 영국왕립학회 회장으로 선출됐다. 1850년대에는 빅토리아 시대 영국에서 가장 대표적인 과학자로 자리를 굳혔다. 당시 유명 인물 초상을 전문으로 하던 여성 사진작가 줄리아 마거릿 캐머런이 그의 사진도 찍었는데 존 허셜이 직접 개발한 사진술을 활용했다고 한다.

이런저런 일화들이 사소하지는 않지만 윌리엄 허셜의 진정한 업적은 천문학의 의미를 밝히 드러냈다는 데 있다. 그는 아주 멀리 떨어진 성운에서 자신이 관측하는 망원경에 도달한 빛은 경우에 따라 '200만 년 걸려서 온 것'임이 분명하다고 추산했다.[13] 다른 말로 하면, 우주는 그 당시까지 인간이 생각했던 것보다 상상할 수 없을 만큼 거대하고 오래됐다는 얘기다. 허셜이 없었다면 찰스 다윈의 주장은 설득력이 없었을 것이다.

최초의 지질학적 종합

우주론과 더불어 또 하나의 과학 분과가 발달하면서 역사시대 이전의 먼 과거를 색다른 관점에서 해석함으로써 다윈이 등장할 길을 예비했다. 지질학은 다른 과학 분과 및 철학과는 근본적으로 달랐다. 과학사가 찰스 길리스피가 언급한 대로, 지질학은 자연의 질서보다는 자연의 역사를 다루는 최초의 과학 분과였다.

17세기에 프랑스 철학자 르네 데카르트는 최초로 새로운 천문학과 새로운 물리학을 결합해 우주에 관해 일관된 관점을 제시했다. 그의 관점에서는 지구는 말할 것도 없고 태양조차 하나의 별이었을 뿐이다. 데카르트는 지구가 차츰 냉각되는 구체 형태의 재에서 형성됐으며, 태양 주변의 '소용돌이'에 갇혀 현재와 같은 위치에 있게 됐다고 추정했다. 물리적 과정이 우주 전체를 통틀어 동일한 원칙에 따라 작동된다는 발상은 중세의 사고로는 도저히 생각할 수 없는 중대한 변화였다. 하늘과 땅에 관한 기본적인 관념은, 적어도 서구에서 이해한 바로는, 아리스토텔레스식 관념이며 양자는 근본적으로 다르다고 여겨졌다. 한마디로 어느 한쪽이 다른 쪽을 만들어낼 수 없다는 생각이었다. 결국 데카르트의 물리학은 뉴턴의 물리학으로 대체되었으며, '소용돌이'는 중력으로 대체되었다. 1691년에 신학자 토머스 버넷은《지구에 관한 신성한 이론Sacred Theory of the Earth》을 출간했다. 여기서 그는 다양한 물질이 응축되어 지구를 형성하는데, 지구 중심에는 고밀도 암석이, 그 주변에는 밀도가 비교적 낮은 물이, 그 바깥에는 우리가 살고 있는 가벼운 지각이 둘러싸고 있다고 주장했다. 몇 년 후인 1696년, 뉴턴의 후임으로 케임브리지 대학교 교수가 된 수학자 윌리엄 휴스턴은 혜성이 남긴 먼지 구름이 응축되어 단단한 고체가 생김으로써 지구가 형성됐고, 이어 두 번째 혜성이 지나간 영향으로 지구가 대홍수로 잠겼을 수 있다는 가설을 제기했다. 지구가 한때 거대한 바다로 뒤덮였다가 나중에 물이 빠지면서 지금과 같은 모습이 되었다는 이런 발상은 그 이후로도 꾸준히 지지를 받았다. 라이프니츠는 지구가 한때 지금보다

훨씬 뜨거웠으며, 따라서 지진도 과거에는 훨씬 강도가 셌을 것이라는 의견을 추가했다.[14]

그 뒤로 지구 자체가 시간이 흐르면서 차츰 변화했다는 시각이 서서히 형성되어갔다. 그러나 그런 식으로 현재의 지구가 형성됐다고 하더라도, 초기 지질학자들은 물속 화학물질의 침전으로 형성된 퇴적암이 어떻게 지금은 육지에 존재하는지를 설명해야 하는 문제에 직면했다. 과학사가 피터 볼러가 지적한 대로, 답은 두 가지밖에 없었다. 해수면이 낮아졌거나 땅이 융기했거나, 둘 중 하나였다. 모든 퇴적암은 지구를 뒤덮은 드넓은 바다 밑바닥에 침전되었고, 그 후 물이 빠지면서 바다가 서서히 사라졌다는 믿음은 수성론水成論—영어 'Neptunist theory'는 로마 신화에 나오는 바다의 신 넵투누스에서 딴 명칭이다—이라는 명칭으로 알려진다. 수성론의 대안은 화성론火成論이라고 하는데, 영어 'Vulcanism'은 불의 신 불카누스에서 딴 명칭이다.[15]

18세기의 가장 영향력 있는 수성론자—수성론뿐 아니라 모든 지질학자 중에 최고 권위자였다—는 단연 아브라함 고틀로프 베르너였다. 독일 프라이부르크의 광산학교 교수였던 베르너는 지구가 냉각되어 울퉁불퉁한 표면이 형성되고 서로 다른 지역에서 서로 다른 강도로 바닷물이 빠졌다고 가정하면 암석의 생성을 설명할 수 있다는 의견을 내놓았다. 원생암原生岩은 맨 먼저 지표면으로 노출된다. 이어 바닷물이 아주 느리게 빠진다고 가정하면, 그 과정에서 원생암의 침식이 일어나고, 침식된 파편들은 대량으로 흘러들어 퇴적층을 이루고, 이들 암석은 바닷물이 훨씬 더 많이 빠졌을 때 지표면으로 드러나 이차암층二次岩層을 형성한다. 이런 과정은 계속해서 반복될 수 있다. 그런 식으로 해서 서로 다른 암석들이 순차적으로 형성되었다. 첫 번째 단계에서는 '원생암'—화강암, 편마암, 반암—이 생겨났는데, 대홍수 기간에 바닷물 속에 녹아 있던 화학물질이 결정화된 결과물이었다. 마지막 단계의 암석은 대홍수가 초래한 바닷물이 모두 빠진 다음에 화산 활동에 의해 만들어졌다. 이로써 화산암과 응회암 같은 종류가 어떻게 생성되었는지를 설명할 수 있다. 베르너에 따르면 지구 곳곳에서 발생한 화산 폭발은 석탄층의 발화로 야기되었다. 베르너 자신은 종교에 전혀 관심이 없었지만 그의 수성론은 성서에 나오는 대홍수 이야기와 아주 잘 맞아떨어졌다. 수성론이 큰 인기를 끌고 '성서지질학scriptural geology'이라는 표현까지 등장한 요인은 어느 정도 이런 데에서 기인했다.

수성론은 깔끔하다는 점에서 매력이 있었다. 그러나 베르너의 이론에 따른다면 다른 유형보다 최근에 생성된 어떤 유형의 암석이 왜 다른 유형의 암석층 **밑에서** 발견되곤 하는지는 설명조차 하지 못했다. 더 크게 문제가 된 것은 지구의 모든 토양을 용액 상태로 만드는 데 필요했을 물의 양이 과연 얼마나 되느냐였다. 모르긴 해도 수 킬로미터 혹은 수십 킬로미터 깊이의 대홍수가 있어야 했을 것이다. 그런데 대홍수가 물러가고 난 뒤에 그 많던 물은 다 어떻게 되었을까?[16]

베르너의 가장 강력한 라이벌—처음에는 영향력 면에서 베르너의 근처에도 가지 못했다—은 스코틀랜드(에든버러) 계몽주의 운동 시기의 스코틀랜드 출신으로, 다름 아닌 메리 서머빌의 친구인 제임스 허턴이었다. 18세기 중엽부터 일부 자연사 연구가들은 화산 활동이 **아주 먼 과거에** 지구에 모종의 영향을 미치지 않았을까 하는 의구심을 갖기 시작했다. 예를 들어 프랑스 중부 산악 지대에는 화산의 흔적이 남아 있었는데, 역사에는 그런 활동을 다룬 기록이 없다. 또 다른 학자들은 아일랜드 북부에 있는 자이언츠코즈웨이Giant's Causeway를 거론했다. 이 절경을 구성하는 수많은 현무암 기둥은 용융 상태에서 응고된 것이어서, 화산 활동으로 생성된 것처럼 보였기 때문이다. 허턴은 처음부터 지구의 기원 문제에 관심을 보이지는 않았다. 그는 그저 추론보다는 관찰에 집중했다.

허턴은 지질학자로서 제일 유명하지만 실은 화학 전문가이자 자격증까지 딴 의사였다. 그가 의학 공부를 정식으로 마친 이유는 아마도 의학이 화학을 제대로 공부할 수 있는 방편이었기 때문일 것이다. 아버지 윌리엄 허턴은 에든버러의 부유한 상인이었는데 아들이 두 살 때 사망했다.[17] 그래도 어머니는 제임스와 그의 세 여동생을 비교적 안락한 환경에서 키울 수 있었다.

열 살이던 1736년에 허턴은 에든버러 고등학교에 입학해 고전과 수학을 공부하고 열네 살에 대학에 진학했다. (이는 당시로서는 놀라운 일이 아니었다. 스코틀랜드의 대학들은 제일 똑똑한 학생들을 입학시키기 위해 일반 학교들과 경쟁하던 시절이다.) 허턴은 대학에서 수학, 논리학, 형이상학을 공부하고 불과 열일곱 살에 졸업했다. 이런 탄탄대로가 갑자기 중단된 해가 1745년으로, 보니 프린스 찰리가 반란을 일으킨 때였다. 허턴은 곧 자신이 사생아의 아버지가 되었음을 알았다. 장로교 세가 강한 에든버러에서는 결코 작은 일이 아니었다. 허턴은 스코틀랜드에서 도망쳐 파리, 네덜란드 레이던, 런던에서 학업을 계속했고, 1767년까지는 고향에 돌아가지 않았다. 그러나 일단 에든버러로 돌아온 뒤에는 다시 옛집에서 세 여동생과 함께 살았다.

귀향한 후에 허턴은 놀라운 연구 성과를 냈다. 에든버러 계몽주의 운동은 당시 절정기였고, 허턴은 화학자 조지프 블랙, 기계 기술자 제임스 와트, 경제학자 애덤 스미스 같은 스코틀랜드 지역 동향 인사들과 오랫동안 교분을 나누었다. 세 여동생과 함께 사는 에든버러의 집은 곧 허턴의 실험실을 겸하게 되었다. 한 방문객은 이렇게 썼다. "그의 서재는 화석과 각종 화학실험 기구로 꽉 차서 앉을 자리조차 없었다."[18]

화석이 허턴이 연구한 주제의 일부이긴 했지만 주요한 주제는 아니었다. 그는 당시에도 쉽게 볼 수 있는 지질학적 변화를 주변에서 관찰하면서 그런 과정은 오랜 과거부터 현재까지 줄곧 진행되고 있다고 생각하기에 이르렀다. 그런 식으로 허턴은 지구의 가장 바깥쪽 껍질에 해당하는 지각(대부분 접근이 가능한 지층이다)은 두 가지 암석층으로 형성되어 있다고 언급했다. 하나는 화성암(열에 의해 형성된다)이고, 다른 하나는 수성암이다. 나아가 주요 화성암(화강암, 반암, 현무암)은 대개 수성암 아래층에 위치한다고 지적했다. 지하에서 융기가 일어나 화성암을 위로 밀어올린 지역의 경우는 예외였다. 그는 또한 누구나 눈으로 볼 수 있듯이, 풍화와 침식 작용으로 말미암아 오늘날에도 사암, 석회암, 점토, 자갈 등의 부스러기로 구성된 실트silt(모래보다는 미세하고 점토보다는 거친 퇴적토―옮긴이)가 하구 인근 바다 밑바닥에 쌓이고 있다고 언급했다. 그러면서 무엇이 그런 실트를 우리 주변에서 흔히 볼 수 있는 단단한 암석으로 변형시켰을지에 의문을 품었고 그 원인은 열일 수밖에 없다는 결론을 내렸다. 그런 요인으로서 물을 배제한 이유는(이 점이 중요한 전환이었다) 확실히 수많은 암석이 물에 용해되지는 않았기 때문이다. 그런데 그 열이라는 것은 어디서 왔을까? 허턴은 열은 지구 내부에서 왔으며, 화산 활동의 결과라고 결론지었다. 이런 입장을 취하면 지구 곳곳의 수많은 장소에서 관찰되는 나선형 지층과 직선형 지층을 설명할 수 있다. 허턴은 화산 활동이 여전히 진행 중이며, 강이 지금도 실트를 바다로 실어 나르고 있다―이 점 역시 누구나 눈으로 확인할 수 있는 현상이다―는 사실을 강조했다.

허턴이 처음 자신의 이론을 출판한 것은 1788년 에든버러 왕립학회의

《철학 회보》를 통해서였다. (에든버러 왕립학회는 1783년에 발족했는데, 에든버러 철학협회가 모태였다. 에든버러 왕립학회는 런던의 왕립학회보다 회원층이 넓었고, 이는 지금도 마찬가지여서 문학계 인사와 역사학자도 들어와 있다.) 허턴은 최초의 논문 발표에 이어 《지구의 이론Theory of Earth》이라는 두 권짜리 저서를 1795년에 출간했다. 이 책은 '상상력의 발휘라기보다는 지질학적 종합으로 간주할 수 있는 가장 이른 시기의 학술서'였다.[19]

허턴의 저서가 나왔을 당시에 대홍수라는 역사적 사실은 의문의 여지가 없는 것이었다. 대홍수가 논란의 여지가 없었듯이, 세계 창조를 설명한 성서의 이야기(〈창세기〉에 나온다) 역시 의문의 여지가 없는 것이었다. 그런 이유로 사람들은 여전히 창세 이후 시간의 길이를 6000년 정도라고 믿고 있었다(하느님이 세상을 창조하는 데 6일이 걸렸다는 〈창세기〉 구절과, 하느님에게는 하루가 천 년 같다는 또 다른 성경 구절을 근거로 한 믿음이었다). 과연 시간이 그 정도밖에 되지 않았겠는가 하는 의구심을 갖기 시작한 이들이 일부 있었지만, 지구의 나이가 그보다 **한참** 더 많을 것이라고 생각하는 사람은 거의 없었다.

허턴의 화성론이 베르너의 수성론보다 사실 관계에 더 잘 맞는다는 데에는 의문의 여지가 없었다. 그러나 많은 비판자들이 거부감을 느낀 것은 화성론이 '이전에 사람들이 상상했던 수준을 훌쩍 뛰어넘는 차원의 장구한' 지질학적 시간이 존재한다는 것을 의미했기 때문이다. 게다가 19세기 초만 해도 허턴의 이론이 이미 널리 알려졌는데도 여전히 수성론을 지지하는 저명한 과학계 인사들이 많았다. 조지프 뱅크스 경이나 험프리 데이비는 물론이고 허턴의 친구인 제임스 와트도 마찬가지였다. 게다가 허턴의 책들은 썩 잘 쓴 편이 아니어서 그의 이론은 사실 처음에는 별로 인기가 없었다. 그러다가 1802년 존 플레이페어가 허턴의 저서를 대중적으로 풀어서 소개하는 책을 내면서 관심을 끌게 된다('자연철학의 기본 진리들을 압축'하고자 시도한 바로 그 존 플레이페어다. 우리 책 〈서론〉 참조).[20]

그러나 지질학적 변화 과정에 대한 자신의 설명이 결국은 승리하리라 믿은 사람은 허턴만이 아니었다(그는 합리주의를 강조하는 이신론자理神論者였다). 1815년에 영국 지질학의 '아버지'라고 종종 일컬어지는 윌리엄 스미스(운하 건설 일을 했었다)는 지구 곳곳에 산재한, 유사한 형태의 암석에 유사한 화석이 들어 있다는 사실을 지적했다. 화석에 나타난 종들 가운데 다수는 이제 존재하지 않는 생물이었다. 이는 그 자체로 종들은 탄생하고 번창하다가 결국은 멸종한다는 것을 뜻했다. 탄생에서 멸종까지는 암석이 퇴적되어 굳어지기까지 막대한 시간이 걸리는 과정이었다. 이는 두 가지 점에서 의미심장한 얘기였다. 첫째로, 연속된 암석층들은 어느 날 갑자기 동시에 형성되지 않고 오랜 시간에 걸쳐 만들어졌다는 관념을 뒷받침하는 내용이기 때문이다. 그리고 둘째로는, 서로 무관한 창조와 멸종이 수없이 존재했으며, 이는 성경이 말하는 내용과 크게 모순되는 것처럼 보이는 얘기이기 때문이다.[21]

암석에 각인된 생물학 질서

성서의 설명에 대한 문제 제기는 점차 강도가 높아지고 있었다. 그럼에도 불구하고 19세기 초만 해도 대홍수에 의문을 품는 사람은 거의 없는 것이 현실이었다. 당시에는 지질학 관련 책들이 대중소설보다 많이 팔리기도 했지만 과학은 "당대의 종교적·사회적 관습을 흔들지 않는 것으로 보여야만 좋은 평가를 받을 수 있었다"라고 피터 볼러는 말한다. 그런데 수성론은 1811년 조르주 퀴비에가 저서《네발짐승의 화석 뼈 연구 Recherches sur les ossemens fossiles de quadrupèdes》를 출간함으로써 예기치 않게 중대한 발전을 성취한다. 이 책은 10년 동안 4판을 거듭했는데, 퀴비에는 지구 역사에서 대격변─홍수도 포함된다─이 한 차례가 아니라 여러 차례 있었다고 주장했다. 그는 허턴과 같은 방식으로 주변 곳곳을 둘러보면서 매머드 전체와 기타 몸집이 꽤 큰 척추동물들이 산악 지역의 얼음 속에 '통째로 갇혀 죽은' 것으로 보아, 문제의 대격변들은 실로 대단히 급작스럽게 진행되었음이 분명하다고 결론지었다. 또 산맥 전체가 해수면 위로 높이 들어 올려졌다면 문제의 대격변들은 (당연히) 상상할 수 없을 정도로 맹렬했을 수밖에 없었을 거라고 주장했다. 특정 종이 전멸했을 정도로 맹렬했던 만큼 초기 형태의 인류도 그랬을 가능성을 상상해볼 수 있다는 뜻이었다.[22]

특히 이 부분이 중요한 대목인데, 퀴비에는 또한 더 깊은 곳에 있는 암석층에서 발견되는 화석일수록 현재 존재하는 형태의 생명체와 더 많이 다르다고 언급했다. 게다가 화석은 세계 모든 곳에서 일정한 순서, 즉 어류─양서류─파충류─포유류 순서로 나타났다. 따라서 퀴비에는 암석층이 오래된 것일수록 멸종된 종의 비율이 높아진다는 생각에 도달했다. 당시에는 어디에서도 인류 화석이 발견된 적이 없었던 터라 그는 "인류는 마지막 재앙과 그 직전의 재앙 사이 어느 시점에 창조되었음이 분명하다"라고 결론지었다. 또 나폴레옹이 이집트 원정(1798~1801년)에서 수천 년 된 동물 미라를 다수 가지고 돌아왔는데, 당시에 살아 있던 같은 종의 개체와 동일했고, 이는 결국 종의 안정성을 확인해주는 증거라고 주장했다. 따라서 화석으로 남은 종 역시 멸종 전에 오랜 기간 살아 있었음이 분명하다는 것이다.[23]

사실 많은 지질학자들이 대홍수 이론을 지지하는 데에는 또 다른 이유가 있었다. 주변 지형과 전혀 다른 형태의 거대한 암석들 때문이었다. 그런 암석들은 여러 빙하기에 걸쳐 대륙빙하에 의해 퇴적된 것으로 나중에 밝혀졌다. 그러나 처음에는 그런 암석들이 분포하는 이유가 대홍수 탓이라고 보았다.

화석과 지질학을 결합시키는 데 처음으로 중요한 역할을 한 사람은 옥스퍼드 대학교 최초의 지질학 교수인 윌리엄 버클랜드였다. 영국 데번 주 액스민스터에서 태어난 버클랜드는 아버지가 성공회 교구 사제였는데, 평소 도로 개·보수에 관심이 많아 곳곳에서 화석 조각을 수집했고, 그런 관심사를 아들에게도 물려주었다. 윌리엄 버클랜드 역시 사제로 임명된 후에도 지질학에 대한 관심이 식지 않아, 말을 타고 여러 곳으로 답사를 다녔다. 윌리엄 버클랜드는 1818년에 영국왕립학회 회원으로 선출되었고, 같은 해에 섭정 왕자를 설득해 옥스퍼드대에 지질학과 고생물학을 강의하는 교수 자리를 신설하게 한 뒤, 그 자리를 자신이 맡았다.

옥스퍼드대 교수가 된 지 몇 년 안 된 시점인 1821년, 광부들이 요크셔주 베일오브피커링의 커크데일에서 우연히 동굴을 하나 발견했는데, 거기에는 '각종 뼈'가 무더기로 쌓여 있었다. 버클랜드는 기회다 싶었다. 그는 급히 요크셔로 달려가 뼈를 살펴보았고 그 대부분이 하이에나의 것이었지만 조류와 다른 종의 뼈도 많다는 사실을 금세 알아챘다. 영국에서는 볼 수 없는 사자, 호랑이, 코끼리, 코뿔소, 하마의 뼈도 있었다. 더구나 거기서 나온 뼈와 두개골이 하나같이 거의 같은 방식으로 훼손되어 있거나 부러진 상태였다. 따라서 그는 광부들이 발견한 동굴이 하이에나가 살던 굴이라고 결론을 내렸다. 그는 그것을 발견한 과정과 조사한 결과를 상세히 정리해 처음으로 학술 논문으로 발표했다. 그 일로 왕립학회로부터 코플리 메달을 수여받았고, 곧이어 논문을 좀 더 대중적인 형태의 보고서로 다듬어 출간했다.

그가 펼친 논지는 아주 명쾌했다. 커크데일 동굴에서 발견된 뼈는 대부분이 발견 당시에 현재 유럽에서는 멸종된 종들의 것이었다. 그런 뼈들은 강 일대의 모래나 실트 퇴적물에서는 발견된 적이 없었다. 문제의 동물들이 노아의 대홍수 이후 유럽에서 서식했다는 증거도 없었다. 따라서 결론은, 광부들이 발견한 유골의 동물들은 노아 시대 이전에 현장에 묻혔음이 분명하다고 버클랜드는 말했다. 최종적으로 그는 유골의 맨 위층이 진흙과 실트 속에 아주 잘 보존되어 있는 것으로 보아 "갑자기 매장되었고, 진흙을 덮고 있는 대홍수 이후의 종유석 층으로 판단할 때, 5000~6000년 전 것이다"라고 주장했다. 그는 또 뼈를 먹은 동물에서 나온, 아주 작은 공 모양의 수많은 '석회질 배설물'을 확인했다. 나중에 그것은 케이프 하이에나의 배설물과 유사하다고 판명되었다. 이때부터 배설물 잔존물은 고생물학의 연구 대상이 된다. 버클랜드는 배설물 화석을 일컫는 'corprolite(분화석糞化石)'라는 용어도 만들어냈다.[24]

버클랜드는 신에게 헌신적인 만큼 지질학에도 헌신적이었다. 결혼했을 때에도 신혼여행을 유럽 곳곳의 유명한 지질학 관련 장소를 모두 돌아보는 것으로 잡았다(그의 아내도 기꺼이 협조했던 듯하다). 제임스 줄이 물리학자로서 흥미롭게 생각한 유럽 곳곳으로 신부를 데리고 다녔던 경우와 마찬가지였다. 버클랜드의 부인이 남편의 또 다른 기벽까지 좋아했는지는 확실치 않은데, 그 기벽은 각종 동물을 먹는 행위였다. 버클랜드는 입수할 수 있는 동물이란 동물은 모두 다 먹어봤다고 주장했다. 그중에서도 가장 역겨운 종류는 두더지와 청파리였다고 그는 말했다. 그의 집에 놀러갔던 손님들은 그가 표범과 악어, 생쥐를 먹었던 일을 기록해놓았다.[25]

대홍수 이론과 라이엘의 종합

그러나 대홍수 이론에는 아직 몇 가지 문제가 있었다. 특히 버클랜드도 인정했듯이, 세계 곳곳에서 발견된 다양한 증거들은 대홍수가 매우 다양한 시대에 걸쳐서 일어났음을 시사한다는 점이 문제였다. 게다가 1830년대 들어서, 지구가 차츰 식어간다는 이론이 지질학적 활동이 왜 현재보다 과거에 더 맹렬했는지에 대한 논리적 설명으로 인정받기 시작함으로써 지구는 변하고 있으며 과거에 존재했던 생명 형태는 현재와는 매우 달랐다는 견해가 대두되었다. 이런 입장은 결국 1841년 더블린 대학교 지질학 교수 존 필립스의 발상에도 큰 영향을 미쳤다. 필립스는 장기간 연속된 여러 지질학적 구조 속에서 어떤 질서를 확인했는데, 고생대는 어류와 무척추동물의 시대였고, 중생대는 파충류의 시대였고, 신생대는 포유류의 시대라는 점이었다.

이런 발상은 부분적으로 웨일스에서 조사 활동을 한 애덤 세지윅과 로드릭 머치슨 경의 업적에 기반을 둔 것이었다. 이 두 사람은 고생대의 비밀을 푸는 작업에 착수했다. 고생대는 결국 대략 5억 5000만 년 전에서 2억 5000만 년 전까지로 규정되었는데, 이 시기에는 식물이 바다를 벗어나 육지로 이동했고, 어류가 나타났으며, 이어 양서류와 파충류가 육지에 상륙했다. 이들 새로운 형태의 생명체는 약 2억 5000만 년 전에 모두 멸종되었다. 그 이유는 아직도 밝혀지지 않았다. 그러나 세지윅과 머치슨의 분석을 따르면 지구의 초기 생명체는 아주 오래됐으며, 생명은 바다에서 시작되어 나중에 해변으로 올라왔음이 분명했다. 대홍수가 있었든 없었든 간에, 이 모든 설명은 다시금 성서의 기록과는 놀라울 정도로 확연히 배치되었다.[26]

퀴비에, 버클랜드, 세지윅, 머치슨이 발견한 내용들은 학문적 업적 차원을 넘어서 찰스 라이엘에게 결정적으로 생각의 변화를 일으켰다는 점에서 의미가 있다. 1830년에 라이엘은 훗날 세 권으로 완결되는《지질학의 원리Principles of Geology》첫째 권을 출간했다.

역시 스코틀랜드 출신인 라이엘은 교육 수준이 높고 세련된 가문의 아들로 태어났다. 아버지는 식물학자이자, 이탈리아의 문호 단테의 작품을 여러 권 번역한 인물로 유명했다. 찰스 라이엘은 옥스퍼드 대학교에서 윌리엄 버클랜드의 유명한 강의들을 수강했다. 그러나 졸업 후에는 법학원에서 법률을 공부했다. 그는 가진 재산이 얼마간 있었기에 돈을 버는 것이 주요 관심사는 아니었다. 특히 서부 순회법원에 파견 갔을 때는 여행을 하며 지질학 관찰을 하는 기회로 삼았다. 그런데 그는 시력이 아주 나빴고 더 악화되기 시작했다. 그는 지질학을 전문적으로 연구하기 위해 법학을 포기하고 필생의 작업이 될 연구에 매진하기 시작했다. 우리가 오늘날 주변에서 보는 지질학적 과정들이 어떻게 줄곧 존재해왔으며 우리가 지금 알고 있는 지표면을 형성했는가에 관한 제임스 허턴의 생각을 더욱 발전시키는 작업이었다.

《지질학의 원리》에서 라이엘이 제시한 논지는 '과거에 지표면에서 일어난 변화들을 지금도 작동하고 있는 원인들과 연관시켜 설명하려는 시도임Being an Attempt to Explain the Former Changes of the Earth's Surface, by Reference to Causes Now in Operation'이라는 기다란 부제(당시엔 이런 식의 부제가 유행했다)에서 드러났다. 본질적으로《지질학의 원리》는 독창적 연구라기보다는 일종의 종합 작업이었다. 여기서 라이엘은 이미 출간된 자료들을 명쾌하게 정리하고 **해석**함으로써 두 가지 결론을 뒷받침했다. 첫째는, 지구의 주요한 지질학적 양상들은 현재 관찰할 수 있는 것들과 정확히 동일한 활동들이 과거 역사에서 있었던 결과로 설명할 수 있음을 분명히 보여주는 것이었다. 이런 주장에 대해 라이엘의 저서를 논평한 한 인사는, 지질학적 변화는 현재나 과거나 같은 방식으로 일어난다는 의미에서 '동일과정설uniformitarianism'이라는 명칭을 붙여줬다. 라이엘의 두 번째 목표는 대홍수 또는 일련의 홍수가 우리가 지금 주변에서 보고 있는 지구의 양상을 만들었다는 관념을 (독실한 기독교인이었지만) 거부하는 것이었다.[27]

종교적 차원에서 라이엘은 상식을 지녔던 터라, 신이 일련의 거창한 격변을 야기함으로써 자연법칙에 지속적으로 개입할 것 같지는 않다고 주장했다. 그보다는 **과거가 아주 멀리까지 확대된다고 가정할 경우**, 오늘날에도 여전히 작동하는 것으로 관찰되는 지질학적 활동은 '암석층에 새겨진 기록'을 설명하기에 충분하다고 말했다. 또한 그는 (이 부분이 그가 지적인 차원에서 가장 독창적인 기여를 한 대목이다) 지층의 구성을 연구하는 층서학層序學, 고생물학, 자연지리학을 비교해 서로 다른 세 가지 형태의 생명체가 득세한 세 가지 시대 개념을 확립했다. 이 세 가지 시대는 나중에 플라이오세世, 마이오세, 에오세로 알려진다. 이중에서 에오세는 시발점이 5500만 년 전으로 거슬러 올라간다. 이 역시 구약 성경에 나오는 어떤 서술보다도 시간적으로 훨씬 먼 기간이었다.

《지질학의 원리》 1권에서 라이엘은 대홍수론을 비판하면서 그런 발상 자체를 폐기 처분하는 작업에 손을 대기 시작했다. 2권에서는 성서에 나오는 식의 창조 개념은 완전히 잘못되었음을 입증했다. 그는 암석층에서 발견된 화석들을 철저히 조사함으로써 글자 그대로 무수한 종들과 관련된 창조와 멸종이라는 일련의 흐름이 있었다는 사실을 입증했다. 라이엘은 인간은 비교적 최근에 창조됐지만 그 과정은 다른 동물의 경우와 똑같다고 생각했다.[28]

암석층에 기록된 생명의 오름차순

라이엘보다 더 급진적인 인물은 로버트 체임버스였다. 체임버스 역시 에든 버러 출신이었다. 그는 저서 《창조의 자연사의 흔적Vestiges of the Natural History of Creation》을 1844년에 출간했는데, 대단히 논쟁적인 내용이어서 익명으로 출판했다. 이 책 역시 진화라는 기본 개념을 널리 확산시켰다. 물론 다윈식 자연선택 이론의 등장 같은 것은 전혀 예상하지 못한 상태였 다. 그러나 체임버스는 생명의 진화를 순전히 자연적인 과정이라고 서술 했고, 그의 가장 중요한 기여는 고생물학적 기록을 오름차순으로 배열하 는 한편 인간은 어떤 면에서도 자연계의 다른 유기체들보다 우월하지 않 다고 주장한 점이다. 그는 자연선택에 대해서나 진화가 실제로 어떻게 작 동하는지에 대해서는 전혀 몰랐지만, 진화라는 **개념**을 다윈보다 15년 앞 서 사람들에게 소개했다.

과학사가 제임스 시커드는 최근 저서 《빅토리아 시대의 흥분Victorian Sensation》(2000)에서 《창조의 자연사의 흔적》이 미친 영향을 종합적으로 조사했다. 그는 심지어 다윈은 어떤 의미에서 체임버스에게 '선수를 빼앗 겼다'라고까지 말한다. 당시 (영국) 사회 각계각층에서는 《창조의 자연사의 흔적》을 가지고 토론을 벌였다. 영국과학발전협회에서도 그랬고, 유행에 민감한 지적인 살롱과 사교 모임에서, 런던·케임브리지·리버풀·에든버러 에서, 페미니스트들과 자유사상 신봉자들은 물론이고 '낮은' 계층에서도 그랬다. 이 책이 확산시킨 아이디어들은 사회 전반적인 토론의 장으로 넘 어가 그림, 전시회, 엄청난 판매 부수를 자랑하는 새로운 매체인 신문에 실리는 만평에서도 언급되었다. 체임버스는 자신의 책이 화제를 불러일으 키리라고 예상했다. 그런데 익명으로 출판한 한 가지 이유는 평가가 좋지 않을 경우를 대비해서였고, 또 다른 이유는 평가가 **좋을 경우**를 대비해서였다. 시커드의 중요한 관점은, 진화를 각계각층의 사람들에게 널리 소개한 것은 다윈이 아니라 《창조의 자연사의 흔적》이며, 그런 관점에서 다윈의 《종의 기원On the Origin of Species》은 위기를 야기하기보다는 해소했다고 보는 것이다.[29]

빙하 시대에서 농경으로

또 다른 일련의 사건 역시 다윈의 등장을 촉진했다. 루이 아가시를 비롯한 지질학자들이 대빙하 시대great Ice Age를 발견한 것이다. 스위스 프리부르 주 모티에에서 태어난 아가시는 독일 에를랑겐 대학교에서 식물학 박사학위를, 뮌헨 대학교에서 의학사 학위를 받았다. 이후 스위스 뇌샤텔 대학의 자연사 교수로 임명되었고, 거기서 빙하의 작용 연구를 통해 불후의 명성을 얻었다.

아가시는 현존하는 빙하(당시 스위스령 알프스 산맥은 빙하 천지였다)의 양태를 관찰함으로써 유럽 북부 많은 지역의 지표면이 한때 얼음으로 뒤덮여 있었으며, 그런 빙하의 두께가 지역에 따라 3킬로미터나 됐다는 결론에 도달했다. 주로 오늘날의 빙하 말단부에서 발견된 세 가지 형태의 증거―표석漂石, erratics, 빙퇴석氷堆石, moraine, 빙력토氷礫土, till―에 입각한 결론이었다. 스위스 제네바 인근에서 볼 수 있는 것처럼, 표석은 빙하를 따라 이동하다가 빙하가 녹은 뒤에 그대로 남은 거대한 바윗돌로, 그 구성이 주변 바위들과는 매우 다르다. 표석은 빙하가 팽창하는 과정에서 빙하 말단부로 밀려나다가 지구가 다시 온난해져 빙하가 퇴각하면서 '낯선' 환경에 그대로 남겨진 것이다. 그리하여 지질학자들은 주변 일대가 석회암으로 구성된 지역에서 돌연 거대한 화강암 표석을 발견하게 된다. 빙력토는 빙하가 지표면으로 팽창하면서 운반된 일종의 자갈들인데, 지질학자 J. D. 맥두걸의 말에 따르면 전체적인 형태가 천에 금강사를 발라 붙인 거대한 사포砂布와 비슷하다(빙력토는 현대 건설 산업에 필요한 자갈의 주요 공급원이기도 하다). 빙퇴석은 빙하 말단부에 쌓인 빙력토 무더기로 거대한 언덕 같아 보인다. 미국 뉴욕 주 롱아일랜드는 대부분 한쪽 끝에서 다른 쪽 끝까지의 길이가 176킬로미터가 넘는 빙퇴석으로 이루어져 있다. 아가시를 비롯한 지질학자들은 비교적 최근에 있었던 대빙하 시대는 약 13만 년 전에 시작되어 2만 년 전에 정점을 찍고 1만 2000~1만 년 전에 갑자기 끝났다고 결론지었다. 시간이 가면서 이런 결론에 극히 중요한 의미가 있음이 입증된다. 그것이 농경의 시작을 입증하는 새로운 증거와 일치하기 때문이다.[30]

설계 없는 질서

'진화evolution'라는 말은 원래 생물학에서 배아의 성장만을 지칭하는 용어로 사용되었다. 라틴어 동사 어원 'evolvere'에는 '(접힌 것을) 펴다(펼치다)'라는 의미가 있다. 이밖에 단순한 유기체가 아직은 알 수 없는 방식으로 복잡한 유기체들을 발생시켰다는 일반적인 관념을 표현하기 위해 '진보론progressionism'이나 발전 같은 용어가 사용되었다. 진화는 문화적 의미로도 사용되었다. 18세기 이탈리아 철학자 잠바티스타 비코, 18세기 말에서 19세기 초에 활동한 독일 문학가 요한 고트프리트 헤르더 같은 사람들은 인간 사회의 발전 과정은 원시적 형태의 문명에서 좀 더 선진적 형태

의 문명으로 진보하는 과정이라고 주장했다.[31]

이런저런 요인들로 19세기 중반에는, 다윈이 자연선택이라고 부르게 될 진화론이 출현하는 데 적합한 공감대 같은 것이 생성되었다는 말들을 많이 한다. 생존 경쟁이라는 개념은 영국 경제학자 토머스 로버트 맬서스가 이미 1797년에 시사한 바 있다. 그는 인구는 기하급수적으로 느는 반면에 식량 공급은 산술급수적으로 증가한다고 주장했다. 이는 어느 정도 시간이 지나면 인구가 식량 공급 수준을 넘어섬으로써 재앙이 닥친다는 의미였다. 역사상 모든 종족이 자원을 놓고 경쟁했으며 거기서 패한 종족은 멸종됐을 거라고 맬서스는 말했다.

게다가 이제는 기본 순서가 명확히 드러나는 암석층이라는 증거를 반박하기도 어려웠다. "가장 이른 시기의 암석(6억 년 전)에는 무척추동물의 흔적만 나타났다. 최초의 어류는 고생대 실루리아기(4억 4000만~4억 1000만 년 전)에 들어서 등장했다. 중생대(2억 5000만~6500만 년 전)는 공룡을 포함한 파충류가 지배했다. 포유류는 중생대에도 소수가 존재했지만 지배적인 동물군으로 올라선 것은 신생대(65000만 년 전에서 현재까지)에 들어와서였고, 점차 오늘날과 같이 더 발전된 형태의 생명체로 발전했다. 여기에는 인류도 포함된다." (물론 대괄호 안에 표시된 시기는 19세기에는 받아들여지지 않았다.) 사람들은 이러한 발전 과정에, 여러 단계를 거쳐 인간에 이르고, '그럼으로써 상징적 의도를 가진 신의 계획을 계시하는' 모종의 '목적'이 숨어 있다고 생각하는 분위기였다.[32]

이런 '여론의 분위기' 또는 '모종의 공감대'가 있는 상태에서 진화가 어떻게 이루어지는지에 관해 최종적으로 쐐기를 박은 것이 바로 앨프리드 러셀 월리스의 작업이었다. 월리스의 명성이 어떠하고, 자연선택을 발견하는 과정에서 어떤 역할을 했느냐에 대해서는 최근에 평가가 달라졌다. 월리스는 아마도 스코틀랜드 계통의 웨일스 사람이었을 것이다. '아마도' 웨일스 사람이라고 표현한 까닭은 웨일스 동남부 만머스셔의 어스크 인근 란바독에서 태어났지만 거기서는 거의 살지 않았고, 그의 아버지가 월리스 가문은 스코틀랜드 독립전쟁 지도자 가운데 한 사람인 윌리엄 월리스의 후손이라고 주장했기 때문이다(월리스라는 성을 가진 많은 이들이 그렇게 주장한다). 아들 월리스는 자신을 영국인이라고 생각했다. 아홉 남매 중 일곱째인 앨프리드 월리스는 늘 방랑벽이 있었고, 항상 돈 문제로 어려움을 겪었던 것으로 보인다. 그는 단순한 과학자에 머물지 않고 정치와 사회 변화에 대단히 관심이 많았다.

월리스는 책이라면 곤충에 관한 것에서부터 공학, 건축, 맬서스, 독일 박물학자 훔볼트의 여행기, 다윈의 항해기, 라이엘의 《지질학의 원리》에 이르기까지 모든 것을 탐욕스러울 정도로 읽어댔다. 그 영향으로 여행을 하고 싶은 충동을 강하게 느꼈다. 브라질로 떠난 첫 탐사 여행 때는 귀국길에 선적한 화물에 불이 나서 채집한 표본을 몽땅 잃어버리고 일기와 스케치 몇 점만 건졌다. 그는 소형 보트를 타고 열흘 동안 표류했다. 이어 동남아로 떠난 탐사 여행은 좀 더 성공적이었다. 딱정벌레 종류 8만 점, 각종 새 두개골 80점을 포함해 모두 12만 6000점의 표본을 채집했으니 말이다. 이 여행의 기록은 1869년에 《말레이 제도The Malay Archipelago》라는 책으로 출판되었으며, 지금도 절판되지 않고 판매되고 있다(영국 소설가 조지프 콘래드는 이 책을 "침대 밑에 두고 즐겨 읽는다"라고 했으며, 《로드 짐》을 비롯해 자신의 몇몇 작품에 차용했다).[33]

월리스가 진화와 자연선택에 관해 독자적인 생각을 갖기 시작한 것은 동남아 여행에서였는데, 1858년에는 자신의 이론을 개괄한 논문을 다윈에게 보냈다(그러면서 다윈에게 논문을 라이엘에게도 전해달라고 부탁했다. 다윈은 라이엘을 잘 알았지만 월리스는 라이엘을 잘 몰랐기 때문에 그랬던 것이다). 지금까지 널리 알려진 바로는, 다윈에게 보낸 논문인 〈본래 유형에서 무한히 멀어지려는 변종들의 경향에 관하여On the Tendencies of Varieties to Depart Indefinitely from the Original Type〉에 자연선택에 대한 명쾌한 설명이 들어 있는 것을 보고 다윈이 그동안 미루었던 《종의 기원》 출간 작업에 부랴부랴 착수했다고 한다. (월리스의 논문은 그해에 런던 린네 협회Linnean Society에 의해 다윈의 논문 한 편과 함께 출간되었다.) 그런 탓에 일부 학자들은 월리스가 마땅히 인정받아야 했는데 전혀 그러지 못했다고 주장해왔다.

그러나 비교적 최근에 월리스의 논문을 정밀하게 독해하는 작업이 이루어졌다. 그 결과 자연선택에 대한 월리스의 생각은 다윈과 동일하지 않으며, 설명 방법으로서는 훨씬 설득력이 떨어진다는 점이 드러났다. 월리스가 강조한 것은 개체들 간의 경쟁이 아니라 개체들과 환경 사이의 투쟁이었다. 월리스가 보기에 생존에 덜 적합한 개체들, 그러니까 환경에 잘 적응하지 못하는 개체들은 제거되었다. 특히 그들이 처한 환경에 중대한 변화가 있을 경우에 그러했다. 이런 설명 틀에서 볼 때 각 개체는 환경과 맞서 싸우는 존재이며, 한 개체의 운명은 다른 개체들과는 무관하다. 이런 차이(근본적인 차이다)가 있었기에, 월리스가 다윈에게 논문을 보낸 바로 다음 해에 다윈의 책이 출간되었는데도 그가 아무런 악감정도 보이지 않았다고 볼 수 있다. 실제로 그는 《말레이 제도》(《종의 기원》의 출간보다 10년 늦은 1869년에 출간되었다—옮긴이)를 다윈에게 헌정했고, 1862년에는 다운 하우스Down House(다윈의 집)를 찾아가 다윈을 만났으며, 찰스 라이엘 및 진화론을 사회이론에 적용한 철학자 허버트 스펜서와 교분을 맺었다. 그 이후에도 한가하게 지내는 대신 또 다른 관심사, 말하자면 아주 다른 관심사에 몰두했다. 심령술과 토지 개혁 문제 같은 것이 대표적인 예다.[34]

지금까지 진화론의 태동과 관련해 이런저런 얘기를 했지만《종의 기원》이 1859년에 출간됨으로써 '생물학적 진화 문제에 대해 완전히 새로운, 그리고—다윈의 동시대인들에게는—전혀 예상치 못한 접근법'을 본격적으로 소개했다는 사실만은 분명히 짚고 넘어가야 한다. 다윈의 이론은 생물학적 세계에 등장한 새로운 변화 메커니즘을 설명해냈다(이런 일을 한 사람은 없었다). 다윈의 이론은 어떻게 한 종에서 다른 종이 생겨나는지를 보여주었고, 진화생물학자이자 역사학자인 하버드 대학교 교수 에른스트 마이어의 말에 따르면 "하나의 과학 이론('종은 불변한다')을 새로운 이론으로 대체했을 뿐 아니라 세계와 자기 자신에 대한 인간의 개념을 완전히 다시 생각하게 만들었다." 피터 볼러는 다음과 같이 평가했다. "지성사에서는 생물학 분야의 혁명을 서구 사회 가치관에 나타난 심층적 변화의 징표로 본다. 한마디로 기독교적 인간관과 자연관이 유물론적 관점으로 대체되었다."[35]

다윈의 통찰력이 가장 빛나는 부분은《종의 기원》(정식 제목은 '자연선택에 의한 종의 기원, 또는 생존 투쟁에서 선호되는 품종의 보존에 관하여On the Origin of Species by Means of Natural Selection, or the Preservation of Favoured Races in the Struggle for Life')의 근간이 되는 자연선택 이론으로, 요약하면 다음과 같다. 어떤 종이든 개체들은 변이가 있고, 환경에 더 잘 적응하는 개체들이 생식을 통해 새로운 세대를 만들어낼 가능성이 높다. 이런 식으로 생존에 더 '적합한' 변이가 촉진된다. 이 이론에서는 '설계design' 같은 것은 필요하지 않음을 모든 측면에서 감지할 수 있다. 다윈은 월리스의 연락을 받고 나서야《종의 기원》의 출간을 서둘렀지만, 그가 실제로 진화에 관해 독자적인 생각을 품기 시작한 시기는 그 유명한 비글호Beagle 항해를 마친 뒤인 1830년대 말이었다.

엉뚱한 주제

찰스 로버트 다윈은 1809년 2월 12일에 슈루즈버리에서 태어났다. 아버지 로버트 워링 다윈은 잘나가는 부자 의사였다. 얼마나 잘나갔는지 만년에는, 아들 찰스 다윈이 '내가 본 남자 중에서 제일 거대한 남자'라고 회고할 정도로 몸집이 비대해졌다.[36] 할아버지는 저명한 의사 이래즈머스 다윈(1731~1802)이고, 어머니 수재나 웨지우드는 유명한 도예가 조사이어 웨지우드(1730~1795)의 딸이었다. 친할아버지 다윈과 외할아버지 웨지우드는 둘 다 18세기 과학 증진에 크게 기여한 버밍엄 만월회滿月會, Lunar Society of Birmingham 회원이었다. 다윈 가家의 남자들은 자유주의 성향에 휘그당 소속으로 종교 문제에서는 도그마를 거부했고, "현상 유지를 도모하기 위해 기독교를 이용하는 진부한 자들에게는 아무런 관심이 없었다." 반면에 다윈 가의 여자들(누나가 셋, 여동생이 하나였다)은 성경을 고지식하게 믿는 스타일이었다. 다윈 가는 자유 기업 체제를 지지했으며, 스스로의 노력으로 부를 일구었고, 계속 그럴 수 있으리라고 믿었다. 다윈 가 사람들은 귀족주의적 특권은 물론이고 사회주의의 강점을 주창하는 급진파를 보면 거의 참지를 못했다.

부모는 어린 찰스 다윈을 슈루즈버리에 있는 기숙학교로 보냈다. 교장 새뮤얼 버틀러 박사(소설가 새뮤얼 버틀러의 할아버지다)는 고전 교육을 주로 시켰지만 다윈은 흥미를 느끼지 못했다. 다윈은 광물과 조류 관찰과 화학에 흥미를 보였지만 교장에게서 '그런 엉뚱한 주제'에 관심을 갖지 말라는 경고를 받았다.[37] 이어 다윈은 16세에 에든버러 대학교에 진학해 의학을 공부했다. 이런 선택은 그 가문의 특이한 스타일을 보여준다. 할아버지 이래즈머스 다윈의 장남이 에든버러 대학교에 다녔고, 찰스 다윈의 아버지는 네덜란드 레이던 대학교에서 의학사 학위를 받았다. 옥스퍼드와 케임브리지라는 일반적인 코스를 거부한 셈이다. 그런데 찰스 다윈은 에든버러대에서 수술을 참관하다가 한두 차례 충격적인 경험을 한 뒤로, 의학은 적성에 맞지 않다는 생각을 굳혔다.

그러자 아버지는 교회 쪽으로 진출해보라고 권했다. 그런데 목사가 되려면 영국 대학에서 학위를 받아야 한다는 요건이 있었다. 다윈이 케임브리지에 입학한 것은 그래서였다. 훗날 다윈은 《자서전Autobiography》에서 당시 성경에 나오는 말씀 하나하나가 글자 그대로 진리임을 전혀 의심하지 않았다고 말했다.

케임브리지에 들어가서 보니 주위에는 온통 목사 지망생만 있고 자연과학은 커리큘럼에 없었다.[38] 식물학 교수인 존 헨슬로가 공개 강의를 많이 했는데 다윈은 열심히 경청했다. 하지만 애덤 세지윅 교수의 지질학 강의는 일부러 멀리하다가 학부 말에 가서야 관심을 보였다. 어쨌든 자연사에 대한 관심은 헨슬로 교수에게 격려를 받으면서 점점 커졌다. 헨슬로는 다윈의 진지함을 알아보고 매주 자택에서 여는 파티에 그를 초대하기 시작했다.

학위를 취득한 후, 다윈은 케임브리지에서 두 학기를 더 체류하며 이번에는 세지윅 교수의 강의를 들었다. 1831년 여름, 다윈은 그를 따라 웨일스로 현장 답사를 갔다. 지질학자인 세지윅 역시 헨슬로처럼 다윈을 눈여겨보고 있었던 것 같다.

사실 다윈이 비글호에 승선한 것은 헨슬로 덕분이었다. 당시 비글호 함장은 탐사 여행에 동행해 남아메리카 연안 지도와 남태평양 일대의 해도를 작성할 박물학자를 구하고 있었다. 다만 의사가 박물학자를 겸할 경우 어느 한쪽 일도 제대로 해내지 못할까 우려해 의사는 꺼렸다. 해군의 해도 제작관이던 함장에게 케임브리지 대학교 소속 친구가 하나 있었는데, 그 친구가 헨슬로와 잘 아는 사이였고 그 인연으로 헨슬로가 다윈을 추천했다.[39]

다윈은 1831년 10월 24일 잉글랜드 남서부 플리머스에서 배에 올랐다. 하지만 악천후로 그해 12월 27일에야 출항할 수 있었다. 다윈은 총 몇 자루와 손잡이 달린 확대경, 현미경, 지질 분석과 화학적 분석을 위한 장비와 책 몇 권을 챙겨서 갔다. 거기에는 막 발행된 찰스 라이엘의 《지질학의 원리》 한 권도 들어 있었다. '헨슬로가 읽어는 보되 절대 믿지 말라고 당부한 책'이었다.[40]

개체군이 지닌 다양한 패턴

비글호 항해는 다윈의 학문적 이력에서 일대 분수령이지만 흔히 알려진 바와 같이 극적인 사건은 아니었다. 그가 5년간 배를 타고 세계 일주를 하면서 자연선택을 구상한 것은 아니었으며, 영국으로 귀향했을 때에야 비로소 목사가 아니라 뛰어난 과학자가 되겠다는 결심이 확고히 섰다. 미국 심리학자 프랭크 설로웨이는 다윈이 귀향 이후 쓴 편지들을 컴퓨터로 분석한 연구를 통해, 다윈이 적어도 처음에는 생물학보다 지질학에 온 관심을 집중했고, 초기에는 라이엘을 비판했으나 시간이 흐르고 남아메리카에서 암석층을 조사하면서 결국 라이엘의 동일과정설을 수용하게 됐음을 입증했다.

비글호가 여러 차례 기착할 때마다 다윈은 말을 타고 내륙으로 들어가봤다. 남아메리카 대초원에서 소몰이 하는 주민들을 만나 남아메리카 타조라고 할 수 있는 레아에도 두 가지 형태가 있음을 알게 된 것도 그런 개인적 탐사를 통해서였다. 그렇게 해서 두 종류의 레아가 저마다 다른 영역이 있지만 중첩된 지역의 경우 양쪽 다 지배권을 놓고 경쟁한다는 사실을 알게 됐다.

1834년 초 비글호는 남아메리카 대륙 서해안에 도착했다. 칠레 남부 연안에 상륙해 지역 최대 도시인 발디비아에 머무는 동안, 다윈은 사방이 흔들려 현기증을 느낄 정도의 극심한 지진을 체험했다.[41] 지진으로 연안 일대 곳곳이 약 0.6미터에서 3미터까지 융기했다는 사실도 그에게 깊은 인상을 남겼다. 라이엘이 주창한 동일과정설의 논리를 뒷받침하는 현상이었기 때문이다.

이어 다윈이 들어간 곳은 태평양에 떠 있는 에콰도르령 갈라파고스 제도였다. 비글호가 도착한 때는 1835년 9월이었다. 에콰도르 서해안에서 약 900킬로미터 떨어진 갈라파고스 제도는 나중에 다윈이 핀치 새들이 서식하는 섬마다 부리 모양이 다를 정도로 독특하게 적응했다는 사실을 알게 된 장소로 유명해졌다. 이 당시에 다윈이 그 사실을 발견했다면 얼마나 근사한 일이겠는가. 다윈은 비글호가 식수를 구하러 나간 사이, 한 차례 갈라파고스에 혼자 남았다. 그러나 설로웨이와 볼러가 분명히 강조하는 것처럼, 갈라파고스의 다윈에게 갑작스러운 깨달음의 순간 같은 것은 없었다. 그는 핀치 새가 가진 의미를 제대로 인식하지 못한 채 갈라파고스 제도를 떠났고, 영국으로 돌아온 뒤에야 퍼즐을 맞추듯이 증거 조각들을 조합해서 전체적인 그림을 그렸다. 당시 다윈은 자신의 결론을 시험하기 위해 남들의 컬렉션에서 표본을 빌려와야 했을 정도다. 오랜 귀향길 항해—타히티 섬(다윈의 마음에 쏙 들었다)과 뉴질랜드(마음에 들지 않았다)를 지나 브라질 바이아를 또다시 거쳤다—를 끝내기 전까지는 갈라파고스 제도에서 확보한 증거가 '종의 안정성'이라는 기존의 시각을 깰지도 모른다'는 예감도 하지 못했다.[42]

다윈은 남아메리카, 특히 갈라파고스 제도에 체류하는 동안 섬마다 변이가 나타나는 현상을 연구하면서 개체보다는 **개체군** 차원에서 생각하는 법을 배웠다. 그리고 왜 서로 다른 섬과 대륙에 친척 관계인 종들이 존재하는지 의문을 품기 시작했다. 창조주가 각 지역을 찾아다니며 그처럼 미세 조정을 가한 것인가? 그는 따개비류를 연구하면서 단일 종에서 얼마나 많은 변이가 등장할 수 있는지 알게 됐고, 그런저런 모든 관찰과 추론은 영국으로 돌아온 후 20년에 걸쳐 서서히 하나로 통합되었다.

설계에 대한 설명

1859년 11월 24일 《종의 기원》이 출간됐을 때, 발매 첫날 초판 1250부가 매진되었다. 정작 다윈은 요크셔 주 일클리에서 온천 요법을 하며 출간에 따른 소란이 가라앉기를 기다리고 있었다. 소란은 오래가지 않았다. 그리고 생물학사 전문가 에른스트 마이어가 다윈의 이론에 다음과 같은 여섯 가지 중요한 철학적 함의가 있다는 결론을 왜 내렸는지 이제는 어렵지 않게 알 수 있다. (1) 정태적 세계를 진화하는 세계로 대체했다. (2) 창조론이 납득하기 어렵다는 것을 입증했다. (3) 우주적 목적론(우주에는 어떤 목적이 있다는 관념)을 논박했다. (4) (세계의 존재 목적은 인간을 탄생시키는 것이라는) 절대적 인간 중심주의를 정당화하는 모든 논리에 종지부를 찍었다. (5) 이 세계에 들어 있는 '설계'를 순수하게 물질적인 과정으로 설명했다. (6) 모든 종은 불변하고 각각 고유한 본질을 가지고 있다는 본질주의를,

개체군을 중심으로 한 사고로 대체했다.[43]

우리는 《종의 기원》이 미친 파장을 확실히 인식해야 한다. 그것은 어느 정도는 다윈이 지닌 확고한 명성 덕분이었고, 또 어느 정도는 책의 주장을 뒷받침하는 세부적인 사실들이 풍성한 덕분이었다. 별 볼 일 없는 작자가 끄적거린 책이 아니었다는 말이다. 그러나 제임스 시커드가 지적한 것처럼 그 파장은 문제의 책이 위기를 **해소했다**(또는 해소한 것처럼 보인다)는 사실과 관계가 있었다. 자연선택은 본질적으로 진화론의 마지막 버팀목으로, 하나의 종이 또 다른 종을 생겨나게 하는 메커니즘을 제시하는 논리를 완성했다. 피터 볼러가 말한 《종의 기원》의 '몰혁명적' 특성은, 시커드가 《종의 기원》이 20세기 전까지 로버트 체임버스의 《창조의 자연사의 흔적》보다 썩 많이 팔리지 않았음을 보여주는 도표를 저서에서 제시함으로써 확실히 입증되었다.

그렇다고는 해도 《종의 기원》이 엄청난 반발을 불러일으킨 점 역시 사실이다. 다윈이 존경해 마지않던, 박학다식하기로 정평이 난 철학자이자 사진술 발전에 크게 기여한 존 F. W. 허셜(천문학자 윌리엄 허셜의 아들이다)은 자연선택을 '뒤죽박죽 법칙'이라고 비아냥거렸고, 세지윅(과학자이면서 신학자였다는 점을 기억하시라)은 책을 읽다가 여러 대목에서 '포복절도했고', 또 어떤 구절들은 오류인 동시에 '극히 악의적'이어서 '비애를 금치 못했다'라고 말했다. 세지윅은 또 다른 인사에게 보낸 편지에서 "그건 목적인目的因으로부터 끌어낼 수 있는 추론 전체를 거부하는 것이며, 하느님이 자연 속에서 역사하신다는 시각(아무리 취약한 논리라도)을 완전히 도외시하는 것으로 보인다"라고 썼다. 그럼에도 불구하고 세지윅이 죽기 전까지 다윈과 세지윅은 우호적인 관계를 유지했다. 열렬한 창조론자였던 루이 아가시는 모든 인간이 동등하다는 발상 자체에 체질적으로 거부감을 느

껐고, 자연선택 이론을 결코 받아들이려 하지 않았다.[44]

《종의 기원》을 호의적으로 평가한 논평도 자연선택에 대해서는 뜨뜻미지근한 태도를 보였다. 예를 들어 라이엘은 자연선택 이론을 결코 인정하지 않고 '혐오스럽다'고 평했으며, T. H. 헉슬리는 자연선택 이론은 입증도 반증도 불가능하다고 봤다. 19세기 말, 진화론은 널리 수용됐지만 자연선택 이론은 별로 관심을 끌지 못했다. 이 점이 중요한 이유는 사람들이 진화란 '배아가 성체로 자라나는 것처럼 특정한 목표를 향해 나아가도록 의도된 것'이라고 여길 수 있는 여지를 주었기 때문이다. 이런 관점에서 보면, 진화는 왕왕 그렇게 보이는 것과 달리 종교를 위협하지는 않았다. 에른스트 마이어는 다윈의 이론 가운데 자연선택 부분은 1930~1940년대에 진화론의 종합이 이루어지면서 최종적으로 수용되었다고 지적한다(우리 책 9장 참조).

많은 사람들은 그저 다윈주의Darwinism는 이기적이고 낭비적이라고 생각했다. 다윈주의 입장에서 음악적 재능의 목적은 무엇일까, 혹은 추상적인 수학적 계산을 잘하는 능력에는 어떤 의미가 있을까? 여기서 다윈은 '선택'이라는 표현에 온전히 만족한 적이 없다는 점을 분명히 밝혀두어야겠다.

다윈의 이론에 중대한 약점이 있다는 점은 확실했다. 유전 형질이 환경과 무관하게 후손에게 전달되는 실질적인 메커니즘을 설명하지는 않았기 때문이다. 유전 형질은 1865년 모라비아(지금의 체코—옮긴이)의 가톨릭 수사 그레고어 멘델이 발견했지만, 다윈을 비롯한 학자들 모두가 그 사실을 몰랐다가 1900년이 되어서야 그 의미가 재발견되었다.

유인원과 인간의 중첩 지대

다윈은 《종의 기원》으로 끝내지 않았다. 다윈주의를 제대로 설명하려면 《인간의 유래The Descent of Man》─원제는 '인간의 유래와 성선택The Descent of Man, and Selection in Relation to Sex'이다─를 빼놓을 수 없다. 인간이 유인원에서 진화했는가 아닌가 하는 논쟁의 핵심은 많은 사람들에게 영혼의 문제였다. 인간이 사실상 유인원보다 별로 나을 게 없다면 영혼이라는 관념─전통적으로 동물과 인간을 가르는 가장 중요한 차이점이었다─을 폐기해야 하는 걸까? 1871년에 출간된 《인간의 유래》는 두 가지 과제를 동시에 수행하려 했다. 다시 말해 의구심 가득한 눈길로 바라보는 사람들에게 인간은 진짜로 동물의 후손이라는 점을 확신시켜주는 동시에, 인간이라는 것이 정확히 무엇을 의미하는지, 인간이 어떻게 독특한 형질을 획득하게 되었는지를 설명하려 했다. 《인간의 유래》를 보면, 다윈은 특히 유인원에서 인간으로 진화하는 과정에서 정신력이 엄청나게 상승한 부분을 제대로 설명해야 한다는 점을 잘 알고 있었다. 진화가 느리고도 점진적인 과정이라면 그런 거대한 격차가 어떻게 가능했단 말인가?[45]

다윈의 답변은 4장에 나온다. 거기서 그는 인간은 독특한 **신체적** 특성이 있다는 점, 즉 기립 자세를 취한다는 명제를 제시했다. 다윈은 이런 기립 자세, 그리고 두 발로 이동하는 방식이 인간의 손을 자유롭게 했을 것이라고 주장했다. 그 결과 결국은 도구를 사용하는 능력이 향상되었다고 보았고, 석제 손도끼가 그렇게 많이 만들어진 것도 그 때문이라고 보았다. 이것이 결국은 침팬지나 고릴라와 같은 대형 유인원의 일원인 인간에게 급속한 지능 발달을 불러왔을 것이라고 말했다.

그 먼 오래전 인류가 왜 직립보행을 하기 시작했는지 다윈은 설득력 있는 이유를 제시하지 않았다. 그런데 1889년에 윌리스가 직립보행은 새로운 환경에 대한 적응이었을 가능성이 높다는 의견을 제시했다. 윌리스는 초기 인류는 불가피하게 나무에서 사바나(초원) 개활지로 내려와야 했을 것이고, 이는 숲을 줄어들게 만든 기후변화 탓이었을 것이라고 추정했다. 또 사바나에서는 두 발 보행이 환경에 더 잘 맞는 이동 방식이었을 것이라고 말했다.[46]

새로운 종합이 지닌 의미

다윈주의의 유산은 복합적이다. 다윈주의는 지질학·인류학·동물행동학을 활용하고 종합했으며, 천문학과 우주론의 최근 연구 성과를 포용한 만큼 자연스럽게 많은 사람들에게 대단히 설득력 있는 이론으로 여겨졌다. 나아가 서로 다른 과학 분과를 통합하고 적절한 시기에 발표됨으로써 유럽 사상을 종교의 굴레에서 벗어나게 하는 세속화에 핵심적 역할을 했다. 다윈주의는 사람들에게 새로운 역사관을 갖지 않을 수 없게 만들었다. 역사는 우연으로 발생하며 어떤 목적이나 궁극적 종착점 같은 것은 없다는 것이다. 그 결과 신의 필요성을 제거했을 뿐 아니라, 아무리 멀다 하더라도 분명히 도달할 수 있는 어떤 상태로서 지혜라는 개념도 바꿔놓았다. 마르크스는 다윈주의의 사회 변화 모델을 보고 혁명의 불가피성을 주장하게 됐으며, 프로이트는 다윈의 생물학을 접하면서 인간의 잠재의식 활동은 '인류가 탄생하기 이전 단계'에 연원을 두었다는 생각을 하게 되었다. 1900년 멘델이 말한 유전자의 존재가 재발견되고 그에 기초한 기술이 꽃피면서 다윈주의는 결국 승리를 거둔다. 그리고 서서히 우리의 삶에 실질적인 변화를 미쳤다.

이쯤에서 에너지 보존이라는 개념과 자연선택에 의한 진화라는 개념 사이에 놓인 커다란 차이점을 지적해야겠다. 존 시어도어 머츠가 《19세기 유럽 사상사History of European Thought in the Nineteenth Century》에서 분명히 밝힌 대로, '에너지'라는 개념은 당대의 과학자들에게 급속히 수용되었다. 머츠 자신은 광학, 전기, 자기, 생화학 같은 분야의 수많은 관찰과 실험에 의해 하나로 통합된 생각은 "좀 더 일반적인 용어 …… 한층 높은 수준의 일반화, 좀 더 완벽한 지식의 통합을 필요로 하며 …… 모든 올바른 일반화 가운데 가장 위대한 것은 에너지 개념이다"라고 지적했다.

이는 자연선택에 의한 진화에는 전혀 해당하지 않는 얘기였다. 머츠의 《19세기 유럽 사상사》가 출간된 지 한 세기 가까이 흐른 1995년에 미국 철학자 대니얼 데닛은 이렇게 단언했다. "지금까지 가장 훌륭한 아이디어를 낸 사람 딱 한 명에게 상을 준다면 다윈에게 주고 싶다. …… 자연선택에 의한 진화라는 개념은 단박에 생명, 의미, 목적의 영역을 공간, 시간, 원인과 결과, 메커니즘 및 물리법칙의 영역과 통합했다. …… 다윈의 위험한 발상은 극단적 환원주의다."[47] 그러나 데닛이 이런 말을 한 시점에도 다윈주의가 '위험한 발상'이었다는 점을 상기해야겠다. 그리고 지금도 여전히 일부에서는 다윈주의를 우려하고 있으며, 보편적으로 수용되는 이론이 절대 아니다. 일부 변방에서는 전혀 수용되지 않고 있다.

왜 이런 차이가 생겼을까? 아마도 물리학이 생물학보다 훨씬 난해하고 일상생활과 상당히 무관하기 때문일 것이다. 물리학을 구성하는 수학적 내용은 많은 사람이 이해하기는 쉽지 않다. 게다가 물리학은 우리 자신에 대한 이해나 우리가 어떤 행동을 하는 동기, 또는 인간이란 무엇인가 하는 물음에 직접적으로 영향을 미치지 않는다. 우리는 물리학과 물리학이 이룬 성취를 존중하지만, 뭐랄까, 그 속사정은 알고 싶지 않고 그럴 필요도 느끼지 않는다.

그러나 어떤 의미에서 그런 차이가 우리의 의도에는 부합한다. 놀라운 발견들 이후 수십 년이 흐르는 동안 에너지와 진화라는 개념은 점점 더 친밀하게 어우러지면서 우리로 하여금 실재의 근저에 기본적이고 광범위하며 깊은 일관성이 존재하고, 그것이 아마도 가장 중요한 양상일 것이라는 데 주목하게 만들었다. 모든 과학이 상호 수렴하는 일관성이 있다는 것―에너지와 진화가 이를 뒷받침한다―은 우리가 현재 알고 있는 바를 제대로 파악하는 데 도움이 된다. 동시에 그런 일관성은 궁극의 미스터리 final mystery라고 칭할 만한 부분을 드러내 보인다. 이런 과정, 이런 역사의 시대가 시작된 시기가 1850년대였다.

2부

물리학 법칙의
놀라운 파급력

"우리가 과학의 역사를 통해 누차 배우는 것은, 지식의 확장으로 말미암아 과거에는 서로 무관했던 현상의 무리들 사이에 존재하는 연관관계를 새롭게 인식하게 된다는 것이다."

—닐스 보어(물리학자)

"우리는 모든 물리적 현상을 본질적으로 유사한, 수많은 구조적 단위의 상호작용으로 설명할 수 있을 때까지는 결코 만족하지 못할 것이다."

—아서 에딩턴(천문학자)

"자연은 단순함을 흡족해한다."

—아이작 뉴턴(물리학자)

"생물학은 물리학을 전제로 하지만, 그 역은 아니다."

—루돌프 카르나프(철학자)

"실재는 현대적인 개념으로 볼 때 조직화된 독립적 실체들이 빚어내는 놀라운 위계적 질서로 나타나며, 많은 단계들이 중첩되면서 물리학적·화학적 시스템에서 생물학적·사회학적 시스템으로 나아간다."

—루트비히 폰 베르탈란피(생물학자)

"수학은 서로 무관해 보이는 현상들의 저변에 어떤 통일성이 있음을 드러내 보일 수 있다."

—스티븐 스트로가츠(수학자)

1부에서 살펴본 두 거대한 통일, 즉 에너지 보존 법칙과 자연선택에 의한 진화론은 앞으로 이 책에서 펼쳐갈 파노라마의 서막이었다. 그러나 두 이론은 완전히 다르다. 열역학 이론가들은 세계가 점점 소진되고 있으며, 유용한 에너지가 새어 나가고, 조직화는 해체되고 있으며, "엔트로피는 최대화되는 경향이 있다"라고 단언했다. 그러나 진화는 생물학적 시스템들이 최소한 상승세를 지속하고 있으며, 점점 더—결코 덜이 아니다—복잡해지고 조직화되어가고 있음을 보여주었다.

이런 상반된 양상은 이 책에서 다룰 2차적인 주제다. 종합, 즉 에너지와 진화의 통합은 언젠가 이루어지겠지만 실상을 보면 20세기 마지막 몇십 년까지도 실현되지 않았다. 이제 2부에서 살펴보겠지만, 이는 어느 정도는 물리학이 2차 대전 때까지도 점점 통합되는 방향으로 가는 동시에 다기화되었다는 사실, 다시 말해 점점 질서 정연해지는 동시에 더욱 복잡해졌다는 사실에서 기인한다. 우리가 몰랐던 질서가 새롭게 드러나고, 모든 과학에 어떤 일관성이 있다는 것은 그 단계에서는 어느 분야에서도 명확하지 않았다.

2부에서 진화 문제는 잠시 접어두려 한다. 그 대신 우리는 물리학의 놀라운 발전 과정을 추적할 것이다. 이를 통해 새로운 형태의 에너지, 곧 방사능과 소립자들 간에 모종의 질서가 존재한다는 사실이 드러나고, 1차적인 소립자들이 원자 구조와 연계되며, 원자와 양자 상태의 관계가 설명되고, 특히 물리학이 어떻게 화학을 뒷받침하면서 극도로 친밀한 통합을 이루었는지가 밝혀질 것이다. 그다음에 물리학은 결국 천문학과 힘을 합해 우주와 우주의 진화에 관한 우리의 생각을 변혁시킨, 전혀 새로운 우주론을 창안해내는 첫 발걸음을 내디뎠다. 그것은 또 다른 통합의 시작이었다. 지극히 작은 것과 상상할 수 없을 정도로 거대한 것의 통합 말이다.

3장

원소들의 패턴 너머를 보다

에너지 보존 법칙에 대해 최소 열세 명이 동일한 아이디어를 (거의 같은 시기에) 가지고 있었던 것처럼, 주기율표의 발견에서도 흡사한 사태가 벌어졌다. 서로 다른 나라에 사는 서로 다른 사람들이 원소들에 어떤 유형이 존재한다는 생각을 갑자기 하게 되었는데, 이는 근저에 어떤 질서가 있음을 의미하는 것이었다.

　바로 그런 아이디어가, 어느 정도, 이탈리아 화학자 스타니슬라오 칸니차로에게 떠올랐다. 열렬한 민족주의자로서 이탈리아 통일의 영웅 가리발디 장군 밑에서 싸웠던 칸니차로는 과학자인 동시에 정치인이었다. 비슷한 아이디어는 영국 공업화학자 존 뉴랜즈, 프랑스 광물학자 알렉상드르 드샹쿠르투아, 독일 물리·화학자 로타르 마이어, 그리고 러시아 화학자 드미트리 멘델레예프(아마도 이중에서 가장 유명한 인물일 것이다)에게도 떠올랐다. 이 경우에도, 원소들을 원자량 순서에 따라 배열하면 원소들이 일정한 주기를 두고 서로 유사한 성질을 보인다는 사실을 누가 먼저 포착했는가를 놓고 지금도 다양한 논쟁이 벌어진다. 적어도 처음에는 그 주기가 수소(원자량 1)의 8의 배수마다 나타나는 것처럼 보였다.*

멘델레예프 버전의 주기율표가 결국은 가장 널리 인정을 받았으나(영국 왕립학회는 멘델레예프와 **함께** 마이어에게 데이비 메달을 수여했다)** 그는 다른 과학자들이 진척시킨 내용을 모르는 상태에서 독자적으로 표 작업을 완성했다. 왜냐하면 그는 러시아인이었고, 당시 러시아는 지적으로 서유럽과 단절되어 있었기 때문이다. 그때 러시아는 여전히 봉건적인 나라로 대부분의 인민이 지주 소유의 농노였다.[1]

멘델레예프는 유럽 쪽에 속하는 러시아도 아니고 동쪽으로 수천 킬로미터 떨어진 오지인 시베리아 토볼스크 출신이다. 1834년 14남매 또는 17남매(누군가가 자녀 수를 잘못 헤아린 것 같다)의 막내로 태어난 드미트리 멘델레예프의 어린 시절은 그야말로 암울했다. 동네 학교 교장이었던 아버지가 드미트리가 태어나던 해에 실명하는 바람에 어머니가 가족을 돌봐야 했다. 그런데 더 큰 재앙이 닥쳤다. 아버지가 사망하고 이듬해에는 어머니가 친정에서 넘겨받아 운영하던 유리 공장이 화재로 소실된 것이다. 그러자 1849년 어머니 마리아 드미트리예브나(당시 나이 이미 57세였다)는 드미트리를 비롯해 아직 손길이 필요한 세 아이를 데리고 2000킬로미터도

---

*   '원자량(atomic weight)'은 구식 용어다. 요즘은 '상대 원자 질량(relative atomic mass)' 이라는 표현을 많이 쓴다. 수소의 원자번호는 1번이지만 상대 원자 질량은 1,008이다. 이는 **상대적** 수치로, 다른 원소들의 원자와 비교했을 때 그렇다는 얘기다. 그리고 상대 원자 질량을 말할 때 원자번호는 같지만 질량 수가 약간 다른 동위원소들(수소의 경우는 중수소)을 고려해야 하는데, 동위원소는 멘델레예프 시대에는 알려지지 않았다.

** 데이비 메달은 영국의 화학자 험프리 데이비(1778~1829)를 기려 화학 분야에서 탁월한 업적을 남긴 사람에게 주는 상이다.

더 떨어진 모스크바로 향했다. 그녀만 바라보는 많은 일꾼들을 뒤로하고 명민한 막내 드미트리의 성공 하나만 믿고 내린 결단이었다.

성공에는 시간이 걸렸다. 모스크바 대학교는 지역별로 입학생 할당제를 시행하고 있었는데, 시베리아는 너무 멀리 떨어진 오지여서 할당 몫 자체가 없었고 드미트리의 수학 경력도 인정을 받지 못했다. 그래서 멘델레예프 네 식구는 상트페테르부르크로 갔다. 거기도 사정은 마찬가지였지만, 드미트리의 어머니가 만난 지인이 상트페테르부르크 대학교 부설 교육대학 학장이었다. 그는 상트페테르부르크 대학교 출신인 죽은 남편의 동창이자 친구였다. 멘델레예프는 수학과 과학 전공으로 그 대학에 입학했고, 조금이나마 정부 장학금도 받게 되었다.

화불단행禍不單行이라 했던가. 아들 드미트리 멘델레예프가 빛을 발하기도 전에 어머니가 세상을 떴다. 이어 누나가 사망했다. 거기다 인후 출혈까지 와서 멘델레예프는 교육대학 병원에 입원하기에 이르렀다. 진단명은 결핵, 살날이 몇 달밖에 안 남았다는 사형 선고까지 받았다. 영국 작가 폴 스트래던은 이를 두고 디킨스 소설 스타일의 나락으로 떨어졌다고 서술한다. 그러나 당시 이미 멘델레예프는 역시 디킨스 스타일의 전화위복을 경험한 듯하다. 움푹 들어간 푸른 눈에 치렁치렁 늘어진 머리카락, 무성한 턱수염을 가진 인상적인 외모로 상트페테르부르크 교대를 상징하는 인물이 되었으니 말이다. 그는 상당 기간을 병상에서 보냈지만 점차 건강을 회복해 실험실 조교로 일할 수 있게 되었고, 그때부터 독자적으로 연구를 하기 시작했다.[2]

천체와 지구의 유사성

1855년 멘델레예프는 교사 자격을 취득했다. 또 그해 최고의 학생을 뽑는 경시 대회에서 금메달을 획득해 명민함을 입증했다. 이어 화학자이자 작곡가인 알렉산드르 보로딘의 권유에 따라 정부 장학금을 받아 파리로 유학을 가서 앙리 르뇨에게 배웠다. 르뇨는 절대영도가 섭씨 –273도임을 처음으로 입증한 인물이다.[3] 파리 생활을 청산한 뒤 멘델레예프는 독일 하이델베르크 대학교로 옮겨가, 로베르트 분젠(실험용 가스 버너인 분젠 버너 발명으로 유명하다), 구스타프 키르히호프와 함께 연구를 계속했다. 이 두 사람은 프리즘을 이용해 빛을 굴절시키는 분광기를 개발했다. 뉴턴이 입증한 것과 같이 백색광이 프리즘을 투과하면 무지개 색으로 분산된다. 서로 다른 색깔마다 굴절률이 다른 탓이다. 키르히호프와 분젠은 원소를 가열하면 거기서 방출되는 빛이 그 자체의 독특한 색깔 스펙트럼을 만든다는 사실도 알아냈다.

멘델레예프가 하이델베르크로 오기 직전에 키르히호프와 분젠은 이미 기체를 통과하는 빛은 기체를 구성하는 원소에 상응하는 색깔의 파장을 만든다는 사실을 관찰했다. 이를 토대로 두 사람은, 태양 광선이 대기를 통과하면 나트륨 증기에 상응하는 파장 대역을 만들어낸다는 놀라운 결과를 얻어냈다. 이는 태양의 구성 요소가 나트륨이라는 것을 의미했다. 또한 천체가 지구와 동일한 구성 요소로 이루어져 있음을 시사했다. 이런 실험 결과는 과학적으로는 말할 것도 없고 신학적으로도 중요한 의미를 가졌다.

멘델레예프는 1861년에 상트페테르부르크로 돌아왔는데, 사실 당시 러시아 화학 분야에서 최근에 이루어진 발견들을 꾸준히 추적한 사람은 그가 유일했다. 그는 강연을 많이 했는데 결국 사람들의 관심을 끌었고, 그 덕분에 정교수가 되었으며, 교과서(몇 종은 아주 성공적이었다) 집필에도 착수했다.[4]

화학적 페이션스

그런데 멘델레예프는 교과서를 집필하면서 원소가 서로 비슷한 성질을 보이는 방식에 대해 직관적으로 어떤 통찰을 얻었다. 그는 서둘러 편지봉투 뒷면에 메모를 하면서—우리가 이런 사실을 아는 것은 그 편지가 남아 있기 때문이다. 봉투 위에 놓아둔 커피 잔 바닥의 동그라미 무늬까지 남아 있다—자신이 알기로 성질은 비슷하지만 원자량이 사뭇 다른 할로겐족 원소들의 원자량을 적어 내려갔다.[*]

  F = 19   Cl = 35   Br = 80   I = 127
    플루오르   염소   브롬   아이오딘

이어 산소족 원소도 똑같이 해봤다.

  O = 16   S = 32   Se = 79   Te = 128
    산소   황   셀레늄   텔루륨

질소족 원소도 같은 방식으로 적었다.

  N = 14   P = 41   As = 75   Sb = 122
    질소   인   비소   안티모니

---

[*]   할로겐족 원소는 광물이나 염에서 추출되며, 수소와 결합해 산을 만든다.

이런 식으로 전체를 배열하자 어떤 패턴이 드러나기 시작했다.

F = 19	Cl = 35	Br = 80	I = 127
O = 16	S = 32	Se = 79	Te = 128
N = 14	P = 41	As = 75	Sb = 122

패턴―진짜 패턴이라면―은 도표에서 좌측 하단에 있는 원소(N=14)부터 시작해 윗줄(세로 기둥)로 올라갈수록, 그리고 가로줄 왼쪽에서 오른쪽으로 갈수록 원자량이 증가한다는 것이었다. 단 P와 Te는 예외였다.[5]

그 주에 멘델레예프를 찾아갔던 한 동료의 말에 따르면 그는 이 문제를 가지고 조금도 쉬지 않고 꼬박 사흘 낮밤을 씨름하고 있었다. 그런데 비슷한 일이 또 생겼다.[6] 그가 제일 즐기는 카드 게임은 혼자서 하는 페이션스였는데, 화학물질들이 종류별로 마치 같은 모양의 카드 한 벌 같았다(실제로 멘델레예프는 이를 '화학적 페이션스'라고 불렀다). 지친 멘델레예프가 서재에 멍하니 앉은 채 머리를 한쪽 팔에 기대고 잠이 들었다가 곧 꿈을 꾸었다. 훗날 그가 한 발언에 따르면 꿈속에서 자신이 '원소들의 주기율표 Periodic Table of Elements'라고 부르는 표에, 모든 원소가 각기 있어야 할 자리에 정확히 들어가 있었다고 한다. 유사한 성질을 가진 원소들이 일정한 간격(주기週期)을 두고 나타났기에 주기율이라고 명명한 것이다.

멘델레예프는 그 주기성에 특히 주목하고 두 가지 대담한 주장을 내놓았다. 하나는, 원소의 성질에 따라 배열했을 때 원자량이 맞지 않는 경우는 원자량을 잘못 계산한 것이라는 주장이었다. 두 번째는, 원자량을 알지 못하는 원소는 공란으로 남겨놓고 공란은 훗날에 있을 추가 원소 발견으로 채워질 것이라고 예언한 것이다.

또 하나 추가된 요소는 그가 원소들을 그룹별로 분류할 때 동일한 그룹(족)에 속하는 원소들은 동일한 원자가, 즉 다른 원소들에 대해 동일한 친화력(대표적 결합 원소인 수소 원자의 수로 측정한다)을 갖는다고 본다. 이는 사실상 원자가 화학적 성질과 관계가 깊다는 사실을 확인해주는 셈이었다. 또 그의 대담한 예언―둘 다 훗날 실험을 통해 입증되었다―은 그가 주기율표의 구조와 **그것의 의미**를 진정으로 이해한 최초의 인물임을 확인해주었다.

영국 작가 폴 스트래던이 지적한 것처럼 주기율표로 말미암아 화학은 성년이 되었다. 멘델레예프의 발견은 화학에 물리학의 뉴턴, 생물학의 다윈이 거둔 발견과 어깨를 나란히 할 만한 핵심적 아이디어를 제공했다. "멘델레예프는 우주를 구성하는 기본 요소들을 분류했다."[7] 1955년에는 101번째 원소가 발견되었고, 멘델레예프의 업적을 기리는 뜻에서 멘델레븀mendelevium이라는 명칭이 부여되었다.

그 당시에는 화학은 화학이고 물리학은 물리학이었다(그런 면에서는 생물학도 생물학일 뿐이었다). 그러나 주기율표가 함의하는 바와 같이, 물질은 불연속적이면서도(화학적으로 서로 다른 형태로 존재한다) 동시에 일정한 패턴을 보인다. 19~20세기 전환기는 이제 자연의 불연속성이 근본적 차원의 속성임을 보여주게 된다.

물질이 아닌 에너지가 본질이다

당시 대부분의 물리학자들은 여전히 기계적 우주관을 고수하고 있었다. 장 이론場理論, field theory으로 많은 지지자를 확보한 제임스 클러크 맥스웰조차도 그러했다. 기계적 우주관에서 중요한 것은 당시 널리 인정받고 있던 우주적 에테르라는 관념이었다. 이는 연속적이고 모든 사물에 스며들어 있는 '반가설적' 매질로서, 중력과 같은 각종 힘은 에테르를 통해 한정된 속도로 확산된다고 간주되었다. 이런 시각을 가진 사람들은 그런 힘들의 바탕이 역학적인 것이 아니라 전자기적인 것이라고 생각했다. 그런 분위기 속에서 새로운 아이디어들이 확산되기 시작했다. 가장 중요한 것은 에너지론energetics이라는 신생 분야로, 독일 물리학자 게오르크 헬름과 동료 화학자 빌헬름 오스발트가 개척한 이론이었다. 에너지론에서는 물질이 아니라 에너지가 '활동 과정이라고 이해할 수밖에 없는 실재'의 본질이었다.[8]

이런 논리에 깊이 흥미를 느낀 한 사람이 있었으니, 하인리히 헤르츠였다. 기독교로 개종한 유대계 변호사의 아들로 1857년에 태어난 헤르츠는 뮌헨에서 대학을 다녔고, 나중에는 베를린 대학교로 옮겨가 구스타프 키르히호프와 헤르만 폰 헬름홀츠 밑에서 수학했다. 1880년에 제출한 박사학위 논문이 호평을 받아 헬름홀츠의 조교가 되었고, 그 이후 킬 대학교 이론물리학 강사로 임명되었다.

킬 대학교에서 헤르츠는 맥스웰 방정식을 맥스웰과는 다른 방식으로 도출해냄으로써 처음으로 중요한 성과를 올렸다. 헤르츠의 방정식은 에테르의 존재를 전제로 하지 않았다. 그 덕분에 헤르츠는 약관 28세의 나이인 그 이듬해에 규모가 훨씬 크고 연구 시설과 장비도 우수한 카를스루에 대학교의 물리학과 정교수로 임명되었다. 그곳에 부임한 후에 최초로 한 중요한 발견은, 자외선을 금속에 쪼이면 금속 표면에서 전자가 튀어나오는 광전효과光電效果였다.

1888년에 헤르츠는 이런저런 연구 성과를 토대로 대단히 혁신적인 장치를 고안함으로써 중요한 전환점을 만들어냈다. 그 장치의 핵심은 가운데 부분에 작은(길이 3밀리미터) 틈새가 있는 고리 모양의 금속 막대로, 커다란 열쇠고리 같은 형태였다. 적당한 강도의 전류가 고리 사이로 통과하면 그 틈에서 스파크가 발생했다. 동시에 고리를 구성하는 막대에서 심한 요동이 발생했다. 헤르츠의 관찰 내용 가운데 핵심적인 것은, 그러한 요동이 고리 부근의 공중에 파동을 발산한다는 점이었다. 그 현상은 약간 떨어진 곳에 위치한 비슷한 회로에서도 그 진동이 감지된다는 점을 통해 입증되었다. 나중에 수행한 일련의 실험에서 헤르츠는 그런 파동은 (광파처럼) 반사도 굴절도 될 수 있고, 빛과 같은 속도로 이동하지만 빛보다 파장이 훨씬 길다는 점을 입증했다. 훗날 헤르츠는 오목반사경으로 문제의 파동을 집적할 수 있으며, 이 파동은 아무런 변화 없이 부도체마저 통과한다고 언급했다. 처음에 이런 파동을 헤르츠파Hertzian waves라고 불렀는데, 이것이 지닌 가장 큰 의미는, 전자기파는 빛과는 다른 형태로 존재할 수 있다는 맥스웰의 예언(1장 참조)을 확인해준다는 사실이었다. 후일 헤르츠파는 라디오(라디오파)로 명명된다.[9]

그가 한 발견의 쓸모가 무엇이냐는 한 학생의 질문에 헤르츠가 한 답변은 유명하다. "아무짝에도 쓸모가 없지. 그냥 거장 맥스웰 선생이 옳았음을 증명하는 실험일 뿐일세. 우리는 지금 육안으로 볼 수 없는 그 미스터리한 전자기파를 확인한 거라고." 학생이 다시 "그럼 그다음은요?"라고 묻자. 헤르츠는 어깨를 으쓱해 보이며 "아무것도 없을 것 같은데?"라고 말했다. 반면에 이탈리아 청년 굴리엘모 마르코니는 휴가 때 알프스에서 전자기파 발견을 설명한 헤르츠의 논문을 읽다가 곧바로 헤르츠의 스파크 발진기로 방출된 파동을 신호를 보내는 데 사용할 수 있지 않을까 하는 아이디어를 떠올렸다. 그는 급히 집으로 돌아가, 이 아이디어를 실현할 가

능성이 있는지 확인했다(그 결과 무선 통신을 최초로 실용화했다—옮긴이).[10]

한편 헤르츠는 카를스루에에서 본 대학교로 자리를 옮겨 루돌프 클라우지우스 후임으로 교수 겸 물리학연구소장직을 맡았다. 헤르츠가 이론을 선호하여 흥미진진한 실험 작업에서 손을 뗀 일에 대해 동료 물리학자들은 늘 아쉬워했다. 헤르츠가 더 살았더라면(뼈 관련 급성 질환에 걸려 37세에 요절했다) 향후 물리학이 나아간 방향에 누구 못지않게 놀랐을 것이다. 전기공학 역사 전문가인 롤로 애플야드는 헤르츠를 두고 모든 측면에서 '뉴턴주의자'라고 했다.[11]

새로운 형태의 에너지

새로 발견된 전자기파는 오래지 않아 대단히 쓸모 있는 현상임이 입증됐다. 그러나 전자가 **무엇인지**를 이해하는 데에는 도움이 되지 않았다. 그런데 전자기는 맥스웰과 볼츠만이 발견한 물질의 통계학적 성질과 어떤 관계가 있었을까?

여기서 '빛'이 번쩍이는 현상이 이따금 기압계 내부와 같은 부분적인 진공 상태에서도 일어난다는 점을 파악하면서 진전을 보게 되었다. 이 현상은 정확히 무엇이었을까? 여기서 새로운 도구—이것 또한 지극히 중요한 도구임이 훗날 밝혀진다—의 발명이 이루어진다. 그것은 양쪽 끝에 금속 전극을 부착한 유리 용기였다. 용기에 펌프질을 해서 안에 있는 공기를 빼내 기압계 내부보다 더 온전한 진공상태를 만든 다음에 기체를 주입한다. 그런 뒤 전류를 전극 사이로 통과시켜 기체가 어떤 영향을 받는지를 살핀다. 이 실험 과정에서 전류가 진공을 통과하면 이글거리는 듯한 이상한 빛(글로glow)이 관찰된다는 점이 확인되었다. 글로는 기압계에서 보았던 빛을 연상시키지만 그와 동일한 것은 아니다. 글로의 성격을 처음에는 정확히 알지 못했지만, 광선들rays이 전기회로의 음극에서 방출되어 양극으로 흡수되었기에 오이겐 골트슈타인(베를린 대학교에서 헬름홀츠에게 수학한 폴란드 물리학자)은 이를 음극선(독일어로 Kathodenstrahlen, 영어로 cathode rays)이라고 명명했다. 골트슈타인을 비롯해 거의 모든 독일 물리학자가 당시에 이 '광선'이 파동이라고 확신한 반면, 거의 모든 영국 물리학자들은 입자라고 확신했다.[12] 그 이후 1890년대에 들어와 음극선관陰極線管을 이용한 세 가지 실험이 모든 것을 최종적으로 명확히 설명해줌으로써 현대 물리학은 대성공의 길로 들어선다.

첫 번째 실험을 수행한 사람은 독일 뷔르츠부르크 대학교 물리학 교수 빌헬름 뢴트겐이었다. 뢴트겐—그의 전기를 쓴 작가의 말에 따르면 그는 '묘하게 잘생겼다'—은 독일에서 태어났으나 네덜란드에서 어린 시절을 보내고 취리히 연방공과대학에서 클라우지우스에게서 수학했다. 뷔르츠부르크 대학교 교수로 있던 1895년 말, 이미 쉰 살이 된 뢴트겐은 음극선, 특히 음극선의 투과력 연구에 착수했다. 당시에는 음극선에 의해 생성되는 형광을 감지하기 위해 일반적으로 시안화백금산 바륨 스크린을 사용했는데, 이 스크린은 실험 도구의 일부가 아니고 오작동 등으로 문제가 생겼을 때 피해를 막기 위한 장치였다. 뢴트겐의 경우, 음극선관에서 약간 떨어진 위치에 스크린을 설치했다. 음극선관도 검은 보드지로 덮고 암실에서만 가동했다. 1895년 11월 8일—지금은 과학사에서 아주 유명한 날이다—, 음극선관에서 꽤 떨어져 있는데도 스크린에 녹색이 감도는 노란색 형광 내지는 인광이 발하는 것이 얼핏 그의 눈에 들어왔다. 이런 현상이 음극선에 의해 야기될 리는 없었다. 그렇다면 음극선관이 육안으로는 볼 수 없는 **다른** 선을 발산하고 있다는 의미일까? 뢴트겐은 결과를 확인하는 한편, "시안화백금산 바륨을 바른 쪽이든 그 반대쪽이든, 종이 스크린은 방전하는 음극선관을 향할 때 형광을 발했다"라고 기록했다. 실험 결과에 흥분을 금치 못한 뢴트겐은 실험실에서 꼬박 7주나 머물며 부인 말고는 어느 외부인과도 대화하지 않았다. 식사도 작업대로 가져오게 해서 해결하고 잠도 실험실에서 잤다.[13]

이어 뢴트겐은 완전히 우연히 또 다른 발견을 하게 된다. 어쩌다 음극선관과 스크린 사이에 손을 넣었는데 "스크린에 자기 손의 뼈 형상이 나타난 것이다." 문제의 선이 살을 투과할 수 있다는 얘기였다. 이 발견은 의학에 급속한 혁명을 가져온다. 이런 발견들을 주제로 첫 대중 강연을 한 이후 불과 2주 만에 미국에서는 문제의 선을 이용해 환자 다리에 박힌 총알의 위치를 잡아내고, 소년(뉴햄프셔 주 다트머스에 살았다)의 부러진 팔뼈를 접합했다. 그 이후 10년이나 되는 기간에 물리학자들은 엑스선 X-rays─뢴트겐은 그 정체를 모른다는 뜻에서 수학에서 미지수를 나타내는 x라는 표현을 썼지만, 독일에서는 보통 뢴트겐선Röntgenstrahlen이라고 칭했다─을 가지고 많은 성과를 거두었지만, 엑스선의 정체가 무엇인지 정확히 알지는 못했다.

뢴트겐은 자신이 발견한 내용을 공표하기 전에 몇몇 저명한 과학자와 프랑스의 저명한 수학자 앙리 푸앵카레에게 서한으로 알렸고, 1896년 1월 24일에 프랑스 과학 아카데미 주례 모임에서 회원 78명 가운데 일부와 그 소식을 공유했다. 그날 푸앵카레 좌담에 참석한 사람들 가운데 물리학자 앙리 베크렐도 있었다. 뢴트겐이 관찰한 형광 현상에 흥미를 느낀 베크렐은 자연에 존재하는 형광체 원소도 똑같은 작용을 하는지 알아보기로 마음먹었다. 유명하지만 우연히 이루어진 실험에서, 베크렐은 무심결에 우라듐염을 여러 사진 건판 위에 올려놓은 상태로 서랍에 넣고 닫아두었다 (빛이 차단된 상태였다). 나흘 후 그는 모든 건판에 어떤 이미지가 새겨진 모양을 발견했다. 우리가 지금은 방사성 선원放射性 線源, radioactive source이라고 알고 있는 것에 의해 만들어진 모양이었다. 베크렐은 이미 '형광' 현상은 자연적으로 발생하는 방사능이라는 사실을 발견한 상태였다.[14]

어떤 측면에서 베크렐이 발견한 것들은 뢴트겐의 발견보다 더 중요했다. 그런 현상을 같은 프랑스인인 피에르 퀴리와 그 아내 마리 퀴리가 좀더 구체적으로 탐구한 것은 그래서였다.

방사능의 발견

1867년 11월 7일에 바르샤바에서 태어난 마리 퀴리의 원래 이름은 마리아 스크워도프스카였다. 학교에서는 조숙한 수재였지만 당시 분할되어 있던 폴란드 영토에서 러시아령이던 지역에서 대학에 진학할 희망은 전혀 없었다. 그래서 어렵사리 돈을 모아 1891년에 파리행 기차에 몸을 실었다. 유리창도 없고 난방도 안 되는 '여성 전용' 4등 기차는 나흘 동안 1931킬로미터를 달렸다. 파리에 도착한 퀴리는 소르본 대학교에 들어갔는데, 과학 전문 작가 존 그리빈의 설명에 따르면 돈이 없어서 때로는 다락방에서 코코아 한 잔과 버터 바른 빵 한 조각으로 하루를 버텨야 할 만큼 '거의 굶어죽을 지경'이었다. 그런 음울한 형편은 저명한 피아니스트이자 훗날 자유 폴란드의 총리가 되는 이그나치 파데레프스키와 교분을 나누면서 다소 나아졌다.[15]

그러다가 소르본에서 피에르 퀴리를 만나 결혼을 했다. 아버지와 할아버지가 모두 의사인 피에르 퀴리는 이미 자성체의 성질에 관한 전문가로 자리를 굳힌 상태였다. 그녀는 결혼 후 곧 임신을 했고 1897년 가을부터 우라늄선uranium rays을 가지고 박사학위 논문 작업에 매진할 수 있게 되었다. 당시에는 아직 유럽 대학에서 박사학위를 취득한 여성이 없었고, 마리 퀴리는 연구 작업을 위해 한때 시체 공시소로 사용된, '마구간과 감자 창고의 중간쯤 되는' 비가 새는 오두막을 겨우 사용할 수 있었다. 본관의 정규 실험실들은 '여성의 존재가 성적 자극을 유발해' 다른 학생들의 정신을 산란하게 만들 '우려가 있다'는 이유로 출입이 금지되었다.

이처럼 열악한 처지였는데도 마리 퀴리는 6개월 만인 1898년 2월에 처음으로 돌파구를 열었다. 대분의 과학자들은 베크렐이 확인한 독특한 에너지원으로 우라늄에만 관심을 집중한 반면에, 그녀는 입수할 수 있는 모든 금속과 금속 화합물, 염, 광물에서 에너지원을 찾아내려는 엄청난 과제에 도전했다. 그런 식으로 해서 그녀는 토륨이 우라늄보다 방사능 radioactive(이 용어는 마리 퀴리가 만든 용어다)이 훨씬 강하고, 세륨이나 니오븀, 탄탈룸도 약간의 방사능이 있다는 사실을 알아냈다. 그런데 우라늄을 추출해내는 원광석인 피치블렌드(역청우라늄석)를 실험해보니 방사능이 우라늄 성분을 기준으로 할 때 예상보다 **네 배** 강하다는 사실을 알게 됐다. 그녀는 한 동료의 조언에 따라 피치블렌드를 갈아서 분말로 만들어 산에 용해한 다음, 거기에 포함된 모든 원소를 분리해내는 지난한 작업을 수행했다. 결국 그녀가 발견한 것은, 실험 노트에 육필로 쓴 그대로를 인용하면, **'우라늄보다 방사능이 150배 강한'** 물질이었다.[16]

남편 피에르 퀴리는 아내 옆에서 황화비스무트 용액을 가열하고 있었는데, 갑자기 시험관이 깨졌다. 그런데 미세한 검은색 분말이 여전히 깨진 유리 조각들에 들러붙어 있었고, 그것이 우라늄보다 방사능이 **330배**나

강하다는 것을 알게 됐다. 부부가 발견한 물질은 하나가 아니라 두 개의 신종 원소로 구성되어 있었다. 부부는 첫 번째 원소를 '폴로늄polonium'이라고 명명했다. 마리 퀴리의 조국 폴란드(당시 폴란드는 공식적으로는 존재하지 않는 나라였다)를 생각한다는 뜻이었다. 두 번째 원소는 라듐이라고 명명했다.

퀴리 부부가 새로운 발견을 더욱 진척시키기에 앞서 재앙이 닥쳐왔다. 1916년 4월 19일에 피에르 퀴리가 비가 내리는 파리 도핀 가街에서 미끄러져 넘어졌는데, 뒤에 오던 군복을 잔뜩 실은 마차의 뒷바퀴가 그의 머리를 으깨버리는 바람에 사망한 것이다. 어떤 보고에 따르면 그날 사고가 있기 직전에 그는 몇 차례 현기증 발작이 있었으며, 그래서 '류머티즘'을 우려해 달걀과 야채로만 식사를 제한했다고 한다. 지금 생각하면 그는 우리가 방사선 노출 질환이라고 알고 있는 병에 시달렸던 것으로 보인다.

남편이 죽은 뒤에도 마리 퀴리는 삶을 이어갔고, 곧 1차 세계대전이 터졌을 때 혁혁한 공을 세웠다. 다수의 트럭을 엑스선 촬영 장비를 탑재한 구급차('작은 퀴리Little Curies'라고 불렸다)로 개조해 부상병 치료에 앞장선 것이다. 이 공로로 그녀는 프랑스 정부로부터 무공훈장을 받았지만 1934년에 악성빈혈로 사망했다. 역시 방사선 노출 질환의 결과였다. 남편과 달리 그녀에게 나타난 주된 증상은 몽유병이었다.* 그녀가 작성한 실험실 노트들은 아직까지도 방사능이 너무 강해 납으로 만든 금고에 보관되어 있고, 엄격한 보호 조치를 취하는 조건에서만 이따금 반출을 허용하고 있다.[17]

라돈은 마리 퀴리가 라듐을 발견한 해인 1898년에 어니스트 러더퍼드

---

* 1995년 《네이처》는 라듐이 아니라 엑스선이 마리 퀴리의 사망 원인일 것이라고 보도했다.

에 의해 발견되었다. 케임브리지 대학교에서 베크렐선Becquerel rays을 가지고 실험을 하다가 우연히 벌어진 일이었는데, 방사능은 영구적인 현상이 아니라 시간이 흐르면서 감소한다는, 방사성 원소의 발견 못지않게 중요한 발견을 촉진하게 된다. 방사능 감소라는 현상은 후일 고고학과 고생물학 같은 분야에 지대한 영향을 미친다(12장 참조). 그 무렵 가짜 '선'(N선, 블랙라이트, 에테리온 등)의 발견도 여럿 있었는데, 그 모든 일련의 흐름에 정점을 찍은 것은 1897년에 이루어진 J. J. 톰슨의 발견이었다. 이는 캐번디시 연구소가 거둔 최초의 쾌거로, 현대 물리학을 지금의 궤도에 올려놓은 결정적 계기였다.

전자의 발견

1871년에 창설된 캐번디시 연구소가 실제로 문을 연 시기는 그 후 3년 뒤였다. 신생 연구소는 발족 초기에 몇 차례 난관을 겪은 끝에 성공 가도를 달렸다. 연구소는 초대 소장으로 글래스고 대학교에 있는 톰슨을, 이어 다시 다름 아닌 헤르만 폰 헬름홀츠를 초빙하려 애썼지만 무산되는 바람에 결국 소장 자리는 제임스 클러크 맥스웰에게 돌아갔다.

맥스웰 소장이 1879년에 사망했을 때 연구소는 발족한 지 5년밖에 안된 상태였다. 후임을 맡은 레일리 경은 나름대로 애를 쓰다가 결국 5년 만에 에식스의 향리로 은퇴했다. 그러자 소장 자리는 다소 의외의 인물인 약관 28세의 조지프 존 톰슨에게 돌아갔다. 톰슨은 나이는 어렸지만 케임브리지 안에서는 이미 메리 서머빌처럼 수학을 이용해 물리학에 질서를 부여할 만한 인물로 명성이 높았다. 'J. J.'라는 약칭으로 널리 알려진 톰슨은 서서히 새로운 모습을 드러내고 있던 물리학 분야에서 캐번디시가 주도적 역할을 하는 데 크게 기여했다고 말할 수 있다.

톰슨은 1856년에 맨체스터에서 서적상의 아들로 태어났는데, 당시 그 도시는 "맨체스터가 오늘 생각하는 것을 세계는 내일 생각한다"라는 말이 나올 정도였다. 그의 아버지는 '맨체스터 문학·철학협회' 회원으로, 어린 아들을 제임스 줄에게 인사하게 하면서 언젠가 이런 신사분을 만난 일이 자랑스럽게 느껴질 것이라는 말을 해줬다. 톰슨은 17세에 공학 학사학위를 취득하고 첫 번째 논문을 맨체스터 대학교의 전신인 오언스 칼리지에서 출간했다. 그런 성과 덕분에 그는 곧 케임브리지 대학교 트리니티 칼리지로 진학했고, 수학 졸업시험에서 전체 2등을 기록했다. 호리호리한 체구에 안경을 끼고 콧수염이 무성한 톰슨은 캐번디시 연구소를 실용성과 좀 더 직결되는 방향으로 운영해갔다. 물론 약간의 과실(?)도 있었다. 지금도 회자되는 이야기에 이런 것이 있다. 하루는 톰슨이 점심을 먹으러 집에 들른 길에 새로 산 바지를 하나 가져왔다. 평소에 자기가 입고 다니는 바지가 너무 헐렁하고 낡았다는 동료의 말에 귀가 솔깃한 것이다. 그는 집에서 새 바지로 갈아입고 다시 연구소로 갔다. 그때 물건을 사러 나갔다가 집에 돌아온 부인이 침대 위에 벗어놓은 낡은 바지를 보고 깜짝 놀라 급히 연구소에 전화를 했다. 자주 깜빡깜빡하는 남편이 바지를 안 입고 연구소로 간 줄 알았기 때문이다.[18]

일련의 실험에서 톰슨은 진공 유리관에 여러 종의 기체를 투입하고서 전류를 흘린 다음, 유리관 주위를 전기장이나 자석으로 에워쌌다. 이런 조건을 조성한 결과, 음극'선'은 음극에서 분출되어 양극으로 끌려 들어가는, 사실상 무한소에 가까운 크기의 **입자들**이라는 사실을 확실히 입증할 수 있었다. 나아가 그런 입자들이 그리는 궤적은 전기장으로 변경시킬 수 있으며, 자기장이 궤적을 휘게 만든다는 사실도 알아냈다. 더욱 중요하게 도, 그런 입자들이 수소 원자(물질을 구성하는 최소 단위로 알려져 있었다)보다 가볍고 **어떤** 기체를 사용하든지 동일하다는 사실을 밝혀냈다. 톰슨이 뭔가 근본적인 사태를 입증했음이 분명했다. 이는 사실상 빛이 입자라는 입자설을 실험을 통해 처음 확인한 일로, 자연의 불연속성을 설명해주는 발견들 가운데 하나였다.

이들 입자를 톰슨은 처음에 '미립자corpuscles'라고 불렀는데('원질原質, protyles'이라고 하는 사람도 있었다) 지금은 전자electrons라는 표현이 정착되었다. 이 명칭을 처음으로 제안한 사람은 아일랜드 출신 영국 물리학자인 조지 존스톤 스토니였다.[19] 하지만 전자를 발견한 흥분은 3년 뒤 그에 못지않은 양자 발견의 흥분으로 이어진다.

양자의 발견

1900년 당시 42세였던 막스 플랑크는 톰슨보다 두 살 어렸다. 온화한 말투에 스타일도 전혀 다른 플랑크는 1858년에 독일 킬 대학교 법학 교수인 아버지와 목사의 딸인 어머니의 여섯 번째 아이로 태어났다. 이런 정황에서 짐작할 수 있듯이, 플랑크의 집안은 신앙심이 깊고 상당히 학구적이었으며, 특히 막스는 음악까지 썩 잘했다(특별 제조한 하모늄도 따로 가지고 있었다). 이 시기에 그가 쓴 편지들을 보면, 발트 해에서 가까운 휴양지인 엘데나에서 여러 차례 여름을 보내고 잔디밭에서 크로케를 치는가 하면 저녁에는 영국 소설가 월터 스콧 경의 작품을 읽고 온 가족이 함께 뮤지컬 공연을 하기도 했다는 얘기가 나온다. 그러나 플랑크의 소명은 역시 과학이었다. 20세기에 접어들 무렵에 이미 그는 자기 분야의 정상에 다가서 있었고, 프로이센 아카데미 회원이자 베를린 대학교 정교수였다.

1897년 톰슨이 전자를 발견하던 해에 플랑크는 자신의 이름을 세상에 널리 알려줄 프로젝트에 착수했다. 고대 이래로 물질(예를 들면 철)에 열을 가하면 처음에는 흐릿한 적색을 내다가 이어 밝은 적색, 그리고 나중에는 흰색을 낸다는 것은 이미 알려져 있었다. 긴 파장의 빛은 중간 정도의 고온에서 나타나고, 온도가 높아질수록 짧은 파장의 빛이 생성되기 때문에 그렇다. 물체가 백열 상태가 되면 모든 파장의 빛이 방출된다. 더 뜨거운 물체들(예를 들면 별)에 대한 연구는, 그다음 단계에 가면 긴 파장의 빛은 사라지고 색깔이 전체 스펙트럼에서 점점 파란 쪽으로 이동한다는 것을 보여준다. 플랑크는 이런 현상, 그리고 이런 현상과 이른바 흑체黑體, black body 문제라고 하는 또 다른 미스터리와의 연관성에 푹 빠졌다. 완벽하게 형성된 흑체는 모든 파장의 전자기복사electromagnetic radiation를 똑같이 잘 흡수한다. 그런 물체는 자연에 존재하지 않는다. 다만 예컨대 그을음은 완전 흑체에 가까워 모든 복사의 98퍼센트를 흡수한다. 고전물리학에 따르면 흑체는 온도에 따라 복사를 방출해야만 하며, 그렇게 방출된 복사는 모든 파장에서 방출되어야 한다. 따라서 점점 백열에 가까운 상태가 된다. 그러나 플랑크가 사용한 흑체(자기와 백금으로 제작된 것으로 샤를로텐부르크에 있는 독일 표준국이 관리한다) 관련 연구들은 가열하면 어느 정도 철덩어리 같은 양태를 보이면서 처음에는 흐릿한 적색을, 그런 다음에는 주홍색 빛을 내다가 그 이후에는 백열 상태가 되었다. 왜 그럴까?

플랑크의 혁명적인 아이디어가 처음 떠오른 날은 1900년 10월 7일이었다. 그날 플랑크는 동료 물리학자 하인리히 루벤스에게 흑체에서 일어나는 복사의 양태를 설명하는 방정식을 대강 적은 엽서를 보냈다. 플랑크가 가졌던 발상의 핵심—맨 앞부분만 수학적인 내용이다—은, 전자기복사가 고전물리학에서 주장해온 것처럼 연속적인 것이 아니라 제한된 크기의 다발 형태로만 방출된다는 것이었다. 마치 호스가 물을 액체 '다발' 형태로만 분출하는 것과 같다고 플랑크는 말했다. 그는 아이디어가 떠오르는 순간에 그것이 얼마나 중요한지를 잘 알아챘다. 바로 그날 오후, 플랑크는 어린 아들을 데리고 산책을 하다가 이렇게 말했다. "오늘 내가 뉴턴의 생각 못지않게 위대한 생각을 하나 했단다."[20]

그해 12월 14일, 플랑크는 베를린 물리학협회에서 강연을 할 때 이미 자신의 이론을 충분히 확립한 상태였다. 그중 하나가 작은 에너지 다발의 크기를 계산한 것으로, 플랑크는 그것을 h라고 불렀는데, 나중에는 플랑크 상수Planck's constant라는 이름을 얻는다. 플랑크 상수는 초당 6.55×10^{-27} 에르그erg로, 여기서 에르그는 아주 작은 에너지 단위다. 플랑크는 이 아주 작은 다발을 우주를 구성하는 요소 중 더는 쪼갤 수 없는 기본 요소, 즉 복사의 '원자'라고 규정하고 '양자量子, quantum'(quantum은 '양이 얼마나 되는가'라는 라틴어에서 따온 말이다)라고 불렀다. 전자의 경우와 마찬가지로 양자도 자연의 불연속성을 설명하는 데 크게 기여한다.

원자의 구조

물리학은 몇 년 후인 1911년 3월 7일 다시 일대 변화를 겪는다. 이번에는 맨체스터가 무대였다. 이 사건을 우리가 지금 알고 있는 것은 제임스 채드윅 덕분인데, 그는 당시는 대학생이었지만 훗날 유명한 물리학자가 된다. 그날 맨체스터 문학·철학협회에서는 모임이 있었다. 청중은 대부분 지역

명사들이었다. 이들은 지적 욕구는 강하지만 전문가인 경우는 드물었다. 먼저 현지에서 활동하는 과일 수입상이 희귀한 자메이카 바나나 수입 화물에 희귀 뱀이 섞여서 들어온 모습을 보고 참으로 놀랐다는 내용의 발언을 했다.

다음 발언은 어니스트 러더퍼드가 맡았다. 그는 참석자들에게 현대 세계에 가장 엄청난 영향력을 미칠 것이 분명한 내용, 즉 원자의 기본 구조를 설명했다. 그는 청중에게 원자는 "한 지점에 중심적인 전하가 집중되어 있고, 그 주위로 반대 성질을 띤 전하가 같은 양으로 균일하게 구체 형태로 배치된 구조다"라고 말했다. 무미건조한 얘기 같지만 채드윅은 훗날 그날 강연을 평생 잊지 못한다면서 이렇게 썼다. "우리들, 젊은이들에게는 더할 수 없이 충격적인 강연이었다. 우리는 그것이 분명 진리라고 직감했고, 실제로도 그러했다."[21]

러더퍼드는 기분이 좋을 때면 찬송가 389장 〈믿는 사람들은 군병 같으니Onward Christian Soldiers〉를 목청껏 부르며 캐번디시 연구소 주변을 행진하듯이 돌아다니곤 했다. 그는 원래 뉴질랜드의 궁벽한 시골에서 열한 명의 형제자매와 함께 자랐다. 딱 벌어진 체구에 햇볕에 그을린 얼굴이 인상적인 그는 교량과 철도 건설 일을 한 아버지에게서 공학을 배웠다. 넬슨 고등학교 재학 시절에는 교장이 유명한 크리켓 선수였는데, 러더퍼드가 전체 학생 대표가 되었다. 그래서 애칭이 '오리Dux(학생 대표라는 말인데 발음이 영어 오리의 복수형과 같다─옮긴이)'가 됐는데 친구들이 자기를 부르면 그는 항상 "꽥꽥" 하고 대답했다.

러더퍼드는 23세 무렵에 학위 세 개를 취득하고 뉴질랜드에서 교사 자리를 구했지만 세 차례나 실패하자, 대영제국에 속하는 대학 어디서나 공부할 수 있는 장학금을 신청해 결국은 따냈다. 그가 선택한 곳은 케임브리지 대학교의 캐번디시 연구소였다.

처음에 러더퍼드는 일부 물리학자들로부터 거친 '식민지인'이라는 식으로 홀대를 당했다. 그러나 톰슨은 바로 러더퍼드의 재주를 알아보았고, 그 덕분에 러더퍼드는 캐나다 맥길 대학교에서 교수 자리를 얻었다. 그러나 현지에 가서 보니 지적인 면에서나 과학 수준에서 후진적이라는 생각이 들어 최대한 빨리 영국으로 돌아갔고, 맨체스터에서 다시 교수 자리를 얻었다. 그러다 결국 다시 케임브리지 대학교로 돌아가 캐번디시 연구소 장직에 취임했다.

1895년 10월 캐번디시 연구소에 처음 나온 뒤, 러더퍼드는 신속히 뢴트겐과 베크렐의 연구 성과를 발전시키는 일련의 실험에 착수했다. 과학 저술가 리처드 브레넌이 말한 대로, "러더퍼드는 실험을 하다가 뜻대로 안 될 때 욕설을 내뱉으면 더 잘 된다는 깊은 신념으로 유명했다. 그가 이룩한 성과를 볼 때 그의 말이 맞았던 것 같다." 미국 소설가 마크 트웨인의 말처럼 "스트레스를 받을 때는 기도를 하느니 욕을 하는 편이 낫다"고 봐야겠다.[22]

천연 방사성 물질은 세 종류(우라늄, 라듐, 토륨)가 알려져 있었는데, 러더퍼드와 그의 조수 프레더릭 소디는 방사성 가스를 발산하는 토륨에 주의를 집중했다. 문제의 가스를 분석하던 두 사람은 그것이 완전히 불활성이라는 사실을 발견하고 깜짝 놀랐다. 다른 말로 하면 그것은 **토륨이 아니었던 것이다.** 어떻게 그럴 수가 있을까? 소디는 훗날 당시에 느꼈던 흥분을 회고록에 기록했다. 소디와 러더퍼드는 점차 자신들이 얻은 실험 결과가 "토륨 원소는 저절로 〔화학적으로 불활성인〕 아르곤 가스로 변환된다는, 엄청나고도 불가피한 결론을 말해준다!"는 것을 인식하게 되었다. 이것이 러더퍼드가 한 많은 중요한 실험 가운데 첫 번째 성과였다. 러더퍼드와 소디

는 원소가 저절로 붕괴한다는 사실을 발견한 것이다. 그것은 현대적 형태의 연금술과 다를 바 없었다.[23]

천체와 닮은 원자의 구조

여기가 끝이 아니었다. 러더퍼드는 우라늄이나 토륨이 붕괴할 때 두 가지 형태의 방사선을 방출한다는 사실도 관찰했다. 한 방사선은 종이 한 장으로도 막을 수 있었지만 다른 방사선은 500분의 1센티미터 두께의 알루미늄 판을 대야만 차단할 수 있었다. 두 가지 방사선 가운데 약한 쪽을 러더퍼드는 '알파(방사)선'이라고 칭했다. 나중에 실험을 통해 '알파 입자들'은 사실 헬륨 원자들이며 따라서 양전하를 띤다는 사실이 밝혀졌다. 강한 형태는 '베타선'으로, 음전하를 띤 전자들로 구성되어 있었다.* 러더퍼드는 전자는 "모든 측면에서 음극선과 유사하다"라고 말했다. 이런 실험 결과는 대단히 센세이셔널한 것이었고, 러더퍼드는 1908년 37세라는 젊은 나이에 노벨상(당시 상금은 영국 돈으로 환산하면 7000파운드였다)을 수상하기에 이른다.[24]

이제 러더퍼드는 알파 입자 연구에 에너지를 다 쏟아부었다. 알파 입자는 베타 전자(전자는 질량이 거의 없다)보다 훨씬 크기 때문에 물질과 상호작용을 할 개연성이 높았고, 그러한 상호작용은 물질을 좀 더 심층적으로 이해하는 데 요긴하리라 추론했다. 제대로 된 실험만 고안한다면 알

---

* 세 번째 형태의 방사선은 엑스선과 유사한 것으로, 1900년 프랑스 물리학자 폴 울리히 빌라르가 발견했다. 모든 방사선 중에서 가장 투과력이 강해 납으로만 차단할 수 있으며 명칭은 '감마선'이다.

파 입자는 원자의 **구조**와 관련하여 중요한 단서를 제공할 터였다. 그는 이런 말을 했다. "나는 어려서부터 원자는 뭔가 딱딱한 놈이라고 배웠다. 그 색깔은 입맛에 따라 빨갛다고 할 수도 있고 회색이라고 할 수도 있겠지만……." 이런 식의 관점이 변하기 시작한 것은 캐나다에 있을 때였다. 당시 그는 좁은 틈새를 통해 빔의 형태로 발사된 알파 입자들이 자기장에 의해 직선 진로와는 다른 방향으로 흩어질 수 있다는 사실, 곧 산란散亂한다는 사실을 입증했다. 이 모든 실험은 아주 기초적인 장비로 진행되었다. 바로 그런 점이 러더퍼드식 접근법의 아름다움이었다. 그러나 그다음 돌파구를 여는 일은 장비를 좀 더 발전시킴으로써 가능했다.

한 실험에서 그는 틈새를 두께가 극히 얇은 운모(운모는 길쭉한 조각으로 잘 쪼개지는 성질이 있는 광물이다) 조각으로 막아봤다. 이 실험에서 러더퍼드가 틈새에 올려놓은 운모 조각은 너무 얇아서—약 1000분의 3인치—이론적으로는 알파 입자가 통과하리라 예상되었다. 그리고 실제로 그랬다. 그러나 러더퍼드가 예상했던 방식은 아니었다. 분사噴射 결과가 인화지에 '수집'되었을 때 주변의 이미지가 흐릿하게 보였다. 러더퍼드로서는 이런 현상을 설명할 수 있는 결론은 한 가지밖에 없었다. 바로 일부 입자들이 빗나갔을 거라는 추측이었다. 그런 점은 분명했지만 러더퍼드를 흥분시킨 것은 산란의 **정도**였다. 그는 자기장 실험을 통해 아주 작은 산란을 유도하려 해도 강력한 힘이 필요하다는 점을 이미 알고 있었다. 그런데 그가 사용한 인화지에는 일부 알파 입자가 예상 진로 각도에서 2도나 빗나가 있었다. 그리고 **이런 현상**을 설명할 수 있는 방법은 딱 한 가지였다. 그 자신이 곧 언명한 바와 같이, "원자에는 강력한 전기적 힘이 있음이 분명하다"는 것이었다.

러더퍼드의 이런 발상이 놀랍기는 하지만 그렇다고 자동으로 그 이상의 혁신적인 통찰에 다다른 것은 아니었다. 그는 한동안 새 조수 어니스트 마스던과 함께 알파 입자의 행태를 연구하는 실험을 끈질기게 계속했다. 알파 입자를 여러 종류의 물질(금, 은, 알루미늄)로 만든 포일(박막)에다 분사해봤다. 이렇다 할 현상이 관찰되지는 않았다. 그러던 어느 날 아침, 실험실에 나온 러더퍼드가 마스던에게 "금속 포일에다 입자를 **비스듬히 쏘아보면** 되지 않을까 싶은데?"라고 '큰 소리로' 말했다(입자가 산란한다는 실험 결과가 영 마음에 걸렸던 것이다).

처음 시도해볼 만한 각도는 45도였고, 마스던은 금박을 사용해 그렇게 해봤다. 그런데 이 간단한 실험은 후대에 '물리학을 그 근저까지 뒤흔들었다'라는 평가를 받는다. 45도 각도로 분사한 알파 입자들은 금박을 **통과하지** 못했다. 대신 90도 각도로 뒤편에 설치해놓은 황산아연 스크린으로 튕겨져 나갔다. "그날 러더퍼드 선생에게 실험 결과를 보고하던 때가 지금도 기억에 생생하다"라고 마스던은 회고록에서 술회한 바 있다. "선생님 개인 연구실로 가는 계단에서 선생님을 만났다. 나는 신이 나서 말했다." 마스던이 무슨 일을 했는지 러더퍼드는 곧바로 감을 잡았다. 그런 산란 현상이 일어나려면 실험 장비 어딘가에 엄청난 양의 에너지가 들어 있어야만 한다는 것이었다.

하지만 러더퍼드는 잠시 당혹스러웠다. "그것은 내 일생에서 일어난 일 중에 가장 믿을 수 없는 사건이었다"라고 러더퍼드는 훗날 자서전에 썼다. "그야말로 믿어지지 않는 일이었다. 15인치짜리(약 38센티미터) 포탄을 화장지에 대고 쏘았는데 그게 튀어나와서 오히려 쏜 사람을 때린 것과 같았다. 곰곰이 생각한 결과 그러한 되튐 현상은 알 수 없는 무엇과 충돌한 결과임이 분명했다. 그런데 계산을 해보니, 원자 질량의 가장 큰 부분이 극히 작은 '핵'에 집중되는 시스템을 전제하지 않고는 그런 정도의 산란이 일어나기가 불가능했다." 사실 러더퍼드는 여러 달 궁리를 거듭한 끝에야 자신의 결론이 옳다는 확신에 도달할 수 있었다. (그는 처음에 '핵'을 핵nucleus이라고 부르지 않고 '중심 전하'라고 칭했다. '핵'이라는 표현을 처음 제안한 사람은 같은 캐번디시 연구소에서 일하던 수리물리학자 존 니컬슨이었다.)[25] 그렇게 시간이 오래 걸린 한 가지 이유는, 러더퍼드 자신이 젊어서부터 알고 있던 원자의 개념—원자는 전자들이 원자 덩어리 곳곳에 박혀 있는 건포도 푸딩 같은 형태라는 톰슨의 원자 모델—이 더는 통하지 않는다는 사실을 선뜻 받아들이기 어려웠기 때문이다. 이제 다른 모델이 훨씬 타당해 보였다. 러더퍼드는 원자의 구조를 천체에 비유했다. 양전하를 띤 입자들로 구성된 원자핵—그는 '양성자proton'(그리스어에서 '최초'를 뜻하는 단어에서 따온 말이다)라는 표현을 썼다—을 중심으로 음전하를 띤 전자들이 주위를 일정한 궤도를 따라 도는 양상이 마치 행성이 항성 주위를 도는 양상과 같았다.

이론으로서는 행성계 모델planetary model이 '건포도 푸딩' 모델보다는 훨씬 우아했다. 하지만 그게 맞을까? 자신의 가설을 시험해보기 위해 러더퍼드는 커다란 자석을 실험실 천장에 매달았다. 그 바로 밑에 있는 탁자에는 또 다른 자석을 고정시켰다. 진자 역할을 하는 자석이 탁자 위를 45도 각도로 오가면서 두 자석의 극성이 동일해지자 진자 자석은 90도 각도로 튕겨져 나갔다. 알파 입자를 금박에 분사했을 때와 동일한 현상이었다. 러더퍼드의 이론은 첫 번째 시험을 통과한 셈이었다. 이렇게 해서 원자물리학은 핵물리학으로 발전했다.* 이는 "자연에 대한 새로운 시각이

---

* **당시에** 생각했던 원자의 크기는 정확히 얼마였을까? 프랑스 물리·화학자 장 바티스트 페랭(1870~1942)은 맥스웰의 연구 성과와 아인슈타인의 수학을 활용하여 물 분자와 물 분자를 구성하는 원자들의 크기를 측정했고, 1913년에 대략 1억 분의 1센티미터라는 결론을 내놓았다. 원자 2억 5000만 개를 일렬로 늘어놓아야 1인치가 된다는 얘기다.

며 …… 실재의 새로운 속살을, 즉 우주의 새로운 차원을 발견한 쾌거였다."[26]

톰슨과 플랑크와 러더퍼드를 통합한 보어

닐스 보어는 러더퍼드와는 너무도 달랐다. 그는 덴마크 사람으로 뛰어난 운동선수였다. 코펜하겐 대학교에 다닐 때 축구를 했고, 스키와 요트도 즐겼으며, 탁구는 '천하무적'이었다. 의심의 여지 없이 20세기의 가장 명민한 인물에 속하는 영국의 물리학자이자 소설가인 C. P. 스노가 묘사한 바에 따르면 보어는 키가 크고 "반구형으로 솟은 머리가 엄청 컸다." 그런데 말투는 '거의 속삭이는 수준'으로 자분자분했다. 스노는 또 그의 말이 "만년의 헨리 제임스(미국 소설가─옮긴이)만큼이나 논지를 알아듣기 어려웠다"라고 평했다.[27]

이 특이한 인물은 품위 있는 과학자 집안에서 태어났다. 아버지는 생리학 교수였고, 형은 수학자였다. 세 부자 모두 네 나라 언어로 된 책을 광범위하게 섭렵했다. 보어는 초기에 물의 표면장력을 연구하다가 곧 방사능 문제로 관심을 돌렸다. 그래서 1911년에 영국으로 러더퍼드를 찾아간 것이다. 처음에는 케임브리지 대학교에서 연구를 했는데, 앞서 살펴본 것처럼 캐번디시 연구소장 톰슨과는 잘 지내지 못했다. 그러다가 캐번디시 연구소 만찬회에서 러더퍼드의 강연을 듣고는 러더퍼드가 재직하던 맨체스터 대학교로 옮겨갔다.

현재(21세기)는 원자를 사진을 찍어 확대해서 육안으로 볼 수 있는 정도가 되었다.

당시 러더퍼드의 원자 이론은 물리학자들에게 광범위하게 지지를 받았지만 몇 가지 심각한 문제를 안고 있었다. 가장 우려스러운 부분은 원자의 안정성이었다. 왜 핵 주변 궤도를 도는 전자들이 핵으로 함몰되지 않는지를 이해할 수가 없었던 것이다.

보어는 맨체스터에 도착해 러더퍼드와 함께 작업한 직후부터 잇달아 놀라운 통찰력을 발휘했다. 그중에서도 물질의 방사능은 원자핵에서 유래하지만 그 **화학적** 성질은 기본적으로 전자의 수와 배열을 반영한다는 중요한 통찰을 내놓았다. 이로써 단번에 물리학과 화학의 연결고리를 짚어냈다.[28]

앞서 살펴본 대로, 러더퍼드의 원자 개념은 본질적으로 불안정했다. '고전적' 이론에 따르면 전자는 직선으로 움직이지 않으면 복사로 인해 에너지를 상실한다. 그러나 전자는 원자핵 주위를 궤도를 따라 돌았다. 따라서 그런 모델의 원자는 사방으로 흩어져 날아가 버리든지, 그 자체 내로 함몰되어 빛의 폭발을 일으켜야 한다. 그러나 분명 그런 일은 일어나지 않았다. 물질은 원자로 이루어져 있지만 대체로 매우 안정적이다. 보어가 기여한 부분은 가설과 관찰 결과를 잘 조합한 데 있었다. 그는 원자 내부가 '안정적인' 상태라고 가정했다. 러더퍼드는 처음에는 이런 생각은 받아들이기 어렵다고 봤다. 그러나 보어가 고전적 이론에 단호히 반대하면서 전자들이 날아가 버리거나 핵 속으로 함몰되어 빛을 방출하지 않는 상태에서 회전 운동을 할 수 있는 어떤 궤도들이 있어야 한다고 주장했다. 보어는 여기에 몇 년 전에 이미 알려진 관찰 결과를 추가해 자신의 이론을 보강했다. 빛이 물질을 통과할 때 모든 원소는 특정한 스펙트럼의 색채를 발산하는데, 그 스펙트럼은 안정적이면서도 불연속적이라는 생각이었다. 보어의 탁월함은 이러한 분광학적 효과가 나타나는 이유가 원자핵 주위를 도는 전자들이 '어떤 고정된 궤도'가 아니라 허용된 특정 궤도들만을 돌수 있기 때문이라는 사실을 간파한 데 있다. 이러한 궤도들이 존재한다는것은 원자가 안정적인 상태임을 의미했다.[29]

그러나 보어가 이룬 가장 중요한 혁신은, 러더퍼드와 플랑크와 톰슨을통합해 자연의 양자적(불연속적) 특성과 원자의 안정성(반¾양자 상태는 인정되지 않는다), 그리고 물리학과 화학의 연계성을 밝혀낸 데 있다. 처음에여러 보수적 학자들은 보어의 주장에 회의적이었다. 톰슨도 그런 이들 중한 사람이었다. 톰슨은 여든 줄에 접어든 1936년까지도 공식적으로 보어를 지지한다는 입장을 표명하지 않았다. 그러나 러더퍼드는 보어를 강력히 지지했으며, 알베르트 아인슈타인은 이 덴마크 학자의 이론이 분광기실험 결과와 잘 맞아떨어진다는 얘기를 듣고는 이렇게 말했다. "그렇다면정말 위대한 발견이야."

곧 이어 보어의 저 유명한 3부작 논문 〈원자와 분자의 구성에 관하여On the Constitution of Atoms and Molecules〉는 고전이 되었고, 맨체스터에 체류한 지 근 3년 만에 고향 코펜하겐에서 그를 교수로 초빙했다. 얼마 후 그를 위해 설립된 코펜하겐 이론물리학연구소까지 맡게 됨으로써 코펜하겐은 양차 대전 사이에 이론물리학 연구의 중심지로 떠올랐다. 조용하면서도 사근사근하고 사려 깊은 보어의 성품—그는 적당한 단어가 떠오르지않으면 몇 분이고 말을 멈추곤 했다—은 연구소 발전에 중요한 역할을 했다. 물론 코펜하겐 이론물리학연구소가 부상한 데에는 작은 중립국이라는 덴마크의 위치도 한몫했다. 물리학자들은 그 암울한 시대에 유럽 주요국과 북아메리카의 광란에 가까운 스포트라이트를 피해 덴마크에서 조용히 만날 수 있었다.

멘델레예프의 주기율표에서 보어의 '3부작'으로 가면서 우리는 일반물리학—새로운 형태의 에너지(방사능), 새로운 실체(입자), 새로운 개념(양자), 새로운 구조(핵 주위의 궤도)—이라는 주요 경로를 거쳐 화학의 한 단계에서 다른 단계로 넘어갔다. 이처럼 새로운 차원의 실재에 접근하면서 전통적인 과학 분야들 사이의 구분은 와해되기 시작했고, 자연이 어떠한 방식으로 구조화되어 있는지가 더더욱 분명해졌다. 한동안 그 모든 것은 상당히 간단해 보였다. 핵, 궤도를 도는 전자, 그리고 안온한 구조에 들어맞는 양자 원리, 쉽게 파악되는 깔끔한 설명 체계……. 최대한 깔끔하고 심오한 통합이 이루어진 셈이다. 그러나 그런 깔끔함은 오래가지 못했다.

시간과 공간의 통합, 질량과 에너지의 통합

지금까지 살펴보았듯이, 독일은 이론물리학 전통에서 선두를 달리고 있었다. 클라우지우스, 볼츠만, 헤르츠, 플랑크 등등이 대표 주자였다. 그러나 역사상 가장 유명한 이론물리학자는 단연 알베르트 아인슈타인이다. 아인슈타인은 천지개벽처럼 꽝 하고 지식의 무대에 등장했다. 전 세계 과학 잡지 가운데 수집가들이 가장 탐내는 아이템이 있다면 그것은 단연 1905년에 독일에서 나온 《물리학 연보Annalen der Physik》17호다. 그해에 아인슈타인이 이 잡지에 발표한 논문이 무려 세 편이었다. 그래서 1905년을 과학사에서는 '기적의 해annus mirabilis'라고 한다. 흑사병이 돌던 1666년에 뉴턴이 고향 울즈소프 바이 콜스터워스의 어머니 집에서 두문불출하며 세 가지 업적—미적분, 빛의 스펙트럼 분석, 중력 법칙 발견—의 실마리를 잡은 이후 최고의 쾌거였다. 그런데 뉴턴이 갈릴레이가 사망한 해에 태어난 것처럼, 아인슈타인도 제임스 클러크 맥스웰이 사망한 해에 태

어났다. 아인슈타인은 스코틀랜드 출신인 맥스웰의 사상을 확장시키는 것을 자신의 과제 중 하나로 봤다.[1]

아인슈타인은 1879년 3월 14일에 독일 슈투트가르트와 뮌헨 사이에 있는 울름에서 태어났다. 아버지 헤르만 아인슈타인은 전기기술자였다. 알베르트 아인슈타인은 외아들은 아니었지만(여동생 마리아가 있었는데, 늘 '마야'라는 애칭으로 불렸다) 천성적으로 혼자 놀기를 좋아하고 독립심이 강했다. 그의 학교생활이 불행했던 것은 이런 성격도 한 가지 요인으로 작용했다. 그는 독재적인 분위기를 혐오했으며, 주변에서 흔히 볼 수 있는 천박한 민족주의와 사악한 반유대주의도 그 못지않게 혐오했다. 그는 영국 철학자 데이비드 흄과 칸트와 다윈을 찾아서 읽었는데, 동료 학생, 교사들과 끊임없이 분란을 빚어, 공부는 잘했어도(수학과 라틴어에서는 늘 1등 아니면 2등이었다) 퇴학을 당하는 지경에 이르렀다. 당시의 강압적인 교육 방식에 대한 반항심이 후일의 독립적이고 의구심 많은 태도를 만들었다는 점은 의문의 여지가 없다. 그리스어 담당 교사는 그에게 어느 분야로 진출하든 실패할 것이라고 말할 정도였다.

아인슈타인은 10대 때부터 매사에 집중력이 강했다. 같은 또래들과는 섞여서 놀지 않았고 '가벼운' 문학은 절대 읽지 않았다. 과학 외에 그가 제일 관심을 보인 분야는 음악이었다. 그의 어머니는 피아노를 아주 잘 쳤고, 아인슈타인 역시 피아노와 바이올린을 혼자 익혀서 평생 연주를 즐겼다. 그는 모차르트와 바흐를 특히 존경했지만 베토벤의 음악을 듣는 것은 불편해했다. 그는 베토벤에 대해 이렇게 말했다. "베토벤은 너무 개인적이어서 거의 벌거벗은 것 같은 느낌이 든다."[2]

16세 때 아인슈타인은 부모와 함께 이탈리아 밀라노로 이사를 갔고, 이어 19세에는 스위스 취리히 연방공과대학교ETH를 다녔다(입학할 때 자격증을 따로 요구하지 않은 점이 입학한 동기였다). 거기서도 당초 입학시험에는 떨어져 예비학교를 1년 동안 다녀야 했다. 취리히 연방공대는 취리히나 바젤, 제네바 같은 주변의 다른 대학들보다 수준은 좀 떨어졌지만 꽤 탄탄한 학교였고, 독일 전기 엔지니어링 재벌인 베르너 폰 지멘스로부터 자금을 일부 지원 받고 있었다. 아인슈타인은 ETH에 다닐 때는 수학에 크게 관심 있지 않았으며, 강의도 별로 열심히 듣지 않아서 친구가 꼼꼼히 정리한 수강 노트를 빌려보곤 했다고 훗날 술회했다.

어쨌든 아인슈타인은 ETH에서 진행된 많은 물리학 강의가 시대에 뒤처졌다고 생각했다. 그래서 극소수의 다른 학생들과 함께 구스타프 키르히호프, 헤르만 폰 헬름홀츠, 하인리히 헤르츠의 저서를 따로 읽기 시작했다. 그런 인물들의 이론은 커리큘럼에 들어 있지 않았기 때문이다. 이들은 덜 알려진 이론가인 아우구스트 푀펠의 저서도 읽었다. 푀펠의 《맥스웰 전기론 입문Introduction to Maxwell's Theory of Electricity》은 곧 아인슈타인의 작업에 반영될 개념들로 가득 차 있었다(특히 '절대운동' 개념을 의심하는 주장이 대표적이다). 아인슈타인은 절대적인 시간과 공간을 의심하는 주장을 편 프랑스 수학자 앙리 푸앵카레의 논문들도 읽었다.[3]

ETH를 졸업한 후 아인슈타인은 한동안 백수로 지냈다(그가 조교 자리조차 제안 받지 못한 이유는 교수들에게 '불손했기' 때문이라고 한다). 그러다가 베른의 스위스 연방특허청 심사관('3등급 기술 전문가') 자리를 얻었다. 그렇게 해서 반은 정규 교육을 받고 반은 학계에서 벗어나 있으면서 1901년부터 과학 논문을 발표하기 시작했다.

그가 쓴 첫 번째 논문은 그저 평범했다. 말하자면 아인슈타인은 최신 과학 문헌을 접하지 못했으며, 다른 사람이 해놓은 작업을 되풀이하거나 오해했다. 그런데 그의 특장 가운데 하나는 통계였다(통계는 볼츠만이 중시한 방법이기도 했다). 통계 처리는 후일 아인슈타인에게 큰 도움이 된다. 더 중요한 점은, 아마도 과학계의 주류에서 벗어나 있었던 것이 오히려 독창성을 높이는 데 도움이 됐으리라는 점이다. 그 독창성은 1905년에 갑자기 꽃을 피웠다.

아인슈타인의 위대한 논문 세 편은 양자론에 관한 것이 3월, 브라운 운동에 관한 것은 5월, 특수 상대성 이론에 관한 것은 6월에 출간되었다. 그런데 1900년 12월에 막스 플랑크의 독창적인 논문이 베를린 물리학회에서 구두로 처음 발표되었을 때는 별다른 논란을 불러일으키지 못했다. 하지만 일부 과학자들은 곧 플랑크가 옳다는 것을 깨달았다. 그의 착상은 많은 것을 설명해주었다. 그중에는 화학적 세계는 불연속적 단위들, 즉 원소들로 구성되어 있다는 주장도 들어 있었다. 불연속적 원소라는 개념은 그 자체도 불연속적인 물질을 구성하는 기본 단위임을 의미했다(여러 해 전에 돌턴이 같은 내용을 언급했었다). 이와 함께 여러 해에 걸쳐 이런저런 실험들이 이루어짐으로써 빛은 파동이라는 사실이 밝혀졌다.[4]

첫 번째 논문 1부에서 아인슈타인은 물리학의 특기인 개방적 사고를 일찌감치 과시하면서 당시까지는 누구도 생각지 못했던 가설, 즉 빛은 때로는 파동이면서 때로는 입자라는 가설, 다시 말해 '둘 다'라는 가설을 제시했다. 이런 발상이 받아들여지기까지는, 아니 최소한 이해되기까지는 어느 정도 시간이 걸렸다. 물론 일부 물리학자들은 아인슈타인의 통찰이 기존에 알려진 사실들과 부합함을 직감했다. 시간이 가면서 그런 '파동-입자 이중성wave-particle duality'은 1920년대 양자역학의 기초가 된다.*

* 입자인 동시에 파동인 존재의 모습을 그려보는 것이 어렵다 해도 부끄러워할 필요는 없겠다. 여기서 우리가 다루고 있는 것은 본질적으로 수학적인 특질들에 관한 것이다. 따라서 모든 시각적 비유나 일상 언어적 표현은 부적합하다. 닐스 보어는 훗날 물리학자들이 '양자의 불가사의(quantum weirdness)'라고 칭하는 개념을 접하고 '어지러움'을 느

양자론 관련 논문을 발표한 지 두 달 만에 아인슈타인은 브라운 운동을 다룬 두 번째 역작을 내놓았다. 작은 꽃가루 알갱이들을 물속에 던져 넣고 현미경으로 관찰하면 크기가 100분의 1밀리미터밖에 안 되는 미세한 입자들이 좌충우돌하면서 불뚝불뚝 움직이는 게 보인다. 이러한 '춤'은 물 분자들이 꽃가루를 마구잡이로 공격해서 일어나는 현상이라고 아인슈타인은 생각했다. 여기서 그의 통계학 지식이 빛을 발한다. 그의 복잡한 계산식이 실험으로 입증되었는데, 이는 일반적으로 분자가 존재한다는 것을 보여주는 최초의 증거로 간주된다.

특수 상대성 이론에 관한 아인슈타인의 세 번째 논문은 그에게 본격적으로 명성을 안겨준다. (물론 즉각 명성을 얻은 것은 아니다. 이 논문 출판 이후 나타난 반응은 좀 더 상세한 설명을 해달라고 청하는 막스 플랑크의 짧은 편지 한 통뿐이었다.) $E=mc^2$이라는 결론, 그가 했던 말을 따르면 "물체의 질량은 그 에너지 양의 척도다"라는 결론에 도달한 것이 바로 특수 상대성 이론이다. 아인슈타인이 발견한 내용을 이해한 소수의 학자들은 의구심을 품었지만, 그의 아이디어가 실험을 통해 입증될 수 있다는 사실은 미처 알지 못했다. 아인슈타인은 1909년까지 특허청에서 계속 근무했다.[5]

시공간 개념

상대성이라는 개념은 어느 날 하늘에서 뚝 떨어진 개념이 아니다. 에른스트 마흐와 앙리 푸앵카레는 절대적 시간과 공간이라는 개념이 정당화될

끼지 않는 사람은 뭘 잘 모르는 것이라고 말했다.

수 있는지, 빛의 속도가 유한함을 고려할 때 현지 시간과 보편적인 시간이 동일할 수 있는지 의구심을 품었으며, 동시성과 등속운동 개념을 재고할 필요가 있다고 생각했다(어떤 식으로 재고해야 할지는 별개의 문제였다).[6]

사실 자세히 들여다보면 해명을 요하는 이상한 점 투성이였다. 예를 들어 운동에도 이상한 점들이 있었다. 지구상의 안락의자에 앉아서 '쉬고 있다'라고 생각하는 사람은 실제로는 지구의 자전과 함께 시속 1040마일(1673.7킬로미터) 속도로 급회전하는 동시에 시속 6만 7000마일(10만 7826킬로미터) 속도로 지구와 함께 태양 주위 궤도를 돌고 있는 것이다.[7] 이어서 빛에도 이상한 점들이 있다. 뉴턴은 빛을 본질적으로 방출된 입자들의 흐름이라고 보았다. 그러나 아인슈타인 시대가 되면 대부분의 과학자들이, 빛을 파동으로 이해해야 한다고 주장한 뉴턴과 동시대인 네덜란드 물리학자 크리스티안 하위헌스의 이론을 수용했다. 이런 입장은 수많은 실험으로 확인됐는데, 그중에서도 가장 유명한 실험이 영국 물리학자 토머스 영의 실험이다. 그는 두 개의 미세한 틈새를 통과한 빛이, 두 틈새로 세차게 흐르는 파도와 비슷한 형태의 간섭무늬를 만들어내는 것을 보여주었다. 두 경우 모두 마루(정점)와 골(저점)이 때로는 서로를 강화해주기도 하고 때로는 서로를 상쇄하기도 하면서 확연한 무늬를 만들어냈다. 더구나 저 유명한 맥스웰 방정식도 전기와 빛과 자기를 연결하면서 빛의 속도(진공 상태에서 초속 29만 9792.4킬로미터)로 이동하는 전자기파의 존재를 예측했다. 맥스웰은 전선을 통과하는 전류의 속도가 빛의 속도와 같다는 사실을 발견함으로써 자신의 방정식을 입증해냈다.

어쨌거나 빛은 전자기파의 전체 스펙트럼 가운데 눈에 보이는 부분이라는 사실이 분명해졌다. 전자기파에는 우리가 지금 AM 라디오 신호(파장 300야드)라고 부르는 것과 FM 신호(3야드), 극초단파(3인치)도 포함된다. 파장이 짧을수록(주파수가 높을수록) 전자기파는 붉은색(파장 2500만 분의 1인치)에서 자주색(1400만 분의 1인치)까지, 눈에 보이는 빛의 스펙트럼을 만들어낸다. 이것들보다 훨씬 짧은 파장으로는 자외선, 엑스선, 감마선이 있다.[8]

이런 주장들은 이제 충분히 사실로 밝혀졌지만 다시금 두 가지 근본적인 문제가 제기되었다. 그런 선들은 어떤 매질을 통과하여 이동하는가? 그리고 그 선들의 속도(최고 초당 약 30만 킬로미터)는 **무엇과 상대적인가?** 처음에 과학자들은, 우리는 감지하기 어려우며 추정컨대 불활성인 매질에 둘러싸여 있음이 분명하다고 생각했다. 아인슈타인 자신이 언급했던 대로 그것은 어쩌면 우주 공간을 가득 채우고 있다는 '에테르'였다. 그 결과, 미국 전기 작가 월터 아이작슨의 말대로, 19세기 말에 어마어마한 에테르 사냥이 벌어졌다.

1887년 미국 오하이오 주 클리블랜드에서 앨버트 마이컬슨과 에드워드 몰리가 한 유명한 실험 역시 에테르 사냥의 일환이었다. 두 사람은 직접 고안한 장치로 광선을 둘로 쪼개서 하나는 지구 운동 방향을 마주하는 쪽에 배치한 거울로 보내고, 또 하나는 지구 운동 방향과 90도 각도를 이루는 쪽 거울로 보냈다. 광선 둘이 다시 하나로 합쳐질 때 에테르의 흐름과 맞선 방향의 광선이 도달하는 시간이 더 오래 걸리는지 알아보기 위해서였다. 결과는 차이가 없었다. 그때까지 아무도 그 묘한 에테르라는 것을 감지하지 못했다. 어느 방향으로 진행하든 빛은 속도가 항상 동일한 것으로 관찰되었다.

사람들은 에테르가 왜 그렇게 감지하기 어려운지를 놓고 온갖 아이디어를 궁리했지만 아인슈타인은 천문학 데이터에 더 관심이 많았다. 빛의 속도가 광원에 따라 다르다는 증거는 누구도 찾아내지 못했다. 아무리 멀리 떨어진 별에서 출발한 빛이라도 동일한 속도로 도착하는 것처럼 보였다.[9] 아인슈타인은 "모든 빛은 주파수와 세기만으로 규정되며, 움직이는 광원에서 나온 것이냐 정지한 광원에서 나온 것이냐 하는 점과는 완전히 무관하다"라는 결론에 도달했다. 이 결론은 맥스웰 방정식이 말하는 내용이었지만 아인슈타인에게는 골치 아픈 문제로 느껴졌다. 당시 그가 글에 쓴 대로, "그런 딜레마의 관점에서 보면 상대성 원리를 폐기하거나 빛의 전파라는 단순한 법칙을 폐기하는 수밖에 없을 것처럼 보인다."

그러나 아인슈타인이 (그런 거대한 딜레마를 고민하면서) 처음으로 중요한 전환점을 마련한 시기 역시 1905년 5월이었다. 훗날 그는 "나는 문제 해결의 열쇠를 돌연 이해했다"라고 술회했다. 5주 후 아인슈타인은 《물리학 연보》에 그의 가장 유명한 논문 〈움직이는 물체의 전기역학에 관하여On the Electrodynamics of Moving Bodies〉를 투고했다. 이 논문의 핵심을 이루는 통찰은, 한 관찰자에게 동시적인 현상으로 보이는 두 사건이 아주 빠른 속도로 움직이고 있는 다른 관찰자에게는 동시적으로 보이지 **않는다**는 것이다. 더구나 어느 관찰자가 옳은지도 말할 수 없다. 좀 더 심하게 말하면 두 사건이 진실로 동시적인지 단언할 수조차 없다.

아인슈타인은 훗날 자신이 고안한 사고실험을 통해 이 문제를 설명하고자 했다. 그는 제방을 따라 달리는 기차의 모습을 아래와 같은 다이어그램으로 제시했다.

속도(V) $M'\rightarrow$ 속도(v)

$\rightarrow$ $\rightarrow$

_____ 기차

_____ 철로 주변 제방

A   M(중간점)   B

아인슈타인은 우리에게 두 개의 번개가 A 지점과 B 지점에 동시에 떨어졌다고 상상해보라고 말한다. 번개가 떨어진 순간에 기차에 타고 있는 관찰자는 M'(기차 내 중간점), 즉 A와 B의 중간에 있다. 기차는 오른쪽으로, 즉 화살표 방향으로 달려가는 상황에서 제방에 있는 관찰자 2 역시 M(중간점), 즉 번개가 떨어진 두 지점의 중간에 서 있다.

이제, 기차가 움직이지 않는 상태라면 기차에 타고 있는 관찰자는 두 번개를 동시에 볼 것이다. 이는 제방에 서 있는 관찰자도 마찬가지다. 그러나 기차가 오른쪽으로, 그것도 급속도로 이동하고 있으므로 움직이는 기차에 타고 있는 관찰자는 약간 오른쪽으로 움직여 B 지점에 떨어진 번개에 조금 더 가까워지고, 그사이에 번갯불이 그의 눈에 도달했을 것이다. 따라서 그는 B 지점에 떨어진 번갯불을 본 **다음에** A 지점에 떨어진 번갯불을 볼 것이다. 다시 말해 두 사건은 동시적이지 않다는 얘기다.

"이렇게 해서 우리는 중요한 결과에 도달한다"라고 아인슈타인은 말한다. "제방 쪽에서 동시적으로 감지된 사건들이 기차 쪽에서는 동시적인 것이 아니다." 그뿐 아니라 상대성의 원리는 제방 쪽은 '가만히 있고' 기차는 '움직이고 있다'라고 단언할 수도 없다고 말한다. 우리는 다만 양쪽은 서로에 대해 움직이는 상태이며 그 밖의 옳고 그른 답변은 없다는 점만 말할 수 있을 따름이다. 두 사건이 '절대적으로' 또는 '실제로' 동시에 일어났다고 말할 수는 없다는 뜻이다. 한 걸음 더 나아가, **"절대적 시간이란 없다"**는 뜻이다. "그 대신 모든 움직이는 관성계는 자체의 상대적 시간만을 가진다."[10]

절대적 동시성 같은 것은 없다고 한다면, 따라서 시간은 상대적인 것이라고 한다면, 아인슈타인은 공간과 거리 역시 마찬가지임을 입증했다. 차량에 탑승한 사람이 일정한 시간 동안 일정한 거리를 간다고 하면 제방에 서 있는 사람에게 그 거리가 반드시 동일한 것은 아니다. 움직이는 측정

장치는 움직이지 않는 사람의 다양한 차원을 기록할 따름이다.

다음과 같이 한번 생각해보자. 거울 형태의 '시계'가 하나는 기차 바닥에 있고 다른 하나는 천장에 있다고 상상해보자. 광선이 바닥을 출발해서 천장에 닿았다가 다시 돌아오는 현상을 기차에 탄 사람은 광선이 위아래로 오르내리는 것으로 볼 것이다. 반면에 제방에 있는 사람은 광선이 약간 대각선 모양으로 상향하는 것으로 보일 것이다. 기차가 해당 시간 동안 앞으로 이동했기 때문이다. 이어 광선이 천장에서 바닥으로 내려가는 동안에는 또 다른 대각선 형태로 하향할 것이다. 역시 기차가 앞으로 이동했기 때문이다. 두 관찰자에게 광선은 동일한 것이지만 제방에 서 있는 사람은 기차 안에 있는 사람보다 광선이 더 많이 이동한 것으로 보인다. 따라서 제방에 서 있는 관찰자의 입장에서 보면 시간은 기차에 탄 사람보다 더 느리게 가고 있는 셈이다.

얼마나 더 느릴까? 실제로 그 차이는 미미하다. 아니, 극미하다. 예를 들어서 기차가 시속 300킬로미터 속도로 이동하고 있다면, v^2/c^2($300^2/1,072,000,000^2$)=0.000000000000077(v는 속도, c는 광속도—옮긴이), '시간 지연' 효과 γ는 $1/\sqrt{000000000000077}$=1.0000000000039이다. 이는 평생—100년이라고 치자—을 운행하면 기차 안의 승객은 승강장에 있는 사람에 비해 0.0000000000039년만큼 생명이 연장된다는 의미다. 이는 밀리세컨드(1000분의 1초)의 10분의 1보다 약간 긴 시간이다. 그러나 빛의 속도에 더 가까워지면, 즉 광속의 90퍼센트 속도라고 치면, 시간 지연 효과는 2보다 커진다. 이는 움직이는 시계가 제방에 있는 시계의 절반에 못 미치는 속도로 간다는 의미다. 이를 좀 더 극단적으로 표현하면, 쌍둥이—우주 시대의 쌍둥이—중 하나가 우주로 나가 중력가속도(g) 1 상태로 이동하다가 10년간 가속을 하고 다시 10년간 감속을 한 뒤, 반환점을 돌아 다시 같은 방식으로 지구로 돌아와서 본다면, 40년 후 지구의 시간은 실제로 5만 9000년이나 흐른 뒤일 것이라는 얘기다.[11]

이처럼 시간과 공간은 미스터리한 방식으로 긴밀히 연결되어 있다. 흔히 시간 지연time dilation이라고 하는 사태는 민항기에 대단히 민감한 시계를 부착한 실험으로 확인되었으며, 아인슈타인의 생각이 옳다는 것이 입증됐다. 그러나 우리가 사는 일상적인 환경에서 그런 효과는 극히 미미하다. 실제로 계산해본 결과 쌍둥이 중 한 명이 비행기를 타고 평생을 우주에서 보내는 불행을 겪는다고 가정하면, 그가 지구로 돌아왔을 때 나이는 지구에 남아 있던 쌍둥이보다 0.00005초 정도 어린 것으로 나타났다.[12]

이것이 아인슈타인의 '특수' 상대성 이론이다. 모든 관성계慣性系는 동일한 조건을 가지고 있으며, 서로 다른 운동 상태에 놓인 관찰자들은 사물을 서로 다르게 측정하며, 우월한 운동 상태란 존재하지 않는다는 이론이다. 이는 모든 것은 주관적이라는 생각과 같지 않다. 실제로 각 차원이 어떻게 달라지느냐에는 엄격한 규칙이 따르기 때문이다. 특수 상대성이란, 지속과 동시성을 비롯해 시간을 측정하는 것은 관찰자의 운동 상태에 따라 상대적일 수 있음을 뜻한다. 거리나 길이와 같은 공간에 대한 측정 역시 상대적일 수 있다. 그러나 양자의 통일 상태, 즉 시공간이라고 일컬어지는 것은 모든 관성계에서 불변이다. 아인슈타인은 자신이 성취한 발견을 '불변 이론Invariance Theory'이라는 용어로 표현하려 했지만 이 용어는 널리 통용되지 못했다. 그러다가 1906년에 막스 플랑크가 독일어로 'Relativtheorie'라고 명명했고, 이 말이 바로 **상대성 이론**이라는 용어로 정착되었다.

그 이후 10년간 아인슈타인은 일반 상대성 이론을 구상했는데, 그사이에 $E=mc^2$이라는 공식이 태어났다.

위대한 통합 방정식

$E=mc^2$이라는 발상 역시 어느 날 갑자기 하늘에서 뚝 떨어진 것이 아니다. 질량 보존이라는 개념이 알려진 것은 적어도 18세기 말 라부아지에 이후였다. 그는 예컨대 철이 녹슬면 실제로 무게가 증가한다는 사실을 관찰한 많은 사람들 가운데 한 명이었는데, 산소가 철에 '달라붙어서' 그런 거였다. 빛에 관해서는, 갈릴레이가 토스카나의 두 산 꼭대기에서 서로 손전등을 비추어서 빛이 상대방의 전등에 도착하는 데 걸리는 시간을 측정하려 한 이후로 빛의 속도를 측정하려는 시도는 많았다(갈릴레이는 실패했다). 그런 상황이 최종적으로 정리되고 문제가 해결된 시기가 17세기 말이다. 약관 21세의 덴마크 천문학자 올레 뢰머는 이탈리아계 프랑스 과학자 조바니 도메니코(프랑스어 식으로는 장 도미니크) 카시니의 요청에 따라 목성 문제에 관한 실험을 도왔다. 당시 카시니는 목성 문제에 관한 한 세계적인 권위자였다. 목성 문제가 특히 초미의 관심을 끈 이유는, 목성이 지구와 마찬가지로 하나의 위성(실제로는 세 개였다)을 가지고 있었기 때문이다. 목성이 천문학자들을 수십 년 동안 괴롭혀온 이유는 목성의 가장 안쪽에 있는 위성 이오$_{Io}$가 목성 궤도를 42.5시간 단위로 돌고 있는 것으로 **추정**되어서였다. 그런데 어떤 알 수 없는 이유로 궤도 운행 시간이 일정하지가 않았다. 어떤 때는 궤도가 약간 짧고 어떤 때는 약간 길었다.

이런 편차가 발생하는 이유를 누구도 설명하지 못했다. 어딘가에 이오 위성을 잡아당기는 물체가 숨어 있는 것일까? 뢰머는 파리에 도착한 뒤 카시니가 꼼꼼히 기록한 관측 내용을 상세히 검토했다. 젊었던 만큼 당시 과학계의 정설을 맹목적으로 추종하지 않던(이런 점에서 아인슈타인과 좀 닮았다) 뢰머가 누구도 생각하지 못한 발상을 내놓았다. 태양 주변 궤도를 도는 지구는 어떤 때는 목성에 더 가까워지므로 이오 위성에서 출발한 빛이 지구에 도달하는 시간에 영향을 미친다는 발상이었다. 카시니를 비롯해 당시의 나이 든 천문학자들은 뢰머의 주장을 받아들이지 않았다. 특히 빛은 순식간에 이동한다는 확고한 논리를 펴면서 갈릴레이의 실험이 실패한 이유도 바로 그 때문이라고 반박했다.

그러자 뢰머는 이의를 제기했다. 1671년 8월에 파리에서 열린 공개 모임에서 뢰머는 카시니에게 직접 도전했다. 이오 위성이 다음번에 출현할 때—예정일은 11월 9일이었다—는 주류설이 주장하는 5.27시간이 아니라 5.37시간에 가깝다고 주장했다. 그의 예측은 정확히 맞아떨어졌다. 정확히 말하면 5.37시간 하고 49초가 걸렸다. 카시니가 당황할 만한 사태는 여기서 멈추지 않았다. 뢰머를 비롯한 과학자들이 빛의 속도는 대략 시간당 6억 7000만 마일이라는 계산을 해낸 것이다. 이것이 어느 정도 속도인지 비유적으로 말하면, 영국 런던에서 대서양을 건너 미국 로스앤젤레스까지 도달하는 데 20분의 1초도 안 걸린다는 얘기다. 소리의 속도는 마하 Mach 1이다. 빛의 속도 c는 마하 90만이다. (C는 '빠름' 내지는 '속도'를 나타내는 라틴어 'celeritas'의 약어다. 빛은 광자로 구성되어 있고, 광자는 인간이 관측할 수 있는 수준에서 볼 때 질량이 없으므로 빛의 속도로 이동한다.)

앞서 (이 책 67쪽 각주 '역제곱 법칙'에서 언급한) X^2으로 표현된 제곱은 우리가 보통 생각하는 정도 이상으로 우리가 속한 세계의 양상을 잘 표현해준다. 이는 공간의 근본적 양태라고 할 수 있다. 전구 옆에 앉아서 책을 읽다가 전구에 더 가까이 다가가면 이런 현상이 극명하게 나타난다. 전구에 2배 가까이 가면 빛의 세기는 4배 증가한다. 공을 경사진 널빤지에 놓고 굴리면 밑에 있는 모래밭에 X라는 강도로 들어가 박힌다. 공의 속도를 2배로 높이면 4배 깊이 파묻힐 것이다. 속도를 3배로 높이며 파묻히는 강도가 처음의 9배가 된다. 내가 타고 있는 차의 속도를 시간당 20마일에서 80마일로, 즉 4배 올리면 멈추는 데 걸리는 시간은 16배가 된다. 운동량 momentum에 관한 한 '제곱'이라는 수치가 핵심인 셈이다.

빛의 속도는 시속 6억 7000만 마일, 즉 c^2은 시속 448,900,000,000,000,000 마일, 다시 말해 시속 718,240,000,000,000,000킬로미터다.[13]

질량과 에너지의 호환성

깊은 이론적 배경에 대한 이야기는 이 정도에서 접자. 1890년대 초부터 많은 연구자들이 확인한 바로는 아인슈타인이 생각한 행태를 보이는 물질이 있었다. 그중에서도 '금속 무늬가 있는 광석' 다수가 콩고에서 발견된 점, 그리고 그 당시에 체코슬로바키아 지역에서 미스터리한 '에너지 빔'을 발산하는 암석이 발견된 점이 주목할 만했다. 마리 퀴리는 그런 빔에 '방사능'이라는 용어를 사용했다(3장 참조). 지금까지 살펴본 것처럼, 물론 그녀도 자신이 명명한 존재의 힘을 온전히 알지는 못했다. 방사능은 그저 그녀와 그 남편의 죽음의 원인일 가능성이 높았다. 그런데 그런 광선들은 별다른 무게 손실 없이도 초당 수 조 개나 되는 고속 알파 입자를 방출할 수 있었다(그렇게 보였다).

아인슈타인은 이 모든 것, 즉 맥스웰 방정식과 광속도 의존성, 자신의 상대성 개념, 광속의 불변성(과 중요성), 방사능 발견 등을 종합했다. 나아가 이를 대단히 큰 수들(수 조 개의 알파 입자, 시속 6억 7000만 마일이라는 광속도)과 연결해 놀라울 정도로 짧은 논문으로 제출했다. 세 페이지에 불과한 이 논문의 제목은 〈물체의 관성은 에너지-양에 의존하는가?Does the

Inertia of a Body Depend on its Energy-Content?〉이다.[14]

이 논문에도 사고실험이 담겨 있었다. 여기서 아인슈타인은 정지 상태의 물체에서 서로 반대되는 방향으로 방출된 두 개의 광펄스light-pulses가 지닌 성질을 계산했다. 이어 움직이는 관성계에서 관찰된 동일한 광펄스들의 성질을 규명했다. 속도와 질량의 관계를 다룬 그의 방정식은 이러한 과정을 거쳐서 나왔는데, 질량과 에너지는 동일한 물체의 서로 다른 표현임을 보여준다. 월터 아이작슨이 아인슈타인 전기에서 지적한 것처럼, "둘 사이에는 근본적으로 호환성이 존재한다." 아인슈타인의 표현을 따르면 '물체의 질량은 그 에너지-양의 척도'다.

문제의 방정식이 계산해낸 엄청난 양의 에너지에 대해서는 여러 가지 사례가 제시되었다. 건포도 단 한 알의 질량도 적절히 처리하기만 하면 뉴욕 시가 하루 동안 사용하는 에너지의 대부분을 공급할 수 있다고 한 주장이 아마도 가장 생생한 예일 것이다. 초당 1마이크로그램(100만 분의 1그램)만 파괴해도 도시 하나의 전력 수요를 댈 수 있다니 말이다. 화학적 에너지의 근원은 원자의 구조에 있는데, 상호 반응을 통해 분자들 간의 결합이 되풀이되면서 에너지는 방출되고 질량은 감소한다. 가장 간단한 예가 수소 원자인데, 단일 양성자 주위 궤도를 따라 도는 전자를 단 한 개 가지고 있다. 중요한 것은 이런 원자의 질량이 원자 **속에서** 서로 연결되어 있지 않은 전자와 양성자의 질량을 합한 것보다 작다는 점이다. 물론 0.00 0000000000000000000000000000002킬로그램으로 극히 미미한 차이다. 그러나 이처럼 작은 차이가 에너지로 변환될 때는 엄청난 결과를 야기한다. 이런 차이—실제로는 음陰에너지negative energy다—를 물리학자들은 '결합 에너지binding energy'라고 부른다. 우라늄의 경우, 우리가 핵에너지라고 알고 있는 것이 바로 이런 차이이며, 자연계에서 지구 표층을 밀

어내고 산맥을 융기하게 하는 에너지도 바로 그것이다(12장 참조).[15]

아인슈타인은 실험을 통해 자신의 아이디어를 검증해보자는 제안으로 논문(혁명적 아이디어로 인정되기까지는 시간이 좀 걸렸다)을 끝맺었다. "에너지-양이 크게 변하는 물체, 예컨대 라듐염 같은 것을 사용하여 이 이론을 검증해볼 수 있을 것이다."

"가장 위대한 발견 …… 철학적 통찰과 물리학적 직관과 수학적 재능의 경이로운 결합"

아인슈타인은 일반 상대성 이론을 구상만 하고 있다가 10년 만에 공표했다. 사실 그는 이미 1907년 11월에 기본적인 아이디어를 가지고 있었다. 그의 회고에 따르면 "베른의 특허청 의자에 앉아 있는데 불현듯 어떤 생각이 떠올랐다. 사람이 자유낙하 할 경우 자신의 무게를 느끼지 못할 것이라는 생각이었다." 그런 생각이 들자 스스로도 깜짝 놀랐고 그때부터 '중력 이론을 향하도록 몰아가는' 기나긴 여정을 시작했다고 그는 말했다. 훗날 아인슈타인은 특허청 사무실에서 맞았던 순간을 '내 평생 가장 행복한 생각(the happiest thought)'이라고 평했다.* 자유낙하 하는 사람에 관한 이야기는 아주 유명해져서, 심지어 페인트공 같은 사람이 실제로 인근 빌딩 지붕에서 작업하다가 떨어졌을 거라는 과장된 일화까지 덧칠해졌다. 뉴턴이 사과가 자기 머리 위에 떨어진 것을 보고 중력에 관한 아이

---

* 보통 영어로 이렇게 번역되지만 원래 독일어 표현은 '가장 운 좋은 생각(die glücklichste Gedanke)'이므로 'happiest' 대신 'luckiest'를 쓰는 게 좋겠다.

디어를 얻었다는 일화와 같은 수준의 이야기라고 하겠다.

당시 아인슈타인이 구상한 사고실험은 엘리베이터처럼 사방이 막힌 방 안에 있는 사람이 지구 위로, 아니면 '별이나 또 다른 거대한 물체가 없는' 저 깊은 우주로 자유낙하 할 때 어떤 일이 벌어질까 하는 것이었다. 그런 사람은 자신이 움직이고 있다는 사실을 느끼지 못할 것이고, 따라서 자신의 몸무게를 느낄 수 없을 것이다. 그가 주머니에서 꺼내는 물건은 모두 그를 따라 떠다닐 것이다. 그가 유일하게 느끼는 것은 가속이나 감속일 것이다. 특히, 학생이라면 누구나 다 알고 있는 것처럼, 중력은 가속적인 방식으로 영향을 미치는 만큼 아인슈타인은 "중력과 가속운동이 당사자에게 미치는 영향은 등가다"라는 결론을 내렸다. 이것이 바로 그가 상대성 이론을 등속도로 움직이는 시스템 너머로까지 확대하기 위해 집중한 기본 아이디어였다.

그 후로 몇 년에 걸쳐 그는 여러 예언을 가능케 한 수학적 계산식들을 도출해냈다. 한 가지 예언은, 중력장이 더 강한 곳에서는 시계가 더 느리게 간다는 내용이고, 또 하나는 빛이 중력에 의해 휘어진다는 내용이며, 태양처럼 큰 질량을 가진 광원에서 방출된 빛의 파장은 아인슈타인이 '중력 적색 이동'이라고 칭한 현상으로 말미암아 약간 증가한다는 내용이다.

중력이 빛을 휘게 하는 과정은 다시 엘리베이터와 관련한 사고실험으로 입증할 수 있다. 엘리베이터가 상승하는 동안 광선이 미세한 구멍을 통해 엘리베이터 오른쪽 벽을 통과한다고 상상해보자. 엘리베이터 안에 타고 있는 관찰자는 광선이 통과하는 순간, 동일한 높이의 반대편 벽(왼쪽 벽)에 부딪치는 모습을 보게 될 것이다. 그러나 엘리베이터 밖에 있는 관찰자는 엘리베이터보다 상대적으로 정지된 상태이므로 광선이 아래쪽으로 휘는 모습을 보게 될 것이다. 왜냐하면 광선이 우측에서 좌측으로 엘리베이터를 통과하는 순간, 엘리베이터의 높이가 조금이지만 상승했기 때문이다. 따라서 중력과 가속운동은 등가이므로, 중력장(천체 같은 것이 이에 해당한다)은 빛을 휘게 만든다는 것이다. 아인슈타인은 "광선이 태양 옆을 통과하면 0.83각초角秒, second of arc 굴절될 것이다"라고 예측했다.*

빛이 휘어질 수 있다는 발상에는 흥미로운 함의가 있다. 일상생활에서 빛은 직선으로 이동한다. 그런데 빛이 중력장 변화에 따라 휘어질 수 있다면 직선인지 아닌지를 어떻게 판정할 수 있단 말인가? 아인슈타인의 답변은 시공간이 휘어져 있다는 것이었다. 이는 아이작슨이 인정한 대로, 우리들 대다수에게는 너무도 도발적인 발상이었다. 한 가지 비유로 지구 표면을 예로 들어보자. 우리 모두는 지구가 구체라는 사실을 알고 있지만 일상생활에서는 평평하다고 느낀다. 이는 중요한 결과를 낳는다. 예를 들어 우리는 평행선, 즉 유클리드 기하학의 세계에서는 절대 서로 만나지 못하는 선들이 사실은 양극에서 만나는 것을 볼 수 있다. 나아가, 삼각형의 두 각만 적도에서 한 변을 형성하고 나머지 두 변은 북극에서 만나는 삼각형의 세 각은 각각 90도다. 반면에 유클리드 기하학의 세계에서 삼각형의 세 각의 합은 180도다. 아인슈타인은 여기서 한 걸음 더 나아가, 시공간이 휘어져 있고 중력으로 휘어진 공간 지역을 통과하는 최단 거리의 선분은 유클리드 기하학에서 말하는 직선과 매우 다를 것임을 인정하라고 우리에게 요구한다.

따라서 일반 상대성 이론의 핵심 개념은 '중력은 기하학이다'라는 말로 표현할 수 있겠다.[16] 한동안 아인슈타인의 새 이론을 환영하는 물리학자는 극소수였다. 많은 과학자들이 혹평하기까지 했다. 아인슈타인은 그

---

* 아인슈타인은 나중에 예측치를 배로 키웠다. 1각초는 3600분의 1도다.

런 태도에 별로 신경 쓰지 않고 러시아령 크림 반도에서 있을 개기일식을 기다렸다. 예정일은 1914년 8월 21일이었다. 일부 동료들이 광선이 태양 주변에서 휘어질 것이라는 아인슈타인의 예측을 실험하러 현지로 갔다. 그러나 유감스럽게도 일식이 있기 20일 전에 1차 세계대전이 터졌고 독일이 러시아에 선전 포고를 했다. 크림 반도에서 실험을 준비하던 독일인 과학자는 체포되었고 그가 가져간 관측 장비도 압류되었다.

양자역학의 창시자 중 한 명인 영국의 이론물리학자 폴 디랙(5장 참조)은 일반 상대성 이론을 "역사상 가장 위대한 발견일 것"이라고 말했다. 독일 물리학자 막스 보른은 일반 상대성 이론을 "자연에 관한 인류의 사고가 이룩한 가장 위대한 업적이며, 철학적 통찰과 물리학적 직관과 수학적 재능의 가장 경이로운 결합이다"라고 평했다.[17]

에딩턴의 일식 관측

1914년부터 1918년까지 이어진 1차 대전으로 영국과 독일의 직접적 교류는 완전히 끊겼다. 그러나 스위스와 마찬가지로 중립국이었던 네덜란드는 중립을 유지했다. 당시 네덜란드 레이던 대학교 교수이자 천문대장으로 후일 '암흑 물질dark matter'이라는 조어를 만드는 빌럼 드 지터는 아인슈타인과 협력 관계에 있는 친구였다. 드 지터는 1915년에 아인슈타인에게서 일반 상대성 이론을 다룬 논문을 받았다. 실력 있는 수학자이자 물리학자였던 드 지터는 인맥이 두터웠을 뿐 아니라 중립국인 네덜란드 사람으로서 자신이 중요한 가교 역할을 할 수 있음을 잘 알았다. 그래서 그는 아인슈타인의 논문 사본을 런던의 아서 에딩턴에게 보냈다.

그의 전기를 쓴 한 작가에 따르면 에딩턴은 '신비주의 성향'이 있었지만 당시 영국 주류 과학계의 핵심 인물이었다. 1882년 레이크 디스트릭트의 켄덜에서 농부 퀘이커교도의 아들로 태어나 처음에는 집에서 교육을 받았고, J. J. 톰슨처럼 맨체스터 오언스 칼리지에 다니다가 케임브리지 대학교 트리니티 칼리지로 진학했다. 트리니티에서 그는 사상 처음으로 2학년 때(3학년 때가 아니다) 시니어 랭글러가 됐다. 톰슨, 러더퍼드와 교분을 맺은 것도 트리니티에서였다. 어려서부터 천문학에 매료된 그는 1906년부터 그리니치 왕립천문대에서 자리를 잡았고, 1912년에는 왕립천문학회 사무국장이 되었다.

에딩턴이 처음에 내놓은 주요한 업적은 우주의 구조에 관한 방대하고도 야심 찬 조사 및 연구였다. 1912년에는 이른바 세페이드cepheid 변광성變光星(빛의 밝기가 시간에 따라서 변하는 항성)의 밝기는 크기에 따라 규칙적으로 변한다는 중요한 발견을 했다. 이 발견은 천체 내의 실제 거리를 측정하는 데 도움이 됐고, 우리가 속한 은하는 지름이 약 10만 광년光年이며 그 중심에 있다고 생각되던 태양이 실제로는 중심에서 약 3만 광년 떨어져 있다는 사실을 알게 해주었다.* 그가 세페이드 변광성 연구에서 이룬 두 번째 중요한 발견은, 나선형 성운이 실제로는 우리 은하계 밖에 있는 물체들로, 그 자체가 완전한 은하계이며 대단히 멀리 떨어져 있다는 내용이었다(가장 가까운 성운이 안드로메다 대성운으로 75만 광년 떨어져 있다). 이

---

* 광년(light year)—빛이 1년 동안 이동하는 거리(약 6조 마일/9조 4670억 킬로미터)—이라는 표현을 처음 제안한 사람은 독일 쾨니히스베르크 천문대장이던 프리드리히 베셀(1784~1846)이다. 베셀은 별과 별 사이의 거리를 쉽게 이해할 수 있으려면 거대한 규모의 거리 단위가 필요함을 절감했다. 당시까지는 천문단위(Astronomical Unit, AU)가 사용되고 있었는데, 1AU는 태양을 도는 지구 궤도의 반지름에 해당하는 값으로 약 9300만 마일이다.

를 통해 가장 멀리 떨어진 천체의 거리는 2억 5000광년으로, 우주의 나이는 100억~200억 년으로 추정할 수 있게 됐다.[18]

그런데 에딩턴은 여행광이기도 해서 일식 연구차 브라질과 몰타에 다녀오기도 했다. 업적으로 보나 학문적 위치로 보나, 런던 물리학회가 전시戰時에《중력의 상대성 이론에 관한 보고서Report on the Relativity Theory of Gravitation》작성 책임을 맡길 사람으로는 역시 그가 적임자였다. 보고서는 1918년에 출간됐는데, 최초로 영어로 쓰인 일반 상대성 이론의 완벽한 설명서였다. 앞서 살펴본 대로, 에딩턴은 아인슈타인의 1915년 논문 사본을 네덜란드를 거쳐 입수했기에 그만큼 준비가 잘되어 있었던 셈이다. 에딩턴의 보고서는 광범위한 반향을 불러일으켰고, 결국 프랭크 다이슨 왕립천문대장이 그에게 아인슈타인의 이론을 시험해볼 드문 기회를 제공하기에 이른다. 1919년 5월 29일에 개기일식이 예정되어 있었던 것이다. 아인슈타인의 예언대로 빛이 거대한 물체(태양—옮긴이) 근처를 통과하면서 휘어지는지를 검증할 기회였다. 전쟁이 막바지로 치닫던 해에 다이슨이 정부 지원금 1000파운드를 따내, 탐사대를 하나도 아니고 둘씩이나 꾸려서 서아프리카 연안의 상투프린시페와 대서양 건너편 브라질의 소브라우로 파견한 사실로 미루어보면, 왕실천문대장의 영향력이 얼마나 대단했는지 짐작할 수 있다.[19]

에딩턴은 E. T. 코팅햄과 함께 상투프린시페를 맡았다. 코팅햄은 노샘프턴셔의 시계 제작자로 천문학 관련 시간 기록의 전문가였다. 출발하기 전날 밤, 왕실천문대장의 서재에서 에딩턴과 코팅햄, 다이슨 세 사람은 아인슈타인의 예언이 맞으려면 빛의 굴절 각도가 얼마나 되어야 하는지를 놓고 밤늦게까지 계산에 몰두했다. 그러던 중 코팅햄이 예상치의 두 배가 나오면 어떻게 되느냐고 반문했다. 다이슨이 무미건조하게 대꾸했다. "그럼

에딩턴은 미쳐버릴 거고, 자네 혼자 귀국해야겠지!"

에딩턴의 노트에는 그다음 이야기가 적혀 있다. "우리는 배를 타고 3월 초에 포르투갈의 수도 리스본에 도착했다. 3월 16일 푼샬에서 브라질로 떠나는 두 천문학자를 만났다. 하지만 우리는 4월 9일까지 푼샬에 머물 수밖에 없었다. …… 그러다 상투프린시페가 처음 우리 눈에 들어온 것이 4월 23일이다. …… 5월 16일경, 사흘 밤 동안 시험 촬영을 하는 데 아무런 어려움이 없었다." 그런데 날씨가 돌변했다. 5월 29일 아침, 개기일식이 예정된 바로 그날, 마치 하늘이 뻥 뚫린 것처럼 폭우가 쏟아졌다. 에딩턴은 그동안의 고된 여정이 시간 낭비가 되지는 않을까 노심초사했다.

그러나 오후 1시 30분, 일식이 일부 시작된 시점에 구름이 가시기 시작했다. "나는 일식을 보지도 못했다." 훗날 에딩턴이 남긴 기록이다. "사진 건판을 바꾸느라 너무 바빴다. 다만 일식이 시작됐는지 확인하느라고 얼핏 보고, 중간에 구름이 얼마나 가셨는지 살펴봤을 뿐이다. 우리는 사진을 열여섯 장 찍었다. …… 나중에 찍은 여섯 장 정도가 우리에게 필요한 것을 줄 만한 이미지가 담겨 있었다. …… 6월 3일에 사진을 현상했다. 일식이 시작되고 나서 6일 동안 하룻밤에 두 장씩 찍은 사진들이었다. 나는 하루 종일 각도를 재느라 여념이 없었다. 구름 낀 날씨가 내 계획을 망쳤다. …… 그런데 내가 측정한 것 중에 딱 한 장이 아인슈타인의 예측과 일치하는 결과를 보여주었다." 에딩턴은 동료를 돌아보며 한마디 던졌다. "코팅햄, 혼자 집에 갈 필요 없겠어."[20]

에딩턴이 상대성 이론이 옳다는 것을 확인하자 대중의 관심이 쏠리면서 아인슈타인은 세계에서 가장 유명한 과학자가 되었다. 상대성 이론은 아인슈타인이 처음 내놓았을 때는 널리 수용되지 않았었다. 따라서 에딩턴이 상투프린시페에서 시행한 관측이야말로 많은 물리학자들이 물리 세계에 관한 그 기이한 개념이 정말로 진실임을 인정하지 않을 수 없는 시발점이 되었다.

통일 이론이라는 달콤한 유혹

아인슈타인이 우리의 좀 더 기본적인 (그리고 대단히 가변적으로 보이는) 몇 가지 개념을 거대한 차원에서 종합해낸 점을 염두에 두면서 마지막으로 한마디 덧붙여야겠다. 그는 만년에 수년간 전기, 자기, 중력, 양자역학(이에 대해서는 나중에 살펴볼 것이다)을 통합하는 이론을 만들어내려고 노력했지만 실패했다는 것이다. 그는 일반 상대성 이론의 중력장 방정식을 확대해서 자기장까지도 설명할 수 있기를 간절히 기대했다. 1921년 노벨상 수상 기념 강연에서 그가 말한 대로 "통일을 추구하는 정신은 두 장이 본질적으로 대단히 독립적으로 존재한다는 것에 만족할 수 없습니다. 우리는 수학적으로 통일된 장 이론을 추구합니다. 중력장과 전자기장이 동일한 장의 서로 다른 구성 요소이거나 서로 다른 표현으로 해석되는 통일장 말입니다." 아인슈타인은 그런 통일장이 양자역학을 상대성 이론과 호환이 가능하도록 해주리라 기대했다.

그때까지 아인슈타인은 서로 다른 이론들 간의 연결고리를 찾는 데에서 천재성을 발휘했지만, 월터 아이작슨의 말대로 이제 "통일 이론의 유혹이 아인슈타인을 매료시켰다." 하지만 한때 아인슈타인 스스로가 인정한 대로 "거기에는 자연의 냉소가 드리워져 있었다." 그 이후 20년 동안 아인슈타인이 제시한 이론들 중 어느 것도 성공적인 통일장 이론으로 귀결되지 못했다. 아니, 어떤 면에서는, 입자들이 점점 더 많이 발견되면서

물리학은 통일과는 거리가 **멀어지고** 있었다.[21]

1955년 4월, 죽음의 순간에도 아인슈타인은 여전히 통일장 이론을 떠받칠 방정식을 구상하고 있었다. 그리고 그런 작업을 하는 사람이 그만은 아니었다. 물리학자이자 과학 저술가인 폴 핼펀은 최근 출간한 저서에서 아인슈타인과 에르빈 슈뢰딩거(그에 대해서는 곧 살펴볼 것이다)가 어떻게 명성을 얻은 업적을 달성하는 일보다 컨버전스 작업—양자물리학과 상대성 이론의 통일 추구—에 더 오랜 기간 매달렸는지를 보여주었다.[22] 아인슈타인은 우주를 인간의 머리로 이해할 수 있다는 것이 가장 감탄스럽고 가장 경의를 표할 만한 일이라고 생각했다. 따라서 과학자로서 경의를 표하는 것은 사실, 모든 것을 설명해주는 궁극의 질서를 찾아내기 위해 노력하는 행위를 뜻했다. 아인슈타인은 그런 목표에 누구보다 가까이 다가선 사람이었을 것이다.

1850년대 이후 세월이 흐르면서 점점 더 많은 질서가 드러났다. 아인슈타인은 누구보다도 그 사실을 잘 아는 사람이었다. 그러나 만년의 그의 운명—훗날의 슈뢰딩거에게도 동일하게 적용될 얘기다—은 질서란 어느 정도 요행과 비슷하다는 것을 보여준다. 작심하고 찾아다닐수록 더 포착하기가 어렵다는 말이다. 특히 다른 사람도 아닌 아인슈타인이 그런 작업에 매료됐다는 사실은 참으로 가슴 아픈 아이러니가 아닐 수 없다. 아니, 어쩌면 그것은 경고였을 것이다.

5장

물리학과 화학의 진정한 통합

에딩턴이 상투프린시페 행을 목전에 두고 있던 1919년 4월 무렵, 어니스트 러더퍼드는 논문 한 편을 발송했다. 다른 업적이 전혀 없다 해도 역사에 그의 이름을 남기게 될 만한 내용을 담은 논문이었다. 그때부터 그의 제자인 제임스 채드윅이 중성자를 발견한 1932년까지 10여 년간은 물리학계 제2의 황금기였다. 실험적으로나 이론적으로나 신기원을 이룬 중대한 연구 성과가 나오지 않은 해가 거의 없었다. 이 10여 년의 황금기에 나온 주요 업적은 모두 유럽의 세 곳에서 이루어졌다. 영국 케임브리지 대학교 캐번디시 연구소, 닐스 보어가 이끄는 코펜하겐 이론물리학연구소, 그리고 독일 한가운데에 있는 유서 깊은 대학 도시인 괴팅겐이었다.

1920년대에 러더퍼드의 문하생 중 한 명이었던 마크 올리펀트에게 소장실이 있는 캐번디시 연구소의 중앙 복도는 이런 모습으로 다가왔다. "맨마룻바닥에 거무스름한 니스 칠을 한 소나무 문들과 회반죽을 칠한 얼룩진 벽에 지저분한 유리창으로 햇살이 무심히 흘러들었다." 그러나 같은 연구소에서 훈련을 한 C. P. 스노는 첫 번째 소설 《추적The Search》에서 연구소를 묘사할 때 페인트와 니스와 지저분한 유리창 같은 것은 언급하지 않았다. "캐번디시의 수요일 모임은 쉽게 잊지 못할 것이다. 나에게 그 모임들은 과학에서 짜릿함을 느끼는 핵심적인 요소였다. …… 한 주가 가고 두 주가 지나면서 으슬으슬한 밤에 밖에 나가 산책을 할 때면 동쪽 울타리에서 바람이 윙 하고 한길로 불어나가는 동안, 세계에서 가장 위대한 운동의 지도자들을 직접 보고 듣고 가까이 있다는 희열에 젖었다." 톰슨의 후임으로 1919년에 캐번디시 연구소장에 취임한 러더퍼드라면 분명 공감했을 법한 얘기다. 러더퍼드는 1923년 영국과학발전협회 모임에서 느닷없이 "우리는 지금 물리학의 영웅시대에 살고 있습니다!"라고 소리쳐서 좌중을 놀라게 했다.[1]

어떤 면에서 러더퍼드 자신이—이제는 불그레한 얼굴에 콧수염을 기른 채 늘 꺼져가는 파이프를 물고 있었다—바로 그 영웅시대를 온몸으로 구현한 인물이었다. 1차 대전 기간에 입자물리학 연구는 잠시 중단되었다. 공식적으로 러더퍼드는 영국 해군성을 위해 잠수함 탐지 장치를 연구하는 중이었다. 그러나 근무에 지장을 주지 않는 범위 안에서 짬을 내서 하던 연구를 계속 했다. 그러다가 결국은 〈질소의 변칙 효과An Anomalous Effect in Nitrogen〉라는 평범한 제목의 획기적인 논문을 쓰기에 이른다. 러더퍼드가 한 실험들이 대개 그랬듯이, 이번에 사용한 장비도 조야하다고 할 정도로 단순했다. 봉인한 놋쇠 상자 안에 작은 유리관을 넣고 한쪽 끝을 황화아연 판으로 막았다. 그러고 나서 놋쇠 상자에 질소를 가득 채운 다음, 유리관을 통해 알파 입자 공급원, 즉 라듐의 방사성 가스인 라돈에서 방출되는 헬륨 원자핵을 투과시켰다.[2]

흥미로운 사태는 러더퍼드가 황화아연 판에 나타난 움직임을 살펴보는 과정에서 벌어졌다. 형광체에 방사선을 쐬었을 때 생기는 섬광이 수소에서 나온 것과 똑같았다. 어떻게 이런 일이 일어날 수 있단 말인가? 수소라고는 어디에도 없는데……. 결론은 러더퍼드 논문의 네 번째 부분에 나오는, 차분하기로 유명한 문장이었다. "지금까지 얻은 결과에서 (알파) 입자들과 질소의 충돌로 생기는 원자는 질소 원자가 아니라 수소 원자인 것 같다는 결론을 피하기 어렵다.…… 이것이 사실이라면, 우리는 질소 원자가 붕괴됐다는 결론을 내리지 않을 수 없다." 신문들은 이런 식으로 차분하지 않았다. "어니스트 러더퍼드 경, 원자를 쪼개다"라며 난리를 쳤다. 그는 자신이 한 일의 의미를 잘 알고 있었다. 실험에 몰두하느라 잠수함 탐지 연구는 잠시 손을 놓았을 정도다. 이에 대해 러더퍼드는 군 감독 위원회에서 다음과 같이 자기변호를 했다. "그렇게 믿을 만한 이유가 있는데, 본인이 원자핵을 붕괴시켰다면, 그것은 전쟁보다 더 중대한 의미가 있는 일입니다."[3]

어떤 의미에서 러더퍼드는 옛날 연금술사들이 추구하던 바를 마침내 성취한 셈이다. 어떤 원소를 다른 원소로, 다시 말해 질소를 산소와 수소로 변환시켰으니 말이다. 이런 인위적 변환(사상 최초다)을 일으킨 메커니즘이 무엇인지는 분명했다. 알파 입자, 즉 헬륨 원자핵은 원자량이 4다. 이것을 원자량이 14인 질소 원자에 충돌시킨 결과, 수소 원자핵(얼마 후 러더퍼드는 이것을 양성자라고 이름 붙였다)을 대체한 것이다. 따라서 수식으로 정리하면 4+14-1=17, 즉 산소 동위원소(O^{17})가 된 것이다.

이 발견은 자연의 변환 가능성이라는 철학적 의미는 차치하고라도 핵을 새롭게 연구할 수 있게 되었다는 데 그 의미가 있었다. 러더퍼드와 채드윅은 즉각 다른 가벼운 원소들도 같은 방식으로 반응하는지 알아보기 위해 조사에 착수했다. 마찬가지라는 결론이 나왔다. 붕소, 불소, 나트륨, 알루미늄, 황 모두가 핵이 같은 결과를 보였다. 핵은 그저 단단한 물질이 아니라 어떤 구조를 지닌 것이었다.

가벼운 원소들을 검증하는 작업은 총 5년이 걸렸다. 그러나 그런 다음에도 문제가 있었다. 무거운 원소들은 본질적으로 많은 전자로 구성된 바깥껍질에 둘러싸여 있다. 이들 바깥껍질은 전기 장벽이 훨씬 강해서 투과하려면 더 강한 알파 입자가 필요하다. 채드윅과 캐번디시 연구소의 젊은 동료들이 볼 때, 자신들이 나아가야 할 길은 분명했다. 입자를 더 높은 속도로 가속시킬 수단을 찾아야 했다. 러더퍼드는 이런 주장에 확신을 갖지 못하고 단순한 실험 도구를 선호했다. 그러나 다른 곳, 특히 미국에서는 물리학자들이 유일한 돌파구는 입자가속기(전자나 양성자와 같이 전기를 띤 입자나 원자·분자 이온을 가속시켜 큰 운동 에너지를 갖게 만드는 장치—옮긴이)임을 알아챘다.[4]

장엄한 하모니의 시작

1924년부터 채드윅이 중성자를 최종적으로 분리해낸 1932년까지, 핵물리학에서는 이렇다 할 대단한 발견이 없었다. 반면 양자물리학은 사정이 달랐다. 보어의 이론물리학연구소가 코펜하겐에서 문을 연 때가 1921년 1월 18일이었다. 커다란 L자형 4층짜리 건물에는 강당, 도서관, 실험실은 물론이고 탁구대도 있었다. 탁구대에서도 보어는 단연 돋보였다.

12개월 후, 보어는 노벨상을 탐으로써 덴마크의 영웅이 되었다. 그러나 사실 그해에는 그보다 훨씬 더 주목할 만한, 놀라운 일이 있었다. 보어는 화학과 물리학을 돌이킬 수 없는 수준으로 최종적으로 결합시켰다. 1922 년에 보어는 원자의 구조가 멘델레예프가 고안한 원소 주기율표와 어떻게 연결되는지를 보여줬다. 보어는 1차 대전 발발 직전에 처음 이룬 획기적인 발견을 통해, 전자들이 핵 주위 궤도를 어떻게 특정한 형태를 보이며 도는지, 그리고 이것이 어떻게 서로 다른 물질의 결정체가 방출하는 특징적인 빛 스펙트럼을 설명하는 데 도움이 되는지를 잘 규명했다(《책을 시작하며》와 3장 참조). 이런 '본연의 궤도'라는 관념은 또 원자의 구조를 막스 플랑크의 양자 개념과 결합시켰다. 보어는 이제 한 걸음 더 나아가, 연속적인 전자껍질 궤도에는 정확히 특정한 수의 전자만이 포섭된다는 주장을 폈다. 또 화학적으로 유사한 행태를 보이는 원소들이 그렇게 되는 이유는 화학반응에서 가장 많이 사용되는 바깥쪽 전자껍질에 포섭된 전자들의 배열이 유사하기 때문이라는 아이디어를 도입했다.

보어는 예를 들어 바륨과 라듐을 비교했다. 둘 다 알칼리 토류土類이지만 원자량은 매우 달라서 주기율표에서 바륨은 원자번호 56번, 라듐은 88번이다. 보어는 이러한 차이를 바륨은 전자껍질들이 차례대로 2, 8, 18, 18, 8, 2(=56)개의 전자로 채워져 있다는 것을 보여줌으로써 설명했다. 마찬가지로 라듐은 전자껍질들이 차례대로 2, 8, 18, 32, 18, 8, 2(=88)개의 전자로 채워져 있다.

주기율표에서의 위치를 설명하는 것 외에도, 각 원소의 맨 바깥쪽 전자껍질이 두 개의 전자를 갖고 있다는 사실은 바륨과 라듐이 상당히 큰 다른 차이점을 가지고 있음에도 화학적으로 유사하다는 것을 의미한다. 아인슈타인의 말대로 "이는 사유의 영역에서 보여준 최고 형태의 음악성이다."[5]

수학과 원자 구조의 연계

1920년대에 물리학—당연히 양자물리학이다—의 중심은 코펜하겐으로 옮겨갔다. 그렇게 된 데에는 보어의 역할이 컸다. 모든 의미에서 거인이었던 보어는 너그럽고 마음씨 좋은 이웃집 아저씨 같았으며, 인간관계를 금세 금 가게 하는 경쟁 본능 같은 것은 전혀 없었다. 그러나 코펜하겐의 성공은 덴마크가 국가적 경쟁이라는 압박감을 잊을 수 있는 작은 중립국이라는 사실과도 관계가 있었다. 1920년대에 코펜하겐 대학교에서 공부한 유명한 물리학자 63명 가운데에는 폴 디랙(영국인), 볼프강 파울리와 베르너 하이젠베르크(독일인), 레프 란다우(러시아인)도 있었다.

　이런 국제적 혼성이 특이하다(사실상 유일무이하다)고 하는 이유는 많은 과학 분야에서 1차 대전의 여파가 상당 기간 계속되었기 때문이다. 1919년에 연합국은 국제연구협의회International Research Council를 설립했는데 독일과 오스트리아는 거기서 배제되었다. 1919년부터 1925년까지 과학 관련 국제 학술회의가 275차례 열렸는데 그중 165차례는 독일이 참여하지 못했다.[6] 이런 관행은 1925년에 로카르노 조약이 체결된 이후에야 완화되었지만 오히려 독일과 오스트리아 과학자들이 참가 제의를 일축하기도 했다.

　어쨌거나 보어는 코펜하겐 이론물리학연구소를 국제적인 기관으로 가꾸어갔다. 스위스계 오스트리아인 볼프강 파울리도 코펜하겐 방문을 기회로 잡은 사람들 가운데 한 명이었다. 1924년의 파울리는 땅딸막하고 시무룩한 표정의 23세 청년으로 위쪽 눈꺼풀이 두꺼워서 다소 꺼벙해 보였다. 그는 장난을 좋아했지만 과학 문제가 풀리지 않으면 우울해지곤 했다.

　파울리는 오스트리아 빈의 명망 있는 학자 집안에서 태어났다. 물리학자 에른스트 마흐가 그의 대부代父이고, 자라는 과정에서 빈 서클(7장 참조)의 일부 멤버들을 알고 지냈을 만큼 인맥이 좋은 집안이었다. 그러나 밤이면 홍등가를 배회하고 음란한 공연이 펼쳐지는 카바레를 자주 들락거렸다. 그는 친구에게 보낸 한 편지에서 '밤을, 그리고 느낌도 사랑도 인간성조차 없는 암흑가의 성적 짜릿함'을 즐겼다고 고백했다.[7]

그러나 물리학과 수학에 대한 야망과 재능은 대단해서, 보어가 그를 코펜하겐으로 초대할 정도였다. 그런 그를 덴마크 수도 코펜하겐 길거리를 배회하게 만든 한 가지 문제가 있었다. 보어도 골치 아파하던 문제였다. 그 문제는 핵 주위를 궤도 형태로 도는 모든 전자가 왜 안쪽 전자껍질로 몰려들지 않는지 당시에는 누구도 알지 못한 데서 비롯되었다. 앞서 살펴본 대로, 전자들은 빛의 형태로 에너지를 방출하면서 반드시 그렇게 돼야만 했다. 그러나 현재의 지식으로 보면, 전자의 각 껍질은 맨 안쪽 껍질은 한 개의 궤도만을 포함하고 있는 반면에 그 다음 껍질은 네 개의 궤도를 포함하는 식으로 되어 있다. 파울리가 기여한 부분은 어떤 궤도도 전자를 두 개 이상 포섭할 수 없음을 입증한 일이다. 일단 전자 두 개를 가지면 그 궤도는 '만원'이다. 따라서 다른 전자들은 배제되어 바깥에 있는 다음 궤도로 밀려난다. 이는 안쪽 껍질(궤도가 하나임)은 전자를 두 개 이상 가질 수 없고, 그 바깥쪽 껍질(궤도가 넷임)은 여덟 개 이상을 가질 수 없음을 의미했다. 이것을 '파울리의 배타 원리Pauli's exclusion principle'라고 하는데, 디랙이 만든 용어다.[8]

이 원리는 화학적 양태에 대한 보어의 설명을 확장시켰다는 점에서도 매력적이었다. 예를 들어 첫 번째 궤도에 전자를 하나 가진 수소는 화학적으로 활성이다. 그러나 첫 번째 궤도에 전자가 두 개(이 궤도는 말하자면 '만원'이다)인 헬륨은 불활성이다. 세 번째 원소 리튬은 안쪽 껍질에는 전자가 두 개이고 그 다음 껍질에는 하나인 탓에 화학적으로 활성이 대단히 높다. 그러나 전자가 모두 열 개인 네온은 안쪽 껍질에 두 개(만원이다), 두 번째 껍질의 네 궤도에 여덟 개(또 만원이다)여서 역시 불활성이다. 이렇게 해서 보어와 파울리는 원소의 화학적 성질은 원자가 가진 전자의 수뿐만 아니라 전자의 궤도별 분산 상태에 따라 결정된다는 것을 공동으로 입증했다.[9]

이듬해인 1925년은 물리학계에서 제2의 황금기 정점이었다. 그리고 활동의 중심은 괴팅겐으로 이동했다. 1차 대전 이전 영국과 미국 학생들은 대개 독일로 가서 연구를 마치곤 했는데, 괴팅겐이 가장 인기 있는 곳이었다. 보어도 1922년에 괴팅겐에 가서 강연을 했는데, 한 어린 학생이 그가 주장한 대목을 꼬치꼬치 따지고 들었다. 그러나 보어는 역시 그답게 별로 괘념치 않았다. "토론이 끝날 즈음 선생님이 내게로 다가오더니 오후에 같이 하인 산에 산책이나 가자고 했다." 베르너 하이젠베르크는 훗날 이렇게 회고하며 "과학도로서 본격적인 나의 인생은 바로 그날 오후에 시작되었다"라고 썼다.[10]

1901년에 뷔르츠부르크에서 비잔티움 역사를 가르치는 교수의 아들로 태어난 베르너 하이젠베르크는, 음악에서는 아인슈타인보다 훨씬 뛰어난 데다 피아노 연주 실력이 플랑크만큼 좋아서 13세에 고전음악을 연주할 수 있었다. 수학은 청년 시절 그의 강점이었지만(미적분을 독학으로 깨쳤다) 유일한 관심사는 아니었다. 그는 열렬한 민족주의자였으며 1차 대전 종전 직후 소란스러운 시기에는 공산주의자들을 상대로 길거리 싸움을 벌이기도 했다(이런 활동이 훗날 모종의 도움이 된다). '하이젠베르크 그룹'이라고 불리는 조직이 그가 재학 중인 뮌헨 대학교에서 결성되었는데, 그 명칭이 시사하듯 하이젠베르크가 그룹의 지도자였고 모임도 그의 집에서 가졌다. 하이젠베르크는 또 전설적인 체스 선수였다. 때로 퀸을 떼고 대국을 벌이기도 했다. "상대에게 기회를 주기 위해서였다."

뮌헨 대학교 재학 시절 그는 줄곧 빛이 났지만 주변 사람들을 당황하게 했다. 그 학교 교수인 아르놀트 조머펠트는 하이젠베르크의 영민함을 높이 평가했지만 체스는 그만두라고 명령했다. 체스로 너무 많은 시간을 허비한다고 보았기 때문이다.[11] 하이젠베르크를 괴팅겐으로 보내 보어의 강연을 듣게 한 사람이 바로 조머펠트다. 강연 당시 하이젠베르크는 비판적인 언급을 하며 중간에 끼어들었고, 그 후 보어와 함께 산책을 했다.

사실 그것은 가벼운 산책 이상이었다. 보어가 바이에른 출신 어린 대학생을 코펜하겐으로 초청했고, 그 두 사람은 즉시 양자론의 또 다른 문제에 도전했으니 말이다. 그것을 보어는 '상보성correspondence' 문제라고 불렀다. 상보성이란 저주파 상태에서 양자물리학과 고전물리학은 일치한다는 관찰에서 비롯된 개념이다. 그런데 어떻게 그럴 수 있단 말인가? 양자론에 따르면 에너지는—빛과 마찬가지로—작은 다발로 방출된다. 반면 고전물리학에 따르면 에너지는 연속적으로 방출된다. 괴팅겐으로 돌아온 하이젠베르크는 가슴 뿌듯한 한편으로 혼란스러웠다. 그리고 1925년 5월 말경에 꽃가루 알레르기가 심해서 2주간 독일 북해 연안의 길쭉한 섬인 헬골란트로 휴가를 갔다. 꽃가루가 거의 없는 지역이었다. 하이젠베르크는 오래 걷기와 해수욕으로 머리를 식혔다.[12]

그렇게 차고 맑은 환경에서 떠오른 아이디어가 '양자의 불가사의'라는 생각이었다. 하이젠베르크는 원자의 속사정이 어떤지를 시각적으로 그려내려는 시도를 멈춰야 한다고 보았다. 그토록 미시적인 세계를 직접 관찰하기란 불가능하다는 생각이었다. 우리가 할 수 있는 일은 그저 그 성질을 측정하는 것뿐이다. 따라서 어떤 대상이 한 시점에서는 연속적인 것으로, 다른 시점에서는 불연속적인 것으로 측정된다면, 그것이 바로 실재가 존재하는 양태다. 두 가지 측정치가 존재한다고 해서 불일치라고 말하는 것은 난센스다. 그 둘은 그저 측정치에 불과하다.[13]

이것이 하이젠베르크의 핵심 통찰이었다. 그러나 분주한 3주 동안 그는 한 걸음 더 나아가 행렬이라는 수학적 방법론을 발전시켰다. 독일 수학자 다비트 힐베르트의 아이디어에서 따온 것으로, 측정치를 2차원의 표 형태로 배열하고, 두 행렬을 곱해 또 다른 행렬을 얻는 방식이다. 하이젠베르크의 도식에서 각 원자는 하나의 행렬로 표현되고, 각각의 '규칙'은 또 다른 행렬로 표시된다. '나트륨 행렬'을 '스펙트럼선線 행렬'과 곱하면 결과는 나트륨 스펙트럼선 파장 행렬이 된다. 이러한 성과에 하이젠베르크와 보어는 대단히 만족스러워했다. "원자 구조가 사상 처음으로, 대단히 놀랍게도 진정한 수학적 토대를 갖게 되었다." 이러한 자신의 발견 혹은 창안을 하이젠베르크는 '양자역학'이라고 칭했다.[14]

하이젠베르크의 아이디어는 루이 드브로이가 역시 1925년에 파리에서 출간한 새 이론 덕분에 많은 사람들이 쉽게 이해할 수 있게 되었다. 드브로이는 프랑스 혁명 이전의 방식으로 치면 공작이었지만(고조부가 공포정치 시기에 단두대에서 처형되었다), 빛에 관심이 많았다. 플랑크와 아인슈타인은 당시까지만 해도 파동으로 여겨지던 빛이 경우에 따라 입자처럼 행동한다는 주장을 폈다. 드브로이는 이런 이론을 뒤집어, 입자들이 경우에 따라 파동처럼 행동한다는 주장을 내놓았다. 그는 이런 주장을 박사학위 논문에 포함시켰고, 파리에 있는 논문 심사위원회는 처음에 이 논문을 어떻게 처리해야 할지 난감해했다. 위원회가 사실상 학위 통과를 거부하려 했을 때 아인슈타인으로부터 답신을 받는다. 그사이 한 심사위원이 드브로이의 논문을 아인슈타인에게 보내 의견을 구했던 것이다. 아인슈타인의 반응은 단호했다. 놀라운 발상이라는 주장이었다. 그에 따라 드브로이의 박사학위는 통과됐다.[15] 드브로이의 이론이 제시되자 그가 옳음을 입증하는 실험 결과가 나왔다. 물질의 **파동-입자 이중성**은 물리학의 두 번째 불가사의였으나, 급속히 인기를 얻었다.

이는 또 다른 천재의 연구 덕분이었다. 오스트리아 출신인 에르빈 슈뢰딩거는 하이젠베르크의 아이디어가 혼란스럽게 느껴졌던 터라 드브로이의 발상에 매료되었다. 슈뢰딩거는 원래 오스트리아 빈의 부유한 집안 출신이었지만 독일 바이마르 공화국 시절에 극심한 인플레이션을 겪으면서 집안이 파탄으로 치달았다. 그래서 늘 돈 문제로 고생했으나 여자를 밝히는 행태는 말릴 수가 없었다(여성 편력은 암호로 적은 일기에 기록되어 있다).

1926년 슈뢰딩거는 물리학자치고는 '늙은' 39세에 파동이 시간이 가면서 어떻게 변화하는지를 설명하는 결정적인 방정식을 제시함으로써 핵 주위 궤도를 도는 전자들은 행성 같은 것이 아니라 파동으로 움직인다는 개념을 만들어냈다. 나아가, 이 파동의 패턴이 궤도의 크기를 결정한다고 보았다. 왜냐하면 완벽한 궤도를 형성하려면 파동이 정수整數와 맞아떨어져야 하고 분수가 되면 안 되기 때문이다(이렇게 되지 않으면 파동은 붕괴하여 혼돈에 빠지고 만다). 다른 한편으로 이것이 궤도와 핵의 거리를 결정하면서 화학반응의 성질을 규정했다.

일반화하지 않기

물리학의 불가사의에서 마지막 장은 1927년에 시작되었다. 이번에도 하이젠베르크가 막을 올렸다. 때는 2월 말. 보어는 스키를 타러 노르웨이에 가고 없었다. 하이젠베르크는 혼자서 코펜하겐 거리를 거닐었다. 어느 날 저녁 늦게 보어의 이론물리학연구소 맨 위층 자기 방에 앉아 있는데 아인슈타인의 말이 강렬하게 뇌리를 스쳤다. "우리가 무엇을 관찰할 수 있는지 결정해주는 것은 이론이다." 자정이 한참 지난 시점이었다. 그러나 바람을 좀 쐬어야겠다 싶어서 밖으로 나가 질척거리는 축구장을 터덜터덜 걸었다. 걷는 동안 한 가지 아이디어가 떠올랐다. 원자 수준에서는 우리가 알 수 있는 범위에 한계가 있지 않을까 하고 하이젠베르크는 자문했다. 입자의 위치를 확정하려면 황화아연 판에 충격을 가해야 한다. 그러나 그렇게 되면 입자의 속도가 변한다. 말하자면 문제의 시점에 입자를 측정하기란 불가능했다. 반대로 입자의 속도를 거기서 방출되는 감마선으로 측정할 경우, 입자는 이미 다른 쪽으로 튀기 때문에 측정하는 시점에서의 정확한 위치는 바뀐다. 후일 '불확정성의 원리uncertainty principle'로 일컬어지는 이 명제를 제시한 20페이지짜리 논문에서, 하이젠베르크는 어떤 전자의 정확한 위치와 고유한 속도를 동시에 확정할 수는 없다고 주장했다.

이것은 실질적으로나 철학적으로나 곤혹스러운 주장이었다. 소립자 세계에서 원인과 결과를 결코 측정할 수 없다는 의미를 내포했기 때문이다. 전자의 행태를 이해할 수 있는 유일한 방법은 통계로서 확률의 법칙을 활용하는 수밖에 없었다. 이에 대해 하이젠베르크는 이렇게 말했다. "원리적으로 우리는 존재하는 대상의 세부 사항을 모두 알 수는 없다. 그렇기 때문에 관찰되는 모든 것은 무수한 가능성 중에서 선택한 것이며, 미래에 가능한 사태에 모종의 제약을 가하게 된다.…… 불확정성은 자연 전반에 내포되어 있다.…… 항상 그러하고, 도저히 회피할 수 없는 진실이다."[16]

불길하게 들리지만, 보통 우리가 사는 거대한 규모의 차원에서는 별 차이가 없는 얘기다. 우리는 여전히 비행기를 타고 세계를 돌아다니면서도 목적지에 정확히 도착하리라는 것을 의심하지 않는다. 사소한 불일치는 있을 수 있지만 실질적 차이는 없는 정도다. 문제는 우리가 하는 모든 것 속에는 '본원적인 부정확성'이 있다는 철학적 불안이다. 그렇다고 우리가 실험을 계속하지 말아야 한다는 뜻은 아니며, 다만 우리의 앎에는 한계가 있다는 의미다.

하이젠베르크가 분명히 밝혔듯이, 그럼에도 불구하고 인과관계라는 고전적 개념은 폐기해야만 했고, 그 대신 보어의 상보성 개념이 등장한다. 상보성은 물리학에서 가장 논쟁적이면서도 모호한 문제 가운데 하나다. 보어가 말한 상보성이란 자연에는 상호 배척하는 관점들—파동과 입자 같은 경우—이 존재한다는 것을 뜻했다. 따라서 물리학자가 할 일은 현상을 측정하고 그 측정치들을 가지고 예측을 하되, 측정치 뒤에 있는 자연의 '실상'을 일반화하지 않는 태도라고 하겠다. 이런 관념들은 시각화할 수도 없고 상식으로 포섭할 수도 없다는 것은 당시에도 문제가 아니었으며 지금도 마찬가지다. 상대성 개념과 마찬가지로 입자/파동은 시각화하기 어렵고, 양자의 행태는 상식을 **넘어서** 있다. 이것이 바로 물리학이 나아가고 있는 방향이며 인정하지 않을 수 없는 현실이라고, 보어와 하이젠베르크는 말한다. 그러나 이런 새로운 인식은 차후에 화학과 천문학을 비롯한 여타 과학 분야에 지속적으로 영향을 미친다.[17]

많은 물리학자들은 파동-입자 이중성을 납득하기 어려운 개념이라고 생각했고, 아인슈타인도 소립자 세계는 통계적으로밖에 이해할 수 없다 (방사성에 관한 통계학적 개념도 오랫동안 많은 물리학자들의 골치를 썩었다)는 양자론의 기본 개념을 못마땅해했다. 바로 이 점이 아인슈타인이 죽을 때까지 보어와 논쟁한 요체였다. 1926년에 아인슈타인은 괴팅겐 대학교의 물리학자 막스 보른에게 보낸 유명한 편지에서 이렇게 썼다. "양자역학은 진지한 주목을 요합니다. 하지만 내면의 목소리는 내게 그건 진짜배기가 아니라고 말하고 있습니다. 그 이론은 많은 것을 성취하고 있지만 우리를 신의 비밀에 더 가까이 데려다주지는 않습니다. 어쨌든 난 그분은 주사위 장난을 하지 않는다고 확신합니다."[18]

다른 학자들은 에르빈 슈뢰딩거의 저 유명한 고양이 실험이 핵심을 잘 보여준다고 생각했다. 슈뢰딩거가 제안한 사고실험은 고양이를 약한 방사성 원소 및 방사능 입자 감지기와 함께 철제 상자 안에 넣고 봉인을 한다는 것이다. 상자 안에는 독가스가 담긴 작은 유리관과 격발기에 매달린 망치도 들어 있다. 망치가 떨어지면 유리관이 깨져 독가스가 방출된다. 감지기는 딱 한 번 1분 동안만 작동한다. 그 1분 동안 상자 안의 방사성 원소가 방사능 입자를 방출할 가능성은 50퍼센트, 따라서 입자를 방출하지 않을 가능성도 50퍼센트다. 상자 안은 누구도 들여다볼 수 없다.

엄밀한 양자물리학에 따르면 우리가 1분 후 상자를 열어볼 때까지 고양이는 산 것도 아니고 죽은 것도 아니며 불확정 상태다. 많은 사람들은 슈뢰딩거가 이 사고실험을 고안한 것은 양자물리학이 대규모 현실 세계에는 적용되지 않는다는 것, 또는 양자역학이 처음 도입한 불확정성은 그 정도가 너무 미미해서 실제로는 문제가 안 된다는 것을 보여주기 위해서였다고 생각한다.

그러나 하이젠베르크는 1933년에 노벨 물리학상을 수상했고, 어머니와 함께 스톡홀름 기차역에 도착했을 때 마중 나온 폴 디랙과 에르빈 슈뢰딩거의 환영을 받았다. 두 사람은 하이젠베르크와 공동 수상자였다. '이론'물리학에 기여한 공로로 세 사람이 공동 수상을 하기는 사상 처음이었다.[19]

대칭과 중성자

10년 가까이 양자역학은 줄곧 신문 지면을 장식했다. 그사이 실험입자물리학은 정체되었다. 지금 와서 보면 왜 그랬는지 설명하기 어렵다. 1920년 어니스트 러더퍼드가 이상한 예언을 했기 때문이다. 런던 왕립학회가 주관하는 베이커 강연회에서 러더퍼드는 전년도에 자신이 했던 질소 실험을 소개했다. 이어 원자와 양성자 외에 원자를 구성하는 제3의 요소가 있을 가능성을 내비치면서 '그런 입자는 대단히 색다른 성질을 가지고 있을 것'이라고 주장했다. "그것의 외부[전기]장은 핵에서 아주 가까운 부분을 제외하고는 사실상 제로이고, 따라서 물질 사이를 자유롭게 통과할 수 있을 것이다." 발견하기가 어렵더라도 찾아볼 만한 충분한 가치가 있다고 그는 말했다. "그것은 원자들의 구조 속을 잘 뚫고 들어갈 것이며, 핵과 하나가 되거나 그 강한 장에 의해 붕괴될 수도 있다." 러더퍼드는 그런 입자가 정말로 존재한다면 중성자neutron라고 부르고 싶다고 말했다.[20]

제임스 채드윅은 1911년 러더퍼드가 원자 구조를 밝혀내고 맨체스터 문학·철학협회에서 강연할 때 그 자리에 있었던 것처럼, 이번 베이커 강연도 객석에서 듣고 있었다. 이제 채드윅은 러더퍼드의 오른팔이었지만 이번 강연에서는 보스가 보인 중성자에 대한 열정에 별로 공감하지 못했다. 전자와 양성자—음과 양—의 대칭과 균형은 더할 나위 없이 완벽해 보였다. 그런데 1920년대 말에 와서 이상 현상이 점점 늘고 있었는데, 흥미로운 것 중 하나가 원자량과 원자번호의 관계였다. 화학원소의 원자번호는 핵의 전하와 양성자 개수를 기준으로 삼는다. 따라서 헬륨은 원자번호가 2지만 원자량은 4다. 은의 경우는 원자번호가 47, 원자량은 107이다. 우라늄은 원자번호가 92, 원자량은 235 또는 238이다. 그 당시에는 핵 속에 양성자들이 더 있으며, 이것들이 양성자를 중화시키는 전자들과 연결되어 있다는 이론이 유행했다. 그러나 이렇게 되면 또 다른 이론적 불합리를 불러일으킨다. 전자처럼 작고 가벼운 입자들을 핵 속에 붙잡아놓으려면 엄청난 양의 에너지가 필요하다. 그런 에너지는 핵이 외부의 타격을 받아 구조가 변할 때—이런 일은 절대 일어나지 않았다—에만 발생한다. 이런 비정상적인 현상들이 만족스럽게 해명될 기미가 보이지 않자, 채드윅은 또다시 러더퍼드의 통찰에 주목했다. 중성자와 무언가가 분명히 존재할 것이라는 그의 생각 말이다.[21]

채드윅이 물리학에 발을 들여놓은 것은 실수 때문이었다. 그는 원래 수학자가 되려 했으나, 맨체스터 대학교 입학시험 면접 때 엉뚱한 학과 쪽에 줄을 서는 바람에 물리학으로 전환했다. 그때 면접을 본 물리학 교수에게 깊은 인상을 받았기 때문이다. 이어 베를린 공과대학에서 한스 가이거 밑에서 공부했는데, 1차 대전의 전운이 감도는 상황에서 서둘러 귀국하지 못해 적국인 독일에 억류되었다. 1920년대 무렵부터 그는 물리학자로서 독자적인 길을 가겠다는 결심을 굳혔다.

중성자를 찾으려는 실험은 처음에는 전혀 성과가 없었다. 중성자를 양성자와 전자의 긴밀한 결합이라고 믿은 러더퍼드와 채드윅은, 미국 과학 저술가 리처드 로즈의 표현을 빌리면, 수소를 '고문하는' 여러 가지 방법을 고안했다. 그다음 단계는 복잡하다. 우선 1928년에서 1930년 사이에 독일 물리학자 발터 보테가 리튬과 산소 같은 가벼운 원소에 알파 입자를 쏠 때 나오는 감마선(강력한 형태의 빛이다)을 연구했다. 집요한 보테는 강한 방사선이 붕소, 마그네슘, 알루미늄에 의해 방출된다는 사실을 밝혀냈다. 그가 예상한 대로, 알파 입자가 그런 원소들을 붕괴시켜서 그런 것이었다(이는 러더퍼드와 채드윅이 입증한 바 있다). 그런데 보테는 알파 입자에 의해 붕괴되지 않는 베릴륨에 의해서도 방사선이 방출된다는 점을 발견했다. 보테의 실험 결과는 케임브리지의 채드윅은 물론이고 파리에 있던 이렌 졸리오퀴리와 프레데리크 졸리오 부부에게도 커다란 충격으로 다가와, 이들도 보테의 접근법을 따르기에 이른다.

채드윅과 졸리오퀴리 부부의 양쪽 실험실에서는 곧 독자적으로 변칙성을 발견했다. 채드윅의 학생인 휴 웹스터는 1931년 봄에 "알파 입자와…… 같은 방향으로 [베릴륨에서] 방출되는 복사선은 반대 방향으로 방출되는 방사선보다 훨씬 강하다[투과력이 크다]"는 사실을 발견했다. 그 복사선이 감마선, 곧 빛이라면 전구에서 흘러나오는 빛과 마찬가지로 사방으로 똑같이 발산되어야 하는데 그렇지 않아서 문제가 되었다. 그러나 상황이 달라진다. 들어오는 알파 입자 방향으로 굴절될 가능성이 충분히 있기 때문이다. 채드윅은 생각했다. "이건 중성자다." [22]

얼마 후인 1931년 12월, 이렌 졸리오퀴리는 프랑스 과학 아카데미에서 베릴륨 복사선으로 보테의 실험을 다시 실시해 측정치를 표준화했다고 발표한다. 이렌 졸리오퀴리는 마리 퀴리의 딸로 1897년생이다. 그녀는 일찍부터 수학에 재능을 보였고, 귀국을 준비하던 미군 장교들에게 주급 75달러를 받고 엑스선 촬영 장비 조작법을 가르치는 어머니를 1919년 봄부터 도우면서 물리학에 입문했다. 이렌은 1926년 10월에 프레데리크 졸리오와 결혼했다. 졸리오는 퀴리 부인이 창설한 '파리 대학교 라듐 연구소에서 가장 똑똑하고 가장 열정이 넘치는 연구원'이었는데, 한 동료는 그를 '여자를 잘 호리는 미남'이라고 평하기도 했다. [23] 두 사람은 매력적이고 훌륭한 과학자 부부가 된다.

졸리오퀴리 부부는 표준화 실험을 통해 방출된 복사선의 에너지가 충돌하는 알파 입자 에너지의 **세 배**라는 계산을 내놓았다. 이런 강도는 분명

문제의 복사선이 감마선이 아님을 뜻했다. 어떤 다른 인자가 개입되었음이 분명했다. 불행하게도 이렌 졸리오퀴리는 러더퍼드의 베이커 강연 내용을 읽지 못했기 때문에 베릴륨 복사선이 당연히 양성자 때문에 나왔다고 생각했다. 2주도 채 지나지 않은 1932년 1월 중순에 졸리오퀴리 부부는 또 한 편의 논문을 발표했다. 이번에는 파라핀(원유를 정제할 때 생기는, 희고 냄새가 없는 반투명 고체. 양초, 연고, 화장품 따위를 만드는 데 쓰인다―옮긴이)에 베릴륨 복사선을 쏘자 고속高速 양성자들이 방출됐다고 선언했다.

채드윅은 2월 초 어느 날 아침에 배달된 프랑스 과학 아카데미 학회지 《콩트 랑뒤Comptes Rendus》에 실린 이 논문을 읽고서 졸리오퀴리 부부의 설명과 해석이 뭔가 대단히 잘못됐음을 직감했다. 제대로 된 물리학자라면 양성자가 전자보다 1836배 무겁다는 것은 누구나 알고 있다. 그러니 양성자가 전자에 의해 튕겨져 나간다는 것은 그야말로 불가능한 일이었다. 그날 오전 늦게 일과 점검 회의에서 채드윅은 문제의 논문에 대해 러더퍼드와 의견을 나눴다. "러더퍼드 소장에게 졸리오퀴리 부부의 실험 내용과 해석에 대해 이야기해주자 '아니, 그럴 수가……' 하는 표정으로 놀라면서 소리쳤다. '말도 안 돼.' 평소의 그분답지 않은 격한 표현이었다. 그분을 오래 모셔왔지만 이런 경우는 단 한 번도 없었다. …… 그러면서 러더퍼드 소장은 실험 결과는 사실 그대로 받아들여야 하지만 해석은 전혀 다른 문제라는 나의 입장에 동의했다."[24]

채드윅은 곧바로 졸리오퀴리 부부가 했던 실험을 다시 해봤다. 맨 먼저 그를 흥분시킨 것은 베릴륨 복사선이 1.9센티미터 두께의 납 덩어리를 아무 저항도 받지 않고 투과한다는 사실이었다. 이어 베릴륨 복사선을 쏘면 일부 원소에서는 양성자들이 40센티미터까지 튀어나온다는 사실을 알게 되었다. 복사선의 정체가 무엇이든 간에 엄청난 힘인데, 더더구나 전하의 영향을 전혀 받지 않는 중성이었다. 끝으로, 채드윅은 졸리오퀴리 부부가 원소에 베릴륨 복사선을 바로 쏘면 어떻게 되는지 알아보기 위해 사용한 파라핀 판을 걷어냈다. 오실로스코프oscilloscope(브라운관을 사용해 변화가 심한 전기 현상의 파형을 눈으로 관찰하는 장치—옮긴이)로 복사선을 측정한 채드윅은 우선 베릴륨 복사선이 원소의 종류에 관계없이 양성자를 밀어낸다는 점, 특히 밀려난 양성자의 에너지는 감마선 때문에 생겨났다고 보기에는 너무 크다는 사실을 알아냈다. 채드윅은 당시 러더퍼드에게 학문을 할 때 중요한 자세를 배운 바 있다. 호들갑 떨지 않고 차분히 접근하는 태도도 그중 하나였다. 그는 〈중성자의 존재 가능성Possible Existence of a Neutron〉이라는 논문을 작성해 급히 《네이처》지에 보냈다. 이 논문의 골자는 다음과 같았다. "분명한 점은, 우리가 이런 충돌 과정에서 에너지와 운동량 보존 법칙을 폐기하든지, 아니면 복사선의 성질에 관한 새로운 가설을 채택하든지 해야 한다는 것이다." 그는 자신이 한 실험이 '전하가 없는' 입자가 존재한다는 최초의 증거로 보인다고 하면서 "우리는 그것이 러더퍼드가 베이커 강연에서 논한 '중성자'라고 추정할 수 있을 것 같다"라고 결론지었다.[25]

채드윅은 자신이 과연 중성자를 최초로 발견한 것이 맞는지를 확인하기 위해 열흘 낮밤을 꼬박 작업에 몰두했고, 결국 중성자의 발견으로 노벨상을 수상했다. 이렇게 새로운 입자의 전하가 중성이라는 사실이 밝혀짐으로써 핵을 좀 더 상세히 규명할 길이 열렸다. 그러나 다른 물리학자들은 그 단계에서 이미 채드윅의 중성자 발견 너머의 사태를 연구하고 있었다. 그리고 경우에 따라서는 새로운 발견에 실망하기도 했다.

원소들이 겪는 산통

이 무렵 외계 관찰 결과들이 핵물리학의 다른 측면에 관심을 갖게 했다. 우주선線, cosmic rays — '가난한 자의 실험실poor man's laboratory'이라고 한다. 입자가속기 같은 비싼 실험 장비 없이도 자연이 일반 실험실에서는 도저히 확인할 수 없는 입자들을 공짜로 보내주기 때문이다 — 을 관찰한 결과 모종의 입자들을 포함하고 있는 것이 확인되었고, 지구 바깥에서 날아오는 그런 복사선들은 원소들을 낳는 출산의 고통과 비슷하다는 생각이 형성되기 시작했다. 우주 생성 초기에 무거운 입자들이 가벼운 입자들로부터 어떻게 형성되는지를 보여주기 때문이다.[26] 이는 20세기 후반에 우주의 기원과 발달을 연구하는 우주론의 핵심 요소가 되는 동시에 통합적 질서를 구성하는 또 하나의 중요한 차원이 된다.

이 모든 성과가 특히 미국에서는 이제 앞으로 남은 것은 입자가속기 개발에 달려 있다는 인식과 결합되었다. 최초로 사용된 것은 캘리포니아 버클리 대학교의 어니스트 로런스와 그 동료들이 개발한 선형 입자가속기였고, 이후 개량형인 사이클로트론cyclotron이 고안되었다. 사이클로트론이라는 말은 처음에는 '일종의 실험실 은어'였는데, 적어도 이론적으로 이를 처음 구상한 사람은 헝가리계 미국 물리학자로 핵 연쇄 반응이라는 아이디어까지 제시한 리오 실러드였다. 사이클로트론은 대단히 미국적인 발상으로, 라이너스 폴링(바로 뒤에서 상세히 언급하겠다)의 연구 업적과 더불어 미국 물리학이 세계무대에 본격적으로 진입하는 동시에 '거대 과학Big Science'(실험에 천문학적 비용이 드는 연구 — 옮긴이)의 도래를 알리는 시발점이 된다. 덴마크 과학사학자 헬게 크라그는 사이클로트론이 핵 반응에 관한 순수 연구에서부터 산업 및 의학 분야의 응용에 이르기까지 광범위한

분야에서 대단히 효용이 있음이 입증됐다고 말한다.[27]

1930년 9월에 브리스틀에서 열린 영국과학발전협회 모임에서, 폴 디랙은 철학자들의 꿈은 항상 단 하나의 근본 입자에서 시작해 좀 더 복잡한 물질을 구성해내는 것이었기에 당시의 물리학 이론에서 전자와 양성자 같은 두 개의 입자가 존재한다는 사실이 '전적으로 만족스럽지는 않은' 상황이라고 강연에서 말했다. 따라서 브리스틀 강연 이후 얼마 지나지 않아 디랙과 동료 물리학자들이 **네 종의** 입자가 존재한다는 이야기를 한 것은 아이러니한 일이었다. 채드윅은 중성자의 존재를 확인했고, 파울리는 중성미자中性微子, neutrino가 존재한다는 가설을 주장했으며, 디랙은 반입자反粒子, anti-particle라는 개념을 고안해냄으로써 입자물리학의 발전에 크게 기여했다. 〔예컨대 양의 전하를 띤 전자를 한때 네가트론이라고 했는데 나중에 우주선에서 투과력이 매우 강한 입자가 확인되어 포지트론(양전자)으로 명명됐다. 질량은 양성자와 전자의 중간쯤 된다.〕 그리고 결국 2차 대전 발발 직전인 1937년에 중간자meson/mesotron, 중입자baryon, 중전자yukon, 뮤온muon이 발견됨으로써 한두 개의 근본 입자로 우주를 설명하려는 디랙의 꿈은 완전히 물거품이 되었다.[28]

물리학과 화학의 중간 지대

보어와 러더퍼드를 비롯해 양자혁명을 이끈 물리학자들이 보여준 통찰 이후 현대 이론화학에서 가장 획기적인 돌파구는 단 한 사람에 의해 열렸다. 그가 바로 라이너스 폴링이다. 화학결합의 성질에 관한 그의 아이디어는 유전자나 양자의 경우와 마찬가지로 근본적이고 통합적이었다. 물리학이 분자 구조를 어떻게 지배하며, 그 구조가 화학원소의 성질이나 외형과 어떤 관련이 있는지를 보여주었기 때문이다. 폴링은 왜 어떤 물질은 노란 액체이며, 또 어떤 물질은 하얀 분말이거나 빨간 고체인지를 밝혀냈다.

1901년 미국 오리건 주 포틀랜드 근처에서 약사의 아들로 태어난 폴링은 천성적으로 볼프강 파울리만큼이나 자신감이 넘쳤다. 대학원에 진학할 때 하버드 대학교의 제안을 거부하고 이제 막 스루프 폴리테크닉Throop Polytechnic이라는 이름으로 발족한 기관을 선택했다. 이 학교는 1922년에 캘리포니아 공과대학California Institute of Technology(칼텍Caltech이라는 약칭으로 더 유명하다)으로 이름을 바꾼다. 칼텍이 주요한 과학의 중심지로 발돋움한 데는 폴링의 힘도 컸다. 그러나 그가 처음 그곳에 입학했을 때는 달랑 건물 세 채뿐이었다. 주변은 30에이커(1만 2000제곱미터) 정도 되는 잡초 밭과 참나무 숲, 오래된 오렌지나무 과수원이었다.

폴링은 처음에 화학물질이 형성하는 특정 형태의 결정체들과 그 결정체를 구성하는 분자들의 실질적인 구조 사이의 관계를 보여줄 수 있는 신기술을 개발하고자 했다. 20세기 초에 이미 단채색單彩色 엑스선(1895년에 발견됐다는 점을 기억하라)을 결정체에 조사照射하면 빔이 특정한 방식으로 분산, 즉 회절回折된다는 사실이 밝혀졌다. 염, 금속, 미네랄, 약물, 단백질, 비타민 등 많은 물질은 결정체를 이루고 있기에 엑스선은 원자와 분자들의 배열과 밀도, 화학결합의 길이까지 드러내 보여줄 수 있었다. 갑자기 3차원 화학 **구조**를 탐구할 수 있는 기술이 가능해진 것이다. 이 기술은 보어의 발견과 더불어 추후에 물리학과 화학을 더욱 긴밀히 연결하는 역할을 한다.

엑스선은 광자로 구성되어 있다. 광자는 아인슈타인이 도입한 개념이지만 1922년까지는 제대로 이해조차 되지 못했던 터라, 폴링이 박사학위를 땄을 때(1925년—옮긴이)는 엑스선을 이용해 결정結晶의 구조와 성질을 연구하는 엑스선결정학crystallography이라는 학문은 겨우 걸음마 단계였다. 그럼에도 불구하고 폴링은 자신의 수학 실력이나 물리학 실력이 이 신기술을 충분히 활용하기에는 너무도 부족함을 절감했다. 그래서 당대의 일급 과학자들, 특히 보어, 슈뢰딩거, 하이젠베르크 등등을 만나보고자 유럽행을 택했다. 그러나 유럽에서는 대부분의 시간을 뮌헨 대학교의 조머펠트 밑에서 공부했다. 폴링은 훗날 이렇게 썼다. "1926년 유럽에 갔을 때, 나는 어떤 충격 같은 것을 느꼈다. 나보다 똑똑해 보이는 사람들이 주변에 차고 넘쳤다."[29]

화학결합이라는 본래의 관심사와 관련해서는 특히 취리히를 방문한 경험이 가장 생산적이었다. 그곳에서 폴링은 우연한 기회에 발터 하이틀러와 프리츠 런던이라는, 당시에는 별로 유명하지 않은 독일 과학자 두 명을 만났다. 전자와 파동 함수가 화학반응에 어떻게 작용하는지에 관한 아이디어를 발전시킨 인물들이었다. 가장 단순한 예로 다음과 같은 경우를 생각해보자. 수소 원자 두 개가 서로에게 다가가고 있다. 각 원자는 하나의 핵(양성자)과 하나의 전자로 구성되어 있다. 두 원자가 점점 가까워지면 "한 원자의 전자는 다른 원자의 핵으로 끌려가고, 상대편 원자도 마찬가지다. 어떤 지점에 이르면 한 원자의 전자는 상대편 원자로 풀쩍 뛰어들고, 다른 원자의 전자도 마찬가지가 된다." 하이틀러와 런던은 이를 '전자교환electron exchange'이라고 칭하고, 그런 교환은 1초에도 수십억 번씩 일어난다고 했다. 어떤 의미에서 전자는 '노숙자'이며, 전자 교환은 두 원자를 한데 붙들어 매는 '시멘트' 역할을 함으로써 "특정한 길이의 화학결합을 유지시킨다." 이는 흠잡을 데 없는 깔끔한 이론이었지만 야심 넘치는 폴링의 입장에서는 한 가지 흠이 있었다. 바로 자기 자신이 만든 이론이 아니라는 점이었다. 그로서는 이름을 내려면 이 이론을 한층 더 발전시켜야 했다.

폴링이 유럽에서 미국으로 돌아왔을 때 칼텍은 상당히 발전한 상태였다. 캘리포니아 주 마운트 윌슨에 세계 최대의 망원경을 설치하기 위한 교섭이 진행되고 있었고, 제트 추진 연구소 설립이 계획됐으며, 저명한 유전학자 T. H. 모건이 곧 부임해서 생물학연구소를 개원할 참이었다. 폴링은 그들 모두를 능가하고야 말겠다는 야심으로 불타올랐다.[30]

유럽에서 소중한 경험을 하고 돌아온 폴링은 새롭고도 중대한 작업이 가능한 분야는 새로운 물리학과 화학의 중간 지대임을 직감했다. 양자역학은 완전히 새로운 화학적 응용 가능성을 약속했다. 폴링이 유럽에서 만난 사람들은 대부분 물리학자이지 화학자가 아니었고, 따라서 그들은 자신들의 이론이 풍부하고도 다양한 화학현상과 어떤 관계가 있는지 잘 모른다는 사실이 폴링에게는 기회였다. 이제 '양자화학quantum chemistry'이라는 완전히 새로운 세계가 그 탄생을 기다리고 있었다.[31]

화학결합의 질서

1930년대 초에 폴링은 논문을 잇달아 쏟아냈다. 하나같이 '화학결합chemical bond'에 관한 것들이었다.

생명의 기본 구성 요소인 탄소에 관한 실험, 그리고 이어서 규산염에 관한 초기 실험은 원소들이 전자 교환 관계에 따라 체계적으로 분류될 수 있음을 보여주었다. 폴링은 어떤 화학결합은 다른 화학결합보다 약하다는 것, 그것을 통해 화학적 성질을 설명할 수 있음을 입증했다. 예를 들어 운모는 규산염의 일종으로, 화학자라면 누구나 알고 있듯이 얇고 투명한 조각으로 쪼개지는 성질이 있다. 폴링은 운모 결정체가 두 방향으로는 강한 결합 상태이고 또 다른 방향으로는 약한 결합 상태여서 그런 성질을 갖는다는 점을 입증했다. 또 다른 예로 역시 규산염의 일종인 활석滑石을 보자. 활석은 전체적으로 약한 결합 상태여서 쪼개지는 것이 아니라 부서져서 가루가 된다. 세 번째 규산염 무리는 비석沸石(제올라이트)인데, 이것은 수증기와 같은 특정 기체만을 흡수하는 성질이 있다. 비석은 극히 미세한 구멍이 무수히 나 있는데, 그것들이 마치 분자를 거르는 체처럼 작용해 아주 작은 분자는 통과시키고 그렇지 않은 분자는 가로막는다는 사실을 폴링이 밝혀냈다. 그는 여기서도 물질의 구조가 화학적 성질 및 양자적 특성과 마찬가지로 대단히 중요하다는 사실을 입증했다.[32]

또한 그는 이를 통해 우리가 잘 아는 분자들의 관찰 가능한 속성을 원자적·전자적 차원에서 설명해냈다. 20세기는 물리학에 적용되는 기본 원리들을 발견하는 것으로 시작됐다. 이제 동일한 사태가 화학에서 벌어지면서 다시 한 번 지식이 통합되기 시작한 것이다. 폴링은 1939년에 《화학 결합의 본질과 분자 및 결정의 구조The Nature of the Chemical Bond and the Structure of Molecules and Crystals》를 출판했다.

그러나 폴링의 활약은 여기서 멈추지 않았다. 양자역학을 가지고 탄소의 사면체 결합 구조를 설명할 수 있다고 주장함으로써 또 한 번 업적을 세웠다. 당시에 탄소는 유기화학의 정점이었으며, 지금도 그러하다. 탄소 원자는 단백질, 지방, 녹말의 핵심을 형성한다. 따라서 탄소 화학은 본질적으로 생명의 화학이다. 하지만 당시에 물리학자와 화학자가 탄소의 전자 구조에 관해 의견이 다르다는 점이 문제였다. 탄소 원자에는 전자 여섯 개가 들어 있고, 첫 번째 껍질의 전자 두 개는 쌍을 이루어 헬륨처럼 단단한 안쪽 껍질을 이루고 있으므로(보어가 최초로 개괄적인 설명을 한 바 있다) 화학결합을 형성하는 데 아무런 역할도 하지 못한다는 사실은 모두가 동의했다. 남은 네 개의 전자는 그 다음번 에너지 준위에 해당하는 두 번째 '껍질', 즉 원자의 오비탈orbital에 존재해야 한다(이 역시 보어와 파울리가 입증한 바 있다). 화학자들은 탄소는 다른 원자에게 네 종류의 결합을 제공할 수 있고, 본질적으로 탄소와 결합하는 다른 원소들은 삼면형 피라미드 또는 사면체의 네 꼭짓점을 형성한다는 견해를 가지고 있었다.

　문제는, 물리학자들이 여기에 동의하지 않는다는 것이었다. 물리학자들은 연구 결과 탄소의 바깥쪽 전자 네 개가 사실은 서로 다른 두 에너지 준위, 즉 하위 껍질에 존재한다고 주장했다. '파울리의 배타 원리'는 안쪽의 전자 두 개가 서로 쌍을 이루고 나머지 두 개만을 넘겨주어 다른 원자와 화학결합을 형성한다는 사실을 입증했다. 그러나 "물리학자들은 드문 예외가 있기는 하지만, 탄소는 단일 산소 원자와 이중으로 결합되어 있는 일산화탄소처럼 원자가가 2여야 한다고 말했다."[33] 이런 의견 불일치를 메우는 것이 중요한 과제였다.

분자의 결합 유형

폴링은 이런 난제를 하이틀러와 런던의 교환 에너지 이론에 입각한 참신한 아이디어로 해결했다. 그는 분자 속에 들어 있는 탄소 원자들이 단일 탄소 원자와 구조적으로 다르다고 주장했다. 탄소 원자들이 결합할 경우, 상호 근접할 때 발생하는 교환 에너지가, 물리학자들이 말하는 하위 껍질에 있는 네 개의 결합 전자를 분리시킨다는 것이다. 이때 사면체가 전자

네 개를 가장 효율적으로 배분할 수 있는 구조적 형태다.

이런 논리는 인상적인 발상이었을지는 몰라도 상당한 수학적 뒷받침이 따라야만 가능한 얘기였다. 그런데 여기서 폴링은 다시금 특유의 강점을 발휘한다. 그는 탄소와 교환 에너지에 관해 쓴 논문을 《미국화학회지 Journal of the American Chemical Society (JACS)》에 제출한 뒤, 수학적인 '구체적 설명'은 나중에 보내겠다고 약속했다. 폴링은 이런 식의 행동을 여러 차례 했다. 우선권 확보를 위해 기본 아이디어를 먼저 발표하고서는 한참 뒤에 가서야 '구체적인 설명'을 제시하는 식이었다.[34]

그럼에도 그의 아이디어는 다른 학자들에게 크게 영향력을 발휘하면서 폴링을 더욱 유명하게 만들었고, 훨씬 더 혁신적인 아이디어까지 나왔다. 문제의 아이디어를 그는 상보성complementarity이라고 명명했다(보어가 말한 상보성과 혼동하면 안 된다). 폴링이 말한 상보성이란 원자들의 **구조**─엑스선결정학으로 밝혀진다─는 서로 다른 원소들이 결합하는 방식과 대단히 상관관계가 깊으며, 다른 물질과 화학반응을 잘하거나 그렇지 못한 정도는 어떤 껍질에 있는 어떤 전자들을 활용할 수 있느냐 하는 문제일 뿐 아니라 원자의 3차원적 **형태**가 결국 다른 원자들과 관계를 잘 맺는지 여부를 결정한다는 사실을 일컫는 용어였다.

여기서 다시, 대부분의 결정학자들은 물리학자인 반면 폴링은 화학자라는 사실이 문제가 된다. 물리학자들은 각각의 원소를 단일한 것으로 취급했다. 그들은 원소의 결정 구조를 연구하고 그 성질과 행태에 대해 가능한 결론을 도출해냈다. 그러나 폴링은 원소들에 대해 물리학자들보다 훨씬 더 많이 알고 있었고, 원소들이 어떤 행태를 보이는지, 다른 원소들과는 어떤 유사점이 있는지(예를 들어 규소는 탄소와 행태가 대단히 비슷하다), 차이점은 무엇인지, 무엇이 무엇과 결합하는지를 속속들이 꿰고 있었다.

따라서 폴링은 결정학에서 미래에 이루어질 발견의 상당 부분을 예감할 수 있었다. 그 결과 전체적인 그림을 훨씬 깊숙이 파악했고, 따라서 순수 물리학자들보다 훨씬 빨리, 그것도 결정적으로 앞서갔다.[35] 그는 양자역학, 이온의 크기, 결정의 구조에 관한 지식을 버무리고 거기에 원소의 행태에 관한 전통적인 이해를 통합시켜 어떤 '결합 유형'이 가장 가능성이 높은지를 보여주는 일련의 규칙을 만들어냈다.

그가 결합 유형들을 처음 공표한 시기는 1928년으로, 논문은 은사인 조머펠트 환갑 기념 논문집에 실렸다. 이듬해에는 관련 내용을 《미국화학회지》에 발표한 논문에서 더 상세히 설명했다. 그 결과 결합 유형들은 결정학자들 사이에서 '폴링의 법칙Pauling's Rules'이라는 이름으로 널리 알려지게 된다('폴링의 원리', '폴링 규칙'이라고 번역하기도 한다―옮긴이). 새로운 물리학과 고전 화학을 종합한 법칙은 잘 들어맞았고, 엑스선결정학을 통해 밝혀지는 내용에 대한 이해를 확대시키는 데 커다란 역할을 했다. 그 결과 한층 더 복잡한, 물질들의 신비가 드러났다.

그러나 폴링은 거기서 끝내지 않았다. 실제로 그는 과학의 세기에 가장 획기적인 개념적 전환 가운데 하나를 성취하는 첨단에 서 있었다. 그는 우리 책의 주제와 관련된 또 다른 업적을 세 가지나 더 이루었다.

첫 번째 업적은 그가 두 번째로 유럽을 방문한 1929년에 나왔다. 이번에는 뮌헨에서 기차로 몇 시간 거리인 루트비히스하펜으로 가서 헤르만 마르크를 찾았다. 빈 출신 화학자로 첫 번째 유럽 방문 때 만난 적이 있는 인물이었다. 폴링의 2차 유럽 방문 당시 마르크는 특히 유기분자를 연구하는 저명한 결정학자로서 독일의 거대 화학 회사인 이게파르벤IG Farben에 특채되어 플라스틱과 합성고무처럼 상업적으로 유망한 제품들을 연구하는 책임자로 일하고 있었다. 마르크가 훌륭한 연구·실험 시설과 장비를 갖추고 있었던 것은 사실이지만, 폴링에게 그 방문을 한층 더 의미 있게 만든 일은 한 조수가 마르크에게서 "진공 튜브 속의 분출 가스에 전자빔을 쏘는 방법을 개발했다"라는 얘기를 들은 일이었다.[36] 가스 분자들은 전자들을 조직적으로 회절시켜서 "동심원 형태로 산란시키고 그 강도와 상대적 위치는 분자 속 원자들 간의 거리와 관련이 있는 것 같다"는 점을 그 조수가 알아냈다는 것이다. 이것이 바로 '전자(또는 전자선) 회절 electron diffraction'로 마르크에게는 당장 이렇다 할 쓸모가 없는 연구 결과였지만 폴링에게는 문제가 전혀 달랐다. 이게파르벤 연구자들이 한 기체 내의 서로 다른 분자들에 관심을 쏟다가 엑스선결정학적 계산을 단순화할 방법을 제공한 셈이었다. 전자 회절 사진을 수십 분의 1초 단위로(엑스선결정학 사진은 수 시간 단위다) 찍어낼 수 있다는 것은 다양한 휘발성 물질, 특히 결정 형태로 잡아두기 어려운 유기화합물도 탐구가 가능해졌음을 의미했다.

폴링은 1930년 가을, 칼텍으로 돌아오자마자 신입 대학원생 같은 자세로 전자 회절 장치를 만들기 시작했다. 이 장치는 제작에 2년이나 걸렸지만 결국은 실험실의 '일꾼' 노릇을 톡톡히 했고, 이후 20년 동안 폴링은 동료들과 함께 분자 225종의 구조를 밝혀냈다.[37]

한편 폴링이 외국에 나가 있는 사이에 매사추세츠 공과대학MIT의 물리학 교수 존 슬레이터가 중요한 수학적 돌파구를 열었다. 그는 유명한 슈뢰딩거 파동 방정식을 단순화함으로써 탄소의 결합 전자 네 개를 이론적으로 좀 더 쉽게 해명할 수 있도록 했다. 폴링은 슬레이터의 수학적 발견에 기대어, 결국은 양자역학을 토대로 네 개의 동등한 전자 오비탈이 '정확히 사면체의 꼭짓점들을 향한다'는 사실을 입증했다. 같은 생각을 하고 있던 슬레이터는 비슷한 계산 결과를 《미국화학회지》에 폴링보다 조금 일찍 제출했다. 그러나 두 사람이 공교롭게도 비슷한 연구 성과를 제출했다는 것은 같은 결론에 도달했음을 의미했다. 이로써 탄소의 속사정은 훨씬 더 확실해졌다.

이는 '동시 발견'의 또 다른 사례였다. 에너지 보존 법칙과 주기율표 고안 같은 사례도 있었지만, 이번 발견은 훨씬 중요한 의미를 가졌다. 미국의 저명한 물리학자 바이스코프가 양자역학이 마침내 물리학과 화학이라는 거대한 두 분야를 통합했다고 언급한 것은 바로 이를 두고 한 말이다.[38] "새로운 물리학 법칙들을 이용해 원자들이 분자로 결합되는 과정을 설명해냄으로써 슬레이터와 폴링은 두 분야의 진정한 통합을 성취했다."

원소들 사이의 관계에 대한 새로운 설명

그러나 이는 융합의 절정이라고는 하지만 또 다른 문제의 시작이기도 했다. 한창 진행 중인 장밋빛 통합의 와중에 제기된 한 가지 난제는, 원자들 간의 결합에 서로 달라 보이는 두 가지 유형—양이온과 음이온 사이에 인력引力으로 만들어지는 이온결합과, 한 쌍 이상의 전자를 서로 공유하여 이루어지는 공유결합—이 존재하며, 두 결합 형태가 어떻게 서로 연관되어 있는지는 전혀 확실하지 않다는 것이었다. 공유결합은 전자 쌍을 동등하게 공유하는 두 원자 사이에 일어나는 것으로 하이틀러와 런던이 설명을 제시한 바 있다. 이온결합은 하나의 원자가 전자 쌍 전체를 '잡아당기는' 유형으로, 한 원자는 음전하를 띠고 다른 원자는 양전하를 띠는 것을 의미한다. 따라서 그 결과로 나타나는 결합은 두 원자 사이의 정전기성 인력을 통해 이루어진다.[39] 이렇게 되면 화학결합은 더욱 복잡해지고, 이제 문제는 이온결합과 공유결합이 완전히 다른 실체냐, 아니면 연속적인 과정에서 서로 다른 시점에 일어나는 사태냐가 다시 문제가 된다.

폴링은 양자역학을 활용해 이온결합과 공유결합이 완전히 다른 실체가 아니라 연속체에서 서로 다른 지점을 차지한다는 점을 입증했다. '부분적 이온결합'이 존재하며, 이온결합과 공유결합의 특징을 둘 다 가진 원자들 간의 결속 현상도 있었다. 폴링은 후자와 같은 관계를 '공명共鳴, resonance'이라고 칭했는데, 그런 '혼성'결합은 대단히 안정적이었기에 공명은 중요했다. 한 가지 예를 들면 염화수소HCl는 하이틀러-런던 유형을 적용하면 수소 원자 하나가 염소 원자 하나와 결합된 것으로 볼 수도 있고, 양전하 수소 이온과 음전하 염소 이온이 결합한 것으로 볼 수도 있다. 폴링은 실제의 분자는 그런 두 유형 사이에서 '공명한다'고 주장했다(파동-입자 이중성과 비슷하지만 같은 개념은 아니다). 위의 예에서 염화수소는 이온결합과 공유결합이 20 대 80의 비율로 되어 있다.[40]

이런 분석이 중요한 이유는, 폴링이 공명 개념을 발전시키면서 생물학에서 아이디어 하나를 빌려왔기 때문이다. 화학 이론을 수립하기 위해 오랫동안 양자물리학을 기초로 삼았던 폴링은 칼텍 조교수 시절 T. H. 모건이 책임자로 있는 같은 학교 생물학부에서 생물학 세미나를 수강했다. 폴링은 특히 유전학자들이 염색체에서 유전자의 위치를 어떤 방식으로 밝혀내는지에 관심이 있었다. 사실 그 방법은 별개의 두 형질이 얼마나 빈번히 동시에 유전되는지를 측정함으로써 추론을 통해 간접적으로 밝혀내는 식이었다. 여기서 두 유전자가 동일 염색체에서 물리적으로 가까이 위치할수록 유전적 교차가 일어날 확률이 떨어진다는 원리가 확립되었다. 이제 폴링은 이런 아이디어를 공명에 차용해, 원소 쌍들 간의 관계를 이온결합 또는 공유결합이 얼마나 되는지에 따라 설명하는 자신만의 독특한 척도를 창안했다. 그는 원자들 간의 결합이 이온결합에 가까울수록 전자를 끌어당기는 능력에서 큰 차이를 보인다는 사실을 발견했다. 이는 원소들의 화학적 행태를 이해하는 새로운 방식이었다.[41]

이런 발상은 그가 유기화학이 지닌 가장 고질적인 문제 가운데 하나인 벤젠의 수수께끼를 해결하는 데 활용하면서 그 위력이 확실히 입증되었다. 19세기 이후 벤젠C_6H_6은 탄소 원자 여섯 개와 수소 원자 여섯 개로 구성되어 있으며, 고도로 안정적이지만 온갖 종류의 화합물을 형성하는 경우에 반응성이 극히 높고, 유기물이 엄청난 다양성을 갖는 데 큰 역할을 한다는 사실은 알려져 있었다. 벤젠은 기본적으로 고도로 안정적인데 어떻게 그토록 '열렬하여' 그토록 많은 다양한—때로는 복잡한—분자들을 형성할 수 있는 것일까?

1932년에서 1933년으로 넘어가는 겨울에 폴링과 그의 제자 조지 윌런드는 벤젠의 수수께끼를 공명의 원리를 적용해 푸는 작업에 착수했다. 두 사람이 발견한 내용은 혁명적이었다. 두 사람은 벤젠이 **다섯 개** 구조—어떤 구조는 이온결합에 가깝고 어떤 구조는 공유결합에 가깝다—사이를 공명하는데, 모든 결합이 어떤 형태로든 공명 구조를 보인다는 사실은 벤젠의 안정성을 설명해주는 반면, 결합들—이온결합과 공유결합— 간의 **거리**는 엄청난 반응성을 설명해준다는 사실을 입증했다.

이는 전통적 사고에 비하면 아주 기발하면서도 생산적인 발전이었다. 그러나 최종적으로 보면 벤젠의 구조에 관한 논문이 지닌 진정한 중요성은, 폴링에 의해 유기화학 영역에서 중대한 변혁이 일어난 점이었다. 우리는 앞서 폴링이 탄소에 관심이 있었고 재직 중인 칼텍에서 생물학 강의를 여러 차례 수강했으며 독일에서 들여온 새로운 전자 회절 기법이 유기물 탐구에 특히 적합했다는 사실을 살펴보았다. 이번에는 유기화학의 기초인 탄소를 가지고 벤젠에 대한 이해를 한 단계 끌어올린 셈이다. 후속 연구 작업의 상당 부분은 벤젠을 기초로 한 방향족 분자들(예컨대 나프탈렌)을 대상으로 진행되었는데, 조지 윌런드는 그 연구 내용으로 1944년에 《공명 이론과 유기화학에서 그 응용The Theory of Resonance and Its Application to Organic Chemistry》이라는 영향력 있는 저서를 출간했다.[42]

한편 폴링과 칼텍은 전 세계에서 과학 분야의 중요한 크로스오버(두 가지 이상의 분야를 가로지르며 넘나드는 활동—옮긴이)가 가장 치열하게 진행되고 있는 두 축 가운데 하나(다른 한 축에 대해서는 9장에서 살펴보기로 하겠다)를 차지하게 되었다. 1936년에 폴링의 한 동료가 이 크로스오버에 이름을 붙였다. 그때까지만 해도 폴링과 그의 동료들은 자신들이 활동하는 세계를 '양자화학'이라고 규정하고 있었다. 그런데 1936년에 새로운 표현이 만들어졌다. '분자생물학molecular biology'이 그것이다.

통합을 성취한 위대한 3인

우리는 이제 과학의 이야기는 발견의 역사인 동시에 컨버전스와 통합의 내러티브이기도 하다는 사실을 좀 더 확실히 알 수 있다. 아인슈타인이 질량과 에너지, 공간과 시간을 통합한 일은 1850년대 최초의 독창적인 두 가지 통합 이론 이후 과학에서 처음으로 일어난 위대한 컨버전스였다. 보어가 핵을 방사능과 연계시키고 전자 궤도를 원자의 화학적 성질과 연계시킨 것은 두 번째 위대한 컨버전스였다. 폴링은 세 번째로 위대한 20세기 초의 통합자였다. 그는 화학결합의 체계를 발견했고, 분자의 구조(형태) 역시 대단히 큰 역할을 한다는 사실을 입증했다. 이는 물질을 이해하는 데 분자가 원자만큼이나 중요하다는 심대한 의미를 내포했다. 분자는 단순히 그 구성 요소들의 총합이 아닌 셈이었다. 이런 관점—그 깊은 의미가 곧바로 이해되지는 못했다—은 20세기 내내 그 중요성이 점차 더 커졌다.

양자화학에서 분자생물학으로의 변화는 용어의 변화 이상이었다. 그것은 시각의 변화였다. 물리학이 발전·심화되는 동안 생물학도 같은 과정을 거쳤다. 그리고 물리학과 화학이 서로 가까이 다가가던 시기에 화학과 생물학도 마찬가지였다. 유전자의 발견은 진화론과 거의 같은 시기에 이루어졌지만 곧바로 진화론과 연결되지는 않았다. 이는 컨버전스와 통합의 관점에서 본다면 사실상 실패 내지는 지연이었다. 그러나 유전학의 발전—역시 칼텍을 중심으로 진행된다—은 분자생물학의 탄생에서 중요한 요소가 된다. 물리학과 생물학의 연계—도중에 양자화학을 경유한다—는 심오한 의미가 있는 통합이었고, 20세기 전반은 물론이고 바로 지금까지도 커다란 반향을 불러일으키고 있다.

그렇다고 현재도 진행 중인 다른 측면의 통합들이 다 끝난 것은 결코 아니다. 아인슈타인이 이룩한 통합이 보어와 폴링이 이룩한 통합과 어떻게 연결되는지 당시로서는 확실하지 않았지만 시간이 지나면서 차츰 그 의미가 드러났다. 참으로 흥미롭게도, 지금도 발견 중인 입자가 계속 늘고 있으며 얼핏 보면 상식적인 예상에서 어긋나지만 과거에는 이해할 수 없었던 우주의 어떤 측면들을 통합적으로 이해하는 데에도 도움이 되고 있다.

화학과 생물학의 상호작용: 두 왕국이 손잡다

19세기에는 진화라는 거대한 이야기가 생물학을 핵심으로 한, 주요한 통합이었지만(2장 참조) 사실 유일한 통합은 아니었다. 가장 중요한 시기인 19세기 초반의 경우, 확실히 제일 중요한 사안은 세포의 발견이었으며, 그에 못지않게 중요한 것은 동물과 식물 모두 세포로 구성되어 있다는 새로운 인식이었다. 모든 형태의 생명은 '독립적이면서도 서로 협동하는' 단위들로 구성되어 있다는 이 발상은 생물학에서 대단히 중요한 발견 가운데 하나로 자리매김되어 있다. 이는 동물학과 식물학이 생명체에 관한 학문이라는 사실에 더하여 상호 근본적으로 연계되어 있음을 알려준다.

세포를 처음 관찰한 사람은 영국의 자연철학자 로버트 훅(1635~1703)이다. 영국왕립학회 실험 조정관으로 있던 그가 일찍이 현미경으로 관찰한 곤충과 식물의 모습을 세밀하게 묘사한 도판을 실은 《마이크로그라피아Micrographia》가 출판된 것은 1665년이다. 그 이후 많은 학자들이 현미경의 성능이 계속 개량되는 데 힘입어 동물과 식물 조직 모두에서 크기와 형태가 서로 다른 '소구체小球體, globules' 또는 '소포小胞, vesicles'를 관찰했다. 우리는 네덜란드 델프트에서 활동한 자연철학자 안토니 판 레이우엔훅이 1682년 3월에 로버트 훅에게 보낸 편지에서 레이우엔훅이 세포 내에 있는 거무스름한 물체를 이미 관찰했음을 알 수 있다. 이 물체는 훗날 핵으로 불린다. 18세기 말 대다수 식물학자들이 **식물**은 주로 세포로 구성되어 있다는 사실을 인정했다. 특히 독일 생리학자 카스파 프리드리히 볼프(1733~1794)는 모든 조직, 곧 동물과 식물의 기초를 이루는 하부 단위는 소포 내지는 소구체—선배들과 마찬가지로 그 역시 이를 이따금 세포라는 단어로 칭했다—라고 주장한 최초의 학자 가운데 한 명이었다.

그러나 그 누구도, 적어도 책이나 글로는, 식물 세포와 동물 세포가 유사하다는 주장을 하지 않았으며, 세포가 어떻게 분열되고 새 세포가 어떻게 형성되는지 아무도 몰랐다. 1805년 독일의 자연철학자 로렌츠 오켄(1779~1851)은 동물과 식물을 포함한 모든 형태의 생명체는 '적충류滴蟲類, Infusoria'로 구성되어 있다는 견해를 제시했다. 그가 말하는 적충류란 박테리아나 원생동물 같은 단순한 유기체로, 다른 말로 하면 당시에 알려져 있던 가장 단순하고 가장 원시적 형태의 생명체였다.

하지만 세포에 관한 발상을 최초로 현대적 형태로 발전시킨 인물은 생리학자 얀 에방겔리스타 푸르키네였다. 엄밀히 말하면 푸르키네Purkyně는 독일 사람이 아니라 체코 사람이었다. 그런데 1620년 백산白山 전투에서 패배한 뒤로 보헤미아(중부 유럽에 있었던 국가이며 현재는 체코의 서부에 해당하는 지방이다—옮긴이) 주민들은 독일화의 '물결에 휩쓸렸다.' 그 결과 체코어를 사용하는 주민들은 점차 2등 국민과 같은 지위로 전락했다. 1348년에 보헤미아 왕이자 신성로마제국 황제인 카렐 4세가 프라하에 설립한 카렐 대학교는 원래 체코인, 독일인, 폴란드인 모두에게 개방되어 있었으나, 1787년 모차르트가 프라하를 방문해 최고의 찬사를 받던 무렵에는 이미 독일어만 사용하는 기관으로 변질된 상황이었다.[1]

독일어 문헌에서 Purkinje(푸르키녜)로 표기되는 푸르키녜는, 지금의 체코 동부 모라비아의 미쿨로프(독일어로 니콜스부르크)의 한 교회 소년 성가대원으로 교육을 받았지만 가톨릭 수도회를 떠나 카렐 대학교에서 의학 및 철학 학위를 취득했다. 그는 아주 일찍부터 동물 세포와 식물 세포 사이에 근본적 유사성이 있다는 생각을 하고 있었다.

1830년대에는 생물학 분야의 발전이 더욱 가속화되어 몇 가지 실험을 통해 피부와 뼈 같은 동물 조직의 구조가 밝혀졌다. 이런 분야의 논문들은 세포를 '작은 알갱이' 또는 '작은 방'이라는 뜻에서 영어로는 granules, 독일어로는 Körnchen, Körperchen, Zellen 같은 표현을 사용했다. 호주 의학자 헨리 해리스는 초기 생물학의 역사를 다룬 저서에서 당시 **어떤** 식물 세포들과 **어떤** 동물 세포들 간에 '상동相同 관계'가 존재한다는 관념이 점차 확산되고 있었다고 말한다. 당시에 이미 오스트리아의 식물 전문 세밀화가 프란츠 바우어는 작품에서 세포핵을 강조했는데, 그가 그런 그림들을 그린 시기는 1802년이지만 1830년대까지는 공개되지 않았다. 1830년대가 되면 바우어는 세포핵을 세포의 일반적인 양상으로 본다고 공공연히 발언한다. '세포핵nucleus'이라는 용어를 사실상 명명한 사람은 대영박물관 식물학부 부장으로 식물 표본을 관리하던 로버트 브라운이었다(물에 떠다니는 꽃가루가 끊임없이 불규칙한 운동을 한다는 '브라운 운동'을 발견한 바로 그 사람이다). 그런데 그가 제안한 세포핵이라는 용어가 가장 널리 사용된 곳은 독일이었다. nucleus는 당시 독일에서 사용되고 있던, 식물의 열매 속에 들어 있는, 장차 싹이 터서 새로운 개체가 될 단단한 물질을 뜻하는 씨앗이라는 의미의 Kern(영어로 kernel)을 대체하기에 이른다. 한편 세포핵 속에 있는, RNA와 단백질을 함유한 부위인 핵소체核小體, nucleolus(한자로 씨앗을 뜻하는 인仁 자를 써서 '인'이라고도 한다─옮긴이)는 1835년에 루돌프 바그너가 처음 관찰했다. 바그너는 처음에 이를 '반점'이라고 지칭했다가 나중에는 '발아점macula germinative'이라고 표현했다.

푸르키네가 거둔 업적은 현미경 관련 기술의 발전 덕택만은 아니었다. 그는 그 이전 누구보다도 시료를 얇게 썰어 박편으로 만드는 기술을 보유하고 있었고, 새로운 염색체 염색 기술을 완성했다. 그와 그의 동료들은 논문을 통해 여러 차례 동물 세포와 식물 세포 사이에 유사성이 존재한다는 것을 시사했다. 특히 푸르키네는 1837년 9월에 프라하에서 열린 독일자연과학자·의사협회 모임 강연을 통해 세포핵의 중심부가 관찰된 동물 조직─침샘, 췌장, 귀 부위의 밀랍샘, 신장, 고환 등등─에 대해 개괄적인 설명을 제시했다. "동물 유기체는 거의 전적으로 세 가지 원리적인 기본 구성 요소로 환원될 수 있습니다. 체액, 세포, 섬유 조직. …… 기본 세포 조직은, 다시 분명히 말씀드리거니와, 식물의 그것과 유사합니다. 식물은, 다들 잘 아시다시피, 거의 전적으로 작은 알갱이, 즉 세포로 구성되어 있습니다."[2]

동물과 식물을 지배하는 공통의 원리

1832년 11월에 스웨덴 출신 독일 동물학자인 베를린 대학교 해부·생리학 교수 카를 아스문트 루돌피가 사망했다. 빈자리는 이듬해에 훗날 루돌피보다 더 유명한 19세기의 생물학자들 가운데 한 사람이 되는 요하네스 뮐러가 물려받았다. 1835년 뮐러는 먹장어(곰장어)의 비교해부학에 관한 연구서를 출간했는데, 여기서 그는 척삭(척추 속의 신경 채널) 세포와 식물 세포 간의 유사성을 기술했다. 그것은 중요한 의미를 가진 관찰로, 테어도어 슈반이 뮐러의 조수가 되면서 그 중요성이 한층 더 부각되었다. 독일 생리학자 슈반은 나중에 뮐러의 통찰을 활용하는데, 그 과정에서 독일 식물학자 마티아스 슐라이덴과의 운명적 만남이 결정적인 역할을 한다.

슐라이덴의 경력을 보면 그가 독일 학자들의 전형적인 패턴을 따랐음을 알 수 있다. 처음에는 법학을 택해 1827년에 하이델베르크 대학교에서 박사학위를 취득했다. 그러나 법률 계통 일이 마음에 들지 않자 전공을 바꿔서 1833년에 괴팅겐 대학교에서 자연과학 학사과정을 시작했다가 베를린 대학교로 옮겨갔다. 슐라이덴은 뮐러의 권유로 그의 실험실에서 일하게 됐는데 슈반도 거기서 만났다.

슐라이덴은 뒤늦게 식물학 분야에 뛰어들었지만 평소에 현미경에 지대하게 관심이 높았고, 1838년에는 베를린 대학교 교수 뮐러가 창간해 당대의 가장 권위 있는 정기간행물로 발돋움한 학술지 《뮐러의 아카이브 Müller's Archiv》에 〈식물의 기원Beiträge zur Phytogenesis〉이라는 논문을 발표했다. 이 논문은 곧이어 영어와 프랑스어로 번역되었는데, 모든 생물은 세포 단위로 이루어져 있으며, 세포야말로 생물의 구조 및 기능의 궁극적 단위라는 세포설cell theory을 최초로 공표했다. 일설에 따르면 이런 발상은 슐라이덴과 슈반이 식물의 기원과 발달 과정을 주제로 대화를 나누다가 떠올랐다고 한다.

슐라이덴은 로버트 브라운의 세포핵 발견(1832년)에 깊은 감명을 받았고, 이를 출발점으로 활용했다. 세포핵은 당시 사이토블라스트cytoblast라고 불렸는데, 슐라이덴은 "사이토블라스트가 최종 크기에 도달하자마자 주위에 여리고 투명한 소포가 형성되는데, 이를 새 세포라고 한다"라고 했다. 슐라이덴은 이 세포를 '식물계의 토대'로 규정했다.

이 논문은 '식물세포학plant cytology의 도래'를 분명히 선언한 글로, 슐라이덴은 세포가 무정형의 원형물질 속에 **결정화되어**〔강조는 필자가 한 것〕있다고 주장했으나 이는 명백히 틀린 얘기였다. 그런데도 1842년에 나온 그의 식물학 교과서《과학으로서 식물학 개관Grundzüge der wissenschaftlichen Botanik》이 대단히 긴 한 장을 식물세포학에 할애했고, 그 일을 계기로 오히려 많은 사람들이 식물학을 새로운 과학으로 인식하게 되었다.

슐라이덴의 친구이자 동료인 슈반은 50년 동안 생물학자로 활동했지만 그를 유명하게 만들어준 분야에 정력을 쏟은 기간은 5년(1834~1839년)에 불과했다. (이 시기에 그는 뮐러의 조수로 활동했다. 1839년에는 벨기에 루뱅대학교에서 교수직을 제안 받아 수락했고, 결국 지식의 중심지인 베를린을 떠난다.) 슈반의 가장 유명한 연구서《현미경을 통한 동물과 식물의 구조 및 성장의 동일성에 관한 연구Mikroskopische Untersuchungen über die Übereinstimmung in der Struktur und dem Wachstum der Thiere und Planzen》가 출간된 해는 1838년, 슐라이덴이《과학으로서 식물학 개관》을 출간한 바로 그해였다. 슈반의 연구서는 척삭과 연골 세포의 구조 및 생장을 설명하는 내용으로 시작한다. 그 이유는 두 세포의 구조가 '식물의 그것과 가장 유사하기' 때문이며, 세포가 '세포아체細胞芽體'에서 차츰 어떤 방식으로 형성되는지를 분명히 보여주기 때문이라고 슈반은 말했다. 둘째 장은 그의 핵심 논리와 전반적인 생각을 보여주는 '동물 몸의 모든 조직의 기초인 세포에 관하여 On cells as the foundation of all tissue in the animal body'라는 제목을 달고 있다. 이에 앞서 푸르키네를 비롯한 학자들은 당연히 수많은 조직에서 발견되는 세포에 대해 기술했고, 세포가 근본적인 실체일 것으로 **추정**했다. 그런데 슈반이 세포가 기본이라는 점을 최초로 분명하게 단언한 것이다.[3]

그다음 장부터는 자신의 주장을 뒷받침하는 많은 조직학 증거들을 검토한다. 슈반은 서로 붙어 있는 세포(표피, 손톱, 깃털, 수정체 등등), 세포벽이 세포 간 물질과 결합되어 있는 세포(연골, 힘줄, 치아 등등), 섬유질을 만들어내는 세포(결합 조직과 힘줄 조직)에 관해 논의를 전개했다. 그의 모든 논의가 정확하지는 않지만 다음과 같은 서론의 한 구절은 주목할 만하다.

본 연구의 목적은 동물과 식물을 구성하는 기본 하위 단위의 발달을 지배하는 법칙의 정체를 밝혀냄으로써 유기계의 두 왕국 간에 긴밀한 연관이 있다는 사실을 확인하는 것이다. 우리의 고찰 결과에서 가장 중요한 부분은, 모든 유기체를 구성하는 개별 기본 하위 단위의 발달에 공통의 원리가 있다는 것이다. 이는 형태가 서로 다른 결정체여도 결정체들의 형성을 지배하는 동일한 법칙이 있는 것과 마찬가지다.

여기서 결정체를 언급한 부분은 당연히 슐라이덴의 주장과 유사한데, 역시 분명히 틀린 얘기다. 남들이 보기에 이런 오류—심각한 오류다—는 동일한 분야에서 다른 학자들의 선행 연구를 거의 참조하지 않았다는 이유로 더욱 문제가 된다.

무기계와 유기계

18세기에서 19세기 내내 유기화학과 생리학은 '생기력生氣力, vital force'이라는 개념 때문에 혼란과 착종을 거듭했다. 살아 있는 유기체는 물리법칙만으로는 설명할 수 없으며, 모종의 '특수한 영향력'(생기력)이 작용해야만 한다는 믿음이 바로 생기설vitalism이다. 이런 견해가 널리 확산된 이유는 유기물질의 종류가 너무도 많고 다양해서였다. 그래서 그런 세계를 구상할 수 있는 것은 신뿐이라고 생각했다. 그런데 분석해보니 점점 더 많은 물질이 탄소와 질소와 물만으로 구성되어 있다는 사실이 밝혀지면서 미스터리가 깊어져만 갔다.

이처럼 종교적인 지적 분위기에서 1828년에 독일 화학자 프리드리히 뵐러가 후대에 길이 기억될 실험을 했다. 그는 시안산은을 염화암모늄으로 처리해 시안산암모늄염을 만들어내고자 했다. 그런데 (불용성) 염화은을 걸러내고 남은 용액을 증발시켰더니 '모서리가 무디고 가는 프리즘 형태에 4면 구조의 무색투명한 결정체'가 드러났다. 뵐러는 이 결정체들이 요소와 대단히 흡사한 것을 확인하고는 깜짝 놀랐다. "그런 유사성이 너무도 궁금한 나머지 …… 나는 오줌에서 추출한 완전히 순수한 요소와 비교 실험을 해보았다. 이를 통해 〔요소와〕 이 결정체 물질—일단 암모니아 시안산염이라고 부르기로 한다—은 완전히 동일한 화합물임이 너무도 명백해졌다." 사실 두 화합물은 동일한 것이 아니었다. 분자식은 같아도 화학구조는 다른 이성체異性體였다. 그렇더라도 뵐러의 실험은 대단히 의미심장하고도 상징적인 실험이었다. 당시까지는 동물에서만 얻을 수 있는 물질로 알려져 있던 유기물질 요소를 무기물질에서, **특히 생기력과는 전혀 무관하게** 합성해냈기 때문이다. "〔유스투스 폰〕 리비히와 그 후계자들은

[이] 실험을 진정한 과학으로서 유기화학의 출발점으로 간주했다."[4]

염료에서 의약품으로

1862년 5월, 빅토리아 여왕이 사우스 켄싱턴에서 열린 런던 국제박람회에 참석했다. 엷은 자주색이 선명한 가운을 걸친 모습이 인상적이었다. 그런 복장을 택한 데에는 두 가지 중요한 이유가 있었다. 1862년 박람회는 1851년 런던에서 열렸던 만국박람회와 마찬가지로 여왕의 남편인 앨버트 공이 앞장서서 추진한 행사였다. 그런데 그는 박람회가 열리기 직전인 1850년 12월에 사망했고, 따라서 여왕은 공식적으로 여전히 상중이었다(복상 기간은 최대 2년이었다). 여왕이 검은색이 아닌 엷은 자주색 의상을 입고 박람회에 참석했다는 것은 서둘러 '반상복半喪服' 단계로 들어섰음을 의미했다(당시로서는 일반적인 복상 절차로 인정되는 경우였다). 그러나 여왕이 담자색 가운을 입은 데에는 또 다른 의미가 있었으니, 그것은 영국의 위상을 드높이겠다는 선언이었다. 박람회 주요 전시물 가운데 하나는 자주색 염료로 물들인 거대한 기둥이었다. "기둥 옆에는 그 염료를 발견하고 발명한 윌리엄 퍼킨이 앉아 있었다."[5]

평소 공학과 화학에 관심이 많았던 퍼킨은 신설 왕립화학대학Royal College of Chemistry을 설립했다(1845년에 설립됐고, 지금의 임페리얼 칼리지 Imperial College의 전신이다). 왕립화학대학을 세운 것은 영국의 과학이 유럽 대륙의 경쟁국들, 특히 독일보다 뒤쳐져 있다는 자각의 결과였다. 이 대학의 주요 설립 추진자인 앨버트 공은 같은 독일계인 아우구스트 빌헬름 폰 호프만(당시 나이 28세에 불과했다)을 설득해 화학대학 최초의 교수로 임명했다. 1818년에 독일 기센에서 태어난 호프만은 유럽 4개국어에 능통한 교양인이자, 화학은 물론이고 문헌학까지 공부한 인물이었다. 1892년 사망했을 때 그의 부고 기사와 추모사를 모은 문집이 무려 **세 권**으로 편찬되었다. 호프만은 재직하던 본 대학교에서 화학대학이 잘될 때까지 최대 2년간의 휴가를 보장받고 영국행에 올랐다. 그러나 적어도 한동안은 화학대학이 잘 돌아갔고, 그것은 대체로 호프만의 헌신 덕분이었다. 퍼킨은 호프만의 제자로 들어갔는데, 18세 때인 1856년에는 호프만의 개인 실험실 조수로 임명됐다.

호프만은 퍼킨에게 말라리아 치료제 키니네(퀴닌)를 합성해보는 것이 어떻겠느냐고 제안했다. 사실 식민지 팽창 시기의 핵심 과제였던 그 작업에 상당 기간 거의 모든 화학자가 매달려 있었다. 퍼킨 역시 합성에 실패했지만 알릴 톨루이딘allyl toluidine이라는 아닐린 파생물에 호기심을 갖게 됐다. 이 물질은 석탄 산업에서 무수히 나오는 콜타르 폐기물에서 추출한 것이었다. 그런데 '과학사에 흔히 등장하는 요행수 같은 것이었는지' 퍼킨이 사용한 아닐린에는 불순물이 함유되어 있었다. 여기서 전혀 예상치 못한 사태가 벌어졌다. 키니네 합성 실험 이후 남은 시커먼 찌꺼기를 물로 세척하는 과정에서 그것이 선명한 보라색으로 변하는 장면을 목격한 것이다.

역사적으로 볼 때 그때까지만 해도 인간은 의복을 염색하는 방법에 별다른 선택의 여지가 없었다. 동식물과 광물에서 추출한 '천연색'인 빨강, 갈색, 노랑이 가장 일반적이고 가장 값싸게 사용할 수 있는 염료였다. 그 결과 희귀한 색일수록 수요가 높았다. 특히 청색과 자주색이 그러했다. 이를 기회로 본 퍼킨—그는 스승인 호프만 못지않게 빅토리아 시대풍의 수염이 얼굴에 가득했다—은 자신이 발견한 자주색 염료의 특허권을 획득하고서, 런던 북서부 그랜드유니언 운하 둔덕에 공장을 설립했다. 전해오는 얘기에 따르면 당시 공장에서 무슨 염료를 만드느냐에 따라 운하의 물색깔이 달라졌다고 한다. 퍼킨은 35세가 될 무렵에 거부가 되어 있었다.[6]

독일인들은 호프만을 통해 퍼킨의 교육에 도움을 준 셈이었다. 이제 그 이익금을 챙길 차례였다. 독일은 루르 지방에 석탄이 풍부했고 다른 어느 나라보다 화학자도 많이 보유하고 있었다. 그리하여 콜타르를 소재로 한 염료 제조 회사가 독일 전역에서 우후죽순처럼 생겨났다. 수많은 신종 합성 염료가 신속히 발견됐고, 독일 염료 제조 회사들은 순식간에 세계를 제패했다. 콜타르 염료는 너무도 빨리 규모가 커져서, 수십 년 만에 천연 염료를 시장에서 사실상 퇴출시켰다.

신종 염료 산업의 발전은 두 가지 산업적·과학적 혁신에서 힘입은 바 컸다. 하나는 조명용 가스의 대규모 제조로, 그 산업의 부산물이 바로 타르였다. 둘째는 실험실을 통해 유기화학이 체계적으로 발전한 일이었다. 여기서 새로운 출발점은 1843년이었다. 유스투스 폰 리비히는 한 조수에게 제자였던 에르네스트 젤이 보내온 석탄에서 추출한 경유를 분석해보라고 지시했다. 젤이 보낸 기름의 분석을 맡은 조수가 바로 호프만이었고, 호프만은 당시 기센 대학교에서 막 박사학위를 받은 처지였다. 호프만의 분석 결과, 콜타르에서 정제한 기름에는 아닐린과 벤젠이 포함되어 있음이 밝혀졌다. 둘 다 추후 산업적으로나 상업적으로 중요한 의미를 갖는 물질이다. 호프만은 아닐린을 '평생 최대의 연애 사건'이라고 했고, 곧 아닐린 옐로, 아닐린 블루, 임페리얼 퍼플 같은 염료들의 구조적 상호 관계를 밝혀낸다. 이 모두가 발견된 지 얼마 안 된 염료였다. 이런 염료들—모브 mauve(담자색 아닐린 염료), 마젠타(푹신fuchsine 선홍색 염기성 염료), 아닐린 블루, 아닐린 옐로, 임페리얼 퍼플—은 "아닐린계 염료 산업에서 최근에 생산된 가장 중요한 콜타르 염료였다."[7]

상업적으로 보면 이들 염료는 대단한 성공을 거뒀지만 독일의 염료 산업 주도권 확보에는 또 다른 요소가 작용했다. 그것은 공장 중심의 연구 실험실 창설이었다. 공장 실험실을 창설한 것은 중대한 사건이었다. "그 역사적 의미는…… 과학 연구 기술에서 가능해진 변화에 있었다. 그런 변화들이 자연에 대한 인간의 통제력을 가속화함으로써 결국 모든 주요 기관이 큰 영향을 받았다."[8] 그리고 산업 내지 공장 중심 연구실이 이룩한 가장 중요한 업적은, 콜타르 염료 산업을 의약품 산업으로 전환시킨 것이었다.

의약품 제조가 활성화된 시기는 1880년대에서 1890년대다. 이렇게 된 데에는 마취제 사용이 보편화되기 시작한 것이 중요한 요인으로 작용했다. 클로로포름과 에테르가 염료 제조업체들에게는 이문이 남는 제품이 된 것이다. 세균 같은 미생물이 질병을 야기한다는 개념과 더불어 소독제의 필요성이 대두된 것도 요인으로 작용했다. 소독제는 거의 모두가 페놀(방향족 탄소화합물의 일종) 계통으로, 염료 제조 공장에서 오랜 기간 염색 물질로 사용해온 화학물질이었다.

열을 떨어뜨리는 해열제와 통증을 완화하는 진통제도 염료인 모브와 마찬가지로 다른 물질을 찾는 과정에서 우연히 발견되었다. 독일 에를랑겐 대학교의 루트비히 크노르 박사도 키니네 대체물질을 찾다가 통증 완화 및 해열 효과가 있는 피라졸론 화합물을 합성했다. 1863년에 설립된 독일 화학회사 회흐스트가 이 약품의 판권을 1883년에 사들였고, 얼마 안 돼 유사한 작용을 하는 물질의 판권 역시 잇달아 취득했다. 그중 가장 유명한 것이 진통 해열제 안티페브린(1886년), 순수 아세티아닐리드 페나세틴(일명 p-에톡시아세트아닐리드)(1887년), 회흐스트가 '피라미돈'이라는 상표명으로 판매한 다이메틸아미노안티피린(1893년), 아스피린(1897년) 등이었다. 진정제가 등장한 시기는 1890년대다. '술포날'과 '트리오날'(회 흐스트와 같은 시기인 1863년에 바르멘에서 창설된 제약 회사 바이엘이 제조함), '히프날'과 '발릴'(회흐스트가 제조함)이 특히 유명했다. 코흐와 파스퇴르의 면역학 연구 덕분에 회흐스트는 디프테리아, 장티푸스, 콜레라, 파상풍 같은 무서운 질병을 치료하는 혈청제와 백신을 대량으로 생산할 수 있었다.

바이엘이 선두에 선 이후로는 의약품 제조에 대한 관심이 눈덩이처럼 커졌다. 여러 회사가 세균학자, 수의사 및 기타 전문가를 고용했다. 살충제 제조라는 신생 분야에서는 실험용 온실이 건립되었다. 여기서 식물학자들과 곤충학자들은 살충제의 살상력을 시험했다. 이런 다양한 발전은 19세기 말 루돌프 피르호, 로베르트 코흐, 로베르트 에를리히의 연구 성과로 종합되었다.

생명: 물리·화학적 작용의 총합

루돌프 피르호는 19세기에 가장 잘나가던 의사 가운데 한 명이다. 그의 오랜 경력은 1840년 이후 실험의학의 발전을 상징적으로 보여준다. 그것은 당시만 해도 본격 과학의 단계에 이르지 못한 임상 분야를 변혁시킨 사건이었다. 과학으로서 의학이 본격화된 것은 생물학과 화학이 통합되기 시작한 이후의 일이라는 사실이 종종 간과되곤 한다.[9]

피르호는 1821년 지금의 폴란드 포메라니아의, 장사를 주로 하는 소도시의 농가에서 태어났다. 둥그스름한 얼굴에 키는 작고 쏘아보는 듯한 눈이 인상적인 피르호는 탁월한 재능으로 1839년에 군 장학금을 받고 베를

린의 프리드리히빌헬름 대학교(지금의 베를린 훔볼트 대학교의 전신—옮긴이)
에 진학해 의학을 공부했다. 이 대학은 특히 형편이 어려워 공부를 할 수
없는 학생들에게 기회를 주기 위한 목적으로 설립된 학교로, 장학금을 받
는 대신 졸업 후 일정 기간을 군의관으로 복무하는 것이 조건이었다(헬름
홀츠도 이와 비슷한 장학금을 받은 바 있다).

　늘 자기주장이 확실했던 피르호는 1845년 한다하는 프리드리히빌헬름
대학교의 청중 앞에서 두 차례 강연을 했다. 강연에서 그는 의학 분야에
잔존한 (생기력을 포함한) 초월적 경향을 일체 거부하고, 진보는 세 가지 방
향에서만 가능하다고 주장했다. 그 핵심은 '물리화학적 방법으로 환자를
검사하는 작업을 비롯한' 임상적 관찰, '특정 병인을 시험을 통해 확인하
고 특정 약물의 효과를 연구하는' 동물실험, 그리고 특히 현미경을 활용
한 병리해부(부검)였다. 그는 '생명이란 물리화학적 작용의 총합에 불과하
며, 본질적으로 세포 활동의 표현'이라고 강조했다. 이처럼 새로운 이론을
제시한 덕분에 피르호는 20대 중반에 불과했던 1847년에 요하네스 뮐러
라는 대가 밑에서 베를린 대학교 전임강사로 임명되었다.

　그러나 피르호는 결코 의사로만 머물지 않았다. 1848년 정치적 신념에
따라 베를린 봉기에 참여해 바리케이드 위에 올라가서 싸웠고, 나중에는
베를린 민주회의 회원이 되었으며, 《의학적 개혁Die Medizinische Reform》
이라는 주간지 편집장으로 활동했다. 이 무렵이 그의 인생에서 가장 열정
적인 시기였지만, 1849년에는 정치 활동 때문에 모든 교직에서 정직 조
치를 당했다. 피르호는 베를린을 떠나 뷔르츠부르크 대학교에 갓 창립
된 병리해부학과 교수 자리를 얻는다. 독일 최초의 병리해부학과였다. 여
기서 그는 한동안 정치 활동과 거리를 두면서 생애 최대의 과학적 업적
을 세운다. 특히 질병의 원인을 세포의 변화에서 찾는 '세포병리학cellular

pathology' 개념을 수립한 일은 괄목할 만한 성과였다. 혈관 염증을 현미경으로 고찰한 것, 혈전증과 색전증—둘 다 피르호가 만든 용어다—문제를 규명하는 등 탁월한 업적을 낸 것도 뷔르츠부르크 대학교 재직 시절이었다. 그는 또 백혈병 세포를 최초로 확인했으며, 인간과 동물, 특히 포유류에 공통되는 질병을 비교해 질병의 본질을 밝히려는 비교병리학comparative pathology을 창안했다. 1856년에 피르호는 베를린 대학교로 돌아와 병리해부학 교수 겸 신설 병리학연구소 소장에 취임한다.

피르호의 특기는 세포병리학이라는 개념을 널리 확산시키는 것이었다. 의학의 미래는 질병이 있을 경우 세포에 어떤 변화가 일어나는지를 좀 더 깊이 이해하는 데 있고, 이는 결국 사변이 아닌 관찰과 실험을 중시하는 태도를 의미했다. 이제 피르호에게 현미경은 연구의 핵심 도구가 되었다.[10]

독일 세균학자 로베르트 코흐(1843~1910)도 마찬가지였다. 그는 현대 세균학의 기초가 되는 원리와 기법을 수없이 고안해냈다. 14남매의 아들로 태어난 그는 고향에서 초등학교에 들어갈 무렵에 이미 읽기와 쓰기를 독학으로 끝낸 상태였다. 괴팅겐 대학교에 진학해서는 우선 문헌학을 전공할 생각이었으나 자연과학부에 등록했다. 괴팅겐 대학교에는 세균학을 가르치는 학과가 없었기에 1866년 졸업한 뒤 그는 베를린 대학교 부설 자선병원에서 피르호 교수의 병리학 강의를 수강했다. 그런데 코흐의 성공은 피르호가 그랬던 것 이상으로 현미경 관찰 덕이 매우 컸다. 코흐는 집에다가 실험실을 차려놓고 포츠담 출신의 광학자 에드문트 하르트나크가 만든 성능 좋은 현미경을 들여놓았다. 그러고는 탄저병으로 연구를 시작했다.

코흐가 연구를 시작하기 얼마 전부터 탄저병은 감염된 양羊의 혈액에서 관찰된 막대 모양의 미생물에 의해 야기된다는 사실이 알려져 있었다.

코흐는 그 미생물들을 소 혈액 샘플에서 배양하는 기술을 최초로 발명했고, 이를 통해 그는 현미경 아래에서 문제의 미생물을 연구할 수 있었다. 그는 문제의 간균杆菌이 수명은 비교적 짧지만 식물의 포자(생식세포)에 해당하는 아포芽胞는 수년간 감염력을 유지한다는 사실을 발견했다. 코흐는 생쥐를 대상으로 실험하여 탄저균Bacillus anthracis 균체에 나중에 환경과 조건이 맞으면 다시 살아나 활동할 수 있는 막대 조각이나 아포가 들어 있어야만 탄저병이 발병한다는 사실을 입증했고, 이런 내용을 1877년에 출판했다. 그러고 나서 얼마 후에는 세균 배양액을 유리 슬라이드에 고착시켜서 아닐린 염료로 염색하는 방법을 구체적으로 기술한 논문을 발표했다.

코흐는 다음 조치로 자신의 현미경에 독일 광학기술자 에른스트 아베가 새로 발명한 조리개와 유침油浸 오일 시스템을 장착해 탄저균보다 훨씬 작은 유기체들을 검출하는 작업을 시행했다. 그 결과로 (생쥐와 토끼를 대상으로 한 실험을 통해) 코흐는 병리학적으로나 세균학적으로나 서로 다른 여섯 종류 전염병의 정체를 규명할 수 있었다. 그는 인간의 질병도 그와 유사한 병원성 세균에서 기인한다고 결론내렸다.[11]

이런 연구 성과에 힘입어—중간에 탄저병 연구를 누가 먼저 했느냐를 놓고 루이 파스퇴르와 분란을 겪기도 했는데, 이는 국가주의적 배경이 깔린 다툼이었다—코흐는 1880년에 베를린 '독일제국 보건국Kaiserlichen Reichsgesundheitsamt'의 정부 고문Regierungsrat으로 임명됐다. 여기서 코흐는 작은 실험실을 조수인 프리드리히 뢰플러, 게오르크 가프키와 함께 운영했다. 그들은 둘 다 군의관이었다. 두 조수에게는 병원균을 분리해 배양하는 방법을 개발해 위생과 공중보건을 개선할 과학적 원리를 밝혀내라는 임무가 주어졌다.

1881년에 코흐는 관심을 결핵으로 돌렸다. 그는 '동료들에게는 아무언질도 하지 않고 혼자 연구한 결과', 6개월도 안 돼 문제의 질병이 전염병이라는 사실(당시에는 모든 사람이 인정하지는 않았다)을 확인하고, 인간과 동물의 결핵 표본 다수에서 특정 색깔의 염색에 잘 반응하는 간균을 분리해냈다. 이어 이 세균의 배양액을 여러 동물 표본에 접종함으로써 결핵을 유발시켰다. 1882년 3월 24일 베를린의 생리학협회에서 코흐가 한 강연을 두고 세균학자 파울 에를리히는 '가장 엄청난 과학적 사건'이라고 평가했다. 타액에 결핵 간균이 들어 있음을 입증한 것은 곧 진단학에서 중대한 의미가 있는 사건으로 받아들여졌다.[12]

같은 해인 1882년에 이집트 나일 강 삼각주 지역에서 콜레라가 발생했다. 콜레라의 원인이 미생물일 수 있다는 얘기를 들은 프랑스 정부는 문제의 전염병이 유럽에까지 확산될 수 있다는 루이 파스퇴르의 경고를 받아들여, 과학자 네 명으로 구성된 조사단을 알렉산드리아로 파견했다. 코흐는 일주일여 뒤에 독일 공식 조사단을 이끌고 현지에 도착했다. 수일 만에 코흐는 콜레라로 사망한 시신 열 구의 소장 벽에서 미세한 간균 집락集落을 찾아냈다. 이어 콜레라 환자 약 스무 명에게서도 동일한 결과를 밝혀냈다. 이 유기체가 병원균일 가능성이 농후했지만, 원숭이나 기타 동물에게 균을 먹이거나 주사해서 콜레라를 유발시키는 데는 실패했다. 하지만 코흐가 이집트에서 관찰한 결과는 인도의 벵골에서도 확인되었다. 1884년 봄, 코흐는 식수와 기타 가정용으로 사용되는 마을 공동 우물이 벵골에서 번진 콜레라의 원인임을 밝혀냈다.

코흐는 이런 연구를 통해 이목을 끌었으나(이후에도 계속 그러했다) 돼지 단독丹毒, 말이 걸리는 비저鼻疽, 디프테리아 같은 전염병의 병원균을 실제로 분리해낸 사람은 뢰플러였고, 장티푸스균을 분리한 사람은 가프키였다. 이처럼 급속도로 중요한 발견이 이루어지면서 프로이센에는 추가로 공중보건 관련 기관들이 설립됐으며, 1885년 코흐는 베를린 대학교에 신설된 위생학과 교수로 임명되었고, 전염병연구소가 베를린에 창설되었다. 코흐를 핵심으로 한 연구 집단은 이제 피르호 서클을 능가하는 명성을 누렸으며, 거기에는 파울 에를리히와 아우구스트 폰 바서만도 포함되었다. 코흐의 노력 덕분에 1900년에는 전염병 통제법이 통과되었다. 그해에 그가 운영하는 연구소는 루돌프 피르호 병원과 인접한 더 넓은 부지로 이전해 당시 세계에서 가장 유명한 의학 연구소로 자리 잡았다.[13]

염료와 의약품의 통합은 화학과 생물학의 긴밀한 상호작용을 보여주는 최초의 주목할 만한 사례였다. (경우에 따라 염료 제조 회사들은 염료 산업 폐기물을 의약품 연구를 위한 실험 재료로 사용했다.) 그리고 공교롭게도 동물과 식물의 세포가 유사하다는 사실, 발병 과정에서 세포가 하는 역할이 확인된 점뿐만 아니라, 염료가 서로 다른 병원균을 서로 다른 색깔로 염색한다는 사실 자체가 이 분야에서 일어난 제2의 엄청난 통합이었다. 이는 과거에는 상상할 수 없는 일이었다. 석탄은 처음에 광물로 간주되었지만 콜타르는 결국 유기물질로 판명되었다. 바로 이 지점에서 무기물질과 유기물질로 간주되던 두 영역이 연계되는 사태까지 일어난 것이다. 이는 뵐러가 그 유명한 실험을 통해 입증한 사안이다.

그렇기 때문에 염료와 의약품의 연계는 세포의 정체 규명과 더불어 여러 과학 분과의 컨버전스라는 차원에서 지극히 중요한 요소였다. 병리학적 요소들이 서로 다른 염료에 대해 서로 다르게 반응하는 경향은 염색으로 야기된 다양한 색채를 중심으로 연구하는 세포병리학을 가능케 했고, 이는 결국 인체의 기본적인 화학변화 과정을 새롭게 이해하게 해주는, 일종의 통합이었다.

항생제의 발견과 인체의 면역반응

피르호와 코흐의 놀라운 발견—그 효과가 입증되는 데는 시간이 좀 걸렸다—에도 불구하고 20세기 초만 해도 인간은 결핵, 알코올중독, 매독이라는 '무시무시한 3대 질병'으로 건강을 크게 위협받고 있었다. 특히 결핵은 드라마와 소설의 단골 소재였다. 결핵은 노인과 청년, 부자와 빈자를 가리지 않고 괴롭혔으며, 대개는 죽음에 이르는 과정도 아주 천천히 진행되었다. 결핵은 푸치니의 오페라 〈라보엠〉, 베르디의 오페라 〈라트라비아타〉, 토마스 만의 소설 《베네치아에서의 죽음》과 《마의 산》에서 '소모성 질환 consumption'이라는 표현으로 등장한다('소모성 질환'이란 인체 조직을 서서히 쇠약하게 만든다는 의미에서 쓰인 것이다—옮긴이). 러시아 극작가 안톤 체홉, 영국의 여성 소설가 캐서린 맨스필드, 체코 출신 작가 프란츠 카프카도 결핵으로 죽었다.

매독의 경우, 약 한 세기 전만 해도 그것에 대한 공포와 도덕적 혐오감이 극심해서 문제가 심각한데도 입에 올리는 일조차 꺼릴 정도였다. 그러다가 결국 1899년에 브뤼셀에서 프랑스 피부과 전문의인 장 알프레드 푸르니에가 매독학이라는 의학 분과를 수립하고 역학 및 통계 기법을 사용해, 매독은 '화류계'뿐 아니라 사회 각계각층에 영향을 미치며, 여성이 남성보다 일찍 걸리고, 집안이 가난해 매춘으로 내몰린 소녀들이 환자의 '압도적 다수'라는 사실을 강조했다. 푸르니에는 매독을 1기, 2기, 3기로 구분함으로써 임상 연구의 길을 열었다.[14]

1905년 3월에 동프로이센 뢰제닝켄 출신의 동물학자 프리츠 샤우딘은 현미경으로 매독 환자에게서 채취한 혈액 샘플에서 '아주 작고, 운동성이 강해서 연구하기도 대단히 어려운 스피로헤타(나선형 세균—옮긴이)'를 발견했다. 일주일 후, 샤우딘은 몇 년 뒤에 할레 대학교와 본 대학교의 교수가 되는 세균학자 에리히 호프만과 더불어 환자 몸의 여러 부위에서 채취한 샘플에서 동일한 스피로헤타를 발견했다. 환자는 한참 뒤에야 피부를 망가뜨리는 자주색 반점인 장미진薔薇疹이 몸에 나타났다. 스피로헤타는 너무 작아서 연구하기가 어려웠으나 분명 매독의 병원균이었고, '트레포네마 팔리둠'이라고 명명됐다. '트레포네마Treponema'는 구부러진 실을 닮았다는 뜻이고, '팔리둠pallidum'은 색깔이 허옇다는 뜻이다. 그해가 다가기 전에 이미 베를린의 아우구스트 폰 바서만이 진단 시험을 끝냈다. 이는 매독을 이제부터는 조기에 발견할 수 있고, 따라서 어느 정도 확산을 방지할 수 있다는 의미였다. 그러나 여전히 치료제가 필요했다.

치료제를 발견한 사람은 파울 에를리히(1854~1915)다. 상부上部 슐레지엔(폴란드와 체코 접경 지역) 슈트렐렌에서 태어난 에를리히는, 여러 질병과 관련해 다양한 간균이 잇달아 발견되는 상황에서, 감염된 세포가 염색 기법에 대한 반응에서도 **서로 다른 양상을 보인다**는 중대한 발견을 해냈다. 분명한 것은, 이들 세포의 생화학적 성질이 투입한 간균의 종류에 따라 영향을 받는다는 사실이었다. 이런 결과는 어떤 면에서 세포병리학 연구와 유기염료 연구(수십 년 전부터 발전해왔다)가 상호 수렴되는 과정의 정점이었다. 이를 통해 에를리히는 항독소라는 개념을 고안했다. 그가 '마법의 탄환magic bullet'이라고 부른 항독소는 인체가 병원균의 침입에 **대항하기** 위해 분비하는 특별한 물질을 말한다.[15]

1907년 무렵이면 에를리히는 이미 606종이나 되는 물질, 즉 다양한 질병에 대항하기 위해 고안된 '마법의 탄환'을 만들어낸 상태였다. 그것들 대다수는 마법의 탄환과 같은 효과를 전혀 보지 못했다. 그런데 에를리히의 실험실에서 '606호Preparation 606'라고 칭했던 물질이 결국은 매독 치료제로서 효과를 보였다. 그것은 비소계 염산염이었다. 비소는 독성 부작용이 심했지만 전통적으로 매독 치료제로 사용되었고, 의사들은 전부터 비소를 포함한 여러 화합물을 대상으로 실험을 진행해왔다.

1907년 에를리히의 서재(늘 지저분했다)는 닭, 생쥐, 토끼 같은 동물들 사진으로 도배가 되어 있었다. 모두 실험용으로 매독에 감염시킨 동물들이었다. 그런데 606호를 주입하고 나서 병세가 점차 호전되었다. 약제의 효과를 신중히 확인하기 위해 에를리히는 606호를 여러 다른 실험실에 보냈다. 다른 연구자들도 동일한 결과를 얻는지 확인하기 위해서였다. 약제를 담은 상자들이 러시아의 상트페테르부르크, 이탈리아의 시칠리아, 독일 마그데부르크로 보내졌다.

1910년 4월 19일에 독일 비스바덴에서 열린 국제의학회의에서 에를리히는 각국 대표들에게 1909년 10월에 매독 환자 24명을 606호로 치료하는 데 성공했다고 보고했다. 에를리히는 이 마법의 탄환을 살바르산Salvarsan이라고 명명했다. 화학명은 아르스페나민arsphenamine이다.[16]

지금까지 소개한 여러 발견은 우리가 내건 주제에 딱 들어맞는다. 예일 대학교 생화학과 교수 조지프 프루턴은 '화학과 생물학의 상호작용'(프루턴이 쓴 표현이다)에 대해 지금까지 우리가 논의한 것보다 훨씬 포괄적인 방식으로 주목했다. 현재 그는 유전자의 활동 정도는 물론이고 발효, 효소, 단백질, 근육 활동, 시트르산 순환 과정, 글루코스와 글루코겐, 스테로이드 등을 탐구하고 있다. 아닌 게 아니라 우리가 지금까지 살펴본 것처럼 1840년대에 들어서야 겨우 진정한 과학으로서 면모를 갖춘 의학은 이제 인류 복지를 위한 화학과 생물학 상호작용의 수혜자로 간주될 만하다. 실제로 의학은 19세기에 서로 다른 여섯 가지 분야—생물조직학, 세포병리학, 아닐린 염료, 제약업, 현미경 기술, 사진술—가 발전하면서 거둔 성과를 모두 흡수한 직접적 수혜자다. 그런 여러 분야의 발전이 있었기에 과학자들이 병을 야기하는 물질과 유기체를 현미경으로 연구할 수 있었다.

거기서 끝이 아니었다. 생물학자들은 약 50년 동안 현미경을 통해 생식 과정에 놓인 세포들의 특징적인 행태를 관찰해왔다. 그들은 세포핵을 구성하는 여러 개의 미세한 실(염색사—옮긴이)을 목격했다. 이것들은 생식 과정에서 떨어져 나갔다. 이미 1882년에 독일 킬 대학교 생물학 교수 발터 플레밍은 그런 실들이 염료로 염색할 경우 다른 일반 세포보다 색깔이 짙어진다는 사실을 기록으로 남겼다. 이는 그 실들이 특수한 물질로 되어 있다는 추정을 가능케 했다. 이 물질을 크로마틴chromatin(염색질)이라고 명명한 것은 그 실들이 염색이 잘되었기 때문이다('chromat'는 그리스어로 '색깔' 또는 '색깔로 물들이다'라는 뜻이고 'in'은 화학물질을 나타내는 접미사다—옮긴이). 문제의 실들이 실타래처럼 뭉친 덩어리는 곧 염색체chromosomes라는 명칭을 얻는다.

그런데 9년 뒤인 1891년에 라이프치히에서 활동하던 독일 생물학자 헤르만 헨킹이 별박이노린재Pyrrhocoris의 정소精巢를 조사하다가 또 하나의 중대한 발견을 했다. 감수분열(세포분열)을 할 때 정자의 절반은 열한 개의 염색체를 받아들이는 반면에 나머지 반은 이 열한 개뿐 아니라 염색에 더 강하게 반응하는 또 다른 물체를 받아들인다는 내용이었다. 헨킹은 이 여분의 물체가 과연 염색체인지 확신이 서지 않았고, 그래서 이것을 단순히 'X'라고 칭했다. 절반은 그것을 받아들이고 절반은 그렇지 않으므로 'X라는 물체'가 곤충의 성이 무엇이 될지를 결정할 수 있다는 생각을, 그는 전혀 하지 못했다. 그러나 다른 학자들이 곧 그런 결론을 이끌어낸다.[17]

헨킹의 관찰 이후 얼마 지나지 않아 동일한 염색체들은 세대를 거듭해도 동일한 배열 상태로 나타난다는 사실이 확인되었다. 또 컬럼비아 대학교의 세포학자 월터 서턴은 1902년에 생식 기간이 유사한 염색체가 서로 합쳤다가 분리된다는 사실을 입증했다. 이러한 배열은 염색체가 모라비아의 수사 그레고어 멘델이 제시한 통계적 법칙에 따라 움직인다는 사실을 말해준다. 이로써 오랫동안 화학과 상호작용을 하던 생물학은 이제 수학과 손을 잡게 되었다.[18]

세포의 중요성에 대한 발견, 염료가 제약업으로 발돋움하는 과정, 세포 염색 기법이 질병의 본질을 밝히는 데 도움을 주었다는 사실은 한 분야의 과학에서 이루어진 발견들이 급속히 다른 여러 분야의 발전으로 이어지는 양상을 잘 보여주는 사례다. 이런 분야에서는 《물리·화학 연보》에 발표된 클라우지우스의 획기적인 논문들이나 1859년에 나온 다윈의 저서 같은 결정적인 모멘트는 없었다. 그러나 과학으로서 현대 의학이 탄생하는 과정에서 일어난 그 모든 변화는 거의 동시에 일어났다고 볼 수 있다. 그런 발전들은 다른 분야들에서처럼 그렇게 신속한 영향을 미치지는 않았을지 몰라도, 우리가 지금까지 고찰해온 변화들을 놓고 볼 때, 19세기 중반에는 지적 분위기에서 확연한 변화가 있었음이 분명하다. 어디를 둘러보아도 하나의 과학은 또 다른 과학과 포개지고, 또 다른 과학으로 다가가고, 또 다른 과학을 밀어주고 있었으니 말이다.

7장

통일과학 운동: "통합이 새 목표다"

1924년 오스트리아 빈에서 활동하는 일단의 과학자와 철학자가 매주 목요일마다 모이기 시작했다. 원래는 '에른스트 마흐 연구회'로 시작했 다가 1929년에 명칭을 '빈 서클'(독일어로 Wiener Kreis, 영어로 Vienna Circle—옮긴이)로 바꿨다. 그들은 그 이름으로 20세기의 가장 중요한 철학 운동이라고 할 만한 집단이 되었다. 그들이 추진한 주요 프로젝트 가운데 하나는 우리가 바로 지금 논하고 있는 주제, 즉 통일과학 탐구였다.

빈 서클을 주도한 인물은 모리츠 슐리크(1882~1936)로 1922년부터 빈 대학교 철학 교수를 지낸 인물이다. 빈 서클의 여러 구성원들처럼 슐리크 도 과학자로서 훈련을 받았고, 특히 1900년부터 1904년까지 막스 플랑크 밑에서 물리학을 공부했다. 그 무렵은 바로 플랑크가 양자 개념을 구상하 고 있던 시기였다. 슐리크가 그러모은 20여 명 중 주요 인물은 다음과 같 다. 오토 노이라트. 유대계 빈 토박이로 놀라울 정도로 박학다식한 인물이다. 루돌프 카르나프. 수학자로 예나 대학교 시절 저명한 수학자이자 논리학자인 고틀로프 프레게의 제자였다. 필리프 프랑크. 물리학자다. 하인츠 하르트만. 정신분석학자다. 쿠르트 괴델. 수학자. 그리고 칼 포퍼도 종종 참여했다. 포퍼는 2차 대전 이후 영향력 있는 철학자가 된다. 1920년대에 빈에서 발전한 철학 유파에 슐리크가 원래 붙인 딱지는 '일관적 경험주의Konsequenter Empirismus/consistent empiricism'였다. 그러나 슐리크가 1929년과 1931~32년에 미국에 다녀오고 난 뒤부터 '논리실증주의logical positivism'라는 용어가 등장해 오늘날까지 이어지고 있다.[1]

논리실증주의는 형이상학을 격렬하게 공격했다. 그들은 "과학과 상식이라는 일상적인 세계, 즉 감각 기관을 통해 우리에게 드러나는 일상 세계 너머에 어떤 세계가 존재할 수 있다"라는 주장 일체를 거부했다. 논리실증주의자들에게 경험적으로 시험해볼 수 없는, 즉 검증할 수 없는 그 어떤 진술, 또는 논리학이나 수학에서 도출된 진술은 무의미했다. 그렇기 때문에 신학, 미학, 정치학과 같은 광범위한 영역들이 폐기되었다.

빈 서클로 말미암아 철학은 과학의 시녀이자 '2차적인 주제'로 격하되었다. 1차적인 주제들은 세계에 관해 이야기한다(물리학과 생물학처럼). 2차적인 주제들은 세계에 관한 이야기에 관해 이야기한다. 따라서 철학이 할 수 있는 유일한 일은 과학의 개념과 이론을 분석하고 비판하여 세련되게 만듦으로써 그것들을 좀 더 정치적이고 쓸모 있게 만드는 것이다.[2]

이런 접근 방식의 한 측면이 앞서 말한 통일과학에 대한 탐구로, '다양한 과학 분야의 개별 연구자들이 이룬 업적을 이야기해주고 조화시키는 것'이었다.[3] '통일과학 운동'이라고 일컬어지는 흐름이 공식적으로 시작된 것은 1934년 프라하 카렐 대학교에서 열린 학술대회에서였다. 여기서 매년 통일과학 국제학술대회를 개최하기로 결정이 났고, 1차 대회는 이듬해에 파리에서 열렸다. 3차 대회에서는 시리즈 간행물 《국제 통일과학 백과사전International Encyclopaedia of Unified Science》이 첫선을 보였다. 이번에는 오토 노이라트가 주도했다(슐리크는 1936년에 수업하러 빈 대학교 계단을 올라가다가, 그에게 애인을 빼앗겼다고 여겨 질투를 느낀 학생이 쏜 권총에 맞아 사망했다). 그래도 1938년에 발행된 이 백과사전 첫째 권에는 저명한 과학자, 철학자, 수학자 들이 쓴 글이 다수 실렸다. 닐스 보어, 존 듀이, 버트런드 러셀, 루돌프 카르나프 등이 대표적인 집필진이다. 아마 메리 서머빌도 살아 있었다면 기꺼이 참여하려 했을 것이다.

노이라트는 통일과학 운동의 목표를 명확히 제시했다. 그의 기고문은 '보편적인 과학적 태도'가 안정적이고 진보적인 미래의 중요한 전제 조건이라는 주장으로 시작한다(당시가 2차 대전 발발 전야임을 기억하시라). 이어 과학적 종합은 '과학이 개인과 사회의 삶을 개선하는 데 도움이 된다는 희망을 가지고 있기 때문에' 위대한 '이성적' 목표라고 주장한다. 그는 물리학자와 생물학자, 생물학자와 사회과학자, 논리학자와 수학자 들의 협력이 증진되기를 기대했다.[4] 그는 새 백과사전을 18세기 프랑스의 《백과전서》가 추구한 목표를 현대판으로 개정한 것으로 보았다.

인류의 오랜 갈망, 모든 것을 망라하는 비전과 사상

노이라트는, 당분간은 여러 과학이 새로운 관찰 성과 및 다양한 성격과 연원을 갖는 새로운 논리적 구성을 결합하는 과정에서 과학들의 '모자이크'가 이루어질 것이라고 생각했다. 그러면서도 토마스 아퀴나스의 《신학대전》으로 거슬러 올라가는, "모든 것을 망라하는 비전과 사상은 인류의 오랜 갈망이었다"라고 강조했다. 19세기에는 오귀스트 콩트, 허버트 스펜서, 존 스튜어트 밀이 물리학·생물학·사회과학의 연계에 대해 이와 흡사한 생각을 했다. 그러나 근래에는 과학이 하나둘씩 '철학이라는 모태'로부터 떨어져 나왔고 이는 유감스러운 일이라고 노이라트는 지적했다. 그 이유를 들어보자. "과학이 모자이크식 패턴을 보이는 것은 경험적인 연구들이 비교적 제각각 고립되어 있던 시기에서보다 상호 연관성이 훨씬 커지고 있음을 입증한다. 모든 과학 분야에 대한 과학적 분석은, 동일한 한 과학의 진술들과 다른 과학의 진술들 사이에 논리적 상호 연관성이 증대되고 있다는 것이 이제 역사적 사실임을 깨닫게 해주었다. …… 그런 모든 논리적 연관관계의 발전과 과학의 통합이야말로 과학의 새 목표다."[5]

이어 노이라트는 통일과학 운동이 빈 서클에만 국한된 운동이 아니라면서 베를린과 스칸디나비아에서 유사한 목표를 세우고 활동하는 그룹들과 이탈리아에서 발행되는 《지식Scientia》(20세기 초에 모든 과학 분야에 관한 논문을 다언어로 게재한 국제적으로 권위 있는 잡지―옮긴이) 및 프랑스의 국제종합센터Centre international de synthèse까지 언급했다. 그는 이제 과학자들은 과학과 과학을 잇는 '체계적인 다리들'(노이라트의 표현)을 건설하고, '서로 다른 과학 분야에서 사용되는 개념들을 분석하며, 분류나 질서 등과 관련된 모든 문제를 고려하는' 데에 관심을 쏟고 있다고 말했다. 그의 설명에 따르면 "과학의 공리화公理化가 기본 술어들을 좀 더 전교하고 치밀하게 사용하면서 서로 다른 과학들을 조화시키는 기회를 줄 것으로 보인다." 그러면서도 노이라트는 "최종적인 공리화가 어떻게 될지 미리 알 수는 없다"라고 인정했다.

하지만 노이라트는 '물리주의物理主義, physicalism의 논리'는 '모든 술어를 우리가 잘 아는 일상 언어의 술어로 환원시키는 것이 가능'하다는 점을 강조한다고 주장했다. 그는 과학이 '통합하는 접착제'를 제공한다고 생각하면서도 언젠가 '초超과학super-science'이 등장할 것이라는 발상은 거부하고, '앞으로 가능한 과학적 조화의 최대치가 얼마나 될는지' 몹시 궁금하다고 공개적으로 밝혔다. 실제로 그는 "과학 작업의 통합에서 우리가 도달할 수 있는 최대치는 과학자들이 상호 협력을 통해 구성하는 백과사전인 것 같다"라고 하면서 "백과사전주의Encyclopedism는 특별한 태도로 간주될 수 있다"라고 말했다.[6] 그는 백과사전이 과학들을 분류하는 새로운 방법, 즉 '모든 개별 과학을 체계적으로 조합할 수 있는 새로운 방법'을 제시하리라 기대했다. 그리고 그중 한 아이디어가 그림으로 된 백과사전이라고 할 만한 것, 즉 다양한 분야에 걸친 사실과 관찰과 이론 간의 관계를 보여주는 '이소타이프 시소러스Isotype Thesaurus'였다.

닐스 보어는 아주 짧은 기고문에서 인간의 지식이 추구하는 목표는 통일이며, "우리는 과학의 역사를 통해, 지식의 확장으로 말미암아 과거에는 서로 무관했던 현상의 무리들 사이에 연관관계가 있음을 인식하게 된다는 것을 여러 차례 배우게 된다"라고 지적했다. 또 "현상들의 조화로운 종합이 가능하려면 우리의 가장 기본적인 개념들을 모호하지 않게 적용하기 위한 전제 조건들을 새롭게 개정할 필요가 있다"라고 말했다.[7] 이와 관련해 존 듀이는 "어떤 종류의 통일이 가능하거나 바람직한가?"라는 질문을 제기했다. 듀이는 인간의 경험을 통일하려는 **노력**만으로도 그 자체로 도덕적으로 바람직하며, "공통의 중심으로 수렴하는 작업을 가장 효과적으로 달성하려면 협력을 위한 진정한 노력에 수반되는 상호 교류가 반드시 필요하다"라고 말했다. 그는 자신이 보기에 급선무는 '물리-화학 분야의 과학들과 심리적·사회적 분야들을…… 생물학을 매개로 해서 상호 연계하는 것'이라고 지적했다.[8]

버트런드 러셀은 두 가지를 주장했다. 하나는 수학적 논리학이 마침내 좀 더 넓은 차원에서 다양한 과학들을 이해하는 데 한층 더 중요한 역할을 하기 시작했다는 것이다. 이는 메리 서머빌의 주장을 뒷받침하는 발언이다. 또 하나는, **방법**의 통일이야말로 과학이 사회에 전하는 매우 귀중한 교훈 가운데 하나이며, 전체로서의 사회 속에서 상호성을 한층 확장시키는 조치라는 것이다.

끝으로, 루돌프 카르나프는 환원주의에 대해 상당히 정통적인 해석을 다음과 같이 제시했다. "생물학은 물리학을 전제로 하지만 그 역은 아니다."[9] 물리학과 논리·수학의 술어는 근본적인 세계를 기술하는 것이고, "(그의 표현대로 폭넓은 의미에서) 나머지는 생물학이다." 카르나프는 환원주의를 명쾌하게 설명하려고 애썼다. "우리는 '세계는 하나인가?' '모든 사태는 근본적으로 단일한 종류인가?' '이른바 정신적 과정이란 실제로는 물리적 과정인가, 아닌가?' '이른바 물리적 과정이란 정신적인 것인가, 아닌가?'와 같은 질문은 하지 않는다. 그런 철학적 질문들에서 어떤 이론적인 내용을 찾을 수 있을지 의심스럽다. …… 과학에 통일성이 있느냐는 질문을 한다면, 우리는 그 질문을 논리의 문제로, 가지처럼 뻗어나간 다양한 과학 분과들에서 사용하는 술어와 법칙 간의 논리적 관계의 문제로 본다."[10] 카르나프는 사회과학을 구체적으로 들여다볼 필요는 없다고 생각했다. "왜냐하면 그런 분야의 술어는 다른 분야의 술어로 모두 환원될 수 있음을 쉽게 알 수 있기 때문이다."[11]

다양한 과학의 법칙들을 검토하면서 카르나프는, 그 당시로서는, 생물학 법칙을 물리학 법칙으로부터 도출해내는 일이 가능하다고 생각지 않는다고 말했다. 그는 또 일부 철학자들은 "그런 도출은 영원히 불가능하다고 믿고 있다"라고 인정했다. 그러나 그는 "한편 더욱더 많은 생물학 법칙을 물리학 법칙으로부터 도출해내려는 노력―유기체에서 일어나는 과정들을 물리학과 화학의 도움을 더 많이 받아 설명하고 정식화하는 것―은 지금까지 그래왔던 것처럼 생물학 연구에서 대단히 생산적인 경향이 될 것이다'라고 지적했다. 그러면서도 그는 심리학과 사회과학의 법칙들은 생물학이나 물리학의 법칙들로부터 도출할 수 없지만, 그런 도출이 '원리적으로 영원히 불가능해야 할' 과학적 이유는 없다고 생각했다. 따라서 그가 내린 결론은, 당시로서는 **법칙들의 통일이 존재하지 않지만** 모든 과학에 타당한 법칙들의 균일한 체계를 구성하는 것이 미래의 목표이며 이는 "도달하기가 불가능한 작업이라고 단언할 수 없다"는 것이었다.[12]

이런 문제를 주제로 삼은 저서 《통일과학The Unity of Science》(1934년 출간)에서, 카르나프는 자신의 주장을 한 걸음 더 밀고 나갔다. 이 책의 핵심 주장은 '과학의 모든 진술은 물리적 언어로 번역될 수 있다'는 식의 주장으로, 완전히 환원주의적이었다.[13] 그는, 어쨌거나 일단은, 과학이 통일체는 아니지만 형식과학(논리학과 수학)과 경험과학으로 분리할 수 있다고 생각했다. 그는 과학들에 관한 의견에는 차이가 있고 과학들은 근본적으로 주제에 따라 서로 구별되지만, 다른 한편으로 모든 경험적 진술은 "단일 언어로 표현될 수 있고, 모든 사태는 단일한 종류이며 동일한 방법으로 인식된다"라고 주장했다. 그는 또 철학과 과학들 간에 간극은 없다고 말했다. 왜냐하면 "언어 분석이 결국 '철학'이라는 것은 등급에서 경험과학들과 동등하거나, 그보다 우월한 별도의 진술 체계일 수 없음을 입증해냈기 때문이다." '관찰'은 지식을 산출하는 데 도움이 될 목적으로 고안해낸 하나의 방법일 뿐이라는 것이었다.[14]

이어 카르나프는 모든 질적인 진술은, 그것들이 어떤 의미가 있다면, 특별히 단순한 형태의 물리적 진술들로 번역될 수 있으며, 감각의 영역에서 실험적으로 확인될 수 있다고 주장했다. 이런 입장을 그는 **물리주의** physicalising라고 칭했다. 그는 물리학자들은 '개별 연구자들이 획득할 수 있는 어느 정도의 정확성'에 관한 합의에 도달할 수 있으며 "그런 합의가 현실적으로 이루어지지 않고 있다면 그것은 기술적 어려움(불완전한 실험 도구, 시간의 부족 등등) 탓이다. **물리적 결정(판단)은 상호–주관적으로**inter-subjectively **타당하다**"라고 믿고 있다고 말한다.[15]

이 정도만 해도 대단히 강한 주장인데, 곧이어 그는 이렇게 단언한다. "과학(예컨대 생물학, 심리학 또는 사회과학)에서 사용하는 저마다 다른 언어들이 물리적 언어로 환원될 수 있다는 사실이 입증될 것이다. **물리적 언어** (그리고 그 하위–언어들) **이외에 지금까지 알려진 상호–주관적 언어는 없다**." 카르나프는 화학, 지질학, 천문학이 이런 주장에 아무런 위협이 되지 않는다고 생각했다. 그의 시각에서는 생기론을 둘러싼 논쟁이 일었던("지금도 여전히 치열한 논쟁이 계속되고 있다") 생물학의 경우, '모든 무기 현상'을 설명하는 자연법칙들이 "유기계의 영역에서도 충분한 설명이 될 수 있느냐" 하는 것은 저절로 해명될 문제였다. 그런데 "빈 서클은 지금과 같은 형태의 생물학 연구는 그런 문제에 답하기에 적합하지 않다는 의견이다" 그러면서도 카르나프는 미래에 '긍정적인' 답이 나오기를 기대한다고 말했다. 그는 생물학을 다양한 구성 요소—수정, 대사 작용, 난자, 세포분열, 생장, 재생 등등—로 분할하면 환원의 정당성이 한결 더 분명해지고, 생물학의 모든 진술이 물리적 언어로 번역될 수 있다고 보았다. 그는 심리학이 왜 더 많은 논쟁을 불러일으키는지 알지만, 심리학이 다루는 내용을 물리 과학으로 번역하는 것은 '충분히 근거 있는 일'이며, 사회학—모든 역사·문화·경제적 현상을 포함해서—도 '사이비 개념들'('객관 정신' '역사의 의미' 등등)을 배제한다면 '곧 그렇게 될 것'이라고 생각한다고 말했다.[16]

책 끝부분에서, 카르나프는 우리는 최대한 과학의 발견과 실제에 가까운 일상생활의 언어를 사용하려고 노력해야 한다고 주장했다. 그런 언어는 적확해야 하며, 경험적으로 입증될 수 있는 것에 국한되어야 한다. "그런 새로운 언어로 하는 모든 진술은 물리적 언어의 진술과 동일한 의미를 갖는다고 해석될 수 있다. 즉, 새로운 언어로 이루어지는 모든 진술은 물리적 사실들을, 시공간에서 일어나는 사태들을 언급해야 한다." 그리고 끝으로, 카르나프는 이렇게 선언했다. "물리적 언어는 이처럼 '과학'의 기본 언어이므로 **과학 전체는 물리학이 된다**."[17]

독재자 원리

《국제 통일과학 백과사전》은 출범한 이후에 발행한 여러 간행물에서 과학, 즉 수학, 물리학, 생물학, 심리학이 지닌 다양한 측면의 토대를 공격했다. 1938년부터 1969년까지 모두 단일 주제를 다룬 서적 19편이 출간됐고, 그중 가장 유명한 것은 아마도 토머스 쿤의 《과학혁명의 구조The Structure of Scientific Revolutions》일 것이다. 그러나 전반적으로 볼 때 이들 단행본이 《국제 통일과학 백과사전》 1권의 의도에 충실하게 근본적인 방식으로 통일과학을 촉진했다고 말할 수는 없다. 다만 독일 철학자 카를 헴펠의 《경험과학에서 개념 형성의 기초Fundamentals of Concept Formation in Empirical Science》가 그 의도에 가장 근접했다고 하겠다. 이처럼 의도가 관철되지 못한 데에는 잡지 형태의 《국제 통일과학 백과사전》은 1969년까지 지속적으로 출간됐지만 통일과학 국제학술대회가 일본의 진주만 공격 얼마 전인 1941년 시카고에서 열린 6차 대회를 끝으로 더는 개최되지 못한 것도 한 가지 요인이었다.

　그러나 통일과학 운동이 성공한 측면이 있다면, 바로 수학과 다른 과학들 간의 잠재적 연계성을 강조한 부분이다. 그 무렵에는 그런 연관성을 탐구하려는 두 가지 다른 시도, 말하자면 좀 더 구체적인 시도가 있었다. 한 가지 시도는 실패했지만 흥미로운 측면이 있었다. 또 다른 시도는 대단히 성공적이었으며 장기적으로 커다란 영향력을 발휘했다. 이 두 가지 시도는 메리 서머빌의 추론 방식을 서머빌 자신조차 도저히 상상할 수 없었을 방식으로까지 밀고 나갔다. 서머빌이 살아 있었다면 물론 그런 시도에 적극 찬성했을 것이다. 앞서 보았듯이 1920년대 말과 1930년대 초는 물리학 분야에서 놀라운 발견이 대거 이루어진 시기다. 양자역학이 발전했고, 중성자가 발견되었고, 우주선에서 새로운 입자들이 튀어나왔다. 당시는 또 생물학 분야에서 새로운 아이디어들이 등장하기 시작하던 때였고, 그 아이디어들은 서로 완전히 무관한 것들이 아니었다.

　생기론 논쟁은 시간이 한참 흐르고 19세기에 와서야 종언을 고했으나 결국 좀 더 기계론적인 생명관으로 대체되었다. 그러나 완전히 그렇게 되지는 않았다. 많은 생물학자들이 20세기가 시작되고 한참 지난 뒤까지도 생물학은 화학과 물리학으로 환원될 수 없으며 독자적 법칙이 필요하다는 생각을 버리지 않았기 때문이다.[18] 그런 상황에서 '유기체론자 organicist'라고 불리는 신종 생물학자들이 등장했다. 이들은 생기론자도 아니고 기계론자도 아니었다. 이들은 생명에 대해 우리가 아직 포착하지 못한 무언가가 있다고 주장하는 한편, 그것은 마침내 '아직 발견되지 않은' 물리학과 화학의 법칙들로 설명될 거라고 생각했다. 가장 유명한 유기체론자는 생물학적 성장 전문가인 오스트리아 생물학자 루트비히 폰 베르탈란퍼일 것이다. 그는 생명이 무엇인지를 온전히 파악하려면 새로운 생물학적 원리들이 필요하다고 주장했다. 그는 예컨대 고전적인 열역학 법칙이 '열린 시스템들', 즉 기계적 시스템이나 전기역학적 시스템과 상반되는, 살아 있는 유기체에는 적용되지 않는다고 생각했다. 또 좀 더 학제적인 접근법만이 생명의 이해에 가까이 다가서는 길이라고 봤다.

베르탈란피의 영향을 받은 사람들 중에는 하노버 출신의 독일 양자물리학자 파스쿠알 요르단이 유명하다. 요르단은 괴팅겐 대학교에서 막스 보른 밑에서 공부했는데, 지금은 고전이 된 논문 〈양자역학에 관하여On quantum mechanics〉를 1925년에 보른과 함께 발표했다. 1년 뒤에는 두 번째 논문이 요르단, 보른, 하이젠베르크 명의로 출판됐다. 이 논문은 하이젠베르크의 독창적인 발견을 토대로 원자 세계의 양태를 수학적으로 설명하는 내용이다.[19]

파스쿠알 요르단은 1927년에 코펜하겐으로 건너가 보어와 공동으로 연구를 했는데, 1929년경에 두 사람은 양자역학이 생물학 분야에 적용될 수 있을지를 놓고 논의를 시작했다. 이후 요르단은 독일로 돌아와 로스토크 대학교에서 교수로 재직하는 2년 동안에도 보어와 편지 왕래를 계속하면서 양자역학과 생물학의 컨버전스가 어떻게 하면 가능할지를 지속적으로 탐구했다. 요르단과 보어의 아이디어는 '양자생물학quantum biology에 관해 쓴 최초의 과학 논문일 것'이라고 한 물리학자 짐 알칼릴리와 생물학자 존조 맥패든의 글에서 정점을 찍었다. 1932년에 출간된 그 논문의 제목은 〈양자역학 그리고 생물학과 심리학의 근본 문제들Quantum Mechanics and the fundamental problems of biology and psychology〉이다.

그러나 그 시점에서 이미 요르단은, 많은 독일 과학자들이 그랬듯이, 나치 이데올로기에 물들어 정치화돼 있었던 것으로 보인다. 그러면서 그의 과학적 이론화 작업은 점차 사변적인 방향으로 흘렀고, 심지어 독재적 지도자 개념이 생명의 중심 원리라는 주장까지 서슴지 않았다. (예컨대 박테리아의 경우 '유기체 전체에 독재적 권위를 행사하는 권한을 부여받은 얼마간의 특수한 분자들'이 살아 있는 세포의 '조종을 맡은 중심'이라고 주장했다.) "세포의 조종을 맡은 중심에서 광양자를 흡수하면 전체 유기체는 사망과 해체로 나아간다. 이는 지도자급 정치인의 암살에 성공하면 국가 전체가 심각한 붕괴 상태에 이를 수 있는 현상과 비슷하다."

알칼릴리와 맥패든이 말한 것처럼, 나치 이데올로기와 생물학의 혼합은 기가 막히면서도 섬뜩하고 당혹스럽다. 실제로 거기에는 한참 뒤에 가서 갑자기 모습을 드러내는 아이디어의 싹이 들어 있었다. 그러나 당시에는 독일이 2차 대전에서 패했기에 요르단은 나치와 연루된 일로 동료들 사이에서 인격과 이론 모두 완전히 폄하됐고, 그의 아이디어들은 '유야무야되고 말았다.'[20]

수학으로 설명한 자생적 질서

빈 서클이 '통일과학' 운동을 시작하고 나치가 과학의 방향을 자신들의 목적에 맞는 쪽으로 돌리기 위해 애쓰는 동안, 멀리 영국 파이프에서 한 스코틀랜드 학자는 수십 년이 지나는 과정에서 서로 다른 과학의 통합에 심대한 영향을 미칠 저서의 개정판을 준비하고 있었다. 다르시 톰프슨(1860~1948)은 세인트루이스 대학교 교수로 대단히 흥미로운 인물이었다. 멀리 베링 해까지 가서 동식물을 채집하는가 하면, 테니스화를 신고 어깨에는 앵무새를 올려놓은 채 자갈이 깔린 시내의 길을 걷곤 했다. (자갈은 개신교 순교자들이 기둥에 묶여 화형을 당한 장소를 표시하는 상징물이었다.) 톰

프슨이 대표작《성장과 형태에 관하여On Growth and Form》를 출간한 해
는 1917년이다. 이 책은 총 793페이지로 대단한 분량이었지만, 1942년에
나온, 최종 결정판이자 2판(개정판)은 무려 1116페이지였다. (당시는 전시여
서 종이도 배급제였던 터라 대다수 책이 길이가 짧았다.)

생물학자인 동시에 고전학자인 톰프슨의 책은 고전의 내용에 빗댄 표
현들이 수두룩하다(이 책은 특히 문화인류학자 클로드 레비스트로스, 화가 살
바도르 달리, 조각가 헨리 무어, 화가 잭슨 폴록에게 영향을 미쳤다고 한다). 그러
나 책의 핵심은 톰프슨이 자기 시대의 생물학자들이 다윈의 진화론에 경
도된 나머지 물리학과 역학(따라서 수학)이 살아 있는 유기체가 취하는 형
태를 결정하는 데 어떤 역할을 하는지에는 별로 관심이 없다고 생각한다
는 것이었다. 그는 자신의 주장을 수백 개 사례를 들어가며 상세히 설명했
고, 그렇게 함으로써 많은 사람들—생물학자와 기타 과학자들은 물론 일
반 독자들까지—이 완전히 독창적이라고 여기는 아이디어들을 토해냈다.

간단히 말해 그의 책은, 해파리가 취하는 형태가 물에 잉크가 똑똑 떨
어지면서 번지는 작은 방울들이 **자생적으로** 취하는 형태와 유사하다는
점을 보여주었다. 톰프슨은 식물의 나선 구조가 피보나치수열을 따른다
는 점을 입증했다. 연원이 오래된 이 수열은 어떤 정수가 계속될 때 앞 두
수의 합이 바로 뒤의 수가 되는 경우를 말한다. 예를 들면 0, 1, 1, 2, 3, 5, 8,
13, 21, 34…… 이런 식이다. 그는 체내 혈관이 가지치기를 하듯이 뻗어나
간 형태가 혈액을 전신으로 밀어 보내는 데 필요한 에너지의 양을 최소화
하기 위한 디자인임을 밝히면서, 액체의 압력, 혈관 벽의 장력, 만곡 부위
의 반경을 종합한 수학 방정식을 내놓았다. 그는 곤충이 광원光源으로 다
가간다고 할 때 그 행로는 수학적임을 입증했다. "겹눈 때문에 곤충들은
전방을 직시하지 못하고 광원을 일정한 각도로 옆으로 보면서 그쪽으로

나아간다. 곤충들은 지속적으로 행로를 이 일정한 각도에 맞추기 때문에 나선형 행로로 목표 지점에 마침내 도달한다."[21] 톰프슨은 동물의 크기와 속도, 크기와 도약 능력, 크기와 시력이 서로 연관되어 있음을 보여주었다. 특히 다수의 특이한 세밀화를 통해, 예를 들면, 심해 조기류에 속하지만 종은 다른 두 물고기 아르기로펠레쿠스 올페르시Argyropelecus olfersi와 스테르놉틱스 디아파나Sternoptyx diaphana가, 후자의 비스듬한 몸체에 70도 각도로 휘어진 도끼날 같은 돌기들이 달려 있는 점을 제외하고는, '정확히 동일한 외형'을 가지고 있음을 밝혀냈다. 그러면서 이런 변형은 "화석이 암석 속에서 받는 압력의 결과로 발생하는 가장 단순하고도 일반적인 변형과 대단히 유사하다"라고 지적했다.[22] 이에 못지않게 흥미로운 대목은 침팬지, 비비, 인간의 두개골 역시 수학적으로 서로 관계가 있으며 그 구조를 계산으로 밝혀낼 수 있다고 주장한 부분이다.

톰프슨은 과학의 통일성보다 수학의 아름다움에 관심이 많았으며, 자신이 수학적 연구에 공을 많이 들이면 충분히 보답이 따를 새로운 분야를 개척했다고 생각했다. 한 동료 과학자의 말을 인용하며 그는 다음과 같이 결론내린다. "공간과 접하고 시간과 함께 존재하는 것이 수학이라는 왕국이다. 이 영역 안에서 수학의 지배권은 절대적이다. 수학의 질서에 따르는 방식이 아니고는 아무것도 존재할 수 없고, 수학의 법칙에 위배되면 아무일도 일어나지 않는다."[23] 요컨대 톰프슨은 생물학적 형태와 역학, 물리학, 수학의 근본적 연계성을 밝혀냈다. 그럼으로써 그는 (어느 정도) 물리학과 수학은 통일과학의 근간이 되는 보편 언어를 제공한다는 카르나프의 주장과 궤를 같이하는 생각을 한 셈이다. 오랜 세월 톰프슨은 이단아로 간주됐다. 하지만 세월이 흐르면서 그런 평가는 결국 달라진다.

8장

허블, 히틀러, 히로시마: 아인슈타인이 옳았다

아인슈타인이 처음 상대성 이론을 내놓았을 때 대부분의 과학자들은 당연히 우주를 정태적인 것으로 여기고 있었다. 그런데 상대성 이론이 천문학자들에게 놀라움을 안겨주었다. 아인슈타인의 방정식들은 우주가 팽창하고 있거나 수축하고 있거나, 둘 중 하나일 수밖에 없다고 예측했다. 너무도 기이한 얘기였다. 심지어 아인슈타인도 그렇게 느꼈다. 그래서 자신의 이론적 우주를 가만히 있도록 하는 쪽으로 계산 과정을 슬쩍 손봤다.

상트페테르부르크 출신의 젊은 러시아 과학자(열기구 조종사로 아르바이트를 하기도 했다) 알렉산드르 프리드만은 1차 대전 종전 이후에야(전쟁 당시에는 폭격기 조종사였다) 상대성 이론을 알게 되었다. 하지만 아인슈타인으로 하여금 처음으로 생각을 다시 하게 만든 인물이 바로 그였다. 프리드만은 상대성 이론을 독학으로 깨쳤고, 그 과정에서 아인슈타인이 실수를 했으며, 우주는 수축하고 있든지 팽창하고 있든지 둘 중 하나일 수밖에 없음을 간파했다. 그는 이를 매우 흥미로운 아이디어로 여기고 아인슈타인의 성과를 토대로 개선해보려는 마음에 자신의 확신을 뒷받침해 줄 수학적 모델을 개발해 아인슈타인에게 보냈다. 그러나 1920년대 초, 이미 유명해질 대로 유명해진 거인 아인슈타인에게는 그러지 않아도 수많은 편지가 쇄도하고 있었고, 프리드만의 아이디어는 그 속에 묻히고 말았다.

아인슈타인이 마침내 이 러시아 과학자의 아이디어를 진지하게 고려하기에 이른 것은 두 사람 모두를 아는 한 학자가 아인슈타인에게 프리드만을 소개하면서였다. 그 결과 아인슈타인은 자신이 제기했던 '우주 상수宇宙常數, cosmological constant'와 그것이 지닌 함의를 다시 생각하기 시작했다. 그러나 프리드만의 아이디어를 발전시킨 사람은 아인슈타인이 아니었다. 벨기에 우주론자 조르주 르메트르와 일단의 학자들이 프리드만의 아이디어를 더 발전시킨 결과, 1920년대가 가면서 균질적이고 **팽창하는** 우주에 관한 완성된 형태의 기하학적 서술이 구체화됐다.[1] 르메트르는 심지어 우주는 아주 먼 과거의 특정 시점에 '최초 원자primal atom' 또는 '우주의 알cosmic egg'에서 시작됐다는 견해까지 제시했는데, 이런 주장은 후일 빅뱅 이론Big Bang theory이라고 일컬어지게 된다.

이론은 그럴듯했다. 그러나 행성과 항성과 은하는 작은 실체가 아니다. 과연 우주가 진짜 팽창하고 있다면 그것을 관찰할 수 있을까? 그 한 방법이 당시 '나선 성운spiral nebulae'이라고 불리던 외부 은하의 존재를 관찰하는 것이었다. 현재 우리는 성운이 멀리 떨어져 있는 은하라는 사실을 알고 있지만 당시의 망원경으로는 그저 하늘에 떠 있는 흐릿한 얼룩 같은 것으로 보였다. 얼마 후 나선 성운에서 방출되는 빛이 스펙트럼의 적색 끝 지점을 향해 이동한다는 사실이 발견됐다. 이러한 적색이동red shift 현상의 의미를 밝혀내는 한 가지 방법은, 1842년에 크리스티안 도플러(오스트리아 물리학자)가 처음 발견한 현상인 '도플러 효과Doppler effect'와 비교하는 것이다. 기차나 오토바이가 우리 쪽으로 다가오면 소리가 높아진다. 그러다가 우리를 지나쳐 멀어지면 소리는 다시 낮아진다. 설명은 간단하다. 기차나 오토바이가 다가오면 음파가 관찰자에게 점점 가까워지고, 그 간격이 점점 짧아진다. 기차나 오토바이가 지나가면 음원이 계속 더 멀어지면서 음파 사이의 간격이 점점 더 길어지는 것이다. 거의 같은 현상이 빛에도 적용된다. 광원이 접근해 오면 빛이 스펙트럼의 파란색 끝자리로 이동하는 반면, 광원이 멀어지면 붉은색 끝자리로 이동한다.

　최초의 중요한 실험이 1922년 애리조나 주 플래그스태프에 있는 로웰 천문대에서 베스토 슬라이퍼에 의해 진행됐다. (로웰 천문대는 원래 1893년 화성에 존재하는 '운하'를 관측할 목적으로 건설됐다.) 이 실험에서 슬라이퍼는 은하 나선팔들(관찰자 입장에서 보면 바깥쪽으로 감겨 나간 부분)의 한쪽에서는 적색이동을, 그리고 반대쪽(지구를 향해 감겨 들어오는 부분)에서는 청색이동을 찾아내게 되리라 예상했다. 그런데 관측 결과는 은하 마흔 개 가운데 네 개를 제외하고는 모두 적색이동만을 보였다.[2] 왜 그럴까? 그런 혼란은 슬라이퍼가 은하들이 정확히 얼마나 멀리 떨어져 있는지 확실히 알 수 없었기 때문에 생긴 것으로 보인다. 그 결과 적색이동과 거리의 상관관계 계산에도 문제가 생겼다. 그렇지만 계산 결과가 시사하는 바는 컸다.

　3년 후에야 사태가 최종적으로 정리되었다. 1929년에 에드윈 허블이 로스앤젤레스 인근 마운트 윌슨에서 당시로서는 세계 최대인 직경 100인치(2.54미터) 반사망원경을 사용해 여러 성운의 나선팔에 위치한 낱낱의 별들을 확인함으로써 많은 천문학자들이 짐작했던 대로 '성운'이 실제로는 전체 은하들이라는 사실을 확인했다.

허블은 키가 188센티미터가 넘고 귀족적인 외모로 다소 소심하고 내성적인 성격이지만 운동선수로 유명했다(할아버지에게 보낸 편지에서는 "공부가 제 장기였어요"라고 쓴 적이 있다).[3] 시카고 대학교를 졸업한 허블은 로즈 장학금을 받아 옥스퍼드 대학교로 갔고, 영국식 스타일을 흉내 냈다. 짧은 망토를 걸치고 지팡이를 들고 영국식 파이프를 피우는 등등의 행태는 그의 빛나는 재능에도 불구하고 동료들을 짜증나게 했다.

여러 세페이드 변광성Cepheid variable의 위치를 확인한 이도 허블이었다. 세페이드 변광성變光星이란 밝기가 규칙적으로(주기는 1~50일) 변하는 별로, 18세기 말부터 그 존재가 알려졌다. 그러나 1908년에 가서야 하버드 대학교의 헨리에타 리빗(별들의 목록 작성 작업을 하는 '계산기'로 고용된 상태였다)이 변광성의 평균 밝기와 크기, 지구로부터 떨어진 거리 사이에 수학적 관계가 존재한다는 점을 입증했다.[4] 허블은 당시 관측 가능한 세페이드 변광성들을 이용해 열두 개의 성운이 얼마나 멀리 떨어져 있는지를 계산해냈다. 다음 단계는 성운들의 거리와 그에 상응하는 적색이동의 상관관계를 밝히는 작업이었다. 허블은 서로 다른 은하 스물네 개에 관한 정보를 모두 모았는데, 그의 관찰 결과와 계산은 다음과 같이 간단하면서도 센세이셔널했다. 멀리 떨어진 은하일수록 적색이동이 확연하다. 이 사실은 '허블 법칙Hubbles's law'으로 알려지는데, 그가 원래 관측한 은하는 스물네 개였지만 1929년 이후 수천 개의 은하에도 적용되는 법칙임이 입증되었다.[5]

이런 와중에 아인슈타인이 했던 예측 가운데 하나가 맞았음이 다시 한 번 밝혀졌다. 우주는 과연 팽창하고 있었던 것이다. 많은 사람들이 이런 이야기에 적응하는 데 상당한 시간이 걸렸다. 우주의 시작과 성질, 시간 자체의 의미에 관한 다양한 함의를 포괄하는 내용이었기 때문이다.

반목: 아리안 물리학과 유대 과학

비현실적인 것으로 느껴진 아인슈타인의 또 다른 거창한 아이디어 $E=mc^2$ 이 제대로 평가받는 데에는 시간이 더 많이 걸렸다. 히틀러의 제3제국(독일)이라는 정치의 진흙탕에 휘말린 점도 그렇게 된 이유 중 하나였다.

과학자들을 해고하는 사태는 1933년 봄에 히틀러가 총리가 되고 난 뒤에 거의 곧바로 시작되었다. 대개 우리는 과학—특히 물리학, 화학, 수학, 지질학 같은 '엄밀'과학—은 정치 체제의 영향을 받지 않는다고 생각한다. 아닌 게 아니라 일반적으로 자연을 구성하는 기본 단위에 관한 탐구는 지적인 작업 중에서는 정치색으로부터 가장 자유롭다고들 한다. 그러나 나치 독일에서 당연한 것은 아무것도 없었다.

처음에 일부 유대계 학자들은 해고에서 면제되었다. 단, 1차 대전 이전에 고용된 경우, 혹은 참전했거나 아버지나 아들이 참전한 경우에 한했다. 그러나 그런 식으로 면제를 받으려면 신청을 해야 했다. 제임스 프랑크는 1차 대전에 참전했지만(화학자 프리츠 하버와 함께 독가스 연구를 했고, 하버와 마찬가지로 유대계였다) 그런 식의 면제 신청은 정권과 결탁하는 행위나 마찬가지라고 생각했다. 그래서 괴팅겐 대학교 제2물리학연구소 소장직을 사임했고, 그 때문에 '반독 감정을 선동한다는 이유로' 극심하게 비판을 받았다.[6]

이와는 대조적으로 하이델베르크 대학교에서는 물리학연구소가 '아리안 물리학Aryan physics'을 열렬히 주창한 물리학자 필리프 레나르트의 이름을 따라 개명되었다. 레나르트를 비롯한 학자들이 아리안 물리학이라고 부른 것은 '독일식 자연과학'이 '유대 과학Jewish science'과 다름을 시사했다. 독일식 자연과학은 "관찰과 실험으로 구성되며, 과다한 이론화 작업이나 추상적인 수학적 구성에 의존하지 않는다"는 것이다. 한마디로 상대성 이론과는 다르다는 얘기였다.

유대계인 아인슈타인을 향한 박해는 일찍부터 시작되었다. 그가 공격을 받은 주된 이유는 아서 에딩턴이 1919년 11월에 일반 상대성 이론의 예측을 실험으로 입증했다고 선언한 이후 국제적인 유명인사가 되었기 때문이다. 나치 학생들은 이미 1919년에 그의 베를린 강연을 방해해 중단시켰다. 1921년 노벨 물리학상 수상은 그의 명성을 더욱 높여주었지만 독일 일각의 증오심은 더욱 커졌다. 그가 유대 민족의 국가를 건설하자는 취지의 시오니즘 운동을 지원한 것도 증오를 증폭시켰다. 아인슈타인이 외국에 나갈 때마다 현지 대사관이나 영사관에서는 베를린으로 비밀 정보 보고를 올렸다.[7]

그로부터 10년 후 나치가 집권하고 오래지 않아 실질적인 박해가 시작되었다. 1933년 1월에 아인슈타인은 베를린을 떠나 미국을 방문하고 있었다. 그는 여러 개인적인 문제가 예상되지만 나치가 집권하고 있는 한 베를린 대학교와 카이저 빌헬름 협회에서 맡고 있던 자리로 돌아가지 않겠다고 분명히 선언했다.* 나치는 그의 은행 계좌를 동결하면서 응수했다. 또 공산당원들이 무기를 숨겨놓았다며 그의 집을 수색하고, 아인슈타인이 쓴 상대성 이론 대중서를 공개적으로 불태웠다. 그해 봄에 독일 정부는 '국가의 적' 명단을 공표했는데, 아인슈타인의 사진이 명단 맨 위에 올랐다. 사진 밑에 적힌 설명에는 '교수형 집행 예정'이라고 쓰여 있었다. 아인

---

* '과학 진흥을 위한 카이저 빌헬름 협회(Kaiser Wilhelm Society for the Advancement of Science)'는 독일에 있는 대학 이외의 연구소에 자금을 지원했다. 덕분에 지도적인 학자들은 수업을 해야 하는 부담 없이 자유롭게 연구할 수 있었다. 이 협회는 2차 대전 이후 막스 플랑크 협회(Max Planck Society)로 명칭이 바뀌었다.

슈타인은 결국 신설 프린스턴 고등연구소에 자리를 얻었다. 이 소식이 알려지자 독일의 한 신문은 **"아인슈타인 발 굿 뉴스 — 귀국 안 한다"**라는 헤드라인을 뽑았다. 1933년 3월 28일, 아인슈타인은 프로이센 과학 아카데미 회원직을 사임함으로써 나치가 어떤 식으로든 자신을 파면하는 사태는 예방했지만, 예전 동료들 중 누구도(막스 플랑크조차도) 자신의 처우에 항의하려는 시도조차 하지 않았다는 사실에 깊이 상심했다.[8]

유대계 과학자에게 가해진 박해와 그들의 망명

그러나 1930년대가 저물면서 물리학은, 특히 $E=mc^2$의 함의는, 거의 종말론적 의미를 갖기 시작했다. 1933년 히틀러가 집권했을 때, 미국으로 나간 독일 물리학자가 아인슈타인만은 아니었다. 오토 한은 코넬 대학교에서 강의하고 있었다. 그래서 베를린에서는 리제 마이트너가 카이저 빌헬름 화학연구소 책임자를 맡았다. 그녀는 유대계지만 국적은 오스트리아여서 당장은 인종법의 영향을 받지 않았다. 마이트너는 예전 동료들이 해고되거나 알아서 떠나는 상황을 지켜볼 수밖에 없었다. 어렸을 때 피아노를 함께 치곤 했던 조카 오토 프리슈도 함부르크 대학교 연구원 자리에서 해고됐고, 헝가리-유대계인 리오 실러드도 해직되어 '아내가 저축한 돈을 자기 양말 속에 숨긴 채' 영국으로 망명했다.

1936년 오토 한과 리제 마이트너를 플랑크, 하이젠베르크, 막스 폰 라우에가 노벨상 후보로 추천했다. 이는 유대계 동료를 보호하려는 시도임이 분명했다.* 그러나 사태는 이미 심상치 않게 돌아가고 있었다. 마이트너는 1933년에 이미 베를린 대학교 교수 자리에서 해고되었고 과학 모임에서 연설하는 것이 금지되었다. 오토 한과 공동으로 이룬 발견들은 한만의 영광으로 돌아갔다. 그래도 1938년까지는 적극적으로 연구 활동을 할 수 있었다. 그런데 1938년 3월에 독일이 오스트리아를 합병하면서 보호막이 단번에 제거되었다. 카이저 빌헬름 화학연구소 내의 나치 동조자들은 이제 온건한 말도 쓰지 않았다. 여러 해 동안 마이트너 옆에서 연구 활동을 한 광신적인 나치 화학자 쿠르트 헤스는 "유대인 여자가 우리 연구소를 위험에 빠뜨리고 있다"라고 공공연히 떠들어댔다.[9]

책임자인 오토 한은 그녀에게 연구소를 떠나라고 말할 수밖에 없었지만 그게 그렇게 쉬운 일은 아니었다. 마이트너는 당시 독일 최고의 핵 과학자였으며, 카이저 빌헬름 협회 회장 에른스트 텔쇼프도, 노벨 화학상 수상자이며 세계 최대의 화학 회사 이게파르벤 설립자인 카를 보슈도 그녀의 사임을 원치 않았다. 그런데 다른 동료들이 빤히 아는 위험을 마이트너는 정작 잘 모르고 있었다. 그녀는 스위스와 코펜하겐에 와서 강의를 해달라는 요청을 받았지만—이런 제안들은 그녀를 탈출시키기 위한 위장막이었다—독일에 남아서 버텼다.

결국 마이트너는 코펜하겐 행을 택했지만—코펜하겐에서는 조카 프리슈가 닐스 보어와 함께 연구하고 있었다—너무 늦었다. 덴마크 행 비자 발급이 거부된 것이다. 독일 정권은 유대계 인사들이 해외에 나가 제3제국에 대해 악선전 하는 것을 용납하지 않았다. 게다가 훗날 밝혀진 사실이지만, 마이트너의 경우는 친위대장 하인리히 힘러에게까지 보고가 올라갔다. 베를린에 있는 카이저 빌헬름 연구소장 피터 디바이는 코펜하겐의 보

---

* 독일 저널리스트 카를 폰 오시에츠키가 1936년 노벨 평화상을 수상한 이후 히틀러는 독일인의 노벨상 수상을 금지했다.

어와 네덜란드에 있는 동료들에게 편지를 보내, 여행 금지 조치가 발효되기 전에 진짜처럼 보일 만한 마이트너의 일자리를 알아봐달라고 부탁했다.

결국 레이던에 무급 자리가 마련되었다. 덴마크 정부의 배려였다. 그래도 문제가 해결되지는 않았다. 마이트너를 빼돌리려는 계획을 알고 있는 사람은 디바이, 오토 한, 라우에, 그리고 오스트리아 출신으로 슈프링거 출판사 과학 담당 고문이자 영국 스파이였던 파울 로스바우트, 이렇게 딱 네 사람뿐이었다. 1938년 7월 12일에 마이트너는 오후 8시까지 연구소에서 정상 근무를 했다. 이어 집으로 가서 작은 여행 가방 두 개를 꾸리고 한의 집으로 가서 그날 밤(누가 찾아올지 몰랐기 때문이다)과 그다음 날인 13일 낮까지 보냈다. 13일 해가 지자 한은 그녀를 해고하지 않을 수 없는 상황에 대한 미안함의 표시로 그녀에게 다이아몬드 반지를 주었다. 어디에 가든 팔아서 요긴하게 쓰라는 뜻이었다. 이어 로스바우트가 그녀를 차에 태워 기차역으로 갔다. 거기에는 오랜 친구인 덴마크 물리학자 디르크 코스터가 나와 있었다. 레이던에 마련된 일자리를 주선하는 데 중요한 역할을 한 사람이었다. 둘은 기차를 타고 국경으로 갔는데, 거기에서 5인조 나치 군 순찰대를 만났다. 순찰대는 마이트너의 오스트리아 여권을 가져가서 10분 동안 조사를 했다. 마이트너는 후일 그때의 10분이 마치 열 시간 같았다고 말했다. 여권이 만료된 상태였기 때문이다. 그러나 순찰대는 아무 말 없이 여권을 돌려줬다. 일촉즉발의 위기였다. 유대인 여자가 연구소를 위험에 빠뜨리고 있다고 생각한 광신자, 쿠르트 헤스는 그녀가 갑자기 사라졌다는 사실을 알아채고 당국에 주의를 당부하는 메모를 보냈다.[10] 그러나 헤스도 한 발 늦었다. 마이트너는 이미 독일을 탈출한 뒤였다.

예테보리 숲에서: 핵분열

지금까지 소개한 인물들은 모두 2차 대전 발발 직후까지 적극적으로 활동하면서 아인슈타인과 러더퍼드 이후로 물리학의 정점을 찍은 이들이다.

최초의 중요한 성과는 베를린에서 나왔다. 오토 한이 우라늄에 중성자를 쏘았더니 계속 바륨이 생성된다는 사실을 발견했다. 한은 마이트너에게 편지를 보내 그런 당혹스러운 결과를 설명했다. 당시 마이트너는 스웨덴으로 망명해 예테보리에서 지내고 있었다. 그런데 운이 좋았다고나 할까, 그해 크리스마스에 코펜하겐에서 보어와 같이 일하던 조카 오토 프리슈가 마이트너를 찾아왔다. 두 사람은 근처 숲속으로 스키를 타러 나갔고, 마이트너는 조카에게 한이 보낸 편지 이야기를 해줬다. 두 사람은 나무들 사이를 스쳐 지나가면서도 바륨 문제를 곰곰이 생각했다. 그때까지 물리학자들은 핵에 중성자를 쏘아도 핵은 매우 안정적이어서 기껏해야 홀수 입자만 떨어져 나간다고 생각했다. 그날 예테보리 숲속의 널브러진 나무에 웅크리고 앉은 마이트너와 프리슈는 핵이 중성자들에 의해 조금씩 떨어져 나가지 않고 어떤 환경에서는 둘로 쪼개지지 않을까 하는 생각에 이른다.[11]

두 사람은 추운 숲속에서 그렇게 세 시간을 보냈다. 그리고 결국 집에 도착하기 전에 계산을 끝냈다. 추측대로 우라늄 원자가 둘로 쪼개지면 바륨(양성자 56)과 크립톤(양성자 36)이 생성될 수 있다는 계산 결과가 나왔다. 56+36=92(우라늄의 양성자 수로 우라늄의 원자번호다). 이 소식이 전 세계로 퍼지면서 사람들은 핵이 쪼개지면 열의 형태로 에너지를 방출한다는 사실을 깨달았다. 그 에너지가 중성자들의 형태로 존재하고, 양만 충분하다면 연쇄반응이 일어나며, 그러면 원자탄이 가능해질 터였다. 그러나

문제는 우라늄 235가 얼마나 필요한가였다.[12]

그런데 아이러니하게도 당시는 아직 1939년 초였다. 히틀러의 협박이 거세지고 있었지만 세계는 형식적으로는 아직 평화 상태였다. 한과 마이트너, 프리슈의 연구 결과가 《네이처》지에 공표되자 영국, 프랑스, 이탈리아, 미국은 물론이고 나치 독일과 소련, 일본의 물리학자들도 그 논문을 읽었다. 이제 물리학자들이 직면한 문제는 어떻게 하면 핵 연쇄반응이 가능한가 하는 것이었다.[13]

중성자 발견 기회를 놓친(5장 참조) 프랑스의 졸리오퀴리 부부가 1939년 3월 18일에 《네이처》에 핵분열 과정에서 중성자 한 개를 충돌시킬 때마다 평균 2.42개의 중성자가 방출된다는 중요한 관찰 결과를 무리하게 발표했다. 이는 에너지가 충분한 양으로 방출되면 연쇄반응을 유지할 수 있다는 의미였다. 독일에서는 37세의 함부르크 대학교 화학 교수로 중성자 전문가인 파울 하르테크가 이 논문을 읽었다. 하르테크는 중성자가 발견되던 1932년 1년 동안을 케임브리지 대학교에서 보냈던 만큼, 논문의 함의를 바로 알아챘다. 그는 독일 육군 병기창의 무기 연구 부서에다 우라늄 핵분열로 대량 파괴 무기를 제조하는 것이 확실히 가능하다는 의견을 개진했다.[14]

당시 베르너 하이젠베르크는 이미 원자탄의 가능성을 거론하고 있었고, 베른하르트 루스트 장관이 이끄는 독일 과학교육문화부 소속 물리학자 아브라함 에자우는 '우라늄 클럽Uranium Club'을 창립하기 위한 모임을 소집해놓은 상태였다. 여기에는 우라늄 핵의 잠재력을 간파한 괴팅겐 대학교의 물리학자들이 적극 참여했다. 더 중요한 두 번째 모임은 2차 대전이 발발하는 1939년 9월에 베를린의 육군 병기창 청사에서 열렸다. 여기에는 하이젠베르크, 오토 한, 한스 가이거, 카를 프리드리히 폰 바이츠제

커, 파울 하르테크 모두가 참석했다. 이 그룹을 주도한 하이젠베르크는 원자로로 핵분열을 통제하면 에너지를 대량으로 방출할 수 있다는 내용의 보고서를 육군 병기창에 올렸다. 보고서에서 그는 원자로가 탱크와 잠수함의 동력이 되어줄 열을 공급하는 데 사용될 수 있다고 말했다. 또 다른 보고서는 우라늄을 충분히 농축해 우라늄 235로 만들면 모든 에너지를 단번에 방출하므로 분열성 물질(우라늄 235)은 '기존 폭탄보다 파괴력이 열 배 이상 강한' 폭발물이 될 것이라고 지적했다. 이에 따라 베를린에 있는 카이저 빌헬름 물리학연구소 직원들이 무기 연구에 동원되었다.[15]

이 정도면 일이 곧 성사될 것 같았지만 독일의 우라늄 팀은 아무리 해도 100명을 넘지 못했다. 미국이 로스앨러모스에서 진행한 원자탄 개발 계획인 '맨해튼 프로젝트'에 수만 명을 동원한 것과 대조적이다. 독일은 얼마 전 점령한 체코슬로바키아의 요아힘슈탈에 세계 최대 우라늄 매장량을 자랑하는 광산을 가지고 있었지만, 핵반응의 특성을 연구할 수 있는 입자가속기인 사이클로트론을 가지고 있지 않았다.

독일의 원자탄 개발, 또는 연구 진척도는 그동안 자주 논쟁의 대상이 되곤 했다. (특히 영국 작가 마이클 프레인의 희곡 《코펜하겐》의 핵심 주제였다). 독일 물리학자들 중에 누가 무엇을 언제 알았는지는 수많은 책에서 다룬 장기간의 전설 혹은 미스터리였다. 특히 1945년 소련군이 압수해서 가져간 일부 문서가 2002년 독일에 반환되면서 이에 대한 관심이 커졌다. 문제의 문서들은 독일이 과거의 문서들을 기준으로 할 때보다 훨씬 더 진도가 나가 있었음을 말해주며, 아인슈타인을 깎아내리려는 노력이 나치 독일 안에서도 고에너지(소립자) 물리학의 진로에는 영향을 미치지 않았음을 보여준다.[16]

$E=mc^2$: 이론을 넘어서다

그러나 원자탄이 이론의 영역을 넘어 선택 가능한 현실이 된 단 한 가지 계기를 꼽는다면, 그것은 1940년 어느 날 밤에 영국 버밍엄에서 이루어진 일이다. 당시에는 독일군의 전격적인 대공습으로 매일 밤 등화관제가 실시되어 불도 켤 수 없었다. 그런 만큼 오토 프리슈와 루돌프 파이얼스는 영국으로 망명한 일이 잘한 결정이었는지 때로 의문이 들었을 것이다.

앞서 말했듯이 프리슈는 리제 마이트너의 조카다. 마이트너는 1938년에 독일이 오스트리아를 합병하자 스웨덴으로 망명한 반면, 프리슈는 보어가 있는 코펜하겐에 남았다. 전쟁이 다가오자 프리슈는 점점 불안해졌다. 나치가 덴마크를 침공하면 아무리 쓸모 있는 과학자라도 강제수용소로 끌려갈 것이 뻔했기 때문이다. 프리슈는 탁월한 피아니스트이기도 해서 연주를 할 수 있다는 게 그나마 큰 위안이었다. 1939년 여름에 자력계磁力計—이것이 발전하여 레이다가 되었다—공동 발명자로 버밍엄 대학교 물리학 교수가 된 마크 올리펀트가 프리슈를 영국으로 초청했다. 겉으로는 물리학 토론을 하기 위해서였다. 프리슈는 주말에 잠시 다녀온다는 기분으로 가방 두 개를 꾸렸다. 그런데 영국에 도착하자 올리펀트는 프리슈에게 원하면 영국에 남을 수 있다고 분명히 밝혔다. 올리펀트는 아직 구체적인 계획은 없었지만 상황 판단만큼은 누구 못지않게 빨랐고, 신변 안전이 무엇보다 중요함을 직감했다. 프리슈가 버밍엄에 머무는 동안 전쟁이 터졌고, 그래서 그는 그대로 거기에 남았다. 애지중지하던 피아노를 비롯한 소지품은 모두 코펜하겐에 그대로 둔 채였다.[17]

파이얼스는 이미 버밍엄에 와서 지낸 지 꽤 된 상황이었다. 베를린 출신인 파이얼스는 아버지가 유대계로 전자·전기 제조업체인 아에게AEG의 중역이었다. 그는 키가 작고 안경을 쓰고 집중력이 강한 인상이었다. 실제로 어린 시절에도 '생각을 하기 위해' 친구들과 뛰어놀기를 포기할 정도로 집중력이 강했다. 파이얼스는 독일에서 2차 대전 이전(심지어 19세기) 스타일의 고전 교육을 받았고, 여러 대학에서 공부했다. 뮌헨 대학교에서는 아르놀트 조머펠트에게 배웠고, 라이프치히에서는 하이젠베르크에게, 취리히에서는 파울리에게 수학했다. 나중에는 록펠러 장학금을 받아 로마로 가서 엔리코 페르미에게 배웠고, 맨체스터에서는 한스 베테 밑에서 공부했다. 파이얼스가 맨체스터에 체류할 무렵, 독일 대학에서는 이미 숙청이 시작된 상태였다. 그는 외국에 체류할 수 있는 형편이 되자 그렇게 했고, 1940년 2월에는 (조금 어려운 과정을 거쳐) 영국 시민으로 귀화한다. 그러나 1939년 9월부터 5개월 동안, 파이얼스와 프리슈는 공식적으로는 적성국 주민이었다. 두 사람은 올리펀트와 대화를 나눌 때 이론적인 문제만 토론하는 것처럼 함으로써 그런 '불편함'을 내색하지 않았다.

프리슈가 버밍엄에서 파이얼스와 합류할 때까지, 원자탄 생산이 불가능하다고 주장하는 주된 근거는 '임계점에 도달해' 지속적인 '연쇄반응'을 일으킴으로써 폭발까지 야기하는 데 필요한 우라늄의 양이었다. 추정량은 13톤에서 44톤까지 편차가 매우 컸고, 심지어 100톤이 필요하다는 분석도 있었다. 그때까지 이루어진 계산이 대단히 부정확하다는 점을 처음 간파한 이들이 프리슈와 파이얼스였다. 등화관제령이 내려진, 수목이 우거진 버밍엄 에지배스턴의 대학가를 거닐 때였다. 프리슈는 실제로 우라늄은 1킬로그램 이상 필요하지 않다는 계산을 해냈다. 파이얼스의 추론은 폭탄의 파괴력이 어느 정도일지를 확인해주었다. 이는 팽창 물질이 충분히 분리되어 연쇄반응 진행을 중단시키는 데 걸리는 시간을 계산해낼 수 있다는 의미였다. 파이얼스가 제시한 수치는 대략 100만 분의 4초였다. 그 사이에 중성자 방출이 80회 진행된다(말하자면 1개가 2개가 되고 다시 4→8→16→32……로 계속되는 식이다)는 것이다. 파이얼스는 80회가 연속되면 온도가 태양의 내부만큼이나 뜨거워지고 "압력은 철이 액체 상태로 흐르는 지구 중심부보다 커진다"라고 결론을 내렸다.[18]

우라늄은 무거운 금속이어서 1킬로그램이면 대략 골프공만 하다. 놀라울 만큼 작은 크기다. 프리슈와 파이얼스는 계산 결과를 점검하고 또 점검했다. 결과는 똑같았다. 그래서 우라늄 235가 자연 상태로는 아무리 적게 존재한다고 해도(우라늄 238과 우라늄 235는 139 대 1 비율로 존재한다) 실전용 폭탄과 시험용 폭탄 한 개씩을 만드는 데 필요한 양을 추출하는 데는 몇 년이 아니라 단 몇 개월이면 된다는 결론을 내렸다.

두 사람은 이 계산 결과를 올리펀트에게 가져갔다. 올리펀트 역시 중대한 돌파구가 열렸음을 직감했다. 올리펀트는 두 사람에게 보고서—3페이지밖에 안 되었다—를 쓰게 한 다음, 그것을 직접 런던에 있는 헨리 티저드(과학기술을 전쟁에 응용하는 방안에 대해 정부에 자문을 해주는 위원회의 대표였다)에게 가져갔다.

무거운 원소와 가벼운 원소: 결정적 차이

제임스 채드윅이 중성자의 존재를 확인한 1932년 이후 원자물리학에서는 주로 두 가지를 추구하는 데 전력했다. 방사성에 대한 심도 있는 이해와 원자핵의 구조에 대한 좀 더 확실한 규명이 그것이었다. 1933년 프랑스의 졸리오퀴리 부부는 중요한 업적을 이루었고, 이것으로 훗날 노벨상을 타게 된다. 원자량이 중간 정도인 원소에 폴로늄 알파 입자를 충돌시켜 인공적으로 물질이 방사성을 띠게 만드는 방법을 찾아낸 것이다. 다른 말로 하면, 부부는 이제 거의 마음대로 원소를 다른 원소로 변환시킬 수 있었다. 러더퍼드가 예견했듯이, 여기서 핵심 입자는 중성자였다. 중성자가 핵과 반응해 방사성 붕괴 과정에서 에너지를 방출하게 만들기 때문이다.

1933년에는 이탈리아 물리학자 엔리코 페르미도 베타 붕괴beta decay 이론(과학 전문지 《네이처》가 그의 논문 중 하나를 퇴짜 놓기는 했지만)으로 혜성같이 등장했다. 이 이론 역시 핵이 전자의 형태로 에너지를 방출하는 과정에 관한 것으로, 페르미가 '약弱상호작용weak interaction'이라는 아이디어를 도입한 것도 이 이론에서였다. 약상호작용은 새로운 유형의 힘으로, 이것으로 자연계에 존재하는 기본적인 힘의 수는 원거리에서 작동하는 중력과 전자기력, 아원자亞原子 수준에서 작동하는 강력과 약력 (이는 우주 발생 초기에 원소들이 형성되는 방식에 관한 생각에 중요한 역할을 하게 된다. 11장 참조) 네 가지로 늘었다. 이론적이기는 하지만 페르미의 논문은 광범위한 연구·조사를 토대로 했고, 비교적 가벼운 원소들에다 중성자를 충돌시키면 하나의 양성자 또는 하나의 알파 입자를 방출하면서 훨씬 가벼운 원소로 변환되고, 무거운 원소는 그 반대 양상을 보인다는 점을 입증했다. 말하자면 무거운 원소의 강력한 전자 장벽들이 안으로 들어오는 중성자를 **포획해** 더더욱 무거워진다. 그러나 원자핵은 불안정한 상태가 되어 붕괴되면서 원자번호를 하나 더한 원소로 변환된다.[19]

이로써 놀라운 가능성이 열렸다. 우라늄은 자연계에 존재하는 가장 무거운 원소로서 원자번호 92로 주기율표 맨 윗자리를 차지한다. 그런 우라늄에 중성자를 충돌시켜 우라늄이 중성자 하나를 포획하면 더 무거운 동위원소가 된다. 즉, 우라늄 238이 우라늄 239가 된다. 우라늄 239가 다시 붕괴하면 지구상에 없던 원자번호 93의 완전히 새로운 원소가 된다. '초

超'우라늄' 원소라고 일컬어지는 물질을 만들어내는 데는 시간이 좀 걸렸다. 그러나 일단 만들어내는 데 성공하자, 페르미는 그것으로 1938년에 노벨 물리학상을 받았다.[20] 아내가 유대계였던 페르미는 스톡홀름에서 열린 노벨상 수상식을 기회로 미국으로 망명했다.

이 모든 다양한 발견—페르미의 발견, 마이트너와 한, 프리슈와 파이얼스의 발견 등등—에 점차 가속이 붙고 있었다. 그리하여 결국 1939년 여름, 소수의 영국 물리학자들은 다른 나라들의 원자탄 개발을 저지하는 차원에서라도 벨기에령 콩고에 있는 우라늄을 확보해야 한다고 정부에 촉구했다. 미국에서는 헝가리 출신 망명객 리오 실러드, 유진 위그너, 에드워드 텔러 세 사람이 영국 학자들과 같은 생각을 품고 아인슈타인을 찾아갔다. 아인슈타인이 벨기에 여왕을 알고 있으니 여왕에게 조치를 취해야 한다고 알리기 위해서였다. 결국 세 과학자는 프랭클린 루스벨트 미국 대통령을 만나는 쪽으로 방향을 바꿨다. 아인슈타인이 저명인사인 만큼 그의 말이라면 들을 것이라고 판단해서였다. 그런데 중간에 넣은 사람이 백악관에 들어가 루스벨트 대통령을 만나는 데만도 6주가 걸렸다. 그리고도 아무 일도 일어나지 않았다. 움직임이 시작된 것은 프리슈와 파이얼스가 계산을 끝내고 그 결과가 세 쪽짜리 논문으로 나온 뒤였다. 이 단계에서는 졸리오퀴리 부부가 또다시 중요한 논문을 발표한 상황이었다. 우라늄 235 원자에 중성자를 충돌시킬 때마다 평균 3.5개의 중성자를 방출한다는 것을 보여주는 내용이었다. 그것은 파이얼스가 원래 생각했던 것의 두 배에 가까운 수치였다.

임계점에 도달하다

프리슈와 파이얼스가 작성한 보고서는 헨리 티저드가 창설한 소위원회에서 검토했다. 소위원회의 첫 회의는 1940년 4월에 피카딜리 쪽의 벌링턴 하우스 동관 왕립학회 사무실에서 열렸다. 소위원회가 내린 결론은 폭탄을 제시간 안에 만들어 전쟁에 결정타를 가할 가능성이 충분하다는 것이었다. 이때부터 원자탄 개발은 영국의 정책이 되었다.

미국에서는 '우라늄 위원회Uranium Committee'가 설립됐다. 위원장은 MIT에서 박사학위 두 개를 받은 공학자 배너바 부시가 맡았다. 올리펀트와 또 한 사람의 물리학자 존 코크로프트(원자핵을 쪼갠 공로로 1951년에 노벨 물리학상을 공동 수상한다)는 미국으로 달려가, 부시 위원장에게 사안이 얼마나 화급한지를 루스벨트 대통령에게 전해달라고 설득했다. 영국은 전쟁에 시달리느라 그런 프로젝트를 추진할 자금이 없었고, 제조 공장을 아무리 비밀로 한다 해도 폭격을 당할 수도 있었다. 루스벨트는 폭탄 제조를 떠맡으려 하지 않았지만 제조가 가능한지 알아보겠다고는 했다.[21]

배너바 부시 위원장이 그해 10월에 대통령과 대화를 나눈 결과로 나온 미국 과학 아카데미의 보고서는 몇 주 만에 완성되었고, 1941년 12월 6일 토요일에 워싱턴에서 부시 주재로 회의를 열고 검토까지 마쳤다. 보고서는 원자탄 제조는 가능하며 미국이 만들어야 한다는 결론을 담고 있었다. 이 단계에서 미국 과학자들은 이미 두 개의 '초우라늄' 원소를 만들어냈다. 하나는 넵투늄, 또 하나는 플루토늄이라고 했다(우라늄이 우라누스(천왕성)에서 딴 이름이어서, 그 너머에 있는 넵튠(해왕성)과 플루토(명왕성)에서 명칭을 끌어온 것이다). 두 원소는 본질적으로 불안정했다. 특히 플루토늄은 연쇄반응 유발 중성자라는 측면에서 우라늄 235의 대안으로 유력했다. 부시가 이끄는 위원회는 동위원소 분리 방법을 연구할 조직도 결정했다. 전자기적으로 하는 방식이 있고, 원심분리기를 사용하는 방법이 있었다. 일단 그런 문제를 처리하고 나서 그날 회의는 점심때쯤 끝났다. 각계의 회의 참석자들은 2주 안에 다시 모이기로 했다. 그런데 바로 그다음 날—1941년 12월 7일이 바로 그 '치욕의 날'이다—오전에 일본이 진주만을 공격했다. 미국도 영국처럼 전쟁에 휘말리고 만 것이다. 과학 저술가 리처드 로즈의 말대로 이제 미국도 절박성이 부족하다는 말은 핑계거리가 될 수 없었다.[22]

미국에서는 1942년 초 몇 달간을 우라늄 235 분리법 중 어떤 것이 가장 우수한지를 계산하는 데 보냈다. 이어 여름에는 이론물리학자들로 구성된 특별 연구 조직—맨해튼 프로젝트로 알려진다—이 버클리에서 소집되었다. 검토한 결과, 전에 계산했던 것보다 훨씬 많은 우라늄이 필요하지만 그만큼 폭탄의 위력도 커진다는 점이 입증됐다. 부시 위원장은 대도시의 대학 물리학과들만으로는 충분치 않음을 깨달았다. 비밀의 외딴 장소에서 진짜 폭탄 제조에만 매진할 조직이 필요했다.

마땅한 장소를 찾는 임무는 공병대장인 레슬리 그로브스 대령에게 맡겨졌다. 당시 그는 워싱턴DC의 하원 의사당 복도에 서 있었다. 소식을 들은 그는 불같이 화를 냈다. 결국 워싱턴에 남아 있으라는 이야기나 마찬가지였기 때문이다. 전쟁이 한창인데 그때까지 그는 '책상'에만 앉아 있었기에 이제는 외국으로 나가고 싶었다. 그런데 맨해튼 프로젝트의 일환으로 준장으로 승진시켜줄 예정임을 알게 되자 태도가 달라졌다. 그는 폭탄을 생산하기만 **한다면** 전쟁의 승패를 판가름할 수 있으므로 해외 파견 근무보다 훨씬 중요한 역할을 할 기회임을 바로 알아챘다. 그로브스는 명령을 접수하자마자 바로 맨해튼 프로젝트를 담당하는 여러 실험실을 돌아봤다. 워싱턴으로 돌아와서는 존 더들리 소령을 차출해 부지(처음에는 '사이트 와이Site Y'라는 암호로 불렸다) 선정을 맡겼다. 더들리가 받은 지침은 대단히 까다로웠다. 부지는 265명을 수용할 수 있어야 하고, 미시시피 강 서쪽이어야 하며, 멕시코나 캐나다 국경으로부터 320킬로미터 이상 떨어져 있어야 하고, 기존 건물이 약간 있어야 하며, 주발처럼 오목한 지형이어야 했다.

더들리는 처음에 유타 주 오크시티를 추천했다. 그러나 주민이 너무 많아서 소개해야 하는 문제가 있었다. 이어 뉴멕시코 주 제메스스프링스를 제시했지만 협곡이 너무 좁았다. 그런데 그 협곡을 따라 조금 더 올라가면 메사(꼭대기가 평평하고 주위는 급경사를 이룬 탁자 모양의 지형—옮긴이) 꼭대기가 나오는데 좁은 부지에 남학교가 있다는 점이 매우 이상적으로 보였다. 거기가 바로 로스앨러모스다.[23]

로스앨러모스 개조 작업이 진행되는 동안, 엔리코 페르미는 시카고의 문 닫은 스쿼시 코트에서 핵 시대를 향한 첫걸음을 내딛고 있었다. 이제 원자탄을 만들 수 있다는 것을 의심하는 사람은 아무도 없었다. 하지만 실러드가 처음 제시한 핵 연쇄반응이라는 아이디어를 실제로 확인하는 작업이 필요했다. 그래서 1942년 11월 내내 페르미는 스쿼시 코트에서 '더미pile'라고 부르는 장치(원자로)를 조립했다. 원자로는 우라늄 6톤, 산화우라늄 50톤, 흑연 덩어리 400톤으로 구성되었다. 자재들은 거의 구체 형태로 57겹으로 쌓아올려졌다. 전체 폭은 약 7.3미터에 높이도 거의 그 정도였다. 이 장치가 스쿼시 코트를 거의 다 차지하는 바람에 페르미와 그의 동료들은 관중석을 사무 공간으로 써야 했다.

12월 2일 실험 당일은 영하 18도에 가까운 혹한이었다. 그날 아침 처음으로 유대인 200만 명이 유럽에서 사라졌고, 또 다른 수백만 명이 위험에 처해 있다는 소식이 들려왔다. 페르미와 그 동료들은 스쿼시 코트 관중석에 모였다. 저마다 걸친 회색 실험복은 '흑연 때문에 새카매진' 상태였다. 관중석에는 중성자 방출 측정 기기와 긴급 상황 발생시 안전봉(급속히 중성자를 흡수해 반응을 없애버린다)을 원자로에 넣는 장치들로 빼곡했다. 실험의 핵심 단계는 오전 10시쯤 시작되었다. 카드뮴 흡수봉을 하나씩 차례로 한 번에 6인치(대략 15센티미터)씩 빼냈다. 봉을 옮길 때마다 중성자 측정기가 딸깍거리면서 올라가다가 안정 상태를 유지했다. 정확히 예상한 그대로였다.

이런 식으로 그날 아침부터 이른 오후까지 실험은 계속되었다. 점심 때 잠시 쉬었을 뿐이다. 오후 3시 45분이 막 지난 시점에 페르미가 원자로가 임계점에 도달하도록 흡수봉을 다 빼내라고 지시했다. 이번에는 중성자 측정기의 클릭 수가 안정되지 않고 급격히 치솟으며 굉음을 냈다. 그러자 페르미는 차트 레코더로 바꿨다. 그러고도 중성자의 강도가 증가하는 것을 수용하기 위해 레코더의 눈금을 계속 바꿔줘야 했다. 오후 3시 53분 페르미가 봉을 다시 넣으라고 지시했다. 원자로에서는 4분 이상 핵반응이 자동으로 지속되었다. 페르미는 한 손을 치켜들며 말했다. "더미가 임계점에 도달했다."[24]

사상 최대 규모의 연구 프로젝트

이론적으로 보면, 로스앨러모스의 핵심 과제는 폭탄에 필요한 분열 물질을 충분히 생산할 목적으로 고안한 세 가지 프로세스를 연구하는 것이었다. 그중 두 가지는 우라늄, 나머지는 플루토늄과 관련된 프로세스였다. 첫 번째 우라늄 제조 방식은 기체 확산법으로 알려졌다. 금속 우라늄은 불소와 반응해 6불화우라늄이라는 가스를 만들어낸다. 이 가스는 두 종류의 분자, 즉 우라늄 238과 우라늄 235로 구성되어 있다. 더 무거운 분자인 우라늄 238은 이복동생 격인 우라늄 235보다 발산 속도가 약간 느리다. 그래서 필터를 통과시키면 우라늄 235가 먼저 나오는 경향이 있다. 따라서 필터 바깥쪽으로 우라늄 235 동위원소의 농도가 짙어진다. 이 과정을 반복하면 혼합물의 농도가 더 짙어진다. 이렇게 충분히(수천 번) 반복하면 로스앨러모스 연구진이 필요로 하는 순도 90퍼센트 수준의 우라늄 235를 얻을 수 있다. 이것은 힘든 과정이었지만 결국 성공했다.

다른 방법은, 진공 상태에서 우라늄 원자들에서 전자를 제거한 다음에 일정한 전하를 걸어주는 것이다. 그러면 외부 전기장에 민감해진다. 이를 전기장 내에서 휘어지는 빔 속에 통과시키면 무거운 동위원소는 가벼운 동위원소보다 넓은 궤적을 그리면서 분리된다. 플루토늄 생산의 경우에는 우라늄 235에 중성자를 쏘아 새로운 초우라늄 원소 플루토늄 239를 만들어내는 방식을 취했다. 플루토늄 239는 이론물리학자들의 예상대로 분열성이 높은 것으로 밝혀졌다.[25]

맨해튼 프로젝트를 담당한 로스앨러모스에는 많을 때는 5만 명이 달라붙어 작업했다. 비용만 1년에 20억 달러가 들었다. 그것은 사상 최대 규모의 연구 프로젝트였다. 그 목표는 1945년 늦여름까지 우라늄탄 한 개와 플루토늄탄 한 개를 제조하는 것이었다.

죽음의 여행

1945년 4월 12일, 루스벨트 대통령이 심각한 뇌일혈로 사망했다. 그로부터 24시간 안에 대통령직 승계권자인 부통령 해리 트루먼은 원자탄 개발 계획에 관해 보고를 받았다. 한 달이 채 안 된 5월 8일에 유럽 전선의 전쟁은 끝났다. 그러나 일본군의 저항은 계속됐다. 신임 트루먼 대통령은 그 끔찍한 무기를 사용하라는 명령을 내려야 할지도 모르는 처지가 되었다. 유럽 전승일에 이미 원자탄 투하 지점을 연구하던 과학자들은 일본 히로시마와 나가사키를 골라놓은 상태였다. 폭탄 운송 수단도 완성되었고, 승무원 선발도 마쳤다. 폭탄 투하를 위한 비행 훈련도 여러 차례 거듭해서 마무리했다. 플루토늄과 우라늄 양이 확보된 것은 5월 31일이 지나서였다. 이어 7월 16일 05시 50분 앨라모고도 사막(멕시코 접경 지역인 리오그란데 강 인근)에서 폭발 시험이 실시되었다. 앨라모고도를 현지인들은 '호르나다 델 무에르토Jornada del Muerto'라고 불렀다. 스페인어로 '죽음의 여행'이라는 뜻이다.

폭발 시험은 엄격한 계획하에 진행됐다. 로스앨러모스 연구소 소장인 로버트 오펜하이머는 동생 프랭크와 함께 시험 광경을 지켜봤다. 버섯구름이 '환한 빛을 내며 자줏빛으로' 변하더니 엄청난 폭발음이 줄기차게 밀려왔다. 과학자들은 소련 쪽에 이야기를 해주어야 하느냐, 일본에 경고를 해야 하느냐, 첫 번째 폭탄은 인근 바다에 떨어뜨리는 것이 어떻겠느냐 등의 사안을 놓고 의견이 분분했다. 결국 비밀은 철저히 유지되었다. 그렇게 한 핵심 이유 중 하나는 일본이 미군 포로 수천 명을 폭탄 투하 지점에 인간방패로 투입할지 모른다는 우려였다.[26]

우라늄(235)탄은 현지 시각으로 8월 6일 오전 9시 직전에 히로시마에

투하되었다. 폭탄은 길이 3미터, 직경 71센티미터, 적재 우라늄 무게 64킬로그램이었는데, 우라늄은 그중 0.6그램만이 에너지로 변환됐다. 그 에너지는 온도가 섭씨 3982도에 달해 반경 2마일(3.2킬로미터) 이내 주민 6만 6000여 명이 즉사했고, 20만 명은 추후 관련 질병으로 사망했다. 폭탄이 떨어지는 동안 투하기인 '에놀라게이호Enola Gay'는 현장에서 18.5킬로미터나 벗어나 있었다. 그래도 폭발에 따른 섬광으로 조종석이 환해졌고, 충격으로 기체가 "탁탁거리면서 주름이 잡혔다."[27] 플루토늄탄은 사흘 후 나가사키에 떨어졌다. 그로부터 엿새 만에 일본 천황은 항복을 선언했다. 그런 의미에서 핵폭탄이 먹힌 것이다. 그리고 이제 과연 $E=mc^2$이라는 사실은 더는 의문의 여지가 없었다.

아인슈타인이 제시한 통일―시간과 공간의 통일 그리고 질량과 에너지의 통일―이 옳았음이 입증되는 과정은 어떤 기준으로 보아도 대단했다. 게다가 히로시마와 나가사키에 원자탄이 떨어질 무렵에는 아인슈타인 사고의 두 측면, 즉 팽창하는 우주와 핵융합의 힘은 언뜻 보기에 서로 멀어 보이지만 그 자체로 관계가 있다는 인식이 자리잡고 있었다. 로스앨러모스에서 일한 많은 과학자들은 그들이 만들어낸 폭발의 유형이 태양과 같은 별들에서 항상 일어나고 있는 현상과 크게 다르지 않음을 깨달았다. 양차 대전 사이에 지구의 자연 상태에서 존재하지 않는 입자들로 구성된 많은 우주선이 외계에서 지구에 도달하는 것으로 관측되었던 것이다. 이 모든 점은 우주 자체가 진화해왔으리라는 놀라운 발상을 낳았으며, 르메트르의 빅뱅 개념을 뒷받침하는 내용이었다. 또 처음에는 복사, 그다음에는 입자들로 이루어진 구조가 어떤 질서에 따라 서로 다른 원소들의 원자를 발생시켰으며, 이들 초기 형태의 물질을 중력이 서서히 융합해 성운, 항성,

행성 들을 형성했다는 인식이 싹텄다. 원자탄의 설계와 제조, 그에 이은 수소폭탄 개발은 입자들의 행태를 확인하는 데 도움을 주었고(특별히 설계한 초기 컴퓨터들이 수행한 복잡한 수학이 중요한 역할을 했다), 그런 지식을 통해 20세기 후반에는 정교하고도 일관된 연대기를 갖춘, 대단히 치밀한 우주론이 탄생했다. 이는 바로 물리학, 천문학, 수학의 통일을 의미했다.

에너지 보존 법칙에서 $E=mc^2$을 거쳐 팽창하는 우주와 열핵무기(수소폭탄)를 지나 우리가 거주하는 우주에 대해 지금과 같은 인식에 이르는 여정에서 시행된 이런저런 실험과 관찰은 그것을 찾아내려는 의도를 가지고 진척되지는 않았다. 그렇기 때문에 지금 드러난 이야기가 한층 더 기이해 보인다. 이 이야기는 놀랍고 받아들이기 어렵기는 하지만 지적인 차원에서 일관성이 있고, 140억 년(우주의 나이—옮긴이) 가까이 지속된 것으로 결국은 밝혀지게 될, 정연한 어떤 이야기의 일부다.

3부

물리과학, 생물과학을 침략하다

"우리는 선조들로부터 모든 것을 망라하는 통합적 지식에 대한 갈망을 물려받았다."

—에르빈 슈뢰딩거(물리학자)

"설명의 화살표들이 줄곧 그 근원을 가리키는 양상을 추적함으로써 우리는 하나의 지점을 향해 수렴하는 놀라운 패턴을 발견했다. 이것은 아마도 우리가 지금까지 우주에 관해 알게 된 가장 심오한 아이디어일 것이다."

—스티븐 와인버그(물리학자)

"우리는 질서 정연한 세계 속에서 살고 있다. 그 점을 헤아려보는 것은 참으로 보람 있는 일이다."

—조지 존슨(과학 저술가)

"추가 설명을 요하지 않는 설명이란 있을 수 없다."

—칼 포퍼(과학철학자)

"환원주의란 현상들을 자르고 깎는 과학의 가장 중요한 도구다."

—에드워드 윌슨(생물학자)

"과학은 질서를 감지하고 창조하는 두 가지 과제를 동시에 추구한다."

—존 뒤프레(과학철학자)

아인슈타인의 생각들이 여봐란듯이(그리고 비극적으로) 옳다는 것이 입증되고 있는 사이 양자물리학은 (처음에는 조용히) 화학을 탈바꿈시키고 생물학에 손을 뻗쳤다. 그 결과 다윈의 이론과 멘델의 이론을 예기치 못한 새로운 방식으로 구체적으로 설명해내는 데 중요한 역할을 하기에 이른다. 이것이야말로 보어가 추구한 물리학과 화학의 연계이자, 아인슈타인의 통일 이후 현대에 들어 이루어진 대단한 과학적 컨버전스였다. 이를 통해 모든 과학의 근저에 놓인 질서에 대한 우리의 이해가 선명해졌지만 동시에 새로운 차원의 복잡성이 제기되었고, 이는 20세기 말 생명 세계의 바탕을 이루는 질서에 대한 새로운 발상들이 핵심적인 관심사가 되었을 때 중요한 결과를 낳는다.

그러한 컨버전스가 처음 시작된 시기는 1920년대, 즉 과학 연구에서 엄청난 성공이 거듭된 10년간이었다. 거기에는 두 가지 이유가 있었다. 1차 대전은 이미 연구에 기초한 아이디어를 실질적인 문제에 체계적으로 응용하면 어떤 이득을 얻을 수 있는지를 잘 보여줬다. 그 결과 1차 대전 참전국들은 정부 주도의 과학 연구 조직을 설립하고 연계된 예산 시스템을 갖추었다. 특히 미국의 경우에는 록펠러 재단과 카네기 재단이 (인류의 복지 향상을 목표로 한다고는 하지만) 전쟁을 계기로 과학이야말로 성공적인 결과에 이르는 가장 확실한 길이라고 인식하게 되었다. 이런 새로운 흐름에서 가장 큰 수혜를 받은 곳들이 미국의 하버드, MIT, 컬럼비아, 존스홉킨스 대학교와 칼텍(캘리포니아공과대학)이었다.

그런 조류를 특히 잘 탄 두 사람을 소개하는 것이 좋겠다. 첫 번째 인물은 아서 에이머스 노이스다. 독일에서 공부한 화학자로 2년 동안 MIT 총장을 지내고 칼텍으로 자리를 옮긴 노이스는 화학과 화학자들에 대해서는 물론이고 과학을 어떻게 운용해야 하는가에 대해서도 강한 신념을 가지고 있었다. 그는 칼텍이 화학 분야를 강화해야 하며 최고 수준의 연구를 위해서는 자금을 충분히 확보해야 한다고 강조했다. 그런데 칼텍이 지닌 한 가지 약점이 유기화학 분야였다. 바로 이 지점에서 두 번째 인물이 등장한다. 워런 위버는 '과학자로는 이류이지만 적재적소의 인물을 찾는 데는 일류'였다. 이런 양면성 탓에 1932년에 위스콘신 대학교에서 그저 그런 강사를 하다가 발탁되어 록펠러 재단 자연과학 부문을 담당하게 되었다. "그는 세계에서 가장 중요한 과학 지원 기관에서 전권을 가지고 새로운 연구 분야를 개척하고 사람을 키우기도 하고 자르기도 하고 수백만 달러를 지원하면서 과학사의 향방을 바꾸었다."

위버는 록펠러 재단의 영입 제안을 받아들이면서 특히 새로운 형태의 생물학에 의욕을 보였다. 노이스와 마찬가지로 위버도 생물학에 좀 더 '잘나가는' 자연과학의 방법, 즉 수학, 물리학, 화학을 적용할 필요가 있다고 믿었다. 위버는 이를 '물리과학이 우호적인 의도를 가지고 생물과학을 침략하는 것'이라고 표현했다. 양자물리학이 화학을 설명하는 데 크게 도움이 되는 것—라이너스 폴링이 대표적인 사례다—을 보고 깊은 인상을 받은 위버는 새로운 생물학이 인류가 생명 세계를 이해하는 방식을 바꿀 것이라고 확신했다. 지금까지의 생물학은 유기체 전체에 집중한 반면에 '분자생물학molecular biology'—위버가 문득 생각이 떠올라 새로운 생물학을 한마디로 규정한 표현이다—은 개별 세포 안에서 이루어지는 '우리가 알지 못하는 세계'에 집중한다는 것이다.

위버는 야심이 넘쳤다. 그는 록펠러 재단 이사들에게 분자생물학이 결국은 '폭력, 불행, 비합리성, 성적인 문제' 같은 것들을 해명하는 데 크게 기여할 것이라고 설득했다. 이사들은 그의 주장이 일부 과장된 면은 있지만 도저히 수용하지 않을 수 없을 만큼 호소력이 있다고 느꼈고, 그 시점부터 "록펠러 재단은 생명과학과 직접 관련이 없는 수학, 물리학, 화학 분야에는 연구비를 지급하지 않았다."

이런 차원에서 록펠러 재단은 코펜하겐의 닐스 보어 연구소와 협력한다는 야심 찬 계획도 세웠다. 위버와 마찬가지로 보어와 그 동료들은 물리학과 화학이 생물학보다 앞서 있으며, 물리학자들이 개발한 새로운 기술들이 생물학자가 신진대사와 유기체의 성장을 분자와 원자 수준에서 연구하는 데 도움이 될 거라고 믿었다. 특히 코펜하겐의 과학자들은 살아 있는 유기체 내 화학물질의 구체적 행태를 추적하기 위해 방사성 동위원소를 이용하는 데 관심이 있었다. 그런 면에서는 방사성 인, 탄소, 중수重水가 특히 효과가 클 것으로 추정되었다.

그러나 실제로 일이 진척되지는 않았다. 코펜하겐의 보어가 좀 더 장기적으로 관심을 기울이고 있던 핵물리학의 발전은 1930년 대 하반기에 들어와 속도가 너무 빠르고 획기적이며 어떤 면에서는 두려울 정도였다. 보어는 2차 대전 직전까지 원자물리학과 핵물리학의 발전에서 중심적인 역할을 했지만 분자생물학 분야의 최고 연구 기관에 코펜하겐은 포함되지 않았다. 주요한 성과는 다른 두 곳, 즉 칼텍과 캐번디시 연구소에서 나왔다. 두 기관의 성과는 1930년대에서 1940년대에 중심 이동이 지적 차원에서도 지리적 차원에서도 일어났음을 잘 보여준다. 코펜하겐에서 진행됐거나 진행되지 않은 사안과는 별개로, 중심이 이동했다는 것—칼텍과 캐번디시 연구소에서 물리과학이 생물학을 침략한 결과로 나타난 효과 내지는 후속 사태—은 절대 과장이 아니다.

9장

칼텍과 캐번디시:
원자물리학에서 양자화학과 분자생물학으로

워런 위버가 그토록 열을 올리며 강조한 것은 무엇이었을까? 이를 이해하기 위해서는 상세한 설명이 필요하다. 과학 분야에서 20세기는 그야말로 경천동지할 듯한 굉음과 함께 시작되었다. 물리학에서는 전자, 양자, 방사능, 전파, 엑스선이 거의 동시에 발견되었다. 화학에서는 염료와 의약품 혁명(상호 긴밀하게 연결되어 있다)이 무르익고 있었고, 심리학에서는 지그문트 프로이트가 무의식의 세계를 밝혀냈다. 프로이트의 이론은 인간이 정신질환과 인간 자신에 대해 생각하는 방식을 바꿔놓은 혁명적 관념이었다. 이에 상응하는 발전이 생물학에서도 일어났다.[1]

그 뒤로도 식물학자이자 수사인 그레고어 멘델의 업적이 재발견됨으로써 생물학은 더욱 주목을 받는다. 1899년 10월에서 1900년 3월까지 세 식물학자—두 명은 독일인 카를 코렌스와 에리히 폰 체르마크, 한 명은 네덜란드인 휘호 더프리스—가 식물생물학에 관한 논문을 발표했다. 각 논문은 멘델이 우리가 현재 유전학이라고 부르는 원리를 먼저 발견했다는 사실을 (각주에서) 언급했다.[2] 이처럼 거의 같은 시기에 세 사람이 그의 업적을 솔직히 인정한 덕분에 한때 망각 속에 묻혔던 멘델은 이제 누구나 다 아는 이름이 되었다.[3]

요한 그레고어 멘델은 1822년 하인첸도르프(당시는 오스트리아령으로 지금의 체코공화국 힌치체)에서 태어났다. 1843년 요한은 브르노에 있는 아우구스티누스 수도원에 들어가 그레고어라는 이름을 얻었다. 멘델은 기독교적 소명 같은 것은 품지 않았지만 수도원 환경이 경제적으로 걱정할 것이 없어서 마음의 평화를 누리며 연구에 몰두할 수 있었다. 덕분에 심신의 건강을 회복하지만 그는 어떤 면에서 모순적인 인물이었다. 그는 피카소처럼 활달하고 유머러스한 사람이 아니었다. 대단히 소심하고 시험 공포증이 심하면서도 배우는 데는 아주 열심이고 굳건했다. 어느 시점부터는 수도원 내 자신의 방에서 야생 생쥐를 키우고 번식시키며 모피 색의 변화를 연구했다. 그러나 수도원장이 냄새가 난다며 독신과 금욕을 서약한 수도사가 쥐의 성행위까지 포함되는 실험을 해서야 되겠느냐고 꾸짖었다. 그러자 멘델이 한 말을 빌리면, "동물 사육에서 식물 재배로 바꾸었다. 원장은 식물도 성행위를 한다는 사실을 몰랐으니까."[4]

멘델은 처음에 완두콩으로 실험을 시작했다. 지금 우리가 잘 알고 있는 그 실험의 결과는 10년간 이어진 '지루한 실험'의 과실이었다. 식물을 재배하고 교배하고 씨를 모으고 세심하게 종류별로 딱지를 붙이고 분류하고 수를 세는 작업이었다. 거의 3만 그루가 실험에 동원되었다. 《과학인물 사전Dictionary of Scientific Biography》의 설명을 보자. "정교한 계획 없이, 그리고 결과에 대한 사전 예측 없이 그런 실험을 할 수 있다는 것은 생각하기 어렵다."[5] 다른 말로 하면, 멘델의 실험은 특정한 가설을 세워놓고 그가설을 확인하기 위해 설계된 것이라는 얘기다.

1856년부터 1863년까지 멘델은 일곱 쌍의 대립형질을 가진 완두콩을 재배했다. 당시 많은 사람들이 당연시했던 대로, 유전은 후손의 형질이 부모의 중간형으로 나타나는 '융합 유전blending inheritance'이 아니라 어느 한쪽 형질만 나타나는 '입자粒子 유전particulate inheritance' 방식으로 이루어진다고 예상하고 한 실험이었다. 이는 중요한 통찰로서 이후 화학과 양자물리학의 발전과 결합된다. 멘델은 일곱 쌍의 형질을 중심으로 1세대에서는 모든 잡종이 똑같고, 부모의 형질(예컨대 둥근 씨앗 형태)이 변하지 않는다는 사실을 확인했다. 이런 형질을 그는 '우성'이라고 불렀다. 그다음 세대에서만 나타나는 다른 형질(예컨대 주름진 씨앗 형태)을 그는 '열성'이라고 불렀다. 멘델이 '원소elements'라고 칭한 것은 각 쌍의 형질을 결정하고 **서로가 영향을 미치지 않으면서** 잡종의 생식세포로 전달된다. 잡종 자손에서는 부모의 두 가지 형질이 다시 나타나고, 이것을 수학적/통계학적으로, 즉 우성으로 발현된 둥근 씨앗 형태와 열성으로 발현된 주름진 씨앗 형태의 비율로 정식화할 수 있다고 멘델은 생각했다. 두 가지 형질이 무작위로 교차하면 다음과 같은 조합이 나온다고 그는 말했다(A는 예를 들어 우성인 둥근 형질, a는 열성인 주름진 형질—옮긴이).

$$\tfrac{1}{4}AA + \tfrac{1}{4}Aa + \tfrac{1}{4}aA + \tfrac{1}{4}aa$$

1900년 이후 이것은 '멘델의 분리 법칙(또는 원리)'으로 알려졌으며, 수학식으로는 다음과 같이 단순하게 정리할 수 있다.

$$A + 2Aa + a$$

멘델은 또 일곱 개 대립형질 각각의 상호 조합 사례를 조사했는데, 모두 128가지가 나왔다. 달리 말하면 2^7이다. 따라서 그가 내린 결론은 "잡종에서 나타나는 서로 다른 형질 각각의 행태는 두 부모가 지닌 나머지 형질들의 차이와 무관하다"라는 것이었다.[6] 이는 물질이 지닌 입자로서의 특성을 보여주는 또 하나의 사례였다. 플랑크와 보어가 자기 분야에서 밝혀내려던 바가 바로 이런 것이었는데, 당시에는 그런 측면이 제대로 인식되지 못했다.

세포학과 멘델식 수학의 연계

멘델이 다량의 식물을 사용한 것은 새로운 방식이었다. 그럼으로써 언뜻 보면 무작위적으로 보이는 현상에서 '법칙'을 이끌어낼 수 있었다. 당시 통계학은 생물학 분야에서 상당한 수준에 올라 있었다. 그는 《식물 잡종에 대한 실험Versuche über Pflanzenhybriden》(1866)에서 자신이 한 연구의 의미를 정리하고자 했다. 그의 대표작이자 생물학 역사에서 가장 중요한 논문 가운데 하나인 이 저서는 유전 연구의 기초가 되었다. 그러나 당시에 그 진가가 제대로 인식되지 못한 것은 멘델이 완두콩 실험의 후속타를 제대로 내놓지 못했기 때문이다. 꿀벌을 가지고 했던 실험은 여왕벌의 짝짓기를 통제하는 복잡한 문제로 실패했다. 그는 비단향꽃무, 옥수수, 분꽃의 잡종이 "완두콩 잡종과 정확히 동일한 행태를 보인다"라는 사실을 입증했지만, 멘델이 여러 차례 편지를 보낸 스위스의 카를 네겔리 같은 동료 식물학자들은 여전히 그를 신뢰하지 않았다.[7]

멘델은 다윈의 《종의 기원》을 **이미** 읽은 상태였다. 멘델이 본문 가장자리 여백에 수많은 메모를 해놓은 독일어 번역본이 체코 브르노의 멘델 기념관Mendelianum에 소장되어 있다. 이 난외주들은 멘델이 자연선택 이론을 수용할 태세가 되어 있었음을 보여준다. 그러나 다윈은 교잡이 변이의 원인에 관해 한 가지 설명을 제공한다는 사실을 전혀 인식하지 못한 것으로 보인다.* 그리하여 멘델은 제대로 인정받지 못한 외로운 천재로 세상을 떠났다.

멘델의 재발견 과정에서는 논쟁적 측면이 없지 않았다. 멘델이 선수를 쳤음을 뒤늦게 알아챈 세 사람, 곧 더프리스, 코렌스, 체르마크 중 누구도 자신이 후발 주자라는 사실을 기꺼워할 리가 없었다. 더구나 더프리스는 유전 관련 최초의 논문에서 멘델을 언급하지 않았다. 그런데 그의 논문이 코렌스의 논문보다 조금 앞서 나오자 코렌스는 발끈한 나머지, 곧바로 더프리스가 멘델이 사용한 '우성' '열성' 같은 용어를 똑같이 사용했다고 지적하고 나섰고, 더프리스는 어쩔 수 없이 멘델의 저술을 **읽은 적 있다**는 사실을 솔직히 인정했다.

사실 코렌스와 더프리스 간의 논쟁은 누가 먼저 발견했느냐 하는 문제 이상의 열띤 논쟁을 불러일으켰다. 이후 멘델에 대해 철저히 재평가가 진행되었다. 사회학자 어거스틴 브래니건은 1981년에 출간한 저서에서 멘델이 30년 이상 간과된 천재라는 일반적인 시각은 완전히 잘못된 것이라고 주장했다. 브래니건은 멘델이 발견한 내용 가운데 다수는 이미 그 이전에, 경우에 따라서는 아주 오래전에 식물학자인 토머스 나이트, 존 고스, 알렉산더 세튼, 오귀스탱 사제레, 요한 지어존 같은 인물들에 의해 보고되었음을 입증했다. 그러나 이들 인물은 하나같이 교배 분야에 종사했던 터

---

* 멘델을 언급한 극히 드문 몇 가지 책 중 하나인 S. O. 포케의 《식물 잡종(Pflanzen Mischlinge)》(1881)을 다윈은 한동안 소지하고 있었다.

라 그 연구 성과가《런던 원예협회지Transactions of the Horticultural Society of London》같은 잡지에 실려 출판되었다. 이들의 연구 성과를 멘델이 알고 있었으며 그가 기여한 부분은 혁명적인 것과 거리가 멀뿐더러 그들이 확립한 방향으로 계속 나아간 일이었음을 브래니건은 잘 보여주었다. 그 방향이란 새로운 종을 (어렵기는 하지만) 이종 교배에 의해 만들어낼 수 있음을 입증하는 것이었다.

그렇다 하더라도 더프리스가 멘델의 법칙을 재발견한 이후 유전의 기본 메커니즘이 누차 사실로 확인됐다는 사실은 달라지지 않는다. 그러나 멘델과 더프리스의 접근 방식은 통계를 토대로 자손의 우성 형질과 열성 형질의 발현 비율 3 대 1에 집중하는 것이었다. 이 비율이 확인되면 될수록 더 많은 사람들이 멘델과 더프리스가 확인한 메커니즘을 야기하는 물리적·생물학적·세포학적 근거가 있을 수밖에 없다고 생각하게 됐다. 그리고 곧바로 하나의 구조가 제시되었다. 50년 가까이 생물학자들은 현미경을 통해 생식 중인 세포의 특징적인 행태를 관찰해왔다. 그들은 세포핵의 일부를 구성하는 여러 개의 미세한 실(염색사―옮긴이)을 목격했다. 이것들은 생식 과정에서 떨어져 나간다. 이미 1882년에 발터 플레밍은 크로마틴(염색질)을 확인했고, 헤르만 헨킹은 1891년에 'X라는 물체'의 존재를 알았지만 그것이 성을 결정할 것이라는 생각은 하지 못했고, 그런 결론은 다른 학자들이 이끌어낸다(6장 참조).[8]

헨킹의 관찰 이후 얼마 지나지 않아 동일한 염색체는 세대를 이어가면서 동일한 배열 상태로 나타난다는 사실이 확인되었다. 컬럼비아 대학교의 세포학자 월터 서턴은 1902년에 생식 과정에서 유사한 염색체들이 한데 모였다가 분리된다는 사실을 입증했다. 다른 말로 하면, 염색체는 멘델의 법칙이 제시한 방식과 똑같이 행동한다는 이야기였다.[9]

초파리, 멘델과 다윈을 잇다

그러나 '유전학genetics'이라는 용어를 처음 만든 사람은 윌리엄 베이트슨이었다. 베이트슨은 등이 구부정한 거구로 케임브리지 대학교 세인트존스 칼리지 강사 시절에 팔자수염이 인상적인 동물학자이자 19세기 말 진화론 논쟁의 주요 논객 가운데 한 명이었다. 영국 제국주의를 절대 반대하는 입장이 아니었던 베이트슨은 프랑스어로 대화할 줄 모르는 사람은 모두 속물로 치부했으며, 독일어 회화 실력을 유지하기 위해 독일어 신문을 여러 종 구독했다. '유전학'이라는 표현을 창안한 시기는 1905년으로, 당시 그는 케임브리지 대학교로부터 '유전과 변이 연구소' 설립 계획서를 작성해달라는 요청을 받은 상태였다. 이 계획은 결국 성사되지 못했지만 1906년 '국제 식물 재배 및 교잡 학술대회'의 후원자인 왕립원예협회로 하여금 3차 학술대회부터 명칭을 '국제 유전학 학술대회'로 바꾸게 하는 데 성공한다. '유전자gene'라는 용어는 4년 뒤에 나왔는데, 코펜하겐 농업대학교 식물생리학 교수인 빌헬름 요한센이 만든 것으로, 그는 '표현형phenotype'과 '유전자형genotype'이라는 용어도 창안했다.[10]

학술대회 명칭을 바꾸는 성과를 올린 지 1년 만에 베이트슨은 미국에 가서 일련의 강의를 하는데, 그때 만난 사람이 컬럼비아 대학교의 토머스 헌트 모건이었다. 모건은 이미 미국에서는 지도자급 유전학 연구자로 이름이 난 상황이었지만, 처음에는 두 사람이 잘 안 맞았다. 베이트슨은 아내에게 보낸 편지에서 "T. H. 모건은 돌대가리야"라고 쓴 바 있지만, 그것은 사실이 아니었다. 아니, 사실과는 너무도 거리가 멀었다. 모건이 특정 생물을 연구 대상으로 선택해서 성공한 것은 나름의 판단도 작용했지만 운도 따랐다. 멘델이 완두콩을 선택한 경우와 비슷한 면이 많다. 모건의 경우는 흔히 '과일파리'라고도 부르는 것으로, 좀 더 정확히 말하면 초파리(학명 *Drosophila melanogaster*=노랑초파리)였다. 농익은 과일의 '강한 맛'을 좋아한다고 해서 붙은 이름이다.[11] 모건이 초파리를 연구 대상으로 삼은 이유는 컬럼비아 대학교에서 그가 사용하던 공간이 이미 살아 있는 돼지, 닭, 불가사리, 노란색 생쥐와 쥐로 가득 차 있었기 때문이다. 초파리는 먹이고 키우는 데에는 비용이 거의 들지 않았다. 필요한 것은 농익은 바나나와 사육용 우유병뿐이었다. 모건은 바나나는 돈을 주고 샀지만 빈 우유병들은 아침 출근길에 맨해튼 북부의 주택들 현관에서 '슬쩍했다.'

초파리는 염색체가 크고 선명해서 당시 모건이 가지고 있던 원시적인 현미경으로도 쉽게 관찰할 수 있다는 장점이 있었다. 게다가 초파리는 출생 후 일주일이면 성성숙性成熟 단계에 도달하고, 암컷은 한 번에 수백 개의 알을 낳는다. 따라서 실험용으로는 완벽하다고 할 수 있다.

그렇다고는 해도 과일파리가 과실을 맺기까지는 시간이 좀 걸렸다. 2년 동안 모건은 실험용 초파리를 독극물, 화학약품, 엑스선 등에 노출시켰다. 흥미로운 유전적 변화를 야기할 목적에서였다. 그런 시간을 보내던 어느 날, 모건은 눈이 빨간 수천 마리 정상 초파리들 사이에서 갑자기 눈이 하얀 녀석이 한 마리 나타난 것을 발견했다.

초파리가 성성숙 단계에 도달하는 데에는 일주일이 걸리는데, 바로 그 주가 어려운 시간이었다. 모건은 매일 저녁 그런 초파리를 집에 데려와 침대밑에 놓아둔 단지에 넣었다. 마침 아내는 병원에서 출산을 앞두고 있었다. 가족들 사이에 전해오는 얘기에 따르면 모건이 아내를 보러 병원에 찾아갔을 때, 아내는 남편이 "우리 아기는?"이라는 말을 꺼내기도 전에 "눈이 하얀 초파리는 지금 어때요?"라고 물었다고 한다.[12]

그다음 주에 하얀 눈의 초파리는 번식 단계에 들어섰다. 그 이후 몇 달

동안 모건 연구팀은 뉴욕 컬럼비아 대학교 실험실에서 수천, 수만 마리의 초파리를 교배시켰다(그래서 실험실에 '파리 방fly room'이라는 별명이 붙었다). 수많은 실험 결과, 모건은 초파리에서 발생하는 변이는 일정한 속도로 일어난다는 결론을 내렸다. 1912년 열성 변이체 20여 개체가 발견됐는데, 그중 하나는 '날개가 미발달한 상태'였고, 또 하나는 '몸 색깔이 노랬다.' 그런데 그게 다가 아니었다. 변이체는 항상 수컷이나 암컷 어느 한쪽 성에서만 발생하고 양성 모두에게서 발생하는 경우는 없었다. 변이가 항상 성과 연관되어 있다는 관찰 결과는 의미심장했다. 유전은 입자와 같은 물질(유전자—옮긴이)에 의해 양쪽 형질의 혼합 없이 개별적으로 일어난다는 **입자** 유전 개념을 뒷받침하는 내용이었기 때문이다.

수컷 초파리 세포와 암컷 초파리 세포의 유일한 **물리적** 차이는 'X라는 물체'에 있었다. 따라서 X라는 물체가 염색체**였고**, 바로 그것이 성체 초파리의 성을 결정하며, '파리 방'에서 관찰된 다양한 변이체들 역시 X라는 물체로 말미암아 생겼다는 결론이 나왔다.

모건은 초파리에 관해 쓴 논문을 일찍이 1910년 7월에 과학 전문지《사이언스Science》에 발표했다. 그러나 1915년에 가서야《멘델 유전의 메커니즘The Mechanism of Mendelian Heredity》에서 자신의 주장을 완벽한 형태로 개진했다. 이 저서는 '유전자'라는 개념을 제대로 제시한 최초의 책이었다. 모건과 그 동료들은 유전자를 '특정한 방식으로 성장에 영향을 미침으로써 성체의 특정 형질을 지배하는 염색체의 특정 조각'으로 이해했다.[13] 모건은 유전자는 자기복제를 하며, 부모에게서 자식에게로 변함없이 이전된다고 주장했다. 따라서 변이는 새로운 유전자가 발현해 새로운 형질을 야기하는 유일한 방법이었다. 가장 중요한 대목은 변이는 무작위로, 우연히 일어나는 과정이므로 어떤 식으로든 유기체 자체의 필요에 의해 영향을 받지 않는다는 것이었다. 이는 다윈이 이미 주장한 내용이었다.

물론 여기에는 문제가 있었다. 예를 들어 모건은 성체의 한 형질이 하나 이상의 유전자가 작동한 결과일 수 있는 반면, 동시에 단일 유전자가 여러 형질에 영향을 줄 수 있다는 점을 인정했다. 또 하나 중요한 사항은 염색체에서 유전자가 차지하는 위치였다. 경우에 따라 해당 유전자가 야기하는 효과가 이웃한 유전자들에 의해 달라질 수 있기 때문이다.

그러나 유전학은 15년 사이에 크게 발전했다. 경험적 차원에서뿐 아니라 철학적 차원에서도 그랬다. 어떤 의미에서 유전자는 전자나 원자보다 잠재력이 훨씬 큰 근본적인 입자였다. 인간의 특질과 훨씬 직접적으로 연관되어 있으니 말이다. 그러지 않아도 '자연선택이라는 무심한 통제'를 받는 마당에 진화의 유일한 메커니즘인 돌연변이마저 통제 불가능한 상태에서 우연히 일어난다는 것은 비판자들, 곧 철학자들과 종교 당국이 보기에는 아무런 의미 없는 사소한 힘에 과다한 권위를 부여하는 것이자, 인간의 위치를 종교적 세계관이 득세하던 시절의 고상한 자리에서 땅바닥으로 떨어뜨리는 것이었다. 모건과 워런 위버 같은 사람들에게 유전자는 독자적인 세계였다. 그 구조는 아주 복잡하고 까다로우며, 그 암호를 해독하려면 다른 물질이 필요했다. 그러나 거기에 바로 생명의 비밀이 들어 있고, 많은 질병에 대한 해결책 역시 거기서 찾을 수 있을 것임은 의심의 여지가 없었다. 원자물리학, 핵물리학, 양자물리학이 화학의 기초를 이룬 것과 마찬가지로 양자화학은 분자생물학의 기초가 되었다. 그러니 위버가 칼텍—'세계 정상급 이론화학자' 라이너스 폴링과 1933년 노벨 생리·의학상을 수상한 유전자 분야의 최고 권위자 T. H. 모건을 보유하고 있었다—이 아닌 어디에서 세계적 수준의 연구자들을 찾을 수 있었겠는가?

진화종합설

유전학을 특히 흥미진진하게 만든 또 하나의 발전이 1930년대에 이루어졌다. 이 과정에서는 1937년에서 1944년에 출간된 이론서 네 종이 중요한 역할을 했고, 그 덕분에 여러 19세기식 관념이 완전히 폐기되었다.

이들 연구서는 지금은 '진화종합설evolutionary synthesis'이라고 일컬어지는 것으로 발전해, 진화가 실제로 어떻게 작동하는지에 대한 현대적 이해 방식을 마련했다. 그 네 종의 책을 출간 연대순으로 정리하면, 우크라이나 태생의 미국 유전·진화학자 테오도시우스 도브잔스키의《유전학과 종의 기원Genetics and the Origin of Species》(1937), 영국 생물학자 줄리안 헉슬리의《진화: 현대적 종합Evolution: The Modern Synthesis》(1942), 독일 태생 미국 생물학자 에른스트 마이어의《분류학과 종의 기원Systematics and the Origin of Species》(1942), 미국 고생물학자 조지 게일로드 심프슨의《진화의 속도와 양상Tempo and Mode in Evolution》(1944)이다. 이들이 한결같이 추구한 본질적인 문제는 다음과 같았다. 1859년에 찰스 다윈의《종의 기원》이 출간된 이후 다윈이 제시한 이론들 가운데 두 가지는 비교적 빨리 받아들여졌지만 다른 두 가지는 그렇지 않았다. 진화라는 관념, 곧 종이 변화한다는 생각 자체는 순순히 이해되었다. 모든 종이 하나의 공통 조상에서 유래했다는 '분지(가지치기) 진화branching evolution'라는 관념도 마찬가지였다. 그런데 점진적 변화 또는 그러한 변화의 원동력이 자연선택이라는 생각은 그렇지 쉽게 받아들여지지 않았다. 게다가 다윈은 책 제목을 '종의 기원'이라고 해놓고서는 종의 분화, 즉 새로운 종이 어떻게 생겨나는지는 설명하지 못했다. 그래서 세 가지 측면에서 논란이 촉발되었다.[14]

주요 논점은 이렇게 정리할 수 있겠다. 첫째, 많은 생물학자들이 당시에 진화는 점진적으로 진행되지 않고 엄청난 도약을 통해 이루어진다는 '도약론saltation'을 믿었다. 이런 식으로 해야만 종 사이의 엄청난 차이들을 설명할 수 있다고 생각했기 때문이다. 진화가 점진적으로 일어난다면 왜 그런 과정이 화석에 반영되지 않았겠는가? 왜 지금까지 '중간 단계'의 종이 한 번도 발견되지 않았는가? 둘째, 정향진화定向進化, orthogenesis라는 관념이 있었다. 진화의 방향이 어떤 식으로든 예정되어 있다는, 유기체가 진화하여 나아가는 최종 목적지가 어떻게든 정해져 있다는 주장이다. 그리고 셋째로, '부드러운soft' 유전에 대한 믿음이 광범위하게 퍼져 있었는데, 이는 획득 형질 유전 또는 라마르크설Lamarckism로 더 잘 알려져 있다. 줄리안 헉슬리—다윈의 진화론을 적극 옹호했다고 해서 '다윈의 불도그'라는 별명이 붙은 생물학자 T. H. 헉슬리의 손자이며 소설《멋진 신세계》를 쓴 올더스 헉슬리의 친형이다—는 처음으로 '종합'이라는 용어를 사용했지만, 위에서 열거한 네 사람 중에 독창성은 제일 떨어졌다. 나머지 세 명은 유전학, 세포학, 발생학, 고생물학, (계통)분류학, 개체군 연구 같은 최신 성과를 종합했다. 그리하여 새로운 발견들이 다윈주의의 우산 아래서 얼마나 서로 잘 들어맞는지를 보여주었다.

에른스트 마이어는 독일인 망명객으로서 1931년부터 뉴욕의 미국자연사박물관에서 근무했는데, 휘호 더프리스와 T. H. 모건 같은 초기의 저명한 유전학자들조차 우리의 예상과 달리 진화를 온전히 파악하지 못했다고 지적했다. 특히 이 두 사람은 개체군populations으로서 종의 본질을 제대로 파악하지 못했다고 주장했다.[15] 마이어는 종은 다수의 개체로 이루어지며 종마다 기본이 되는 원형이 있다는 전통적인 견해는 틀렸다고 주장했다. 종은 여러 개체군, 다시 말해 독특한 개체들로 구성된 집단으로 이루어지며 거기에는 이념형 같은 것은 **없다**는 것이다. 예를 들어 전 세계의 인종은 다양하지만 어떤 측면에서는 같기도 하다. 다른 무엇보다도 인종들 간에는 서로 교배가 된다. 마이어는 적어도 포유류의 경우 종 분화가 일어나려면 주요한 지리적 경계, 예컨대 산맥이나 바다 같은 것이 필요하다는 의견을 제시했다. 그래야만 서로 다른 개체군이 분리되어 별도의 계통으로 발전하기 시작한다는 것이다. 이런 과정은 서로 다른 인종들 사이에서 일어날 수 있으며, 수천 년 동안 계속되었겠지만 '격리된 유전 인자 꾸러미'—이것이 종의 정의다—가 되려면 턱없이 멀었다.

도브잔스키는 러시아 출신으로, 1928년 스탈린의 경제 집단화 정책이 실시되기 직전에 뉴욕으로 이주해 모건과 함께 연구했다. 크게 보아 연구분야는 같았지만 도브잔스키는 유전학과 고생물학을 좀 더 면밀히 들여다보았다. 그는 화석에 나타난 서로 다른 종들의 세계적 분포가 고대의 지질학적·지리적 사건들과 직접 관련이 있음을 보여주었다. 심프슨은 마이어와 미국자연사박물관에서 함께 일했고 런던에서 공부했으며 나중에 하버드 대학교 '알렉산더 아가시 석좌교수'가 되는데, 진화상의 변화 속도와 돌연변이의 비율에 관심을 집중했다. 그는 기존에 알려진 정도의 유전자 돌연변이만으로도 우리가 현재 지구상에서 보는 생물다양성을 충분히 설명할 수 있을 만큼 다양한 변이가 가능함을 입증했다.[16]

물리학과 생물학의 결합 시도:
분자 차원에서 생명이 지닌 공통점

라이너스 폴링은 처음에 워런 위버의 계획에 그다지 관심을 갖지 않았다가 서서히 분자생물학 연구로 눈을 돌렸다. 그것도 분자생물학으로 새로운 연구 자금이 몰릴 것이라는 확신(위버는 이 점을 강조했다)이 선 다음의 일이었다. 게다가 그 무렵 모건은, 컬럼비아 대학교에서 칼텍으로 옮겨온 해가 1928년이었으니, 어언 70대에 접어들어 은퇴를 앞두고 있었다. 그래서 폴링은 모건의 똑똑한 제자 조지 비들과 협력하게 된다.

우리는 앞서 폴링과 조지 윌런드가 공명의 원리를 벤젠과 기타 방향족 화합물에서 시작해 유기물질로까지 확대 적용했던 사례를 살펴보았다(5장 참조). 헤모글로빈 연구는 두 사람이 다음 단계에서 시도한 일 가운데 하나였다. 헤모글로빈이 매력적인 이유는 많았다. 우선 단백질이고, 인체에서 가장 중요한 분자 집단이었다(털, 피부, 근육, 힘줄도 단백질이고, 단백질은 신경과 혈액을 구성하는 가장 중요한 요소다). 효소도 단백질이고 염색체도 마찬가지다. "생명의 비밀이 있다면, 아마도 그것을 단백질에서 찾을 수 있지 않을까 생각한 것이다."[17]

그러나 현실적인 면에서 단백질은 악몽이었다. 단백질은 거대한 분자 덩어리여서 경우에 따라 수만 개의 원자로 구성되어 있었다. 그나마 헤모글로빈은 장점이 있었다. 재료를 얼마든지 구할 수 있고 결정화가 가능했다. 이는 헤모글로빈이 모종의 규칙적인 구조를 가지고 있다는 의미였다. 특히 폴링은 헤모글로빈이 자신이 수년간 연구했던 포르피린과 밀접한 관계가 있다고 봤다. 포르피린 분자는 형태가 특이하고—작은 반지들로 이루어진 큰 반지처럼 보였다—, 자연 전반에서 발견되며, 식물의 엽록소와 동물의 헤모글로빈에 산소를 결합시켜주는 역할을 한다. "포르피린은 분자 차원에서 생명이 지닌 공통점이라는 분자생물학의 발상을 상징하는 듯이 보였다. 또 포르피린은 생명이 존재하는 거의 모든 곳에서 등장했다."[18]

폴링은 포르피린과 헤모글로빈뿐 아니라 여러 가지 단백질을 차근차근 연구해나갔다(단백질이 생물학을 이해하는 핵심이라는 확신은 여전했다). 그런데 1944년에 대서양 건너편에서 일어난 한 사건이 분자생물학 분야 전체에 강력한 파장을 불러일으킨다.

《생명이란 무엇인가?What is Life?》는 에르빈 슈뢰딩거가 1944년에 영국에서 출판한 책으로, 진화종합설에 속하는 부류는 아니지만 생물학 발전—그리고 물리학과 생물학의 컨버전스—에 종합설 못지않게 중요한 역할을 했다.

슈뢰딩거는 앞서 5장에서 살펴본 대로, 1887년에 빈에서 태어났고 빈 대학교 졸업 후 모교에서 물리학 교수로 재직했다. 이후 취리히, 예나, 브레슬라우로 옮겨갔다가 막스 플랑크의 후임으로 베를린 대학교 이론물리학부 교수가 되었다. 역시 앞에서 본 대로, 1933년에는 양자역학 혁명에 기여한 공로로 (베르너 하이젠베르크, 폴 디랙과 함께) 노벨 물리학상을 받았다. 그러나 노벨상을 수상하던 바로 그해에 그는 나치 체제에 환멸을 느껴 독일을 떠났다. 슈뢰딩거는 옥스퍼드 대학교 맥덜린 칼리지의 연구원으로 선출되었고 벨기에에서 가르치다가 1939년 10월에 아일랜드 더블린으로 이주했다. 전쟁이 발발하면서 영국에 있다가는 '적성국 주민'이라는 신분 탓에 골치가 아플 터였기 때문이다. 아일랜드는 2차 대전 때 계속 중립국으로 남았다.

더블린이 매력적이었던 또 한 가지 이유는, 아일랜드 총리 에이먼 데벌레라가 주도해 프린스턴 고등연구소를 모델로 신설한 고등연구소Institute for Advanced Studies(IAS)였다. 슈뢰딩거는 1943년에 이 연구소의 정규 공개 강연을 하기로 하고 주제를 물리학과 생물학의 통합 시도로 잡았다. 특히 생명 자체와 유전의 가장 근본적인 측면을 다루는 내용이었다. 그는 과학이 다기화되었고, '이제 한 사람이 작은 특정 분야 이상을 온전히 관장하기란 거의 불가능해졌지만', 그런 딜레마에서 벗어나는 유일한 방법은 '누군가가······ 웃음거리가 될 각오를 하고······ 사실과 이론의 종합에 나서는 것'이라고 생각했다.

강연에서 슈뢰딩거는 두 가지를 시도했다. 먼저 물리학자가 생명을 어떻게 정의하는지 고찰했다. 그가 제시한 답변은 생명 체계는 하나의 질서에서 다른 질서로 나아가는, '적절한 환경에서 질서 정연한 어떤 것을 빨아들이는' 과정이라는 것이었다. 그런 과정은 엔트로피의 함의를 고려할 때 열역학 제2법칙으로는 설명이 안 된다고 그는 말했다. 따라서 생명 과정은 종국에는 물리학으로 설명할 수 있겠지만, 그런 설명은 아마도 당시에 밝혀지지 않은 새로운 물리학 법칙에 바탕을 둘 것이라고 전망했다. 더 흥미롭고, 더 영향력이 컸던 부분은 그의 또 다른 주장이었다. 그것은 유전의 구조, 즉 염색체를 물리학자의 시각으로 들여다본 일이었다.[19]

1940년대 중반 대부분의 생물학자들은 양자역학과 화학결합의 최신 연구 성과 양쪽 모두를 알지 못했다. (프리츠 런던과 발터 하이틀러가 화학결합을 발견했을 때 슈뢰딩거는 취리히에 있었고, 《생명이란 무엇인가?》에는 라이너스 폴링에 대한 언급이 없다.) 슈뢰딩거는 기존에 알려진 물리학을 가지고 유전자는 '비주기적非週期的 결정체aperiodic crystal', 즉 '개별 단위들 모두가 동일하지는 않은, 반복되는 단위들의 규칙적인 집합체'일 수밖에 없음을 보여주었다. 다른 말로 하면, 이는 기존 과학에서 어느 정도 익숙한 구조였다. 그는 개별 원자들의 행동은 통계적으로만 알 수 있다고 설명했다. 따라서 유전자들이 겉으로 보이는 것과 같은 고도의 정밀성과 안전성을 유지하려면 크기가 최소여야 하고, 원자 수도 최소여야 한다. 그는 또 최신 물리학을 활용해 염색체와 더불어 개별 유전자의 크기를 계산할 수 있다는 것—그가 제시한 수치는 300옹스트롬Å(빛의 파장이나 물질 내에서 원자

사이의 거리 등을 나타내는 단위로 1옹스트롬은 1억 분의 1센티미터다 —옮긴이)
이었다—을 보여주었다. 이로부터 각 유전자 내 원자의 수, 돌연변이를 일
으키는 데 필요한 에너지의 양도 계산해낼 수 있었다. 그에 따르면 돌연변
이 비율은 그런 계산 결과와 잘 맞아떨어졌다. 돌연변이 자체의 불연속적
특성도 마찬가지였다. 이는 중간치의 에너지 준위가 존재하지 않는 양자
역학의 특성을 연상시킨다.[20]

　이 모든 이야기가 1943년에서 1944년 당시 대다수 생물학자들에게는
새로운 내용이었다. 그러나 슈뢰딩거는 여기서 한 걸음 더 나아가, 유전자
는 하나의 코드code(암호)가 들어 있는 기다랗고 대단히 안정적인 분자로
구성되어 있다고 추정했다. 그는 이 코드를 기본 부호가 조금만 바뀌어도
엄청나게 다양한 의미로 해석될 수 있다는 의미에서 모스 부호Morse code
에 비교했다. 이렇게 해서 슈뢰딩거는 **코드**라는 용어를 처음 사용한 인물
이 되었다. 생물학자들의 관심을 끌고, 강연과 뒤이어 나온 책이 그토록
엄청난 영향력을 발휘한 것은 바로 그런 이유에서였다. 물론 물리학이 생
물학에 대해 발언할 부분이 있다는 신기한 사실도 한몫했다. 이러한 추론
을 토대로 슈뢰딩거는 유전자는 '그 안에 들어 있는 모든 원자, 모든 기基,
모든 복소고리heterocyclic ring 모양 화합물이 각각의 역할을 하는, 커다란
단백질 분자'라고 결론내렸다. 곧 염색체는 암호(코드)로 쓴 메시지라는 뜻
이다.

　《생명이란 무엇인가?》는 대단히 큰 영향력을 발휘했다. 지금도 '물리학
자가 쓴 가장 중요한 생물학 책'이라는 평가를 받고 있다. 타이밍도 이 책
의 영향력이 확산되는 데 큰 역할을 했다. 당시 원자탄 개발로 적지 않은
물리학자들이 물리학 자체에 흥미를 잃고 있었다. 어쨌거나《생명이란 무
엇인가?》를 읽고, 그 주장에 흥분한 사람들 중에는 프랜시스 크릭, 제임스

왓슨, 모리스 윌킨스가 있었다. 크릭과 왓슨은 당시 케임브리지 대학교 캐번디시 연구소에, 윌킨스는 런던 대학교에 있었다.

폴링은 《생명이란 무엇인가?》에 그다지 감흥을 느끼지 못했다. 특히 당시로서는 생명을 아직 밝혀지지 않은 **새로운** 물리학 법칙들로 설명할 수 있으리라는 슈뢰딩거의 견해를 수용하지 않았다. 폴링이 이런 입장을 보인 이유는 자신의 연구를 통해 일부 유기물질이 결정체를 형성한다는 것을 입증했기 때문이다. 이는 유기물질이 무기물질과 동일한 '상보적' 규칙을 따른다는 의미였다. 게다가 효소의 촉매 작용과 생식의 경우에는 폴링 자신의 상보성 개념이 중요한 역할을 하는데, 슈뢰딩거는 이에 대해서는 살펴보지 못한 상태였다.

그렇기는 하지만 이제 폴링은 마침내 전력을 다해 분자생물학에 뛰어들었다. 그리고 1940년대 중반에서 1940년대 말로 넘어가는 상황에서 폴링은 생식에 대해 점점 더 깊이 생각하게 된다. 당시 한 강연에서 그는 이렇게 말했다. "일반적으로 유전자나 바이러스를 복제용 모형母型으로 사용하면 결국 동일한 구조는 아니지만 상보적 구조를 갖는 분자가 형성됩니다. …… 모형 역할을 하는 구조(유전자나 바이러스 분자)는 두 부분으로 되어 있습니다. 두 부분 자체는 구조 면에서 상보적이고, 그 각각은 다른 부분의 복제물 생산의 거푸집 역할을 할 수 있습니다. 그리고 상보적인 두 부분의 복합체는 그렇게 해서 그 자체의 복제물 생산을 위한 거푸집 역할을 하는 것이지요."[21] 폴링은 문제의 핵심에 가까이, 아주 가까이 다가가고 있었다. 그런데 당장은 그런 쪽으로 생각을 더는 전개하지 않고 관심을 의학으로 돌렸다.

화학과 생물학의 경계선

워런 위버가 '분자생물학'이라는 표현을 처음 사용한 해는 1938년이었지만 영국에서 이 용어가 정착되는 데에는 시간이 좀 걸렸다. 이는 영국인들이 개별 과학이나 과학에서 사용하는 용어들을 결합하는 것에 거부감을 지녔기 때문은 아니다. 1938년에 물리학자 J. D. 버널은 케임브리지 대학교에 '수학-물리학-화학 형태학 연구소'를 설립하고 1년 후에는 '단백질 연구 본부'를 세우려고 애썼다(하지만 결국 실패했다). 단백질의 구조가 '화학과 생물학적 문제의 경계선상에 있는 주요 미해결 문제'라고 봤기 때문이다.[22] 실제로 상당히 유사한 분야들을 기술하는 용어가 여럿 등장했다. '생체분자 연구biomolecular research'도 그렇고, '생명 과정vital processes' '생물물리학biophysics'도 마찬가지다. 특히 생물물리학은 상대적으로 널리 쓰였다. '죽음의 물리학'(원자탄)과 대비되는 '생명의 물리학physics of life'은 2차 대전 종전 직후에 특히 널리 사용됐다. 심지어 생물물리학연구소 설립 제안이 나온 시기가 1944년이었다.

영국의 경우 생물물리학은 서로 다른 세 그룹으로 나뉘었다. 방사선이 인체에 미치는 영향과 인체를 보호하는 방법을 주로 연구하는 급진적인 그룹, 레이다 연구 차원에서 개발된 새로운 기록 장치를 활용하는 '신경-근육' 그룹, 일련의 물리적 기법, 특히 전자계산기의 발명으로 가능해진 엑스선 회절을 이용해 복잡한 생물학적 구조를 연구하는 '구조 그룹'이 있었다.[23] 혈액 및 혈액 관련 제품을 전시에 광범위하게 연구한 것은 전장의 사상자들 때문이었다. 그리고 오스트리아 출신 망명자인 케임브리지 대학교의 맥스 퍼루츠는 헤모글로빈 연구에 집중했다.

전쟁 때문에, 그리고 작전 관련 연구의 발달로 초원심분리기, 분광기,

전자현미경, 중동위원소와 방사성동위원소 같은 많은 새로운 도구들이 개발되면서 생명과학을 변혁시키는 데 중요한 역할을 했다.[24] 거기에는 폴링이 일찍부터 접했던 1세대 컴퓨터도 포함된다. 영국도 곧 태뷸레이팅 머신 컴퍼니 영국 지부가 판매하던 미제 홀러리스 머신을 보유하게 된다.

케임브리지 대학교에서 유전학과를 이끈 인물은 R. A. 피셔였는데, 그는 생물학에 통계적·수학적으로 접근해야 한다고 강조했다. 따라서 이 대학에 엑스선 결정학자들에게 컴퓨터 서비스를 제공하는 '수학실험실 Mathematical Laboratory'이 설립된 것은 전혀 이상한 일이 아니었다. 수학실험실은 프린스턴 고등연구소에 있던 수학자 존 폰 노이만이 제안한 프로그램 내장형 컴퓨터인 에드박EDVAC(Electronic Discrete Variable Automatic Computer)의 설계를 그대로 따른 에드삭EDSAC(Electronic Delay Storage Automatic Calculator)을 사용했다(17장 참조).[25]

1946년 4월에 캐번디시 연구소 소장인 물리학자 로런스 브래그는 왕립학회에 '경계선상의 주제들'(최소한 전통적으로 볼 때 두 가지 서로 다른 분야가 겹치는 문제들)을 연구하는 데 필요하다며 지원금을 신청했다. '결정질結晶質 단백질'(구성 원자가 7만 개쯤 되는 것으로 알려져 있다)을 엑스선 분석 기법으로 조사 중인 맥스 퍼루츠를 돕기 위한 조치였다.[26] 빈 대학교를 졸업한 퍼루츠는 케임브리지 대학교로 건너와 불과 몇 년 전 엑스선으로 결정질 단백질의 사진을 최초로 촬영한 버널에게 결정학을 배웠다.[27] 퍼루츠는 나중에 박사학위 연구 주제로 헤모글로빈을 선택했다.

브래그는 많은 동료들에게 과거 '위대한 전통'을 자랑했던 핵물리학 대신 생물물리학 같은 '이상한' 주제를 지원한다는 비판을 받았다. 그러나 전쟁이 끝나고 새로운 도구가 많이 늘어난 상황에서, 브래그는 이제 훨씬 더 큰 유연성을 발휘해야만 발전할 수 있음을 직감했다.[28]

DNA 이중나선: 단백질의 자생적 질서

엑스선 결정학의 전통이 오랜 영국에서는 단백질이나 아미노산 또는 펩타이드 같은 긴 사슬 분자는 (구조적 효율성 때문에) 자연적으로(자생적으로) 나선spirals/helix 형태가 된다는 생각이 확산되고 있었다. 나선 개념에 대해서는 폴링이 누구보다 잘 알았다(헬릭스도 폴링이 창안한 용어로, 칼텍에서 같이 박사과정을 한 영국 화학자 잭 더니츠가 한 번 언급한 적이 있다). 폴링의 아이디어는 특히 단백질에 잘 맞아떨어졌다. 1948년에서 1949년에 폴링은 한 학생에게 나선형 모델을 최대한 조사해보라는 과제를 내주었다.[29] 폴링은 곧 두 가지 형태의 나선형만이 엑스선 회절 사진 및 화학적 증거에 부합한다는 결론을 내렸다. 둘 중에서 비교적 촘촘한 형태는 나선 회전 부위마다 아미노산이 대략 3.7개, 비교적 느슨한 형태는 5.1개였다. (당시는 나선 구조 모델을 조립하는 것이 크게 유행했다. 나무를 깎아 구체와 작은 막대기들을 만들어 이어 붙이고 각 부위마다 다른 색깔로 페인트칠을 하는 식이었다.) 폴링은 촘촘한 나선을 '알파 헬릭스', 느슨한 나선을 '감마 헬릭스'라 칭하고, 사슬을 따라 붙어 있는 각각의 아미노산은 전체 나선 길이에서 약 1.5옹스트롬을 차지한다는 점을 입증했다. 이 정도의 정확성은 그 자체로서 대단한 성과였고, 유사한 맥락에서 폴링과 그 동료들은 다양한 종류의 단백질—콜라겐, 젤라틴, 근육—모델을 제시했다. 폴링 전기를 쓴 토머스 헤이거는 폴링의 단백질 연구는 전체적인 지형을 바꾸어놓았다고 말한다.

1951년 여름, 폴링은 관심을 DNA로 돌렸다. DNA는 염색체에 들어 있는 가장 일반적인 형태의 핵산으로, 그것이 뉴클레오티드라고 하는 하위 단위 네 개만으로 반복적인 패턴이 형성되는 긴 사슬 분자임을 입증해야 하는 역사적 과제가 기다리고 있었다. 물론 이것은 슈뢰딩거가 생식을 위해 필요하다고 언급한 바로 그것이었지만, 폴링은 그 독일인의 말에 신경쓸 시간 같은 것은 없었다. (아니, 자신이 시간 없다고 직접 말했다. 슈뢰딩거가 《생명이란 무엇인가?》에서 자신을 언급하지 않아서 화가 났기 때문일 가능성이 높다.) 그러나 당시에는 지금 우리가 생각하는 것처럼 DNA가 최우선 순위가 아니었다. DNA는 염색체의 중요한 구성 요소지만 단백질도 그런 점에서는 마찬가지였다. 많은 연구자들은 단백질이 유전적 지시 정보를 운반하는 수단일 가능성이 가장 높다고 봤다.[30]

그런 예상과 정반대되는 유일한 증거는 1944년에 뉴욕 록펠러 연구소의 오즈월드 에이버리가 발표한 논문이었다. 여기서 그는 DNA가 '저절로' 폐렴구균들 사이에 유전적 특질을 전달할 수 있음을 밝혀냈다. 폴링은 에이버리와 개인적으로 안면이 있었고 문제의 연구에 대해 알고 있었지만, 거기에 크게 중요성을 부여하지는 않았던 터라 추가 검증 같은 것은 해보지 않았다.

폴링이 취한 한 가지 조치는 런던 대학교 킹스 칼리지에 있는 모리스 윌킨스에게 편지를 쓰는 것이었다. 윌킨스는 DNA 결정학 사진 분야의 최고 전문가라고 할 만했다. 폴링은 칼텍에 와 있는 초빙 연구원(그는 물이 DNA에 미치는 영향을 꾸준히 하고 있었다)한테서 윌킨스가 찍은 사진에 대한 얘기를 들은 적 있었다.

윌킨스가 폴링의 편지를 받은 시기는 1951년 늦여름이었는데, 그는 어떻게 해야 할지 난감했다. 윌킨스는 폴링이 자기보다 뛰어난 과학자임을 알고 있었지만, 그 시점까지 최상의 DNA 엑스선 결정학 사진들을 만들어낸 것이 바로 자신의 가장 큰 강점이라는 사실도 잘 알았다. 따라서 그런 사진들을 남에게 보여주기가 영 내키지 않았다. 윌킨스는 폴링의 편지를 일주일 동안 들고 있다가, 자기가 갖고 있는 사진들은 공표하기에는 아직 너무 부족하다는 식으로 답장을 보냈다. 폴링은 이에 굴하지 않고 윌킨스의 상급자인 J. T. 랜들에게 다시 편지를 보냈다. 랜들은 좀 더 솔직한 답신을 보냈다. 그는 윌킨스를 비롯한 연구자들이 DNA 연구를 하고 있다고 밝히면서 그들의 자료를 폴링에게 보여주라고 하는 것은 그들에게 불공정한 처사일 것이라고 말했다.[31]

폴링은 이런 답변에 별로 놀라지 않았다. 그는 자신이 누구보다도 빨리 움직이는 사람임을 잘 알았고, 특히 1952년 5월이면 영국왕립학회 특별 회의에 참가하게 되어 있었다. 그리 오래 남지 않았다. 폴링은 그 정도는 충분히 기다릴 수 있었다.

생물학, '엄밀'과학으로 발돋움하다

폴링은 도전한 모든 게임에서 승리했다. 그런데 DNA는 달랐다. 대중이 DNA의 구조에 대해, 그리고 폴링이 밝혀낸 내용이 아니라는 사실을 처음 안 것은 1953년 4월 25일 《네이처》지에 실린 〈핵산의 분자 구조 Molecular Structure of Nucleic Acids〉라는 900단어짜리 논문을 통해서였다. 논문은 《네이처》 특유의 정제된 체제를 따랐다. 이 논문은 분자생물학이라는 말이 전공자만이 아닌 만인의 입에 오르내리게 하는 역할을 했지만, 2년간 펼쳐진 치열한 드라마의 클라이맥스였다. 과학이 본디 사려 깊고 정연한 질서를 갖춘 세계여야 마땅하다면 이 경우는 나쁜 편이 승리한 셈이다. 그리고 이 드라마의 핵심은 칼텍이 아니라 케임브리지 대학교와 런던 대학교였다.

주요 등장인물 가운데 가장 눈에 띄는 사람은 프랜시스 크릭이다. 그는 '말이 많고 웃음소리가 유난히 시끄러운 데다 남의 일에 시시콜콜 간섭하는 짜증나는 습관'이 있는 인물이었다. 크릭은 케임브리지 대학교 재직 시절 동료지만 자신에게 비판적이었던 미국 문학평론가 조지 스타이너가 보기에 '뇌조 사냥 나갈 때 들리는 떠들썩한' 그런 목소리였다. 크릭이 유명해진 이후 인명사전《후즈 후who's who》에 실린, '크릭' 항목에는 취미가 '대화, 특히 예쁜 여자들과의 대화'라고 쓰여 있다.[32] 그런 만큼 그는 수줍은 스타일과는 아주 거리가 멀었다. 1916년 영국 노샘프턴(과거에는 제화로 유명했다)에서 구두장이의 아들로 태어난 크릭은 런던 대학교(재학 시절에 '별난' 스웨이드 가죽 구두를 신고 다녀서 속칭 '또라이'로 통했다)를 졸업했다. 2차 대전 때는 해군성에서 일하다가 C. P. 스노에게 면접을 본 다음부터 기뢰 설계 임무를 맡았다.

크릭이 다름 아닌 라이너스 폴링의 강의를 듣고 생명-화학 연구로 방향을 잡은 것은 1946년에 가서였다. 슈뢰딩거의《생명이란 무엇인가?》, 특히 양자역학을 유전학에 적용할 수 있다는 이 책의 제안에서도 영향을 받았다. 1949년에 크릭은 캐번디시 연구소의 케임브리지 의학 연구 분과에 채용되었다. 여기서 그는 곧 예의 걸걸한 웃음소리와 이런저런 문제에 대해 즉석에서 온갖 이론을 떠벌리는 사람으로 유명해졌다(루트비히 비트겐슈타인과도 여러 차례 싸웠다).[33]

1951년에 한 미국인이 캐번디시 연구소에 합류했다. 채권 추심원의 아들이었던 제임스 왓슨은 키가 크고 대꼬챙이처럼 바짝 마른 몸매에 대인관계를 불편해하는 시카고 출신으로, 크릭보다는 열두 살 아래였지만 지적인 면에서는 극도로 자신감이 넘쳤다. 신동인 왓슨 역시 시카고 대학교 학부에서 동물학을 전공할 때 슈뢰딩거의《생명이란 무엇인가?》를 읽은 것을 계기로 미생물학에 관심을 갖기 시작했다. 핵산 관련 화학을 배우기 위해 코펜하겐에 가 있을 때는 덴마크 수도에 짜증이 난 나머지 케임브리지로 여행을 갔다. 당시와 관련한 맥스 퍼루츠의 회고. "짧게 치켜 깎은 머리에 눈이 툭 튀어나온 이상한 친구가 갑자기 내 방문을 치고 들어오더니 '저, 실례합니다'와 같은 말도 없이 불쑥 물었다. '여기 와서 일할 수 있나요?'"[34]

폴 스트래던이 전하는 이야기에 따르면 왓슨은 유럽에 들른 길에 이탈리아 나폴리의 과학 학술대회에서 뉴질랜드인 모리스 윌킨스를 만났다. 윌킨스와 관련해서는 한 학생이 '시무룩하고, 좀 노처녀 같은 젊은 남자'라고 평한 바 있는데, 당시에는 런던 대학교 킹스 칼리지(킹스 칼리지 런던)에 적을 두고 있었고, 2차 대전 때는 맨해튼 프로젝트에 참여했지만 곧 환멸을 느끼고 생물학으로 돌아선 인물이었다(윌킨스도 《생명이란 무엇인가?》를 읽었다).[35] 영국의학연구위원회The British Medical Research Council는 킹스 칼리지에 생물물리학 분과를 두었는데 당시 윌킨스는 이 조직의 책임자였다. 그의 전공 중 하나는 앞서 살펴본 것처럼 DNA 엑스선 회절 사진이었다. 그는 나폴리에서도 왓슨에게 촬영 결과의 일부를 흔쾌히 보여주었다. 이 우연한 만남이 왓슨의 인생을 결정지었다. 그때 그 자리에서 왓슨은 DNA 구조 규명에 헌신하기로 작심했던 듯하다. 그는 노벨상의 성패가 거기에 달려 있으며, 그런 발전 없이는 분자생물학은 한 치도 앞으로 나아갈 수 없지만, 거기서 성과가 나온다면 유전공학으로 가는 길이 트이고 지금까지 몰랐던 새로운 인간 경험의 시대가 열리리라는 것을 알고 있었다. 그는 재주껏 캐번디시 연구소로 자리를 옮겼다. 23세 생일이 며칠 지난 시점에 왓슨은 케임브리지 대학교에 입성했다.

DNA의 역사는 유전자의 역사와 다르지 않다. 멘델의 통찰이 35년 동안 간과되었듯이, 1869년에 튀빙겐 대학교의 프리드리히 미셔가 발견한 '뉴클레인nuclein' 역시 유전학자들의 관심을 끌지 못했다. 미셔는 '고름이 잔뜩 밴 부상병의 붕대에서' 인산이 많이 함유된 산성 물질을 분리해내고 이를 뉴클레인이라고 칭했다. 그것이 세포핵nuclei에 항상 존재하는 듯이 보였기 때문이다. 나중에 스위스 바젤 대학교로 옮긴 피셔는 연어 알에서 훨씬 순수한 뉴클레인 샘플을 얻었다. 바로 이 뉴클레인이 훗날 디옥시리보핵산(영어로 처음에는 deoxyribose nucleic acid라고 했다가 나중에 deoxyribonucleic acid로 살짝 바뀌었다), 즉 DNA로 명칭이 바뀌었다. 20세기 초에는 뉴클레인이 유전자들이 자리를 잡은 일종의 비계飛階 같은 것으로 간주되었다. 이는 분명 단조로운 구조로 여겨졌고 거대분자였다. 그런데 뉴욕 록펠러 연구소의 오즈월드 에이버리가 DNA는 한 유기체의 본질을 변화시킬 수 있고 유전이 가능하다는 점에서 유전자의 속성을 가지고 있음을 입증했다.[36]

　왓슨은 캐번디시 연구소에 들어갔을 때 연구소가 런던 대학교 킹스 칼리지와 '신사협정'을 맺었다는 사실은 미처 알지 못했다. 캐번디시 연구소는 단백질, 특히 헤모글로빈의 구조를 연구하고 있었던 반면, 런던 대학교는 DNA를 연구하고 있었다. 그러나 이는 여러 복잡한 문제 가운데 하나에 불과했다. 왓슨은 곧바로 크릭과 의기투합했다. 놀라울 정도로 자존심이 강하다는 것도 공통점이었는데, 사실 이것이 두 사람의 유일한 공통점이었다. 크릭은 생물학에 약했고, 왓슨은 화학에 약했다. 연구소장 로런스 브래그가 원자의 구조를 규명하기 위해 개발한 엑스선 회절 기법에 대해서는 둘 다 몰랐다. 그렇다고 기죽을 사람들은 아니었다. 두 사람은 DNA 구조에 매료되어 깨어 있는 시간에는 내내 그 문제에 관해 토론하거나 잡담을 하면서 보냈다. 캐번디시 연구소에서 90여 미터 거리, 킹스 퍼레이드 거리를 살짝 벗어나 베네트 가街에 위치한 '독수리 레스토랑'(속칭 공군 술집)이 두 사람의 아지트였다.

왓슨과 크릭은 둘 다 자존심이 강한 것은 물론이고, 경쟁심도 남달랐다. 이들의 가장 큰 라이벌은 킹스 칼리지 쪽 사람들이었다. 당시 킹스 칼리지의 모리스 윌킨스는 얼마 전 29세의 로절린드 프랭클린(뒤에서는 다들 '로지'라고 불렀다)을 채용한 상태였다. 그녀는 교양 있는 유대계 은행가 집안의 '고집불통 딸'이라는 얘기를 들었는데, 종조부가 내무 장관 시절 밸푸어 선언 및 그 이후 이스라엘 건국으로 이어지는 보고서를 작성한 새뮤얼스 경이었다.[37] 프랭클린은 파리에서 4년간 엑스선 회절 작업을 막 마치고 돌아온, 그 분야 세계 최고의 전문가 가운데 한 명이었다. 윌킨스가 프랭클린을 채용했을 때, 프랭클린은 자신이 윌킨스와 동급이며 엑스선 회절 부문 책임자가 되리라 기대했다. 반면에 윌킨스는 그녀를 조수로 생각했다. 이런 오해가 불협화음을 낳았다.

그럼에도 불구하고 프랭클린은 상당한 성과를 냈으며, 1951년 가을에는 킹스 칼리지에서 자신의 연구 성과를 알리는 세미나를 열었다. 나폴리에서 만났을 때 이 주제에 왓슨이 관심을 보인 사실을 기억한 윌킨스는 케임브리지 대학교 소속인 그를 세미나에 초대했다. 세미나에서 왓슨은 프랭클린에게서 DNA가 나선 구조임이 거의 확실하다는 이야기를 들었다. 각 나선은 인산과 당을 주축으로 염기인 아데닌, 구아닌, 티민, 시토신이 붙어 있는 식으로 되어 있다는 얘기였다. 세미나가 끝난 뒤 왓슨은 프랭클린('새빨간 립스틱을 칠한 지적인 여자'라고 왓슨은 표현했다)을 소호에 있는 중국 식당으로 초대했다. 거기서 DNA 얘기 끝에 킹스 칼리지 생활이 힘들다는 이야기가 나왔다. 프랭클린은 윌킨스가 점잖은 사람이긴 하지만 속내를 잘 드러내지 않는 차가운 사람이라고 말했다. 프랭클린은 윌킨스에게서 불안감을 느꼈다. 같이 일하기 위해서는 참아야 했지만 그가 정말 싫었다. 저녁 식사 자리에서 왓슨은 이해가 간다는 등 하면서 공감을 표시했지만, 케임브리지로 돌아오는 동안 윌킨스와 프랭클린의 관계라면 절대 성공하지 못할 것이라고 확신했다.

반면에 왓슨과 크릭은 거의 '드림팀' 수준이었다. 이런 관계는 미래에 달성할 성과와도 무관하지 않았다. 두 사람은 나이나 문화적·과학적 배경이 너무 달랐고, 킹스 칼리지와 경쟁 관계였는데도 경쟁의식을 거의 느끼지 않았다. 게다가 둘은 연구 관련 분야에서 모르는 부분이 너무 많다는 사실을 잘 알았기에(둘 다 폴링의《화학결합의 본질과 분자 및 결정의 구조》를 성서처럼 끼고 살았다) 서로의 생각을 맹렬히 비판하면서도 감정은 상하지 않았다. 이런 관계는 윌킨스와 프랭클린의 불편한 동거와 너무도 달랐으며, 이 점이 두 사람의 성공에 대단히 중요한 요인으로 작용했을 것이다.

단기적으로는 좌절이 있었다. 1952년 12월에 왓슨과 크릭은 수수께끼의 답을 찾았다고 생각하고 윌킨스와 프랭클린을 케임브리지로 초청해서 자신들이 만든 폴링 스타일의 목제 모델을 보여주었다. 3중 나선 구조로 염기를 바깥쪽에 배열한 형태였다. 프랭클린은 혹독한 비판을 가하면서, 나선 구조나 염기의 위치 면에서 자신이 찾아낸 결정학의 증거에 전혀 부합하지 않는다고 쏘아붙였다. 그녀는 염기가 **안쪽에** 위치한다고 주장했다. 그 두 사람이 제시한 모델은 자연 상태에서 DNA는 물과 결합된 상태로 존재한다는 사실도 고려하지 않은 것이었다. 물은 DNA 구조에 중요한 역할을 한다. 프랭클린은 두 사람이 자신의 연구 성과를 무시한 것에 화가 치민 나머지 케임브리지에 온 것이 완전히 시간 낭비라며 투덜거렸다. 이번에는 왓슨과 크릭의 넘치는 자신감이 완전히 낭패를 본 셈이었다. 이런 이야기가 연구소장 귀에 들어가면서 상황이 더 심각해졌다. 브래그 소장은 크릭을 방으로 불러 단단히 주의를 주었다. 크릭과 왓슨이 신사협정을 깸으로써 연구비를 따내기가 어려워졌다는 이야기였다. 두 사람에게 DNA 연구를 당장 중단하라는 명이 떨어졌다.[38]

브래그는 그러고는 잊고 말았다. 하지만 그는 부하 직원들을 잘못 봤다. 크릭은 DNA 연구에서 손을 뗐지만, 그가 동료들에게 말한 것처럼 연구에 대해 **생각하는 것**은 아무도 말릴 수 없었다. 한편 왓슨은 담배 모자이크 바이러스 구조 규명 프로젝트를 핑계 삼아 몰래 연구를 계속했다. 유전자와 유사성이 있는 연구였기 때문이다.

이런 상황에서 변화가 일어났다. 라이너스 폴링의 아들인 피터 폴링이 캐번디시 연구소에 대학원생 신분으로 연구를 하러 온 것이다. 피터는 예쁜 여자들을 달고 다녔다. 왓슨으로서도 좋은 눈요깃감이었다. 하지만 진짜 중요한 부분은 피터가 아버지와 긴밀히 연락을 취하고 있다는 점이었다. 피터는 새로 알게 된 동료들에게 라이너스 폴링이 DNA 모델을 조합하고 있다고 떠들고 다녔다. 왓슨과 크릭은 망연자실했다.

바로 그때 운명의 여신이 나서서 두 사람의 손을 들어주었다. 앞서 살펴본 대로, 폴링은 그해 초 런던에 도착해 영국왕립학회 단백질 학술 모임에 참석할 계획이었다. 그런데 반핵평화주의자라는 명성 때문에 미국 국무부가 사전에 조지프 매카시 상원 의원을 설득해 그의 여권을 무효화해 버렸다. 라이너스 폴링이 원래 계획대로 런던에 왔다면 분명 DNA에 대한 이해를 넓힐 수 있었을 것이다.[39] 그런데 라이너스 폴링이 출판 예정으로 쓴 논문 원고 사본이 케임브리지에 도착했을 때, 왓슨과 크릭은 그걸 보고 치명적 결함이 있음을 바로 알아챘다. 3중 나선 구조를 기본으로 하고 염기를 바깥쪽에 붙인 모델이었던 것이다. 두 사람이 지난번에 만들었다가 프랭클린에게 혹독한 비판을 받은 모델과 흡사했다. 게다가 폴링은 이

온화를 고려하지 않고 있었다. 그런 구조로는 DNA의 결합 관계를 설명하지 못할 것이 뻔했다. 왓슨과 크릭은 폴링이 그런 오류를 깨닫는 것은 시간문제라는 걸 잘 알았다. 따라서 먼저 테이프를 끊으려면 6주 정도가 마지노선이라고 생각했다. 두 사람은 위험을 감수하고 비밀을 밝히기로 했다. 브래그 소장에게 자기들이 지금 하고 있는 일을 설명한 것이다. 이번에는 브래그도 문제 삼지 않았다. 라이너스 폴링이 나섰다면 킹스 칼리지와의 신사협정 같은 것은 문제가 아니었기 때문이다.

이렇게 해서 왓슨과 크릭에게 평생에서 가장 피 말리는 6주가 시작되었다. 이제 연구소에서 모델(3차원 모델이 반드시 필요했다)을 더 만들어도 된다는 허락도 받았고, 아데닌, 구아닌, 티민, 시토신, 이 네 가지 염기가 어떻게 결합하는지 궁리에 궁리를 거듭했다. 그 결과 두 사람은 아데닌과 구아닌, 티민과 시토신이 짝을 이뤄 서로 잡아당긴다는 사실까지 알아냈다. 이는 또 다른 탁월한 생화학자인 미국 컬럼비아 대학교의 어윈 샤가프의 연구 성과를 접한 덕분이었다. 샤가프는 DNA의 질소성 염기와 관련해 대단히 흥미로운 사실 하나를 발견했다. 각각의 염기의 비율은 종마다 다르지만 일반적으로 정확히 대칭을 이룬다는 점이었다. 아데닌은 티민과 함량이 같고, 시토신은 구아닌과 함량이 같은 식이었다. 이것이 무엇을 의미하는지 샤가프는 몰랐지만, 크릭은 바로 알아보았다.

게다가 DNA의 크기를 좀 더 정밀하게 측정한 프랭클린의 최신 결정학연구 성과에서 크릭과 왓슨은 훨씬 좋은 사진을 확보했다. 두 사람은 여러 사진에서 상단부와 하단부에 '정확히 층선層線 10에' 대단히 농밀한 검은 얼룩들이 있음을 발견했다. 이는 DNA 나선 각각이 열 개의 뉴클레오티드로 한 회전 단위—인 10개, 당 10개, 염기 10개—를 이룬다는 것을 의미했다. 이제 두 사람은 두 뉴클레오티드 사이의 거리는 3.4옹스트롬이며,

나선의 두 회전 사이의 거리는 27이 아닌 34옹스트롬임을 알아냈다. 그 결과 한결 나은 모델을 만들 수 있었다. (왓슨과 크릭은 그런 모델 제작에 폴링의 통찰이 영감을 주었다는 사실을 인정했다.)[40]

"바로 이거야!" 하는 영감의 순간이 두 번 있었다. 첫 번째는 크릭에게, 두 번째는 왓슨에게 다가왔다. 크릭은 반복 패턴이 두 사람이 원래 생각했던 180도가 아니라 360도 회전한 이후에 나타나며, 그래서 전체 구조가 더욱 안정된다는 것을 직감했다. 마지막 돌파구가 열린 것은, 왓슨이 염기들의 이성질체異性質體를 잘못 선택했다는 단순한 오류를 깨달으면서였다. 각 염기는 두 가지 형태, 곧 에놀형enol과 케톤형keto으로 되어 있는데, 그때까지 나온 모든 증거에 비추어보면 에놀형을 사용하는 것이 타당했다. 그러나 왓슨의 동료인 제리 도노휴가 제안한 대로 케톤형을 사용해보면 어떻게 될까? 이런 직감을 믿고 밀어붙이자마자 왓슨은 염기들이 **안쪽으로** 완벽하게 들어맞는다는 것을 발견했다. 이로써 완벽한 이중나선 구조가 형성되었다. 더 중요한 것은 복제 과정에서 두 가닥의 DNA가 분리되면서 아데닌은 구아닌에, 티민은 시토신에 가서 달라붙었다는 사실이다(폴링의 표현으로 하면 상보성이다). 이는 새 이중나선과 예전의 이중나선이 완벽하게 동일하며, 유전자에 들어 있는 생물학적 정보가 아무런 변화 없이 그대로 전달된다는 의미였다. 이중나선 구조로 유전을 설명하려면 반드시 그렇게 되어야 했다.

두 사람이 DNA의 새 구조 모델을 동료들에게 공표한 날은 1953년 3월 7일이다. 그리고 6주 후 두 사람의 논문이 《네이처》에 실렸다(저자 표기 순서는 두 사람이 동전 던지기로 결정했다). 스트래던에 따르면 왓슨과 크릭에게 호감을 갖고 있던 윌킨스는 두 사람을 '다 큰 악동 단짝'이라고 불렀다. 프랭클린은 두 사람이 제시한 모델이 맞다고 바로 인정했다. 그러나 모든 사람이 그렇게 선선히 봐주지는 않았다. '비양심적'이라는 소리도 있었고, 공을 둘이서 독차지해서는 안 된다는 이야기도 나왔다.[41]

그런데 드라마는 아직 끝난 게 아니었다. 1962년 노벨 생리·의학상은 왓슨, 크릭, 윌킨스에게 공동으로 돌아갔다. 같은 해 화학상은 미오글로빈과 헤모글로빈의 구조를 밝혀낸 캐번디시 연구소 엑스선 회절 팀장 맥스 퍼루츠와 그의 조수 존 켄드루가 공동 수상했다. 분자생물학이 그야말로 성숙 단계로 접어들었다는 신호였다.

로절린드 프랭클린은 아무것도 받지 못했다. 그녀는 크릭 부부가 처음에 사람들과 잘 어울리지 못했을 때 친구처럼 잘 대해줬고, 난소암 수술후에는 부부의 도움을 받으며 투병할 정도였다. 그러나 프랭클린은 1958년에 서른일곱의 나이에 암으로 사망했다.

1953년 여름, 러시아 출신의 저명한 미국 물리학자 조지 가모프가 왓슨과 크릭에게 편지를 보냈다. "선생들의 논문은 생물학을 '엄밀'과학의 반열에 올려놓았습니다"라는 내용이었다.[42] 앞으로 살펴보겠지만, 분자생물학과 진화론은 바로 그 시점부터 입자물리학 및 양자물리학과 함께 20세기 말을 지배하는 이론으로 경쟁을 벌이기 시작한다. 여기서 다시, 라이너스 폴링을 현대 과학에서 가장 영향력 있는 인물로 재평가하지 않을 수 없다는 점을 분명히 밝혀둔다. DNA 연구와 관련해 약간 좌절을 겪었지만, 폴링은 그 누구보다도 분과 과학들 간의 컨버전스를 촉진하는 데 공헌했으니 말이다.

생물학, 가장 통합적인 과학: 환원에서 구성으로

분자생물학으로의 거대한 전환은 완전히 새롭고 지극히 강력한 과학 분과가 등장한 것 이상을 의미했다. DNA의 구조는 본질적으로 유전자, 원자, 양자, 상대성, $E=mc^2$, 빅뱅의 발견만큼이나 중요했다. **근본적인** 것이었기 때문이다. 게다가 DNA는 위에서 말한 대부분의 사안과 달리 우리 인류의 특질과 훨씬 더 긴밀히 연관되어 있었다. DNA는 근본적인 것이기는 하지만 단순한 구조와는 거리가 멀었다. 분자생물학이 중요한 만큼이나 복잡하다는 것은 누구나 안다.

그러나 과학이 진화한 방식, 원자물리학과 핵물리학이 양자화학을 낳고, 다시 분자생물학을 탄생시킨 과정은 모든 과학이 기본적으로 서로 연결되어 있다고 보는 환원주의 관념을 강화했다. 그것도 아주 강하게. 이런 문제를 집중적으로 제기한 것은 바로 이 시기, 즉 1950년대 말에 파울 오펜하임과 힐러리 퍼트넘이라는 저명한 두 과학철학자가 발표한 획기적인 논문 〈작업가설로서의 통일과학Unity of Science as a Working Hypothesis〉에 서였다. 이 논문은 어떤 면에서 빈 서클을 중심으로 한 '통일과학' 운동의 재판이었다. 노이라트가 말했듯이, "모든 것을 망라하는 비전과 사상은 인류의 오랜 갈망이었다." 그러나 당연히 과학은 이곳저곳으로 흩어져 나아갔다.

파울 오펜하임(1885~1977)은 파란 많은 인생을 살았다. 화학자이자 철학자로서 독일에서 컸고, 점증하는 반유대주의 현장을 목격했다. 1933년에 히틀러가 집권하자 연로한 부모는 동반 자살을 했고, 오펜하임은 처음엔 벨기에로, 나중에는 미국으로 이주했다. 프린스턴에서 아인슈타인과 절친한 사이가 되었고, 가지고 있던 재산으로 지내면서 일부를 털어 불운한 과학자들이 나치 체제를 탈출하는 데 도움을 주었다. 오펜하임보다 41년 아래인 힐러리 퍼트넘(1926~2016)은 시카고에서 났지만 프랑스에서 자랐고, 아버지는 공산주의자, 어머니는 유대계였다. 그는 나중에 하버드 대학교 철학과 교수, 미국철학회 회장이 된다.

두 사람은 논문에서, 통일과학이 당시 단계에서는 아직 성취되지 않았지만, "그렇다고 해서 일부 철학자들이 생각하는 것처럼 통일과학이 달성 가능하다는 가설을 잠정적으로 받아들이는 것이 단순한 '신앙 행위'에 불과하지는 않다. 우리는 그런 가설이 **신뢰할 만하다**고 믿는다"는 것을 보여주려고 애썼다.

통일과학이라는 설정은 작업가설로 충분히 작동할 수 있다고 두 사람은 말한다. 왜냐하면 "우리는 그것이 합리적인 과학적 판단 기준에 부합한다고 믿기 때문이다. 그런 가설을 잠정적으로 받아들여, 그런 방향으로 계속 발전할 수 있다는 가정하에 연구를 지속하는 것이다. 우리는 그런 가설이 진리로 확증되었다고 주장하지도 않고, 결국 성공하지 못할지 모른다는 것을 부정하지도 않는다."[1]

두 사람은 논문 초입에서 '이론적 환원의 여섯 단계'를 주장했다.

    6. 사회 집단

    5. (다세포) 생명체

    4. 세포

    3. 분자

    2. 원자

    1. 소립자

비교적 높은 단계에서는 인간 사회에 대한 환원적 설명이 그다지 많이 진척되지 않았는데, 여섯 단계를 충분히 설명할 수 있는 이론적 지식이 아직 '초보적' 수준이기 때문이라고 두 사람은 그 이유를 설명했다. 그러나 일부 대단히 원시적인 유기체 집단과 관련해서는 '놀라운 성공'이 있었다.[2] 예를 들어 일부 곤충의 사회적 계층 분화는 이른바 사회적 호르몬의 관점에서 잠정적으로 설명할 수 있었다. 두 사람은 또 많은 과학자들이 인간 집단을 포함해 모든 형태의 동물 군집에 공통되는 어떤 법칙들이 있다(현재 상당한 면모를 갖추어가는 동물행동학을 예견한 내용이다)고 믿는다고 덧붙였다. 나아가 인간에 관한 사회 이론 중에서 가장 발전한 부문은 경제학이며 "경제학은 현재로서는 특성상 전적으로 미시微視 환원적이다."[3] 카를 마르크스, 소스타인 베블런, 막스 베버는 하나같이 경제결정론을 위한 일종의 이론 환원을 시도했지만, 오펜하이머와 퍼트넘도 인정한 대로, 그중에 어느 시도도 보편적으로 수용되지는 못했다.

오펜하이머와 퍼트넘은 세포 활동 단계에서 신경학자들의 연구—뇌파 검사를 포함해 신경해부학, 신경화학, 신경생리학 등—가 특히 전망이 밝다고 생각했다. 그 결과 이제는 적어도 기억, 행동 동기, 정서 장애, 그리고 학습, 지능, 지각과 같은 현상들에 관한 이론을 제시할 수 있게 되었다. 신경회로망은 원래 수학자 앨런 튜링이 제안했는데 효용 잠재력이 큰 아이디어였고, 명제논리학도 그런 네트워크에서 유사점을 발견할 것이라고 두 사람은 말했다. 그러나 당시 사용된 모델은 기본 단위가 10^4으로, 뇌를 구성하는 뉴런 10^{10}개에는 한참 모자랐다. 목적을 가진 행동은 피드백 메커니즘으로 통제가 가능할 수 있었다.

유전학의 설명과 환원은 두 사람이 논문에서 집중적으로 검토한 핵심 주제였다. 할애된 지면의 양을 보거나 당시 분자생물학이 막 부상하고 있었다는 점을 고려하면, 그 이유는 쉽게 알 수 있다. 핵심 요소는 유전자 암호 해독decoding, 복제, 돌연변이이며, 그 각각에 대해 환원적인 이론이 필요하다고 오펜하임과 퍼트넘은 지적했다. 암호 해독 문제는 핵을 구성하는 특정 분자들이 특정 단백질 촉매의 구성을 구체화하는 데 어떤 역할을 하느냐에 대한 설명으로 환원된다. 복제의 문제는 "유전 물질을 구성하는 분자들—수많은 '청사진'과 같다—이 어떻게 복사될 수 있느냐 하는 문제로 환원된다. 그리고 돌연변이의 문제는······ '새로운' 형태의 유전자 분자들이 어떻게 생겨나느냐 하는 문제로 환원된다."[4] 이런 관점에서 두 사람은 막스 델브뤼크가 이미 1940년에 제기한 이론을 호의적으로 평가했다. 분자를 구성하는 원자들 내부의 서로 다른 양자 준위量子準位는 서로 다른 유전적 특질과 부합하며, 돌연변이는 (높은 활성화 에너지를 가진) 희귀한 타입의 퀀텀 점프quantum jump일 뿐이라는 이론이다(19장을 참조하라). 오펜하임과 퍼트넘은 분자생물학에서 대단히 중요하게 취급되는 촉매 활성은 '현존하는 양자론의 관점에서' 해결될 거라고 봤다.

가장 중요한 것은, 두 사람이 진화 자체가 통일과학은 '달성 가능하다'라는 작업가설에 **간접적으로** 사실적 뒷받침을 제공한다고 생각했다는 점이다. 두 사람은 진화란 '1부터 6까지 모든 단계와 관련된 전반적인 현상'이라면서 각 단계의 최초의 사례가 처음 등장하는 시기들을 보여주는 시간표를 '여러 과학자들'이 작성한 바 있다고 말했다.[5]

　우주에 적용되는 진화, 즉 최초의 소립자들이 어떻게 형성됐는지를 설명하는 이론(우리 책 11장의 주제다) 역시 생산적인 시도였다고 두 사람은 주장했다. 분자적 현상과 원자적 현상의 환원 가능성은 "이제는 의심의 여지가 없다."

　'오늘까지도' 생명체와 무생물의 구분선에 대해 각종 논쟁이 존재한다고 두 사람은 덧붙였다. "특히 일부 생물학자들은 바이러스가 자기복제와 돌연변이 능력을 보여주므로 바이러스를 생물로 분류한다." 그러나 당시 대부분의 생물학자들은 '생물'이라는 용어를 바이러스에는 사용하지 않았다. 바이러스의 경우, '그런 생명 특유의 현상들이 바이러스가 접하고 있는 살아 있는 세포의 활동 결과로서만 나타나기 때문'이었다.[6]

　그러나 반대 의견이 나오면, "무생물 분자가 원시적인 초기 생명 물질 living substance보다 앞서 존재했으며, 생명 물질이 점차 고도로 조직화된 생명 단위들living units, 즉 모든 생명체의 조상인 단세포 생물체로 진화했다"라고 두 사람은 강력히 주장했다. 그러면서 유전에 관한 이론화를 최초로 시도한 유전학자 가운데 한 사람인 리처드 골트슈미트(1878~1958)의 말을 인용했다. "생식 능력을 갖춘 최초의 복합 분자는 합성된 것임이 분명하다. 그리고 그런 분자들이야말로 다윈식 의미에서, 수십억 년 전에 일어난 진화의 시작이었다. 생물학, 지질학, 고생물학, 생화학, 방사선학에서 밝혀진 사실들은 전부 이런 진술에 부합할 뿐 아니라 실제로 이런 진술을 입증한다.”

세포는 세포에서만 나온다고 루돌프 피르호는 말했다. 하지만 프린스턴 대학교 존 타일러 보너 교수가 연구한 '변형균류變形菌類, slime moulds'는 어떤 단계가 되면 개별 아메바들이 덩어리처럼 뭉쳐서 화학적 자극원을 향해 이동하거나 그로부터 멀어지면서 단순한 다세포 유기체를 형성한다. '소시지 같은 민달팽이' 모양의 유기체는 비교적 빠른 속도로, 개체들이 잘 어우러지면서 슬금슬금 기어가듯이 이동하는데 빛에 끌리는 경우가 많다. 이는 마치 어린아이들은 사회화가 안 된 상태로, 자아 중심적인 개체로 시작하지만 사회적 행동 능력은 타고난 상태이므로, 예를 들어 커서는 다른 사람들의 복지에 신경 쓰는 행동을 보이는 것과 같다. 이런 주장은 계속 해왔지만 기본 맥락은 동일하다.

두 사람은 자신들의 가설을 뒷받침해주는 또 다른 논리를 물리학, 화학, 생물학, 사회생물학에서 일어날 수 있는 **합성**에서 찾았다. 우리는 적절한 소립자들을 통합해 원자를 얻을 수 있다. 중수소는 (예를 들어 수소 가스의 경우) 양성자에 중성자를 충돌시켜서 얻을 수 있다. 화학에서는 전기 스파크로 자극을 주면 산소와 수소가 결합해 H_2O(물) 분자가 된다. 생명의 경계선에서는, 원자들을 가지고 바이러스를 합성하는 일은 아직 요원하지만 고도로 복잡한 무생물 거대분자에서 합성하는 작업은 이미 성공했다. 바이러스에서 얻은 단백질을 핵산과 혼합하여, 활동성 있는 바이러스를 얻은 것이다. 이렇게 재구성된 바이러스는 전염성은 없지만(따라서 진짜 바이러스와 **완전히** 똑같지는 않다) '천연' 바이러스와 구조가 동일하고, 식물에 주입하면 담배 모자이크병을 유발할 수 있다.

새로운 인간 집단도 계속 형성되고 있다고 두 사람은 말한다. 보이 스카우트, 노동조합, 직능 단체, 이스라엘 등등. 합성은 창조다.

과학들 본연의 위계

이제 두 사람의 결론을 들어보자. "모든 과학이 언젠가 미시물리학(오늘날의 화학이 그것으로 환원되는 듯이 보인다는 의미에서)으로 환원될 가능성이 있고, 과학 활동의 상당 부분에서 미시환원이라는 일반적인 경향이 나타난다는 사실을 전문가들은 종종 인식하곤 했다. …… 그러나 이런 견해들은 대개 다소 모호한 방식으로 표현됐으며, 그 핵심을 보여주는 정당화는 없었다." 두 사람은 논문 서두에서 한 이야기를 말미에 되풀이하면서 그런 희망은 단순한 신앙 행위가 아니며 "오히려 그런 믿음을 잠정적으로 작업가설로서 수용하는 것은 정당하다"라고 주장했다. '실제로 그것을 뒷받침할 만한 수많은 직간접적 증거가 있기 때문'에 그렇게 신뢰할 만하다고 두 사람은 말한다.[7] 두 사람은 심지어 과학들 '본연의 질서'가 있을 것이라고 말한다. 물리학은 전통적으로 1, 2, 3단계를 다루고, 생물학은 최소한 4, 5단계를 다룬다는 것이다.

물론 여섯 단계 및 그와 연계된 과학 분과들은 이상적으로 설정한 개념이라고 두 사람은 말한다. 말하자면 분자만을 다루는 분과나 과학 활동은 없다는 뜻이다. 1단계에서 6단계에 이르는 위계는 연속적이며, 개별 단계는 어디서부터 어디까지라고 확정할 수 없다. 그러나 1에서 6이라는 연속적 위계는 결국 다윈식 방식의 질서다. 그리고 끝으로 두 사람은 루트비히 폰 베르탈란피의 말을 논거로 활용한다. "현대적 개념으로 볼 때 실재는 조직화된 독립적 실체들이 빚어내는 놀라운 위계적 질서로 나타나며, 많은 단계들이 중첩되면서 물리학적·화학적 시스템에서 생물학적·사회학적 시스템으로 나아간다. 통일과학은 모든 과학을 물리학과 화학으로 유토피아적으로 환원함으로써가 아니라 실재의 서로 다른 단계들이 지닌 구조적 균일성으로 말미암아 가능하다."[8]

어느 분야도 저만의 미적/정서적 특성을 주장할 수는 없다. 이런 점에서 아서 에딩턴 경의 다음과 같은 언급은 분명 정곡을 찌르는 말이다. "우리는 모든 물리 현상들을 본질적으로 유사한, 수많은 구조적 단위들의 상호작용으로 설명할 수 있을 때까지는 결코 만족하지 못할 것이다."

새로운 원리: 적응, 조직화, 복잡성

분자생물학 등장의 중요성을 상징적으로 보여준 것은 진화종합설의 창시자 가운데 한 명인 조지 게일로드 심프슨이 쓴 일련의 에세이였다. 이들 에세이는 한 권으로 묶여 1964년에 《한 진화론자의 생명관This View of Life: The World of an Evolutionist》이라는 책으로 나왔다.[9] 심프슨은 DNA 구조 규명이 과학사는 물론이고 세계사적으로도 지극히 중요한 모멘트임을 인정했다.

조지 가모프가 평가한 대로 생물학이 이제 '엄밀'과학의 영역에 들어섰다는 사실은 폴링과 슈뢰딩거가 첫 테이프를 끊은 이후 지속된 과정의 정점이었고, 심프슨은 생물학이 물리학보다 중요해지고 있음을, 그 자신의 말을 빌리면 모든 과학의 '초점'임을 분명히 인식하고 있었다.[10] 그 이유는 '생명이 우리 세계에서 가장 중요한 것이라면 생명에서 가장 중요한 것은 생명의 진화'이기 때문이라고 그는 말했다.[11] 심프슨은 생물의 진화가 이 세계의 '기본 사실들' 가운데 하나인 이유는 '진화로 말미암아 우주에서 가장 복잡한 존재들이 생겨나고 체계적인 조직화가 정점에 도달하기' 때문이라고 강조했다. 그는 '실재론 또는 객관성은 생물학적 현상을 물리

적 수준으로 환원하는 것을 요구한다는 잘못된 생각'이 이런 인식을 저해한다고 느꼈다.[12]

　동시에 심프슨은 생물학 자체가 '가장 통합적인' 과학이라고 주장했다. 그의 주장들을 요약하면 다음과 같다. 모든 생명체는 진정으로 '물리적으로 서로 연결되어 있으며', 이는 정도는 크게 다르지만 부모와 자식과 형제자매가 서로 연결되어 있는 것과 같다. 지질학의 동일과정설은 우리가 파악하고 있는 자연법칙의 지배력을 넓혀준다. 진화는 우주의 물리적 속성에 '내재해' 있다. 인간을 탄생시킨 자연의 메커니즘들은 "이제 상당 부분 우리가 알고 있으며, 우주에 내재하는 물리법칙의 관점에서 완전히 파악 가능할 것이다." 우리 인간의 특수한 자질은 '진화 과정에서 의식이 강화됨으로써' 가능해졌다. 그는 우주는 이제 질서 정연한 모습으로 드러났으며, 그 내재적 과정은 항상 동일했다고 주장한다.[13]

　심프슨은 물리과학이 우위를 차지한다는 생각은 철 지난 이야기라고 여겼다. 최초의 과학들—지금 우리가 엄격히 정의하는 의미의 과학—은 물리과학의 형태로, 과학자들이 스스로를 철학자이기도 하다고 '또는 심지어 근본적으로' 철학자라고 생각하던 시대에 시작되었다. 오래전부터 '물리학'은 '자연철학'과 동의어였다. 그는 모든 현상은 엄격한 물리적 차원에서 '궁극적으로 설명 가능하며'(물리학에 기초한 기술의 눈부신 발전은 다른 차원의 이야기다), 우수한 두뇌들은 다른 어떤 분야보다 물리과학에 뛰어들었다고 하는 얘기는 '반쪽짜리 진실만을 말해주는' 전통적 '환원주의'라고 생각했다. 심프슨은 극단으로 치닫지는 않았지만, 우주는 원래 질서도 인과도 없다는 생각을 거의 '신비주의적 환희'로써 수용한 천문학자 제임스 진스 같은 사람들은 완전히 논외로 했다.[14] 실제로 심프슨은 자연의 통일성이라고 하는 프랜시스 베이컨의 생각과 과학의 개념들을 '일반성 확장의 원리라는 형태로' 통합하려 했던 아인슈타인의 시도에 대해, 크게 볼 때 '가치 있는 일이고, 생산적인 결과를 낳았다'라고 생각했다.[15]

심프슨의 핵심 논점은 생물학이 새로운 원리를 우리의 인식에 추가할 기회를 제공했다는 것이다. 물리적·화학적 원리 또는 역학적 원리 차원에서 설명하는 환원에 더하여 (물리학보다 훨씬 복잡한) 생물학은 두 번째 종류의 설명으로 우리를 초대한다(심프슨 자신은 그 설명을 '구성주의적' 설명이라고 칭했다). 우리는 구조를 환원주의적 관점에서뿐만 아니라 유기체 전체 및 그 유기체가 속한 종에서 일어나는 과정과 구조의 효율적 환경 적응력이라는 관점에서도 이해할 필요가 있다. 나아가, 문제의 종이 속한 생물 군집이 발휘하는 생태학적 기능 차원에서도 이해해야 한다.[16]

분자생물학의 요체

이와 관련된 또 다른 논점은 아원자 수준의 입자들에서 여러 종이 공존하는 생물 군집에 이르는 '계층 구조에서 어느 지점에서는 분자생물학적 수준의 차이가 확연히' 나타난다는 것이었다. 바로 이 점과 유기체의 **조직화**는 이제부터 과학에서 중대한 사실, 다시 말해 **중심적인** 사실이 된다. 이런 맥락에서 환원을 이야기하는 심프슨의 결론은 다음과 같다. "과학을 하나의 전체로 규정하는 것, 그리고 다양한 과학들을 통합하는 작업이 의미 있게 되려면 정반대 방향으로 추진되어야 한다고 나는 생각한다. 모든 현상에 적용되는 원리들을 찾는 것이 아니라 모든 원리가 적용되는 현상들을 찾아야 한다는 말이다."[17]

심프슨은 부연 설명을 하면서, 예컨대 한 생물 군집 내의 먹이사슬은 특정 개체군들의 환경 적응으로, 개별 구성원들의 기능 발휘로, 근저에 있는 화학적·물리적 속성을 촉발하고 매개하는 효소의 작용으로, 그 효소들을 그렇게 만든 DNA의 작용으로, DNA 분자들의 구조로, 그리고 궁극적으로는 그런 분자를 구성하는 원자들로 잘 설명할 수 있다는 점을 인정했다. 그러나 원자의 행동을 근거로 예측을 하기란 불가능하다고 강조했다. 사자의 효소가 얼룩말 고기를 소화하는 것은 사자가 생존하고 녀석이 속한 개체군을 영속화시키기 **때문**이라고 말하는 것은 우리의 인식을 위해서는 불가피한 것인 동시에 일종의 설명이다. "그런 식으로 설명의 한 방향은 아래로 내려가고 …… 다른 방향은 위로 올라간다. …… 이것이 바로 환원과 구성이다."[18]

심프슨은 유전학과 DNA의 발견이 환원주의 이해 방식을 심화한다는 사실을 의심하지는 않았지만, 고생물학 분야의 발견들, 즉 화석 기록을 통해 동일한 환경에서는 지속적·반복적으로 일관된 양상이 나타난다는 사실은 구성주의적 인식을 심화한다고 확신했다.[19]

심프슨은 진화종합설에 기여한 만큼 그의 책도 호평을 받았다. 그는 물리학에서 생물학으로의 중심 이동을 명철히 인식하고 있었고, 그것이 왜 중요한지를 보여주었다. 물리학은, 앞으로 살펴보겠지만, 뒷방 늙은이 신세가 되지는 않지만 생물학은 이제 더는 '물리학을 질투하지' 않게 된다. 오히려 진화론이 모든 종류의 현상에 침투해 들어간다. 이전에는 그런 일은 도저히 불가능했다.

심프슨은 이런 측면에도 촉각을 곤두세우고 있었다. 그의 말을 직접 들어보자. "나는 최근 일부 민족지民族誌 학자들에게, 문화 일반은 생물학적 적응이며, 그런 시각으로 문화를 연구하기만 한다면 논쟁거리의 상당 부분을 해결하고 헛다리 짚던 공통의 이론적 토대를 찾을 수 있을 것이라고 지적하지 않을 수 없었다. 이런 제안은 별로 잘 수용되지 않았지만, 역시나 진실이다." 이제 물리학 제국주의가 생물학 제국주의로 넘어가고 있다고 말할 수도 있겠다. 아닌 게 아니라 동물행동학이나 사회생물학 같은 새로운 과학이 본격적으로 등장할 태세였다.

그러나 더 중요한 점은, 심프슨이 여러 에세이를 통해 환원주의 관련 논란을 근본적으로 잠재운 것이다. 진화에 대한 그의 인식은 그야말로 탁월했고, 그의 '구성' 개념은 엄청난 정보에 바탕을 두었기에 구체적인 부분에서 확실히 옳았다. 그런 만큼 그 개념은 널리 수용되고 좀 더 빨리, 광범위하게 수용되었어야 했다. 그리고 결국 그렇게 되었다. 하지만 당시에는 아니었다.

4부

미네랄에서 인간까지,
그 머나먼 길

"우주를 구성하는 기본 요소들 및 그것들의 상호작용을 지배하는 근본 법칙들에 대한 탐구는 언젠가 끝이 날 탐구다. 깊이 들여다볼수록 그런 법칙들은 단순하고 통합적인 것이 되며, 이런 과정에는 분명 어떤 한계가 있을 것이다."

—브라이언 그린(물리학자)

"우리는 모두 내심 궁극적인 하나의 이론을 희구한다. 모든 진리가 거기서 흘러나오는 핵심적인 소수의 법칙들 말이다."

—로버트 로플린(물리학자)

"우리의 일상 활동은 자연법칙의 보편성에 대한 전적인 신뢰를 전제로 한다."

—뤼시앙 레비브륄(사회학자)

"과학 지식이 발전하면서 과거에는 서로 무관했던 현상들이 밀접한 관계가 있는 것으로 밝혀지고 있다."

—오스틴 클라크(철학자)

"이제 분명한 것은, 한 과학 분과가 어디서 끝나고 다른 분과는 어디서 시작되는지가 더는 문제가 되지 않는다는 사실이다."

—패트리샤 처칠랜드(과학철학자)

20세기 전반에는 '엄밀'과학—물리학, 화학, 생물학—이 연속적으로 통합 경향을 보인 반면, 20세기 후반에는 우리 주변 세계의 다른 측면들이 서로 얽히면서 하나의 패턴으로 흡수되어 역사상 가장 거대하고 가장 광범위하고 일관된 내러티브를 형성한다.

과학이 1차 대전 때보다 승리에 훨씬 결정적 역할을 했던 2차 대전 이후, 과학 연구 지원금이 폭발적으로 증가했다. 냉전이 시작된 것도 한 가지 요인이었는데, 과학 관련 예산이 유례없는 수준으로 유지되었다. 그에 따른 연쇄적 효과는 대단히 컸다. 한 가지 예만 들어도 미국은 최대 라이벌인 소련과 본토 사이에 있는 대양에 대해 알아야 했다. 그 결과 태평양과 주변부에 대한 연구가 전에 없이 강화되었다. 그 과정에서 해양학, 해양생물학, 수리학, 지질학, 기후학, 심지어 인류학과 고고학까지도 혜택을 봤다. 군사 관련 (응용) 연구는 기초 과학 분야에서도 일부 놀라운 발전을 이룩했다.

게다가 분자화학의 발전으로 진화에 대한 관심이 높아지면서 점점 더 많은 인간 활동 영역이 진화론의 관점에서 고찰되었다. 가장 중요한 발전 가운데 하나는 과학 발전이 과거의 사건들—우주 및 지구에서 일어난 사건들, 생명과 문명의 등장, 새로운 형태의 역사인 빅 히스토리—을 좀 더 정밀하게 이해할 수 있도록 했다는 사실이다. 그 결과 여러 세대를 거치는 동안 일관된 연속성이 있다는 점이 입증되었다. 단일한 스토리가 전개되고 있다는 사실이 점차 분명해지면서, 과학철학자 패트리샤 처칠랜드가 한 말은 더욱더 당연시되는 사실이 되었다. "이제 분명한 것은, 한 과학 분과가 어디서 끝나고 다른 분과는 어디서 시작되는지는 더는 문제가 되지 않는다는 것이다."

물리학+천문학=화학+우주론: 제2의 진화종합설

2차 대전이 끝나고 맨해튼 프로젝트가 종료되자 대부분의 물리학자들은 '정상적인' 일로 돌아가고 싶어했다. 정상적인 일이 무엇인지는 두 차례의 대규모 물리학 학술대회에서 정의가 내려졌다. 하나는 1947년 6월에 뉴욕 시 인근 롱아일랜드 연안 셸터 아일랜드에서 열린 대회이고, 다른 하나는 1956년에 뉴욕 주 북부 로체스터에서 열린 대회였다.

'양자역학의 기초'를 주제로 열린 셸터 아일랜드 학술대회에서 가장 중요하고도 흥미로운 것은 윌리스 램이 발표한 보고서였다. 보고서는 상대성 이론과 양자역학을 결합한 폴 디랙의 방정식이 절대적으로 맞는다면 수소 원자 에너지에 존재해서는 안 되는 작은 변이가 나타난다는 증거를 제시했다. 캘리포니아 출신인 램은 버클리 대학교를 졸업하고 같은 학교에서 맨해튼 프로젝트 연구 책임자였던 로버트 오펜하이머의 지도로 박사학위를 받았다. 램은 학술대회에 참가한 한스 베테, 리처드 파인만 같은 대가들 앞에서 '램 이동Lamb shift'(수소 원자 에너지가 디랙의 전자론에서 나온 결과보다 약간 높은 쪽으로 치우쳐 있는 현상—옮긴이)에 대해 수학적 개정을 거쳐 개괄적인 설명을 제시했다. 이것을 양자전기역학quantum electrodynamics(QED)이라고 하는데, 과학자들은 이를 '가장 엄밀한 물리학 이론'이라고 극찬했다.

QED는 전하를 띤 입자들이 광자 교환을 통해 서로 간에, 그리고 자기장과 상호작용을 하는 방식을 설명한다. 과학 저술가 존 그리빈은 이를 양자물리학의 '꽃 중의 꽃'이라고 평한다. '소수점 아래 저 밑의 밑의 자리까지 실험을 거쳤으며, 모든 시험을 통과한 이론'이라는 뜻이다. 램의 야심찬 시도는 물론이고 거기에 동원된 수학은, 메리 서머빌이 보았더라도 깊은 인상을 받았을 것임이 분명하다.

기본적으로 QED는 화학의 모든 것을 설명해준다. 폭발은 어떻게 일어나는지, 용수철은 어떻게 늘어나는지, 하늘은 왜 파란지 등등. "핵 외부에서, 원자 및 원자 이상의 규모에서 문제가 되는 것은 오로지 QED와 중력뿐이다." 다시 그리빈의 말을 인용하자면, QED의 정확성을 고전적으로 보여주는 것은 전자의 자기 능률magnetic momentum에 대한 예측치다. 디랙이 원래 제시한 방정식은 자기 능률 값이 정확히 1이었지만 실험에서는 1.00115965221로 나타났다. 끝자리에서 ±4의 오차가 있는 셈이다. 반면에 QED는 1.00115965246이라고 예측한다. 마지막 두 자리에서 ±20의 오차가 있는 셈이다. 이것을 정확도로 말하면 소수점 이하 열 자리에서 한 자리(0.00000001퍼센트) 수준이다. 이것이 갖는 의미를 파인만은 뉴욕에서 로스앤젤레스까지의 거리를 사람 머리칼 하나 두께의 정확도로 측정하는 것이나 마찬가지라고 비유하면서, "지금까지 지구상에서 수행된 모든 이론 예측치와 실험치의 관계로 볼 때 그 두 가지가 가장 정확히 일치하는

사례"라고 평가했다.[1]

셸터 아일랜드 학술대회가 열리던 해에 수학과 물리학 훈련을 받은 우주론 연구자와 천문학자 들은 우주에서 지구로 날아오는 우주선宇宙線을 좀 더 체계적으로 연구하기 시작했다. 이들은 정확히 예측대로 움직이지 않는 원자 수준의 새로운 입자들을 발견했다. 예를 들어 그런 입자들은 '당연한 기대'만큼 빠른 속도로 붕괴해 다른 입자로 변환되지 않았다. 이런 변칙은 20세기 후반기를 지배할 다음 단계의 입자물리학을 태동시켰다. 이는 물리학, 수학, 화학, 천문학, 그리고 (이상하게 들리겠지만) 역사학의 종합이었다. 종합 이론이 거둔 두 가지 중요한 성과는, 우주가 어떻게 형성되었으며 원자들이 어떻게, 어떤 순서로 존재하게 되었는지를 이해할 수 있게 해주었다는 것이 하나이고, 전자와 양성자와 중성자보다 훨씬 더 기본적인 차원의 입자(소립자)들을 체계적으로 분류했다는 것이다.

핵합성: 원소와 입자들의 새로운 질서

소립자에 대한 연구는 곧바로 우주의 맨 처음으로 거슬러 올라간다. 앞에서 살펴본 것처럼, 우주의 기원을 설명하는 '빅뱅' 이론은 1920년대에 조르주 르메트르와 에드윈 허블의 연구로 시작되었다(8장 참조). 셸터 아일랜드 대회가 끝나고 얼마 후, 영국으로 망명한 오스트리아 출신의 두 과학자 허만 본디와 토머스 골드가 (케임브리지 대학교 프레드 호일 교수와 함께) 빅뱅 이론에 맞서 '정상定常 우주론steady state theory'을 주창했다. 우주는 대폭발(빅뱅)로 생성된 것이 아니며, 국지적으로 '강력한 사건들'이 발생하기는 하지만 물질은 우주 전체에서 조용히 형성된다는 주장이었다.

이 이론을 진지하게 받아들이는 사람은 몇몇 과학자를 빼고는 없었다. 특히 같은 해에 조지 가모프—러시아 출신으로 1930년대에 미국으로 탈출했다—는 불덩어리가 팽창 우주를 처음 창조해낸 순간에 발생하는 핵의 상호작용이 어떻게 수소를 헬륨으로 변환시킬 수 있는지를 보여주는 새로운 계산법을 제시했으며, 아주 오래된 별들의 원소 구성 비율을 설명했다. 가모프는 또 최초의 대폭발은 강도는 낮지만, 우주 어디를 둘러봐도 바로 찾을 수 있는 배경복사background radiation의 형태로 그 증거가 남아 있을 거라고 말했다.

가모프가 저서 《우주의 창조The Creation of the Universe》(1952)에서 발전시킨 이론들, 특히 '별들의 사생활'에 관한 장은 물리학자들 사이에 '핵합성nucleosynthesis'(핵융합이나 핵분열 등을 통해 새로운 원자핵을 만들어내는 과정—옮긴이), 즉 가장 가벼운 원소인 수소에서 무거운 원소들이 생성되어가는 방식과 다양한 형태의 소립자들이 수행하는 역할에 대해 폭발적인 관심을 불러일으켰다. 이로부터—이는 사실 우주 진화론이다—우주선 연구가 한층 더 확산되기 시작했다. 2차 대전 이후 발견된 새로운 입자들 가운데 지구상에 자연 상태로 존재하는 것은 거의 없었다. 그런 입자들은 입자가속기와 사이클로트론 안에서 자연 상태의 입자를 가속해서 다른 입자들과 충돌시키는 방식으로 연구할 수 있을 뿐이다. 가속기 같은 것들은 천문학적인 비용이 드는 장비다. '거대 과학Big Science'이 대부분 미국에서 꽃을 피운 것도 이런 이유 때문이다. 미국은 지적으로 앞서 있었을 뿐 아니라 어떤 나라보다 야심 찬 프로젝트에 욕심이 많았고 연구 자금도 풍족했다.[2] (그리고 맨해튼 프로젝트를 통해 경험도 많이 쌓였다.)

셸터 아일랜드에서 열린 학술대회 이후 10년 동안 수십 종의 입자가 발견됐지만 눈에 확 띄는 것은 세 가지다. 초기 이론에서 예상한 대로 움직이지 않는 입자들에 대해 1953년 칼텍의 머리 겔만은 '스트레인지strange'라는 이름을 붙였다(물리학에서 소립자들에게 별스러운 명칭을 붙이는 유행을 몰고 온 첫 사례다). 스트레인지니스strangeness의 다양한 측면들은 1956년 로체스터에서 열린 2차 물리학 학술대회에서 치열한 검증 대상이 되었고, 1961년에 겔만에 의해 입자 분류 도식으로 종합되었다. 이 도식은 주기율표를 연상시키는 새로운 질서였는데, 겔만은 이에 대해서도 역시 별스럽게 '팔정도八正道, Eight-Fold Way'라는 명칭을 붙였다(깨달음에 이르는 여덟 가지 올바른 방법이라는 불교 용어에서 따온 표현이다―옮긴이).

겔만은 뉴욕 출신으로 역시 신동이었다. 유대-오스트리아계 이민자의 아들인 겔만은 15세에 예일 대학교에 입학했고, 22세 무렵에 박사학위를 취득했다. 프린스턴 고등연구소에서 1년간 재직하다가 시카고 대학교로 가서 엔리코 페르미 밑에서 연구 활동을 한 뒤에는 칼텍으로 옮겼다. 칼텍에서 리처드 파인만을 사귀게 되지만 둘은 경쟁자이기도 했다. 존 그리빈은 두 사람 모두와 동료 관계였던 한 인사(이름은 익명 처리했다)의 다음과 같은 발언을 인용한 적이 있다. "겔만에 대해서 사람들은 그가 똑똑하기는 해도, 늘 게으름 피우지 않고 정말 열심히만 한다면 그만큼 잘할 수 있다고 생각했어요. 그런데 파인만에 대해 그런 식으로 생각하는 사람은 아무도 없었지요."[3] 어떤 면에서 겔만은 이상한 경력의 소유자였다. 주요 발견 세 가지 모두를 다른 물리학자들과 거의 같은 시기에 해냈기 때문이다. 역시 '동시 발견'이라고 할 만하다.

첫 번째 발견은 1953년 겔만과 일본 물리학자 니시지마 가즈히코西島和彦―오사카 대학교에서 주로 공부했지만 괴팅겐 대학교에서 베르너 하이젠베르크 지도하에 연구하기도 했다―가 각자 독자적으로 발표했다. 당시 발견되고 있던 많은 소립자들의 어떤 속성을 '스트레인지니스'라는 특질로 설명할 수 있다는 발상이었다. 스트레인지니스라는 표현을 쓴 것은, 앞서 언급했듯이 그런 입자들이 다른 입자들과 비교해 수명이 이상할 정도로 길었기 때문이다(수명이라고 해봐야 1초의 극히 일부에 해당하는 정도다).

여기서 더 나아가, 1960년대 초에 겔만은 앞서 말한 팔정도라고 일컬어지는 입자 분류 도식을 고안해냈는데, 이번에도 같은 시기에 이스라엘 물리학자 유발 네만—군인으로, 정치가로도 활동했다—이 동일한 내용을 밝혀냈다. 팔정도(팔중도八重道로 번역하기도 한다—옮긴이)는 관찰보다는 수학을 기초로 한 것이다. 이어 1964년에 겔만은 (물리학자 조지 츠바이크와 거의 동시에) 수학을 통해 세 번째 발견인 '쿼크quark'라는 개념을 도입했다. 쿼크는 전자보다 훨씬 기본이 되는 입자로 우리가 알고 있는 모든 물질은 쿼크로 이루어져 있다. (츠바이크는 이런 입자를 '에이스ace'라고 불렀는데, 그는 당시 대학생이고 겔만은 교수여서 교수님이 쓰신 용어인 '쿼크'에 밀리고 말았다. 쿼크는 제임스 조이스의 소설《피네간의 경야》에서 따온 표현이다.) 쿼크의 존재는 1977년까지는 실험적으로 확인되지 않았다.[4]

쿼크는 여섯 종이 있는데, 그 명칭은 '업up' '다운down' '참charm' 하는 식으로 아무렇게나 붙여졌다. 쿼크는 전하를 갖는데 전자 하나에 해당하는 전하량의 ±1/3 또는 2/3다. 이런 분수형 전하는 매우 중요해서 자연의 바탕을 이루는 요소들의 크기를 더더욱 줄인다. 현재 우리가 아는 바로는 모든 물질은 두 종류의 입자, 즉 바리온Baryon과 렙톤Lepton으로 구성되어 있다. 바리온은 양성자와 중성자 같은 상당히 무거운 입자이며 쿼크로 쪼갤 수 있다. 다른 부류인 렙톤은 훨씬 가벼운 입자들로 전자, 뮤온, 타우온, 뉴트리노(중성미자)로 구성되어 있고, 이것들은 쿼크로 쪼개지지 **않는다**. 예를 들어 양성자는 업 쿼크 두 개와 다운 쿼크 한 개로 이루어져 있는 반면, 중성자는 다운 쿼크 두 개와 업 쿼크 한 개로 구성되어 있다.

이런 이야기들은 물리학도가 아닌 사람들에게는 헷갈릴 것이다. 하지만 지구상에서 자연 상태로 존재하는 소립자는 1932년까지 확인된 것들과 다른 것이 하나도 없다는 점을 기억하시라. 전자, 양성자, 중성자가 전부다. 나머지 소립자는 모두 우주에서 날아오는 우주선이나, 초기 우주 상태를 최대한 재현해보려는 입자가속기 내부의 인공적 환경 속에서 발견되었다.

바리온은 강한 핵 상호작용의 영향을 받는 입자이며, '바리온적 물질'이라는 표현은 현재 양성자, 중성자, 전자로 구성되는 '일상적인 원자적 수준의 물질'을 칭하는 용어로 사용되고 있다.[5]

쿼크와 쿼크가 결합해서 만들어지는 입자들은 현재 하드론hadrons이라고 칭한다. 하드론은 약상호작용에도 관여할 수 있지만 강력의 영향을 받는다. 렙톤은 약력의 영향을 받고 강強상호작용과는 무관하다.

이 밖에 네 종의 보손boson이 있는데 모두 자연의 힘을 전달한다. 글루온gluon은 강력을 전달하고, 매개 벡터 보손intermediate vector boson은 약력을 전달하며, 양성자는 전자기를, 중력자重力子, graviton는 중력을 전달한다.

하드론은 강력을 통해 상호작용을 하는 입자들이어서 쿼크로 구성되어 있다. 양성자와 중성자는 하드론이지만, 쿼크들을 결합시켜주는 질량 0인 글루온을 포함해 여러 불안정한 입자들 역시 하드론이다.[6]

물리학자들의 핵심 목표는 이런 발견들을 통합해서 하나의 거대한 종합 이론을 만드는 것이었다. 그런 종합 이론을 구성하는 요소는 두 가지다. 첫째는 우주의 진화를 설명하고, 화학원소들의 생성 및 행성과 항성에서의 원소들의 분포를 기술하고, 생명을 가능케 한 탄소의 출현을 설명하는 것이다. 둘째는 지금과 같은 방식으로 물질이 형성되게 한 근본적인 힘을 해명하는 부분이다. 신을 논외로 한다면, 사실 모든 것을 설명해보겠다는 이야기다.

초기 우주의 유형

원자탄 개발과 상대성 이론 확립을 논외로 한다면, 20세기 전반기 물리학의 가장 중요한 성취는 물리학과 화학의 통합이었다(닐스 보어와 라이너스 폴링의 연구가 대표적이다). 그런데 2차 대전 이후 더욱 기본적인 입자들, 특히 쿼크가 발견되면서 물리학과 화학의 통합에 못지않은 통합이 일어난다. 바로 물리학과 천문학의 통합이 그것이다. 이러한 통합의 결과로 천체(우주)가 어떻게 시작되었고 진화했는지를 한층 완벽하게 설명할 수 있게 되었다. 이렇게 말하면 신성모독이라고 할 사람도 있겠지만, 그것은 또 하나의 '창세기'였다.

앞서 소개한 대로, 쿼크는 머리 겔만과 조지 츠바이크가 1962년에 거의 동시에 제안한 개념이다. 여기서 중요한 점은 쿼크가 자연에서는(적어도 지구상에서는) 고립 상태로 존재하지 않는다는 것이다. 그런데도 쿼크(그리고 나중에 고립 상태로 존재하게 된 일부 다른 입자들)가 중요한 이유는 빅뱅 직후 우주 초기 순간의 상태를 설명하는 데 도움이 되기 때문이다. 우주가 과거의 어떤 특정 시점에 시작되었다는 발상은 대부분의 과학자들이 인정하는 바였고, 특히 허블이 1929년에 적색이동을 발견한 이후 많은 사람들이 그렇게 생각하게 되었다. 그런데 이 문제에 대한 관심이 1960년대에 새롭게 증폭되었다. 겔만의 쿼크 이론 탓이기도 했지만, 1965년에 미국 뉴저지의 벨 전화연구소Bell Telephone Laboratories에서 우연히 중요한 발견을 한 덕분이기도 했다.

벨 연구소는 1964년에 신형 망원경을 도입했다. 뉴저지 주 홀름델의 크로퍼드힐 소재 연구소 안테나는 에코Echo 위성으로 천체와 교신하고 있었다. 대기 간섭이 일으키는 왜곡 없이 망원경으로 우주를 '들여다볼' 수 있어서 천체에 훨씬 제대로 접근할 수 있었다. 최초의 실험 이후 신형 망원경 담당자인 아르노 펜지아스(뮌헨 출신으로 나치 독일을 피해 온 유대계 망명자다)와 로버트 윌슨(텍사스 출신)은 우리 은하에서 방출되는 전파를 연구해보기로 마음먹었다. 이는 본질적으로 기초 연구였다. **우리 은하가** 방출하는 전파가 어떤 유형인지를 알면 다른 곳에서 오는 유사한 전파를 연구하기도 쉬울 것이라는 생각에서였다.[7]

그러나 문제는 그리 간단치 않았다. 천체를 들여다볼 때마다 펜지아스와 윌슨은 정전기 같은 고질적인 간섭 현상을 발견했다. 처음에는 장비 이상이겠거니 생각했다. 그런데 비둘기 한 쌍이 초대형 안테나에 둥지를 틀고 있었고, 따라서 곳곳에 널린 비둘기 똥을 충분히 예상할 수 있었다. 새를 잡아서 다른 곳으로 보냈지만 곧 되돌아왔다. 후일 스티븐 와인버그가 쓴 책에 따르면, 이번에는 녀석들에게 '좀 더 단호한 조치'를 취했다.[8] 안테나가 말끔해지자 '정전기'가 줄어들기는 했지만 최소화되었을 뿐 여전히 사방에서 다시 나타났다. 펜지아스는 이런 이상한 현상에 대해 MIT의 전파천문학자 버나드 버크와 의견을 교환했다. 버크는 동료인 카네기 기술 연구소의 켄 터너가 존스홉킨스 대학교에서 프린스턴 대학교의 캐나다 출신 젊은 이론가 P. J. E. 피블스한테 들었다면서 해준 이야기가 생각났다. '정전기' 미스터리와 관련이 있을 법한 내용이었다. 피블스의 전공은 초기 우주였다.

초기 우주는 비교적 새로운 분야여서 당시에는 여전히 사변적인 이론이 주류였다. 바로 앞에서 살펴본 대로, 조지 가모프는 새로운 소립자 물리학을 빅뱅 당시 존재했을 것으로 확신되는 상태에 적용하는 연구를 시작한 단계였다. 그가 출발점으로 삼은 것은 '태초수소primordial hydrogen'였다. 그는 태초수소 일부가 헬륨으로 변환됐을 거라고 말했다. 물론 변환된 양은 빅뱅 시기의 온도에 따라 달랐을 것이다. 그는 또 거대한 불덩어리에서 나온 열복사가 우주 팽창과 더불어 점차 약해지면서 식었을 거라고 말했다. 나아가, 그러한 복사는 "고도의 '적색이동'을 한 형태의 전파로 여전히 존재할 것이다"라고 주장했다. '잔류 복사relict radiation'라고 하는 이 아이디어를 다른 학자들도 받아들였다. 일부 학자는 잔류 복사의 온도는 현재 절대온도 5도(5°K)라는 계산을 내놓았다. 여기서 흥미로운 점은, 물리학과 천문학이 이제 막 통합되는 추세인데도 전파천문학이 당시 이미 그런 문제에 답을 내놓을 수 있을 만큼 물리학보다 훨씬 앞서가고 있다는 사실을 어떤 물리학자도 알지 못했다는 점이다. 따라서 그와 관련된 실험은 전혀 없었다. 그래서 로버트 디키의 주도로 프린스턴 대학교 전파천문학자들이 천체 복사 연구를 시작했을 때도 그들은 완전히 식어버린 복사는 전혀 들여다보지 않았다. 그 중요성을 몰랐기 때문이다. 왼손이 하는 일을 오른손이 모르는 전형적인 사례였다. (메리 서머빌이라면 절대 이런 일이 일어나도록 내버려두지 않았을 것이다.)[9]

P. J. E. 피블스는 캐나다 위니펙 출신으로 1950년대 말 프린스턴 대학교에서 로버트 디키 교수의 지도하에 박사과정을 시작했다. 가모프의 이론은 이미 잊힌 상태, 심지어 간과된 상태였다. 그러나 더 다행스럽게도 디키 교수도 자신의 초기 연구 성과를 잊고 있는 듯이 보였다. 그 결과 피블스는 선구자들이 한 모든 실험과 이론화를 전혀 알지 못한 상태에서 다시 시도했다. 그리고 동일한 결론에 도달했다. 우주는 지금도 절대온도로 몇 도 안 되는 '배경복사의 바다'로 가득 차 있다는 내용이었다. 디키는 피블스의 추론이 썩 마음에 들어서 배경복사를 찾으려면 소형 전파망원경을 개발해야 한다고 주장할 정도였다. 디키는 자신이 과거에 했던 실험을 기억하지 못했거나 그 의미를 제대로 알지 못했던 모양이다.

이 시점에 프린스턴 대학교는 관련 실험을 개시할 태세였는데, 펜지아스가 피블스와 디키에게 전화를 했다. 물리학 분야의 미담으로 전해오는 통화다. 피블스와 디키가 배경소음의 변화 과정에 대해 알고 있는 내용과, 펜지아스와 윌슨이 한 관찰 결과를 비교하면서 두 팀은 서로 협력하는 방식으로 한 쌍의 논문을 내기로 했다. 펜지아스와 윌슨은 관찰 결과를 기술하고, 디키와 피블스는 우주론적 해석을 제시했다. 그것이 그야말로 빅뱅 때 발생하고 남은 복사라는 설명이었다. 이런 주장은 과학계에 빅뱅 자체가 확인된 것과 비슷한 수준의 엄청난 화제를 불러일으켰다. 대부분의 과학자들이 빅뱅 이론을 최종적으로 수용하게 된 것도 《천체물리학 저널 Astrophysical Journal》에 실린 바로 그 쌍둥이 논문 때문이었다. 1978년에 펜지아스와 윌슨은 노벨 물리학상을 수상했다. 그러나 그런 대단한 발견을 처음 했을 때 두 사람은 그것이 무엇을 의미하는지 미처 알지 못했다.[10]

시상식에서 노벨 물리학 위원장은 배경복사의 발견으로 "우주론은 검증과 관찰이 가능한 과학으로 바뀌었다"라고 말했다.[11] 사실 그 이후 다른 사람들보다 더 큰 공을 세운 사람은 피블스였다. 그는 이어 빅뱅 당시에 생성되었을 헬륨과 중수소의 양을 계산하고, 우리 은하에서 볼 수 있는 것과 같은, 별들로 구성된 원반 형태의 은하는 극도로 불안정하다고 지적했다. 그런 원반은 한 번 순환하는 것조차 버텨내기 힘들어서 그 주변을 감싸고 있는, **암흑 물질**로 구성된 구체 형태의 헤일로halo(광륜 光輪)에 의해서만 지탱할 수 있다는 것이다. 암흑 물질 헤일로는 질량이 전형적인, 은하의 모든 밝은 별들의 약 열 배나 된다. 피블스는 또 우주의 '평탄성flatness' 문제를 처음 제기한 사람 가운데 한 명이기도 하다. 우주의 팽창 속도는 정확히 말하면, 팽창이 무한정 지속되는 상황('열린 우주'라고 한다)과 중력으로 팽창이 멈추고 결국은 대붕괴Big Crunch가 오는 상황('닫힌 우주')의 경계선에 있다는 주장이었다. 한 전문가의 말마따나 이는 "심이 아주 뾰족한 연필을 심을 바닥에 대고 곧추 세워놓았는데 수백만 년 동안 그 상태로 균형을 잡고 있는 것과 같다."[12] 이런 주장은 초기 우주가 급격히 팽창했다는 인플레이션 이론으로 나아가게 한 요소들 가운데 하나였다(아래 설명 참조).

별들의 생로병사

그러나 배경복사가 1960년대에 발견된, 아주 멀리 떨어져 있는 우주 공간에서 오는 유일한 형태의 전파는 아니었다. 천문학자들은 육안으로 보이는 별이나 은하와는 무관한, 다른 종류의 많은 전파 활동을 관측했다. 그런데 1963년에 그런 전파를 발하는 3C 273이라는 전파원電波源 앞을 달이 지나갔다. 3C 273이라는 명칭을 붙인 것은《케임브리지 전파원 카탈로그 3판Third Cambridge Catalogue of Radio Sources》(약칭 3C)에 273번으로 오른, 별처럼 보이는 물체였기 때문이다. 천문학자들은 달의 가장자리가 3C 273에서 나오는 전파 잡음을 끊는 순간을 정확히 포착함으로써 전파원이 '별과 같은' 물체라는 사실을 확인했다. 동시에 문제의 전파원이 대규모 적색이동을 보인다는 사실도 발견했다. 이는 그것이 우리 은하에서 아주 멀리 떨어져 있다는 의미였다.

그 이후 이런 '준항성체 전파원quasi-stellar radio sources', 즉 퀘이사quasar 들이 아주 멀리 떨어져 있는 은하계의 핵심부를 형성한다는 사실이 밝혀졌다. 따라서 퀘이사에서 우리에게까지 도달한 빛(대단히 희미한 경우가 많다)은 우주가 아주 어렸을 때, 그러니까 적어도 100억여 년 전에 소속 은

하계에서 방출된 것이다. 그러나 밝기로 보면 에너지가 방출된 지역은 직경이 대략 1광일光日, light day 정도로 추정되는데, 이는 태양계보다 약간 크거나 약간 작은 규모다. 따라서 천문학자들의 계산에 따르면 퀘이사는 '우리 은하에 포함된 별을 다 합친 양의 1000배쯤 되는 에너지'를 방출하는 것으로 추산된다.[13]

1967년에 코펜하겐 대학교에서 연구하고 맨해튼 프로젝트에도 참여한 미국 물리학자 존 휠러는 18세기 블랙홀 이론을 퀘이사에 대한 가장 적절한 설명으로 부활시켰다. 상대성 이론이 블랙홀은 실제로 존재한다고 선언할 때까지, 블랙홀은 수학적 호기심의 대상이었다. 블랙홀이란 물질의 밀도가 너무 높고 중력이 너무 강해서, 그 어떤 것도, 심지어 빛조차도 빠져나올 수 없는 대역帶域이다. 블랙홀 전체의 질량은 태양 질량의 1억 배 정도 된다고 추정된다. "우리가 전파 잡음 형태로 듣는 에너지는 물질의 덩어리들이 환상적인 속도로 블랙홀에 빨려들어 가면서 생기는 것이다."[14]

펄서pulsar는 전파로 감지된 또 다른 형태의 천체다. 펄서(강한 자기장을 가지고 고속 회전을 하며 주기적으로 전파나 엑스선을 방출하는 천체—옮긴이)는 1967년에 케임브리지 대학교의 전파천문학자 조슬린 버넬에 의해 발견되었는데, 배경복사와 마찬가지로 우연히 이루어진 일이었다. 영국 북아일랜드에서 나고 자란 버넬은 노벨상을 받을 만한 업적을 이룬 사람 중에 유일하게 중학교 진학 시험에 떨어진 과학자일 것이다. 그래서 그는 일류 사립 중학교 대신 남녀공학으로 진학해야 했다. 다행히 아버지(건축가였다)가 아마Armagh의 천문대 건설 현장 일을 한 덕분에 천문학에 대한 관심을 키우게 되었고, 글래스고 대학교에서 천문학을 전공했다. 대학교 진급 과정은 치열했다. 1학년 때 300명이던 학생이 3학년 때는 50명으로 뚝 떨어질 정도였다.

케임브리지 대학교가 시내에서 약 5킬로미터 정도 떨어진 케임브리지-옥스퍼드선 유휴 철도 부지에 전파망원경을 건설하기까지는 2년이 걸렸다. 9피트(2.74미터)짜리 지지대 위에 안테나 2048개를 올려서 마치 맥주 원료인 홉을 재배하는 들판 같았다. 버넬은 '반짝반짝 하는 퀘이사의 신호와 지나가는 자동차에서 나오는 신호'를 능숙하게 구별할 줄 알게 되었다. 그런데 1967년 11월 28일에 퀘이사도 아니고 자동차도 아닌, 도무지 정체를 알 수 없는 전파원을 감지했다. 그 전파원이 내는 펄스(맥동)는 극도로 규칙적이었다. 얼마나 규칙적이었는지, 케임브리지 대학교 천문학자들은 처음에 외계 문명에서 보내는 신호일 거라고 생각했을 정도다. 그러나 그런 신호를 더 많이 잡아내면서 자연 현상이라는 사실이 분명해졌다.

펄스는 너무 빨랐고, 또 하루에 100만 분의 1초 정도로 아주 정확해서 두 가지 추론이 가능했다. 문제의 전파원은 크기가 작으며, 회전을 하고 있을 거라는 추론이었다.[15] 빠른 속도로 회전하는 작은 물체만이 그런 펄스를 방출할 수 있었다. 마치 등대 불빛이 일정한 간격으로 반짝반짝 빛나는 것과 같다. 천문학자들은 펄서의 크기가 작다는 사실에서 그것이 백색왜성白色矮星, white dwarf(태양의 질량을 지구 크기로 압축해놓은 별)이거나 중성자별neutron star(태양의 질량을 직경 10킬로미터 미만의 구체에 압축해놓은 별)임이 분명하다는 추정을 이끌어냈다. 그러나 백색왜성은 파열되지 않고서는 그런 펄스를 방출할 만큼 빨리 회전할 수 없다는 사실이 밝혀지면서 과학자들은 결국 중성자별의 존재를 인정하기에 이르렀다. 백색왜성과 블랙홀의 중간 단계라고 할 수 있는 이 초고밀도 항성은, 겉껍질은 고체 철로 되어 있고 그 밑의 내핵은 중성자(쿼크도 있을 수 있다)로 이루어진 액체다. 중성자별의 밀도는, 물리학자 존 그리빈의 계산에 따르면, 물보다 1000조 배나 높다. 다시 말해 중성자별 1세제곱센티터당 무게가 1억 톤이라는 이야기다. 물리학자 브라이언 콕스의 말을 빌리면 "중성자 별 한 숟가락은 산山 하나보다 더 무겁다."[16]

펄서가 중성자별로 확인된 것은 그것이 **항성 진화**恒星進化, stellar evolution 의 거의 마지막 단계임을 의미한다. 그리고 이를 통해 우리는 우주의 일생 전체를 파악할 수 있다.

별은 가스가 식으면서 형성된다. 별은 수축하면 뜨거워지고, 너무 뜨거워지면 핵반응이 일어난다. 이런 단계에 있는 별들을 '주계열main sequence' 이라고 한다. 그 이후에는 별들의 크기에 따라 결정적인 온도에 도달하면 양자 과정이 가벼운 폭발을 촉발한다. 폭발이 있어도 별 자체는 상당히 안정적이다. 이런 단계의 별이 적색거성赤色巨星, red giant이다. 별은 생애의 마지막 단계에 가면 외피를 날려버리고 모든 핵반응이 멈춘 고밀도 핵만 남는다. 이 단계의 별을 백색왜성이라고 하는데 수백만 년에 걸쳐 서서히 식으면서 결국은 흑색왜성black dwarf으로 변한다. 단, 크기가 너무 클 경우에는 종국에 초신성超新星, supernova 폭발로 끝나고 만다. 초신성은 아주 짧은 순간 극도로 강한 빛을 내면서 무거운 원소들을 우주 속으로 날려버린다. 이들 원소로부터 또 다른 천체가 형성되며, 그런 원소들이 없다면 생명체도 존재할 수 없다. 바로 이 초신성 폭발이 중성자별을 탄생시키고, 경우에 따라 블랙홀을 만들어낸다.

이렇게 해서 물리학과 천문학의 결합—퀘이사와 쿼크, 펄서와 입자, 상대성, 원소의 형성, 별들의 생로병사 등등—은 일관되고 통합적인 단일한 이야기로 종합되어, 우주의 기원과 진화에 관해 상세한 설명을 제공한다.

태초의 3분간과 우주의 탄생

이런 복잡한 과정들을 간결하게 요약한 가장 유명한 책이 스티븐 와인버그의 《태초의 3분간The First Three Minutes》(1977)이다. 불그레한 혈색이 인상적인 와인버그는 뉴욕 시 브롱크스에서 태어나 코넬 대학교를 졸업하고 코펜하겐에서 연구했으며, 1979년에 셸던 글래쇼, 압두스 살람과 노벨 물리학상을 공동 수상했다. 이 세 사람은 통합의 또 다른 측면─소립자들 간의 전자기적 상호작용과 약한 핵력의 통합을 (이번에도 각자 독자적으로) 밝히는 내용─을 제시했다.[17]

물리학자들이 '타임 제로Time Zero'라고 부르는 특이점singularity에 관해 우선 말할 수 있는 것은, 그 시점에는 모든 물리학 법칙이 통하지 않는다는 것이다. 따라서 우리는 빅뱅의 순간에 어떤 일이 일어났는지 정확히 알 수 없으며 몇 나노초(1나노초는 100만 분의 1초다) 후의 상황만 가상해 볼 수 있다. 와인버그는 시간의 흐름에 따른 변천 과정을 다음과 같이 제시한다.

0.0001(10^{-4})초 후. 최초의 '창조의 순간'이 약 138억 년 전에 일어났다. 태초에 가까운 그 시점의 우주의 온도는 10^{12}K, 즉 절대온도 1조 도였다. 이 단계에서 우주의 밀도는 1세제곱센티미터당 10^{14}(100,000,000,000,000)그램이었다. (물의 밀도는 1세제곱센티미터당 1그램이다). 이 시점에는 양성자와 입자가 상호 변환될 수 있었다.

13.8초 후. 온도는 30억K이었고, 중수소의 핵이 형성되기 시작했다. 중수소 핵은 양성자 한 개와 중성자 한 개로 구성되지만, 곧 다른 입자들과 충돌하여 쪼개졌을 것이다.

3분 2초 후. 온도는 10억K(현재 태양 온도의 약 70배)이었다. 이때 중수소와 헬륨의 핵이 형성되었다. 4분 후. 우주는 25퍼센트의 헬륨과 나머지 '별도의' 양성자, 수소 핵 들로 이루어진 상태였다.

30만 년 후. 온도는 6000K이었다(대략 태양 표면 온도와 같다). 양성자는 아직 너무 약해서 원자에서 전자를 깨뜨리지 못했을 것이다. 이 시점에서 빅뱅은 끝났다고 말할 수 있다. 우주는 '비교적 빠르게' 팽창하면서 이후 계속 식어간다.

100만 년 후. 별과 은하가 형성되기 시작했다. 핵합성이 일어나고 무거운 원소가 형성되었으며, 그에 따라 태양과 지구도 태어났다.

바로 이 시점부터는 전체 과정을 다루는 실험이 가능한 편이다. 입자가 속기를 통해 별들의 내부 상태를 조금은 재현할 수 있기 때문이다. 그 상태는 모든 원소를 구성하는 기본 요소가 수소, 헬륨, 알파 입자임을 보여준다. 알파 입자는 헬륨-4의 원자핵이다. 헬륨-4의 원자핵이 기존 핵에 달라붙으면 원자질량단위 4에 비례하는 방식으로 원소들이 형성된다. "예를 들면, 헬륨-4 핵 두 개는 베릴륨-8이 되고, 헬륨-4 핵 세 개는 탄소-12가 된다. 탄소-12는 공교롭게도 안정적이다." 이 사실은 대단히 중요하다. 탄소-12의 핵은 그것을 구성하는 알파 입자 세 개보다 질량이 약간 작다. 그렇기 때문에 아인슈타인의 유명한 공식 $E=mc^2$에 따라 에너지를 방출하여 더 많은 반응을 촉발하고 더 많은 원소를 만들어낸다.[18]

원소는 별에서 계속 생성된다. 산소-16, 네온-20, 마그네슘-24, 나중에는 실리콘-28까지 생성되는 식이다. 와인버그에 따르면 "최종 단계는 한 쌍의 실리콘-28 핵이 결합해 철-56이 생성되고, 니켈-56과 코발트-56 같은 관련 원소들까지 형성되는 단계다. 이 단계의 원소들은 가장 안정적이다."[19] 지구의 내핵이 액체 상태의 철이라는 사실을 기억하시기 바란다.

하지만 여기가 끝이 아니다. 현재 존재하는 모든 것은 초기 우주가 지넜던 물리학 법칙들의 극히 미세한 불균형 때문에 존재한다. 모든 힘이 동등하게 균형을 이루었다면 물질과 반물질反物質, antimatter은 서로를 소멸시키고 복사만 남았을 것이다.* 사실 빅뱅의 불덩어리 이후 남은 복사의 광자가 10억 개라고 가정하면 그에 비해 일상적인 입자(바리온적 물질)는 한 개에 불과했다. "오늘날의 우주는 빅뱅의 불덩어리 속에서 그런 식으로 만들어진 10억 분의 1개의 입자들(양성자+중성자)로 구성되어 있다.[20]

우리 태양계는 전체 원자의 90.8퍼센트는 수소이고, 9.1퍼센트는 헬륨, 0.1퍼센트가 기타 원소를 합친 것이다. 그러나 수소는 가장 가벼운 원소여서 태양계 전체 질량의 70.13퍼센트밖에 안 된다. 헬륨이 27.87퍼센트, 세 번째로 흔한 원소인 산소는 0.91퍼센트를 차지한다.[21]

암흑 물질. 이것이 아마도 **가장 특이한** 우주의 미스터리일 것이다. 빅뱅 '표준 모델'(위에서 서술한 우주의 시계열이다)이 맞다면, 계산 결과로 나온 우주 전체의 물질의 평균 밀도는 '세제곱미터당 5×10^{-27}킬로그램'이다. 우리가 감지할 수 있는 밝은 물질의 양은 그런 밀도의 100분의 1 수준에 불과하다. 따라서 은하단(너무 빨리 회전해서 밝은 물질이 만들어내는 중력만으

---

* 반물질(물질과 물리적 특성은 같고 전하만 반대인 입자—옮긴이)의 현대적 개념은 1920년대 말에 처음으로 폴 디랙이 수립했다. 당시 그는 아인슈타인의 특수 상대성 이론과 양자론의 접점을 통합하는 작업에 몰두하고 있었다. 디랙(어떤 이들은 그가 물리학적 상상력 면에서 아인슈타인에게는 뒤지지만 보어나 다른 사람들보다는 앞선다고 주장한다)은 계산을 통해 양전하를 가진 전자가 존재한다는 놀라운 예측에 도달했다. 바로 이것이 나중에 양전자로 밝혀졌고, 실험을 통해서 여러 차례 관찰됐다. 다른 모든 입자도 각각의 반물질 입자(반입자)가 있다. 반입자의 특성은 입자의 그것과 사실 동일하지만, 전하는 반대다. 반물질 입자와 물질 입자는 아주 비슷하지만 세계 속에서 존재하는 방식은 엄청나게 다르다. 모든 세계는 물질로 구성되어 있고, 지금까지 관찰된 불균형은 앞으로 풀어야 할 수수께끼다. 그런 불균형이 없다면 물질과 반물질은 아주아주 오래전, 시간이 시작되는 순간에 서로를 소멸시켰을 것이고 우주도 존재하지 않았을 것이다. 소량의 반물질이 은하 성단에서 관찰되었지만 본질적으로 미스터리는 여전히 남아 있다. 그러나 다음 페이지에서 보는 것처럼 그것이 유일한 미스터리는 아니다.

로는 제자리에 붙잡아둘 수 없다) 안에 있다고 알려진 암흑 물질을 추가해도 감지할 수 있는 밝은 물질의 30~100배나 되는 암흑 물질이 우주 어딘가에 존재해야 한다.[22] 우리는 암흑 물질이 왜 존재하는지, 그 정체는 무엇인지 알지 못한다.

이것만이 유일하게 큰 문제는 아니다. 표준 모델의 기본 방정식에 따르면 열두 종의 입자가 있어야 하는데, 우주를 형성하는 데에는 네 종의 입자(업 쿼크, 다운 쿼크, 전자, 전자 중성미자)만 있으면 된다. 나머지 여덟 종의 존재는 '일종의 미스터리'다.[23]

우주론의 통합

소립자물리학과 결합된, 초기 우주에 대한 이런 식의 내러티브는 참으로 대단한 과학인 동시에 놀라운 상상력이 낳은 성과였다. 20세기 제2의 진화종합설이라고 할 만하다. 아니, 그 이상이다. 고도의 상상력도 필요하지만 증거(어떤 식으로든 증거라는 게 있다면)와 부합해야 했기 때문이다. 지적 활동으로 본다면 그것은 코페르니쿠스나 갈릴레이, 다윈의 위대한 통합적 사상에 필적한다고 할 수 있다.

우주와 관련된 어마어마한 숫자들에 익숙해지고 입자들뿐 아니라 천체 수준에서 벌어지는 기이한 양상을 우선 받아들이고 나면, 우주의 대부분은 그야말로 살 데가 못 된다는 사실에 직면한다. 너무 뜨겁거나 너무 차고, 방사능이 너무 많거나 상상도 못할 정도로 밀도가 높다. 우리가 생각하는 부류의 생명체는 이 광활한 우주에서 도무지 존재할 수가 없다. 물리학자와 우주론 연구자들이 보는 하늘은, 인간이 태양과 별을 관측하기 시작한 이래로 늘 그랬듯이, 우리에게 항상 경외심을 불러일으켰다. 그러나 하늘은 이제 더는 천국이 아니다. 하늘을 낙원과 같은 것으로 여긴다면 말이다.

12장

지구의 일대기:
지질학·식물학·언어학·고고학의 통합

1965년 9월부터 11월까지 미국자연과학재단 탐사선 엘타닌호Eltanin가 태평양 쪽 남극해 언저리를 순항하면서 해저 데이터를 수집하고 있었다. 일상적인 활동이었다. 엘타닌호는 원래 뉴욕 컬럼비아 대학교 부설 라몬트-도허티 지질관측소Lamont-Doherty Earth Observatory 소속 실험용 선박이었다. 해양학은 2차 대전 시기에 잠수함과 잠수 환경에 대한 이해의 필요로 급속히 발전했고, 종전 후에는 심해를 누비는 핵잠수함의 등장으로 한층 더 주목을 받았다. 라몬트 연구소Lamont Institute는 이 분야에서 연구가 가장 활발한 기관 중 하나였다.

1965년의 탐사에서 엘타닌호는 태평양-남극 해령海嶺, Pacific-Antarctic Ridge으로 알려진 남위 51도상의 심해 지질 지형을 전후좌우로 샅샅이 훑었다. 특수 장비로 해저 암반의 자성도 측정했다. 암반의 자성이 어떤 원인에 의해 100만 년 정도마다 정기적으로 역전된다는 것은 이미 알려진 사실이었다. 따라서 지질학자들은 자성 변화 패턴을 통해 지구 표면의 역사에 대해 상당히 많은 정보를 얻었다. 당시 엘타닌호 항해 구역 가운데 19, 20, 21구역을 맡은 과학자 월터 피트먼 3세는 컬럼비아 대학교 대학원생으로 박사과정 중이었다. 그는 항해 기간에는 너무 바빠서 장비가 잘 작동하는지 확인하는 작업 이상은 할 수 없었다. 그런데 라몬트 연구소로 돌아와 측정 결과가 기록된 차트를 펼쳐보니 이상한 점이 눈에 확 들어왔다.

차트에는 일련의 흑백 줄무늬가 표시되어 있었다. 줄무늬들은 대양저大洋底, ocean floor 일부 지역에서 나타난 자기 이상異常의 기록이었다. 자성이 방향을 바꿀 때마다 기록 장치는 검은색에서 흰색으로, 다시 검은색으로 계속 변했다. 그런데 엘타닌호가 태평양-남극 해령 동쪽 500킬로미터 지점(동태평양 해팽海膨)에서 서쪽 500킬로미터 지점까지 이동한 기록을 한 장에 출력한 결과, 한눈에 봐도 해령(해저 산맥—옮긴이)을 중심으로 **정확히 좌우 대칭**인 점이 확연했다. 이러한 대칭 형상을 설명할 방법은 하나밖에 없었다. 즉, 해령 양쪽 암반이 똑같은 시기에 형성되었으며, '대칭을 이룬 이유는 동일한 해령에서 생겨나 해저 바깥으로 퍼져나갔기 때문'이라는 것이었다. 다른 말로 하면, 해저는 지구 심층부에서 솟아나온 암석에 의해 형성됐으며, 이후 바다 전체로 퍼지면서 대륙들을 밀어내 분리시켰다는 이야기다. 결국 대륙 이동이 해저 확장seafloor spreading에 의해 이루어졌음을 확인해주는 증거였다. 지질학계에서는 문제의 기록을 '피트먼의 마법의 프로필Pitman's Magic Profile'이라고 칭했다.[1]

이런 결과에 대해 피트먼은 훗날 "망치로 머리를 얻어맞은 느낌이었다"라며 다음과 같이 덧붙였다. "돌이켜보면 우리가 해저 확장에 아무런 장애가 없는 지점을 우연히 마주친 것은 행운이었다. 그런 정도로 완벽한 윤

곡선을 얻을 수 있는 지점은 없다. 우리의 관심을 분산시키거나 현혹할 만한 불규칙한 양상 같은 것도 없었다. 해저 확장 과정을 기가 막히게 보여주는 지점에 떨어진 것은 행운이었다. 그 대칭 형태는 참으로 특이했다."[2]

초대륙이 쪼개지다

피트먼의 말이 맞았다. 해저 확장은 그 모체가 되는 '대륙이동설continental drift theory'과 마찬가지로 논란이 많은 문제였다. 대륙이동설은 아주 오래 전인 1912년 알프레트 베게너가 지구상의 여러 대륙 및 생명 형태의 유형의 분포, 즉 질서를 설명하기 위한 방법으로 제기한 이론이었다.

베게너는 독일의 기상학자였다. 그가 훗날 제기하는 이론에 대한 교육적 사전 준비는 전혀 없었다. 그에게는 지질학이나 지구물리학 배경 지식이 전혀 없었다는 말이다.[3] 1915년에 출간한 《대륙과 대양의 기원Die Entstehung der Kontinente und Ozeane》은 그다지 독창적인 책은 아니었다. 프랜시스 베이컨은 이미 1620년에 대륙들의 해안선이 "공교롭게도 서로 맞아떨어지는 패턴을 보인다"라고 지적한 바 있다. 19세기 초 독일의 지리학자이자 탐험가인 알렉산더 폰 훔볼트는 브라질과 서아프리카 지역 산맥의 유사성에 대해 (역시 지나가는 말로) 언급했다.[4] 베게너는 이 책에서 6대륙이 분리되기 전 처음에는 단일 초대륙supercontinent이 있었다는 주장을 피력했는데, 그 아이디어는 1908년에 미국 지질학자 프랭크 테일러가 이미 공표한 내용이었다. 테일러는 조석潮汐 작용과 지구 자전 속도 증가가 결합되어 원심력에 의해 대륙이 북극과 남극으로부터 멀어지면서 대륙이동이 발생했다고 생각했다. 자전 속도 증가는 '나중에 달이 되는 혜성을 포획했기' 때문이라고 그는 말했다. 또 다른 이론은 1911년 하워드 베이커가 제기했는데, 금성과 지구가 과거 어느 시점에 현재보다 훨씬 가까워진 상태에서 달이 '지구로부터 떨어져나갔고', 그 틈새를 태평양이 메웠다는 설이었다.[5]

그러나 베게너는 자신의 주장을 뒷받침하기 위해 과거 어느 학자보다 훨씬 많은 증거를, 그리고 더 인상적인 증거를 수집했다. 찰스 라이엘과 다윈도 자기 분야에서 그러했다. 베게너는 1912년 1월에 프랑크푸르트에서 열린 독일지질학회 모임에서 자신의 생각을 개진했다. 사실 지금 와서 생각해보면 과학자들이 왜 좀 더 일찍 베게네와 같은 결론에 도달하지 않았는지 의아하다.

19세기 말에 이르러 자연 세계 및 지구 전체 자연계의 분포를 이해하려면 모종의 지적 화해가 필요하다는 점이 분명해졌다. 그런 분포의 증거는 대개 화석 및 상호 연관된 유형의 암석이 특수한 양식으로 확산되어 있다는 사실이었다. 다윈의 《종의 기원》이 화석에 대한 새로운 관심을 촉발한 이유는 화석의 연대를 알면 지나간 시대에서 진척된 생명의 발달 및 생명 자체의 기원에 대해 새로운 정보를 얻을 수 있다고 여겨졌기 때문이다. 특히 당시에 이미 암석에 대해, 그리고 지구가 형성되는 과정—가스 덩어리에서 액체로, 다시 고체로 수축했다—에서 어떤 유형의 암석이 다른 유형의 암석에서 분리된 방식에 관한 정보가 아주 많이 알려진 상태였다.

핵심적인 문제는, 어떤 유형의 암석들이 지구 전체로 확산되어가는 과정과 그런 암석들과 화석의 연관성이었다. 예를 들어 노르웨이에서 영국 북부로 이어지는 산맥은 독일 북부와 영국 남부를 관통하는 다른 산마루들과 아일랜드에서 교차하게 되어 있다. 그런데 베게너가 보기에는 실제로 교차가 일어나는 지점은 아메리카 북부 연안이었다. 그래서 마치 북대서양의 두 해저가 과거에는 하나로 붙어 있었던 것처럼 보였다. 이와 유사하게 동식물 화석도 아프리카와 남아메리카 또는 유럽 및 북아메리카를 연결하는 단일한 육지가 있어야만 설명될 수 있는 형태로 지구 곳곳에 퍼져 있다. 그런데 그런 육교陸橋(대륙이나 섬 사이를 이어서 생물의 이동을 가능하게 하는 좁고 긴 땅—옮긴이)들이 존재했다면 지금은 다 어디로 갔단 말인가? 그런 육교들이 생겨나고 사라지게 하는 에너지는 또 어디서 왔단 말인가? 바다에서는 무슨 일이 일어났던 것인가?

이에 대한 베게너의 답변은 대담했다. 육교 같은 것은 없었다고 그는 말했다. 그 대신, 지금과 같은 6대륙—아프리카, 호주, 북아메리카, 남아메리카, 유라시아, 남극—은 과거에 거대한 하나의 대륙이었다는 것이다. 이 어마어마한 규모의 단일한 땅덩어리를 그는 판게아Pangaea(그리스어로 '판'은 '모든', '게아'는 '땅'이라는 뜻이다)라고 불렀다. 6대륙은 '이동'함으로써, 아니 구체적으로 말하면 거대한 빙산처럼 표류함으로써 지금과 같은 위치에 도달했다는 것이다. 베게너의 이론은 대륙 중심부의 산맥들도 오래전에 땅덩어리들이 충돌해서 형성된 것들이라고 설명했다.

그는 남아메리카가 어떻게 아프리카와 붙어 있었는지, 인도가 아프리카 및 남극 사이에 넣으면 얼마나 딱 들어맞고, 호주의 오목한 밑 부분이 어떻게 남극 주변과 들어맞는지를 입증하는 지도를 만들었다. 그리고 이 지도를 토대로 네 종의 화석—육상 서식 파충류 리스트로사우루스 *Lystrosaurus*, 또 다른 육상 파충류 키노그나투스*Cynognathus*, 민물 서식 파충류 메소사우루스*Mesosaurus*, 양치류 글로소프테리스 *Glossopteris* —분포를 설명할 수 있었다.[6] 베게너의 계산 수치 중 일부는 약간 과장이 있었다. 예를 들어 베게너는 달의 위상 변화도를 사용해 그린란드가 그리니치 본초 자오선을 기준으로 1823~1870년에는 연간 9미터씩, 1870~1907년에는 연간 32미터씩 이동했다고 계산했다. 이런 속도라면 지구상의 모든 대륙은 100만 년에서 500만 년이라는 짧은 시간 안에 이동했을 수 있다는 뜻이 된다. 이 속도는 오늘날 일반적으로 인정되고 있는 속도인 연간 4센티미터의 3000배에 해당한다.[7]

어쨌든 그의 생각은 익숙해지는 데 시간이 좀 걸리는 발상이었다. 대륙들 전체가 어떻게 '떠다닐' 수 있단 말인가? 또 무엇 위를 떠다닌단 말인가? 그리고 대륙이 이동을 했다고 하면 이동시킨 어마어마한 힘은 또 어디서 나오는가?

베게너 시대에 이미 지구의 본질적인 구조는 알려져 있었다. 지질학자들은 지진파 분석을 통해 지구가 지각과 맨틀, 외핵과 내핵으로 이루어져 있다고 추론했다. 최초에 이루어진 기본적인 발견은, 지구상의 모든 대륙이 장석과 석영으로 구성된 단일한 형태의 암석─(고열 상태에서 형성된) 입상粒狀 화성암인 화강암─으로 되어 있다는 사실이었다. 화강암으로 된 대륙 곳곳에서는 다른 형태의 암석─훨씬 밀도가 높고 단단한 현무암─이 존재할 수도 있다. 현무암은 두 가지 형태, 즉 고체와 액체 상태로 존재한다(이런 사실은 화산이 분출할 때 나오는 용암이 반용융 상태의 현무암이라는 사실을 통해 알 수 있다).

대륙을 형성하는 거대한 화강암 덩어리의 두께는 약 50킬로미터이지만 그 밑으로 약 3000킬로미터 지점까지는 '탄성 고체'의 성질을 띠는 반용융 상태의 현무암이 자리 잡고 있다. 그리고 다시 그 밑으로 지구 중심부(반경 약 6000킬로미터)까지는 액체 상태의 철로 되어 있다. 물론 아주 오래전 지구가 지금보다 훨씬 뜨거웠을 때는 현무암이 완전히 굳지 않은 상태였을 것이고, 대륙들의 전반적인 상황은 대양을 표류하는 빙산 같은 양상에 더 가까웠을 것이다. 이런 식의 설명으로 대륙이동설은 설득력을 높

였다.[8]

베게너의 이론은 베게너 자신과 다른 학자들이 실제의 땅덩어리들이 어떻게 아귀가 들어맞는지를 연구하기 시작하면서 검증되었다. 모든 대륙은 현재 해수면 위로 보이는 육지만으로 구성되어 있는 것이 아니다. 해수면은 지질 시대 전체에 걸쳐 등락이 존재해왔다. 빙하기에는 지하수면이 낮아지고 온난한 시기에는 지하수면이 상승하는 식이다. 그에 따라 대륙붕—현재는 해수면 아래 비교적 얕은 곳에 있는 땅으로 가장자리 부분은 수심 수 킬로미터 밑으로 급격히 떨어진다—의 위치가 달라진다.

여러 특이한 지질 형태는 그렇게 해서 형성된 외곽 부위의 들쭉날쭉한 선을 맞추어보면 아귀가 잘 맞는다. 예를 들어서 페름-석탄기Permo-Carboniferous age의 빙하 퇴적물(과거의 숲으로 2억 년 전에 형성되었고, 지금은 석탄 매장 지대다)은 남아프리카 서부 연안과 아르헨티나 및 우루과이 동부 연안에 동일한 형태로 존재한다. 쥐라기와 백악기의 유사한 암석들(약 1억~2억 년 된 것들이다)은 서아프리카 니제르와 브라질 동북부 헤시피 일대에 존재한다. 이는 남대서양을 가운데 놓고 정확히 마주보는 지점이다. 또 아프리카 남부에 펼쳐진 지향사地向斜(지표면의 대규모 침강 지대)는 아르헨티나 중앙부를 관통해서 하나의 선으로 연결된다.[9]

판게아는 얼마나 오랫동안 존재했으며, 언제, 왜 분리가 일어났을까? 분리를 지속시킨 힘은 무엇이었을까? 이런 것들이 현대의 가장 흥미진진한 논란 가운데 하나인 궁극적 질문이다. (이런 발상이 보편화되는 데는 어느 정도 시간이 걸렸다. 1939년의 지질학 교과서들만 해도 대륙이동설을 '가설일 뿐'인 주장으로 취급했다.)

대륙이동설과 지구의 나이가 들어맞다

대륙이동설은 20세기 초 지질학에서 일어난 주요한 발전, 즉 지구의 나이에 관한 연구와 맥을 같이했다. 잘 알다시피, 1650년에 아일랜드 아마의 대주교 제임스 어셔는 성서에 기록된 족보들을 이용해서 지구가 기원전 4004년 10월 22일 해질녘에 창조되었다는 계산을 내놓았다.[*] 19세기 말 윌리엄 톰슨(켈빈 경)은 지구가 식어간다는 관념을 토대로 지각이 형성된 것은 2000만~9800만 년 전이라고 주장했다(1장 참조). 이런 식의 계산들은 방사능과 방사성 붕괴의 발견으로 무효화됐다. 1907년에 예일 대학교의 버트럼 볼트우드가 어니스트 러더퍼드의 제안에 따라 납이 방사성 우라늄 붕괴의 최종 산물임을 입증하고 우라늄과 납의 상대적 구성비를 측정해, 우라늄 반감기에 대입하는 방식으로 암석의 나이를 계산할 수 있음을 밝혀냈다. 지구상에서 가장 오래된 물질은 지금까지는 호주에서 발견된 지르콘 결정체로, 1983년에 이루어진 측정에 따르면 42억 년 된 것으로 밝혀졌다. 현재 지구의 나이에 대한 가장 그럴듯한 추정치는 (물리학, 지질학, 시간 등을 연계해 볼 때) 45억 살이다.[10]

베게너는 수집한 증거를 토대로 이런 이론을 당연시했다. 그러나 많은 지질학자들, 특히 미국 쪽에서는 확신하지 못했다. 이들 '고착론자들fixists'은 대륙들은 단단해서 움직이지 않는다고 믿었다. 실제로 지질학은 이 문제를 놓고 오랫동안 의견이 갈렸다. 적어도 2차 대전 때까지는 그랬다. 그러나 핵잠수함이 등장하면서 특히 미 해군으로서는 주적 러시아와 본토 사이에 위치한 수역(태평양)에 대해 더 많은 정보가 필요했다. 그래

---

[*] 현대 대학교의 일부 지질학과들은 아이러니하게 지금도 10월 22일을 지구 탄생일로 기념하고 있다.

서 연구를 해보니 태평양 해저에서 일어나는 자기 이상 현상은 대략 평행선을 그리면서 주로 북쪽에서 남쪽으로 이어지는 거대한 '널빤지들' 같은 형상을 하고 있다는 기본적인 결과가 나왔다. 널빤지 하나하나의 너비는 15~25킬로미터에 길이는 수백 킬로미터였다.

이 모든 정보에 대해 월터 피트먼은 별로 아는 바가 없었다. 태평양을 탐사할 당시 그는 대륙 이동에 관한 고전적인 주장들은 잘 몰랐고, 해저 확장에 대해서도 썩 잘 알지 못했다.[11] 그런데 엘타닌호의 발견이 대단히 흥미로운 수치를 제시했다. 25킬로미터를 100만 년(평균적으로 지구 자기가 역전되는 기간)으로 나누면 2.5센티미터가 나온다. 태평양이 매년 이런 정도의 비율로 팽창한다는 의미였을까? 크게 볼 때 답은 '예스'였다. 물론 후대의 연구를 보면 태평양은 과거 1000만 년 동안 연평균 1센티미터씩 지속적으로 팽창해왔다. 비록 1센티미터라고 해도 1000만을 곱하면 100킬로미터가 된다. (현재 태평양의 최대 폭은 1만 8800킬로미터다.)[12]

대륙이동설을 뒷받침해주는 증거는 또 있었다. 1953년에 프랑스 지진학자 장피에르 로테가 영국왕립학회 모임에서 대서양과 인도양의 진앙을 표시한 지도를 소개했다. 진앙들은 놀라울 정도로 일관성이 있어서, 많은 지진이 대양 중앙 해령(대양저 산맥)과 관련이 있음을 보여주었다. 특히 화산들은 해령에서 멀수록 오래된 것이고 활동성도 떨어졌다. 그런데 전쟁이 낳은 또 다른 부산물이 있었으니, 바로 원자탄 폭발로 말미암아 지구 전체로 번진 지진파에 대한 분석이었다. 놀랍게도 대양저는 두께가 겨우 6.4킬로미터인 반면 대륙은 두께가 32.1킬로미터나 된다는 계산이 나왔다. 엘타닌호가 항해에 나서기 불과 1년 전, 영국의 지구물리학자 에드워드 벌러드 경은 최신 해저 측정치를 활용해 대서양 말단부 윤곽선을 재구성했다. 해수면 윤곽선이 아닌 수심 1000미터의 등심선等深線을 잡아내는 방식이었다. 그 정도 깊이에서는 대륙들 간의 접합 부위가 훨씬 완벽하게 나타났다. 이런 여러 증거가 있었는데도 '고착론자들'의 패배가 최종 확인된 것은 역시 엘타닌호의 좌우 대칭 그림이 나오고 나서였다.[13]

이런 연구 성과들을 토대로 1968년에 프린스턴 대학교의 윌리엄 모건은 훨씬 극단적인 '이동설'을 제기했다. 대륙들은 일련의 '지질 구조판板tectonic plates'으로 형성되어 있으며, 지표면으로 서서히 조금씩 이동한다는 발상이었다. 그는 이들 구조판—판 하나는 두께가 약 100킬로미터다—의 이동이야말로 지구의 대다수 지진 활동을 야기하는 원인이라고 주장했다. 논란의 소지가 많은 그의 아이디어는 태평양 대양저에서 해구海丘가 여럿 발견되면서 곧 지지를 얻었다. 섭입대攝入帶라는 해구는 해저 700킬로미터 깊이에서도 발견되었다. 바로 이 지점에서 해양저는 그 밑에 있는 맨틀로 다시 빨려 들어간다(이런 해구 중 하나는 일본에서 러시아 캄차카 반도에 이르기까지 1800킬로미터에 걸쳐 뻗어 있다).[14]

생명의 탄생

지구가 오랜 세월에 걸쳐 변화해왔다—사실, 대단히 흥미로운 방식으로 늙었다—는 것을 알 수 있는 또 한 가지 증거는 약 25억 년 전부터 지구 상의 암석에서 산화철의 일종인 적철석赤鐵石 축적물이 보이기 시작한다는 사실이다. 이는 처음으로 산소가 만들어지고 있었지만 세계의 광물들에 의해 '소진됐다'는 의미로 보인다. 그 이전에 지구 대기에는 산소가 거의 또는 전혀 없었을 것임은 의심의 여지가 없다. 그래서 최초의 생명 형태—박테리아성 유기체—는 산소가 없는 곳에서만 정상적으로 생활하는 혐기성 생물이었다. 그렇다면 산소는 어디서 왔을까?

가장 유력한 산소 제조자 후보는 남조류(청록박테리아)로, 햇빛이 엽록소에까지 닿는 얕은 수역에 서식하면서 이산화탄소를 탄소와 산소로 분해해서 탄소는 자체적으로 쓰고 산소는 배출했다. 광합성을 했다는 얘기다. 한동안 지구상의 광물질(미네랄)이 생성되는 산소를 모두 빨아들였다(석회석은 탄산칼슘 형태로 산소를 잡아채고, 철은 산소와 반응해 녹이 슬고 하는 식으로). 그러나 결국에는 미네랄이 포화 상태가 되었고, 그 이후에는 10억 년간 수십, 수백억 개체의 박테리아가 미세한 산소 기포를 뿜어내면서 지구의 대기가 점차 변했다.

지구의 역사를 다룬 리처드 포티의 책에 따르면, 그다음은 점액질 미생물 군체가 형성되어 거의 2차원에 가까운 얇은 '판' 형태가 되는 단계다. 이런 군체는 지금도 염분이 있는 열대 습지에서 발견된다. 주변에 초식동물이 없어서 지금까지 살아남은 것이다. 이것이 화석화된 형태는, 35억여 년 전에 형성된 것으로 추정되는 남아프리카공화국과 호주의 암석에서 발견되었다. 박테리아 군체가 자라서 바위처럼 된 구조물을 스트로마톨라이트stromatolite라고 한다. 스트로마톨라이트는 '잎이 겹겹인 양배추'를 닮았는데, 엄청난 크기로 자랄 수 있다. 높이 9미터는 보통이고 100미터짜리도 있다. 그러나 스트로마톨라이트는 원핵생물, 즉 핵이 따로 없는 세포로 구성되어 있어서 단순히 세포가 분열하는 방식으로 생식을 한다.[15]

그다음 단계는 세포핵의 등장이다. 이론물리학자 프리먼 다이슨은 미국의 여성 생물학자 린 마굴리스를 현대 생물학에서 위대한 교량을 건설한 사람 중 한 명이라고 평했다. 앰허스트 대학교 교수 마굴리스가 지적한 바에 따르면, 하나의 박테리아가 다른 박테리아를 잡아먹고 이것이 다른 유기체 안에서 세포 기관이 되었을 '가능성이 거의 확실하다.' 그렇게 해서 종국에는 핵이 형성되었다. 원핵생물 세포가 진핵생물 세포가 된 것이다. 엽록체는 그렇게 형성된 또 하나의 세포 기관으로, 세포 내에서 광합성 작용을 하는 특별한 하부 단위다. 핵과 세포 기관의 발달은 중요한 진전으로, 좀 더 복잡한 구조가 형성되는 역할을 했다.

그 이후에 성의 진화가 일어났을 것으로 추정된다. 성의 분화는 20억 년 전쯤에 일어났으리라 추정된다. 성이 나타남으로써 유전적 변이 가능성이 높아져 진화가 촉진되었다. 그러면서 진화 속도가 급속히 빨라졌던 것 같다. 세포는 더 크고 훨씬 복잡해졌으며, 변형균류도 등장했다. 변형균류는 형태가 여러 가지인데, 경우에 따라 다른 물체의 표면 위로 이동할 수도 있다. 다른 말로 하면, 그것들은 살아 있는 존재인 동시에 무생물인데, 동물과 살짝 유사한 행동 방식을 보이며 초보적 수준의 특화된 조직의 발달 과정을 보여준다.[16]

캄브리아기 대폭발과 또 다른 진화종합설

7억 년 전쯤에 '에디아카라Ediacara 동물군群'이 나타났다. 가장 원시적 형태의 이들 동물 화석은 처음 발견된 호주 남부 플린더스 산맥의 에디아카라에서 영국 레스터까지 세계 여러 지역에서 발견됐다. 에디아카라 동물군은 종류에 따라 형태가 기기묘묘하지만 일반적으로 방사대칭형이다. 세포 두 개 정도 두께의 얇은 외피와 원시 해파리 모양의 초보적인 위장 및 구강이 특징이다. 따라서 변형균류와 상상할 수 없을 정도로 먼 관계는 아니다. 최초의 진정한 다세포 유기체인 에디아카라 동물군은 어떤 이유에서인지 멸종했는데, 궁극적으로는 골격이 없어서 그랬을 것으로 추정된다. 뼈는 진화에서 그다음의 중요한 단계였던 것 같다. 고생물학자들이 어느 정도 확신을 가지고 이렇게 말할 수 있는 이유는, 약 5억 년 전에 지구의 동물상動物相에 혁명이 일어났기 때문이다. 이를 '캄브리아기 대폭발 Cambrian Explosion'이라고 한다. 불과 1500만 년 사이에 패각이 있는 동물들이 출현했는데, 형태도 오늘날의 갑각류와 유사하다. 삼엽충이 대표적인 사례다. 일부 삼엽충은 관절이 있는 다리와 집게발을 가지고 있었고, 또 다른 부류는 등에 원시적 형태의 신경 조직이 있었다. 초기 형태의 눈을 가진 종류도 있었고, 뭐라고 묘사하기 어려울 정도로 이상한 모양의 삼엽충도 있었다.[17]

이렇게 해서, 1980년대 중반에서 말에 이르면 생물학에서 새로운 진화 종합설이 등장한다. 중요한 발전 단계 중에서 빠진 부분을 메우고, 시기를 더 촘촘하게 확정하는 내용이다. 그렇게 해서 우리는 캄브리아기 대폭발에서 4억 년 이상 지질 시대를 훌쩍 뛰어넘어 이제 거의 6500만 년 전으로 성큼 다가서게 된다.

1969년에 성사된 달 착륙과 이후 우주 탐사가 가져온 효과 가운데 하나는 지질학이 단일 행성을 연구하는 분야에서 훨씬 풍부한 데이터를 확보한 분야로 발전하게 되었다는 점이다. 달과 다른 행성들이 지구와 다른 점 가운데 하나는 표면에 움푹 파인 거대한 구덩이(크레이터crater―옮긴이)가 훨씬 많아 보인다는 점이다. 이런 구멍들은 우주에서 날아온 소행성이나 운석과의 충돌로 형성된 것이다. 이 점이 지질학에서 중요한 이유는, 1970년대 정도면 지질학은 이미 수백만 년 단위로 천천히 움직이는 시간 관념에 익숙해져 있었기 때문이다. 그런데 대단히 큰 예외가 생겼다. 그것이 바로 'K-T 경계층K-T boundary'인데, 약 6500만 년 전 백악기와 제3기 사이에 생성된 지층이다.* 이 시기의 화석들은 엄청나게 거대한 규모로 매우 급작스러운 단절이 있었음을 보여준다. 주된 양상은 캄브리아기 대폭발과 정반대이다. 수많은 형태의 생명체가 지구상에서 **사라진 것이다.**

이런 대량 멸종의 가장 대표적인 사례가 약 1억 5000만 년 동안 지구를 지배했던 거대 동물인 공룡의 멸종이다. 공룡은 그 이후에 등장하는 화석에서 완전히 자취를 감춘다. 전통적으로 지질학자들과 고생물학자들은 그러한 대량 멸종이 기후변화나 해수면 하강 탓이라고 생각했다. 그러나 많은 동식물에게 기후변화나 해수면 하강은 대단히 느리게 진행되는 과정이었을 테고, 따라서 변화에 나름대로 적응했을 것이다. 그런데 지구 생명체의 절반가량이 백악기와 제3기 사이에 갑자기 사라진 것이다. 다른 위성들과 행성들에 파인 수많은 크레이터를 연구한 결과, 일부 고생물학자들은 그와 유사한 대참사가 6500만 년 전에 지구에서 일어난 대량 멸종의 원인이 아닐까 하고 의심하기에 이르렀다. 그렇게 해서 놀라운 과학적 추리가 시작되었고, 이 추리는 1991년에 가서야 완전히 해소되었다.[18]

운석이나 소행성이 그런 파괴적인 충격을 주려면 크기가 최소한 어느 정도 이상은 되어야 한다. 따라서 충돌로 파인 거대한 구덩이가 눈에 띌 정도는 되어야 했다. 그럴듯한 크레이터 후보가 바로 나타나지는 않았다. 그런데 운석이 지구와는 화학성분이 다르다는 점을 과학자들이 알게 되면서 처음으로 돌파구가 열렸다. 특히 백금족 원소 함량이 그랬다. 백금족 원소는 철에 잘 흡수되는데, 지구의 핵은 거대한 철이다. 한편 운석 먼지는 이리듐 같은 백금족 원소에 많이 들어 있다. 캘리포니아 대학교 버클리 캠퍼스의 루이스와 월터 알바레스 부자는 백악기와 제3기 경계층에서 나온 광맥 노출 부위를 실험한 결과, 이리듐이 운석 충돌이 없는 일반적

---

* 백악기(Cretaceous period)는 라틴어 creta=백묵(분필)에서 따온 말이다. K-T 경계층의 K는 전통적으로 분필을 뜻하는 독일어 Kreide의 약자다. T는 Tertiary period(제3기)의 약자다.

인 경우보다 **90배**나 많다는 사실을 밝혀냈다. 이 부자(나중에는 며느리까지 합세한다)는 1978년 6월의 이 발견을 계기로 그 이후 10년 이상이 소요될 추적 작업을 벌이기 시작했다.

두 번째 돌파구는 네덜란드 과학자 얀 스미트가 1981년에 스페인 카라바카의 K-T 경계층 발굴 성과를 《네이처》지에 보고하면서 열렸다. 문제의 지층에서는 모래 알갱이만 한 크기의 작고 둥근 물체, 즉 소구체小球體가 많이 발견됐는데, 그것들을 분석해보니 '깃털' 모양의 결정 구조로 되어 있고 성분은 칼륨장석 계열의 새니딘sanidine이었다. 이런 소구체는 감람석(휘석과 칼슘 성분이 많은 장석)으로 구성된 비교적 초기의 지구 암석에서 변화한 것으로 밝혀졌다. 소구체가 중요한 이유는, 대양 아래의 지각을 형성하는 주요 암석인 현무암의 특징이 바로 소구체이기 때문이다. 다른 말로 하면, 운석이 육지가 아닌 바다 속으로 떨어졌다는 얘기다.[19]

이것은 좋은 소식이기도 하고 나쁜 소식이기도 했다. 좋은 소식인 이유는 6500만 년 전에 대충돌이 있었다는 사실을 확인해주는 증거였기 때문이다. 나쁜 소식인 이유는, 이제 과학자들은 충돌로 생긴 크레이터를 바다 속에서 찾아야 하는 데다가 당시의 충격으로 발생했을 거대한 쓰나미나 해일의 증거까지 확보해야 했기 때문이다. 계산한 결과, 그런 정도의 해일이 대륙 연안을 덮칠 때는 높이가 1킬로미터는 됐을 것으로 추정되었다. 두 가지 탐사 작업 모두 아무 소득이 없었다. 1980년대 들어 운석 충돌의 증거가 하나둘 쌓이기 시작했고, 이리듐 이상 과다 현상을 보이는 지역만 해도 100여 곳이 확인되었다. 그러나 충돌이 일어난 정확한 지점은 여전히 오리무중이었다.

그러다가 1988년에 애리조나 대학교에 와 있던 캐나다 우주화학자 앨런 힐데브랜드가 텍사스 주 브라조스 강 연구에 나섰다. 10년에 걸친 조사 작업이 마지막 단계에 접어든 때였다. 브라조스 강은 웨이코 인근 한 지점에서 급류로 바뀌는데 그 아래는 단단한 모래 하상으로 알려져 있었다. 그런데 이 하상이 쓰나미 범람의 흔적임이 확인되었다. 힐데브랜드는 브라조스 일대를 샅샅이 훑고 나서 그 일대의 다른 지형과 원형圓形으로 연결되는 증거를 찾아 나섰다. 그는 각종 지도와 암석의 중력 이상을 조사하여 마침내 원형 구조를 발견했다. 그것은 콜롬비아 북쪽 카리브 해 해저에 난 운석 충돌 구덩이로, 멕시코 유카탄 반도까지 뻗어 있는 것으로 추정되었다. 다른 고생물학자들은 처음에는 회의적인 태도를 보였다. 그러나 힐데브랜드가 유카탄 반도를 잘 아는 지질학자의 도움을 받으면서 해당 지역이 충돌 지점이라는 점이 곧 확인되었다.

모든 학자가 대단히 혼란스러워한 이유는, 문제의 충돌 구덩이—지역 이름을 따서 칙술루브Chicxulub라고 한다—가 비교적 최근에 생성된 암석 밑에 묻혀 있어서였다. 힐데브랜드는 동료들과 함께 이런 내용을 1991년에 논문으로 발표해 화제를 불러일으켰다. 적어도 지질학자들과 고생물학자들에게는 그러했다. 이들은 이제 태도를 완전히 바꾸지 않을 수 없었다. 운석 충돌이라는 대참사가 진화에 영향을 **주었을 수 있다**고 보게 되었다는 말이다.[20]

공룡의 멸종은 포유류에게는 반가운 소식이기도 했다. K-T 경계층 시기가 될 때까지 포유류는 몸집이 작았다. 이런 특성이 오히려 운석 충돌 이후의 생존에 유리했을 것이다. 개체수가 아주 많았으니 말이다. 게다가 몸집이 비교적 큰 포유류는 K-T 경계층 이후가 되어서야 나타났고, 티라노사우루스 렉스나 트리케라톱스 같은 공룡들과 벌이던 경쟁은 소멸된 상태였다.

몸집이 큰 포유류가 지구 곳곳에서 점점 더 많이 출현하기 시작했지만 아프리카는 차츰 독특한 지역이 되어가고 있었다. 특히 최초의 진정한 유인원과 긴꼬리원숭이의 선조를 포함해 영장류가 많다는 점이 그랬다. 영장류는 에오세(5600만~3400만 년 전) 말기가 되면 유럽에서는 완전히 사라졌고, 같은 시기 아시아와 북아메리카의 상당수 지역에서도 없어졌다. 따라서 아프리카는 영장류의 피난처였고, 유인원과 원숭이의 진화가 이루어진 지역은 그곳일 수밖에 없었다.[21] 에오세 다음 지질 시대인 올리고세(3400만~2300만 년 전)에 영장류는 아프리카에서만 서식했지만 수적으로는 대단히 많았다.[22]

따라서 우리는 K-T 경계층 시기에 운석이 지구와 충돌하지 않았다면 인간이 탄생하지 않았으리라고 말할 수 있다. 가장 이른 시기의 원인原人인 사헬란트로푸스 차덴시스*Sahelanthropus tchadensis*가 아프리카 지구대地溝帶 지역에 등장한 시기는 약 700만~600만 년 전이다. 이 원인은 두개골이 작을 뿐 아니라 침팬지 모양이며 두뇌도 작고 눈두덩 위쪽 뼈가 컸지만, 이미 편평한 얼굴에 작아진 송곳니, 직립 자세 등, 인간과 대단히 흡사한 양상을 보였다. 그 이후 지금까지 약 21종의 서로 다른 원인이 확인되었다.[23]

맞아떨어지는 연대들: 일관성의 매혹

대륙이동, 지질 구조판, 캄브리아기 대폭발, K-T 경계층 같은 것들은 처음에는 지질학의 관심사였을 뿐이다. 그러나 지질학은 일종의 역사학이다. 20세기 과학이 이룬 성과 가운데 하나는 과거의 아스라한 영역에 점점 더 가까이 다가갈 수 있게 해준 점이다. 그런 발견들은 조금씩 여러 단계에 걸쳐 이루어지기는 했지만 일관된—매혹적일 정도로 일관된—맥락이 있다고 밝혀졌고, (현재까지는) 인류를 정점으로 하는 하나의 내러티브, 즉 단일 스토리를 꾸미는 토대를 마련해주었다. 이것은 아마도 20세기 사상이 이룩한 최고의 업적일 것이다. 이제 조금씩, 연대순으로 제시되는 또 다른 발견이 그 일관성을 한층 강화해주게 된다.

고생물학과 고전고고학에서 과거의 연대를 측정하는 전통적인 방법은 층서학層序學이었다. 상식적으로 보면 아래쪽에 자리 잡은 지층은 그 위에 있는 지층보다 오래된 지층일 것이다. 그러나 이런 정도로는 상대적으로 나중에 생긴 것과 그보다 앞서 생긴 것을 구분하는 식의 비교 연대 측정만 가능하다. 절대 연대를 확정하려면 연대가 적힌 제왕의 명단이라든가, 제조 연대가 찍힌 주화, 또는 월식이나 일식과 같은 천체의 변화를 언급한 기록(날짜는 현대 천문학 지식으로 역산해낼 수 있다)과 같은 독립적인 증거가 필요하다. 이어 그런 정보를 층서학의 각 지층과 연결해서 해석한다. 물론 전적으로 만족스럽지는 않다. 유적지는 사고나 고의로, 인간이나 자연에 의해 손상될 수 있다. 무덤은 후대에 다시 사용될 수도 있다. 그렇기 때문에 고고학자들과 고생물학자들은 또 다른 방식의 연대 측정법을 꾸준히 모색해왔다. 20세기에 이 분야는 여러 가지로 진전을 이루었다.

첫 진전은 1929년에 이루어졌다. 우리 책 〈머리말〉에서 소개한 대로 앤드루 엘리커트 더글러스가 나무의 나이테가 '습윤한 해'와 '건조한 해'를 나타내는 지표임을 밝혀낸 것이다. 나이테는 태양의 흑점 활동과 꼭 맞아떨어졌고, 그 결과 콜럼버스 이전 시기 일부 사건들이 일어난 시점을 정확히 알아낼 수 있었다.

초기 인류에 대한 우리의 지식 역시 방사성 탄소 연대 측정법의 발견에 따라 혁명적인 발전을 이루었다. 이 측정법은 1949년에 뉴욕의 윌라드

리비가 처음 발견했다(그 공로로 1960년에 노벨 화학상을 수상했다).

방사성 탄소 연대 측정법은 식물이 공기 중의 이산화탄소를 흡수한다는 사실을 기초로 한다. 흡수된 이산화탄소CO_2 가운데 소량은 우주에서 오는 우주선에 쪼인 탓에 방사성을 띤다. 광합성은 이 이산화탄소를 방사성 식물 조직으로 변환시키는데, 이 조직은 식물(또는 해당 식물을 섭취한 유기체)이 죽을 때까지, 즉 방사성 탄소 섭취를 멈출 때까지 일정한 비율로 남아 있다.

방사성 탄소-14(^{14}C)는 (전체 탄소의 98퍼센트 이상을 차지하는 일반적인 동위원소 ^{12}C와 달리) 반감기가 대략 5700년이다. 따라서 오래된 생명체에 들어 있는 방사성 탄소의 비율을 현대 생명체의 방사성 탄소 비율과 비교하면 문제의 유기체가 죽은 이후 시간이 얼마나 경과했는지 계산할 수 있다.

리비는 직접 확보한 시료의 연대 측정 결과를 이미 알려진 역사적 시기와 비교해봤다. 이집트 프톨레마이오스 왕조 시대의 미라형 관에서 채취한 나뭇조각의 경우, 알려진 역사 시기는 2280년 전인데, 리비의 측정 결과는 2190±450년이었다. 고대 이집트 세누스레트 3세의 무덤에서 출토된 장례용 선박의 나뭇조각의 경우, 기록된 시기는 3750년 전인데 리비의 측정치는 3621±180년 전이었다. 고대 이집트 3왕조의 2대 왕 조세르의 무덤에서 나온 목재 들보는 4650년 전 것으로 알려져 있는데, 리비의 측정 결과는 3979±350년이었다.[24]

나중에 리비는 전 세계에서 증거를 모았다. 터키, 이라크, 아일랜드, 덴마크, 남북아메리카 전역에서 모두 949점이 모였다. 남북아메리카 대륙의 시료들은 농경이 언제 처음 시작되었는가, 마야와 아즈텍 문명의 거대한 신전들은 언제 건설되었는가, 무엇이 무엇과 동시대의 것인가 등등, 현지 고고학의 질문에 적절한 답을 제공하기 시작했다. 그렇게 해서 신세계 문명의 연대기에 대한 체계적인 연구가 본격적으로 가동되었다.

리비의 일부 측정 결과는 놀라웠지만 가장 거대하고도 중요한 변혁을 이룬 것은 1973년에 나온 콜린 렌프루의 저서 《문명 이전: 방사성 탄소 혁명과 선사시대 유럽Before Civilisation: The Radiocarbon Revolution and Prehistoric Europe》이다.[25] 출간 당시 렌프루는 영국 사우샘프턴 대학교 교수였는데, 나중에 케임브리지 대학교로 자리를 옮긴다.

《문명 이전》의 핵심 논지는 두 가지다. 첫째, 지구에 인류가 거주하기 시작한 시기를 재정립했다. 예를 들어 호주에 사람이 살기 시작한 때가 기원전 4000년으로 거슬러 올라간다는 사실이 대략 1960년부터 알려졌다. 그 시기는 기원전 1만 7000년까지로 올라갈 가능성도 있다. 멕시코에서는 기원전 5000년경에 옥수수를 조직적으로 수확했다는 사실이 밝혀졌는데, 이는 기원전 3000년 한참 이전에 가축을 길들였다는 징표일 수 있다. 이런 연대기가 진짜 중요한 이유는 기존에 생각했던 것보다 훨씬 이른 시기에 이런저런 일들이 벌어졌음을 입증했을 뿐 아니라, 중앙아메리카 문명은 모종의 방식으로 유럽에서 문명이 수입된 이후에 발달했다는, 당시 유행하던 모호한 이론들을 날려버렸기 때문이다. 남북아메리카는 기원전 1만 6000년에서 1만 4000년 이후, 즉 마지막 빙하기 이후 외부 세계로부터 완전히 단절된 상태였다. 그런데 문명의 표지라고 할 수 있는 농경, 건축, 야금술, 종교 등 모든 것을 완전히 독자적으로 발전시킨 것이다.

이러한 연대기의 개정 및 그 의미를 밝힌 것이 렌프루 책에 담긴 두 번째 논지였다. 여기서 그는 자신이 가장 잘 아는 지역, 즉 유럽과 중동의 고전 세계에 초점을 맞췄다. 예를 들어 수메르와 이집트는 인류 최초의 위대한 집단적 성취를 이룬 모母문명으로, 크레타 섬의 미노아 문명 및 에게 해를 중심으로 한 아테네, 미케네, 트로이 같은 고전 문명을 낳았다. 거기서 문명은 다시 북쪽으로 발칸 반도, 그리고 이어서 독일과 영국, 서쪽으로는 이탈리아와 프랑스, 이베리아 반도로 확산되었다.

그런데 ^{14}C 혁명으로 갑자기 이 모델에 심각한 문제가 생겼다. 새로운 탄소 연대 측정 결과, 대서양 연안—스페인과 포르투갈, 브르타뉴(프랑스 북서부의 반도—옮긴이)와 영국, 덴마크—에 분포한 거석 유적들이 에게 해 일대의 문명들과 시기적으로 동일하거나, 오히려 **앞선** 것으로 드러난 것이다. 한두 가지 측정 결과만 그런 것이 아니라 새로 실시한 수백 종의 연대 측정이 일관되게 그런 결과를 보여주었다. 어떤 경우에는 대서양 연안의 거석들이 에게 해 일대 문화들보다 천 년이나 더 이른 것으로 밝혀지기도 했다. 이집트, 중동, 에게 해 문명에 대한 전통 모델은 여전히 유지되었다. 그러나 렌프루의 표현대로, 에게 해 주변에 일종의 고고학적 '단층선'이 형성되어 있었다. 거기서 더 나아가, 이제는 새로운 모델이 필요했다.[26]

렌프루가 제시한 모델은 문명의 '확산'이라는 낡은 관념을 폐기하는 데에서 출발했다. 확산 모델은 중동에 모문명이 있고, 거기서 농경, 야금술, 야생 동식물 길들이기가 시작되었으며, 그 이후에 사람들이 이주함에 따라 문명이 다른 지역으로 퍼져나갔다는 이론이다. 렌프루가 보기에 유럽 대서양 연안 일대에 일련의 족장사회chiefdom가 발전했음이 분명했다. 족장사회란 채집인 집단과 본격적인 문명 사이의 중간 단계라고 할 수 있는 사회 조직이다. 이집트, 수메르, 크레타 같은 본격적인 문명은 왕과 궁궐, 고도로 계층화된 사회 조직을 갖고 있었다.

족장사회는 지배 영역이 비교적 좁고(예를 들어 스코틀랜드 애런 섬에만 족장사회가 여섯 개 있었다), 커다란 무덤이나 스톤헨지Stonehenge 같은 종교적·천문학적 장소들을 중심으로 형성되었다. 이런 족장사회에는 초보적인 사회 계층화와 초기 형태의 교역이 연결되었다. 인상적인 석조 건축물—씨족들이 그 주변에 모여 사는, 장례와 관련된 기념물—을 축조하려면 충분한 인력이 필요했다. 거석문화는 항상 농토와 관련이 있는 곳에서 발견되었다. 이는 족장사회가 사회 진화의 자연스러운 한 단계였음을 말해준다. 인류가 최초로 작물을 재배하면서 정착하자 곧이어 족장사회와 거석문화가 탄생했다는 뜻이다.[27]

지금은 널리 받아들여지고 있는 렌프루의 분석은 영국, 스페인, 발칸 반도의 유적지를 집중 조명함으로써 논거를 세웠다. 그러나 문제가 되는 핵심은 그의 일반론이었다. 초기 인류가 어느 지점(동아프리카일 것이다)에서부터 지구 곳곳으로 퍼져나간 것은 분명하지만, 문명이나 문화—어떻게 부르든 상관없다—는 한 장소에서 발전한 다음에 동일한 방식으로 차츰 확산되지 않았다는 얘기다. 즉, 문명은 서로 다른 시점에 서로 다른 장소에서 자체적으로 성장했다.

이런 시각은 장기적으로 지적인 차원에서 두 가지 중요한 결과를 낳았다. 첫째, 세계의 모든 문화는 독자적이며, 모든 것의 조상이 되는 '모문명'에서 비롯되지 않았다는 생각이다. 이는 고고학자들의 연구 성과와 맞물려 모든 문화는 똑같이 잠재력이 있으며, 똑같이 독창적이라는 시각을 형성했다. 따라서 '고전' 세계가 더는 궁극의 기원일 수 없는 상황이 되었다.

좀 더 깊은 차원에서 보면, 렌프루가 특별히 언급한 것처럼, 새로운 고고학의 발견은 우리가 다원식 사고에 얼마나 쉽게 매몰될 위험이 있는지를 보여주었다. 구식 확산론은 진화론의 한 형태였지만, 너무 일반적이어서 거의 무의미할 정도였다. 그것은 문명은 부단하고 단선적인 연속의 형태로 발전했다는 이야기였다. 그런데 새로운 ^{14}C 연대 측정과 나이테 연구에서 발견된 증거는 그것이 사실이 아님을 분명히 보여주었다. 새로운 시각은 덜 '진화론적'이라고 할 수는 없지만 매우 달랐다.

세계 최초의 인간

고고학자이자 고생물학자인 메리와 루이스 리키 부부는 1930년대부터 아프리카—케냐와 탕가니카(나중에 탄자니아가 됨)—에서 발굴 작업을 해왔지만 이렇다 할 만한 것을 찾아내지는 못했다. 부부는 특히 올두바이 협곡Olduvai Gorge을 집중 발굴했다. 세렝게티 평원에 움푹 팬, 깊이 91미터, 길이 48킬로미터에 달하는 이 협곡은 아프리카 동반부를 북에서 남으로 관통하는 이른바 지구대Great Rift Valley의 일부로 거대한 두 개의 지질 구조판이 만나는 경계선으로 알려져 있었다.

올두바이 협곡은 1911년에 발견된 이후 줄곧 과학자들의 관심 대상이 되었다. 당시 독일 곤충학자 빌헬름 카트빈켈은 나비를 쫓아가다가 협곡으로 떨어질 뻔했다. 협곡 아래로 내려가면서 보니 퇴적층이 여러 겹이었다. 카트빈켈은 퇴적층 주변에 수많은 화석 뼈가 널려 있음을 알아챘다. 화석들을 독일로 가져와 소개하자 학계가 술렁거렸다. 멸종된 말의 화석도 있었기 때문이다. 후일 탐사 팀들은 현대인의 두개골 파편을 찾아냈다. 그러자 일부 과학자들은 올두바이가 멸종된 생명체 연구에 가장 적합한 장소라는 결론을 내렸다. 인류의 선조 화석도 있을 가능성이 높다는 생각이었다.[28]

그토록 열망하던, 세상이 놀랄 만한 발견을 이루지 못한 상태로 1930년대 초부터 1959년까지 올두바이에서 발굴을 계속한 것을 보면 리키 부부의 성격이 어떠한지 충분히 짐작할 만하다. (그때까지 학계에서는 초기 인류는 아시아에서 처음 나타났다고 믿고 있었다.) 1939년 2차 대전 발발로 대부분의 발굴이 중단될 때까지 1930년대 내내 리키 부부는 올두바이에서 발굴 작업을 계속했다. 가장 괄목할 만한 성과는 초기 인류가 만든 도구를 대량으로 발굴한 일이었다. 루이스와 메리(메리는 루이스의 두 번째 부인이다)는 올두바이에서는 부싯돌이 발견되지 않을 것이라고 직감한 최초의 연구자였다. 부싯돌은 유럽 전역에서 발견된 반면에 동아프리카에서는 그때까지 발견된 적이 없었기 때문이다. 대신 부부는 '자갈돌찍개'를 다량 발굴했다. 특히 현무암과 규암으로 만든 것이 많았다. 이런 원시적인 절단 도구가 있는 것으로 보아, 유적지가 '생활층'이라고 리키는 확신했다. 일종의 선사시대 거실로 초기 인류가 짐승 고기를 잘라 먹는 도구를 만들던 곳이라는 얘기다. 물론 당시의 동물은 다 멸종되었고, 올두바이와 그 인근에서 화석으로 몇 종이 발견됐을 뿐이다.

2차 대전이 끝난 뒤 리키 부부는 1951년까지 올두바이에 다시 가지 못했지만 그 이후 1950년대 대부분의 시간을 또 그곳에서 발굴로 보냈다. 근 10년 동안 부부는 수천 점의 주먹도끼 및 그와 연관이 있는 많은 멸종 포유류의 화석 뼈를 찾아냈다. 거기에는 멧돼지, 들소, 영양도 있었다. 일부는 현재의 변종보다 훨씬 커서 거대한 원시 동물이 뛰노는 아프리카라는 낭만적인 이미지를 불러일으켰다. 리키 부부는 이 생활층을 '도살장'이라고 다시 명명했다. 리키 부부 전기를 쓴 버지니아 모렐에 따르면, 그 단계에서 두 사람은 당시 협곡 맨 밑바닥 층은 약 40만 년 전의 것이고, 최상층은 1만 5000년쯤 된다고 생각했다. 루이스는 어느덧 중년이 되었고, 20여 년간 삽질을 하고도 인류 화석을 찾지 못했건만 열정은 식을 줄 몰랐다. 부부는 우연히 원인原人 치아 화석을 몇 번 발견한 경험이 있었던 터라(이빨은 아주 단단해서 다른 부위보다 썩지 않고 오래 보존된다) 루이스는 언젠가 대단히 중요한 인류 두개골 화석이 나타나리라고 확신했다.[29]

1959년 7월 17일 아침, 눈을 뜬 루이스는 열이 좀 있는 것을 느꼈다. 그래서 메리는 남편에게 캠프에 남아 있으라고 했다. 얼마 전에, 멸종된 기린 두개골을 찾아낸 터라 할 일이 많았다. 메리는 사륜 구동차 랜드로버를 몰고 혼자 나갔다. 동행은 애견 샐리와 빅토리아뿐이었다. 그날 아침 메리는 제1층의 한 지점을 조사했다. FLK('프리다 리키의 코롱고Frieda Leakey's Korongo'의 약자다. 프리다 리키는 루이스의 첫째 부인이고, 코롱고는 현지 스와힐리어로 협곡이라는 뜻이다)라고 명명된, 맨 아래 제일 오래된 지층이었다. 11시쯤 날씨가 푹푹 찌는데, 길쭉한 뼛조각이 우연히 메리의 눈에 띄었다. "지층 표면에 그냥 놓여 있는 것이 아니라 밑에서 삐죽 솟아 있었다. 두개골의 일부 같았다. …… 원인原人의 모습이었다. 그런데 뼈가 엄청나게 두꺼워 보였다. 아주 두꺼웠다. 분명 그랬다." 메리는 후일 자서전에서 이렇게 말했다. 겉에 묻은 흙을 살살 떨어내고 보니 "턱선을 따라 큰 이빨 두 개가 박혀 있었다."

마침내, 수십 년 만에 올 것이 온 것이다. 의심의 여지가 없었다. 그것은 원인의 두개골이었다.

메리는 개들이 기다리고 있는 랜드로버로 뛰어가 곧장 캠프로 내달렸다. "찾았어! 찾았다고!" 도착하자마자 그녀가 내지른 일성이었다.

메리는 흥분을 감추지 못하며 루이스에게 뭘 찾았는지 설명해줬다. 후일 루이스가 한 말에 따르면 그 순간에 "아프던 게 씻은 듯이 나았다"라고 한다.[30]

루이스는 두개골의 이빨 구조를 보고는 호모Homo(사람속屬)의 초기 형태가 아니라 오스트랄로피테쿠스일 것이라고 직감했다. 유인원에 가깝다는 말이다. 그러나 주변에 붙은 이물질을 깨끗이 떨어내자 두개골은 거대한 모습을 드러냈다. 강한 턱에 얼굴은 편평하고 광대뼈는 거대했다. 거기에 튼튼한, 씹는 근육이 붙어 있었을 것이다. 더욱 중요한 것은, 리키 부부가 발견한 세 번째 오스트랄로피테쿠스 두개골인데 이번에도 역시 한 무더기의 도구가 그 옆에 있었다는 사실이다. 이에 대해 루이스는 평소 오스트랄로피테쿠스가 **호모** 계열 킬러들에게 희생되었다고 설명해왔다. 호모들이 원시 조상 격인 오스트랄로피테쿠스를 잡아먹었다는 말이다. 그러나 이제 생각이 달라졌다. 함께 발견된 도구를 만든 것이 오스트랄로피테쿠스가 아닐까 하는 생각이 들었던 것이다. 도구를 만든다는 것은 인류의 특징으로 간주되었으니, 이렇게 되면 인류라는 개념은 오스트랄로피테쿠스까지 거슬러 올라가게 되었다.

그러나 얼마 후 루이스는 새로 찾아낸 두개골이 오스트랄로피테쿠스와 현생 인류 호모 사피엔스의 중간 단계라고 확신하기에 이르렀다. 그래서 새로 발굴한 두개골 화석을 진잔트로푸스 보이세이*Zinjanthropus boisei*라고 명명했다. *Zinj*는 고대 아랍어로 동아프리카 해안을 가리키는 말이고, *anthropus*는 화석에 나타난 인간과 유사한 특징을 뜻하며, *boisei*는 탐사 자금을 많이 지원한 미국인 찰스 보이세Charles Boise에서 따온 것이다.[31]

'진지'는 너무 완벽하고, 너무 오래되고, 너무 기이해서 발견자인 리키 부부도 덩달아 유명해졌다. 이 발견은 전 세계 신문 1면을 장식했고, 루이스는 유럽, 북아메리카, 아프리카에서 열린 학술회의의 스타가 되었다. 회의 때마다 진잔트로푸스에 대한 리키의 해석은 일부 다른 학자들의 이의 제기에 부딪혔다. 그들은 리키가 새로 발견한 두개골 화석이 크기는 하지만 다른 곳에서 발견된 오스트랄로피테쿠스 화석과 그렇게 다르지 않다고 주장했다. 시간이 가면서 비판자들이 맞고 리키가 틀렸음이 입증되었다. 그런데 리키가 다른 학자들과 문제의 거대하고 편평한 두개골 화석의 의미를 두고 논쟁하는 사이, 다른 곳의 두 과학자가 전혀 예상치 못한 돌파구를 열었다.

진지를 발견하고 1년 후, 리키는 미국에서 발행하는 과학 잡지 《내셔널 지오그래픽National Geographic》에 〈세계 최초의 인간을 찾아서Finding the World's Earliest Man〉라는 기사를 썼다. 여기서 그는 진잔트로푸스가 60만 년 전 것이라고 주장했다. 나중에 알고 보니 완전히 틀린 이야기가 아니었다.

리키는 층서학이라는 전통적인 고고학 기법(퇴적층 분석)을 사용해 올두바이 협곡의 생성 연대를 홍적세 초기로 계산했다. 홍적세는 매머드 같은 거대 동물이 인간과 함께 지구를 누빈 시기로, 보통 60만 년 전에서 약 1만 년 전까지로 본다. 그런데 앞서 소개한 대로 1947년부터 새로운 연대 측정법인 ^{14}C 기법이 도입된 상태였다.

하지만 ^{14}C는 반감기가 짧아서 대략 최고 4만 년 전 유물에만 적용할 수 있다. 리키의《내셔널 지오그래픽》기사가 나오고 나서 얼마 후 캘리포니아 대학교 버클리 캠퍼스의 지구물리학자 잭 에번든과 가니스 커티스가 올두바이 제1층—진잔트로푸스가 발견된 지층이다—의 화산재 연대 측정 결과를 발표했다. '칼륨-아르곤 연대 측정법potassium-argon dating'을 사용한 결과였다. 이 방법은 원리적으로 ^{14}C 연대 측정법과 비슷하지만 불안정한 방사성 동위원소인 칼륨-40(^{40}K)이 붕괴해 안정적인 아르곤-40(^{40}Ar)으로 바뀌는 비율을 활용한다. ^{40}Ar을 천연 칼륨에 들어 있는 ^{40}K의 양과 비교하면 그 반감기를 가지고 유물의 연대를 계산할 수 있다. ^{40}K의 반감기는 약 13억 년이므로 이 방법은 지질 시대 수준의 연대 측정에 훨씬 적합하다.

이 새로운 방법을 사용해 버클리 대학교의 두 지질학자는 놀라운 결과를 내놓았다. 올두바이 제1층이 60만 년이 아니라 **175만 년**이나 되었다는 내용이었다. 이는 경악할 일이었다. 초기 인류가 지금까지 추정했던 것보다 훨씬, 훨씬 더 오래됐다는 최초의 단서였기 때문이다. 진잔트로푸스 발견에 못지않게 이런 측정 결과 덕분에 올두바이 협곡은 더 유명해졌고,

결국에는—다윈이 진화론을 내놓은 지 100년 만에—기상천외한 발상이 나오기에 이른다. 인류는 아프리카에서 탄생했으며, 이후 지구 곳곳으로 흩어져 거주하게 되었다는 생각이었다.[32]

세계 최초의 여성

이 모든 사건이 일어난 시기가 1960년대다. 다음 장에서 살펴보겠지만, 진 잔트로푸스의 어마어마한 나이는 아프리카의 고대인과 영장류에 대한 관심을 촉발시키는 중요한 한 가지 요인이 되었다. 그러나 4반세기가 지나서야 또 다른 형태의 연대 측정법이 등장해 대단히 근본적인 방식으로 전체 그림을 완성한다. 이번에는 생물학적 연대 측정이 그 주인공이다.

1987년 1월 《네이처》에 실린 논문에서 캘리포니아 대학교 버클리 캠퍼스의 앨런 윌슨과 리베카 칸은 미토콘드리아 DNA를 고고학적/고생물학적 맥락에서 활용한 획기적인 분석 결과를 공개했다. DNA 연구는 왓슨과 크릭이 돌파구를 연 이후 장족의 발전을 했다. 미토콘드리아는 세포 내부에 있는 세포 기관으로 핵 바깥에 위치하며 사실상 세포의 배터리 역할을 한다. 아데노신3인산, 즉 ATP(에이티피)라는 물질을 생산해 에너지를 공급하는 것이다. 윌슨과 칸의 관심을 끈 미토콘드리아 DNA의 특이한 성질은 어머니를 통해서만 유전된다는 점이었다. 따라서 짝짓기를 통해 핵 DNA가 아무리 변해도 미토콘드리아 DNA는 변하지 않는다. 그렇기 때문에 미토콘드리아 DNA는 돌연변이를 통해서만, 훨씬 느린 속도로 변한다. 윌슨과 칸은 서로 다른 인구 집단에 속하는 사람들의 미토콘드리아 DNA를 비교해보면 어떨까 하는 재미난 발상을 했다. 차이가 클수록 인류 공통의 조상에서 갈라져 나온 지가 오래됐을 것이라는 전제를 깔고 한 작업이었다. 당시까지만 해도 변이는 상당히 일정한 속도로 발생한다고 알려져 있었기에, 그런 변화의 정도를 보면 다양한 인간 집단이 얼마나 오래전에 서로 갈라졌는지 감을 잡을 수 있을 듯했다.[33]

월슨과 칸이 처음에 확인한 것은 세계가 두 주요 집단으로 쪼개졌다는 사실이다. 한편에는 아프리카인이 있고, 다른 편에는 나머지 모든 인간이 있다. 둘째, 아프리카인은 나머지 종족들보다 돌연변이가 약간 더 많았다. 이는 아프리카 지역 종족이 더 오래됐으며, 인류는 아프리카에서 처음 출현해(첫 여성 조상을 '미토콘드리아 이브mitochondrial Eve'라고 부른다) 세계 곳곳으로 퍼져나갔다는 고생물학적 증거를 확인해주었다. 월슨과 칸은 돌연변이율 연구와 시대 비교를 통해, 마침내 우리가 아는 인류는 탄생한 지 20만 년밖에 안 되었다는 사실을 입증해냈다. 크게 볼 때 이는 여러 화석 증거에 부합하는 결론이었다. 마침내 생물학과 지질학이 의견 일치를 본 셈이다.[34]

모어, 단일어족, 인류의 확산

월슨과 칸의 논문이 관심을 끈 이유 중 하나는 고생물학자들이 아프리카에서 발견하고 있던 내용과 부합할 뿐 아니라 언어학 및 고고학의 최신 연구 성과와도 맞아떨어졌기 때문이다. 이미 1786년에 윌리엄 존스(인도 콜카타 대법원 판사였다)는 산스크리트어가 라틴어 및 그리스어와 놀라울 정도로 유사하다는 사실을 발견했다. 이런 관찰을 통해 존스는 '모어母語, mother tongue'라는 개념에 착안했다. 아주 오래전 어느 시점에 어떤 단일

언어가 있었고, 다른 모든 언어는 거기에서 갈라져 나왔다는 발상이다.[35]

　미국의 언어학자이자 인류학자인 조지프 그린버그는 1956년부터 윌리엄 존스 경의 가설을 남북아메리카 대륙에 적용시켜 다시 검증했다. 1987년에는 남아메리카 남부에서 북아메리카 에스키모족까지 아메리카 원주민 언어를 대상으로 방대한 연구를 마치고 그 결과를 《아메리카 대륙의 언어Language in the Americas》라는 책으로 펴냈다. 결론은, 기본적으로 아메리카의 언어는 세 종류로 나눌 수 있다는 것이었다. 첫 번째, 가장 이른 시기의 언어는 '아메린드어Amerind'인데 남아메리카와 미국 남부에 분포하며, 더 북쪽에 있는 다른 언어들보다 변종이 훨씬 많다. 이는 다른 언어들보다 훨씬 오래된 언어임을 시사한다. 두 번째 그룹은 나데네어Na-Dene이고, 세 번째 어군은 에스키모-알류트어Eskimo-Aleut이며 캐나다와 알래스카 지역에 분포한다. 나데네어는 에스키모-알류트어보다 변종이 많다. 이는 서로 다른 세 가지 언어를 사용하는 집단이 세 차례에 걸쳐 아메리카 대륙으로 이주해왔음을 시사한다고 그린버그는 주장한다. 그는 단어의 '돌연변이'를 토대로 아메린드어 사용자 집단은 1만 1000년 전에 아메리카 대륙에 도착했고, 나데네어 사용자는 약 9000년 전에, 알류트어와 에스키모어 사용자 집단은 약 4000년 전에 갈라져 나왔다고 보았다.[36]

　그린버그의 결론은 논란의 소지가 매우 컸다. 그러나 치아 구조 연구에서 나온 증거 및 유전적 돌연변이 조사 결과와 굉장히 많이 일치했다. 특히 스탠퍼드 대학교 루이지 루카 카발리스포르차 교수의 대단히 독창적인 연구와도 일치했다. 《문화 전파와 진화Cultural Transmission and Evolution》(1981), 《아프리카 피그미African Pygmies》(1986), 《위대한 인류 디아스포라 The Great Human Diasporas》(1993), 《인간 유전자의 역사와 지리학 The History and Geography of Human Genes》(1994) 등 일련의 책에서 카발리스포르차와 공저자들은 전 세계적 규모로 혈액(특히 Rh 인자)과 유전자의 변이 정도를 조사했다. 그 결과 초기 인류가 지구 전역으로 퍼져나간 시기에 대해 상당한 합의에 도달했다.

또한 우리의 장기지속長期持續의 역사에서 여러 특이한 가능성에 도달했다. 예를 들어 나데네어족, 시노-티베트어족(시노는 중국을 뜻한다―옮긴이), 캅카스어와 바스크어는 매우 원시적인 친연 관계가 있으며, 한때 더 큰 단일어족에 속했던 것으로 보인다. 그러다가 다른 민족들이 나타나면서 거대 단일어족이 깨지고 나데네어 사용자 집단은 아메리카 대륙으로 쫓겨났다는 얘기다. 또 다른 증거는 바스크어 사용자 집단이 대단히 오래됐으며, 언어와 혈통 면에서 주변 민족들과 매우 다르다는 것을 보여준다. 카발리스포르차는 바스크족 거주지와 유럽의 원시 동굴미술 유적지들이 인접해 있다는 사실에 주목한다. 그리고 이것이 자신들의 수렵·채집 기술을 동굴 벽에 그림으로 남기고 중동에서 이주해온 농경 민족의 확산에 저항했던 한 고대 민족의 존재 증거가 아닐까 생각한다.

끝으로, 카발리스포르차는 연대와 관련하여 가장 심오한 의문 두 가지에 답하고자 했다. 하나는 언어가 처음 나타난 시기가 언제인가 하는 의문이고, 단일 조상 언어, 즉 진정한 모어가 존재하지 않았을까 하는 것이 두 번째 의문이다. 당시 일부 고생물학자들은 네안데르탈인이 언어를 갖지 않아서 소멸했다고 생각하고 있었다. 이런 점을 염두에 두면서 카발리스포르차는 우리 두뇌에서 언어를 담당하는 영역이 눈 바로 뒤 왼쪽에 있다는 사실을 강조한다. 그래서 두개골은 약간 비대칭을 이룬다. 이런 비대칭성은 유인원에게는 없지만 200만 년 전의 것으로 추정되는 호모 하빌리스Homo babilis의 두개골에는 존재한다. 또 우리 인간의 두개골은 30만 년 전에 성장을 멈췄다. 따라서 언어는 많은 고생물학자들이 생각하는 것보다 더 오래전에 탄생했을 것으로 보인다. 한편 오랜 시간에 걸쳐 언어가 변화하는 양상을 연구한 자료(개략적인 추정이다)를 보면 주요 거대 단일어족이 쪼개진 시점은 2만 년에서 4만 년 전으로 보인다. 이런 편차가 생기는 이유는 아직 해명되지 않고 있다.[37]

모어와 관련해서 카발리스포르차는 전 세계 모든 언어에 공통되는 것으로 보이는 단어가 적어도 하나는 있다고 한 그린버그의 주장에 의존한다. 그것은 바로 'tik'라는 어근(뿌리말)이다.

어족 또는 언어	형태	의미
나일사하라어족	tok-tek-dik	하나
캅카스어족	titi, tito	손가락, 단일
우랄어족	ik-odik-itik	하나
인도유럽어족	dik-deik	가리키다
일본어	te	손
에스키모어	tik	집게손가락
시노티베트어족	tik	하나
오스트로아시아어족	ti	손, 팔
인도태평양어족	tong-tang-ten	손가락, 손
나데네어	tek-tiki-tak	하나
아메린드어	tik	손가락

서유럽에서 인도에 이르기까지 분포하는 인도유럽어들의 경우, 그린버그의 접근법을 더욱 발전시킨 사람이 콜린 렌프루다. ^{14}C 연대 측정법을 여러 분야에 발전적으로 적용한 케임브리지 대학교 고고학 교수 렌프루

말이다. 《고고학과 언어Archaeology and Language》(1987)에서 렌프루는 언어의 기원을 따지는 데에서 그치지 않고 언어학의 연구 성과와 고고학의 발견을 비교해 수미일관한 결론을 이끌어내고자 했다. 그중에서도 논란의 소지가 가장 큰 부분이 인도유럽어 사용 민족들의 맨 처음 고향이 어디인지 확인하는 과정이었다. 그렇게 하면 인류가 전반적으로 어떻게 발전해왔는지 알아볼 수 있기 때문이다. 그는 먼저 민족에 따라 음운의 변화 양상이 규칙적이라는 가설을 도입한다. 예를 들어 다음과 같다.

	프랑스어	이탈리아어	스페인어
milk(우유)	lait	latte	leche
fact(사실)	fait	fatto	hecho

그런 다음 언어의 변화 속도를 연구해 맨 처음에 사용된 어휘가 무엇이었는지를 추론했다. 렌프루는 핵심 단어들(눈eye, 비rain, 마른dry)의 사용에서 나타나는 변화를 비교하는 한편으로, 초기 질그릇을 분석하고 초기 농경 기법을 파악하는 방식으로 농업이 유럽 및 인근 지역으로 확산된 경위를 조사했다. 그리고 인도유럽어 사용자들의 본향은 모어인 '원原인도유럽어proto-Indo-European'가 사용되던 기원전 6500년경의 아나톨리아(흑해와 지중해 사이에 위치한, 현재의 터키 서부 고원 지대—옮긴이) 중동부이며, 인도유럽어가 사용되고 있는 현재의 지리적 위치는 농경의 확산과 관련이 깊다는 결론을 내린다.[38]

여기서 흥미로운 점은 고고학과 언어학, 유전학 사이에 일치하는 부분이 많다는 사실이다. 지구 곳곳으로 민족들이 퍼져나간 과정, 네안데르탈인의 소멸, 남북아메리카에 인류가 자리 잡은 양상, 언어의 탄생과 확산이

미술, 농경, 질그릇과 연관되어 있다는 사실, 오늘날 우리가 접하는 서로 다른 언어 등등이 하나같이 특정한 질서를 따른다는 점이다. 어쩌면 이런 것들이 진화종합설 마지막 장의 서막일지도 모른다.

동반구와 서반구가 만나다

남북아메리카 대륙, 이른바 신세계의 위상을 전체적인 틀에서 파악하는 데는 시간이 좀 걸렸지만 우리 책 12장의 대단원으로서는 더 어울릴 만한 것이 없겠다.

아메리카가 아프리카의 일부냐, 아니면 독자적인 대륙이냐 하는 문제가 해결된 것은 크리스토퍼 콜럼버스가 현재의 바하마인 과나아니 섬에 첫발을 디딘 이후 250년 가까이 지난 1732년에 가서였다. 그해에 러시아 항해사 이반 페도로프와 미하일 그로제프가 마침내 알래스카를 발견한다. 1778년에는 제임스 쿡 선장이 베링 해협을 항해하다가 폭 6마일(96.5킬로미터)의 짧은 해역이 두 대륙을 갈라놓고 있다는 사실에 주목했고, 그로 인해 많은 사람들이 베링 해협이 바로 최초의 아메리카인들이 들어온 관문이라고 확신했다.

한때 러시아와 아메리카 사이에 육교가 있었다는 발상은 1590년에 예수회 선교사 호세 데 아코스타가 처음 제기했다. 당시 그는 멕시코와 페루에서 20년 가까이 거주한 상황이었는데, 아담과 이브가 구세계에서 삶을 시작한 이후 인류가 남북아메리카 대륙으로 이주했다는 것을 신앙처럼 당연시했다. 게다가 큰 바다를 통해 이주하는 것은 가능성이 없다고 보고 북아메리카 '상단부'는 이동에 장애가 되지 않을 정도의 좁은 수역으로 러시아와 연결되어 있거나 러시아에 '근접한다'고 확신했다. 그는 또 몸집이 작은 동물들의 분포에 주목해, 그런 동물이 아무리 짧은 수역이라도 헤엄을 쳐서 아메리카로 이동해왔을 가능성은 거의 없다고 봤다. 육상 이동이 훨씬 더 개연성이 높다는 것이다.[39]

미국 지질학자 앤절로 헤일프린(1853~1907)도 동물 분포 현황을 근거로 구세계와 신세계의 동물종은 남위도에서는 비교적 다르고, 중위도에서는 유사하며, 북위도에서는 "거의 동일하다"라고 1887년에 주장했다. 그는 '종의 다양화는 북쪽으로부터의 거리와 관계가 있고, 종들은 그런 방향으로 분산되었을 것'임이 분명하다고 보았다. 그로부터 오래 지나지 않은 시점에 캐나다 출신의 또 다른 지질학자 조지 머서 도슨(1849~1901)이 알래스카와 시베리아를 가르는 해역은 수심이 얕고 "지형학적으로 대양 분지와는 다른, 대륙 대지臺地의 일부로 보아야 한다"라고 주장했다. 도슨은 "한 차례 이상, 아마도 장기간에 걸쳐, 북아메리카와 아시아를 연결하는 넓은 육상 평원이 존재했을 것이다"라고 덧붙였다. 그는 빙하기에 대해서는 알지 못했지만, 대륙이 융기하는 과정에서 이따금씩 해저가 해수면 위로 올라왔으리라고 추정했다. 1892년에 알래스카 서쪽 480킬로미터 지점 프리빌로프 제도에서 매머드 뼈가 발견되자 학계는 흥분에 휩싸였다. '이들 거대한 털북숭이 코끼리가 헤엄을 끝내주게 잘 쳤거나 프리빌로프 제도가 한때는 드넓은 평원에서도 높이 솟은 지점으로…… 알래스카 및 시베리아 전체와 연결돼 있었을 것'이라고 보았기 때문이다. 최종 결론을 내린 사람은 역시 캐나다 출신인 지질학자 W. A. 존슨이었다. 1934년에 존슨은 해수면 변화와 빙하기를 연결했다. 빙하기의 존재는 1837년에야 사실로 확인되었다. 존슨은 이렇게 썼다. "위스콘신 빙하기[11만 년 전~1만 1600년 전]에는 빙하가 육지에 쌓이면서 전체 평균 해수면이 지금보다 낮았을 것이다. 낮아진 정도는 일반적으로 최소 약 55미터로 보고 있다. 따라서 마지막 빙하기의 정점에는 육교가 존재했다." 이런 주장은 스웨덴 식물학자 에리크 홀텐이 거의 같은 시기에 했던, 베링 해협은 빙하기에 동식물의 피난처였다는 주장과도 맞아떨어졌다. 베링 해협 일대를 18세기에 베링 해협을 발견한 러시아 해군 함장 비투스 베링을 기리는 뜻에서 베링기아Beringia로 명명한 사람도 홀텐이었다. 홀텐은 베링기아 피난처가 고대인들이 신세계로 이주하는 육상 통로였다고 주장했다.[40]

해수면과 인간의 생활

베링 육교Bering Land Bridge에 관한 학문적 연구의 발전 과정은 그 자체로 흥미진진하다. 여기에는 세 가지 측면이 있다. 첫째는 과거에 간헐적으로 육교가 정말로 **있었다**는 것을 입증하려는 시도이고, 둘째는 문제의 육교가 물리적으로 어떤 양상이었는지, 그 지리적 형태는 어떠했는지, 거기에서 살았을 동식물은 어떤 종류였는지를 탐구하는 것이다. 셋째는 어떤 종류의 인간이 육교를 건너왔고, 언제 건너왔는지를 확인하려는 노력이다.

빙하기라는 명칭으로 더 잘 알려진 홍적세는 대략 165만 년 전에 시작되었다. 대부분의 과학자들은 홍적세가 몇만 년 전에 끝났다고 생각한다. 물론 아직도 빙하기가 계속되고 있다는 주장을 하는 학자들도 있다. '단지 간빙기間氷期라는 유예 기간을 누리고 있을 뿐'이라는 것이다. 홍적세에는 온난화 추세와 냉각화 추세가 수만 년 단위로 반복되었다. 가장 최근의 냉각 주기는 약 2만 8000년 전에 시작되었다. 기온은 대략 1만 4000년 전까지 계속 곤두박질쳤다. 이것을 마지막 최대 빙하기Last Glacial

Maximum(LGM)라고 한다. 당시 상황은 지금 추정할 수 있는 것보다 훨씬 혹독했다. 특히 극지방이 그랬고, 북반구가 그랬다. 이는 지구의 자전 방향 탓이었다. 지구 자전 방향은 대양의 해류 및 그에 영향을 미치는 일기를 다른 어떤 곳보다 악화시킨다. 그리고 북반구는 남반구보다 (덩어리가 크고 마른) 육지가 많아서 지구의 태양 공전 궤도에도 불규칙성을 야기한다.

이 모든 사태는 겨울에 내리는 눈이 여름에 녹는 눈보다 양이 많고, 짧은 여름에 약간 녹지만 결국은 여러 층으로 쌓여서 다시 결정화되는 것을 의미한다. 매년 내리는 눈은 전년도에 쌓인 층 위에 또다시 쌓여 압력을 가하면서 거대한 얼음 덩어리가 된다. 북아메리카에서 가장 큰 로렌타이드 빙상氷床, Laurentide Ice Sheet의 경우, 높이가 3.2킬로미터에 가까웠다. 이 빙상은 지금의 캐나다 북동부 허드슨 만을 중심으로 형성됐는데 결국에는 직경 6400킬로미터에 이르는 지금의 캐나다 전역을 뒤덮었다. 로렌타이드 빙상은 서쪽으로는 북아메리카의 또 다른 거대 빙상인 코딜레란 빙상Cordilleran Ice Sheet과 연결되었다. 코딜레란 빙상은 북아메리카 서부 연안 산맥을 따라 미국 워싱턴 주 북서부 퓨젓사운드 만灣에서 알래스카 서남부 알류샨 열도까지 4800킬로미터에 걸쳐 펼쳐져 있었다.[41]

결국 빙하들은 전 세계 물의 20분의 1을 담게 되는데, 그 절반이 로렌타이드 빙상이었다. 그 결과 해수면은 지금보다 (W. A. 존슨이 말한 288미터가 아닌) 125미터가량 하강했다. 해수면이 후퇴하면서 아시아와 북아메리카 대륙은 "바티칸시티 시스티나 성당 천장화에 나오는, 하느님이 아담에게 팔을 내미는 것처럼 근접하기 시작했다. 양자의 손가락이 닿는 순간 새로운 생명의 충격이 남북아메리카로 밀려들었다."[42] 상상력에 의한 비유이긴 하지만 그러한 접촉은 장구한 지질학적 시간에 걸쳐 이루어졌다. 그 결과 1만 8000년에서 1만 4000년 전—빙하 활동의 전성기인 LGM에 해당한다는 점에 유념하자—에 알래스카와 시베리아 사이의 대륙붕이 점차 확대되어 북에서 남으로 약 1450킬로미터에 이르는 수면 위의 육지로 노출되었다.

지하와 빙하에 구멍을 뚫어 그 내용물을 분석한 지질학 연구 결과에 따르면 최근 100만 년 동안에만도 열여섯 차례 빙하기가 있었고 그 사이사이에 여러 차례 '간빙기'가 있었던 것으로 나타났다. 베링 육교는 빙하가 쌓여 있는 대부분의 기간에 두 대륙을 연결했을 테고, 당시 동물들은—인간은 이 지역에 출현하기에는 아직 진화가 덜 되었거나 시베리아까지도 진출하지 못했을 것이다—신세계와 구세계를 왕래할 수 있었을 것이다. 마지막 육교가 크게 관심을 끄는 이유는 그 시기에 인간이 존재했기 때문이다. 문제의 시기는 대략 2만 5000년에서 1만 4000년 전이다.

빙하가 없었다고 해도 환경은 혹독했다. 건조하고 바람이 거셌다. 암석 가루 같은 빙하 퇴적물이 바람에 날려와서 회색의 거대한 언덕을 이루었다. 지표를 덮은 식물층은 얇았고, 육지는 극지 사막(지금보다 더 건조한 툰드라 지대라고 할 수 있다) 수준이었다. 그럼에도 불구하고 베링기아는 다양한 동물의 고향이었다. 이는 연구를 통해 밝혀진 내용이다. 털이 많은 매머드가 그 일대를 누빈 동물들 중에서 가장 컸을 것이다. 몸에는 두께가 15센티미터가 넘는 털북숭이 가죽이 스커트처럼 길게 드리워져 있어서 차고 매서운 바람에 충분한 방어막이 되어주었다. 땅늘보는 무게가 2.7톤이 넘었고, 긴뿔초원들소도 몸집이 땅늘보 못지않았다. 말은 북아메리카에서 진화해 베링 육교를 건너 **아시아로** 들어갔는데, 현재의 말보다 가죽이 훨씬 두꺼웠음이 거의 확실하다. 다양한 형태의 영양, 말코손바닥사슴, 순록, 양 등이 빙하기에 육교 지역에서 서식했다. 칼 모양의 이빨을 가진 거대한 호랑이는 송곳니의 길이가 15센티미터가 넘어서 매머드와 들소의 두꺼운 가죽마저 뚫을 수 있었다. 자이언트사자와 팀버늑대 무리도 살았다. 현재 알래스카에 서식하는 회색곰보다 몸집이 훨씬 큰 고대 형태의 곰도 눈길을 끄는 동물이다.[43]

이런 동식물상을 확인한 것은 그 자체로 대단한 학문적 성과였다. 앞서 소개한 스웨덴 식물학자 에리크 훌텐은 1930년대에 시베리아와 알래스카의 식물들을 연구해 《알류샨 열도의 식생Flora of the Aleutian Islands》이라는 저서를 펴냈다. 훌텐은 통계학적 마인드를 가지고 있었고, 식물들을 기술하는 데 그치지 않고 그 분포, 특히 캐나다 매켄지 강과 시베리아 레나 강 일대의 분포도에 주목했다. 분포 현황을 한 장의 지도에 표시하고 보니 일련의 타원형을 이루며 동에서 서로 뻗어나가는 게 보였다. 더구나 이들 타원형은 대칭적일 뿐 아니라 동심원 구조를 갖고 있었으며, 대칭의 축은 매번 베링 해협을 **통과하는** 선상에 위치해 있었다. 이 그림의 일관성은 자명했다. 훌텐은 과거 한 시기에 '빙하가 거의 덮여 있지 않은 시베리아에서, 빙하가 거의 덮여 있지 않은 알래스카로 이어지는' 마른 땅덩어리가 있었음이 분명하다고 생각했다. 이 땅덩어리는 주변의 훨씬 추운 지역과 격리되어 있었고, 따라서 '거대한 생물학적 피난처' 역할을 했다는 것이다. 말하자면 "북쪽의 동식물이 멸종에서 살아남은 뒤 빙하가 후퇴하면서 다른 지역으로 퍼져나간 출발지임이 분명하다"라는 이야기였다.

훌텐의 연구 성과를 계승해 더욱 발전시킨 인물은 텍사스 출신 고고학자 J. 루이스 기딩스다. 기딩스는 1940년대에 알래스카 북서부 포인트호프 남동쪽 크루젠스턴 곶에서 '114개나 되는 해변 두둑'을 발견했다. "두둑 하나하나는 해안선과 평행인 모양이었으며 내륙으로 5킬로미터 가까이나 이어져 있었다." 그뿐만이 아니라 각각의 두둑에서 고고학 유물이 꽤 발견되었다. 맨 바깥쪽 두둑들(지금의 해안선에 가깝다)은 내륙으로 들어와 있는 두둑들보다 오래된 것이었다. 여기서 나오는 자연스러운 결론은, 이들 해양 문화는 해수면이 상승해 주거지를 치고 들어올 때마다 내륙으로 이주했다는 것이다. 이는 인간의 거주지와 해수면이 밀접한 관계가 있음을 생생하게 보여주는 사례였다.[44]

하지만 베링기아에 대한 과학적 이해를 높이는 데 누구보다 크게 공헌한 사람은 뉴햄프셔 대학교를 졸업한 데이비드 M. 홉킨스다. 미국지질조사국 연구원이었던 홉킨스가 알래스카 북부 출신 이누이트족 전문 역사가 윌리엄 오퀼루크와 함께 처음 맡은 프로젝트는 연체동물 패각 화석 연구였다. 그들은 그 분포와 퇴적 상황을 보면 베링 해협이 언제 열렸고 언제 닫혔는지를 알 수 있을 것이라고 보았다. 연구의 기초는 대형 바다 달팽이인 매물고둥Neptunea의 자연사였다. 매물고둥은 6500만 년 전인 제3기부터 지금까지 북태평양에 서식하고 있다. 그러나 매물고둥은 약 100만 년 전인 홍적세 초기까지는 대서양 퇴적물에 존재한다는 증거가 전혀 없었다. 이는 결국 베링 육교가 제3기 대부분의 기간에 해양 생물의 이주를 차단했고, 홍적세가 시작되면서 비로소 바닷물에 잠겨 매물고둥이 북쪽과 동쪽으로 이동해 대서양에 도달했다는 의미였다.

오퀼루크는 홉킨스를 조개 퇴적물이 많은 여러 지점으로 안내했고, 두 사람은 연구 성과를 종합해 1959년에 베링 육교의 전모를 밝힌 논문을 《네이처》에 기고했다. 두 사람의 결론은 다음과 같았다. 베링 육교는 제3기 대부분의 기간(6500만 년~200만 년 전)에 존재했으며, 어류 화석의 증거로 볼 때 에오세 중기(약 5000만 년 전)에 바닷물이 육교를 넘나든 적이 있고, 100만 년 전에는 육교가 바닷물에 완전히 잠겼다. 이후 베링 육교는 수면 위로 드러났다가 가라앉았다가 하기를 수없이 반복했다. 빙하기가 왔다가 물러가곤 했기 때문이다. 베링 육교가 마지막으로 사라진 시기는 약

9500년 전이라고 두 사람은 주장했다.[45]

베링기아의 실제 모습을 최종적으로 확인한 성과를 올린 사람도 홉킨스다. 1974년에 알래스카 서부 수어드 반도 북부 에스펜버그 곶에 있는 한 호수 인근에서 홉킨스는 우연히 화산재 퇴적물인 테프라층을 발견했다. 깊이가 족히 1미터나 되고 안에는 잔가지와 풀 뭉치들이 응고되어 있었다. 주변의 호수는 사실 화산이 지표면 높이에서 폭발할 때 형성되는 원형 호수인 마르maar였다. 홉킨스는 이 마르가 바로 데블마운틴 호수로, 1만 8000년 전에 폭발했고 당시에는 베링 육교가 존재했다는 과거의 연구 내용을 잘 알고 있었다. 따라서 논리적으로 볼 때, 테프라에 응고되어 있는 잔가지나 나무뿌리, 풀 등은 **베링 육교의 식생**이었다. 이들 식물을 조사하자 베링 육교는 건조한 초원으로, 향미가 강한 초본이 풍부한 툰드라였다는 사실이 밝혀졌다. 약초와 일반 풀이 섞여 있고, 특히 사초莎草과 식물Kobresia이 많았으며, 버드나무도 왕왕 있고, 이끼가 카펫처럼 깔려 있었다. 사초 중심의 식생은 이후 원형이 보존된 몇몇 포유류의 위장에서 발견되었고, 이로써 베링 육교가 초원이었음이 확인되었다. 홉킨스는 2001년에 사망했지만 평소 베링 육교가 초식 동물은 물론이고 그들을 잡아먹는 육식 동물까지 먹여 살렸다는 입장을 고수했다. 중요한 것은 그런 환경이었다면 결국 인간도 베링 육교에서 먹고살 수 있었음을 의미한다.[46]

거대한 단절과 일관성

초기 인류가 남북아메리카 대륙에 도착한 시점이 대략 기원전 1만 5000년이라는 것은 지금 우리가 밝혀내고 있는 이야기에서 매우 중요하다. 왜냐하면 그들의 도착은 대략 1만 6500년 동안, 즉 기원전 1만 5000년부터 기원후 1500년까지 640세대가 지나는 사이에 이 세상에 존재하는 **두** 인구 집단이, 우리가 아는 한, 서로에 대해 전혀 몰랐음을 뜻하기 때문이다. 따라서 그동안 이루어진 두 인구 집단의 발전은, 크리스토퍼 콜럼버스가 1492년 10월 아메리카에 도착할 때까지, 독특하고도—그러면서도 특히 소중한—자연스러운 실험이었다. 두 인구 집단은 서로 다르게 발전했는가, 아니면 비슷하게 발전했는가?

인류는, 그리고 문명은 동반구(유럽, 아시아, 아프리카—옮긴이)와 서반구(남북아메리카—옮긴이)에서 아주 다른 양상으로 발전해왔다. 그러나 그 차이가 아무렇게나 생겨나지는 않았다. 구세계와 신세계는, 예컨대 기후와 지리와 지질은 물론이고, 어떤 동물이 어디에 서식했고 특정 식물이 어떻게 확산되었는지 등등, 동식물상을 비롯한 여러 차원에서 중요하고도 조직적인 차이가 있었다. 핵심은, 이 모든 것을 잘 짜맞춰 볼 때, 동서 양 반구에서 다르기는 하지만 빅 히스토리는 결국 동일한 기본 원리에서 비롯됐음을 알 수 있다는 점이다. 일관성이 유지된 것이다.

동물행동학·사회생물학·행동경제학이 중첩되다

노벨상은 1901년에 제정되었는데—처음에는 물리학상, 화학상, 생리·의학상, 평화상, 문학상 다섯 부문이었다—현대사에서 나름의 중요한 역할을 해왔다. 그러나 노벨상의 변천 과정을 부문별로 보면 흥미로운 차이점이 있다. 물리학상과 화학상은 일반적으로 논란의 소지가 없었다. 물리학상 수상자 명단을 보면 20세기와 21세기에 이룩된 관련 분야의 중요한 발전 양상을 알 수 있다. 관련 분야 전문가들의 반론은 거의 없다. 평화상과 문학상의 경우는 아주 다르다. 두 부문은 심사위원들의 생각에 좀 더 널리 알려져야 할 인물, 또는 대중적이지는 않지만 중요하다고 평가되는 작품 군을 지목하는 경향이 있었다. 그 결과 정치와 문학 부문에서는 누가 상을 탈 만하고 그렇지 못한지에 대한 합의가 상대적으로 적었다.

생리·의학상 역시 또 달랐다. 금세 짐작할 수 있듯이 생리·의학상은 생물학에서 거둔 주류의 성과에 주로 돌아갔다. 로베르트 코흐는 결핵균을 발견한 공로로, 프레더릭 밴팅과 존 매클라우드는 인슐린을 발견한 업적으로, 토머스 모건은 유전에서 염색체가 수행하는 역할을 발견한 공로로 수상했다. 또 다른 흐름에서는 새로운 치료법을 개발한 사람들을 주목해 왔다. 알렉시 카렐은 장기 이식을 좀 더 안전하게 하는 방법을 고안한 공로로, 알렉산더 플레밍은 페니실린을 발견한 공로로, 안토니우 에가스 모니스는 일부 정신질환의 근치술로서 전두엽 절제술을 개발한 업적으로 수상했다. 그러다가 1973년 노벨 위원회는 완전히 새로운 시도를 한다.

바로 그해 노벨 생리·의학상은 두 독일계 학자 카를 폰 프리슈와 콘라트 로렌츠 및 네덜란드 출신 옥스퍼드 대학교 교수 니콜라스 틴베르헌에게 돌아갔는데, 이들은 동물행동학 연구 업적으로 높은 평가를 받았다. 이런 결과는 노벨 위원회가 평화상과 문학상에 시도한 변화를 과학 분야에 적용한 것과 같았다. 위원회가 보기에 대중의 이해가 더 필요한, 잘 알려지지 않은 분야의 성과를 인정하고 널리 알리자는 취지였다는 말이다. 그것은 몇 가지 측면에서 흥미로운 결정이었다. 시상 과정에서 극적인 드라마가 있었기 때문이다. 로렌츠는 제3제국 시절 나치에 복무한 경력이 있었다. 프리슈는 할머니가 유대계로 '추정된다'는 이유로 나치 비밀경찰 게슈타포의 추적을 받은 경험이 있다. 틴베르헌은 독일 점령하의 네덜란드 강제수용소에서 2년 동안 격리 생활을 했다. 사실상 인질로 구금된 상태에서 네덜란드 레지스탕스가 사보타주나 암살 시도를 할 경우 독일군의 보복 대상이 될 뻔했던 것이다. 그럼에도 불구하고 2차 대전 발발 전부터 로렌츠와 아는 사이였던 프리슈와 틴베르헌은 로렌츠를 용서했다.

1973년의 노벨 생리·의학상 시상은 새로 등장한 생물학 분과의 가치를 인정하는 것이었고, 세 사람은 각자 해당 분야에서 창시자 역할을 했다. (흥미로운 것은 틴베르헌의 형 얀 틴베르헌이 그로부터 4년 전에 노벨 경제학상을 수상했다는 사실이다.)* 동물행동학은 동물의 행동을 연구하는 새로운 분야로 비교학적 성향이 강했다. 동물행동학자들은 동물의 행동에 관심을 가지고 연구를 하면 본능의 실체를 밝힐 수 있을 뿐 아니라, 인간과 다른 형태의 생명체를 구분하는 차이점이 무엇인지를 파악할 수 있다고 보았다.

2차 대전 이후(그리고 레이던 대학교에서 옥스퍼드 대학교로 이직하고 난 뒤) 진행된 틴베르헌의 고전적 연구는 로렌츠의 '고정 행동 유형fixed action patterns' 및 '내재적 촉발 메커니즘innate releasing mechanisms(IRMs)'을 한층 더 발전시켰다. 등지느러미에 세 개의 날카로운 가시가 달린 큰가시고기를 대상으로 한 실험에서 틴베르헌은 큰가시고기가 이따금 거꾸로 서서 암컷에게 복부를 드러내 보이는 행위가 왜 중요한지를 입증했다. 그런 행동은 짝짓기 반응을 촉발한다고 한다. 이와 유사하게 그는 재갈매기 부리에 난 붉은 반점의 중요성도 입증했다. 그것이 새끼에게 먹이를 달라는 재촉 행위를 촉발한다고 한다. 나중에 밝혀진 바로는, 내재적 촉발 메커니즘은 그보다 더 복잡했다.

하지만 틴베르헌의 단순하고 명쾌한 실험은 과학자와 대중 모두의 상상력을 사로잡았다.[1] 서로 다른 종의 행태가 모종의 공통성을 보인다는 사실은 매혹적인 사태가 아닐 수 없었다.

---

* 알프레드 노벨의 유지에 따라 노벨상을 주관하는 스웨덴 과학 아카데미는 1968년 스웨덴 중앙은행 경제학상(Sveriges Riksbank Prize in Economics in memory of Nobel)을 새로 제정했다. 노벨 경제학상으로 통칭되는 이 상의 1969년도 최초 수상자가 바로 얀 틴베르헌이다.

침팬지의 세계: 거의 사람과 같은……

1973년에 노벨 생리·의학상을 수상한 이들은 세 남성이었지만 대중에게 동물행동학이 대단히 중요한 학문이라는 것을 폭넓게 인식시키는 데 아주 중요한 역할을 한 사람들은 단연 아프리카의 세 여걸이었다. 이들은 상상력을 품고 과감하게 밀림으로 뛰어들어 동물을 야생 상태에서 **연구할 수 있다**는 점을 입증했다. 이들 세 여걸은 케냐에서 사자와 같이 지내며 연구한 조이 애덤슨, 탄자니아 곰베 강 유역에서 침팬지를 연구한 제인 구달, 르완다에서 수년간 고릴라와 함께 산 다이앤 포시다.

조이 애덤슨과 그녀의 남편 조지 애덤슨은 특히 어린 암사자 '엘자'를 활용해 대중의 관심을 사로잡았다. 다이앤 포시는 고릴라 연구 도중에 갑자기 피살됨으로써 좋지 않은 인상을 남겼다. 포시의 동료였던 피의자는 공정한 재판이 불가능하다고 우려해 르완다를 탈출한 것으로 추정되는데, 궐석 재판에서 유죄 판결을 받았다. 이 세 여걸 중에 가장 중요한 인물은 역시 제인 구달이다. 구달의 저서 《인간의 그늘에서In the Shadow of Man》는 틴베르헌 등이 노벨상을 수상하기 얼마 전인 1971년에 출간되었다.

제인 구달은 후배 격인 다이앤 포시와 마찬가지로 루이스 리키의 문하생이었다. 리키는 다른 재능은 논외로 하더라도 여러 여성 조수와 문제를 일으킬 정도로 대단한 바람둥이였다. 1934년에 런던에서 소설가의 딸로 태어난 구달은 동물에 관심이 지대해서 일찍부터 아프리카에서 연구 활동을 하고 싶어했다. 그녀는 진잔트로푸스가 발견되던 해인 1959년에 이미 리키를 찾아가 문하생으로 받아달라고 애걸했다. 리키는 구달을 보자마자 그녀가 동물 정보에 해박하다는 것을 직감했다. 그렇게 해서 한동안 그의 뇌리를 떠나지 않던 프로젝트가 탄생한다. 리키는 탕가니카 호수 연안 키고마 근처 곰베 강 주변에 서식하는 침팬지 무리를 알고 있었다. 리키의 생각은 간단했다. 아프리카에는 유인원이 대단히 많았다. 인간은 유인원에서 진화했다. 그러므로 유인원에 대해 많이 알면 인류가 어떻게 진화했는지를 좀 더 잘 이해할 수 있을 터였다. 구달은 맡은 일에 애착이 강했다. 그래서 정식 논문들과 대중용으로 풀어 쓴 《인간의 그늘에서》(1971)는 과학적으로 중요한 동시에 감동적인 저술로 인정을 받았다.[2]

구달은 침팬지가 자신을 받아들이기까지 여러 달이 걸릴 것임을 알았다. 그러나 일단 녀석들에게 인정을 받은 다음부터는 아주 가까이서 야생 상태 침팬지의 행태를 관찰할 수 있었다. **심지어** 침팬지 한 마리, 한 마리를 구분해서 알아볼 정도가 되었다(예컨대 플로라는 이름의 침팬지는 "귀가 지저분하고 코가 봉긋하다"). 이처럼 단순한 접근이 매우 중요한 성과를 낳았다. 구달은 후일 강단 학자들로부터 침팬지한테 중립적으로 번호를 붙이지 않고 이름을—회색 수염 데이비드, 사탄, 쿵쿵이, 골리앗, 부싯돌, 불꽃, 심지어 프로이트까지—붙였다는 이유로 비판을 받았다. 그러나 풍부한 관찰 결과를 놓고 본다면 이런 비판은 극히 사소한 편이었다.[3]

최초의 중요한 관찰은 다음과 같은 일이었다. 어느 날 구달은 침팬지 한 녀석이 가는 막대기를 흰개미 언덕에 집어넣는 모습을 보았다. 흰개미를 잡아먹기 위한 행동이었다. 흰개미들이 막대기로 몰려들자 침팬지가 막대기를 쳐들어 입으로 가져갔다. 침팬지가 인간의 특징으로만 여겨졌던, 도구를 사용한다는 것을 보여준 행동이었다.[4]

여러 달이 흐르면서 이 유인원들의 사회·공동체 생활도 서서히 모습을 드러냈다. 가장 흥미로운 것은 수컷들에게 서열과 위계가 있고, 그런 위계를 확인하기 위해 간혹 과시적 위협 행동을 한다는 사실이었다. 서열은 대개 한 무리 안에서 성행위 우선권을 결정했으나, 반드시 먹이를 먼저 먹을 권리까지 보장하지는 않았다. 구달은 과시적 위협 행동이 대개는 과시에 불과하다는 사실에 주목했다. 열등한 수컷이 꼬리를 내리는 제스처를 하면 우월한 수컷은 상대를 살살 쓰다듬어주곤 했다. 인간으로 치면 달래고 안심시키는 제스처였다. 구달은 또 어미와 자식 사이에서 벌어지는 행태를 관찰했다. 서로 털가죽에서 해충이나 이물질을 뽑아내 주는 것과 같은 행동은 가족적 유대감을 나타내는 행동으로 해석되었다. 어쩌다가 어미를 잃은 어린 침팬지들은 몸이 수척해지거나 대단히 불안해했다. 사람으로 치면 신경증이라고 할 만했다.

구달은 침팬지가 **'많다와' '적다'**를 구별할 수 있다고 기록했다. 또 열등한 침팬지가 속이는 방법을 배우고, 원하는 일을 할 때 들키지 않기 위해 몰래 할 줄 안다고 보았다. 피피라는 침팬지의 경우, 몸집이 우람한 수컷에게 성적으로 끌릴 때는 '황홀 상태'가 되었고, 한번은 수컷의 관심을 끌기 위해 녀석의 성기를 엄지와 검지로 잡아당겼다(이 행동은 통했다). 구달은 카사칼라, 카하마, 칼란다라고 부른 세 침팬지 무리 사이에서 4년 동안 벌어진 3자 '전쟁'도 기록했다. 그녀는 침팬지의 정신병리학에 주목했다. 어떤 암컷은 다른 암컷의 자식들을 괴롭히는가 하면, 심지어 잡아먹기까지 했다. 구달은 침팬지가 이따금, 특히 어미가 죽었을 때 우울증 증세를 보인다고 느꼈다. 그러면서 많은 '애착 행동' 사례를 기록했다. 구달은 병자를 보살피는 상황, 음식을 나누는 광경, 평화로운 분위기에서 오랫동안 서로 털을 골라주는 행동도 관찰했다. 유명한 한 사진을 보면 네 마리의 침팬지가 노를 젓는 선원처럼 일렬로 앉아서 저마다 바로 앞에 앉은 침팬지의 등에 붙은 이물질을 떼어내 주는 모습이 인상적이다.[5]

논란의 소지가 큰 발언이었지만, 구달은 침팬지가 초보적 수준의 자의

식이 있으며 새끼는 어미에게서 여러 가지 행동을 배워서 실행한다고 생각했다. 구달이 제시한 유명한 한 사례는 매우 흥미롭다. 설사가 난 어미가 나뭇잎을 모아 밑을 닦았다. 그러자 바로 2년생 새끼가 밑이 멀쩡한데도 똑같은 행동을 했다고 한다. 구달은 약간 농담조로 이런 말을 하기도 했다. "인간 사회와 마찬가지로 일부 개체들은 공동체의 운명을 결정하는 데 핵심적인 역할을 했다. 일부 수컷 성체의 경우에 결단력, 용기, 지성 같은 리더십을 과시했다. 침팬지 역사책이 있다면 위인으로 기록될 법했다. 용감한 심장 골리앗, 떠버리, 잔혹한 험프리, 위대한 피건, 난폭한 도깨비 같은 친구들이 그런 경우다."[6]

구달이 쓴 여러 책은 대단히 큰 성공을 거두었지만 유인원과 인간의 행동에서 겹치는 부분들을 굳이 장황하게 설명할 필요는 없었다. 누구나 보면 바로 알 수 있으니 말이다. 인간의 행동이 진화해온 것은 인간의 형태가 진화해온 것과 마찬가지다.

진화심리학의 등장과 인간의 본성

미국 작가 로버트 아드리도 《아프리카 창세기African Genesis》(1961), 《영역의 정언명령The Territorial Imperative》(1967), 《사회 계약The Social Contracts》(1970) 같은 일련의 저서를 통해 아프리카에 관심을 쏟았다. 아드리는 많은 작업을 거친 끝에 모든 동물—사자와 비비(개코원숭이)에서 도마뱀과 갈가마귀에 이르기까지—은 영토를 가지고 있으며, 그 크기는 몇 발짝 수준(도마뱀)에서 160킬로미터(늑대 무리)까지 다양하고, 영토 수호를 위해 최선을 다한다는 인식을 널리 확산시켰다. 그는 또 동물 사회에 서열과 다양한 성행위 행태가 존재한다는 발상에도 관심을 기울였다. 심지어 영장류의 경우는 프로이트의 이론을 완전히 무력화한다고 봤다.[7]

아드리는 인간이 아프리카에서 기원했다는 인식을 대중화하는 한편으로 호모 사피엔스(현생 인류—옮긴이)가 정서적으로는 야생 동물이었으며, 현재의 인간과 같은 모습으로 길이 드는 데 어려움을 겪었다는 자신의 신념을 강조했다. 그는, 인간이 원래는 숲속의 유인원이었는데 다른 큰 유인원한테 쫓겨서 덤불 속으로 들어가게 되었다고 생각했다. 그가 보기에 인류가 살아남아서 번창할 수 있었던 것은 스스로가 본질적으로는 야생 동물임을 결코 잊지 않았던 덕분이다. 아드리는 《아프리카 창세기》의 핵심을 이루는 현장 조사·연구를 통해, 2차 대전 이전에 널리 받아들여졌던 시각과 달리, 인류는 아시아가 아니라 아프리카에서 기원했으며 그것도 서로 다른 지역에서 여러 차례에 걸쳐 나타났다기보다는 대체로 동아프리카 지구대 어느 지점에서 딱 한 번만 출현했다는 시각을 강조했다(그의 저서들은 '미토콘드리아 이브'라는 개념을 통해 아프리카가 인류의 발상지임이 확인되기 이전에 출간되었다).

이런 식으로 고생물학적 차원에서 영장류의 역사를 단순화한 것은 중요한 개념적 전환점이었다. 1970년대 초에 벌어진 치열한 지적 전투의 결과 우리는 이제 작지만 중요한 몇 가지 결론에 대한 합의에 도달했다고 말할 수 있겠다. 우선 **진화심리학**evolutionary psychology이 별도의 과학 분과로 등장했다. 물론 진화심리학은 실제로는 인류학, 동물행동학, 유전학, 심리학(그리고 얼마간은 수학)의 종합판이다. 진화심리학은 우리가 아프리카 사바나(열대 초원)에서 수렵·채집을 하는 종으로 진화했으며, 우리는 수렵·채집자의 심리와 수렵·채집자의 기술—개인적인 동시에 집단적인 기술—에 가장 잘 적응되어 있다고 주장하는 접근법이다. 그런 기술은 수십만 년에서 심지어 수백만 년 동안 환경에 적응하고 진화해왔으며, 지금도 본질적으로 우리의 무의식적 본능 구조의 일부다. 그런 기술들은 우리의 내재적인 생물학적 인간 본성의 일부로서, 우리는 그것을 당연시하지만 우리도 알지 못하는 사이에 우리의 행동과 신념에 영향을 미친다. 인류학은 수렵·채집인의 삶의 양식이 인간이 지구상에 존재해온 시간의 99.5퍼센트를 점해왔음을 보여준다.

이런 동물행동학적이고 진화론적인 주장의 가닥들은 두 가지 지배적 원칙으로 수렴된다. 첫 번째는 아주 오랜 시간에 걸쳐 유전 형질의 자연선택 및 성선택을 통해 생겨난 **보편적 인간 본성**이 존재한다는 원칙이다. 선택된 유전 형질은 인류 이전의 조상, 원인 단계의 조상, 현생 인류의 조상들이 일단 생존을 하고, 그 다음에는 개인적으로 또 집단 전체로 번식을 해나가는 데 도움이 되었다. 그 결과 인간의 실제 행동은 주거지와 안전, 식량 조달과 영양 섭취, 성과 성에 따른 역할 수행, 짝짓기, 육아, 집단 내 및 집단 간 의사소통 같은 영역들의 보편적인 문제가 핵심이 되었다. 이 모든 것이 유전자의 생존 가능성을 높여주었다. 여기에는 자녀 돌보기와 보호, 또래 집단의 결속과 놀이, 지위 추구, 유한한 자원을 놓고 벌이는 경쟁, 구애, 성적 결속과 결혼, 식량의 공유와 보관, 주거지 확보, 협력, 호혜성 이타주의, 낯선 자들에 대한 차별, 집단이 일정한 규모를 넘어서면 분화되는 경향, 외부 집단에 대한 적대감의 표현 및 집단 내부의 결속 다지기, 털 고르기grooming, 교육, 신화와 종교 같은 신념과 관습을 고수하는 행위도 포함된다.

두 번째 원칙은 현대 사회에는 우리의 타고난 본성에 유해하며, 그런 본성을 심각하게 해치고 저해하는 환경이 일부 존재한다는 것이다. 이런 차원에서 정신병리학적 문제들—성적 학대, 근친상간, 불륜, 배제, 낮은 자존감, 억압된 분노, 우울, 중독증 등등—은 **개인적인 문제인 동시에 종種 차원의 문제**로 간주된다. 이는 우리가 처한 곤경을 올바로 이해하는 데 의미 있고도 과학적인 기준을 제공한다.[8]

이 시점에서부터 과학자들은 진화와 적응이라는 관념을 인간 존재의 여러 측면에까지 적용하기 시작했다. 의학을 제외한 과학 분야에서 진화심리학은 분자생물학, 입자물리학과 더불어 20세기 후반부를 지배하기에 이른다.

정신의 생물학

앞서 설명한 대로, 제인 구달의 연구 성과를 담은 첫 저서는 틴베르헌 등이 노벨상을 수상하기 얼마 전에 출간됐다. 많은 노벨상이 그랬듯이 이 경우에도 오래전에, 2차 대전 발발 이전부터 실시된 연구에 주어졌다. 사실 동물행동학적 접근은 1973년 훨씬 이전에 도입되어 발전해왔으며, 심리학 및 소아과학과의 통합을 추구하는 흐름을 보였다. 이에 대해서는 〈책을 시작하며〉에서 존 볼비와 메리 에인스워스의 기념비적 연구를 통해 이미 집중적으로 살펴보았다.

볼비의 '애착 이론'은 곰베 강에서 진행했던 구달의 연구, 우간다 고릴라들과 함께 지내며 진행했던 포시의 연구 결과는 물론이고, 대서양 양쪽의 기타 여러 동물행동학 연구 상황과도 잘 맞아떨어졌다. 모자 결속 관계는 영장류의 경우뿐 아니라 광범위한 종에서 확실히 밝혀졌다. 이 문제는 곧 인간의 근본적인 본성에 대한 치열한 논쟁으로 번지곤 하는 핵심 축이 되었다.

누구나 알 수 있는 평범한 사실은 동물행동학이 생산적으로 보이는 방식으로 고생물학 및 심리학과 손을 잡았지만 당시에 이미, 인간 본성은 '빈 서판blank slate'이고 문화와 경험이 우리의 현재 모습을 만들었다고 믿는 사람들과, 진화와 유전자가 인간 행동의 상당 부분을 설명해준다는 입장에 가까운 사람들 사이에서 큰 차이가 생겨나기 시작했다. 이렇게 볼 때 볼비의 애착 관련 연구(1969~1973년) 및 1973년도 노벨 생리·의학상이 틴베르헌을 비롯한 세 사람에게 돌아간 것은 생물학과 심리학이 통합 쪽으로 나아가는 과정에서 중대한 패러다임 변화가 일어나는 와중에 생긴 일이었고, 양자도 그런 변화에 중요한 요인으로 작용했다. 이런 사태는 입자물리학과 양자화학이 수렴되어 분자생물학을 낳은 것처럼, 나름의 중대한 의미가 있었다.

'무력한 일반론'의 시대는 갔다

빈 서판론(백지론)의 주요 주창자는 프린스턴 고등연구소 인류학 교수이자 영향력 있는 미국 고고학자 클리퍼드 기어츠(1926~2006)다. 그는 세계는 '다양한 장소'이며, 우리가 살아가면서 처하는 '조건들'을 이해하고자 희망한다면 그런 '불편한 진실'과 정면으로 마주해야 한다는 입장을 일부 학자들과 더불어 강하게 주장했다. 1973년이라는 중차대한 연도에 출간된《문화의 해석The Interpretation of Cultures》과 그로부터 10년 후에 나온 《국지적 지식Local Knowledge》이라는 두 저서에서, 기어츠는 주관성**이야말로** 자신과 같은 인류학자들(그리고 여타 생물과학 연구자들)이 정면으로 다루어야 할 현상이라는 견해를 자세히 피력했다. 기어츠에 따르면 인류의 기본적인 동일성은 '인간에게 자연스럽고 보편적이며 불변하는 것과 관습적이고 국지적이며 변화 가능한 것'을 구분하기가 '대단히 어렵다'는 점을 인정하지 않으면 공허한 표현에 불과하다. "실제로 그런 식으로 구분한다면 인간의 상황을 왜곡하거나 최소한 심각하게 훼손할 수 있다."[9]

보편성에 대한 추구는 계몽주의에서 시작됐다고 기어츠는 말한다. 그리고 그런 목표는 대부분의 서구 사상이 나아갈 방향으로 자리 잡았고, 그 이후 서구 과학의 패러다임이자 서구식 '진리' 개념이 되었다. 자바, 발리, 모로코 등에서 현장 연구를 하는 동안, 기어츠는 그런 시각을 바꿔 세계 곳곳의 문화에 대한 '표면적' 해석과 '심층적' 해석을 구분하기 위해 평생을 헌신했다. 기어츠가 '심층적' 해석이라고 부른 것은 다른 문화의 기호, 상징, 관습 등을 그 자체로 이해하려는 시도를 의미한다. 여기서 기어츠는, 예컨대 레비스트로스가 그랬던 것처럼, 전 세계 모든 인간의 경험이 구조들로 환원될 수 있다고 보지 않고 오히려 다른 문화들도 우리 자신의 문화와 마찬가지로 '깊으며' 마찬가지로 용의주도하게 고안된 풍부한 의미를 지닌다고 본다. 다만 어쩌면 '이상해' 보이거나 우리 자신의 사고방식에 잘 맞지 않는 경우가 있을 따름이라는 것이다.

기어츠의 출발점은 고생물학이었다. 그의 관점에서 볼 때 호모 사피엔스의 뇌가 생물학적으로 진화했고, 그런 다음에 문화적 진화가 이루어졌다고 가정하는 것은 오류다. 기어츠는 두 진화가 겹치는 시기, 즉 공진화共進化, co-evolution의 시기가 분명히 있었을 것이라고 주장한다. 인간이 불과 도구를 개발하는 과정에서 우리의 두뇌는 계속 진화했을 것이고, 그러다 마침내 불과 도구를 사용해보면 어떨까 하는 단계까지 진화했을 것이다. 이런 진화는 세계 여러 지역에서 조금씩 다른 양상으로 이루어졌을 가능성이 높다. 그래서 단일한 인간 본성을 말하는 것은, 생물학적 언급이라하더라도 오해를 유발할 소지가 크다. 따라서 기어츠가 추구한 인류학은 무엇보다 비서구권 민족들의 낯선 관습들을 꼼꼼하게 기술한다. 특히 '우리'에게 낯설어 보이는 사례들만을 선별해서 집중 분석하는 방식을 취한다.

예를 들어 발리 사람들은 타인을 명명하는 방식이 다섯 가지가 있다. 일부는 현재 잘 사용되지 않지만, 아직도 출신 지역과 존경받는 정도, 어떤 중요한 인물들과의 관계를 동시에 나타내는 명칭들이 있다. 다른 예에서는 발리 남자가 아내가 바람이 나서 도망갈 경우, 사적으로 (발리식) 규율을 집행하려다가 결국은 광란에 가까운 상태로 치닫는 과정을 보여준다. 그는 그런 행동으로 말미암아 결국은 소속 사회로부터 배제된다. 이런 문제들은 서구의 유사 사례와 비교할 수 없다고 기어츠는 말한다. 서구식 등가물이 **현재는** 없기 때문이다.[10]

따라서 문화적 자원은 사고의 액세서리가 아니라 사고의 '구성 요소'라고 할 수 있다. 기어츠에게 발리의 닭싸움에 대한 분석은 발리 사회와 발리인의 사고방식을 잘 보여주는 사례였다. 셰익스피어의 《리어 왕》과 엘리엇의 《황무지》에 대한 분석이 서구의 사고와 사회를 이해하는 데 크게 도움이 되는 것과 마찬가지다. 기어츠가 보기에 사회학과 심리학의 낡은 구분—이에 따르면 지리적으로 멀리 떨어진 사회들에 대한 사회학은 다르지만 심리학은 여전히 동일하다—은 여전히 깨지지 않았다. 기어츠는 자신의 저서들을 요약하면서 "모든 민족은 그 나름의 깊이가 있다"라고 말했다. "현대적 의식의 특징은…… 그 엄청난 다양성이다. 우리 시대는 물론이고 앞으로도, 어떤 일반적인 방향성, 시각, 세계관이 인문학적 연구(과학적 연구이기도 하다)에서 나오고 여러 문화의 기본 방향을 정할 것이라는 생각은 환상이다. …… 학문적 권위의 기초, 고전과 전통적 관습에 대한 합의는 이미 사라졌다. …… '새로운 휴머니즘'이라는 개념, 즉 '지금 생각하고 말하는 태도는 최고'라고 하는 일반론적인 이데올로기를 날조해 정통으로 삼으려는 것은 설득력이 없을뿐더러 다분히 공상적이다. 아니, 어쩌면 약간 우려스럽다. 앞으로 삶은 '무력한 일반론' 대신 생생한 토착어로 구성될 것이다."[11]

이런 시각은 당연히 우리 책의 논지와는 정면으로 배치된다. 우리는 모든 과학들 간에는 컨버전스 내지는 일종의 통일성이 존재하고 거기서 어떤 단일한 질서가 생겨난다고 보기 때문이다. 그런 질서 내지는 통일성이야말로 과학 지식에서 가장 중요한(그리고 만족스러운) 요소들 가운데 하나이며, 바로 그런 점이 다른 형태의 지식들은 도저히 따라올 수 없는 권위를 과학에 부여한다.

심층 구조와 표층 구조: 본능적 지식?

이 점을 잘 알고 있는 인물이 놈 촘스키다. 1928년에 미국 펜실베이니아 주에서 태어난 촘스키는 히브리어 학자인 아버지에게서 언어에 대한 관심을 물려받았다. 1957년에 나온 《통사統辭 구조론Syntactic Structures》과 1975년에 출간된 생성문법에 관한 그의 저서는 심리학 분야에서 촘스키 혁명이라고 불리는 흐름을 촉발했다.

1957년 당시 MIT 교수였던 촘스키는 두뇌 안에는 보편적이고 내재적인 문법 구조가 존재한다고 주장했다(바로 이 문제를 놓고 기어츠 및 행동주의자behaviourist B. F. 스키너 등과 격렬하게 논쟁을 벌였다). 다른 말로 하면, 두뇌의 '배선wiring'이 모종의 방식으로 언어의 문법을 지배한다는 주장이었다. 촘스키의 주장은 상당 부분 여러 나라 어린이들을 연구한 결과를 토대로 한 것이었다. 그런 연구에 따르면 양육 형태가 어떠하든 간에(그리고 기어츠가 무엇이라고 하든 간에) 어린이들은 어디서나 동일한 순서, 동일한 속도로 언어 기술을 키워가는 경향을 보인다. 촘스키의 논점은 어린이들은 따로 훈련을 받지 않아도 자연스럽게 말하는 법을 배운다는 것이었다. 다만 배우는 언어 자체는 그 아이가 성장하는 지역에 좌우된다. 특히 어린이들은 언어에 대단히 창조적인 재능을 지녀서, 어린 나이에도 완전히 새로운 문장들, 즉 경험을 통해 배웠다고 볼 수 없는 문장들을 구사한다. 그러므로 그런 문장들은 행태주의자들 및 빈 서판 논자들이 주장하는 방식으로 습득했을 리 없다는 것이다.[12]

촘스키는 언어에는 기본 구조가 있는데, 이 구조는 두 층위, 즉 표층 구조와 심층 구조로 되어 있으며, 서로 다른 언어들은 표층 구조보다는 심층 구조 면에서 더 유사하다고 주장했다. 예를 들어 우리가 외국어를 배울 때는 표층 구조를 배우는 것이다. 그런데 이렇게 새 언어 습득이 가능한 것은 사실은 심층 구조가 거의 같기 때문이다. 독일어나 네덜란드어 사용자는 동사를 문장 끝에 놓을 수 있지만 영어나 프랑스어 사용자는 그러지 않는다. 그러나 독일어, 네덜란드어, 프랑스어, 영어 모두 동사가 **있다**. 동사는 모든 언어에서 명사, 형용사 등등에 대해 등가적 관계를 갖는다.

나아가, 촘스키는 설명하기 어려운 우리 언어 능력의 사례를 더 많이 제시했다. 예를 들어 집의 의미는 보기보다 훨씬 직관적이다. 어떤 사람이 **"존이 집을 갈색으로 칠하고 있어"**라고 말한다면 우리는 (별도의 설명이 없어도) 칠하고 있는 부분이 집 내부가 아니라 겉면이라는 것을 안다. 하지만 집의 의미는 외부에만 국한되지 않는다. "두 사람이 집 겉면을 기준으로 같은 거리에 있는데, 한 사람은 집 안에 있고 한 사람은 집 바깥에 있다면, 집 바깥에 있는 사람만을 집 '옆에' 있다고 할 수 있다." 아무리 어린 아이라도 이런 사실은 잘 아는 것처럼 보이는데, 이것이야말로 "그런 지식을 어떤 의미에서 유기체가 **선천적으로 보유하고 있음**을 말해준다."(강조 문구는 필자)[13]

여기서 촘스키는 볼비를 연상시키는 쪽으로 넘어간다. 지식은 "어떤 의미에서 유기체가 선천적으로 보유하고 있음을 말해준다"라고 함으로써 무의식 내지는 전의식preconscious이라는 개념을 시사하기 때문이다(사실은 시사하는 정도 이상이다).

무의식이라는 개념은 20세기 전반에 걸쳐 아주 특이한—그리고 불편한—용어로 사용되었다. 무의식은 지그문트 프로이트가 1900년에 출간한 저서 《꿈의 해석The Interpretation of Dreams》에서 많이 사용한 용어지만, 많은 학자들에게 비과학적 개념이라는 평가를 받았다. 반면에 많은 보통 사람들과 예술가들, 곧 화가와 작가, 안무가 들은 모두 무의식을 유용한 개념이라고 봤다.

촘스키는 지식은 선천적으로 보유하는 것이라는 생각을 가지고 있었고, 볼비는 '내적 작동 모델'이라는 개념을 가지고 있었다. 그런데 1972년과 1974년에 러트거스 대학교 교수인 인류학자 로버트 트리버스의 논문 두 편이 출간되었다. '호혜성 이타주의' '양육 투자 이론' '부모와 자식의 갈등' '여성선택 우위론' 등을 설명한 글이었다. 여성선택 우위론은 여성(어머니)이 남성보다 사회적 진화를 결정하는 영향력 면에서 훨씬 탁월하다고 주장한다. 이는 여성이 가족(과 가족의 유전자)이 좋은 성과를 내도록 더 많은 '투자를 했기' 때문이며, 따라서 어머니와 유아의 애착 관계가 가족의 핵심이다. '부모와 자식의 갈등' 이론 역시 진화론의 맥락에서 고찰한다. 이에 따르면 유아 입장에서의 환경 적응을 위한 필요가 어머니 입장에서의 필요와 항상 일치하는 것은 아니며, 그렇기 때문에 억압이나

'어머니의 언어적 겁박', 오이디푸스적 고착 같은 정신분석적 이상 증세를 낳을 수 있다. 따라서 지금까지는 심리학적 개념으로 여겨진 무의식 개념은 이제 더더욱 생물학적 개념으로 재인식되고 있다.[14]

이처럼 1973년을 기점으로 획기적인 성과가 쏟아져 나오는 상황에서 마지막 공헌이라고 할 만한 이론이, 지리적으로나 개념적으로 전혀 다른 영역에서 나왔다. 1974년에 대니얼 카너먼과 아모스 트버스키가 출간한 논문 〈불확실성 속에서의 판단: 어림짐작과 편향Judgment under Uncertainty: Heuristics and Biases〉이 그것이다. 이 논문은 원래 판단과 의사결정, 특히 경제적 행동과 관련된 합리적 선택의 문제를 다루었다. 그런데 카너먼과 트버스키는 심리학자였고, 특히 카너먼은 1950년대 말 이스라엘 군대에서 복무한 인물이었다. 심리학과를 졸업한 카너먼은 군 심리 분야에 배속되어 장교 훈련 후보생 평가를 지원하는 업무를 맡았다. 아이러니하게도 이스라엘 군은 2차 대전 당시 영국군이 고안한 방법을 사용하고 있었는데, 이는 런던 타비스톡 클리닉 소속 정신과 의사들이 구상한 방법이었다. 그 의사들 중에는 다름 아닌 존 볼비도 포함되어 있었다.[15]

이런 우연의 일치를 대서특필할 필요는 없겠지만 당시의 경험은 카너먼에게 깊은 영향을 미쳤다. 카너먼은 자신이 사용하는 영국의 기법(물론 다들 승전에 도움이 됐다고는 했다)이 훌륭한 지휘관의 소질을 예측하는 데 **실패했다**는 사실을 깨달았다. "우리가 성공을 정확히 예측할 수 없다는 증거는 압도적이었다." 거듭거듭 예측에 대한 피드백은 분명했다. "이야기는 늘 똑같았다. 우리의 업무 수행 예측 능력은 무시해도 좋을 정도의 수준이었다." 이는 우려스럽기도 하고 실망스럽기도 한 일이었지만 카너먼에게 그보다 훨씬 더 흥미로운 일, 장기적으로 볼 때 더 중요했던 것은 여러 시험을 통한 성공 여부 예측 실패가 **그 자신의 행동에 아무런 영향도 미치지 않았**

다는 사실이었다. 여러 증거가 있었는데도 불구하고 카너먼과 그의 동료들은 계속 테스트를 실시했고, 여전히 자신들의 판단이 옳다는 확신을 품고 있었다. 거기서 처음으로 자신의 '인지적 착각'을 발견했다고 카너먼은 말했다. 그는 합리적으로 행동하고 있지 않았지만 달리 어쩔 도리가 없었던 것 같다. 그의 무의식이 개재되어 있었기 때문이다.

그 결과, 그리고 더 많은 연구 끝에, 1974년에 카너먼과 트버스키는 지금은 고전이 된 논문을 출간했다. 이 논문은 그 뒤로 계속 발표되는 일련의 연구물 가운데 첫 성과였다. 그리하여 2002년에 카너먼은 행동심리학 behavioural psychology 분야 연구 업적을 인정받아 노벨 경제학상을 수상한다(트버스키는 1996년에 사망하는 바람에 수상하지 못했다). 행동심리학은 역시 기본적으로는 경제적 의사결정 문제를 다루는 분야다. 이에 대해서는 16장에서 좀 더 자세히 살펴보겠지만 맛보기로 조금 말하자면, 행동심리학은 인간이 여러 **내재적인** 인지적 편향을 가지고 있음을 보여준다. 직관적이고 본능적인 행동 양식은 아주 오랜 세월, 세대를 거치면서 적응하고 진화해온 결과로 나타난, 대단히 빠른 지름길이다. 적응이라는 차원에서 말하자면 인지적 편향은 이제 본능이 되었으며, 따라서 변화에 저항한다. 카너먼 자신이 이런 점을 체감했기에 그런 현상에 맨 먼저 주목했던 것이다.

이렇게 해서 기어츠와 스키너를 한 축으로 하고 촘스키와 볼비와 카너먼을 또 한 축으로 하는, 두 종류의 접근법이 인간 본성을 기본적으로 어떻게 봐야 하는가 하는 문제를 놓고 극심하게 대립했다. 그런데 그런 상황에서 여러 중량급 학자들이 촘스키와 볼비 쪽에 서서 동물행동학, 생물학, 심리학 사이에서 새롭게 등장하는 종합설을 후원하는 동시에 한층 더 발전시켰다.

분수령

첫 테이프를 끊은 것은 프랑스 생화학자 자크 모노의 《우연과 필연Chance and Necessity》이었다(모노는 유전 물질의 단백질 합성 메커니즘을 밝힌 공로로 1965년에 같은 연구팀 동료 두 명과 함께 노벨 생리·의학상을 수상했다). 1970년에 출간된 이 책에서 모노는, 왓슨과 크릭의 이중나선 발견 이후 진척을 본 최신 생물학 연구 성과를 활용해 생명을 정의하고자 했다. 그는 생명이란 무엇인가를 고찰하면서 한 걸음 더 나아가 그것이 윤리, 정치, 철학과 관련한 함의를 깊이 살폈다.[16]

모노 자신은 생물학자였지만 그가 가진 기본 논점은, 생명은 본질적으로 물리적 현상, 나아가 수학적 현상이라는 생각이었다. 그의 본래 의도는 우주 속의 여러 실체들이 어떻게 우주의 법칙을 준수하면서도 '초월'할 수 있는지를 보여주는 것이었다. 모노가 볼 때 20세기의 엄청난 지적 성공 가운데 두 가지—시장경제와 트랜지스터—는 생명 자체와 중요한 특징을 공유하는데, 그것은 바로 확장(증폭)이다. 이 두 가지를 규정하는 규칙들은 구성 요소들이, 그 요소들이 속해 있는 시스템을 자생적으로, 말하자면 자연적으로 **더** 키우게 해준다. 이런 논리에 입각하면, 원리적으로 볼 때 생명이 다른 현상들과 비교할 때 독특한 측면은 없다.

기술적인 부분에서 모노는 모든 생명을 구성하는 두 가지 요소인 단백질과 핵산이 **자생적으로** 어떤 3차원 형식을 취하며, 이 3차원 형식들이 기타 더 많은 다른 것들을 미리 결정한다는 것을 입증했다. 이는 다시 톰프슨이 《성장과 형태에 관하여》에서 제시한 아이디어 일부를 차용한 것으로, 이런 접근법은 시간이 가면서 더욱더 영향력을 발휘한다. 모노가 보기에 생명의 가장 중요한 요소는 바로 이 자생적 조합이다. 이런 물질들은 물리적 속성, 따라서 기하학적이고 수학적인 속성을 띠는 것이 특징이라고 모노는 말한다. "아인슈타인을 포함해 위대한 사상가들은 종종…… 인간이 고안해낸 수학적 실체들이 경험과는 무관한데도 자연을 그토록 충실하게 설명할 수 있다는 점을 경이롭게 생각했다." 이는 분명 참으로 엄청난 미스터리인데, 모노는 특별히 '경이롭지'는 않다는 식의 입장을 보인다. 생명은 생물학의 문제이지만 수학과 물리학의 문제이기도 하기 때문이라는 것이다.[17]

모노는 사상, 문화, 언어도 생존의 도구이며, 신화(그는 '종교'라는 표현은 꺼렸다)도 생존에 유용한 요소라고 봤다. 그러나 이런 요소들은 시간이 가면 다른 요소로 대체된다고 생각했다. 그런 의미에서 모노는 기독교와 유대교가 힌두교보다 '원시적인' 종교라고 봤고, 힌두교가 유대-기독교보다 오래 지속될 것임을 시사했다. 특히 모노는 과학적 접근은, 진화—'맹목적' 과정이므로 목적론적 종착점 같은 것과는 무관하다—에 관한 이론에서 전형적으로 나타나는 것처럼, 이 세계에 대해 가장 '객관적인' 시각이라고 생각했다. 과학적 접근에서는 특정 집단이 다른 집단보다 진리에 더 쉽게 다가갈 권리 같은 것은 없기 때문이다. 그런 의미에서 모노는 과학은 애니미즘(물활론)이나 생기론, 특히 마르크스주의(사회의 역사를 다루는 우월한 과학적 이론임을 자처한다) 같은 사상들의 오류를 증명하고 그런 사상들을 대신한다고 생각했다. 따라서 모노는 과학을 세계에 접근하는 방법일 뿐 아니라, 그것 덕분에 다른 사회 제도들까지 혜택을 누리게 되는 **윤리적** 태도라고 보았다.[18]

이것은 중요한 전환점이었다. 우리는 지금의 이 13장을 시작하기에 앞서 양자화학이 분자생물학으로 변해가는 과정을 살펴봤다. 그런데 이제는, '엄밀'과학이라고 할 만한 분과들이 (비교적 빠른 속도로) 진화론을 강

력히 뒷받침한 것이 훨씬 광범위한 틀의 사고에 크게 영향을 미쳤음을 알
수 있다.

**이는 중요한 분수령이다. 과학들 간의 통합, 곧 컨버전스는 이제 큰 성과를 거
두어 과학 자체가 다른 형태의 지식들을 이해하기 위한 토대가 될 정도로 성장했
으니 말이다.**

이런 상황은 과거에 종종 넌지시 언급된 적 있었지만, 모노의 저서는
급속히 변해가는 상황을 극명하게 보여주었다. 게다가 모노의 바통을 이
어받아 또 다른, 모노 못지않게 비타협적이고 저명한 생물학자들이 혁신
적인 아이디어를 제시했다.

유전자가 문화를 속박한다

그런 생물학자들 가운데 가장 인상적이며 가장 비타협적인 인물이 1975
년에 《사회생물학: 새로운 종합Sociobiology: The New Synthesis》을 출간한 하
버드대 교수(곤충학자) 에드워드 윌슨이다. 고향 앨라배마에서 남南침례교
신자로 성장한(성서를 처음부터 끝까지 두 번 읽었다) 윌슨은 청년 시절 진화
론에 입문하면서 갑자기 신앙을 잃었다. ("내가 볼 때 〈요한 계시록〉(신약 성
서 마지막 권—옮긴이)은 한 고대 원시인이 환각 상태에서 접한 흑주술 같았다.")
그는 성서 저자들이 가장 중요한 계시를 놓친 것 같다고도 말했다. 진화
에 전혀 대비를 하지 않았다는 것이다. 윌슨은 이렇게 자문했다. "어떻게,
그들이 정말로 신의 생각을 공유하지 못했단 말인가? 내 어린 시절 목사
님들은, 선량하고 자애로운 분들이기는 하지만, 뭔가 잘못 아신 게 아닐
까?" 도무지 말이 안 되는 얘기였고, 그때부터 윌슨은 더는 침례교도가

아니었다.[19]

그렇기는 하지만 전반적인 종교적 감정을 곧바로 다 털어버릴 생각은 없었다. "나도 최소한의 상식은 있었다. 말하자면 사람들은 어떤 부족에 속해 있어야 한다. 이를테면 자신만을 지키는 것을 넘어서는 큰 목표 같은 것을 추구해야 한다. 우리는 인간 정신의 가장 깊은 충동에 따라 생명이 깃든 먼지 이상의 존재가 되어야 하며, 우리가 어디서 왔는지, 왜 지금여기 있는지에 대해 할 이야기가 있어야 한다. 성서는 우주를 설명하고 우주 안에 있는 우리를 좀 더 의미 있는 존재로 만들려는 최초의 문헌적 시도에 불과한 것이 아닐까? 어쩌면 과학이야말로 여러 가지 시험을 거뜬히 통과한 새로운 토대 위에서 동일한 목적을 달성하기 위한 지속적인 노력이 아닐까?"[20]

윌슨은 탁월한 조어 능력을 발휘해 세 가지 신조어를 만들었고, 이는 훗날 크나큰 영향력을 발휘하면서 모노의 경우와 마찬가지로 과학의 영역을 확장시킨다. 첫 번째 신조어는 '사회생물학sociobiology'이다.

《사회생물학: 새로운 종합》에서 윌슨은 사회적 행동—인간을 포함한 모든 동물에서—이 생물학, 즉 유전자에 의해 얼마나 크게 지배되는지를 보여주고자 했다. 한마디로 "유전자가 문화를 속박한다"고 보았다.[21] 생물학의 모든 분야에 통달한, 곤충 연구의 세계적 권위자 윌슨은 곤충, 조류, 어류, 포유류에서 나타나는 모든 형태의 사회적 행동은 유기체의 환경 적응에 대한 필요나 (냄새와 같은) 철저히 생물학적인 요인—유전적으로 결정되는 것이 분명하다—으로 설명할 수 있음을 입증하고자 했다. 예를 들어 영토는 먹이 수요와 관련이 있으며, 개체군은 먹이 획득 가능성뿐만 아니라 성적 행동과 연관되고, 성적 행태는 다시 지배 패턴과 연결된다는 것이다. 윌슨은 새소리를 풍부하게 조사해본 결과, 새들이 노래의 '골격'은 물려받지만 지리적 분포에 따라 제한적이나마 '방언'을 구사할 줄 안다는 점을 입증했다(이 점에서 인간의 언어를 논한 촘스키와 다소 유사하다). 윌슨은 봄비콜bombykol의 중요성도 입증했다. 봄비콜은 누에나방 암컷이 분비하는 화학물질로, 수컷으로 하여금 암컷을 찾아 나서도록 자극하는데, 윌슨에 따르면 누에나방 수컷은 '성적으로 유도되는 미사일'에 불과하다. 이 물질 한 분자면 누에나방 수컷을 흥분시키기에 족하다는 점이 진화가 어떻게 일어나는지를 잘 보여준다고 그는 말한다. 봄비콜이나 이를 감지하는 기관—둘 다 대단히 민감하다—어느 쪽에라도 미세한 변화가 생기면 부모 세대와는 성적으로 아주 다른 개체군을 형성하기에 충분하다는 것이다.

윌슨이 새로운 종합에 포함시킨 사례 중에는 꿀벌 및 불개미속*Formica*과 수확개미속*Pogonomyrmex*에 속하는 개미들의 경우, 유달리 활동적인 개체들(할당된 '업무량'을 완수한다)이 있는 반면, 대단히 '게으른' 개체들이 있다는 연구 성과도 있었다. '게으른' 개체들은 건강해 보이고 오래 사는 듯이 보이지만, 각 개체당 산출량은 열심히 일하는 개체들의 산출량의 극히 일부에 불과하다. 여기서 윌슨은 스스로 의도했든 그렇지 않았든 인간 사회도 그와 비슷하다는 지적을 한 것으로 보인다. 또 다른 사례에서 윌슨은 25명 정도로 구성된 현대의 수렵·채집 집단은 육식을 하는 늑대 무리와 거의 같은 수준의 영토를 점유한다는 사실을 입증했다. 이는 채식을 하는 비슷한 규모의 고릴라 집단이 점유한 영토의 100배다. 육식을 하면 동일한 에너지를 발생시키는 데 필요한 영역이 대략 열 배가 된다는 연구 결과도 있다.[22] 이어 윌슨은 농경사회 66곳을 비교한 도표를 통해, 목축에 의존하는 사회일수록 적극적으로 역사하는 창조주 신을 믿을 확률이 높다는 것을 보여주었다. 가용 시간의 15퍼센트만을 목축에 투자하는 집단은 20퍼센트의 구성원들이 그런 신을 믿고, 45퍼센트를 투자하는 집단은 92퍼센트가 믿는다고 한다.[23]

윌슨은 우리 책 13장 앞부분에 언급한 많은 책들—고릴라, 침팬지, 사자, 오스트랄로피테쿠스 관련 연구서 등등—을 치밀하게 검토한 다음, 저서 말미에 논란의 소지가 매우 큰 도표를 실었다. 인간 사회와 인간 행동의 진화 과정을 보여준다고 주장하는 내용으로 미국, 영국, 인도 같은 나라들이 맨 위에 있고, 하와이와 뉴기니가 가운데에, 그리고 각종 원주민들과 에스키모가 맨 아래에 위치한 위계적 도표였다.

네 가지 인접 분과

《사회생물학: 새로운 종합》 개정판 서문에서 윌슨은 원래 의도한 바는 곤충학과 집단생물학population biology의 통합일 뿐이라고 말했다. 그러나 인간의 행동에 관한 몇몇 장들로 말미암아 심한 공격을 받았다. 인간의 사회적 행동이 궁극적으로 생물학으로 환원될 수 있다고 한 내용은 '부적절한 환원주의'라며 비판을 받은 것이다. 윌슨은 "환원주의는 현상들을 자르고 깎는 과학의 가장 중요한 도구다"라고 생각하지만 누구 못지않게 '상호작용을 강조하는 입장'이라고 말했다. 그러면서도 '협력적 탐구'를 기다리는 네 가지 인접 분과가 등장하고 있다고 봤다. 그것은 인지신경과학, 인류유전학, 진화생물학, 사회생물학 자체였다.

사회생물학은 논란의 소지가 컸던 만큼이나 많은 성과를 거두었다. 사회생물학은 조류와 곤충의 행동—대부분은 짝짓기 행동—을 많이 다루었다. 이는 대단히 흥미로웠지만, 어쩌면 불가피하게도, 그중에서 인간의 행동에 관한 부분은 심각한 비난의 대상이 되었다. 왜 그렇게 되었는지를 보여주는 세 가지 사례가 있다.

첫째는 '아름다움'이다. 왜 특히 남성은 여성에게 적용하는 미의 기준이 있는가 하는 것이다. 사회생물학적 접근을 비판하는 사람들은 그런 접근이 "해악이 매우 크다"라고 생각했다. 여성에게 '수직적 위계'에 따라 가치를 매김으로써(사회생물학 연구는 실제로 그랬다) 남성과 여성 간의 '권력 관계'의 표현인 '문화적 기준'을 강요한다는 것이다. 이에 대해 사회생물학자들은 남성은 '번식 가능성이 높은' 양태를 보이는 여성에게 끌린다는 반론을 폈다. 또 사회생물학자들이 후원하는 여러 학술지에서는 예컨대 여성의 신체질량지수(제곱미터당 킬로그램)를 매력적인 여성과 그렇지 않은 여성을 판정하는 남성의 기준과 연결시키는 도표들도 볼 수 있었다. 이들 도표는 전 세계 여러 사회에서 남성은 평균적으로 자기보다 3세가량 어리고, 눈은 크고, 코는 작고, 입술은 도톰하면서, 허리둘레 대 엉덩이 둘레의 비율이 높을수록 매력적이라고 생각한다는 것을 보여주었다.[24]

이에 대해 비판자들은 말도 안 되는 소리라고 분개했다.

그러나 사회생물학자들은 물러서지 않았다. 그들은 다양한 연구를 통해 인간은 어디에 있든지 간에 '일단의 속성을 공유한다'는 사실이 입증되었다고 주장했다. 거기에는 '말할 때의 표정과 기타 제스처'도 포함된다. 예컨대 인간은 찡그림에 대해 동일한 태도를 공유한다. 시간에 대해서도 과거, 현재, 미래로 구분한다는 점에서 동일하다. 또 다른 사례는 "장인의 누이 쪽 가족과 함께 사는 사회는 존재하지 않는 반면, 극소수이지만 신혼부부가 시어머니 형제네 가족 근처로 이주해 사는 경우는 있다"는 것을 보여준다.[25] 인간의 행동은 문화를 막론하고 별 차이가 없다는 얘기였다.

또 다른 연구는 생물학과 경제학을 접목시킨 것이었다. 미국 생물학자

제니퍼 빌링과 폴 셔먼은 역사 지식을 토대로 과거에 사람들은 요리용 향신료 획득을 위해 무진 애를 썼다는 사실에 주목했다. 향신료는 문화적 관습으로 간주하기 쉽고, 사실이 그랬다. 그런데 중세 영국에서는 말린 후추 열매를 화폐로 사용하고 후추로 집세를 내기까지 했다. 1265년 영국 중부 레스터에 사는 한 여성은 정향 1파운드 값으로 12실링을 지불했다. 그보다 적은 돈으로 암소 한 마리를 살 수 있는 정도의 금액이었다. 이에 궁금증을 느낀 빌링과 셔먼은 그런 경제적 행동에 '다윈적' 요소가 있는 것은 아닐까 하는 질문을 던졌다. 그 결과 두 사람은 아마도, 그리고 문화적 관습(향신료를 사용하는 '직접적인' 원인)에도 불구하고, 진화론적 이유, 즉 '궁극적인' 원인이 있을 가능성이 높다는 결론에 도달했다. 두 사람은 사안을 자세히 검토한 결과, 많은 향신료에 미생물의 활동을 억제하는 화학성분이 들어 있다는 사실을 파악했다. 예컨대 육두구, 마늘, 양파, 오레가노는 다양한 박테리아 감염 효과를 차단했다.

이런 논지를 시험하기 위해 빌링과 셔먼은 노르웨이에서 인도네시아에 이르는 36개국의 요리책을 입수해 4241가지 요리법을 조사했다. 그리하여 항균 작용을 하는 칠리, 마늘, 양파가 추운 나라보다 열대 지방 요리에 훨씬 자주 등장한다는 사실을 알아냈다. 그런 것들이 미생물의 작용을 억제하기 때문이었다.[26]

끝으로 의붓가족은 새와 인간의 경우에 유사점이 있다는 것을 보여주는 미국 조류학자 스티븐 엠런의 연구가 있다(다른 학자들도 후속 연구를 통해 같은 결론을 내렸다). '부부' 관계를 오래 맺고 살아가는 조류는 한쪽이 죽고 살아남은 쪽이 제2의 부부 관계를 형성할 경우, 의붓부모는 혈연관계가 없는 새끼들은 잘 돌보지 않는다(아주 폭력적으로 대하는 경우도 있다). 이는 두 번째 '결혼'을 통해 뒤에 태어난 새끼들에게 보이는 태도와 아주 대조적이다. 이런 패턴은 정도는 다르지만 호모 사피엔스에게서도 정확히 나타난다. 인간의 경우, 의붓자식을 학대하는 비율은 친자식을 학대하는 비율보다 40배나 높다. 이런 '사회학적' 문제는 사실 생물학적 요인, 곧 유전적 요인으로 말미암은 것이다.[27]

사회생물학은 상당한 비난에 시달려왔다(이상하게도 동물행동학은 전혀 그렇지 않다). 미국 생물학자 제리 코인은 시사 잡지《뉴 리퍼블릭New Republic》에 기고한 글에서 "과학의 위계로 보면 진화생물학은 저 밑바닥 근처 어디쯤 있지만 물리학보다는 골상학骨相學(두골의 형상에서 사람의 성격이나 운명 등을 추정하는 학문―옮긴이)에 훨씬 가깝다"라고 지적했다. 또 누군가는 진화생물학자들을 '진화론에 미친 정신병자들evo-psychos'라고 했다.[28] 그러나 사회생물학이라는 새로운 분야를 일종의 지적 제국주의 정도로 보는 사람들도 있다.

이 문제에 대해서는 18장에서 다시 다룰 것이다(예컨대 문화의 생물학적 기초에 대해 좀 더 상세히 분석해볼 예정이다). 일단은 촘스키의 말을 다시 인용하는 것으로 이 장을 마쳐야겠다. 1988년에 출간된《언어와 지식의 문제Language and Problems of Knowledge》에서 촘스키는, 분과 과학들의 통합―이것이 20세기의 확실한 양상이라는 점은 인정했다―이 반드시 환원이라는 형태를 취할 필요는 없음을 특히 강조했다. 그가 보기에 더욱 중요하고 더욱 문제가 되는 것은, 물리적인 것 또는 생리학적인 것이 '모종의 우위'를 점한다는 주장이다. 이는 잘못된 해석이라고 그는 단언한다. 언어학도 화학이나 생물학과 마찬가지로 광범위한 영역에서 특정한 예측을 제시하는 다채로운 이론이 많다. 그러나 "언어학을 지금 우리가 알고 있는 수준의 신경학으로 환원시키려 한다면 썩 좋은 성과를 가져올 것 같지 않다."[29] 촘스키가 제시한 한 가지 사례는 '일탈적' 언어 구조(예를 들면 문법 원칙으로부터의 일탈)와 '사건 관련 뇌파 반응event related potentials'이라고 하는 두뇌의 전기적 활동과의 유사성이다. 언어학은 이런 변칙을 이해할 수 있게 해주지만 그것에 적용할 수 있는 전기생리학적electrophysiological 이론은 현재 없다. "언어에 대해 세포나 뉴런이라는 개념을 가지고 그럴듯한 일반화를 하기가 불가능한 것은 입자물리학의 개념을 가지고 지질학이나 발생학embryology을 일반화하기가 불가능한 것과 마찬가지다. 두 경우 모두 환원을 추구하는 것은 너무 나간 짓이다."[30]

촘스키의 지적에 동의하지 않기는 어려울 것이다. 그러나 촘스키 자신도 인정했다시피 분과 과학들의 통합은 20세기 과학의 한 양상**이었다.** 스웨덴 과학 아카데미도 동물행동학을 노벨상을 줄 만한 새로운 과학 분과로 인정함으로써 생물학, 생태학, 유전학, 심리학이 하나로 수렴됐다는 평가를 내린 셈이다. 사회생물학이 카너먼과 트버스키가 심리학과 경제학을 통합한 작업과 거의 같은 시기에 등장했다는 사실은, 1970년대 중반도 역시 다윈이 《종의 기원》을 발표하기 직전처럼 '심상치 않은 분위기'였음을 말해준다. 1973년도 노벨 생리·의학상 시상에는 가슴 아픈 우여곡절이 있었지만 스웨덴 과학 아카데미가 동물행동학 분야를 낙점한 것은 참으로 **시의적절했다.**

14장

빅 히스토리

전 세계에 가장 널리 퍼져 있고 가장 유명한 신화가 대홍수 관련 신화라는 사실은 100여 년 전부터 잘 알려져 있었다. 홍수의 정확한 규모를 계산해내지는 못했지만 그런 사태가 있었다는 것은 성서뿐 아니라 인도, 중국, 동남아, 호주, 남북아메리카의 고대 전설에도 나온다. 그런 홍수 신화(들)에 대해서는 잠시 후 상세히 살펴보기로 하자. 이유는 나중에 설명하겠지만 여기서는 먼저 두 번째로 널리 알려진 신화를 고찰해보려 한다. 세상이 '물에서 창조되었다watery creation'는 신화 얘기다.

이 신화의 핵심은, 대개 하늘과 땅의 나뉨이다. 이 이야기는 뉴질랜드에서 그리스에 이르는 여러 지역에서 발견되는데(앞으로 보게 되겠지만 이런 분포에는 중요한 의미가 있다), 어느 정도 공통점이 있다. 처음에 등장하는 것은 빛이다. 예컨대 구약 성서 〈창세기〉 1장 3절을 보면 "하느님이 '빛이 생겨라!' 하시자 빛이 생겨났다"라고 쓰여 있다. 거의 모든 우주생성론에는 이런 주제가 담겨 있는데, 주목할 만한 부분은 **해도 달도 창조 당시 최초의 빛의 근원이 아니라는** 점이다. 오히려 최초의 빛은 하늘과 땅의 나뉨과 관련이 있다. 하늘과 땅이 나뉜 뒤에야 비로소 해가 나타난다. 동방의 어떤 전승에서는, 빛이 세상에 들어온 것은 지구를 뒤덮은 구름들의 무거운 물질이 바닥으로 가라앉고 구름을 가시게 하는 빛이 위로 떠올라 하늘이 됐기 때문이라고 이야기한다. 다른 신화들에는 어둠이 '칠흑 같은 밤'으로 묘사되어 있다.

최근 지질학 연구를 통해 과학자들이 토바 화산 폭발Toba volcanic explosion이라고 칭하는 현상이 존재했음이 확인되었다. 아라비아 해저를 드릴로 뚫어 얻은 토양 시료를 분석해보니, 인도네시아 수마트라 섬 토바에서 7만 4000~7만 1000년 전에 화산 폭발이 있었다는 증거가 나온 것이다. 토바 화산 폭발은 최근 200만 년을 통틀어 가장 규모가 큰 폭발로 알려져 있다. 이 엄청난 사태로 화산재가 지상 30킬로미터 높이로 치솟았다(화산 구름 기둥의 규모는 에베레스트 산의 두 배에 달하는 2793제곱킬로미터였다). 화산재는 북쪽과 남쪽으로 퍼져나가면서 스리랑카와 인도, 파키스탄, 페르시아 만 일대 상당 지역을 15센티미터 두께로 뒤덮었다. 인도 중부의 한 곳은 화산재 층이 지금도 6미터가 넘는다. 토바 화산의 화산재는 최근 토바에서 2400킬로미터 떨어진 아라비아 해와 남중국해에서도 발견되었다. 화산 폭발은 인도네시아에서 제일 큰 호수인 토바 호수라는 거대한 칼데라 호를 남겼다. 길이 85킬로미터에 최대 폭 25킬로미터, 호수 사방 절벽의 높이는 1200미터에 수심은 580미터나 된다.[1]

대폭발 이후에는 화산재가 해를 가려 기온이 떨어지는 '화산 겨울volcanic winter' 현상이 오래 지속됐을 것이다. 지질학자 마이클 램피노에 따르면 해수 온도는 화씨 10도가 떨어졌다. 또한 몇 주 혹은 몇 개월 동안 방대한 지역에 암흑천지가 이어졌을 것이다. 수증기와 결합된 미세한 황산 성분 알갱이들도 구름을 형성해 광합성 작용을 90퍼센트 떨어뜨리거나 완전히 마비시킴으로써 지표면을 덮고 있는 식생에도 막대한 영향을 미쳤을 것이다.[2]

현재 인류학자들과 고생물학자들이 믿고 있는 것처럼, 초기 인류가 8만 년 전 혹은 그 얼마 후에 아프리카를 떠나서 해변 루트를 따라 이동했다면 현재 예멘의 아덴에 도착했을 것이다. 이어 이란 서남부 연안과 아프가니스탄 남부, 파키스탄 서부 연안까지 진출했을 것이다. 이들 지역에 도착한 시기는 토바 화산 폭발의 영향이 상당히 남아 있던 시기였을 것이다. 당시 상황은 인도와 말레이시아의 발굴 작업 결과를 통해 확인되고 있다. 그 무렵의 화산재층에는 구석기 시대 도구들이 매장되어 있었다. 일부 학자들의 주장에 따르면, 방대한 해당 지역에 거주하던 인구가 10만 명에서 2000~8000명 수준으로 격감했을 것으로 추정된다(침팬지의 개체수도 비슷한 비율로 떨어졌다).[3]

2010년 2월에 옥스퍼드 대학교에서 열린 한 학술회의에서 토바 화산 폭발이 미친 재앙의 규모에 의문이 제기되었고, 기온도 섭씨 2.5도밖에 떨어지지 않았다는 증거가 제출되었다. 그러나 토바 화산 폭발이 광범위한 영향을 미치지 않았다고 주장하는 사람은 아무도 없다. 위의 학술회의에서는 호모 사피엔스가 만든 도구가 화산재층 곳곳에 널려 있다는 새로운 증거도 제시되었다.[4]

여기서 두 가지 결론이 도출되었다. 첫째, 화산 겨울은 인도를 중심으로 한 초기 인류 거주지의 상당 부분을 거의 초토화했을 가능성이 높다. 다시 말해 대량 소멸 사태가 벌어졌다는 뜻이다. 이는 결국 모종의 생존 전략을 고안할 필요를 낳았고, 그것이 신화의 형태로 우리 기억 속에 남았을 것이다. 둘째, 해당 지역은 훗날 남쪽과 동쪽에서 들어온 이주민들로 다시 사람 사는 동네가 되었을 것이다.

이 문제에 대해서는 나중에 다시 논하기로 하자. 지금 중요한 핵심은 하늘과 땅의 '분리' 신화가 지구상의 넓은 지역, 곧 동남아시아에서 토바 화산이 폭발하고 화산 겨울이 닥친 후 벌어졌을 사태에 대한 부정확한 서술은 아니라는 점이다.[5] 햇빛이 차단됐을 것이고, 화산재 탓에 어둠은 '칠흑' 같았을 것이다. 화산재는 아주아주 오랜 시간에 걸쳐 점차 바닥으로 가라앉았을 것이고, 하늘은 차츰 밝아져 환해지고 맑아졌을 것이다. 그러나 아마도 여러 세대 동안 해나 달이 **전혀** 보이지 않았을 것이다. 빛은 있지만 해는 없었을 것이다. 오랫동안 그러다가 마침내 태양이 눈에 보이는 마법 같은 날이 왔을 것이다. 우리는 태양의 존재를 당연시하지만 초기 인류에게 태양은 (결국에는 달도) 점차 환해지는 하늘에 등장한 **새로운** 실체였을 것이다. 신화학의 시각에서 볼 때, 그런 사건을 시간의 시작으로 여기는 것은 충분히 말이 된다.[6]

신화의 심층 질서

따라서 토바 화산 폭발 사건은 지질학에서는 물론이고 신화학에서도 대단히 중요한 전환점이었다. 다른 많은 고대 신화와 전설 역시 (정신분석학자 카를 융이 주장한 것처럼) 인간의 깊은 무의식의 산물이 전혀 아니라, 실제 사건들(최근 과학적으로 조명되고 있다)에 기반을 둔 것이라고 믿을 만한 이유가 상당하다.

이제 가장 널리 퍼져 있는 신화를 살펴보자. 과거 한 시기에 신화는 인류학자들의 관심을 끌었고, 주로 허구적인 이야기, 특히 초기 인류의 원시적 신앙을 드러내 보이는 이야기로 간주되었다.《황금 가지The Golden Bough》라는 책으로 유명한 19세기 말의 인류학자 제임스 프레이저는《구약의 민간전승Folk-lore in the Old Testament》이라는 또 다른 저서에서 그런 신화들을 다수 소개했다. 1918년에 런던에서 나온 이 책에서 프레이저 경은 다음과 같이 말했다. "세계 여러 지역에 거주하는 종족들의 신앙과 관습 간에 수많은 놀라운 유사점이 존재한다는 것을 어떻게 설명해야 할까? 그런 유사성은 관습과 신앙이 한 종족에서 다른 종족으로, 직접 접촉이나 중간에 끼어든 민족들의 매개를 통해 전파됐기 때문일까? 아니면 비슷한 상황에서 인간 정신이 비슷하게 작동함으로써 여러 다른 종족마다 독자적으로 생겨난 것일까?"[7]

《구약의 민간전승》이 출간되고 나서 몇 년 후인 1927년이면 분위기가 다소 바뀐다. 그해에 영국 고고학자 레너드 울리는 성서에 나오는 '칼데아의 우르Ur of Chaldea'를 발굴하는 작업에 착수했다. 그곳은 현재 이라크 지역이며, 유대 민족의 시조인 아브라함의 고향으로 추정되었다. 울리는 우르에서 여러 중요한 발견을 하는데, 그중에서 두 가지가 결정적이었다. 첫째는 왕실 무덤들을 발견했는데, 거기에는 왕과 왕비뿐 아니라 일단의 병사들과 아홉 시녀가 같이 묻혀 있었다. 시녀들은 정교한 금제 머리쓰개를 한 상태 그대로였다. 그러나 이런 집단 순장 풍습의 존재를 시사하는 기록은 전혀 없었다. 그래서 울리는 희생 의식이 거행된 시기는 그런 특이한 사건을 기록할 수 있는 **문자가 발명되기 전의 일**이라는 중요한 결론을 도출했다. 이런 추론은 추후에 사실로 입증된다. 둘째, 울리는 지하 12미터 지점까지 파내려가 봤지만 아무것도, 전혀 아무것도 없었다. 두께 2.4미터 정도는 진흙뿐으로 어떤 종류의 유물도 없었다. 2.4미터 두께의 진흙층이 쌓여 있는 모습을 보고 울리는 과거 어느 시점에 엄청난 홍수가 수메르 땅을 뒤덮었음이 분명하다는 결론을 내렸다.[8] 그렇다면 그것이 바로 성서에 언급된 대홍수였을까?

많은 사람들이 (그때나 지금이나) 그렇다고 생각했다. 그러나 그렇지 않다고 보는 사람 역시 많았다. 그렇지 않다고 보는 이유는 성서에 홍수가 산꼭대기를 덮었다—깊이가 2.4미터가 넘는다는 얘기다—는 얘기가 나오고, 홍수가 온 세상으로 퍼져나갔다고 쓰여 있었기 때문이다. 메소포타미아의 티그리스 강과 유프라테스 강에서 2.4미터 깊이의 홍수가 났다면 국지적 사건에 불과했을 것이다. 아니면 고대인들이 과장을 한 것일까? 당시에는 멀리까지 나가본 사람이 거의 없었을 테니 '온 세상을 덮은 홍수' 운운은 그저 말이 그렇다는 얘기였을지도 모른다.

이렇게 해서 문제가 풀리지 않은 채 수십 년 동안 잠복했다. 그런데 최근 아주 먼 과거에 있었던 세 가지 사건—혹은 각각 여러 사건으로 구성된 세 가지 사태—이 새롭게 조명되었다. 홍적세에서 충적세로, 즉 빙하기에서 현대로 이행하는 과정에 해당하는 기간의 역사가 최근에 크게 개정된 것이다. 간단히 말하면, 해당 기간에 대한 최신 연구 결과는 세 가지를 보여준다. 우선 세계는 대홍수를 한 차례가 아니라 **세 차례** 겪었다. 대략 1만 4000년 전, 1만 1500년 전, 8000년 전에 발생한 것으로 추정된다. 그리고 세 차례의 대홍수 중 맨 마지막에 있었던 대홍수가 특히 파괴적이어서 당시 지구에 사는 많은 사람들의 삶을 엄청나게 변화시켰다. 둘째, 세 차례의 대홍수로 가장 타격을 많이 받은 지역은 메소포타미아가 아니라 동남아로 그 일대가 완전히 수몰되었다. 그런 대홍수들이 동남아에서 가장 영향이 컸다면 수몰 지역 주민들은 어쩔 수 없이 전 세계 곳곳으로 이주했을 것임을 시사한다. 북으로는 중국, 중국에서 다시 신세계로, 동으로는 태평양의 모든 섬과 호주로, 서로는 인도와 어쩌면 멀리 소아시아, 아프리카, 유럽에까지 평소에 사용하던 기술도 가지고 갔을 것이다. 최근에 새로 정리된 연대기의 세 번째 측면은 농경―지금까지는 줄곧 중동에서 처음 발명되었다고 알려져 있었다―과 같은 초기 형태 문명의 기술 다수가 처음 발달한 곳은 훨씬 더 동쪽인 동남아와 인도였다는 점이다.[9]

이 외에도 흥미진진한 얘기가 많지만 이 정도가 골자다. 이런 이야기는 우리가 과거에 알고 있던 내용들을 완전히 뒤집는다. 특히 구세계 주민과, 신세계에 인간이 진출하는 데 중요한 역할을 한 태평양 일대 거주 민족들 간에 언어적 차이가 아주 크다는 고고학자들의 주장을 설명하는 데 도움이 되기 때문이다.

문명의 새 질서

이제는, 마지막 빙하기 이후 해수면 상승이 느리게 진행되지도 않았고 균일하게 진행되지도 않았음을 보여주는 실질적 증거가 있다. 세 차례에 걸쳐 빙하가 급작스럽게 녹은 사태―맨 마지막의 경우는 불과 8000년 전(기원전 6000년)에 일어났다―는 열대 해변 지역에 파괴적 영향을 미쳤다. 드넓고 평탄한 대륙붕이 발달해 있었기 때문이다. 이런 변화들에 이어 엄청난 지진들이 찾아왔다. 거대한 빙하의 무게가 육지에서 바다로 이동하면서 발생한 사태였다.[10] 이런 대지진들은 상상을 초월하는 파도, 즉 쓰나미를 유발했을 것이다. 지질학적으로 당시의 지구는 지금보다 훨씬 더 난폭했다.

2만 년에서 5000년 전의 해양학 관련 기록을 전체적으로 살펴보면 해수면이 최소 120미터 상승해서 인간 활동에 세 가지 심각한 영향을 미쳤음을 알 수 있다. 우선 동남아와 중국에서는—광대하고 평탄한 대륙붕이 발달한 상태였다—연안 및 저지 주거지의 존재를 보여줄 모든 구조물이 영구히 수장되었다. 그런 거주지들은 수천 년 동안 수면 아래에 있었고 앞으로도 그럴 가능성이 농후하다. 둘째, 8000년 전 해수면이 마지막으로 상승했던 시기에 바닷물은 약 2500년 동안 빠지지 않았다. 그 결과 많은 지역이 지금은 해수면 위로 올라와 있지만 역시 몇 미터 두께의 실트층으로 덮여 있다. 셋째, 앞에서 언급한 것처럼 동남아를 황폐화한 홍수들은 주민들을 외부로 이주하게 만들었다.[11]

유라시아 동부 신석기 혁명(농경의 시작—옮긴이)의 기이한 시기별 변화 패턴은 이런 전체적인 그림을 뒷받침해준다. 지금까지 발견된 유적지들을 보면 환태평양 문화권은 서구보다 훨씬 **전에** 발전하기 시작했지만 얼마 후 발전을 멈춘 것으로 추정된다. 예를 들어 토기는 일본 남부에서 1만 2500년 전에 처음 등장했다. 1500년 뒤에는 중국과 인도차이나까지 퍼져나갔다. 이런 사례들은 메소포타미아, 인도 또는 지중해 지역의 어느 유적지보다 시기적으로 3500년에서 2500년이나 앞선다는 점에서 중요하다. 또 다른 예를 들면 야생 곡물 가는 데 쓰이는 돌이 태평양 남서부 솔로몬 제도에서 발견되었는데, 2만 6000년 전의 것으로 이집트에서는 그런 도구가 약 1만 4000년 전까지 발견되지 않았고, 팔레스타인에서는 그로부터 2000년 뒤까지도 발견되지 않았다. 이런 초기 문명의 징표들은 다른 어느 지역보다 동남아에서 매우 일찍 나타났다.

일본과 인도차이나에서 약 1만 2000년에서 1만 1000년 전에 일찌감치 토기 제작이 시작된 것에 더해 다양한 신석기 도구들이 동아시아에서 발견되었다. 찍개, 긁개, 송곳, 숫돌은 물론이고 화덕과 주방 쓰레기까지 나왔다. 그러나 이런 유물들은 대개 **내륙** 동굴에서 발견된다. 저지 연안 지역

에는 기원전 1만 년에서 5000년으로까지 거슬러 올라가는 신석기 유적지는 거의 없다.[12]

이런 불일치를 설명하기 위해 두 가지 설명이 제시되었다. 한 가지 관점은 바다로 둘러싸인 동남아에서 신석기 시대가 시작된 것은 겨우 4000년 전으로, 이주민들이 타이완과 필리핀 제도를 통해 내려가면서 새로운 기술과 제조품을 전했다고 본다. 또 다른 관점은 더 대담하다. 빙하기 말에 동남아에 사람들이 살고 있었고, 농경(과 항해) 기술을 어느 지역(예를 들면 근동)보다 훨씬 먼저 발전시켰지만, 빙하가 녹으면서 야기된 홍수로 말미암아 어쩔 수 없이 동쪽, 북쪽, 서쪽으로 장거리 이주를 하게 되었다는 주장이다.[13] 그리고 홍수의 결과로 쌓인 실트가 주민들을 몰아냈을 뿐 아니라 여러 지역을 완전히 덮어버렸다는 것이다.

대홍수의 리듬

지금 소개한 두 가지 관점은 대단히 중요한 주장이므로 그런 새로운 이론의 장단점을 제대로 평가하려면 문제가 되는 홍수를 자세히 알아볼 필요가 있다. 아귀가 잘 맞는 그림이 떠오를 것 같은데, 이것이 중요한 이유는 신세계에 처음 발을 디딘 사람들은 일단의 특수한 경험을 하고 나서 신세계로 들어간 것이고, 그래서 구세계에 남겨진 사람들과 달라졌을 것임을 시사하기 때문이다.

이제 우리는, 위에서 언급한, 엄청난 재앙을 몰고 온 세 차례의 대홍수가 서로 밀접한 관계가 있는 세 가지 천문학적 주기 때문에 발생했음을 알고 있다. 그 사이클 하나하나는 서로 다르면서도 태양이 지구의 여러 지점에 전달하는 열에 영향을 미친다. 영국 유전학자 스티븐 오펜하이머는 세 가지 사이클을 10만 년 주기의 공전 궤도 이심률 변화, 4만 1000년 주기의 지구 자전축 경사도 변화, 2만 3000년 주기의 세차歲差 운동으로 규정한다.[14] 이심률離心率 변화는 태양 주위를 도는 지구 궤도의 형태 변화를 말한다. 공전 궤도는 원에 가까운 형태에서 타원형으로 변하는데 이에 따라 지구에서 태양까지의 거리가 최대 약 2940만 킬로미터까지 차이가 난다. 두 번째 주기는 지구의 자전축이 지구 공전 궤도면에 대한 각도가 변하는 것으로 4만 1000년을 주기로 21.5도에서 24.5도까지 차이가 난다. 자전축 경사도 변화는 태양에서 지구로 전달되는 열의 계절적 차이에 영향을 미친다. 세 번째로 세차 운동은 시간의 흐름에 따른 지축의 요동을 말하는데, 2만 2000년에서 2만 3000년 주기로 발생한다. 이들 세 가지 사이클은 무수한 조합의 경우의 수를 만들지만 최악의 상황이 겹치면 지구의 기후변화에 엄청나고도 급작스러운 변화를 야기할 수 있다. 이런 복잡한 천문학적 리듬들이 겹쳐서 고대에 한 차례가 아닌 세 차례의 대홍수를 일으킨 것이다.

빙하가 녹으면서 대홍수를 야기했는데, 그런 빙하는 규모가 어마어마했다. 가장 큰 빙하는 지금의 캐나다 전체를 뒤덮을 만큼 거대하고 두께는 수 킬로미터에 달했다. 부피가 8만 4000세제곱킬로미터로 추정되는 빙하도 있었다. 빙하가 완전히 녹는 데는 수백 년이 걸리지만 결국에 가서는 해수면을 13.4미터나 상승시켰다.

두 번째 대홍수로 인한 변화들(1만 1000년 전 이후) 가운데 흥미로운 것은 해수면 상승에 따라 강바닥의 기울기가 낮아지면서 9500년 이후부터는 지구 전역의 강 하구 지역에 삼각주가 형성되기 시작했다는 사실이다. 이들 삼각주는 대단히 비옥한 충적 평야인데 그 점이 중요하다. 메소포타미아, 갠지스, 태국의 짜오프라야, 인도네시아 보르네오 섬의 마하캄, 중국의 양쯔 강 유역이 그랬다. 그 시기에 6대륙 전체에 걸쳐 그런 삼각주가 40곳 이상 형성된 것으로 확인됐다. 이들 충적 평야/삼각주 다수는 농경의 확대 및 이후 문명의 탄생에 크나큰 역할을 했다(15장 참조).[15]

그러나 제일 큰 영향을 미친 것은 가장 최근인 8000년 전에 발생한 홍수였다. 빙하가 북아메리카와 유럽 대륙에서 갑자기 녹으면서 엄청난 양의 얼음과 물을 대양 분지에 방출했고, 그 결과 지구 전역의 무게 분포가 갑자기 달라졌다. 바로 그런 이유로 대지진이 발생하고 화산 활동이 증가했을 것이다. 그리하여 거대한 쓰나미가 6대륙 전체 해변 지역에 들이닥쳤다. 이러한 대大 자연 재앙 시대가 고대인의 정신적 삶에 심대한 영향을 미쳤을 것이다.

극히 최근에 확인된 바로는, 이 홍수는 여러 가지 중요한 결과를 낳았다. 그중 하나는 어마어마한 규모의 홍수와 쓰나미로 말미암아 광대한 지역에 걸쳐 몇 미터 두께의 실트층이 퇴적되었을 것이라는 점이다. 이 실트층들이 8000년 전부터 다시 바닷물이 빠질 때(수천 년까지는 아니라도 수백 년은 걸린다)까지 초기 인류의 발전 양상을 보여줄 핵심 주거지들을 완전히 덮어버렸음이 분명하다. 이런 '실트 커튼silt curtain'—스티븐 오펜하이머의 표현이다—은 세계의 연대기에 대한 우리의 인식에도 영향을 미친다.[16] 두 번째 결과는 세계의 지리적 특성에서 발생한다. 홍수에 매몰된 가장 큰 땅덩어리는 동남아였음이 거의 분명하다. 남중국해까지 1600킬로미터나 이어지는 거대하고 얕은 대륙붕이 잘 발달되어 있기 때문이다. 중요한 점은 초기 연대의 상황과 문명의 발생을 제대로 이해하려면 이들 두 가지 결과를 잘 조합해봐야 한다는 것이다.

그런 종합의 출발점은 동남아가 세계에서 홍수 신화가 가장 집중적으로 분포된 지역이라는 사실이다.[17] 이런 사실이 홍수가 이 지역에 가장 심각한 피해를 입혔다는 증거가 될까? 아니다. 하지만 그럴 가능성은 충분히 예상해볼 수 있다. 그리고 1985년에 윌리엄 미첨(선사시대를 전문으로 하는 미국 고고학자로 홍콩을 무대로 활동하고 있다)이 신석기 기록에서 가장 중요한 공백은 "기원전 1만 년에서 기원전 5000년까지 저지대(동남아)에는 우리가 접할 수 있는 유적지가 전혀 존재하지 않는다는 것이다"라고 한 지적과도 정확히 맞아떨어진다. 게다가 해수면이 다시 내려가기 시작한 6000년 전 이후부터는 토기를 만드는 해양 정착촌들이 타이완에서 베트남 중부까지 곳곳에 들어섰다. 타이를 주 무대로 활동하는 뉴질랜드 고고학자 찰스 하이엄은 이들 정착촌은 사실, 줄곧 그 지역에서 살다가 홍수 때문에 쫓겨났던 해양 민족들이 재정착한 곳이라고 주장한다. 반면에 내륙 유적지들은 빙하기 종료를 전후로 한 시점부터 인간이 계속 거주했다고 본다.[18]

해수면이 조금만 상승해도 크게 영향을 받고 홍수가 나면 피해도 막심한 저지대 중에서 세계적으로 가장 규모가 큰 지역은 동남아 남동쪽 '모서리'에 위치한 순다 대륙붕Sunda Shelf이었다. 이 대륙붕은 동서로 5400킬로미터, 남북으로 2700킬로미터나 뻗어 있다. 이 점이 홍수 신화가 어느 지역보다 이 일대에 널리 퍼져 있는 이유를 설명해줄 수 있다. 홍수는 동쪽, 서쪽, 북쪽으로 대규모 이주를 촉발했을 것이다.

자연의 거대 주기와 신화

이제 잠시 고대 아시아 역사에 관한 비교적 최근의 연구 성과를 하나 더 살펴본 다음, 구세계와 신세계의 신화를 비교해보자. 지금 논하고자 하는 연구 성과는 힌두교의 신성한 기록인 《베다Vedas》에 관한 것인데, 베다에는 역사와 우주의 발전을 설명하는 '유가Yuga' 이론이 등장한다. 인류와 자연이 엄청난 자연 재앙으로 중간중간 단절되면서도 주기를 가지고 순환한다는 내용이다. 그러한 주기 가운데 하나는 2만 4000년간 지속된다고 쓰여 있는데, 스티븐 오펜하이머가 말한 2만 3000년 주기의 세차 운동과 크게 다르지 않다. 하지만 우리의 논의와 관련해 더욱 중요한 것은 최근 지질학적 역사를 통해 발견된 사실, 즉 1만 4000년 전, 1만 1500년 전, 8000년 전, 이렇게 세 차례의 대홍수가 있었다는 사실이다. 혹시 이것이 대재앙으로 말미암아 단절을 겪는 순환적 역사는 아닐까?

이와 관련해 특히 주목을 끄는 것은 《베다》 문헌에 '일곱 강의 땅Land of Seven Rivers'이 언급된 점이다. 일곱 강은 인더스, 라비, 수틀레지, 사라스바티, 야무나, 갠지스, 사라유 강을 말한다. 여기서 사라스바티 강이 베다 사람들에게는 정신적으로나 문화적으로나 가장 중요했다. 중심 거주지에 물을 대주고 거대한 해양 문화를 먹여 살리는 역할을 했기 때문이다. 《베다》의 한 구절은 사라스바티 강을 '가장 훌륭한 어머니, 가장 훌륭한 강, 가장 훌륭한 여신'이라고 묘사했고, 또 한 구절에서는 그 위치가 수틀레지 강과 야무나 강 사이라고 나온다.[19]

문제는, 현재 야무나 강과 수틀레지 강 사이를 흐르는 큰 강이 없다는 점이다. 해당 지역은 펀자브(산스크리트어로 'panca-ap', 즉 '다섯 강의 땅'이라는 말이다)로 알려져 있다. 경전 기록과 현실의 이런 차이 때문에 일부 학자들은 오랫동안 사라스바티 강을 '천상에 존재하는' 강 또는 상상의 산물이라고 치부했다.

그런데 2차 대전 종전 직후부터 고고학 발굴이 시작되면서 그 유명한 모헨조다로와 하라파 중심의 인더스 문명과 관련 **있어 보이는** 정착촌이 점점 더 많이 세상에 모습을 드러냈다. 그런데 기이하게도 이들 정착촌은 인더스 강에서 최고 140킬로미터나 떨어져 있었다. 일부 유적지는 지금으로선 수원水源으로 삼을 만한 곳이 없는 상태다. 그러다가 1978년에 미국 항공우주국(나사)과 인도우주연구기구Indian Space Research Organisation에서 발사한 우주선이 보내온 여러 장의 위성사진이 고대에 흘렀던 강의 흔적들을 포착하기 시작했다. 그 흔적들은 《베다》에서 사라스바티 강이 있다고 한 지점들을 따라 발견되었다. 위성사진은 드러난 강바닥에 관해 구체적인 내용을 더 많이 밝혀주었다. 수로의 상당 부분에서는 강바닥의 폭이 6~8킬로미터였고, 한 지점에서는 14킬로미터나 됐다. 또 규모가 큰 지류가 하나 있었던 것으로 밝혀졌다. 원래의 수로와 그 지류까지 합하면 (현재의) '다섯 강의 땅'은 《베다》에 나오는 '일곱 강의 땅sapta-saindhava'으로 바뀐다. 게다가 《리그베다》에서는 사라스바티 강이 '산에서 바다로' 흘러간다고 묘사한다. 지질학 연구 결과로 보면 1만 년에서 7000년 전에는 그러했으리라 추정된다. 당시에는 히말라야 산맥의 빙하들이 녹고 있었으니 말이다. 오랜 시간이 지나면서 사라스바티 강으로 흘러들던 지류들은 여러 차례 발생한 지진의 여파로 물길이 네 차례 바뀌었고, 마침내 갠지스 강으로 흘러들게 되었다. 그래서 사라스바티 강은 완전히 말라버린 것이다.[20]

이렇게 《베다》 신화는 그렇게 지금까지 계속 이어졌고, 사라스바티 강의 재발견은 두 가지 사실을 보여준다. 하나는 문명의 기본이 되는 기술들, 특히 가축 길들이기, 토기 제작, 장거리 무역, 항해는 기원전 5000년경 남아시아(인도)와 바다로 둘러싸인 동남아에서 발휘되고 있었다는 점이다. 둘째는 전 세계에 퍼져 있는 위대한 신화들이 실제로 일어났고, 초기 인류를 궤멸시키다시피 한 재앙을 몰고 온 실제 사건들에 근거한 내용임이 거의 분명하다는 것이다. 신화는 강력한 집단 기억을 형성하면서 우리에게 그런 재앙이 언젠가 다시 일어날 수 있다고 경고한다.

신화에 숨겨진 질서

이제 기초 작업은 마쳤으니 신화가 우리에게 인류 초기의 경험에 관해 무엇을 말해주는지, 그리고 역사과학들historical sciences은 그런 그림을 풍부하게 만듦으로써 어떤 질서를 드러내는지를 물어야 할 차례다.

이제부터 살펴볼 기본적인 차이는 구세계(유럽, 아시아, 아프리카—옮긴이) 신화와 신세계(남북아메리카와 호주—옮긴이) 신화의 차이다. 이를 통해 우리는 유전학, 언어학, 민간 전설이 광범위하게 중첩된다는 사실을 알게 될 것이다. 유전학적 증거는 시베리아에 사는 추크치족Chukchi과 최초로 아메리카에 진입한 인간 집단들이 유라시아 중부를 거쳐 베링기아로 간 다음, 2만 년 전에서 1만 2000년 전 사이 어느 시기에 아메리카에 도착했다는 것을 보여준다. 언어학적 증거는 특히 또 다른 후대의 고대 민족 집단이 태평양 서부 연안—말레이시아, 중국, 러시아—을 따라 올라갔음을 시사한다. 일부 유전학적 증거가 시사하듯, 가장 이른 시기의 일부 민족들이 신세계에 도착한 시기가 4만 3000년 전에서 2만 9500년 전 사이라면 그들은 토바 화산 폭발에 따른 지진을 기억하고 있었을 개연성이 높다. 그러나 아직 대홍수는 전혀 일어나지 않은 상태였다. 한편 두 번째 집단—나데네어 사용자들로 독특한 표지 유전자maker gene를 가지고 있으며, 환태평양 지역을 거슬러 올라가 이동하다가 약 8000년에서 6000년 전에 아메리카 대륙으로 들어갔다—은 당시로서는 비교적 최근에 홍수를 체험했을 것이다. 여기서 우리는 무엇을 알아낼 수 있는가?

우선 다소 일반화해서 말하자면, 구세계와 신세계 양쪽 모두에 존재하는 다양한 신화가 있다고 할 수 있을 것이다. 그런 신화는 너무 많아서 양쪽에서 우연히 공동으로 고안되었다고 할 수 없다. 이와 관련해 구세계와 오세아니아에만 있고, 신세계에는 나타나지 **않는** 중요한 신화가 몇 가지 있다. 동시에 신세계에서는 나오고 구세계에서는 등장하지 않는 (기원이나 창조에 관한) 소수의 신화가 있다. 이런 양상은 초기 인류가 구세계에서 기원해 신세계로 이주했다면 충분히 예상할 수 있는 일이다.

바람직한 출발점은 베링 해협 양쪽 모두에서 발견되는 신화들이다. 양쪽의 신화가 어떻게 체계적인 방식으로 변화하는지를 살펴볼 수 있기 때문이다.

앞서 말한 대로 많은 신화가 '물로 가득한 혼돈'에 대해 이야기하는데, 그런 홍수를 거쳐 차츰 땅이 드러나게 된다. 그러나 북극권에 가까운 북아메리카 지역에서 가장 흔한 신화는 '잠수潛水 신화'다. 이런 유형의 신화에서는 홍수 이후에 땅이 점차 드러나는 것이 아니라 해저에서 흙을 들어 올려 창조된다. 그런 창조 과정에서 공통적으로 나타나는 것은 '땅을 가져오는 잠수부land diver'를 활용한다는 점이다. 잠수부는 동물일 수도 있고, 새일 수도 있다. 이들은 (창조주나 지구 최초의 거주자들에 의해) 대양 바닥으로 보내져 해저에서 소량의 흙을 가져온다. 전형적인 경우를 보면, 몇 차례 실패한 끝에 한 잠수부가 앞발이나 부리로 소량의 흙이나 진흙을 가지고 돌아오고, 그 작은 흙이 대지로 변해 점점 커진다.

예를 들어 캐나다와 미국 접경인 온타리오 호湖 일대에 거주하는 휴런족의 신화를 보면, 한 거북이 여러 동물을 잠수시켜 흙을 찾게 한다. 그런데 전원이 익사하고 두꺼비만 입에 약간의 흙을 물고 돌아온다. 이 흙을 여성 창조주가 그 거북의 등에 올려놓는다. 창조주는 바로 이 작업을 위해 하늘에서 내려온 존재다. 그러자 그 흙이 자라서 땅이 된다. 이로쿼이족Iroquois과 아타파스카족Athapascan(미국령인 태평양 북서 연안에 거주하고 있다)이 이런 신화를 가지고 있는데, 이런 신화는 사실 두 어족, 즉 아메린드어 사용자 집단과 나데네어 사용자 집단에서만 발견된다. 잠수 신화 모티프는 에스키모 홍수 신화, 중앙아메리카와 남아메리카에서는 발견되지 않는다. [21]

여기서 또 다른 두 가지 측면을 지적해두어야 하겠다. 첫째는, 잠수 신화 또는 전설의 분포가 북극권에 인접한 북아메리카 지역 거주자들의 특정 표지 유전자와 겹친다는 점이다. 어떤 인구 집단(에스키모나 알류트족은 제외된다)은 '아시아 9염기쌍 결실Asian 9-base-pair deletion'이라는 표지 유전자를 가지고 있다. 아홉 쌍의 단백질이 DNA에서 빠져 있는 것이다. 이러한 결실 패턴을 보이는 표지 유전자는 뉴기니의 일부 씨족, 베트남과 타이완의 일부 민족도 공유하고 있다. 이런 사실은 최소한 일부 아메리카 원주민의 기원이 동남아라는 점을 확인해준다(에스키모와 나데네어 사용자 집단의 차이도 말해준다). 그뿐만 아니라 태평양 양쪽에 걸쳐 9염기쌍 결실 현상이 그 정도 규모로 다양하게 분포한다는 것은 그 민족적 기원이 대단히 오래됐음을 시사한다.

둘째, 바다 밑에서 흙을 가져왔다는 신화는 지리학자들과 해양학자들이 인정하는 두 가지 현상을 설명하는 데에도 도움이 된다. 첫째는 '해안선 융기coastline emergence' 현상으로, 특히 북아메리카 지역에서 대규모로 일어났다. 이는 빙하기가 끝나자 빙하가 녹아 가벼워지고 그 아래 대륙 지각이 하중을 덜면서 솟아오르는 현상이다. 게다가 하중의 변화가 불러일으킨 육지의 상승은 해수면 상승보다 정도가 **컸다**. 그때까지 육지는 해수면 밑에 쭈그러져 있었으므로 당시에는 바다에서 **융기했을** 것이다. 캐나다 베어 호수Bear Lake 사진을 보면, 일부 호안선이 해수면에서 수백 미터까지는 아니고 100여 미터 정도 올라가 있다.[22] 당시 그 일대에 살던 사람들은 여러 세대를 거치며 호안선이 이동하는 모습을 목격했을 테고, 따라서 그런 이상 현상을 신화에 녹여서 최대한 잘 설명해보려 했으리라 짐작할 수 있다.

두 번째 현상은 세계에서 화산 활동이 가장 강한 지역이라고 해서 '불의 고리Ring of Fire'라고 일컬어지는 환태평양 지역과 관련이 있다. 여기서 우리가 추가해야 할 부분은 불의 고리에 속하는 많은 화산이 근해에 위치해 있으며, 이들 수중 화산은 해저의 일부를 이룬다는 사실이다. 근해 수중에서 화산이 폭발하면(2001년에서 2002년에 50여 차례 일어났고, 최근에는 2015년 4월 미국 오리건 주 근해에서 발생했다) 고형 물질, 곧 '땅'이 강한 힘에 밀려서 표면으로 올라왔을 것이다.

나머지 남북아메리카 지역에는 해저에서 흙을 가져왔다는 내용의 신화가 없다. 새가 멀리 날아가 땅을 찾았다는 내용의 신화를 비롯한 홍수 신화만 다수 있을 뿐이다.

동서 회랑에서 나타난 동일한 신화

스티븐 오펜하이머에 따르면, 신세계에 전혀 등장하지 않는 신화 모티프는 거의 없다. 하지만 체계적인 변형이 존재하고, 이들 변형은 어떤 일관되고도 질서 정연한 양상을 보인다. 가장 눈에 띄는 체계적 차이는 일반적으로 아프리카, 남북아메리카 또는 중앙아시아와 동북아시아에서는 발견되지 않는, 상호 연결된 열 가지 모티프의 분포 실태다. 문제의 모티프들은 폴리네시아에서 중국을 거쳐 동남아, 중동 그리고 유럽 북부(멀리는 핀란드까지)에서 끝나는 좁고 기다란 지역에 걸쳐 등장한다.

예를 들어 남북아메리카에서 태평양 북서 연안 지역을 제외하고는 '물로 가득한 혼돈'이 등장하는 신화가 별로 없다. 또 하나의 차이는 신세계의 신화에는 바다 괴물이나 용이 언급되는 사례가 없다(아즈텍 신화 하나가 유일한 예외다)는 것이다. 위에서 언급한 세 차례의 대홍수 가운데 하나라도 발생했다면 훨씬 많은 지역, 즉 사람도 많이 사는 지역에 악어가 출몰했을 것이다. 악어의 주요 활동 무대는 인도차이나였다. 이는 물의 혼돈이 언급된 모든 신화에서 대부분 용이나 큰 뱀이 어부가 아니라 연안 지역 거주 종족을 공격하는 것으로 나온다는 사실에 의해 확인된다. 이렇게 본다면 용과 바다괴물 이야기는 아마도 연안 저지대가 아주 먼 과거의 어느 단계에 홍수로 침수되었을 때, 악어에게 당한 재난에 대한 민중의 심층적 기억일 것이다.[23]

폴리네시아에서 북유럽까지 분포하는 신화에는 '물로 가득한 혼돈', 최초의 빛, 하늘과 땅의 나눔 외에 근친상간이나 부모 살해, 신神의 신체 부위와 체액을 사용해 우주를 창조한다는 모티프도 등장한다. 이런 모티프는 신세계 신화에서는 전혀 등장하지 않는다. 단, 유라시아 전역에서는 흔히 볼 수 있는 이야기다. 예를 들어 몸은 서로 붙어 있지만 각자 하늘과 땅을 창조하는 한 쌍의 신이 자식에게 신체를 절단당해 떨어진다는 신화가 있다. 이 자식은 부모 신의 신체 부위 전체를 가지고 각종 자연을 창조한다. (예를 들어 피는 강을, 두개골은 둥근 천장처럼 보이는 하늘을 만드는 데 사용된다.) 또한 많은 신화에서 홍수 이후에 벌어지는 근친상간 에피소드가 등장한다(대개는 오누이 사이의 일이다). 경우에 따라 두 행위자가 근친상간은 금기라는 사실을 알기도 하지만, 금기라는 이야기가 아예 언급되지 않는 경우도 있다. 이는 원시 부족들이 대홍수 이후 또는 토바 화산 폭발 이후 종족이 거의 전멸하거나 (다른 섬들로부터?) 고립되면서 형제가 자매와 짝짓기를 하지 않을 수 없을 정도로 인구가 격감했던 기억을 강화하는 강력한 수단이었을 것으로 보인다. 이런 신화 역시 일반적으로 신세계에서는 발견되지 않는다.[24]

이 같은 전반적 패턴은 역시 신세계에서 발견되지 않는 두 번째 신화군을 보면 더욱 뚜렷해진다. 여기에는 '죽었다가 부활하는 나무신神'과 서로 싸우는 형제의 신화가 포함된다. 죽었다가 부활하는 나무신이나 정령은 세계 곳곳에—북유럽의 오딘 신화에서 이집트의 오시리스 신화, 기독교의 예수 이야기, 인도네시아 말루쿠 제도의 마피츠Maapitz 신화, 남태평양 뉴브리튼 섬의 토카비나나Tokabinana 신화에 이르기까지—널리 분포되어 있다. 더구나 이런 신화는 일부 지역에서는 투쟁하는 형제 또는 형제자매 간의 경쟁이라는 테마와 중첩된다. 이집트 신화의 세트/오시리스, 파푸아뉴기니 신화의 반고르/시시, 술라웨시 신화의 왕키/하늘이 그렇고, 구약 성서에 나오는 카인/아벨도 여기에 포함된다. 이런 신화에서 나타나는 다툼은 농경과 채집 또는 목축이라고 하는 서로 다른 생활양식을 반영하는 것으로 여겨진다. 달리 말하면 농경이 시작된 **이후**의 상황을 보여준다는 뜻이다.[25]

이들 신화에서 우리에게 중요한 부분은 일단 그 의미보다는 분포 상황이다. 크게 보면 인도네시아와 보르네오 섬에서 말레이 반도, 인도, 페르시아 만, 메소포타미아와 지중해 문명들을 지나 유럽 서부와 북부 지역에까지 걸쳐 있다. 이런 분포는 말레이시아 남단 싱가포르에서 서쪽으로 멀리 프랑스 브르타뉴 브레스트 인근에 있는 푸앙트 생마티외까지 이어지는 아주 긴 '동서 회랑回廊'과 겹친다. 이렇게 계속 이어지는 해안선을 따라 초기 연안 무역이 가능했을 것이며 그에 따라 인간의 관념들도 이동했을 것이다.

우주론, 지질학, 유전학, 신화학의 새로운 종합은 흥미롭기는 하지만, 지금 우리가 살펴본 내용은 가능한 최대치까지를 고려한 것이다. 여기서 내릴 수 있는 결론은—이 역시 대단히 사변적인 추론임을 전제로 하는 얘기다—한 초기 인간 집단이 남북아메리카에 처음 정착한 시기는 늦어도 1만 4000년 전이고 그것도 1만 6500년에서 1만 5000년 전일 가능성이 매우 높다는 것이다. 그들도 다른 인류와 마찬가지로 온 세상에 바닷물이 밀려드는 홍수를 경험했지만 농경이나 항해술을 모르는 상태에서 혹독한 시베리아에 도착하고 이어 베링기아로 이동했다. 순다 대륙붕 어딘가에서 농경과 항해 같은 기술들이 발명되기(또는 필요해지기) 전이었다. 이와 비슷하게, 그들은 온 세상에 닥친 재앙에 관해 아주 초보적인 인식을 보여주었다. 그 재앙은 대홍수는 아니었고, 하늘이 여러 세대 동안 어두워졌다가 아주 천천히 환해지는 사태였다.

이런 신화들은 그보다 후대에도 또 한 차례 이주가 있었다는 유전학적·언어학적 증거와 부합한다. 이주 시기는 1만 1000년 전일 가능성도 있지만 8000년에서 6000년 전일 개연성이 아주 높다. 여기서 나오는 결론은 후대의 이주민들은 '서로 싸우는 형제' 신화나, 죽었다가 부활하는 나무신 신화를 야기한 문화적 갈등에 대해 전혀 몰랐다는 것이다. 이 두 가지 신화는 동남아에서 아주 늦게 기원했기에 신세계 신화에 편입될 수 없는 상황이었다. 이 역시 후대의 이주민들이 순다 대륙붕을 떠난 것은 농경이 발명되기 전의 일임을 시사한다. 지금까지 설명한 신화 모티프들의 두 가지 분포 상황은 구세계 고대인들의 가장 중요한 관념을 보여준다고 할

만하다. 유럽에서 동남아에 이르는 지역의 종교와 전설의 대부분을 형성하니 말이다.[26]

이 모든 상황을 종합해보면, 순다 대륙붕에서 1만 1000년에서 8000년 전에 일어난 사태가 많은 사람들을 쫓아내고, 남은 사람들 사이에서 강력한 신화를 탄생시켰다는 점에서 대단히 중요하다고 할 수 있다(여전히 추론이다). 북쪽으로 올라가서 결국은 신세계를 개척한 사람들과, 남은 사람들 또는 서쪽으로 가서 유라시아 문명의 일부를 형성한 사람들 간에는 중요한 단절이 있었다.

이와 같은 간단한 신화 고찰을 통해 두 가지 일반적인 결론을 끌어낼 수 있겠다. 하나는 신세계에 관한 것이고 다른 하나는 구세계에 관한 것이다. 신세계에서는 아주 오래된 신화(세상이 물에서 창조되었다는 내용 등등)가 이주민이 아메리카 대륙에 들어온 뒤에 겪은 경험으로부터 생겨난 신화—흙을 구하러 잠수를 한다든가, 땅을 들어 올린다든가, 난폭한 쓰나미가 몰아닥치는 내용 등등—로 대체되는 경향이 있었다. 이는 다음 장에서 좀 더 살펴볼 어떤 추세 혹은 테마를 일찌감치 시사한다. 신세계에서는 폭풍우, 허리케인, 화산, 지진 같은 악천후가 중요한 역할을 한다. 구세계에서 관심을 끄는 부분은 세상이 물에서 창조되었다는 신화, 빛의 창조 신화, 죽어서 부활하는 나무신 신화 등의 분포가 특이하다는 사실이다. 죽어서 부활하는 것은 다산을 의미하며 구세계 이데올로기에서 핵심 문제였다. 그러나 앞으로 살펴보겠지만, 신세계에서는 그런 정도의 영향력은 갖지 못한다.

비너스 미니 조각상의 유형

땅과 하늘의 분리 신화라든지 거의 온 세상을 뒤덮었다는 홍수 신화는 그렇다 치고, 구석기 시대 초기 미술에서 여성의 형상을 묘사한 조각상이 광범위한 지역에 등장한다는 사실 역시 약간의 설명과 해석이 필요하다. 이른바 '비너스 미니 조각상Venus figurines'은 프랑스에서 시베리아에 이르는 얇은 호弧 모양의 지역에서 발견되는데, 대부분 그라베트 문화 시기(약 2만 5000년 전)의 것이다.[27] 비너스 미니 조각상 가운데 다수(전부는 아니다)는 풍만한 모습이며 특히 유방이 크고 복부가 불룩하다. 이는 임신한 상태를 묘사한 모습일 수 있다. 그 다수(전부는 아니다)는 외음부가 부풀어 있는 모습이다. 이는 출산이 임박했음을 시사한다. 그 다수(전부는 아니다)는 나체다. 그 다수(전부는 아니다)는 얼굴은 없지만 정교한 머리장식을 하고 있다. 그 다수(전부는 아니다)는 다리나 팔이 없는 미완성 상태다. 마치 제작자가 일부러 인물의 성적 특징만을 강조하려 한 것 같다. 그 일부(전부는 아니다)는 원래 산화철을 함유한 황토에서 추출한 적갈색 안료로 칠해져 있었다. 피(월경혈)를 상징하려는 의도였을까? 일부 조각상은 넓적다리 뒤쪽에 아래쪽 방향으로 가는 금들이 새겨져 있다. 출산 과정에서 양수가 터진 것을 암시하는 듯하다.

이런 형상을 지나치게 성적으로 해석하는 것은 조심해야 한다고 일부 비판자들은 주장해왔다. 그런 해석은 고대인들에 대한 설명이기보다는 현대 고생물학자들의 심리를 반영하는 것이기 십상이라고도 했다. 하지만 성적 주제를 다루었음이 **분명하다**는 것을 보여주는 또 다른 고대 미술품들이 있다. 1980년에 러시아 우랄 산맥 남부 이그나테바 동굴Ignateva cave 에서 발견된 벽화들이 그것인데, 그중에는 양 다리 사이에 28개의 붉은 반점이 있는 여성 형상이 있다. 이 반점은 28일이라는 월경 주기를 의미할 가능성이 매우 높다. 1920년대에 소련 고고학자들은 시베리아 말타 마을에서 양분된 가옥들을 발견했다. 한쪽 절반에서는 남자들이 사용하는 물품만 발견되었고, 다른 쪽 절반에서는 소형 여성 조각상들이 발견되었다. 가옥을 둘로 나눈 것은 성별에 따른 일종의 의례였을까?[28]

이처럼 이른 시기의 '성적 이미지'가 지나친 해석이든 아니든 간에 여전히 남는 진실은, 초기 미술의 주요 이미지 가운데 하나가 성이며, 여성 성기를 묘사한 경우가 남성 성기를 묘사한 경우보다 훨씬 많다는 사실이다. 실제로 그라베트 문화 시기에 남성을 묘사한 경우는 전무하다. 따라서 이는 "초기 인류는 남성 신보다는 '위대한 여신'을 숭배했다"라는, 리투아니아 출신의 저명한 미국 고고학자 마리야 김부타스의 주장을 뒷받침해주는 듯하다. 그런 신앙이 발전한 것은, 출산을 위대한 미스터리로, 젖을 먹여 키우는 것을 경이로, 월경을 당혹스러운 사건으로 받아들였을 당시 상황과 관계가 있을 것이라고 그녀는 말한다. 랜들 화이트 뉴욕 대학교 인류학과 교수는 그런 인물상들은 초기 인류가 아직 성교와 출산을 연결시키지 못하던 시기─이런 시기는 분명히 존재했을 것이다─에 제작되었다는 흥미로운 의견을 내놓았다. 그 시기에 출산은 그야말로 기적 같은 일이었을 테고, 초기 인류는 출산을 위해 여성이, 말하자면 동물로부터 어떤 정령을 받는다고 생각했을 것이다. 성교와 출산이 연결될 때까지 여성은 남성보다 훨씬 미스터리하고 기적 같은 존재로 여겨졌을 것이다.

앤 베어링과 줄스 캐시퍼드는 같이 쓴 책《여신의 신화: 한 이미지의 진화The Myth of the Goddess: Evolution of an Image》에서 초기 비너스 미니 조각상을 풍요와 다산을 상징하는 '구석기 시대의 어머니 여신'이라고 규정한다. 이는 문제의 핵심을 찌르는 주장이다.[29] 랜들 화이트가 고대인들이 성교와 출산의 관계를 제대로 파악하지 못한 시기가 분명히 있었다고 주장한 것은 분명 옳다. 280일이라는 인간의 임신 기간(평균적으로 월경의 종료에서 출산까지)은 그런 관계를 추정하기에는 너무 길다. 이는 비너스 상이 왜 조각(상아나 돌)으로만 존재하고 동굴 벽화로 된 경우는 없는지, 또 비너스 조각상은 왜 머리와 다리가 없거나 고도로 양식화된 형태인지를 설명하는 데에도 도움이 될 것 같다. 미니 조각상으로 만든 이유는 휴대하고 다녀야 해서였던 것이다. 씨족이나 부족은 가축을 몰고 다니며 미니 조각상을 휴대하고 다녔다. 그리고 조각상에는 중요하고 실질적인 의미가 있는 모습만을 새겼다.

엘리자베스와 폴 바버 부부는 함께 쓴 책《땅과 하늘이 나뉘었을 때: 어떻게 인간 정신이 신화를 만드는가When they Severed Earth from Sky: How the Human Mind Shapes Myth》에서 공통적으로 발견되는 많은 신화가 고대인들이 중요하다고 생각하는 현상을 상당히 정확하게 관찰한 것을 토대로 하고 있으며, 그러면서도 그런 현상을 기억하고 후손들에게 경고하기 위해 친숙한 정신적 장치들을 사용했음을 설득력 있게 입증했다.[30] 바버 부부는 거인을 어떻게 화산이나 매머드 뼈 무더기로 이해해야 하는지, 화산 폭발이 어떻게 거대한 '돌기둥들'로 이해될 수 있는지, 화산 폭발이 어떻게 강력한 힘을 가진 지하세계를 보여주는 인상적인 증거인지, 폭풍의 신이 어떻게 날개 달린 말이 되고 쓰나미는 어떻게 '바다에서 온 황소'가 되는지를 보여준다. 이를 토대로 우리가 내릴 수 있는 결론은, 고대인들은 출산의 기적과 같은 특성을 아주 잘 알고 있었지만 출산이 민감하고도 위태로울 수 있는 시기라는 점도 알고 있었다는 것이다. 따라서 고대인들은 미니 조각상에 출산이 임박했음을 보여주는 여성 신체의 양상을 정교하고도 세부적으로 기록했던 것이다. 그들은 성교와 출산의 관계를 몰랐기에 임신 기간을 지배하는 생물학적 리듬도 알 수 없었을 것이다. 따라서 출산이 임박했다는 신체의 징표들이야말로 대비해야 할 때를 알려주는 실질적인 신호였다. 그것을 통해 출산에 따른 위험을 최대한 제거하는 방향으로 삶을 조직화한 것이다. 산모가 될 사람을 맹수들이 접근할 수 없는 친숙한 동굴로 격리시키는 것이 아마도 주된 방법이었을 것이다.

2009년 5월에 매머드의 상아를 깎아서 만든 미니 비너스 조각상이 발견됐다는 소식이 전해졌다. 독일 남부 홀레 펠스Hohle Fels 동굴에서 발굴되었는데 그 제작 시기는 3만 5000년 전이었다. 튀빙겐 대학교 발굴팀의 일원인 니컬러스 콘래드는 문제의 조각상이 성적 특징이 과장되어 있고, 머리가 있어야 할 부분에 돌기 같은 작은 고리가 있다는 점에 주목했다.[31] 그는 그 조각상을 "끈에 매달아 펜던트처럼 착용했다"라고 생각했다. 이는 전체적인 그림에 부합하며, 앞서 소개한 대로 조각상을 소지하고 다녔다는 해석을 뒷받침한다.

비너스 미니 조각상 중 가장 이른 시기에 제작된 것은 4만 년에서 3만 5000년 전의 것으로 알려져 있지만, 1만 1000년 전쯤(스위스 몽뤼즈에서 출토된 비너스 상) 되면 자취를 감춘다. 이런 시점 역시 시사하는 바가 크다. 포유동물을 처음 가축화한 시기와 가깝기 때문이다. 소의 임신 기간은 인간과 거의 같고(285일), 말은 훨씬 길다(340~342일). 그러나 개는 두 달이 약간 넘는 63일에 불과하다. 따라서 (새로) 가축화된 개의 행동을 관찰하면서 초기 종족들은 처음으로 성교와 임신 사이에 대단히 중요한 연관 관계가 있다는 사실을 포착했을 것이다.[32] 2010년 3월에 미국 UCLA의 브리지트 폰홀트와 로버트 웨인은 DNA 증거를 활용해 개의 가축화가 1만 2000년 전 중동 어딘가에서 이루어졌다고 보고했다.[33] 인류는 성교와 출산이 밀접하게 연결되어 있다는 것을 아주 늦게 발견했음을 직감할 수 있는 내용이다. 그러나 맬컴 포츠와 로저 쇼트에 따르면, 호주 원주민은 호주 들개인 딩고(임신 기간은 일반 개와 비슷하게 64일로 짧다)를 가축화할 때까지는 성교와 임신이 밀접한 관계가 있다는 사실을 알지 못했다.[34]

이는 남성 신들은 샤먼(남성이 절대 다수다)을 제외하면 기원전 7000년대까지는 온전히 그 모습을 드러내지 못한 것으로 보인다는 사실과도 부합하는 듯하다. 샤먼을 포함시킨다면, 이는 인류 최초의 이데올로기가 두 가지 원리에 대한 숭배와 관련 있을 것임을 의미한다. 그것은 위대한 여신 및 다산의 미스터리, 그리고 생존 문제의 핵심인 사냥이라는 드라마다. (샤먼은 수렵·채집 사회에서 동물과 교감하는 능력으로 힘을 발휘한다.) 프랑스 레트루아 프레르Les Trois Frères 동굴에 있는 상처 입은 곰 벽화를 보면, 사냥꾼들이 던진 작은 화살과 창이 온몸에 박혀 있고 입과 코에서는 피가 철철 쏟아지는 모습이다.

위대한 여신이라는 테마는 구세계에서 지배적인 이데올로기적 모티프가 된다. 다른 이미지들이 우세를 점하는 신세계와는 대조적이다. 따라서 우리는 이런 이미지, 이런 모티프가 왜 거기서 생겨났으며, 언제 생겨났고, 분포 범위가 왜 제한적인가 하는 질문을 해볼 필요가 있다. 일단 현상을 이해해야 한다.

먼저 말해두어야 할 것은, 빙하기가 끝나가는 기원전 4만 년에서 2만 년 사이에 빙하와 영구동토대가 물러가고 초원이 확산되자 털북숭이 매머드와 털북숭이 코뿔소 및 순록이 들소, 말, 소 떼에게 밀려났다는 점이다. 나중에는 초원 자체도 빽빽한 숲에 밀려나면서 들소, 말, 소 떼는 동쪽으로 이동했고 사냥꾼들도 그 뒤를 따라갔다. 동굴 벽화의 3분의 1은 말이고, 들소 종류가 또 3분의 1을 차지한다. 순록과 매머드는 거의 등장하지 않는다. 물론 이들의 뼈는 많이 발견되었다.[35]

미니 조각상을 휴대하고 다니는 사람들이 '새로운' 초원 서식지를 누비며 '새로운' 동물을 뒤쫓았다면 초원의 분포는 비너스 미니 조각상의 분포에 대해서도 설명을 제공해줄 수 있을 것이다. 조각상은 초원이 끝나는 곳에서, 즉 바이칼 호 부근에서 끝난다. 지도를 보면 바이칼 호와 레나 강이 북쪽으로 일종의 자연적 경계선이 된다는 점을 알 수 있다.

따라서 앞서 간략히 설명한 것처럼, 고대인들이 몽골에서 베링 해협을 거쳐 신세계에 도착하고, 다른 한편으로는 동남아에서 북쪽으로, 주로 어류를 통해 단백질을 섭취하면서 해안을 따라 이동해서 신세계에 들어 갔다면 빙하기 이후의 유라시아 이데올로기를 정신 구조 속에 포섭하지는 못했을 것이다. 그들은 독자적으로 성교와 출산의 관계를 파악했겠지만, 이런저런 이유로, 아마도 가축화한 포유동물이 별로 없어서 그런 관계를 숭배해야 할 일반 원칙으로까지 고양시키지는 못했을 것이다. 해양 민족과 연안 거주 종족들은 어류와 해양 포유류의 생식에 관해 거의 몰랐을 것이다. 마찬가지로 열대 우림 거주자들은 주변에 야생 동물밖에 없었으므로 짝짓기를 관찰할 기회가 훨씬 적었고, 출산을 목격할 기회가 거의 없었을 것이다. 그런 과정은 야생에서는 대단히 위험하기 때문이다.

아마도 성교와 출산의 관계를 이해하고 나서 이를 식량원으로 쓰는 포유동물에게 적용해본 후에야 다산을 조직화해보자—동물을 가축화하는 데에서 가장 중요한 측면이다—는 생각이 들었을 것이다. 이 역시 1만 2000년 전 무렵에 가서야 비로소 성교와 출산의 관계를 발견했다는 점과 맞아떨어지는 얘기다.

기후변화와 농경의 연관성

구세계에서 곡물을 재배하고 동물을 가축화한 과정은 1만 4000년 전에서 6500년 전 사이 어느 시기에 일어났다. 이는 선사시대와 관련해 가장 집중적으로 연구된 문제들 가운데 하나다. 확실히 말할 수 있는 것은, 우리는 지금 농경이 어디서 어떻게 시작됐고, 어떤 작물과 어떤 동물로 시작됐는지는 비교적 잘 아는 반면, 그런 결정적 변화가 왜 일어났는지는 현재까지도 일반적인 합의가 존재하지 않는다는 점이다.

야생 식물을 작물화하고 동물을 가축화하는 과정은 전 세계의 두 지역에서 독자적으로 일어났음이 분명하고, 크게 보아 일곱 군데 지역에서 진행됐을 것으로 추측된다. 하나는 동남아와 중동, 특히 이스라엘 요르단 계곡에서 북으로 레바논과 시리아, 그리고 터키 동남부 일부와 자그로스 산맥을 우회해 고대에 메소포타미아라고 알려졌고 현재의 이라크와 이란에 이르는 '비옥한 초승달 지대Fertile Crescent'다. 또 하나, 야생 동식물을 가축화하고 작물화하는 과정이 분명히 진행된 곳은 현재의 멕시코 북단에서 파나마에 이르는 중앙아메리카다. 이 밖에 다섯 곳에서 그런 과정이 진행됐지만 독립적으로 이루어졌는지, 아니면 중동과 중앙아메리카에서 먼저 이루어진 발전이 전파됐는지는 확실치 않다. 이들 지역을 꼽자면 우선 앞서 살펴본 대로 동남아와 뉴기니 및 중국의 고원 지대(독자적으로 쌀을 재배한 역사가 있는 듯하다)가 있겠다. 이어 사하라 사막 이남 아프리카의 좁은 띠 모양의 지역을 들 수 있다. 현재의 코트디부아르, 가나, 나이지리아에서 동쪽으로 수단과 에티오피아에 이르는 지역이다. 안데스 산맥과 아마존 강 일대도 특수한 지리적 조건 탓에 독자적으로 동식물 순치가 이루어졌을 것이다. 현재의 미국 동부 지역은 중앙아메리카에서 관련 기

술을 전수받았을 가능성이 매우 높다.[36]

　동물을 가축화하는 과정은 그 증거를 확정하기가 다소 복잡하다. 세 가지 기준 가운데 하나 이상을 충족하면 보통 가축화가 이루어졌다고 본다. 첫째, 해당 종의 양적 변화. 특정 지역에서 일정 기간에 특정 종의 양적 비율이 갑자기 증가한다. 둘째, 해당 종의 체구 변화. 대부분의 야생종은 가축화된 친척들보다 체구가 크다. 인간은 몸집이 작은 동물을 다루기 쉽다고 보기 때문이다. 셋째, 개체군 구조의 변화. 가축화한 동물 무리의 경우, 소유주가 암컷은 남기고 수컷은 성체가 되기 직전에 선별하는 방식으로 산출을 최대화하기 위해 연령과 성별 구조를 조작하기 때문이다. 이런 기준을 적용하면 동물 가축화의 역사는 9000년 전 직후, 즉 야생 식물을 곡물로 재배한 지 1000년쯤 뒤에 시작된 것으로 보인다. 이런 과정이 시작된 곳은 모두 중동, 특히 비옥한 초승달 지대에 속한다. 야생 식물 작물화가 이루어진 지역과 동일하지는 않지만 많이 겹친다.[37]

　그런데 더 크게 논란이 되는 부분은 왜 농경이 발달했고, 하필 그때 그곳에서 발달했느냐 하는 점이다. 이 문제는 수렵·채집이 삶을 영위하는 데는 사실상 훨씬 효율적인 방식이라는 점을 생각하면 더더욱 흥미롭다. 현존하는 수렵·채집 부족에 대한 민족지학 연구 결과에 따르면, 그들은 자기 자신과 친족을 부양하기 위해 보통 하루에 3~5시간만 '노동'한다. 그렇다면 왜, 그리고 누가 더 고되게 일해야 하는 쪽으로 환경을 바꾼 것일까?

　이에 대한 경제학적 해석 가운데 가장 기본적인 논리는 앞서 언급한 대로 1만 4000년에서 1만 년 전에 세상이 중대한 기후변화를 겪었다는 것이다. 기후변화는 빙하기가 끝난 결과이기도 한데, 해수면을 상승시키는 동시에 온난해져서 숲의 확산을 촉진했다. 이런 두 가지 요인으로 개활지의 면적이 급속히 줄어들었고, 개활지 지역은 작은 규모의 땅들로 나뉘었다. 개활지 감소는 영토 의식을 강화했고, 사람들은 주변의 들판과 동물 무리를 보호하고 확대시키기 시작했다. 이런 변화의 또 다른 측면은 기후가 점차 건조해지면서 사계절이 한층 뚜렷해졌다는 것이다. 이에 따라 곡물로 사용하는 야생 식물이 확산되었고 부족들은 식량원인 식물과 동물을 찾아 여기서 저기로 이동했다. 산과 연안 평야, 구릉, 강이 있는 지역은 기후가 더 다양했다. 비옥한 초승달 지대가 중요한 이유가 바로 여기에 있다.

당시에 발생한 기후변화와 더불어 또 하나 고려해야 할 점은 사람들이 인구 과다 또는 과소로 말미암아 수렵·채집 생활을 포기했다는 주장이다.

이런 주장은 정주 생활과 농경을 완전히 분리한다는 측면에서 강점이 있다. 정주 생활과 농경의 분리는 2차 대전 종전 이후 등장한 중요한 통찰 가운데 하나다. 1941년에 호주 고고학자 고든 차일드는 '신석기 혁명The Neolithic Revolution'이라는 신조어를 만들면서 농경의 발명으로 최초의 촌락이 발달하게 됐고, 새로운 정주 생활 방식은 다시 토기 제조, 야금술의 발명을 가져왔으며, 불과 수천 년 만에 최초의 문명들이 꽃피었다고 주장했다. 그러나 그럴듯해 보이는 이 이론은 거듭 반론에 부딪혀 사실상 폐기됐다. 정주 생활, 즉 수렵·채집 생활 방식에서 촌락 공동체로의 전환은 농업혁명이 일어날 무렵에는 이미 상당히 진척된 상태였음이 너무도 분명했기 때문이다. 이런 사실이 초기 인류와 그들의 사고에 대한 우리의 인식을 완전히 바꿔놓았다.

전환점: 성행위와 출산의 연관성을 발견하다

특히 정주가 농경의 발달보다 시기적으로 앞선다는 사실에 흥미를 느낀 프랑스 고고학자 자크 코뱅은 중동 지역에 관련된 고고학 연구 성과를 전반적으로 재검토했다. 출발은 농경 개시 이전 시기의 촌락들에 대한 치밀한 조사였다. 기원전 1만 2500년에서 기원전 1만 년 사이, 이른바 '나투프 문화Natufian Culture'라는 것이 유프라테스 강에서 시나이 반도에 이르는 레반트(팔레스타인, 이스라엘, 시리아, 요르단, 레바논 등 동지중해 연안 지역—옮긴이) 거의 전역에 퍼져 있었다(나투프라는 명칭은 이스라엘 와디 안-나투프에 있는 유적지에서 따온 것이다). 갈릴리 호수 북쪽 요르단 계곡의 아인 말라하를 발굴한 결과, 물품 보관용 구덩이들의 존재가 확인되었다. 이는 "그런 촌락들이 레반트 최초의 정주 공동체일 뿐 아니라 '곡물을 수확한 사람들이 있었음'"을 시사한다.[38] 나투프 문화는 가옥이 많은데, (여섯 채 정도로) 옹기종기 모인 촌락을 형성했다. 대개 얕은 원형 구덩이를 파서 만든 반지하 형태의 움집으로 "벽면은 자연석으로 옹벽을 쌓아 보강했을 것으로 추정된다." 지금 우리에게 가장 중요한 부분은 한 사람 또는 여러 사람을 가옥 밑에 매장하거나 공동묘지를 만들어 집단 매장했다는 점이다. 개의 무덤을 포함해 일부 무덤은 조개껍데기나 정교하게 다듬은 돌로 장식을 한 것으로 보아 의식儀式의 측면이 강했던 듯하다(개가 처음으로 등장했다는 점에 주목하시라). 이들 촌락에서는 주로 동물의 뼈로 만든, 대체로 동물의 형상을 조각한 미술품들이 출토되었다.

코뱅은 이어 이른바 키암 문화 시기Khiamian phase에 관심을 쏟았다. 사해 북단 서쪽 키암 유적지에서 이름을 딴 키암 문화 시기는 '상징물의 혁명' 때문에 중요했다. 나투프 문화의 미술은 본질적으로 동물 형상인 반면, 키암 문화 시기가 되면 소형 인간 여성 조각상('비너스 미니 조각상' 형태는 아니다)이 등장하기 시작한다. 또 기원전 1만 년경의 것으로 추정되는, 오록스(지금은 멸종된 들소의 일종이다)의 두개골과 뿔이 가옥 안에 매장된 채로 발견됐는데, 특히 뿔을 벽에 박아놓은 경우가 종종 있는 것으로 보아 모종의 상징적 기능을 했으리라 추정된다. 이어 기원전 9500년경이 되면, '수렵·채집이라고 하는 경제적 조건은 **아직 변하지 않은** 상황에서'(강조 표시는 필자) 여성과 황소가 레반트를 대표하는 양대 상징 형상으로 등장한다. 여기서 여성은 지고의 존재이며, 이따금 황소를 출산하는 모습으로 묘사되어 있다고 코뱅은 말한다.[39]

코뱅의 핵심 논점은 이것이 인간이 최초로 신으로 묘사된 사례라는 것, 여성의 원리와 남성의 원리 둘 다가 묘사되어 있다는 것, 그리고 식물과 동물을 순치시키는 작업이 시작되기 **이전에** 이미 정신 구조에 변화가 있었음을 나타낸다는 것이다.

키암 문화 시기의 미술에서 남성 형상보다 여성 형상이 선택된 이유는 비교적 쉽게 알 수 있다. 출산의 미스터리는 여성 형상에 신성한 아우라를 부여했고, 전반적인 다산과 풍요를 상징하는 비유로 받아들여졌다. 그렇기 때문에 코뱅에게 황소는 길들일 수 없는 자연, 예를 들면 폭풍우 같은 것으로 표출되는 우주적 힘의 상징으로 여겨졌다. 더구나 코뱅은 중동에서 모종의 발전이 분명히 일어났음을 포착한다. "키암 문화 시기 최초의 황소 두개골(머리뼈와 두 뿔이 달린 상태임)……이 가옥의 두꺼운 벽 속에 매장된 상태로 발견됐다. 따라서 가옥 거주자들 눈에 보이지는 않았을 것이다." 황소의 힘을 건물 안에 집어넣음으로써 적대적인 자연의 파괴력을 극복하려 했던 것일까?

흥미로운 얘기는 더 있다. 단계를 거치면서 변화해 가는 과정에 관한 이야기다. 많은 선사시대 연구자들이 주목했던 대로, 달은 위상 변화의 특정 단계에서 황소의 두 뿔과 비슷한 모양이 된다. 이런 점을 고대인들도 잘 알았을 테고, 황소와 관련된 달의 위상 변화 단계(앞서 비너스 미니 조각상에 붉은 반점 스물여덟 개가 찍혀 있었다고 한 얘기를 떠올려보라)와 월경 주기가 연관이 있음을 알아챘을 것이다. 초기 인류는 월경이 임신 직전에 멈춘다는 사실을 알아챘을 것이고, 따라서 '황소 뿔 모양의' 달을 인간의 임신 및 출산과 연결시켰을 것이다. 그래서 여성이 황소를 출산하는 모습을 한 신석기 시대 초기 조각상이 그렇게 많은 것일까?

황소를 상징하는 것이 성기보다는 머리뼈가 압도적으로 많다는 사실은 중요한 대목이다. 단순히 '다산의 상징'이라는 차원에서 보면 이해하기가 쉽지 않다. 나아가, 여성이 황소를 출산하는 것을 실제로 본 사람은 없을 것이다. 그렇다면 그런 이미지에는 무슨 의미가 담긴 것일까? 샤머니즘에서 샤먼은 다른 영역으로 영혼의 비행을 할 수도 있고, 동물의 형상을 취할 수도 있다.[40] 그런 의식 체계에서는 천계에서 노니는 황소/샤먼이 지상을 방문해 여성의 몸속으로 들어갈 수 있다. 초기 인류는 여성이 이런저런 자연의 신비한 힘에 의해 임신이 된다고 생각했던 것일까?

그럴듯한 이론이다. 나투프 문화와 키암 문화 시기의 다음 단계인 중동의 차탈회위크Çatalhöyük와 예리코 유적지에서 1만 1000년에서 9500년 전에 좀 더 확실한 변화가 관찰된다는 사실을 고려하면 더더욱 설득력이 있다. 특히 두 가지 변화가 주목된다. 첫째는, 고고학 저술가 브라이언 페이건과 마이클 볼터가 지적했듯이, 터키의 차탈회위크와 팔레스타인의 예리코 모두에서 "조상과 동물 및 인간의 다산을 중시하는 새로운 현상이 나타났다"는 점이다.[41] 두 번째 변화는 (코뱅이 주목한 것처럼) 사람의 시신을 공동묘지가 아니라 그들이 살던 가옥 밑에 매장했다는 것이다. 이들 가옥은 과거에는 벽과 바닥 밑에 소머리뼈를 묻었던 곳이다.

　중동의 이들 유적지에 이제 개가 살고 있다는 점을 상기하자. 이곳은 폰홀트와 웨인이 개의 가축화가 시작됐다고 말한 바로 그곳이다(이는 개가 3만 2000년 전에서 1만 9000년 전 사이 어느 시기에 늑대에서 진화했다는 비교적 최근의 증거와도 부합한다). 사람들이 성교와 출산의 관계를 나중에 가서야 발견했다면, 그에 따라 여러 사태가 발생했을 것이다. 예를 들어 신석기 사회에서 남성과 여성, 부모와 자식의 관계를 새롭게 인식시켰을 것이며, 또한 조상에 대한 생각에도 변화를 주었을 것이다. 그 시점까지는 '조상'에 대한 인식은 일반적인 차원, 공동체 혹은 부족 차원의 일이었을 것이다. 말하자면 조상은 그저 '앞서 살았던 사람들'이었다. 그러나 획기적인 인식의 변화가 일어나면서 '조상이라는 존재'는 훨씬 개별적이고 개인적인 현상이 되었을 것이다. 그렇기 때문에 차탈회위크와 예리코에서 사람들이 소머리뼈 대신 조상들이 살았던 가옥 바닥 밑에 그들의 시신을 매장했을 것이다.

　비너스 미니 조각상이 유라시아 전역에서 약 1만 2000년 전에 사라지고 중동 유적지에서 출산이 임박한 모습이 아닌 출산 중인 모습의 여성 조각상이 약 1만 1000년 전에 등장한 것은 우연일까, 아니면 지금 논하고 있는 인간 인식의 변화를 보여주는 증거일까?[42]

　최근에 와서야 조명된 또 다른 요소가 있다. 우리는 현재, 인간이 수렵·채집 단계에서 곡물을 주축으로 한 정주 스타일의 식사를 하면 여성의 산도産道에 변화가 일어난다는 사실을 알고 있다. 최근의 과학적 연구 결과에 따르면, 산도는 영양 상태에 대단히 민감하고 식사의 변화는 산도를 좁힌다. 오늘날까지도 인간의 산도는 구석기 시대의 규모를 회복하지 못한 상태다.[43] 따라서 여기서 내릴 수 있는 결론은, 정주 생활과 식사의 변화가 일어나는 한편으로 생식에 대한 새로운 인식—이와 함께 그런 인식이 가정과 종교 생활에 주는 의미 변화—이 자리를 잡는 시기가 되면 출산 행위 자체가 더욱 스트레스가 크고 위태로운 사태가 되었으리라는 점이다.

이 대목에서 우리가 의문을 가질 수 있는 부분은, 그런 변화들이 거의 같은 시기에 일어나고 일부는 매우 충격적이었다면, 기타 강력한 사건들과 더불어 기억에 남게 되고 신화의 형태로 일관되게 표현되지 않았을까 하는 점이다.

〈창세기〉의 유전자 암호?

인간 의식에 그런 심대한 변화가 있었음을 시사하는 한 가지 증거, 즉 하나의 신화가 있다.

인간 정신에 일어난 이런 지극히 중요한 변화가 기실은 성서 첫 권인 〈창세기〉에 들어 있는 것이 아닐까? 그래서 성서는 그런 식으로 시작하는 것이 아닐까? 〈창세기〉는 세상의 창조("빛이 생겨라!")와 인간의 창조에 대한 설명으로 유명하지만, 상식적으로 볼 때는 참으로 이상한, 아담과 이브가 하느님의 명백한 지시를 어기고 선과 악을 알 수 있는 나무(선악과나무, Tree of Knowledge—옮긴이)의 열매를 따 먹었다는 이유로 둘을 에덴동산에서 추방하는 에피소드를 담고 있다.

이 이야기의 일부는 나머지 부분보다 이해하거나 해독하기가 쉽다. 예를 들어 추방 자체는 원예 생활의 종언, 혹은 인류가 수렵·채집 생활을 끝내고 농경 생활로 옮겨갔음을 의미하는 것으로 보인다. 여기에는 앞서 언급한 대로, 수렵·채집 생활이 농경보다 편하고 재미있고 조화롭다는 인식이 담겨 있다. 이런 내용을 표현하고 있는 것이 성서만은 아니다. 성서와 비교적 같은 시기에 만들어진 전승(헤시오도스나 플라톤의 작품에 나오는 그리스 신화의 낙원 또는 축복받은 자들의 섬에 관한 이야기)에서도 인간은 그때까지 풍족한 지상에서 힘겨운 수고를 하지 않고 살아왔다고 되어 있다. "농경의 도움을 받지도 않고 괭이나 보습은 손에 대지도 않았다."[44] 그렇기 때문에 생활양식의 변화를 어떤 면에서는 타락이라고 본 것이다.

그러나 〈창세기〉의 핵심 드라마는 역시 이브가 뱀의 꼬드김에 따라 아담을 유혹해 둘 다 선악과를 따 먹었다는 것이다. 그런 뒤 두 사람은 자신들이 벌거벗은 상태임을 깨닫는다. 이는 '지식'과 벌거벗음을 성 또는 모종의 성적 의식을 말하는 것으로 보지 않으면 도저히 이해가 안 가는 대목이다. 그리고 미국 성서학자 일레인 페이절스가 지적하는 것처럼, 히브리어 동사 "'알다yuda'는 성교를 암시한다." (예를 들어 영어 성경 〈창세기〉 4장 1절 "He knew his wife"는 "아담이 아내 이브와 **동침**하매"라는 뜻이다.)[45] 아담과 이브가 선악과를 따 먹은 뒤 두 사람은 자신들이 벌거벗은 상태임을 깨닫는다. 이는 두 사람이 자신들의 몸을 의식하게 되었다는 의미가 아닐까? 서로 어떻게 다른지, 그 차이가 어떤 의미인지, 왜 그렇게 되었는지, 그리고 이제 두 사람이 성을 통한 생식이 어떻게 진행되는지 '알게 됐다'라는 의미가 아닐까? 그런 지식이 충격적이고 감동적인 이유는 생식이 '자연스러운 것'임을 보여주기 때문이다. 인간은 신의 기적과 같은 힘에 의해 창조되는 것이 아니라 성교에 의해 만들어진다는 인식이 생긴 것이다. 이것이 바로 지식이 '타락'으로 느껴진 또 다른 이유다.

이런 변화를 엿볼 수 있는 또 다른 단초들이 있다. 맬컴 포츠와 로저 쇼트도 지적한 대로, 수렵·채집 생활을 하는 사람들은 일부다처제였다.

그러나 일레인 페이절스가 말하는 것처럼 결혼이 일부일처제 형태로 변하고 '갈라놓을 수 없는' 것이 된다. 사람들은 처음으로 부성父性을 인식하게 되고 부성이라는 것이 중요해졌다. 그리하여 페이절스가 또 지적한 것처럼, 〈창세기〉 3장 16절에는 "여자에게는 [하느님이] 이렇게 말씀하셨다. '너는 아기를 낳을 때 몹시 고생하리라. 고생하지 않고는 아기를 낳지 못하리라'"라고 쓰여 있다.*

우리는 여기서 수렵·채집에서 농경으로 옮겨가는 과정 및 그와 관련된 사태에 대한 신화적 설명을 보고 있는 것이 아닐까? 나아가, 현대의 학문적 연구 결과와 전적으로 모순되는 것은 아닌, 어떤 태도를 말하는 것이 아닐까? 이행이 온전히 좋은 것만은 아니다, 자연과의 조화는 깨졌고, 출산조차 더 고통스럽고 위험해졌다는 얘기가 아닐까? (산도의 크기 변화에 더하여 또 다른 현대의 연구 결과는 분만 간격이 4년 미만일 경우─수렵·채집 생활을 하는 유목민보다 정주 생활을 하는 종족에게서 더 흔히 나타난다─그보다 긴 경우보다 위험하다는 것을 보여주었다.)

〈창세기〉는 인간이 언제 성과 출산의 관계를 감지했는지 그 시기를 직접적으로 못 박고 있지 않다. 그러나 농경 생활로의 이행과 관계가 있다는 점은 보여준다. 따라서 〈창세기〉는, 그리고 〈창세기〉가 기록한 인간의 타락은, 사실 인간이 약 1만 2000년에서 1만 년 전에 겪었던 충격적이고도 엄청난 전환─성교와 임신이 연결되어 있다는 통찰─을 전해주는 것은 아닐까? 영국 고고학자 티머시 테일러는 《선사시대의 성The Prehistory of Sex》

* 영어판 개정표준역(Revised Standard Version: 1952)에 따랐다. 킹 제임스 역(흠정 영역 성서/King James Version: 1611)은 "I will greatly multiply thy sorrow and thy conception; in sorrow thou shalt bring forth children"으로, 표현이 조금 다르다.

에서, 그 무렵 알래스카 이누이트족은 고고학자 루이스 빈퍼드가 '연인들의 캠프lovers' camps'라고 명명한 풍습이 있었다고 보고했다. 연인들의 캠프란 새로 연인이 된 커플들이 '세상 모든 것을 다 잊고 홀연히 떠나' 관계를 돈독히 하는 장소를 말한다. 테일러는 또 약 1만 년 전에 빙하기 미술이 발달했던 동굴들은 '완전히 잊힌' 것으로 보인다고 주장한다.[46] 당시 진행되는 상황은 대단히 중요했다. 비너스 미니 조각상도 더는 필요치 않고 동굴 벽화도 더는 필요치 않은 상황이 되었다. 그리고 포유동물의 번식 메커니즘을 알게 되었고, 야생 동물의 가축화가 진행되었다.

이런 주장은 아직은 잠정적이긴 하나, 아귀가 잘 들어맞는 그림을 보여준다는 점에서 강점이 있다. 약 1만 2000년에서 1만 년 전에 정주 생활과 가축화 단계로 이행하는 과정에서 사람들은 성교와 출산의 관계를 깨달았고, 바로 이 점이 조상에 대한 태도에 커다란 변화를 야기하면서 남성의 역할, 일부일처제, 자녀, 사생활, 재산 같은 개념이 등장했다는 것이다. 이는 특히 중차대한 정신적 변화였고, 바로 그렇기 때문에 〈창세기〉에 암호화된 형태로 기록됐다는 얘기다.

이 장(14장)의 논거를 뒷받침할 또 하나의 간단한 사례를 보자. 신화의 이면에 과학적 질서가 숨어 있다는 것인데, 이는 또 다른 대륙 아프리카까지 적용된다.

렘바족Lemba은 아프리카 짐바브웨에 거주하는 부족인데, 그들의 기원 신화는 얼핏 보기에는 참으로 믿기 어렵다. 여러 세대에 걸쳐 전해진 전설에 따르면, 3000년 전 부바라는 한 남자가 렘바 부족을 이끌고 지금의 이스라엘 땅에서 나와 남쪽으로 예멘과 소말리아를 거쳐 아프리카 동해안을 따라 이주해 결국 지금의 짐바브웨에 정착했다고 한다. 렘바족의 전설에 따르면 렘바족은 유대의 사라진 열 개 지파支派 가운데 하나였다. 게다가 그들은 지금의 유대인과 똑같이 안식일을 준수하고, 돼지고기를 먹지 않으며, 아들에게는 할례를 베푼다.

유대의 사라진 열 개 지파 가운데 하나라고 주장하는 종족은 전 세계적으로 많이 있다. 그런데 1997년에 과학자들이 렘바족 남성의 Y염색체에서 특이한 표지 유전자를 발견했다. 유대교 전통에 따르면 제사장 계급cohanim은 모두 단 한 남자, 즉 모세의 형인 아론의 후예다. 그런데 Y염색체는 남자 아이에게 남성성을 부여해주는 유전자 다발이다.[47] 이것이 아버지에서 아들로, 다시 손자로 전달되며, 이런 사실은 이들이 제사장 계급에 속한다는 점을 말해주는 것과 같다. 게다가 1997년에 과학자들은 또 렘바족 남성의 Y염색체에서 유대교 제사장 계급의 특이한 표지 유전자를 발견했다. 이들 표지는 렘바족 제사장들이 '전 세계 유대교 제사장들과 동일한 집단'이라는 것을 말해준다.[48]

이쯤에서 예상할 수 있는 대로, 그들의 언어에는 동일한 부분이 있다. 렘바족은 반투어(스와힐리어와 줄루어를 포함하는 어족이다)를 사용하지만 일부 단어는 오래전에 물려받은 전통이 있음을 시사한다. 예를 들어 렘바족의 일부 씨족은 '셈어족 냄새가 나는' 성을 갖고 있다. '사디크Sadique'가 그런 경우인데, 사디크는 히브리어로 '의로운 자'라는 뜻이다. 예멘의 유대인 거주 지역에도 '사디크'라는 이름이 없지 않다. 그렇다면 이 부분에서도 유전학과 언어는 상호 합치되면서 고대 신화의 진실성을 말해주는 셈이다.*

* 현대 천문학은 최근 초기 기독교 전파 과정을 설명해주는 또 하나의 사례를 밝혀냈다. 미국 애리조나 주 투손 소재 행성과학연구소(Planetary Science Institute) 공동 설립자인 윌리엄 K. 하트먼은, 사울이 다마스쿠스로 가다가 회심한 사건(기원후 35년의 일로

에드워드 윌슨은 사회생물학 관련 저서에서, 성서는 우주를 설명하려는 초기 인류 최초의 문헌적 시도가 아니었을까 하고 자문한 바 있다고 말했다(당시 그는 젊은 나이였지만 그런 질문이 수사학적 질문만은 아니었다). 자기 말이 얼마나 맞는 말인지 그도 잘 몰랐다. 그러나 21세기의 두 번째 10년대로 접어든 지금 와서 생각해보면, 전 세계의 유전자 구성 상황은 널리 알려져 있고, 바로 그 부분이 서로 다른 집단들이 얼마나 긴밀한 관계를 맺고 있는지를 잘 보여준다. 고고학, 신화학, 유전학, 다양한 연대 측정 기법들을 종합해보면 구세계와 신세계에 인간이 거주하게 된 과정뿐 아니라 여러 부족이 아프리카에서 출발해 중동을 거쳐 유럽으로 이동한 과정, 동남아에서 태평양을 경유해 호주로 이동한 과정 등에 대한 우리의 인식은 달라진다. 표지 유전자의 변이율을 보면 아주 먼 과거까지 거슬러 올라가는 역사의 내역을 알 수 있다. 그리고 그에 따라 밝혀지는 양상은 더더욱 정확해진다. 빅 히스토리와 과학이 통합된 것이다.

추정된다)에서 당시 사울은 하늘에서 밝은 빛을 보고 예수의 목소리를 들었다고 하는데, 이는 '불덩어리의 출현과 더불어 야기된 사태'와 매우 흡사하며, 2013년에 러시아 첼랴빈스크 상공에서 목격된 불덩어리 운석에 대한 설명과 일치한다고 주장했다. 첼랴빈스크 상공에서 목격된 운석 불덩어리가 햇빛의 세 배나 되는 밝기였다는 것도 공통점 중 하나다. 훗날 바울이 되는 사울은 당시 동료들과 함께 땅에 엎드러졌고(러시아 운석이 상공에서 폭발해 첼랴빈스크 전역에 충격파를 일으켰을 때도 사람들이 쓰러졌다), 그 자신은 눈이 멀었다(첼랴빈스크에서도 강한 자외선 조사로 일시적으로 눈이 머는 광각막염 증상이 발생했다고 밝혔다).[49]

15장

문명은 왜 서로 다를까

스페인 사람들이 처음 아메리카 본토에 도착했을 때 신세계에는 두 개의 대단한 문명이 있었다. 현재의 멕시코에 위치한 아즈텍 문명과 페루 지역의 잉카 문명이 그것이다. 당시 두 문명은 번창을 거듭하고 있었다. 각각 정교한 수도首都, 제례용 달력과 관련 예술품을 보유한 기성 종교가 있었다. 두 사회 모두 사회 계층 구분이 엄격했고, 저마다 효율적인 식량 생산 방법을 보유하고 있었다. 그러나 아즈텍 문명과 잉카 문명은 겉으로 보이는 것 이상의 특징이 있었다.

스페인 사람들이 먼저 도착한 곳은 아즈텍 문명 지역으로, 잉카 문명 지역에 도착한 것보다 13년 이른 1519년이었다. 그들은 수도 테노치티틀란을 둘러싼 고리 모양의 산악 지역을 넘어 멕시코 계곡으로 내려가, 아즈텍 문명의 핵심인 놀라운 도시들을 목도했다. 주변에는 얕은 호수들이 그물처럼 얽혀 있었고, 그 주위로 활화산이 둘러싸고 있었다. 그들은 눈을 의심했다. 도시들이 너무도 정교하고 거대해서 정복자 에르난 코르테스의 부하 병사들은 눈앞에 펼쳐진 광경이 사실인지 환각인지 구분이 안 갈 정도였다. 그런데 얼마 지나지 않아 정복자들이 발견한 것은, 멕시카족(아즈텍족의 별칭이다)은 '피라미드와 신성한 사원들을 갖춘 도시가 하나 있는데, 그곳은 인간 제물의 피로 범벅이 되어 있다는 사실'이었다. 스페인 정복자들도 필요하면 용의주도하게 무자비한 잔혹성을 충분히 발휘할 줄 알았지만, 그것은 도저히 믿기지 않는 광경이었다.

이런 사태에 익숙해지는 데에도 시간이 좀 걸렸다. 코르테스와 사이가 멀어진 보좌관 베르날 디아스는 《새로운 스페인 정복의 실제 역사The True History of the Conquest of New Spain》에서 "음산한 북소리가 다시 울렸다"라는 말을 시작으로 당시의 광경을 이렇게 묘사했다.

이어 고둥나팔과 뿔피리, 트럼펫 같은 악기들이 등장했다. 무시무시한 소리였다. 우리는 [포로들이] 피라미드 계단 위로 끌려 올라가는 모습을 보았다. 제물로 바치려는 것이었다. 그들이 포로들을 사원 정면의 작은 연단 같은 곳으로 끌고 갔다. 사원은 그 빌어먹을 우상들을 모신 곳이다. 그들은 포로 다수의 머리에 깃털 장식을 꽂았다. 그러고는 부채 같은 것으로 춤을 추게 했다.…… 이어 포로들이 춤을 끝내자 [제사장들이] 그들을 좁다란 희생용 석판에 등을 대고 눕게 하고 가슴을 갈라 펄떡펄떡 뛰는 심장을 꺼낸 뒤 앞에 있는 우상들에게 바쳤다. 그런 다음 제사장들이 시신을 걷어차 계단 아래로 굴러 떨어뜨렸다. 아래에서 대기 중이던 인디언 도살자들이 시신의 팔과 다리를 자르고 얼굴 가죽을 벗겼다.……

코르테스 밑에서 방패병으로 복무하면서 일백열아홉 차례나 전투에 참가했다고 주장하는 베르날 디아스도 동료들과 마찬가지로 아즈텍인이

행하는 인신공희人身供犧의 규모를 보고 공포에 떨었다. 디아스는 제사장들이 희생 의식을 집행하는 방식이 다양하다고 기록했다. 제물이 될 사람에게 활을 쏘기도 하고, 산 채로 불태우거나 머리를 베기도 하고, 물에 빠뜨려 죽이기도 하고, 아주 높은 곳에서 저 아래 돌바닥으로 내던지기도 하고, 산 채로 가죽을 벗기거나 머리를 부수기도 했다. 그러나 가장 흔한 방법은 심장을 도려내는 것이었다.

희생 의식을 집행할 때 제사장들은 제물의 몸에 붉은색과 흰색의 줄무늬를 그리고, 그들의 입에는 붉은색을 칠하고, 머리에는 하얀 깃털을 붙였다. 제물들은 이런 모습을 한 채 피라미드 계단 맨 아래에 도열한 다음 한 명씩 끌려 올라갔다. 그것은 떠오르는 해를 상징하는 행위였다. 네 명의 제사장이 제물을 희생용 돌판에 눕히고 다섯 번째 제사장이 제물(남녀)의 목을 힘껏 눌러 가슴 부위가 솟아오르게 했다. 대표 제사장이 흑요석 칼을 신속히 흉곽에 찔러 넣어 심장을 뜯어냈다. 심장은 여전히 뛰고 있었다. 얼마나 희생이 됐는지는 확실히 알기 어렵다. 당시 스페인 정복자 두 명은 선반에 늘어놓은 두개골 13만 6000개를 목격했다고 말하지만, 대부분의 학자들은 그 수치가 극심한 과장이라고 본다.

한편 1487년에 아즈텍 제국의 8대 지배자 아우이트소틀(1486~1501)의 군대가 (멕시코 만 연안을 점거하고 있던) 우악스테카족의 반란을 진압했다. 우악스테카족을 합병한 시기는 공교롭게도 수도 테노치티틀란에 대사원이 완성된 때였다. 이어 양측 합동으로 열린 축하식에서는 각종 선물을 풍성하게 내리고 2만 명이나 되는 포로를 제물로 바치는 희생 의식이 집행됐다. 일부 포로들은 코를 밧줄로 꿰어 서로를 묶은 채 4열 종대로 사원 계단을 뛰어 내려가게 한 다음, "도시가 위치한 섬 주변 제방 길 네 곳으로 보냈다." 이어 한 사람 한 사람씩 심장을 갈라 꺼냈고, 전체 의식은 나흘 동안 계속되었다.

　이런 잔혹한 이야기가 노리는 핵심은 당시—유럽이 아메리카 대륙을 정복하던 시기—피의 희생 의식이 유라시아에서는 오래전에 사라졌다는 사실을 부각함으로써 동반구 문명과 서반구 문명이 크게 대조된다는 점을 설명하고 강조하려는 것이다. 이 장에서는 양 반구의 행태는 서로 매우 다르지만, 그럼에도 동일한 원리의 지배를 받는 일관된 요인들을 가지고 각각의 행태를 설명할 수 있음을 보여주고자 한다. 지리, 기상, 동식물의 분포, 인류학과 유전학의 얽히고설킴이 바로 그 원리다.

동서 방향 지리적 배치의 강점

12장에서 소개한 것처럼 기원전 1만 5000년부터 기원후 1500년까지(개략적인 연도다) 동반구 사람들과 서반구 사람들은 서로의 존재를 알지 못한 채 살았다. 양쪽 인구 집단의 궤적을 비교해보면 우리가 특별히 배울 점이 많다. 구세계 문명과 신세계 문명—'거대한 단절'이라는 표현이 역시 적절하겠다—의 구조적 차이들은 인류 역사에서 가장 거대하고 가장 유익한 천연 실험실이라고 할 수 있었다. 이제부터 하는 이야기는 광범위한 연구와 조사 결과를 종합한 것이다. 지질학, 지리학, 기후학, 민족지학, 식물학, 동물학, 농학, 유전학 등등이 하나로 뭉쳐 지구의 양태가 문명의 발전과 형태에 심대한 영향을 미쳐왔음을 보여준다. 이것이 아마도 빅 히스토리, 즉 우리가 어떻게 현대 세계까지 왔는지에 대한 궁극적인 형태의 과학적 이해가 될 것이다.

　먼저, 남북아메리카 대륙은 유라시아보다 땅덩어리가 훨씬 작다. 아프리카를 포함시키지 않아도 그렇다. 게다가 신세계는, 헤겔과 재러드 다이아몬드를 비롯한 여러 학자들이 지적한 것처럼, 유라시아와 달리 동서 방향보다는 남북 방향으로 뻗어 있다. 이러한 배치 자체가 상대적으로 식물의 확산 속도를 늦춤으로써(따라서 동물과 문명의 속도도 늦춤으로써) 신대륙의 발전을 저해했다.[1]

대륙들의 전체적인 지리학적 배치 상황과 함께 가는 것이 장기적인 기후변화다. 그중에서도 가장 중요한 요소가 주로 **온대** 지역인 구세계 문명에서는 몬순(계절풍)이고, 주로 **열대** 지역인 신세계 문명에서는 '엘니뇨 남방 진동南方 振動'(남방 진동은 인도네시아 일대와 남동 태평양 간의 대규모 지상 기압의 시소 현상으로, 동쪽의 기압이 낮은 해에 엘니뇨가 발생하므로 엘니뇨와 남방 진동을 합하여 'El Niño-Southern Oscillation(ENSO)'이라고 한다—옮긴이)이었다. 이런 요소들은 화산, 지진, 강풍, 폭우로 기상 악화가 겹치면서 더욱더 큰 영향을 미친다.

몬순이 중요한 이유는 마지막 대홍수가 끝나고 나서 지난 8000년 동안 빙하가 과거보다 다량으로 북대서양으로 방출되면서 엄청난 증발 현상을 야기했다는 사실 때문이다. 그것이 중앙아시아에서 생성되는 눈의 양에 영향을 미쳤고, 그 결과 유례없이 많은 태양 에너지가 소비되었다. 그 결과로 발생한 가장 중요한 사태는 몬순(태평양 남서쪽 귀퉁이 수천 킬로미터에 달하는 지역에 말레이 반도가 붙잡아주고 있는 따뜻한 해수에서 시작된다)이 점차 약해졌다는 사실이다.[2] 이는 지중해 동쪽 끝과 아프리카 북부/동부에서 중국에 이르기까지('몬순 문명') 기상에 영향을 미쳤다. 그 결과 전 세계 농민의 3분의 2 가까이가 수자원을 획득하기가 점차 어려워졌다.[3] 몬순의 세력이 변하고 그것이 구세계 문명들의 등장(그리고 그에 이은 붕괴)과 관계가 있다는 것은 당시 유라시아의 주된 환경적/이데올로기적 문제가 **소출**

확대였음을 의미한다. 하지만 땅덩어리는 조금씩 계속 말라갔다.

반면에 신세계에서 기상에 영향을 미치는 주된 요인은 **점차** 잦아지는 엘니뇨 남방 진동, 즉 엔소ENSO 현상이었다. 엘니뇨로 인한 폭풍우는 서쪽에서 동쪽까지 태평양 전역을 휩쓸었다. 이런 현상은 약 6000년 전에는 한 세기에 몇 차례 정도 발생했지만 현재는 몇 년에 한 번 꼴로 일어나고 있다. 엔소의 발생 자체는 물론이고, 태평양의 구조(비교적 얇은 지각 위에 거대한 물 덩어리가 놓여 있다)를 고려하면, 그것이 화산 활동과 결부된다는 점 또한 중요한 대목으로 보인다. 중앙아메리카와 남아메리카는 주요 문명들이 형성된 대륙 지역들 가운데 화산 활동이 가장 활발하다.[4] 이 모든 점을 종합해보면, 남북아메리카에서 지난 수천 년 동안 가장 중요한 환경 문제(이데올로기의 근본적인 변화를 야기했다)는 **파괴적인 기상 상태**가 점점 빈번하게 발생하는 것이었다. 동반구와 서반구의 이와 같은 구조적인 기후 차이는 신세계와 구세계에서 관찰되는 역사적 패턴들과 잘 맞아떨어진다.

식물과 종교의 연계

양 반구의 기본적이고도 장기적 차원의 차이를 결정하는 지리적·기후학적 요인들 다음으로 가장 중요한 요인은 생물학의 영역, 즉 식물과 동물에서 찾아볼 수 있다. 식물의 영역을 말하자면, 양 반구에는 두 가지 주요한 차이가 또 있다고 지적해야겠다. 첫째는 낟알 형태의 곡물과 관련된 차이다. 구세계에는 자연 상태에서 잘 자라는 볏과 식물―밀, 보리, 호밀, 기장, 수수, 쌀 등등―이 많았고 그것들을 재배하기가 용이했다. 게다가 대륙의 구조가 동서로 펼쳐진 형태여서 일단 작물화가 성공하면 비교적 신속히 다른 지역으로 퍼질 수 있었다. 따라서 잉여물도 비교적 빠른 속도로 축적되었고, 그런 토대 위에서 문명들이 형성될 수 있었다. 게다가 볏과 식물들은 기원전 9000년경에 해수면이 상승한 덕에 전 세계 곳곳에 형성된 하구 충적 평야에서 잘 자랐다. 빙하가 녹으면서 강물이 바다로 유입되는 속도를 늦췄기 때문이다.[5]

반면에 신세계에서 가장 유용한 곡물로 등장한 것은 옥수수였다. 옥수수는 야생종인 테오신트teosinte에서 진화한 것으로, 구세계의 볏과 식물들과 비교해서 말한다면, 테오신트는 작물화된 옥수수와 형태 면에서 차이가 훨씬 컸다. 또한 지금 우리가 알고 있는 바와 같이, 옥수수는 당분 함량이 높아서(온대 식물보다는 열대 식물이 이런 경우가 많다) 처음에는 식량보다는 정신을 활성화하는 물질로 사용되었고, 결국에는 맥주로 발전했다.[6] 무엇보다도 옥수수가—식량으로 자리 잡고 난 다음에도—신세계에서 널리 확산되기 어려웠던 것은 땅덩어리가 남북으로 펼쳐져 있었던 탓이 컸다. 이런 입지 조건은 유라시아보다 평균 기온이나 강수량, 일조량에서 지역별 편차가 심하다는 것을 의미한다. 이런 이유들로 해서 옥수수는 **잉여량**을 확대하기가 훨씬 어렵고 증대 속도도 느렸다. 그래서 문명의 발전 역시 더뎠던 것이다.

두 번째로 구세계 식물과 신세계 식물이 차이를 보이는 부분은 환각제다. 환각제로 사용되는 식물의 영향력이 과거에는 이 정도까지인 줄 몰랐다. 그러나 2차 대전 종전 이후에 이루어진 연구들은 정신을 활성화하는 식물의 전 세계적 분포에 지역별 편차가 매우 크다는 사실을 분명히 보여준다.[7] 수치로 확인한 바에 따르면, 신세계에서 야생으로 자라는 환각제 식물은 80~100종인 반면, 구세계는 8~10종에 불과하다.

그 여파의 하나가 환각제가 신세계, 특히 가장 앞선 문명이 자리 잡은 중앙아메리카와 남아메리카 지역의 종교적 사고에 크고도 핵심적인 역할을 했다는 사실이다.

환각제의 역할은 본질적으로 이중적이다. 첫째는 아메리카의 종교적 경험을 구세계보다 훨씬 **생생한 것으로** 만들어주었다. 둘째, 환각제는 정신을 활성화하는 특성을 지니고 있어서 인간과 다른 형태의 생명체들 간의 **변환**이라는 관념, 그리고 '중간' 세계와 우주의 '상층계'와 '하층계'를 오가는 여행, 혹은 영혼의 비행 같은 관념을 강화했다. 아메리카는 바퀴를 사용하는 운송 수단이나 말을 타는 문화가 없고(아래 설명 참조), 남북으로 전개되는 지형이어서 멀리까지 여행하기가 상대적으로 어려웠다. 그런 만큼 상층계와 하층계로의 여행이 더 중요했다. 샤먼이 환각제가 불러일으킨 황홀경 상태에서 체험한 변환의 생생함과 공포, 환각으로 달라진 의식 상태의 심리적 **강렬함**은 특히 신세계의 종교적 경험을 그만큼 **설득력 있게** 만들었고, 따라서 구세계보다 변화에 더 크게 저항하는 성향을 보였다. 구세계는, 앞으로 살펴보겠지만, 말 타기와 바퀴식 운송 수단, 즉 수레와 마차가 있었던 덕분에 서로 다른 신앙을 가진 서로 다른 집단이 훨씬 수월하게 접촉할 수 있었다.[8]

그렇다고 해서 구세계에 환각제가 없었다거나 환각제가 중요하지 않았다는 이야기는 아니다. 아편, 대마초, 소마(인도의 환각성 음료—옮긴이) 같은 것들은 유라시아 여러 지역에서 제례용 약물로 널리 사용되었다. 그러나 여러 가지 이유로 말미암아 정신을 활성화하는 물질들은 비교적 이른 시기부터 자극성이 덜한 알코올성 음료에 자리를 내줬다(아래 설명 참조).[9]

구세계의 자연과 빅 히스토리

구세계에서 숭배의 대상이 된 것은 다산을 상징하는 두 존재, 즉 위대한 여신과 황소였다. 황소는 다산을 상징하는 한 축으로 숭배의 대상이 됐지만 성기보다는 독특한 머리뼈—두 개의 뿔이 달린 두개골—로 표현되는 경우가 많았다는 점을 상기해두면 좋겠다. 아마도 황소의 두 뿔과 초승달의 모양이 유사해서 그런 것 같다. 게다가 여기에는 달의 위상 변화와 여성의 월경 주기, 특히 월경의 중단이 연계되어 있다. 당시 사람들이 믿는 바가 정확히 무엇이었는지는 알 수 없지만, 본질적인 것은 구세계에서 신석기 시대 내내 숭배의 대상이 위대한 여신이든 황소든 암소든, 강이나 하천이든 간에 핵심적인 사안은 **다산**(풍요)이었다는 것이다.[10]

게다가 인간과 가축화된 포유류 사이에 상호작용이 확대되고 있었다. 그것이 엄청난 결과를 야기하는데, 신세계에서는 그런 일이 일어나지 않았다. 양 반구의 변화를 간단히 연대순으로 설명하면 다음과 같이 정리할 수 있겠다.

1. 구세계에서는 소, 양, 염소를 가축화함으로써 비옥도가 떨어지는 토지를 활용할 수 있었다. 그 결과 유목이 발달했고, 그에 따라 목축을 하는 농민들은 촌락에 정착하는 생활을 벗어나 더욱 넓은 지역으로 확산되었다. 인구 확산은 다시 종교 이데올로기에 영향을 미쳤다. 샤머니즘을 넘어서는 새로운 단계가 온 것이다. 유목민들에게는 달력이 덜 중요했다. 왜냐하면 온대 지역에서 계절의 주기와 긴밀히 연계되는 식물과 달리, 가축화된 포유동물들은 매년 서로 다른 시기에 출산을 하기 때문이다. (소는 연중 아무 때나 출산이 가능하고, 염소는 거

울이나 여름에 새끼를 낳는다. 온대 지역에서 양은 여름에 새끼를 낳지만 더 따뜻한 지역에서는 연중 아무 때나 새끼를 낳을 수 있다. 말은 본래의 출산 시기가 5월에서 8월 사이이다.) 가축의 또 다른 측면은 생활 전체가 지상에서 이루어진다는 것이다. 땅속에 씨를 뿌려야 하고 한동안 사람 눈에 보이지 않다가 색다른 형태를 세상에 모습을 드러내는 식물과 달리, 동물은 훨씬 덜 미스터리하다. 유목 사회에서 지하세계의 중요성과 필요성은 크지 않으며, 보이지는 않지만 항상 존재하는 세계로 의식되지도 않는다. 구세계는 환각제가 상대적으로 적다는 사실과 맞물려 신세계보다 '저승 세계'의 의미도 한층 덜하다.

　이런 여건들은 또 다른 결과를 낳았을 것이다. 신세계 사람들이 바퀴를 발명하지 못한 데에는 나름의 이유가 있었겠지만(이들이 가축화한 동물들은 사람보다 별로 힘이 세지 못하고, 곡물을 재배하는 평야가 아닌 산악 지역에서 주로 서식했다) 그들도 둥글다는 개념은 분명히 가지고 있었다. 고무공을 가지고 그 유명한 공놀이를 했으며, 때로는 인간의 두개골이나 포로의 시신을 가지고 공을 만들었고, 이것을 피라미드 계단 아래로 굴려서 떨어뜨리기도 했다. 전사들은 권투 경기에서 완전한 구체로 깎은 돌을 손에 쥐고 싸웠다.[11] 나아가, 신세계 종족들은 낮에는 해를, 밤하늘에서는 달을 봤고, 일식과 월식을 목격했다. 그렇지만 지구 자체가 구체라는 생각은 하지 못했던 것 같다. 이는 분명 식물성이 강한 세계에서는 저승에 대한 체험이 대단히 생생한 상황이므로, '편평함'(다른 '영역들'도 환각제를 통해 쉽게 접할 수 있었을 것이다)과 몇 개의 층위로 구성된 세계가 둥긂보다 훨씬 분명하게 느껴졌을 것이기 때문이다. 멀리 여행을 할 수 없는 상황에서, 특히 순풍의 도움을 받아 바다를 건너기란 무망한 상황에서 그들은 세계를 구체로 경험할 기회가 별로 없었고, 따라서 그럴 마음의 준비도 되어 있지 않았다.

2. 말의 가축화(스페인인의 정복 이전에 신세계에는 말이 없었다)는 여러 파급 효과를 가져왔다. 말을 가축화한 이후 바퀴와 마차가 개발되고 말타기가 시작되었다. 이는 엄청난 발전이었으며, 구세계 인간의 이동성을 촉진하면서 특히 궁정 국가의 탄생을 촉발했다. 궁정 국가는 말과 마차를 이용해 넓은 지역을 정복하고 **유지할 수 있었기에** 신세계에 존재하는 대부분의 국가보다 규모가 훨씬 컸다.[12] 마찬가지로 바퀴와 수레는 더 많은 재화를 멀리 운송할 수 있게 함으로써 교역과 번영 및 그에 수반되는 사상의 교류를 촉진했다. 그만큼 구세계는 신세계와 달리 이동성이 컸다.

3. 말과 소는 몸집도 크고 힘도 센 동물이다. 그러나 그런 힘은 효용성과 더불어 위험을 내포했다. 그런 상황에서 정신을 변화시키는 물질을 정기적으로 자주 사용하는 것은 자칫 화를 불러오기 십상이었다. 황홀경에 빠진 샤먼은 황소는 말할 것도 없고 말이나 암소를 제대로 통제할 수 없었다. 게다가 유목민이 넓은 지역으로 차츰 더 분산되는 상황에서 배우자를 찾거나, 결혼을 하거나, 외부로부터의 위협(토지와 달리 가축은 훔쳐가기 쉬운 형태의 부였다)을 격퇴하기 위해 서로 똘똘 뭉치는 습관이 생겨나면서 사람들은 환각제를 멀리하는 대신 알코올 쪽으로 끌리게 되었다. 환각제는 때로 위험하지만 강렬하면서도 **절실한** 경험을 선사하는 반면, 알코올은 상대적으로 순하면서도 기분 좋게 **공동체**의 결속을 다지게 하는 느낌을 준다.[13]

4. 이런 식으로 해서 유목—신세계에서는 존재한 적이 없다—은 구세계 역사를 발전시키는 '원동력'의 하나로 자리 잡았다. 삶의 양식 자체

가 불안정했기에 그렇게 된 것이다. 몬순의 약화로 초원(유목민의 본향이다)이 건조해지자 유목민들은 이제 전통적인 생활양식대로 편히 살아갈 수 없었고, 따라서 더 멀리까지 흩어져 나가 대초원 변방의 정주민 사회를 노략질할 수밖에 없게 된다. 중앙아시아의 지형은 동서로 뻗어 있어서 그 일대에 거주하는 종족과 그들이 가진 사상은 유라시아 전역으로 퍼져나갈 수 있었다. 유목민에게 기상 상태는 곡물의 소출보다 중요했기에, 그리고 유목민은 동물의 젖과 피, 고기로 살아갔기 때문에 그들이 모시는 신은 하늘신, 즉 폭우와 바람 그리고 말이었다.[14] 유목민의 종교 이데올로기는 정주 생활을 하는 사람들과는 매우 달랐고, 유목민과 정주민 간의 고질적인 분쟁은 파괴적인 동시에, 장기적으로는 어떤 면에서 창조적이었다. 그와 같은 생활양식의 고질적 분쟁이 신세계에서는 전혀 존재하지 않았다.

5. 유라시아 역사에서 기원전 1200년부터 기원후 1500년까지 사실상 2700년 동안 분쟁이 지속된 것은 이동을 많이 하는 목축 유목민들이 항상 기후적 요인의 위협(몬순이 약해지면서 초원이 말라갔다)을 받았기 때문인데, 그런 분쟁이 결국은 청동기 시대의 종언, 즉 말이 끄는 마차에 힘입어 창설된 거대한 궁정 국가들의 종말을 가져오는 한 요인이 되었으며, 동시에 결국에는 '축軸의 시대Axial Age'(독일 철학자 카를 야스퍼스가 제창한 개념으로, 기원전 8세기에서 기원전 3세기까지 중동·그리스·인도·중국에서 대성현들이 나타나 위대한 종교적 각성을 일으킨 시기를 일컫는다─옮긴이)라는 거대한 정신적 변화를 촉발했다. 이는 (인간이 만든) 폭력을 거부하고 본래의 모습으로 돌아가려는 위대한 전환이었다. 그 결과 새로운 이데올로기 내지는 윤리가 등장했고, 이는 유일신교라는 관념─목축 유목민인 히브리인들의 경우가 대표

적이다─에서 정점을 이룬다. 유목민인 히브리인들이 **모든** 환경을 주재하는 전능한 유일신이라는 개념을 가지게 된 것은 여건이 다른 수많은 지역을 떠돌며 생활했던 탓이다.[15] 이런 양상 역시 신세계에서는 전혀 나타나지 않았다.

6. 고대 그리스의 합리주의와 과학, 특히 가축을 상세히 관찰하고 인간의 본성과 비교해 어떠한지를(동물은 영혼이 있는가, 동물은 윤리가 있는가, 동물은 언어가 있는가, 동물도 고통을 느끼는가 등등) 연구한 결과로 얻어진 그리스의 자연관이 히브리식의 추상적인 유일신에 적용되면서 결국에는 이성적인 신이라는 기독교적 관념이 탄생했다. 이신의 본질은 미래의 어느 시점에 점차 드러날 터였다. 왜냐하면 **그 신은 질서를 좋아하기 때문이다.** 그리고 이런 관념, 즉 진보의 가능성이라는 관념은 인간이 대양을 누비며 지구를 탐사할 수 있도록 많은 혁신을 이루어내는 데 큰 도움이 되었다.[16]

7. 중앙아시아 초원 지대에서 명멸한 무수히 다양한 목축 유목민들은 예수 그리스도의 탄생 이후 1500년 동안 재화와 사상의 동서 이동을 촉진하기도 하고 방해하기도 했다. 그러나 가장 중요한 점은 유라시아가 대단히 신속한 이동이 이루어지는 땅덩어리로 유지되었다는 사실이다. 말은 유라시아 전역에 질병(전염병)을 전파하는 매개체가 되기도했다. 장기적으로 보면 이것이 유럽 북부 지역에 양모 산업을 발전시키는 역할도 했다. 양은 세계 최초의 대규모 산업 소재였지만, 동시에 지중해 서부 지역 주민들로 하여금 향신료와 실크와 기타 사치품이 넘쳐나는 동방으로 가는 길을 찾게 만든 요인이 되기도 했다. 종합해서 말한다면 결국은 이런저런 요인들이 대서양을 개척하게 만든 것이다. 가장 최근의 연구에 따르면 서쪽으로 이동해 큰 영향을 미친 초원

민족이 얌나야인Yamnaya으로 확인되었다. 이들은 기후가 건조해지면서 초원에서 밀려나는 5500년 전까지 목축 유목 생활을 계속했다.

어떤 의미에서 이는 과학에 근거(증거에 근거한), 역사의 근저를 이루는 조건에 관한 이야기다.

여기서 중요한 또 하나의 논점은 구세계의 이런저런 활동의 대부분이 온대 지역(북위 7도에서 50도 사이)에서 이루어졌다는 사실이다. 이는 사계절이 뚜렷해서 파종과 재배 시기를 세심하게 선택해야 함을 의미한다. 계절의 순환적 특성은 결국 다산 숭배를 낳았고 초기 종교적 삶의 조직화에 중요한 역할을 했으며, 동시에 그보다 훨씬 중요한 이데올로기적 파급 효과를 가져왔다. **다산 숭배가 효험이 있더라**는 생각을 갖게 했다는 뜻이다. 다산을 핵심 가치로 하는 종교의 바탕이 되는 단순한 생물학은 이러했다. 온대 지역의 경우 식물은—시기는 좀 늦거나 이를 수 있지만—결국 다시 자란다는 것이다. 물론 파종과 재배의 순환이 항상 잘 작동하지는 않았다. 가뭄이나 홍수 또는 기타 요인이 그런 순환 주기를 깰 수도 있었다(성경에 나오는 '습윤한 해'와 '건조한 해'). 그러나 본질적으로 다산 숭배는 헛수고가 되는 경우보다는 효험이 있는 경우가 훨씬 많았다.

신세계의 자연과 빅 히스토리

아메리카 대륙의 이데올로기적 삶은 그와 전혀 달랐다. 물론 어느 정도 유사성은 있다. 예를 들어 멕시코계 미국 종교사학자 다비드 카라스코의 아즈텍 연구에 따르면, 아즈텍인들의 역사관은 《베다》에 등장하는 힌두인들의 그것과 별로 다르지 않았다. 아즈텍인들 역시 과거를 중간중간에 대재앙이 끼어드는 일련의 순환 주기로 보았다. 그러나 차이점이 훨씬 더 많다. 우선 신세계에는 라마, 비쿠냐, 과나코, 기니피그를 제외하고는 가축이 없었다. (낙타과인 라마는 옷감으로 쓸 수 있는 털은 있지만, 라마도 그 다음에 열거한 포유류도 45킬로그램 이상을 짊어지지는 못했고, 그 무게는 사람이 지는 무게 정도에 불과하다. 따라서 이런 동물들을 새로운 형태의 에너지원이라고 할 수는 없었다.) 가축이 없어서 발생하는 또 다른 측면은, 신세계에서는 구세계보다 식물이 그만큼 더 중요하게 여겨졌다는 점이다. 그 결과 사람들의 생각에도 다른 양상이 벌어졌다.

간단하고도 아주 명백한, 그러면서도 강력한 사실은 식물은 땅속에 심어야 한다는 것이다. 식물은 땅속에서 씨앗에서 새싹으로 변화한다. 이것을 환각제 체험과 연결시켜 생각하면, 고대 아메리카인들에게 우주가 왜 생생하게 세 가지 영역, 즉 상층계, 중간계, 지하계로 구획되는지를 설명하는 데 도움이 된다. 이런 구분은 샤먼들의 체험, 즉 황홀경 상태에서 영혼의 비행을 체험하고 신들 내지는 조상들에게 조언을 구하는 경험에 의해 한층 설득력을 갖게 된다. 그들은 환각제 식물을 사용해 이승과는 다른 세계에서 그들만의 독특한 성과를 낸다.[17] 다산은 신세계에서도 중요한 사안이었지만, 1년 내내 생명이 우글거리며 번성하고 사계절의 차이가 거의 없는 열대우림 지역에서는 구세계 온대 지역과 달리, 다산이 **그렇게까지 중요한** 문제는 결코 아니었다. 신세계 초기 거주민 다수의 대표 식품으로 감자와 비슷한 마니옥(카사바)은 강 하구의 물기 많은 토양이 아닌 상류 지역을 좋아한다. 그 결과 주민들은 연안에서 멀리 떨어져서 살았고, 그에 따라 여행이나 타 종족과의 교류 기회도 줄었다.

신세계의 정신 구조에서 더욱 중요한 것은 공포와 경외의 대상인 재규어(아메리카 표범―옮긴이)와 날씨의 신들―번개, 비, 우박 또는 폭풍의 신, 천둥의 신, 화산 폭발, 지진, 쓰나미 등등―, 곧 '위험한 날씨'였다. 더구나 '지각 변동의 종교'라고 할 수 있는 화산 활동은 '인간이 지하세계 일반', 특히 지하세계의 무서운 힘과 '아주 가까이 있음'을 보여주는 증거로 여겨졌다.[18]

현재 우리가 알고 있는 바에 따르면 몬순은 지난 8000년 동안 계속 약화된 반면에 엘니뇨 남방 진동은 적어도 지난 5800년 동안 빈도가 점점 높아졌다. 이는 신세계에서 재앙 수준의 폭풍우, 거대한 쓰나미와 지진, 화산 폭발과 허리케인, 토네이도, 홍수, 기근이 점차 일상화되고 상당히 빈번해졌다는 의미다. 다른 말로 하면 신들은 신세계의 인간에게 미소를 보내기는커녕 점점 더 화를 내게 됐다는 얘기다.

이 모든 사항을 종합해보면 신세계의 신들과 구세계의 신들 간에는 핵심적인 차이가 있고, 그런 차이가 바로 서로 매우 다른 문명을 낳았다.

성난 신들(쓰나미나 지진일 수도 있고, 화산이나 재규어일 수도 있다)을 숭배한다는 것은 본질적으로 인간에게 불리한 행동을 하지 말아달라며 신들의 비위를 맞추거나 그들에게 탄원하는 일이다. 그 신이 화산이라면 폭발하지 말아달라고, 그 신이 엔소라면 파괴적인 쓰나미와 폭풍을 일으키지 말아달라고, 그 신이 재규어라면 사람을 공격하지 말아달라고 호소하는 것이다. 신세계, 특히 중앙아메리카와 남아메리카에서 숭배의 가장 대표적인 형태는 불행한 사태가 **일어나지 않도록** 하는 것이었다.

바로 여기서 대단히 중요한 논점이 제기된다. 그런 형태의 숭배는 통하지 않는다는 것이다. 말하자면 그런 숭배는 항상 효험이 있지는 않다. 적어도 다산 숭배가 효험을 보는 수준만큼도 안 된다. 물론 **어느 시점**에는 효과가 있다. 몇 주 동안은 마을 사람 누구도 재규어에게 물려가지 않는다.

몇 년 동안, 아니 몇십 년 동안은 쓰나미도 없다. 아이슬란드 화산이 2010년 초에 그랬던 것처럼, 화산도 잠잠해진다. 그러나 중요한 것은 '그럼에도 불구하고' 성난 신들은 결코 완전히 진정되지 않았다는 사실이다. 조만간 신들의 분노는 다시 시작된다.

잘 알다시피 엔소는 과거보다 확실히 빈번해지고 있다. 대단히 정교한 달력을 가지고 있는 올멕이나 마야, 톨텍 또는 아즈텍 샤먼의 입장에서 보면 신들에 대한 숭배가 통하지 않는다고 느껴졌을 것이다. 그래서 과거에 했던 전통적인 수준의 의식으로는 충분치 않았을 것이다.

이런 상황에서 종교 전문가라면 현재 수준의 숭배 행위가 효험이 없다면 노력을 배가하는 수밖에 없다고 판단했을 것이다. 그래서 구세계와 신세계의 근본적인 차이, 즉 신에게 인간을 제물로 바치는 인신공희가 생겨났을 것이다. 구세계에서는 가축과 가깝게 생활하는 관계로 인신공희가 점차 동물을 제물로 바치는 의식으로 바뀌었고, 기원후 70년(로마군이 예루살렘을 초토화하고 성전을 파괴한 시점이다) 이후에는 또 가축과 인간의 유사성을 이유로 피를 뿌리는 희생 의식은 완전히 폐기되었다.[19] 반면에 신세계에서는 인신공희가 폐기되기는커녕 한층 더 광범위하게 행해졌다. 그리하여 15세기가 되면 매년 아즈텍인 수만 명이 희생되었다. 잉카의 인신공희는 수가 그렇게까지 많지는 않았지만 산악 지역에 수백 개의 성소聖所가 있고, 거기서 사람들을 제물로 바쳤으며, 일부 기록에 따르면 한 번에 수백 명의 어린이를 살해했다고 한다.

(동물) 희생 의식이 구세계에서는 기원후 70년에 사실상 종료된 반면, 아메리카 대륙의 인신공희(종교적 스포츠에서 패자가 제물로 바쳐지는 등 종교와 관련된 끔찍한 폭력도 많았다)는 더욱 빈번해졌다. 이는 환경과 이데올로기가 어떤 식으로 상호작용을 함으로써 인간의 행태(인간성 자체)에 뚜

렷한 차이를 만들어내는지를 잘 보여준다. 그러나 그 모든 이데올로기와 차이점은 사태와 과정을 토대로 성립된 것이고, 그런 사태와 과정은 과학적으로 설명될 수 있다.

*

과학은 대개 전향적인 활동이라고들 한다. 그러나 최근에는 기술적·이론적 발전을 토대로 이제는 과거를 더욱 정확하고 치밀하게 분석할 수 있게 됐다는 것—지금 바로 이 장과 11, 12, 14장에서 살펴본 것처럼—이 또한 과학의 강점으로 꼽힌다.

지구의 역사는 현재 완벽하게 정리된 상태는 아니지만 2차 대전 종전 시점에 상상할 수 있었던 것보다는 훨씬 풍부하고 훨씬 일목요연해졌다. 동반구와 서반구가 그토록 다른 모습으로 발전해온 과정을 하나의 그림으로 정리하는 과정에서 우리가 생각할 수 있는 거의 모든 과학이 총동원되었다. 그래서 이제 우리는 다음과 같이 말할 수 있다. 문명은 그냥 생기지 않는다. 문명은 생겨날 곳에서, 생겨날 시점에 생겨난다. 그 이유는 상호 연계된 여러 과학의 도움을 받아 재구성할 수 있다. 세계 어디를 돌아봐도—남북아메리카, 유라시아, 아프리카, 호주—고대사는 이제 여러 분과가 얽히고설킨 과학의 한 분야가 되었다.

심리학의 엄밀과학화, 심리학과 경제학의 통합

2차 대전 종전 직후 '새롭게 드러나는 질서'와 과학 간 통합을 결정적으로 촉진한 철학자가 있었다. 그의 이름은 길버트 라일, 옥스퍼드 대학교 '형이상학 담당 웨인플리트 석좌 교수'였다. 1949년에 저서 《정신의 개념The Concept of Mind》에서 라일은 형이상학을 사실상 폐기하면서, 정신적 사태(마음—옮긴이)와 물리적 사태(몸, 물질—옮긴이)는 본질적으로 다르다고 주장하는 데카르트식 전통 이원론을 혹독하게 비판했다.

라일은 치밀한 언어 분석을 통해 인간에 대한 행태주의적 관점을 제시했다. 라일은 '정신'이 우리의 행동, 사고, 행태와 별개로 독립적으로 존재한다는 의미에서의 내적 삶이란 없다고 말했다. 우리가 무슨 일을 하고 싶어서 몸이 근질거린다고 할 때 그것은 모기에 물려 가렵다는 의미의 근질거림은 아니다. 우리가 '마음의 눈'으로 사물을 '본다'라고 할 때, 초록색 나뭇잎이나 호랑이를 보는 것과 같은 차원의 본다(마음의 눈으로 호랑이의 줄무늬를 한번 헤아려보라)는 의미는 아니다. 이런 사태는 모두 언어를 부주의하게 사용한 결과라고 라일은 말한다. 그의 저서 대부분은 이런 부주의함을 떨쳐내는 작업에 할애되었다. 의식이 있다는 것, 자아감을 가지고 있다는 것은 정신의 산물이 아니다. 그것은 정신의 활동이다. 정신이 행동하고 있다는 말이다. 정신은 사실 우리가 생각하고 있는 바를 '엿듣는' 것이 아니다. 생각을 한다는 것은 정신의 활동**이다.** 간단히 말해서 기계 속에 혼령 같은 것은 없다. 기계만 있을 뿐이다. 라일은 의지, 상상, 지성, 정서 같은 개념에 대해서도 그런 식으로 고찰했다. 그리고 기회 있을 때마다 전통적인 데카르트식 이원론을 배격하면서 심리학과 행태주의를 다룬 짧은 장으로 저서를 마감했다.[1]

라일은 논리 전개 과정에서 정신을 사실상 두뇌로 바꿔놓았고, 곧바로 전혀 다른 방향에서, 즉 엄밀과학들로부터 간접적으로 지원 사격을 받았다. 특히 1950년대에 이루어진 한 가지 발전이 전통적인 정신 개념을 격하시키는 데 적잖은 역할을 했다. 그것은 두뇌 작용에 영향을 미치는 약물이었다.

20세기가 흐르면서 이런저런 '정신적' 질병은 물리적 토대를 가지고 있는 것으로 밝혀졌다. 크레틴병, 마비성 치매, 펠라그라(니코틴산 결핍으로 야기되는 신경장애) 등은 모두 생화학적·생리학적 차원에서 설명되었고, 그 결과 약물 치료가 가능해졌다.

그러나 1950년대까지도 정신 이상의 핵심인 정신분열병(조현병)과 조울증은 물리적 원인이 밝혀지지 않았다. 그런데 1950년대부터 그런 질병들도 엄밀과학, 특히 생화학의 영역 안으로 들어오기 시작했다. 세 가지 연구 기법이 합해져서 일관된 해석이 가능해진 것이다. 연구자들은 우선 신경세포 및 신경 임펄스를 한 세포에서 다른 세포로 전달하는 과정을 관장하는 물질들에 대한 연구를 통해 특정 화학물질을 추출해냈다. 이는 이들 물질을 조절하면 신경 임펄스 전달을 촉진하거나 저해함으로써 치료에 효과를 볼 수 있다는 의미였다. 또 1950년대 들어 여섯 종의 완전히 새로운 정신 활성화 약물이 개발되어 지금도 (어느 정도는) 정신과 치료용 기본 약물로 사용되고 있다.[2] 우리는 이런 변화에 대해 화학과 심리학의 비교적 성공적인 결합이 시작된 양상이라고 말할 수 있다.

라일의 저서가 출간된 1949년에 프랑스 해군 소속 외과의사 앙리 라보리는 튀니지에서 근무하는 동안 쇼크사한 환자 여러 명을 검사했다. 쇼크에는 여러 가지 원인이 있을 수 있지만, 라보리는 중대한 수술 도중에 발생하는, 급격한 혈압 저하를 유발할 수 있는 쇼크에 관심을 가졌다. 그는 혈압 저하가 히스타민이라는 화학물질 분비로 야기된다고 보고 문제의 화학물질 분비를 차단하면 쇼크를 예방할 수 있을 것이라고 생각했다. 여기서 또 하나의 발전 과정을 알아둘 필요가 있겠다. 항히스타민제는 1940년대에 멀미 치료제로 개발됐는데, 이를 복용하면 졸리는 부작용이 있었다. 말하자면 항히스타민제가 두뇌에 영향을 미치는 것이다. 인도사목印度蛇木이라는 식물의 추출물은 서양에서 고혈압 치료제로 사용됐는데, 원산지인 인도에서는 '흥분 과다와 조증' 조절용으로도 쓰였다. 다른 말로 하면, 이 인도산 약물이 항히스타민제 같은 작용을 한 것이다. 이것의 주요 성분은 프로메타진으로, 상품명으로는 페네르간Phenergan이라고 한다. 그래서 라보리는 환자들에게 프로메타진이 포함된 혼합 제제를 처방해봤다. 그는 1949년에 발표한 논문에서 그런 식의 치료가 효과가 있었다고 주장했는데, 장기적으로 볼 때 더욱 중요한 대목은 다음과 같다. "항히스타민제가 **행복감을 느끼는 고요 상태**를 야기한다는 점이었다. …… 우리 환자들은 차분했다. 얼굴에는 평안과 고요가 넘쳤다."[3] 실제로 '흥분 과다'를 통제한 셈이다.

이런 효과에 주목한 제약회사 론풀랑크는 이듬해에 프로메타진의 정신질환 치료 효과를 시험하는 대규모 연구에 돌입했다. 프로메타진이 포함된 약물군을 페노티아진이라고 하는데, 론풀랑의 수석 화학자 폴 샤르팡티에는 동일한 분자식을 가진 변형 약물을 되도록 많이 합성해볼 필요가 있겠다고 생각했다. 처음 제조한 프로메타진보다 훨씬 효과가 좋을 것으로 기대되었기 때문이다. 그런 복합 제제에 대한 실험은 흥미로운 방식으로 진행되었다. 우선 벨을 울려 전기충격을 주면 고통을 피하기 위해 밧줄을 타고 기어 올라가도록 조건화한 쥐에게 복합 제제를 투여했다. 그러자 "특히 클로르프로마진 제제를 투여한 쥐는 벨을 울려도 움직이지 않았다."[4]

이런 실험 결과에 주목한 파리의 정신과 의사 장 들레와 피에르 드니케르는 정신분열병 환자 '조바니 A'에게 클로르프로마진을 투여해봤다. 조바니 A는 "누가 시키지도 않았는데 카페에서 즉석연설을 하는가 하면, 모르는 사람들과 싸움질을 하고, 꽃병을 머리에 얹은 채 자유를 사랑한다고 소리치며 길거리를 돌아다니는 등"의 증상으로 병원에 입원한 경우였다. 클로르프로마진을 9일간 투여하자, 조바니 A는 정상적인 대화가 가능해졌고, 3주 후에는 퇴원했다.[5] 이 소식은 널리 퍼졌고, 영국과 미국에서도 클로르프로마진을 투여하자 몇 주 만에 정신분열병이 완화되는 환자가 더 늘었다.

클로르프로마진은, 영국의 의학 저술가 제임스 르파누가 지적한 대로, '처음 날아든 제비'였다. 그 뒤 여러 해 동안 빠른 속도로 네 종의 또 다른 약물이 잇달아 개발되어 정신질환에 광범위하게 사용되었다. 그중에는 우울증 치료제 리브륨과, 아세틸콜린이나 노르아드레날린 같은 신경전달물질을 차단함으로써 효과를 보인다는 평가를 받은 신경안정제들도 있었다. 여기서 당연히 제기되는 질문은, 역으로 작용하는 물질을 투여하면 어떤 효과를 얻을 수 있는가 하는 것이었다. 예를 들어 우울증 경감에 도움이 될까?

신종 결핵 치료제 이소니아지드를 처방한 의사들은 환자의 상태가 뚜렷이 개선된다는 사실을 알아챘다. 식욕이 돌아오고, 몸무게가 늘고, 기분도 좋아졌다. 정신과 의사들은 이어 이소니아지드를 비롯한 관련 제제가 신경전달물질, 특히 두뇌에서 발견되는 아민들과 유사하다는 사실을 확인했다. 이들 아민이 모노아민 산화 효소라는 물질에 의해 분해된다는 사실은 이미 알려져 있었다. 그렇다면 이소니아지드가 모노아민 산화 효소를 억제함으로써 효과를 발휘해 신경전달물질들의 분해를 막는 것일까? 모노아민 산화 효소 억제제는 우울증 완화에는 효과를 보였지만 독성 부작용이 너무 커서 정식 약물로 계속 사용할 수는 없었다. 그러나 얼마 후 클로르프로마진의 사촌이라고 할 수 있는 이미프라민(여러 종의 삼환계 항우울제* 가운데 처음 개발된 것이다)이 환자의 사회적 접촉 욕구를 강화할 뿐 아니라 항우울제로서 효과가 있다는 사실이 입증되었다. 이미프라민 계열의 항우울제는 토프라닐이라는 제품명으로 널리 사용되었다.[6]

화학과 행동의 밀접한 관계

더욱 흥미로운 결과는 충동성과 공격성 연구에서 나왔다. 공격성과 관련

---

* 삼환계는 화학구조에서 세 개의 고리가 있어서 붙여진 이름이다. 클로르프로마진과는 원자 두 개만 차이가 난다.

된 행동 유형들을 구분한 두 연구는 인간의 공격적인 행동은 유전성이 있다(따라서 물리적인 이유가 있다)는 점을 특히 강조했다. 유전성 확률은 직접적(물리적) 공격=47퍼센트, 언어 폭력=28퍼센트, 간접적 공격(분노 발작, 악담)=40퍼센트, 자극 과민(불안)=37퍼센트로 나타났다. 공격적인 생쥐와 비공격적인 생쥐를 계속 교배하자 4~5세대 만에 완전히 다른 표현형(매우 공격적인 생쥐 또는 매우 온순한 생쥐)이 나타났다. 공격성에 화학적 토대가 있다는 점은, 공격성을 강화하기 위해 특별 사육한 생쥐와 일반 쥐를 거세하면 공격적인 행동이 거의 제거되고, 다시 테스토스테론을 투여하면 완전히 복원될 수 있다는 사실을 통해 분명히 드러났다.[7]

인간을 포함해 동물의 뇌는 테스토스테론 수용체를 지닌 수많은 세포로 이루어져 있다. 특히 시상하부는 기타 여러 호르몬을 합성하는 장소다. 인간의 공격적 행동을 매개하는 과정에서 테스토스테론이 모종의 역할을 한다는 사실은 확인되었지만 그 양상을 완벽하게 파악하기는 어렵다는 것이 입증됐다. 무엇보다도 날에 따라 자연 분비되는 테스토스테론의 수준이 들쭉날쭉하기 때문이다. 반면에 신경전달물질 세로토닌과 공격성의 관계가 밝혀지자 '세레닉스serenics'라는 약제가 개발됐다. 이 약물은 생쥐의 공격성을 크게 감소시켜서 녀석들을 한층 '차분하게' 만들어주었다.[8]

공격성을 비롯한 인간의 성격장애에서 세로토닌이 차지하는 역할에 대해서는 한동안 연구가 집중적으로 이루어졌다. 공격적인 행동을 보이는 다양한 개인의 경우, 세로토닌 농도 감소가 감지되었다. 예를 들어 가정이나 학교에서 공격적인 행동을 폭발시키는 어린이, 반복되는 폭행으로 군에서 전역 조치가 된 청년들의 경우 등등이 그러하다. 세로토닌 수송체를 차단하는 약물은 다양한 종류가 나와 있다. 대표적인 것이 프로작, 팍실,

졸로프트 같은 SSRI(선택적 세로토닌 재흡수 억제제)로 주로 우울증 및 기분장애 치료에 사용된다. 최근에는 환자 40명을 대상으로 프로작이 충동적/공격적 행동에 미치는 효과를 측정하는 임상시험이 있었다. 투약 10주후 위약을 투여한 피실험자와 비교할 때 충동적/공격적 행동에 상당한 감소가 일어났다.[9]

신경전달물질은 식욕 조절(폭식증, 식욕 감퇴, 병적인 비만), 약물 남용, 기억 및 정신 기능, 알츠하이머병, 성적 행동(과다한 성생활 등)과도 관계가 있다고 밝혀졌다. 이런 문제들은 완전히 새로운 분야이며, 해결 전망이 밝기는 하지만, 충동성/공격성의 경우와 동일한 주의가 필요해 보인다. 모든 사람이 동일한 방식으로 반응하지는 않으며, 아예 반응이 없는 사람들도 있기 때문이다. 위험에 처한 사람 모두가 말썽이 나는 것은 아니며, 병에 걸린 사람 모두가 치료로 효과를 보는 것도 아니다. 신경가소성neuroplasticity 연구에서도, 뉴런에 있는 단백질 인산화 효소 A라는 화학물질이 뉴런의 몸체에서 유전자가 저장된 핵으로 이동하면 단기 기억이 장기 기억으로 변한다는 사실이 입증되었다. 또 우울 상태가 오래갈수록 해마가 작아진다는 점도 밝혀졌다. 사춘기 이전 아동기에 심리적 외상(트라우마)을 겪은 성인 우울증 환자의 해마는 아동기 트라우마가 없는 성인 우울증 환자보다 평균 18퍼센트 작았다. 특히 스트레스를 겪은 기간이 짧은 경우에는 해마 크기의 감소가 일시적인 반면에 그 기간이 너무 길면 그러한 손상은 영구적인 것이 된다.

항우울제 복용은 해마에서 새 뉴런이 되는 줄기세포의 수를 증가시킨다. 3주 동안 프로작을 투여한 쥐는 해마 부위 줄기세포 수가 70퍼센트 증가하는 것으로 나타났다. 쥐 성체의 경우, 해마 부위의 새 세포가 학습 증가와 연관이 있다는 연구 결과들도 있는 반면, 2015년 10월 국제신경과학회Society for Neuroscience에 보고된 사례는, 단백질과 당이 결합되어 있어서 연골 조직을 연상시키는 신경원주위연결망perineuronal nets이 장기 기억 저장소일 가능성을 보여준다. 이렇듯 심리학적 발견들은 점점 더 구체적이고 특정한 방향으로 나아가고 있다.[10]

이는 '복음'과 같은 이야기이고, 많은 '정신'질환이 사실은 생리학적 질환이라는 관념을 뒷받침한다. 또 나중에는 클로르프로마진이 신경전달물질 도파민의 작용에 '관여'하며, 이미프라민은 아드레날린에 영향을 미친다는 점이 입증되었다. 그리고 많은 신경전달물질(두뇌 속의 신경세포 간 접합 부위인 시냅스에 들어 있는 물질)이 인공적으로 추출되었다. 그러나 이 모든 사실에도 불구하고 정신분열병도 양극성 장애도 아직 완전히 근절되지 않았다는 것 또한 사실이다. 다만 증상의 강도는 확실히 약해져서 환자 상태를 좀 더 용이하게 '관리'할 수 있게 되었다. 그러나 두 질병 모두 그 기저를 이루는 본질에 대해서는 우리가 알고 있는 바가 전혀 없다.

그럼에도 불구하고 화학과 두뇌의 일부 심리학적 작용 사이에 연관관계가 있다는 사실은 이제 충분히 입증되었다.

심리학의 물리학

뇌화학brain chemistry의 발전과 더불어 두뇌 작용을 탐구하는 물리적 기법들도 큰 진전을 보았다. 두뇌의 활동을 시각적으로 보여주는 뇌 지도화brain mapping는 기술의 개가, 물리학의 개가였다. 컴퓨터 단층촬영CT/CAT, 양전자 방출 단층촬영PET, 자기공명영상MRI, 기능적 자기공명영상fMRI 같은 기술은 참으로 대단한 기술들로, 두뇌 구조의 양상을 더욱더 자세히 판별함으로써 인간 행동의 이런저런 측면의 원인이 되는(또는 그런 측면들과 관련이 있는) 미세한 두뇌 부위에까지 파헤쳐 들어갔다.

가장 널리 알려지고 개발도 가장 먼저 된 기술은 뇌파 검사로 두뇌의 전기적 활동을 두피에 부착한 전극을 통해 측정하는 방법이다. 이를 통해 수천 분의 1초 단위로 전기적 활동의 변화를 감지할 수 있다. fMRI는 신경활동(두뇌의 특정 영역이 활동성이 높아지면 그에 따라 산소를 더 많이 소비하고 해당 영역으로 가는 혈류가 증가한다)에 반응하여 일어나는 혈액의 산소포화도와 혈류의 변화를 감지하는 장치다. 따라서 이 기술은 특정 정신 활동이 일어나는 과정에서 뇌의 어느 부분이 사용되는지를 밝히는 데 활용할 수 있다. CT는 부위별 엑스선 흡수의 정도 차이를 토대로 두뇌의 모습을 화상으로 보여준다. PET는 단기간에 소멸하는 방사성 물질이 남은 양을 이용해 두뇌가 기능하는 과정을 지도화하는 기술이다. PET에 사용하는 방사성 물질이 방사성 붕괴를 겪으면 양전자가 방출되는데, 이를 추적해 방사성이 높은 구역을 두뇌 활동과 연결시키는 방식이다.

이 밖에도 다른 방법이 약간 더 있기는 하지만, 물리적 과정과 두뇌 활동 및 심리학 간의 연계 정도가 점차 확대되고 있는 현실을 보여주기에는 이 정도로 충분할 것 같다. 옥스퍼드 대학교에서 가장 최근에 이루어진 연구에 따르면, 두뇌에는 얼굴, 방향, 심지어 눈, 코, 입을 식별하는 특정한 뉴런이 따로 있는 것으로 밝혀졌다.

뇌 지도화에서 가장 최근에 이루어진 성과는 커넥토노믹스connectomics다. '커넥톰connectome'이란 뇌가 작은 규모의 경로군經路群과 큰 규모의 경로군으로 조직화된 방식을 일컫는 신조어다. 기본 발상은 정신분열병 같은 질병은 세포병리학의 특정 문제나 신경전달물질 이상보다는 두뇌 **구조화**의 장애라는 것이다. 미국 국립보건원National Institutes of Health(NIH)

은 인간의 뇌신경 연결 지도를 만드는 '휴먼 커넥톰 프로젝트Human Connectome Project'에 연구비 수천만 달러를 지원했다. 그리고 신경과 신경 경로를 염색하는 신기술을 개발해 대단히 멋진 영상을 얻어냈다(이제 개별 뉴런을 100가지 이상의 색깔로 염색할 수 있다). 그러나 인간은 대뇌피질에만 약 10^{10}개의 뉴런이 있고, 이것들이 다시 10^{14}개의 시냅스로 연결되어 있다. 게다가 인간 게놈의 염기쌍 수는 3×10^9개다. 그러니 이 프로젝트가 얼마나 방대한 규모인지 쉽게 알 수 있다. 두뇌 병리와 정신 작용이 결국은 커넥톰으로 설명되리라는 점을 의심하는 사람은 아무도 없는 듯하다. 그런데 통계적 확률의 유형들을 인식하는 신기술이 일부 개발되고는 있지만 그런 유형들이 각 기능을 '1 대 1' 대응 형태로 보여주는 지도로 표현되리라고 생각하는 사람 역시 아무도 없는 듯하다. 오히려 연결성을 **확률적으로** 표현할 수밖에 없을 것으로 보인다. 또 이런 방식으로 강조된 연결망들은 설전부, 뇌섬엽, 상두정엽, 상측전두엽 같은 부위들의 중요성을 다시 한 번 확인해주고, 대뇌피질의 78개 영역도 식별되었다. 그러나 두뇌가 **기능적** 구역들로 세분되어 있음을 보여주는 성과는 아직 전혀 없다. 필자가 이 책을 쓰고 있는 지금도 휴먼 커넥톰 프로젝트가 좋은 성과를 가져올지 그렇지 않을지는 누구도 단언하기 어려운 상황이다. 이 프로젝트가 환원론 모델에 입각하기는 했으나, 기대에 부응할지는 여전히 미지수다.

2014년 5월, 그야말로 새로운 시작이라고 할 만한 일이 공표되었다. 미국 국립정신보건원National Institutes of Mental Health(NIMH)이 23종의 핵심 두뇌 기능 및 그와 관련된 신경회로, 신경전달물질, 유전자, 이에 수반되는 행동 및 감정 등의 리스트를 출간했다. 이 작업의 기본 전제는 불안이나 외상후 스트레스 장애PTSD 같은 증상들과 관계가 있는 신경회로—공포회로fear circuit가 대표적이다—가 존재한다는 것이었다.

이로부터 정확히 1년 후인 2015년 5월에 보고되었으며 앞서 〈책을 시작하며〉에서도 소개했던 실험 결과도 언급해두는 것이 좋겠다. 문제의 실험은 사지마비 환자를 대상으로 한 것으로 우선 환자의 뇌에 미세 전극—개수는 얼마 안 된다—을 삽입했다. 전극은 동일한 수의 신경세포 활동을 감지했다. 전극에 감지된 이들 세포의 활동 개시를 기초로 연구팀은 환자가 팔을 어디로 움직이려고 하는지를 예측할 수 있었을 뿐 아니라 왼팔을 움직이려고 하는지 오른팔을 움직이려고 하는지까지도 예측할 수 있었다. 또한 환자가 어깨를 돌리려고 생각했는지 코를 만지려고 했는지에 따라 서로 다른 신경세포가 활성화된다는 사실도 관찰했다.

이런 발견은 적어도 두 가지 이유에서 중요했다. 지금까지 두뇌의 특정 위치와 기능이 그토록 긴밀히 연결되어 있을 수 있다고 생각한 사람은 아무도 없었다. 일반적으로 연구자들은 대체로 인간 행동의 근저가 되는 것은 두뇌의 **조직화 양상**이라고 생각했다. 동시에 뇌세포의 발동이 인간의 **의도**와도 관련이 있다는 관찰 결과는 다소 놀라운 일이었다. 어떻게 뇌에서 **의도**가 구현될 수 있다는 말인가? 실험 결과는 신경세포의 물리적 상태와 복잡한 정신적 상태 사이에 긴밀한 연관관계가 있음을 보여주는 듯하다. 단언하기에는 너무 이르지만, 얼핏 보기에 이 실험은 환원주의를 새로운 차원으로 끌어올리고 있는 것처럼 보인다.*[11]

---

* 2015년 10월에 두 다리가 마비된 26세 남성이 5년 만에 처음으로 '걷는다는 생각을 하는 것만으로' 실제로 걸었다는 연구 결과가 보고되었다. 캘리포니아 주립대 어바인 캠퍼스 연구팀은 '사람이 걷는 것을 생각할 때와 가만히 있는 것을 생각할 때'를 감지하는 전극이 여러 개 부착된 모자를 개발했다. 이어 그것을 남성 머리에 맞게 만든 다음, 두뇌 신호를 포착해냈다. 남성은 원뿔형 교통표지판에 이를 때까지 3.8미터를 걸어갔다.

진화정신의학과 행동정신의학

진화정신의학evolutionary psychiatry은 무의식이라는 개념의 이해를 넓히는 측면에서 최근에 두각을 드러낸 분야다. 무의식 개념은 19세기 말 지그문트 프로이트 덕분에 널리 알려진 개념으로, 20세기에 들어서는 대부분 비과학적인 발상으로 무시됐지만 점차 현대 생물학의 내용과 궤를 같이하는 측면이 드러나고 있다(위의 15장 참조).

진화정신의학은 정신병리학적 증상을 전략 부적응, 즉 환경에 적응하려는 시도가 성공하지 못한 것으로 본다. 이러한 발상을 통해 정신병리학을 이해하는 새로운 길이 열렸고 새로운 어휘도 등장했다. 이런 연유로 정신질환은 **애착**과 **지위**의 장애, **공간** 장애 또는 **생식** 장애로 이해되고 있다. 다시 말하면 정신질환은 동물행동학적 병리 현상이며 자연계의 일탈이라는 뜻이다.

이런 인식에 입각해서 볼 때, 예를 들어 우울증은 '포유류 일반의 좌절 전술'과 관련이 있다. 지위 상실에 대한 자포자기적 반응이라는 말이다. 진화정신의학은 이제 다양한 형태의 질병을 구별하는 새로운 어휘를 만들어냈다. 간단히 소개하면 다음과 같다.

- **박탈성 우울증** 친교 기회의 상실로 야기된다.
- **좌절성 우울증** 원하는 목표를 달성하지 못하는 데서 비롯된다.
- **의존성 우울증** 지속적인 애착 관계를 형성하지 못함으로써 야기된다.
- **자책성 우울증** 스스로 설정한 높은 수준에 걸맞게 살지 못하는 데서 비롯된다.

- **수평성 우울증** '친밀' 및 '분리'와 관련된 상호작용에 대한 불만에서 비롯된다.
- **수직성 우울증** '상하' 관계(지위)의 상호작용에 대한 불만에서 야기된다.

이렇게 볼 때 진화정신의학은 현재 애착 이론, 지위 이론, 자기평가 이론, 그리고 자원 확보력RHP, 지위 경쟁 행동RAB, 사회적 관심 확보력SAHP 같은 현상들을 이론적 기초로 삼고 있다. 예를 들어 SAHP는 특히 **회피성 인격 장애**(남들과 어울려야 하는 상황에서 자신도 모르게 얼굴이 붉어지거나 땀을 흘리는 증상)와 **신체 기형 공포증**(자신의 모습이나 체취가 비정상이 아닐까 두려워하는 증상), **괄약근 공포증**(남이 내가 방뇨하거나 배변하는 것을 보고 들을지 모른다고 두려워하는 증상)으로 나타난다. 여기서 다시 중요한 점은 새로운 개념들과 그에 수반되는 새로운 어휘, 그리고 그것들의 생물학적 토대다.[12]

행동의 유전학

지금까지 설명한 모든 내용을 강조하는 것이 행동유전학behavioural genetics이라는 비교적 새로운 분야다. 최초의 유전자 지도는 1986년에 와서야 특정 염색체를 가지고 만들어졌다. 그런데 그 이후로 행동유전학은 대단히 복잡한('엄밀과학적인') 주제가 되었다. 많은 실험이 진행되었는데, 일부는 동물—곤충에서 생쥐, 일반 쥐와 같은 포유류까지—을 대상으로 한 것이고, 다른 많은 경우는 일란성 쌍생아(한 집에서 자란 경우도 있고 떨어져 산 경우도 있다), 이란성 쌍생아, 부모, 형제자매, 입양아 관련 장기 변화 연구에 관한 것들이다.

가장 핵심적인 실험 결과는 대부분 명쾌하다. 다양한 연구 결과, **대부분**의 인간 행동은 **어느 정도**는 유전성이라는 것이다. 대표적인 사례를 소개하면 다음과 같다.

- 쌍둥이 관련 다섯 건의 연구 결과에서 정신분열병은 82~84퍼센트가 유전성이다. 정신분열병 환자의 약 5분의 1은 '회복되거나 현저히 개선되지만' 대부분의 경우는 만성적이거나 재발한다.
- 양극성 장애는 통계학적 연구 자료가 많지 않지만, 쌍둥이 관련 여섯 건의 연구에서는 유전율이 36~75퍼센트로 나타났다. 가족 관련 연구에서는 유전율이 약 70퍼센트였다. 양극성 정서 장애는 심각한 **재발성** 질환이다.
- 자폐 범주성 장애. 현재 일반적으로 인정되고 있는 부분은 특정 인지 결핍을 수반하는 신경 발달 장애라는 점이다. 많은 연구들에 따르면, 이 질병의 유전율은 대략 90퍼센트다. 생쥐를 대상으로 한 최신 연구는, 나중에 인간의 자폐증과 유사한 증상을 보이는 동물들은 태반 이상으로 식별할 수 있음을 보여준다.
- ADHD: 주의력 결핍 과잉 행동 장애. 쌍둥이를 대상으로 한 열두 건의 신뢰할 만한 연구에 따르면, 이 질병의 유전율은 '70퍼센트를 훌쩍 넘어선다.'
- 반사회적 행동. 이 개념은 명확히 규정하기는 어렵지만 물리적 공격성은 '조기 발생'(사춘기 이전) 할 수 있다. 적대/반항 장애는 많은 연구에서 유전율이 40~50퍼센트 수준으로 나타났다.

- 단극성單極性 우울증. 아주 흔한 질병이며, 때때로 우울해지는 것은 정상적인 인간의 상태에 속한다고 말할 수도 있다. 그러나 중요한 것은 단극성 우울증은 일상적으로 슬픈 상태와는 다르며, 평생을 놓고 보면 대략 여성은 네 명 중 한 명, 남성은 열 명 중 한 명꼴로 심각한 우울 장애를 앓는다. 이런 증상이 발현되면 자살 위험이 높아지고, 이 증상에 따른 다른 질병으로 사망할 가능성이 높아질 수 있다. 쌍둥이를 대상으로 한 여섯 건의 연구에 따르면, 단극성 우울증의 유전율은 48~75퍼센트다.
- 약물 남용. 유전율은 25~50퍼센트지만 약물 의존성을 기준으로 하면 유전율은 훨씬 높아진다.
- 충동성은 요즘 중요한(유전적) 행동 특성으로 주목받고 있다. 공격성, 병적 방화放火, 도박 중독, 도벽盜癖, 관음증, 노출증, 본인도 모르게 자기 머리칼을 뽑는 발모벽拔毛癖 같은 여러 장애와 관련이 있다.[13]

회복탄력성: 환경과 유전자의 연관성에 주목하다

유전학 분야에서는—행동유전학만 그런 것은 아니다—두 가지 또 다른 현상이 중요한 주제로 떠오르고 있다. 첫째는 **회복탄력성**resilience이라는 개념이다. 모든 유형의 불리한 환경에 관한 연구들에서 대단히 일관되게 나타나는 결론 가운데 하나는, 개인별 반응의 차이가 엄청나게 크다는 사실이다. 장애가 있을 때 좌절하는 사람도 있지만 큰 손상을 입지 않고 극복하는 사람도 있다. 후자에 해당하는 현상을 지칭하는 용어가 회복탄력성이다.

예를 들어 '프레이밍햄 심장 연구Framingham Heart Study'로 알려진 심혈관 질환 관련 연구에서 고지방 식사를 하는 피실험자는 본인의 다형성多形性 간 지질 가수분해 효소HL 촉진 유전자의 유전형이 어떠냐에 따라 HDL 콜레스테롤 수치가 비정상적으로 높아지기도 하고 **그렇지 않기도** 했다. 또 다른 연구에서는 흡연자의 경우, 지단백질 지방분해 효소 유전형 및 아포지질단백질 E4APOE4 유전형에 따라 관상동맥성 심장 질환이 발병하기도 하고 **그렇지 않기도** 한 것으로 나타났다. 뇌졸중을 유발하기 쉬운 고혈압에 관한 연구에서는 고염식을 먹인 쥐의 경우에 다형성 앤지오텐신 전환 효소ACE 유전자의 유전형에 따라 최고혈압이 높아지기도 하고 **그렇지 않기도** 했다. 저체중 출생아에 관한 연구에서는 임신 기간에 담배를 피운 여성이 두 종의 다형성 대사 유전자 CYP1A1과 GSTT1의 유전형에 따라 표준 체중 미만아를 낳기도 하고 **그렇지 않기도** 했다.[14]

어떤 질병들은 불리한 환경과 특정한 형태의 유전자가 특별한 연계성을 가진 결과일까? 그러한 유전적 요인이 치료 및 치료의 성공에 영향을 미치는 것일까?

거대한 패러다임 전환: 후성유전학

유전학 연구에서 또 다른 새로운 분야는 후성유전학後成遺傳學이다. 《사이언스》 최근호에서는 후성유전학을 '최근 역사에서 과학적으로 가장 거대한 패러다임 전환'이라고 규정했다.

후성유전학epigenetics(접두어 'epi-'는 그리스어로 '~위에, ~에 덧붙여, 추가로'라는 뜻이다—옮긴이)은 일란성 쌍생아가 동일한 유전자를 보유하고 있는데도 왜 훗날 항상 정확히 똑같이 되지 않는지를 설명하는 데 도움이 된다. 후성유전학은 어떤 불우 아동은 나중에 좋은 치료를 받으면 왜 효과가 좋게 나타나고, 어떤 불우 아동은 그렇지 못한지, 왜 어떤 아동은 회복탄력성이 높고, 다른 아동은 그렇지 못한지를 설명하는 데에도 도움이 된다.

이 분야 자체는 상당히 복잡하지만, 두 가지 핵심 메커니즘은 메틸화와 아세틸화다. 메틸화는 다양한 환경적 경험의 결과로 메틸기$_{H_3C}$가 DNA에 추가로 결합되는 것을 말하는데, 대개는 시토신(단백질 암호에 해당하는 DNA 염기 네 개 중 하나다. 9장 참조) 부위에 달라붙는다. 이는 전등을 끄듯이 **유전자 스위치를 꺼버리는** 대단히 중요한 효과를 발휘한다. 이를 전문 용어로는 유전자가 '발현되지 않는다'라고 한다. 방금 말했듯이 메틸화는 어떤 삶의 경험의 결과로 발생하며, 항상 그렇지는 않지만 일반적으로 유전되지는 않는다. 여기서 쌍둥이 중 어느 한쪽은 어떤 유전자가 메틸화되어 있고 다른 쪽은 그렇지 않았다면, 문제의 유전자는 그 유전자가 메틸화되지 않은 쪽의 쌍둥이에게서만 '발현된다'는 점이 중요하다. 이것이 일란성 쌍생아가 서로 다른 특질을 보이는 이유다.

두 번째 후성유전학적 과정은 아세틸화라고 하는데, 히스톤이라고 하는 DNA 관련 단백질에 영향을 미친다. (극히 단순화한 설명이다.) 히스톤이 아세틸화(아세틸기$_{H_3CO}$가 히스톤 꼬리에 있는 리신 아미노산에 달라붙는 것)에 의해 변형되면 해당 유전자의 발현은 **증대된다.**[15]

이렇게 본다면 일단 그려지는 그림은 간단하다. 메틸화는 유전자 스위치를 끄고, 아세틸화는 유전자 스위치를 켠다. 이런 과정이 밝혀진 때가 1996년이다. 그런데 그 뒤로 50종이 넘는 후성유전학적 히스톤 단백질 변형이 확인되었다.

정확한 메커니즘은 복잡하지만 우리 책이 다루는 수준에서 본다면 그 림은 한결 더 간단해진다. 후성유전학적 메커니즘은 환경이 유전자의 발 현—또는 미발현—에 영향을 미치는 방식이다. 게다가 이 방식은 대부분 유전되지 않는다. 예를 들어 여러 건의 대규모 연구에 따르면 주요 두뇌 신경전달물질인 세로토닌(보통 5-HTT라고 한다)의 수송을 관장하는 변이 유전자 복제본 두 개(부모에게서 하나씩 물려받은 경우다)를 보유한 사람들 은 중증 우울증 발생 위험이 두 배가 된다. 이는 어린 짧은꼬리원숭이가 5-HTT 변이 유전자를 보유하고 있는 경우, 스트레스를 받으면 문제의 유 전자가 메틸화된다(따라서 활성화되지 않는다)는 연구들과도 맥을 같이한 다고 할 수 있다. 그러므로 이것이 스트레스가 심리학적 효과를 유발하는 메커니즘인 것으로 보인다. 즉, 스트레스(생애 초기에 발생할 경우)가 유전자 를 메틸화해 해당 유전자의 발현을 차단함으로써 스트레스 해결에 도움 이 된다는 말이다. 이런 작용은 유전되지는 않지만 평생 지속된다.[16]

사고의 생물학

아모스 트버스키와 대니얼 카너먼의 논문 〈불확실성 속에서의 판단: 어림 짐작과 편향〉(1974)이 발표된 이후 수많은 관련 연구가 이루어졌다(13장 참조). 그 정점은 2002년 카너먼이 노벨상을 수상한 사건이었다. 모든 연구 의 전반적인 결론은, 인간 존재는 일상적인 행동을 할 때 아주 많은(그리 고 대부분 무의식적인), 신속히 작동하면서도 직관적인 편향을 가지고 있다 는 것이다. 이러한 접근은 무의식적 심리 과정을 설명하는 데에 적합한 새 로운 표현들을 낳았다. 자아 고갈, 희망 오류, 인지 편이성, 닻 내리기 효과,

가용성 폭포 효과, 지속 기간 경시, 점화 효과, 낙관주의 편향, 손실 기피, 부정성 회피, 자아 확장, 허위 개인사 구성 등등.

가장 중요한 부분은, 아마도, 카너먼이 우리는 많은 면에서 두 개의 자아, 즉 '경험하는' 자아experiencing self와 '기억하는' 자아remembering self를 가지고 있으며, 이 둘이 결합해서 우리의 심리·정신 구조를 형성한다고 본다는 점일 것이다. 그는 또 사고를 '빠른' 사고와 '느린' 사고로 구분하고, 두 유형의 사고는 두뇌의 두 시스템에서 비롯된다고 주장한다. '시스템 1'의 사고는 신속하고, 자동적이며, 직관적이고, 학습할 수 없는 것이다. 따라서 변화를 거부한다. 우리는 이를 '시스템 2'와 구분하기 위해 무의식이라고 칭할 수 있을 것이다. '시스템 2'는 의식적인 사고다. 느리고, 신중하고, 성찰적이며, 장기적 목표를 염두에 둔다.[17]

마이클 가자니가 교수(캘리포니아 주립대 샌타바버라 캠퍼스 SAGE 정신연구센터장 겸 인지신경과학연구소장)도 거의 동일한 문제에 천착해왔는데, 그역시 사고가 느리고 의식적인 사고와 신속하고 자동적인 사고로 구분될 수 있으며, 이중에서도 자동적 사고는 자연선택에 의해 작동한다고 본다. 그는 또 우리는 두뇌, 특히 좌뇌 속에 '해석자 메커니즘'이라는 것을 가지고 있어서 이 메커니즘이 우리가 경험하는 세계에 대해 어떤 일관성이나 질서 같은 것을 부여한다고 말한다. 특히 비의식적으로 형성된 그러한 일관성이 항상 옳은 것은 전혀 아니다.[18]

이런 분야의 연구가 시작된 것은 한 심리학자와 한 경제학자가 불확실성 속에서의 판단이라는 문제를 연구하다가 결국은 우리의 행동, 우리의 심리 구조의 상당 부분에 생물학적 토대가 있다는 사실을 인지하면서부터였다. 이처럼 과학들 간의 문제가 하나의 질서로 수렴되는 과정에는 예기치 못한 방향에서 지원군이 오기도 한다.

행동경제학

심리학이 소멸하고 있다고 주장하는 것은 지나친 얘기일 것이다. 그러나 어떤 측면에서는 심리학이 화학과 물리학으로, 또 다른 측면에서는 유전학(유전학도 화학이자 물리학이기도 하다)으로, 또 한 측면에서는 동물행동학과 사회학으로 흡수되고 있다고 말할 수는 있을 것이다.

그러나 다른 면에서 보면 심리학은 영역을 넓혀가고 있다. 경제학과의 연계가 그것이다. 예를 들어 리처드 탈러는 카너먼, 트버스키와 동료이지만 경제학이 행동과학의 실험적 발견들로 말미암아 어떻게 변했는지를 설명하는 데 힘을 쏟고 있다. 2015년에 출간한 저서 《잘못된 행동: 행동경제학의 형성Misbehaving: The Making of Behavioural Economics》에서 탈러는 행동경제학이라는 개념조차 없던 시절부터 그 자신이 미국경제학회American Economic Association 회장이 된 시점(2015년)까지 40년 동안 진행된 발전 과정을 설명한다.[19] 그가 분명히 한 바와 같이, 경제학은 고전적인 합리주의자들에 의해 지배되어왔다. 이들은 인간은 합리적 존재이며, 항상 합리적인 방식으로 행동하고, 따라서 시장은 재정적으로 말하면 가장 효율적인 상태를 항상 반영한다고 주장했다.

탈러는 합리적 선택과는 결을 달리하는 경제 영역의 여러 예외적 현상들을 예로 들고 나서(예외적 현상들에 대해 경제학 저널에 칼럼을 쓰기도 했다) 어림짐작이 **예측 가능한** 오류를 만들어내며, 합리성은 전문 용어로 하면 '억제된다'는 것을 서서히 입증해냈다. 이는 인간은 어느 한도까지만 고전적 의미에서 합리적이며, 다수의 '부적절해 보이는 요인들'에 의해 좌우된다는 의미다. 이런 논리를 토대로 그는 '심리적 회계mental accounting'라는 개념을 제시했다. 이것은 고전적 의미의 회계와 전혀 다른 개념으로,

여기서는 '손실 기피'가 가장 강력한 단일 목표가 된다. 인간이 손실을 기피하려는 정도는 이득을 얻으려는 욕망보다 두 배나 강하다. 이런 측면은 우리가 왜 전통적인 경제학자들의 주장처럼 그렇게 합리적이지 않은지를 설명해준다.

탈러는 또 예컨대 도박을 비롯한 많은 경우에 사람들이 원래 가지고 있던 돈과 비교할 때 추가로 딴 돈을 가지고는 왜 다르게 행동하는지를 설명한다. 사람들은 보통 추가 획득분에 대해서는 훨씬 큰 위험을 감수한다. 이와 관련해 탈러는 사람들이 공정함에 대해 본능적 감각이 있으며 자신의 돈을 뜯어간 자에게는 기회만 있으면 복수하려고 한다는 사실을 보여준다. 그의 연구에 따르면 교사들에게 학년도 종료 시점에 보너스를 주는 것보다는, 학년 **시작 시점**에 보너스를 주고 목표한 학업 성취도를 달성하지 못할 경우 서서히 보너스를 삭감하는 경우가 학생 교육 효과가 더 좋은 것으로 나타났다.[20] 그는 또 우리는 '현재-편향'이 있으며, 연금을 지금 당장 한꺼번에 받는 것보다는 가까운 미래를 기한으로 잡고 받는 것을 훨씬 좋아한다는 것을 보여준다. 부모의 경우 자녀가 학교에서 시험 보기 전날 그 사실을 문자로 알려주면 좋아했으며, 그 결과 자녀들에게 더 열심히 시험 준비를 하라고 다그치는 것으로 나타났다.[21]

이런 식으로 학자들이 행동경제학 관련 논문을 공식적으로 발표하기까지는 6년이라는 세월이 걸렸다. 그래서 지금은 《경제 행동과 조직 저널Journal of Economic Behavior & Organization》, 《경제심리학 저널Journal of Economic Psychology》, 《행동 의사 결정 저널Journal of Behavioral Decision Making》, 《옥스퍼드 행동경제학 및 법 편람The Oxford Handbook of Behavioral Economics and the Law》 같은 전문지들이 발행되고 있다. 옥스퍼드 편람에서 알 수 있듯이 행동심리학은 현재 법률 분야로 연구 영역을 넓혀가고 있으며, 탈러를 비롯한 학자들은 최근에 영국 다우닝가 10번지(총리실)와 미국 백악관에서도 연구 작업을 진행했다.[22] 카너먼의 2002년도 노벨상 수상을 계기로 심리학과 경제학의 통합은 점차 긴밀해지고 있다.

가장 최근의 진척 상황은 〈컴퓨터화化 합리성: 두뇌, 정신, 기계의 지능 통합 패러다임Computational rationality: A converging paradigm for intelligence in brains, minds and machines〉과 〈경제적 추론과 인공지능Economic reasoning and artificial intelligence〉이라는 두 가지 연구·조사 보고서 제목에서 짐작할 수 있다. 특히 후자는 '머신 이코노미쿠스machine economicus의 등장으로 가능해질, 경제학과 인공지능의 통합이라는 미래상'을 제시했다.[23]

지금과 같은 상황에서 본다면 심리학은 (어떤 면에서) 우리 책이 내세우는 논지를 상징적으로 보여준다 하겠다. 행동, 특히 인간의 행동은 현재 물리학, 화학, 유전학, 진화론, 동물행동학, 사회생물학 등등 많은 과학 분과를 한데 그러모으는 축이 되었다. 2015년 5월에 보고된 한 실험에서는 환자의 의도를 뇌세포 활동 패턴을 통해 예측할 수 있었는데, 이런 결과가 같은 종류의 여러 실험을 거쳐 확인된다면 우리는 과학적으로, 그리고 철학적으로도 새로운 경지('의도'의 물리학?)에 들어서게 될 것이다. 심리학과 경제학의 접합은 인간 행동의 어떤 측면들을 이해하고 제어하는 새로운 방법들을 만들어냈을 뿐 아니라, 우리 자신을 우리에게 설명하는 데 도움이 되는 완전히 새로운 어휘를 창안해냈다. 이는 작은 성취가 아니다.

이런 발전들은 서로 다른 여러 분야에서 이루어진 터라 완벽한 종합까지는 아직 갈 길이 멀다. 그럼에도 불구하고 특정 뇌 영역의 비밀을 점차 더 많이 밝혀온 뇌 지도화 분야는, 어느 정도 시간이 가면, 두뇌의 화학/물리학 및 진화 과정에서의 변천 과정을 완전히 새롭게 이해하는 방향으로 나아갈 것이다. 심리학 분야에서 이런 진전이 이루어진다면 그것은 물리학, 화학, 진화론의 언어로 표현될 것이다. 이런 통합은 이미 시작됐거니와 시간이 좀 지나면 대단히 흥미진진한 새로운 질서를 밝혀낼 것이다.

최종 통합의 꿈: 물리학, 수학, 정보, 우주

지금 우리가 알고 있는 '넷'(인터넷—옮긴이)을 향해 어설프나마 첫걸음을 내디딘 것은 1957년 10월에 소련이 인공위성 스푸트니크 1호를 발사해 세계를 깜짝 놀라게 한 이후였다. 인공위성 발사는 미국을 자극했고, 그로 인한 예상 교전 상황의 변화에 따라 도입된 연구 프로젝트 중에는 미국의 지휘·통제 시스템(군사적인 것과 정치적인 것 모두를 포괄한다)을 전국으로 분산시켜 한 지역이 공격을 당해도 다른 곳에서 시스템이 작동될 수 있게 하는 방법을 고안하는 과제도 포함되었다.

당면 상황의 여러 측면을 고려하기 위해 새로운 기관이 여럿 설립되었다. 그중에는 항공우주국National Aeronautics and Space Administration(NASA)과 (국방부 산하) 첨단연구프로젝트국Advanced Research Project Agency(ARPA)도 있었다. 핵 공격을 받은 이후 지휘·통제 시스템의 안정성 확보를 담당한 기관이 아르파ARPA였다.

요즘 흔히 말하는 디지털 세계의 기원 문제는 최근 여러 상세한 논문에서 다루어졌다. 대표적인 것이 월터 아이작슨과 조지 다이슨의 논문이다. 조지 다이슨은 2차 대전 종전 직후부터 프린스턴 고등연구소에서 일하고 있는 영국 출신 물리학자 프리먼 다이슨의 아들이다. 인터넷이 시작된 시점에 대해서는 여러 설이 있다. 그중에서도 가장 이른 시기로 잡는 견해는 배너바 부시의 구상을 출발점으로 본다. 루스벨트 대통령에게 미국이 원자탄을 제조해야 한다고 촉구한 바로 그 부시다. 1945년에 이미 부시는 인간 지식 전체에 '접근access'할 수 있는 기계를 구상했다. 이어 부시가 개발한 미분해석기를 발전시킨 인물이 부시의 제자인 클로드 섀넌이다. 이를 통해 섀넌은 결국 정보과학science of information이라는 개념을 창안하기에 이른다.[1]

부시 밑에서 박사과정을 마치고 벨 연구소로 자리를 옮긴 섀넌은 20세기 물리학의 세 번째 위대한 혁명이라고 일컬어지는 것을 만드는 프로젝트를 시작했다. "상대성 이론과 양자론이 그랬던 것처럼, 정보 이론information theory은 과학자들이 세계를 바라보는 방식을 근본적으로 바꾸어 놓았다."[2] 0과 1의 2진 숫자binary digit, 즉 비트bit라는 용어가 처음 등장한 것도 섀넌이 1948년에 발표한 논문 〈커뮤니케이션의 수학적 이론A mathematical theory of communication〉에서였다(그러나 섀넌은 이 용어를 처음 만든 사람이 자신이 아니라 동료인 존 투키라고 말했다). 이 일도 디지털 시대의 탄생이라고 간주할 만한 사건이다.

이와 거의 같은 시기에 프린스턴 고등연구소에는 비상한 재능을 가진 인물들이 모여 긴밀하게 협력하면서 컴퓨터 이상의 것을 개발하는 작업에 나섰다. 1차적 과제는 수소폭탄 설계 및 제조였지만 이는 결국 마이크로프로세서와 인터넷, 대륙간탄도탄 개발로 이어진다. 연구소는 역사상 최고의 수학적 두뇌들을 한자리에 모아놓았다고 해도 과언이 아니었다. 지성사 차원에서 보면 그야말로 희귀한 사례였다. 존 폰 노이만과 앨런 튜링이 주도적인 역할을 하긴 했지만, 쿠르트 괴델, 오즈월드 베블런, 스탠리 울람, 노버트 위너, 닐스 바리첼리 같은 쟁쟁한 인물들이 차고 넘쳤다.

이들은 바로 디지털 시대의 쌍둥이들이라고 할 수 있는데, 17장에서 이 주제를 다루려 한다. 우리는 지금 사실상 수학의 황금기에 살고 있다. 앞으로 보게 되겠지만, 물리학은 이제 직접적인 관찰이 점차 어려워지거나 심지어 불가능한 지점에 도달했다. 따라서 물리학이 나아갈 방향은 우리가 **현재 알고 있는** 물리학에서 수학적 추론을 통해서만 가능하다. 다음 18장에서 다룰 관련 주제—수학과 생물학의 밀접한 관계의 확대—와 관련해서 생각한다면, 실재의 궁극적 본질에 대한 질문, 그리고 그 실재가 어느 정도로 수학적인 것인가 하는 질문이 제기된다. 수학 방정식으로 규정되는 질서는 어떤 것이든 간에 실재를 조직화하는 원리에 불과한 것이 아니라 실재 그 자체다.[3]

이제부터 할 이야기는 여러 과학 분과에 수학적 연산이 항상 존재하며, 수학적 연산의 중요성이 점점 커지고 있다는 점을 염두에 두고 들어주시기 바란다.

숫자와 생물학의 연계

뉴저지 주 프린스턴의 여름은 종종 "개 아가리 속 같다"라고들 한다. 그러나 프린스턴 고등연구소IAS에 대해서는 거기서 어떤 (비밀) 연구(1952년에는 최초의 수소폭탄 '아이비 마이크Ivy Mike' 실험을 위한 연산을 진행했다)를 하는지 모르는 외부 학자들은 '고액연봉연구소' '지식의 호텔' '왕자연구소'라고 칭하기도 한다. 그만큼 각종 여건이 좋은 IAS에 대한 부러움의 표현이다.

당대 최고의 수학적 두뇌들을 이끈 수장 격인 존 폰 노이만은 1903년 헝가리 부다페스트에서 태어났다. 그의 아버지는 변호사이자 투자은행가였다. 부모는 아들의 헝가리 김나지움(인문고) 진학 준비를 위해 전담 여자 가정교사를 두 명(한 사람은 독일인, 또 한 명은 프랑스인)이나 붙였고, 이탈리아어, 펜싱, 체스를 가르치는 선생도 별도로 두었다. 그리하여 노이만은 라틴어, 그리스어, 독일어, 영어, 프랑스어를 능숙하게 구사할 줄 알았다. 항상 정장에 넥타이를 매고 다닌 노이만은 직설적인 유머가 뛰어났으며 사교생활을 즐겼다. 또 스포츠카광이어서 과속 딱지를 떼이는 경우도 비일비재했다. 본격적으로 수학 훈련을 받기 시작한 것은 13세 때였다.

노이만은 베를린 대학교에서 수학을 전공하고(수업은 듣지 않고 시험만 보고 통과했다), 거의 같은 시기에 취리히 대학교에서 화학을 공부했다. 1926년에는 괴팅겐 대학교에서 박사학위를 취득했는데, 당시 박사학위 구술시험 담당 교수이자 당대의 가장 저명한 수학자였던 다비트 힐베르트는 딱 한 가지 질문만 했다고 한다. "내 평생 이렇게 멋진 야회복은 처음 보는군. 재단사가 누구인지 좀 말해줄 수 있겠나?" 어려서부터 친구이자 동료였던 에드워드 텔러('수소폭탄의 아버지'로 통한다)는 "정신적으로 초인적인 종족이 생겨난다면 그 구성원들은 존 폰 노이만과 닮았을 것이다"라고 말한 바 있다.

박사학위를 받고 나서 3년 동안, 노이만은 20편이 넘는 논문을 발표했다. 그중에는 게임이론에 관한 논문과 《양자역학의 수학적 기초Mathematical Foundations of Quantum Mechanics》(1932)라는 저서도 있었다. 《양자역학의 수학적 기초》는 출간 80년이 지난 지금까지도 쇄를 거듭하며 판매되고 있다. 이후 오즈월드 베블런이 IAS 수학 분과 연구원을 모집하면서 유진 위그너와 노이만에게 초빙 강사 자리를 제안했다. 당시 노이만에게 보낸 전문을 보면 봉급이 유럽에서 구할 수 있는 일자리의 약 여덟 배에 달했음을 알 수 있다. 유대계인 노이만은 나치가 득세하는 상황에서 외국 이주에 대해 두 번 생각하고 자시고 할 것도 없었다.[4]

2차 대전 중에 등장한 콜로수스Colossus(그리스어로 '거대한 조각상'이라는 뜻—옮긴이)와 에니악ENIAC: Electronic Numerical Integrator And Calculator(전자식 수치 적분·계산기의 약자—옮긴이)은 전자계산기의 원형에 해당하는 기기로, 원래 용도는 암호 해독이었다. 그 뒤로 IAS의 주요 활동은 훨씬 복잡하면서도 빨리 작동하는 계산기를 개발하는 것이었다. 최우선 목표는 수소폭탄 제조를 위한 연산을 가능케 하는 것이었다. 따라서 군부는 이런 문제를 직접 떠맡아야 할 과제로 인식했다. 그런데 여러 민간 기업들도 훗날 컴퓨터라는 이름을 얻게 되는 기계의 상업적 가능성에 관심이 있었다.

IAS 관계자들은 자신들이 세상을 근본적으로 바꾸어놓을 새로운 무언가를 만들고 있음을 잘 알고 있었다. 앞서 언급한 IAS 연구원 중 한 명인 스탠리 울람—노이만과 같은 폴란드 출신 유대계 수학자로, 케임브리지 대학교와 위스콘신 대학교를 거쳐 미국에 정착했다—은 조지 다이슨이 '인간의 지식을 고양시킬' 20세기의 가장 상상력 넘치는 아이디어 네 가지라고 칭한 것을 고안해냈다. '몬테카를로 방법Monte Carlo method'은, 임의의 수를 이용해 한 시스템 안에서 불확실성의 수준을 시험한다는 아이디어에 울람이 붙인 암호명이었다. 이런 명칭을 택한 것은 그 방법이 울람의 방탕한 삼촌이 모나코 몬테카를로 도박장에서 사용한 도박 기술과 비숫해서였다. '텔러-울람 설계Teller-Ulam Design'는 한 시스템에서 반응(핵폭발)을 일으켜 더 큰 시스템에서 추가 반응을 촉발한다는 울람의 아이디어였다. (이것이 결국 최초의 수소폭탄 개발로 이어졌다.) '자기복제 세포 자동자細胞 自動子, selfreproducing cellular automata'는 생화학적 유기체 내에서 이루어지는 복제 과정의 수학/논리학/알고리즘을 탐구하는 이론이었다. '핵 펄스 추진nuclear pulse propulsion'은 핵폭발을 이용해서 로켓이나 대륙간탄도탄의 추진력을 확보하는 방법을 탐색하는 일이었다.

진정으로 독창적인 인물이라고도 하고 괴짜라고도 일컬어지는 닐스 바리첼리의 주된 관심—노이만이 그를 IAS로 불러들인 이유이기도 하다—은 생명의 수학, 즉 숫자와 생물학의 연계였다(다음 18장에서 자세히 살펴볼 것이다). 바리첼리가 동료들과 잘 어울리지 못했던 이유 가운데 하나는 DNA가 '분자 형태로 된 숫자'이며, 폴리뉴클레오티드 사슬은 기본적으로 숫자라는 그의 관점 때문이었다. 이런 발상이 비록 당시에는 세련된 형태로 발전하지는 않았지만 중요한 발전을 예고하는 것이었다. 1953년 당시에는 세 가지 기술혁명이 싹트고 있었고, IAS는 그 세 가지 연구에 중요한 몫을 담당하고 있었다. 첫째는 열핵무기(수소폭탄), 둘째는 프로그램 내장형 컴퓨터, 그리고 셋째는 생명은 어떻게 중요 정보 지침을 DNA 가닥의 형태로 저장해놓았는지를 해명하는 작업이었다.[5]

연산 속도 증진을 위한 다음 돌파구가 열린 시기는 1960년대 초다. 폴 배런이 '패킷 교환packet switching'이라는 통신 방식을 개발하면서부터였다. 폴란드 지역(현재는 벨라루스) 출신 유대계 이민자인 배런은 몸이 아플 때 뇌가 신호를 새로운 경로로 바꿔서 보내는 현상에서 착안을 했다. 그의 아이디어는 하나의 메시지를 작은 묶음(패킷)들로 나눠서 다른 경로를 통해 수신자에게 보내는 방식이었다. 거의 같은 시기에 똑같은 아이디어를 떠올린 사람이 웨일스 출신 엔지니어인 도널드 데이비스로, 당시 영국 국립물리연구소National Physical Laboratory에서 튜링과 함께 근무하고 있었다. 새로운 하드웨어에는 새로운 소프트웨어가 따라왔다. 신생 수학 분야인 '대기 행렬 이론queuing theory'을 도입해 최적의 대안을 찾아냄으로써 중간노드(교환 회선들의 접합부로, 주로 통신망 분기점이나 단말기 접속점을 뜻한다—옮긴이)에 과부하나 정체가 일어나지 않도록 설계하는 방식이 개발된 것이다.[6]

네트워크의 점진적 통합

1968년에 최초의 '네트워크'가 발족되었다. 연결된 사이트는 UCLA, 스탠퍼드 연구소SRI, 유타 대학교, 캘리포니아 주립대학교 샌타바버라 캠퍼스, 이렇게 네 곳뿐이었다. 이 네트워크를 가속화한 기술적 계기는 이른바 접속 신호 처리 장치Interface Message Processor(IMP)의 개발이었다. IMP는 비트로 된 정보를 특정 주소지로 보내는 프로세서다. 다른 말로 하면, 여러 '호스트' 컴퓨터를 서로 연결하는 대신 각각의 IMP를 하나의 호스트에 연결하는 방식이다. 컴퓨터는 하드웨어가 다를 수 있고, 소프트웨어도 다른 것을 쓸 수 있다. 그러나 IMP는 공통의 언어를 사용해 수신지를 인식할 수 있었다. 1970년 말에 가면 '노드'가 열다섯 개에 이른다. 설치 장소는 모두 대학교나 싱크탱크였다.

이어 1972년 말에는 전국을 망라하는 회선 세 개가 가동되었고, IMP 클러스터가 보스턴, 워싱턴DC, 샌프란시스코, 로스앤젤레스 네 곳에 들어섰다. 노드는 다 해서 40여 개였다. 이 네트워크를 처음에는 아르파넷

ARPANET이라고 불렀지만 얼마 후에는 그냥 넷Net이라는 이름으로 통했다. 역할은 아직 국방 분야로 엄격히 제한됐지만 체스 게임, 퀴즈, AP 통신 와이어 서비스 같은 비공식적인 사용도 확대되었다. 여기서 개인 메시지 활용으로 나아가는 것은 시간 문제였다. 1972년 어느 날, 이메일이 탄생했다. 보스턴에 본사를 둔 상업용 노드 BBN의 엔지니어 레이 톰린슨이 컴퓨터 어드레스용 프로그램을 고안한 것이다. 이 프로그램의 가장 두드러진 특징은 사용자 이름과 사용자 컴퓨터 주소를 구분하는 장치였다. 톰린슨은 어떤 사용자 이름에도 들어 있지 않은 문자가 필요했다. 그러던 어느 날 키보드를 들여다보다가 우연히 @ 기호에 눈이 갔다. 완벽했다. @은 'at(~에)'의 의미 외에는 다른 용법이 없었다. 곰 같은 거구에 쾌활한 성격이었던 톰린슨은, 그 뒤에 처음으로 보낸 이메일의 내용이 무엇이었느냐는 질문에 시달렸는데, 하찮은 내용이어서 자기도 잊어버렸다고 말했다.[7] 톰린슨은 2016년에 사망했다.

1975년이 되자 (아르파)넷 커뮤니티는 1000명 이상으로 늘었다. 여기서 다시 중요한 돌파구를 연 사람이 빈트 서프다. 그는 어느 날 샌프란시스코의 호텔 로비에 앉아 국제 회의가 시작되기를 기다리다가 아이디어가 떠올랐다고 한다. 코네티컷 주 뉴헤이븐(예일대 소재지)에서 태어난 서프는 어려서부터 음악에 대단히 관심이 많았고, 첼로를 연주할 줄 알았다. 15세 때는 아버지가 그를 저명한 첼리스트 파블로 카살스가 지도하는 마스터 클래스에 데려가기도 했고, 반자동 방공 시스템Semi-Automatic Ground Environment(SAGE)을 견학시켜주기도 했다. SAGE는 북극권에서 발진하는 소련 폭격기들을 감지하기 위한 레이더 추적용 컴퓨터였다. 이때부터 서프는 컴퓨터로 관심을 돌렸고, 스탠퍼드 대학교에서 수학을 전공한 뒤 IBM사에 들어갔다.

당시에 아르파넷이 유일한 컴퓨터 네트워크는 아니었다. 다른 나라들도 자체 네트워크를 보유하고 있었으며, 미국의 다른 과학 관련 기업들도 네트워크를 갖추기 시작했다. 서프는 이들 모두를 일련의 '게이트웨이'라는 것을 통해 하나로 묶는 방법을 궁리했고, 그렇게 해서 '쇠사슬 형태로 연결된 망Concatenated Network'이라는 뜻에서 케이트넷Catenet이라고 칭하는 새로운 네트워크를 창안했다. 케이트넷을 인터넷이라고 부르는 사람도 있었다. 이 네트워크에 다른 기계 장치는 필요하지 않았다. TCP, 즉 '전송 제어 프로토콜transmission control protocol'이라고 하는 통신용 공용어만 설계하면 되었다. 1977년 10월에 서프와 그의 동료들은 복수의 네트워크에 액세스할 수 있는 최초의 시스템을 선보였다. 이로써 지금 우리가 알고 있는 인터넷이 탄생했다.[8]

인터넷은 곧 급속도로 발전했다. 이제 더는 순수한 국방용이 아니었지만 1979년에만 해도 여전히 대학교(약 120곳)와 학술/과학 기관으로 사용이 매우 제한되어 있었다. 따라서 이제 주도권은 아르파(첨단연구프로젝트국)에서 국립과학재단National Science Foundation(NSF)으로 넘어갔다. NSF는 컴퓨터 과학 연구 네트워크Computer Science Research Network(CSNET)를 설립하고 1985년 미국 전역의 슈퍼컴퓨터 센터 다섯 곳과 열두 개 정도의 지역 네트워크를 통합한 '기간망'을 새로 구성했다. 이들 슈퍼컴퓨터는 네트워크의 두뇌이자 배터리로, 사용자들이 올리는 모든 정보를 흡수하되 정체가 발생하지 않도록 설계된 대형 메모리 창고였다. 학교들은 접속 비용으로 연간 2만 달러에서 5만 달러를 냈다.

1986년 1월에 미국 서부 연안에서 세계 인터넷 표준 관련 회의가 열려 이메일 주소 체계를 세우고 일곱 개의 도메인('프로도Frodos'라고도 한다)을 신설했다. 대학교는 edu, 정부는 gov, 기업은 com, 군사 기관은 mil, 비영리 조직은 org, 네트워크 서비스 제공 업체는 net, 국제 기구는 int로 정했다. 새 주소 체계는 1988년에서 1989년까지 인터넷이 괄목할 만한 성장을 하는 데 중대한 역할을 했다. 인터넷 확산에 마지막 결정타가 된 것은 1990년 스위스 제네바의 유럽 입자물리연구소CERN에서 월드 와이드 웹 World Wide Web(WWW)을 개발한 사건이었다. WWW는 팀 버너스리가 설계한 특수 프로토콜인 HTTP를 사용함으로써 인터넷 검색과 내비게이션이 한결 쉬워졌다.[9]

영국의 컴퓨터 과학자 버너스리는 옥스퍼드 대학교에서 물리학을 전공하고, 도싯 카운티의 풀Poole에 본사를 둔 통신 회사인 플레시에 들어갔다가 제네바의 세른CERN(영어식으로 하면 '써언'으로 발음한다—옮긴이)으로 자리를 옮겼다. CERN은 유럽 최대의 인터넷 노드였고, 버너스리가 하이퍼텍스트와 인터넷을 통합할 가능성을 본 것도 그곳에서였다. 우리는 지금 하이퍼텍스트를 당연시하고 있다. 2차적 차원의 정보들은 우리가 지금 읽고 있는 것에 통합되어 있다. 그러나 하이퍼텍스트는 중요한 소프트웨어의 획기적 전환 그 자체였다. 이 모든 것을 'http', 즉 hypertext transfer protocol(하이퍼텍스트 전송 규약)과 통합한 사람이 버너스리다. http는 CERN(프랑스령 건물)에 구축된 사상 최초의 웹사이트로, 1991년 8월 6일에 온라인으로 가동되었다. '월드 와이드 웹'이라는 표현이 고안된 것은 CERN의 카페테리아에서였고, 세계 최초의 웹사이트 주소는 info.cern.ch였다. 이어 최초의 대중용 웹브라우저 모자이크Mosaic가 1993년에 일리노이 대학교에서 개발되었다. 이 무렵부터 인터넷이 상업적으로 보급되고 사용이 편리해지기 시작했다. 이제 우리 모두는 디지털 세계의 주민이라고 하겠다.[10]

정보와 열역학의 관계

"정보는 질량, 에너지, 온도와 마찬가지로 실재이며 구체적인 것이다. 질량 등의 속성은 직접 눈으로 볼 수 없지만 우리는 그것을 실재로 받아들인다. 정보도 똑같이 실재다." 과학 저술가인 뉴욕대 저널리즘학과 교수 찰스 사이프가 저서《세계의 암호 해독Decoding the Universe》에서 한 말이다. 이어 사이프는, 클로드 섀넌이 정보는 정량화하고 측정할 수 있다는 내용을 담은 기념비적 논문을 발표했을 때, 자신도 정보는 열역학과 긴밀히 연결되어 있음을 절감했다고 말한다. "정보에는 정보가 저장되는 매체를 초월하는 무언가가 있다. 그것은 에너지나 일 또는 질량과 비슷한 대상의 물리적 속성이다. …… 자연은 정보 언어로 말하는 것처럼 보인다."

좀 더 구체적으로 설명하면, 섀넌은 우선 엔지니어들에게 '불 논리 Boolean logic'를 이용하는 방법을 보여주었다. 불 논리는 1과 0으로만 조작하는 수학—이런 방식을 고안한 19세기 영국의 수학자 조지 불George Boole의 이름에서 따온 표현이다—으로, 컴퓨터를 포함한 전기 장비의 스위치 개량을 위해 활용되었다. 섀넌이 AT&T의 연구 부서인 벨 연구소로 이직했을 때, 연구소에서는 최초의 이진법 컴퓨터와 트랜지스터를 개발하던 중이었다.[11] 이 일은 '정보 기술information technology'의 탄생을 의미했다. 그리고 섀넌은 글로 쓴 언어는 기호의 흐름(스트림)이고 기호는 비트의 흐름으로 쓸 수 있는 만큼, 당연히 언어로 표현할 수 있는 답을 가진 질문은 어떤 것이든 0과 1의 흐름으로 쓸 수 있음을 깨달았다.

그런데 많은 사람들에게 그야말로 흥분을 안겨준 사건은 섀넌과 그 동료들이 커뮤니케이션 기술을 통해 대단히 실질적인 문제 하나를 해결하려고 시도한 일이었다. 그 문제는 오류가 발생하면(예를 들면 전화 통화할 때 발생하는 잡음) 잉여 정보redundancy를 제거하는 것이었다(메시지에 들어 있는 잉여 정보는 메시지 손실 없이 삭제할 수 있으므로 이런 방법이 항상 바람직한 것은 아니다). 이 연산 과정에서 방정식들이 루트비히 볼츠만이 기체의 엔트로피를 분석할 때 도출한 방정식과 유사하다는 사실이 발견되었다. 그 결과 정보는 엔트로피를 가진다는 점, 즉 어느 정도 무질서하다는 사실이 밝혀졌다. 따라서 질서를 유지하기 위해서는 무질서할 때보다 에너지가 더 필요하고, 그렇기 때문에 무질서, 즉 엔트로피는 열역학에서나 정보에서나 자연 상태라는 의미다.*

또한 실제로 0과 1은 양자 상태다. 우리는 이것이거나 저것이어야 한다. 중간 상태는 허용되지 않는다. 그런데 정보 발신자와 수신자를 거치는 과정에서 물리적 변화가 일어난다. 그렇기 때문에 정보는 물리적이다. 나아가, 이런 이유로 해서, 삶이라는 행위('행위'라는 표현이 중요하다)는 살아 있는 물체를 구성하는 정보를 복제하고 보존하는 과정으로 볼 수 있다. 살아 있는 유기체는, 슈뢰딩거가 강조한 것처럼(9장 참조), 계속해서 소멸을 거부하는 싸움을 하면서 내적 질서를 유지한다. 물론 그러는 사이에 나머지 세계는 항상 엔트로피를 증가시킨다. 음식물을 섭취하고, 당장은 태양으로부터 나오는 에너지를 소비함으로써 유기체는 자체의 평형 상태를 유지한다. 생명은, 슈뢰딩거가 말한 것처럼, 에너지와 엔트로피와 정보가 어우러진 정교한 춤이다. 생명은 존재하면서 자신에 관한 정보를 전파하고 복제한다. 곰곰이 생각해보면, 이는 유전자의 본질 내지는 역할과도 유사하다.[12]

특히 이런 점에 착안한 새로운 분야가 'DNA 컴퓨팅DNA computing'이

---

* 일부 물리학자들은 열역학과 정보 간의 이런 유사성을 그저 유사성에 불과하다고 본다.

다. 컴퓨터 과학자이자 언어 전문가인 라일러 캐리는 "DNA 컴퓨팅은 천연 컴퓨팅의 한 분야로, 그 기본 발상은 분자생물학적 과정을 활용해 DNA 가닥 형태로 암호화된 정보에 계산 및 논리적 조작을 가할 수 있다는 것이다"라고 말한다. DNA 컴퓨팅은 그야말로 학제적 접근으로, 컴퓨터 과학자와 분자생물학자들이 협력해 살아 있는 세포에서 천연적으로 일어나는 컴퓨터와 같은 활동을 탐구하는 분야다.

이런 탐구는 복제와 관련해서도 새로운 해석을 가능케 했다. 즉, 복제의 목적은 자신의 복제가 아니라 자신 안에 들어 있는 **정보**의 복제라는 것이다. 이런 점은 개미 군집을 보면 비교적 쉽게 이해할 수 있다. 개미 군집에서는 일반적으로 단 한 유기체(여왕벌)만이 생식이 가능하다. 다른 수많은 개미들은 불임이다. 그런데 이런 불임의 암벌들이 여왕벌의 알을 성체가 될 때까지 키우고 돌본다. 여왕벌에게 복종하고 자신들의 복제는 포기하라고 암벌들에게 지시하는 것은 그들의 유전자 속에 새겨진 **정보다.**[13] 따라서 정보야말로 보존되고 있는 실체다.

또한 우리의 뇌 속에 들어 있는 정보도 우리 유전자 속에 담겨 있는 정보와 별로 다른 것 같지 않다. 프린스턴 대학교 교수인 생물학자 윌리엄 비알레크는 파리의 뇌를 연구해왔다. 그는 파리의 뇌 구조가 비교적 단순해서 파리를 택했다고 한다. 그 연구로 그는 기본적인 두뇌 활동은 복잡한 전기화학적 과정임을 입증했다. 세포막 반대편에 있는 나트륨과 칼륨 원자들이 위치를 바꾸면 뉴런은 0에서 1로 변환되고, 잠시 후 다시 원래로 변환된다. 다른 말로 하면, 기본적인 뉴런의 활동은 이진법 활동과 상당히 유사하다. 비알레크는 또 파리에게 아주 강하고 단순한 이미지들(하얀 막대기, 까만 막대기, 움직이는 막대기 등)을 보여주는 방식으로 신경 신호의 '알파벳'이라고 부를 만한 측면을 연구했다. 그 결과 파리의 뇌는 1000

분의 1초 단위로 5비트짜리 정보 영역에서 무언가를 전송할 수 있다는 사실을 발견했다. "파리의 뇌는 대단히 복잡하기는 하지만 어쨌거나 비트를 처리하는 기계다."[14]

여기까지는 그런 대로 이해가 된다. 그러나 정보 이론은 물리학과 우주론의 최근 발전 과정에 적용되는 순간, 한층 더 복잡해지고 훨씬 이상해진다.

물리학이 수학이 되다

이제 우리는 '역설의 과학'이라는 영역에 들어섰다. 물리학 분야에서 가장 최근에 진척된 대단히 흥미로운 분야 가운데 하나다. 일부 비판적인 학자들은 '역설의 과학'이란 실험인 동시에 사변이라고 주장한다. (종종) 기이해 보이는 발상들을 뒷받침할 만한 실질적인 증거가 제시될 수 없는 영역이라는 뜻이다. 하지만 이는 전적으로 공정한 평가는 아니다. 사변의 상당 부분은 수학적 계산에서 비롯되고 수학적 계산으로 뒷받침되니 말이다. 여기서 수학적 계산은 말과 시각적 이미지와 비유가 모두 통하지 않는 모종의 해법을 가리킨다. 이렇게 진전된 상황을 지금 이 17장에 소개하는 것도 그래서다. 어떤 면에서 물리학은 수학이 **되었기** 때문이다. 20세기 전반全般에 걸쳐 물리학이 제시한 아이디어들—예를 들면 새로운 입자들에 관한 추정—은 한참 뒤에 가서야 실험적으로 뒷받침되었다. 따라서 지금 우리가 논하는 부분도 그다지 새로운 면은 없을지 모르겠다. 현재 우리는 과도기에 살고 있으며, 지금 물리학에서 운위되고 있는 아이디어들이 실험을 거쳐 지지를 받을지 어떨지 알 방법은 전혀 없다.

이런 이야기를 풀어나가는 단초로는 블랙홀이 좋을 듯하다. 본질적으로 블랙홀이라는 실체에 대해서는 거의 알 수 없기 때문이다. 일반 대중이 블랙홀이라는 개념을 처음 알게 된 것은 1988년에 케임브리지 대학교 교수인 우주론 학자 스티븐 호킹이 《시간의 역사: 빅뱅에서 블랙홀까지 A Brief History of Time: From the Big Bang to Black Holes》를 출판하면서부터다. 앞서 언급했듯이 블랙홀이라는 아이디어가 (현대에) 처음 등장한 시기는 1960년대다. 블랙홀은 초고밀도 물체로 상정되었다. 항성 진화의 한 결과로 거대한 물체가 자체 내로 붕괴되어 중력의 힘이 커지면 그 어떤 것도, 심지어 빛—정보는 전혀 아니다—조차 빠져나갈 수 없게 된다는 것이다. 1960년대에 펄서, 중성자별, 배경복사 등이 발견되자 블랙홀 개념을 이해하는 데 큰 도움이 되었다. 이로써 그런 현상들이 이론적으로만 존재하는 것이 아니라 실제로 일어나고 있음이 확인되었다.

호킹은 런던 대학교 버크벡 칼리지의 물리학자 로저 펜로즈와 공동 작업을 통해 처음으로, 모든 블랙홀의 중심에는 우주가 처음 생길 때와 마찬가지로 어떤 '특이점'이 있어야 한다고 주장했다. '특이점singularity'이란 어떤 물질이 밀도는 무한히 높고 크기는 무한히 작아서 우리가 아는 물리학 법칙이 완전히 깨지는 순간을 말한다. 여기에다 호킹은 블랙홀이 복사를 방출할 뿐 아니라('호킹 복사Hawking radiation'라고 한다) 어떤 조건하에서는 폭발한다는 혁명적 아이디어를 추가했다. 그는 또, 1960년대에 신형 전파망원경 덕분에 전파별radio star이 발견된 것처럼, 우주에서 오는 엑스선도 대기권 바깥을 도는 인공위성을 통해 감지되리라고 믿는다. 그런 복사선은 대개 지구 주변 대기에 의해 차단되기 때문이다. 호킹의 추론은 여러 가지 계산에 바탕을 두고 있다. 그런 계산들에 따르면 물질이 블랙홀로 빨려들어 가면 뜨거워지면서 엑스선을 방출한다. 아닌 게 아니라 이후 천체 관측 과정에서 엑스선을 방출하는 물체 네 종이 확인되어 관찰이 가능한 최초의 블랙홀 후보로 떠올랐다. 호킹이 나중에 계산한 바에 따르면 원래 생각과는 달리 블랙홀은 안정 상태가 아니며, 중력의 형태로 에너지를 상실하면서 수축되다가 결국에 가서는, 그러니까 수십억 년 후에는 폭발하고 만다. 이런 폭발이 어쩌면 우주에서 왕왕 벌어지지만 달리 어떻게 설명하지 못했던, 에너지 분출 현상의 원인일지도 모른다.[15]

다른 우주로 가는 통로?

1970년대에 호킹은 칼텍 초청으로 물리학자 리처드 파인만을 만나 의견을 나눴다. 파인만은 양자론의 권위자였다. 이 만남을 계기로 호킹은 우주의 기원에 관한 이론을 다듬어갔다. 호킹이 1981년에 우주기원론을 공개한 장소는 하필 교황청이 있는 바티칸이었다. 호킹의 이론은 본래 블랙홀이 수축을 거듭하다 사라지는 순간이 되면 어떤 일이 벌어지는지를 파악하려는 시도였다. 여기서 골치 아픈 문제가 생긴다. 양자론에 따르면 이론적으로 가장 짧은 길이는 플랑크 길이Planck length다. 플랑크 상수에서 파생된 개념으로 10^{-35}미터에 해당한다. 일단 그런 크기가 되면(지극히 작지만 0은 아니다) 더는 줄어들 수 없고 완전히 소멸되는 수밖에 없다. 이와 비슷한 것이 플랑크 시간Planck time으로 10^{-43}초에 해당한다. 따라서 우주가 존재하게 되었다고 할 때 이보다 더 작은 시간 단위로 존재할 수는 없다.

이런 불합리를 호킹은 한 가지 그럴듯한 비유를 통해 해결했다. 아인슈타인이 그랬던 것처럼, 호킹은 시공간이 풍선의 표면이나 지구 표면처럼 구부러져 있다고 가정해보라고 권한다. (어디까지나 비유라는 점을 기억하시라.) 호킹은 또 다른 비유로 우주가 탄생했을 때 크기가 북극을 중심으로 그린 아주 작은 원 같다고 말했다. 우주(원)가 팽창하면 위도 선이 지구 주위로 확대되다가 적도에 이르고, 그다음에는 다시 작아지기 시작해 모든 것이 한 점으로 수축되는 '대붕괴Big Crunch' 단계가 되면 남극에 도달하는 셈이다. 그러나 역시 그럴듯한 비유로 말하자면, 남극에서는 어느 쪽으로 가나 북쪽이다. 기하학적 개념으로는 달리 상상할 수가 없다. 호킹은 우주가 탄생하는 시점에 이와 비슷한 과정이 일어났을 것이라고 가정한다. 남극에서는 **남쪽**이라는 개념이 아무 의미가 없듯이, 우주의 특이점에서 **그 이전**은 아무 의미가 없다. 시간은 앞으로만 나아갈 수 있다는 뜻이다.[16]

호킹의 이론은 빅뱅 '이전'에 무슨 일이 있었는지를 설명하려는 시도였다. 빅뱅 이론에서 물리학자들을 가장 괴롭힌 문제 가운데 하나는, 우리가 지금 알고 있는 우주는 어느 방향으로 가도 거의 동일해 보인다는 점이었다. 왜 그리도 절묘할 정도로 대칭적일까? 대부분의 폭발은 그런 완벽한 균형을 보여주지 않는다. '특이점'을 색다르게 만든 것은 무엇일까? 하나의 답은 MIT 교수인 앨런 구스Alan Guth('진실'을 뜻하는 영어 truth와 끝 발음이 같다)와 1990년에 미국으로 이주한 러시아 출신 물리학자 안드레이 린데의 공동 연구에서 나왔다. 두 사람은 시간이 처음 시작된 시점($T=10^{-43}$초)에 우주는 양성자보다도 작았고, 그 순간 중력은 잠시 잡아당기는 힘(인력)이 아니라 **밀어내는** 힘(척력斥力)이었다고 주장했다. 이 척력 때문에 우주는 급속한 팽창기를 거치면서 10^{30}초 만에 10^{-30}배로 불어나 포도알만 한 크기가 되면서 우리가 지금 보는(그리고 측정할 수 있는) 것과 같은 안정적인 팽창 속도를 유지했다고 두 사람은 말한다. 이 이론('날조'라고 비판하는 사람들도 있다)은 대단히 궁색하나마 우주가 왜 그렇게 균질적인

지를 설명하는 데 필요한 최소한의 가정이다. 급팽창이 일체의 주름을 날려버렸을 거라는 얘기인데, 이는 우주가 왜 완벽하게 균질적이지 않은지도 설명해준다. 물질의 덩어리들이 있어 은하와 별과 행성을 형성하기도 하고, 다른 형태의 복사가 있어 가스를 형성하기도 하기 때문이라는 설명이다.[17]

린데는 여기서 한 걸음 더 나아가, 우리 우주가 팽창에 의해 생성된 유일한 우주가 아니라는 이론을 제시했다. 그는 서로 다른 크기의 많은 우주들로 구성된 '메가우주megaverse'가 존재한다고 주장하는데, 이 주제는 호킹도 검토한 바 있다. '아기우주baby universe'들은 실제로는 블랙홀이며, 시공간에 떠다니는 물방울과 같은 것이다. 앞서 든 풍선의 비유로 돌아가서, 풍선 표면에 수포가 하나 있다고 가정해보라. 그 수포를 좁은 지협地峽 같은 것이 나누고 있다면 그것은 특이점과 마찬가지가 된다. 정보는 아무것도 없고, 누구도 그 지협을 통과할 수 없으며, 누구도 수포의 존재를 인식할 수 없다. 수포는 풍선만 할 수도 있고, 그보다 더 클 수도 있다. 사실상 그 크기는 얼마든지 가능하다. 시공간의 곡률과 블랙홀 물리학의 함수이기 때문이다. 본질적으로 우리는 그런 것들을 직접 경험할 수는 없다. 그런 점에서 그런 것들은 아무런 의미도 없다.

호킹과 같은 과학자들은 또 '원리상' 원래의 블랙홀과 나중에 생겨난 우주들은 '웜홀wormholes' 또는 '우주끈cosmic string'이라고 하는 것들로 서로 연결되어 있다는 이론을 내놓았다. 웜홀이란 블랙홀을 포함해 우주의 서로 다른 부분들을 연결해주는 아주 작은 튜브로 상정된다. 따라서 이론적으로 다른 우주로 가는 통로 역할을 할 수 있다. 그러나 너무 좁아서(직경이 플랑크 길이 한 단위다) 우주끈의 도움 없이는 그 무엇도 웜홀을 통과할 수 없다. 그런데 우주끈은 **순수하게 이론적인** 물질로, 태초에 발생한 빅뱅의 잔존물로 간주된다. 우주끈 역시 아주 얇게(그러나 대단히 조밀하게) 끈 형태로 우주 전체에 펼쳐져 있어서 '절묘하게' 작동한다. 우주끈은 누르면 팽창하고 잡아당기면 수축한다는 의미에서 절묘하다는 말이다. 따라서 적어도 이론적으로는 우주끈이 웜홀을 열어놓을 수 있다. 결국, 다시 이론적으로 말해서, 미래의 문명에서는 시간 여행이 가능하다는 뜻이 된다.[18]

마틴 리스가 말하는 우주의 '인본 원리anthropic principle'는 다소 이해하기 쉽다. 영국 왕실 천문대장을 지낸 리스는 '평행우주parallel universes'가 존재한다는 간접 증거를 제시한다. 우주가 단 하나만 존재한다면 인간이 존재하기 위해서는 무수한 우연이 일어났어야만 한다는 것이 그의 주장이다. 초기 논문에서 그는 우리가 아는 물리법칙의 단 한 부분만 달라져도—중력이 커진다든가 등등—우리가 알고 있는 우주는 지금과는 매우 달라졌을 것임을 보여준다. 천체는 더 작고, 더 차고, 존속 기간도 더 짧아지고, 표면도 아주 달라지는 등 모든 면에서 다른 모습이 됐을 거라는 얘기다. 결론적으로 우리가 알고 있는 생명체는 우리가 누리는 물리법칙이 통하는 우주에서만 생성될 가능성이 매우 높다. 이는 첫째, 다른 형태의 생명체가 우주의 다른 곳에 존재할 가능성이 높다(동일한 물리법칙이 적용되기 때문에)는 의미다. 다른 한편으로는 다른 물리법칙이 적용되는 다른 우주들이 얼마든지 '존재할 수 있으며', 그런 우주에서는 **매우** 다른 형태의 생명체가 존재하거나 생명체가 일절 존재하지 않을 수 있다는 의미다. 리스는 **우리가** 우리 우주를 관측하고 다른 우주의 존재를 추정해볼 수 있는 것은 물리법칙이 허용하기 때문이라고 주장한다. 그런데 이는 우연의 일치치고는 너무 심하다고 리스는 본다. 따라서 우리의 우주와는 매우 다른 제2, 제3의 우주가 존재할 가능성이 거의 확실하다는 것이다.[19]

우주론의 철학

영국의 천체물리학자 조지프 실크는 그런 의견에 동의한다. 실크는 국제 우주론 철학 프로젝트를 주도하면서 '**일어날 수 있는** 모든 일은 무수히 여러 번 **일어날 것**'이라는 아이디어를 추가했다. 이 아이디어는 원래 루트비히 볼츠만의 독창적인 아이디어에 바탕을 둔 것이다. 볼츠만은 '모든 상정 가능한 입자의 위치와 운동량은 어딘가에 존재할 것'이라고 생각했다.

사람들이 이런 시각에 적응하는 데에는 시간이 걸리지만 실크는 이것이야말로 지구를, 이어서 태양을, 그 다음에는 우리가 속한 은하를 물리적 현실의 중심이라는 특수한 위치에서 끌어내리는 거대한 변화의 정점일 것이라고 실크는 말한다. 이는 또 우주론의 거대한 미스터리들 가운데 하나, 즉 우주의 팽창 가속도 예측치는 실제 관측치보다 10^{120}배 크다는 점을 설명하는 데에도 도움이 된다. 이런 불일치는 너무도 어마어마해서 이에 대한 가장 그럴듯한 설명은 '영구 팽창eternal inflation' 이론이다. 우주 발생 초기의 아주 짧은 순간에 일어난 초고속 팽창이 되풀이해서 일어나면서 새롭게 팽창하는 우주가 무한히 탄생한다는 설명이다.[20]

이상해 보이겠지만, 문제는 여기서 끝이 아니다. 미국의 이론물리학자 데이비드 봄의 우주관은, 어렵기는 하지만, '장場, field' 개념을 확장해서 과학철학자 어니스트 네이글이 '수학적으로 연속적인 공간'이라고 규정한 것을 간결하게 설명해낸 것 같다. 봄은 자신의 생각을 비유로 설명한다. 일종의 사고실험으로, 우선 동심원 구조로 된 두 개의 유리 실린더가 있는 장치를 가정한다. 바깥쪽 실린더는 고정되어 있고, 안쪽 실린더는 축을 중심으로 회전한다. 두 실린더 사이에는 글리세린 같은 점착성 액체가 들어 있다. 이 액체에 용해되지 않는 유색 잉크를 한 방울 떨어뜨린다. 안쪽 실린더가 바깥쪽 실린더보다 빨리 돌아가면서 잉크는 점점 가는 실처럼 흩어져 밖으로 밀려나간다. 결국 실 같은 잉크는 너무 가늘어져서 눈에 보이지 않게 된다. 그런데 안쪽 실린더를 반대 방향으로 돌리면 실 같은 잉크의 모든 부분이 되돌아와 결국은 다시 원래의 잉크 방울을 형성함으로써 "잉크 방울이 갑자기 다시 보이게 된다."[21] 봄은 이것을 우주의 '숨은 질서 implicate order'라고 말한다. 연속적인 수학적 공간에서는 "정신과 물질, 영혼과 육체가 실질적으로 구분되지 않는다"라는 얘기다. 장, 즉 수학적 공간은 눈에 보이지 않는 질서를 품고 있고, 이 질서는 적절한 여건이 되어야만 **드러난다**. 봄의 이론에는 다른 요소도 많이 포괄하지만 우리 모두는 '전체'와 연결되어 있으며 결국 '양자 얽힘quantum entanglement'과 '양자 터널 현상quantum tunnelling', 입자, 유기체 등도 그런 방식으로 전체와 연결되어 있다는 생각이 핵심 요소다.*

옥스퍼드 대학교의 물리학자 데이비드 도이치는 이보다 한참 더 나아간다. 1997년에 발표한 저서 《실재의 구조The Fabric of Reality》에서 그는 프랭크 티플러, 로저 펜로즈, 앨런 튜링, 쿠르트 괴델 같은 과학자들의 연구 성과를 종합하여 마치 신학과 같은 물리학을 제시했다.

도이치는 특히 우리 모두는 '평행우주'에 살고 있으며, 조지프 실크가 말한 대로 많은 우주로 구성된 '다중우주multiverse'가 존재하고, 우리(또는 우리의 복제물)는 그 우주들 가운데 여러 곳에 거주하고 있다는 주장에

---

* '양자 터널 현상'은 양자가 지닌 불가사의의 또 다른 측면이다. 물리학자들이 가장 잘 사용하는 비유는 언덕으로 굴러 올라가는 볼베어링 얘기다. 고전물리학에서는 베어링에 에너지를 충분히 가하지 않으면 베어링이 언덕 꼭대기까지 올라간 다음, 반대편 경사면에 도달할 수 없다. 그러나 베어링이 입자인 동시에 파동인 양자 세계에서는 파동적 요소가 언덕을 터널처럼 통과하면서 그 과정에서 에너지를 '빌려서' 반대편 경사면에 도달한다는 것이다.

서 출발한다. 그런 우주들에 대해 우리는 간간이, 희미하게만 알 수 있다. 어쨌든 그의 책에서는 빛이 여러 미세한 틈새를 통과한 뒤 스크린에 나타나는 일련의 패턴을 주장의 근거로 삼는다. 도이치는 빛이 통과한 틈새의 수에 따라 최종 스크린의 어떤 부분은 희고 어떤 부분은 검다는 것을 보여준다. 이런 패턴은 우리가 **볼 수 있는** 광자 말고도 우리 눈에 보이지 않는 검은 '그림자' 광자들이 있어서, 경우에 따라 '간섭'을 한다고 가정해야만 설명이 가능하다. 도이치는 이런 논리를 근거로 평행우주라는 관념에 도달한다. 이것이 의미심장한 이유는, 다른 방식으로는 이해할 수 없는 아주 많은 것들을 설명해주기 때문이라고 그는 말한다.[22]

도이치의 또 다른 주요 관심사는 연산, 즉 수학은 물리학과 잘 통한다는 부분이다(그래서 이 세계는 이해가 가능하다). 더욱이, 그리고 가장 중요한 것은 연산이 **유일한** 형태의 지식이라는 점이다. 그런 연산화 지식computational knowledge의 확장이야말로 생명의 '목적'이라고 도이치는 말한다. 그는 물리학 법칙에 따라 구성되고 수학적으로 유형화된 우주에서는 미래의 어느 시점에 그런 수학적 연산화 지식의 모든 것이 밝혀질 것이며, 생명은 '결국 승리를 거둘 것'이라고 생각한다.

이런 생각을 출발점으로 삼은 도이치는 뉴올리언스 툴레인 대학교 교수 프랭크 티플러와 함께 대단히 먼 미래(수십억 년 앞)를 내다본다. 두 사람은 그 시점이 되면 (연산화) 지식이 지금보다 엄청난 정도로 확장되어 공간 여행은 흔한 일이 되고 시간 여행도 가능하며, 인간이 우리 우주의 최종 단계—현재의 지식 수준에 따르면 우주는 재앙적 '대붕괴'로 종말을 맞는다—를 피할 수 있는 상황에 놓일 것이라고 생각한다. 이상이 티플러가 저서 《불멸의 물리학The Physics of Immortality》에서 천착한 내용을 개략적으로 요약한 것이며, 그는 '오메가 포인트omega point'라는 개념을 특히

구체적으로 설명한다.[23]

　대붕괴가 다가오면 우주는 수축하고, 점점 더 많은 에너지가 점점 좁은 공간으로 집중된다. 이는 '사람들의 정신이 〔그때가 되면〕 물리적 속도가 무한히 증가하는 컴퓨터에 내장된 컴퓨터 프로그램처럼 작동'하는 것을 의미한다. 수십억 년 후가 될 그 시점이 되면, 연산 능력 덕분에 경험은 경과 시간에 의해 결정되지 않고 '그 시간 **속에서** 수행되는 연산에 의해 결정될 것'이다(강조 부분은 필자). "무한한 연산 단계를 거치는 동안 무한한 수의 사고를 할 수 있는 시간이 있다. 생각하는 자들은 스스로를 자신이 원하는 어떤 가상현실 같은 환경 속에 투사할 시간이 충분히 있다. …… 그들은 서두를 필요가 없다. 주관적으로는 영원히 사는 것이기 때문이다. 1초 안에, 또는 100만 분의 1초 안에 '세상의 모든 시간'을 소유함으로써 그 이전에 다중우주에 존재했을 어떤 사람보다도 더 많은 것을 행하고, 더 많은 것을 경험하고, 더 많은 것을, 무한히 더 많은 것을 창조해낼 것이다."

　여기서 몇 가지 준비해야 할 일이 있다고 도이치는 말한다. 그러나―이 대목이 이론의 핵심이다―우리가 현재 보유하고 있는 물리적 지식은, 이 모든 추론은 현재의 지식에 입각한 추론이지 사변이 **아님**을 의미한다. 우리는 우주를 오메가 포인트(최종점―옮긴이)까지 '몰고 가야' 할 것이며, 그 과정에서 몇 가지 한계점을 극복할 필요가 있다. 하나는, 지금으로부터 약 50억 년 후로 그때가 되면 태양은, 지금 상태로 계속 간다면, 적색거성이 되고 우리는 멸종한다. 도이치가 말하는 것처럼 우리는 별 생각 없이 "우리는 그렇게 되기 전에 태양을 통제하거나 내버리는 법을 배워야 한다"라고 생각할지 모른다. 도이치는 여기서 한 걸음 더 나아가, 오메가 포인트 이론이 "미래의 일반 이론이 될 만한 자격이 있다"라고 말한다.[24]

티플러는 오메가 포인트가 되면 우주의 모든 것이 알려질 것이라고 말한다. 따라서 그때가 되면 존재하는 것은 무엇이든 전지적全知的인 것이 된다. 여기서 나오는 결론은, 존재는 전능해지고 어디에나 있게 된다는 것이다. "그래서 〔티플러는〕 오메가 포인트라는 한계점에서는 전지적이고 전능하며 편재하는 사람들의 사회가 등장한다고 주장한다. 그런 사회를 티플러는 신神이라고 부른다."

도이치는 티플러의 신 개념과 오늘날 대부분의 종교인들이 믿는 신 사이에는 대단히 큰 차이가 있다고 강조한다. 오메가 포인트 가까이에 도달한 사람들은 우리와는 너무도 달라서 우리와 의사소통이 안 될 것이다. 또 그들은 기적을 만들 수 없다. 우주나 물리법칙을 창조하지는 않았으니 결코 그런 법칙을 위배할 수 없기 때문이다. 그들은 종교적 신앙에 반대할 것이고 숭배의 대상이 되고 싶어하지도 않는다(누가 그런 숭배를 한단 말인가?) 그러나 도이치는 그 시점이 되면 기술이 너무 발달해서 죽은 자를 되살릴 수도 있을 거라고 확신한다. 그 시점이 되면, 컴퓨터가 무한히 강력해져서 기존에 존재했던 어떤 형태의 가상 세계까지도 창조할 수 있기 때문이라는 것이다. 거기에는 인류가 진화해온 우리 세계도 포함된다. 이는 무한한 시스템 속에서 우리 세계를 물질적으로 개선할 수 있다는 의미다. 인간이 죽지 않는 세계로 만드는 것이다. 이런 세계야말로 일종의 천국이라고 티플러는 말한다.

오메가 포인트에서 사람들(우리가 상상할 수 있는 수준을 뛰어넘는, 우리와는 아주 다른 사람들이다)이 실제로 무엇을 **할지**는 전문가들의 사변 문제라고 티플러와 도이치는 말한다. 그 이유는 오메가 포인트는 본질적으로 물리법칙들이 통하지 않는 특이점이기 때문이다. 그러나 티플러와 도이치는 현재의 물리학과 수학이 오메가 포인트까지 이르는 과정에 관한 이런 이야기를 뒷받침해준다고 강조한다.

이런 주장은 놀라운 비전이다. 그래서 말할 필요도 없이 도이치와 티플러는 극심하게 비판을 받았다. 현재 대부분의 사람들에게는 무의미한, 너무 먼 미래의 일들에 대한 또 하나의 '아이러니한' 관념이며 '무근거한 사변'이라는 이유에서다. 그러나 두 사람은 자신들의 이론은 실제의 물리학 지식과 연산(현재 존재하는 수학)에 근거한다고 주장한다. 더구나 생명이 지구상에서 확산된 것은 대략 35억 년 동안 일어난 일이며, 예컨대 우리가 태양이 미래에는 소멸할 것임을 아는 데에도 그 정도 시간이 걸렸다. 그러니 우리는 그런 방식으로, 그 정도 시간 틀 차원에서 사고할 줄 알아야 한다는 것이다.[25]

연산의 중요성은 스티븐 울프럼도 '새로운 종류의 과학'이라는 개념을 통해 강조했다. 기술 소프트웨어 시스템인 매스매티카Mathematica를 개발한 영국의 물리학자 울프럼은 한 걸음 더 나아가, "모든 과정은 인간의 노력으로 생성된 것이든 자연에서 자생적으로 일어나는 것이든, 연산으로 볼 수 있다"라고 말한다. 연산은 자연에서 일어나는 서로 다른 과정들을 탐색할 수 있는 '균일한 틀(프레임워크)'을 제공한다는 주장이다. "서로 다른 많은 종류의 과정 사이에는 근본적인 등가성이 있다"라고 그는 주장한다.[26]

울프럼은 그 자신이 '새로운 종류의 과학'이라고 지칭하는 것을 통해서 컨버전스와 새로 등장하는 질서에 대해 이런 관점에 도달한다. 그러나 이는 실제로는 기발한 비유와 같다. 울프럼은 점진적으로 변화하는 자신의 주장을 동료 전문가들이 예의주시하는 전문지를 통해 알리기보다는 대단히 모험적인 출판 방식을 택했다. 그는 10년 동안 은거한 뒤에 한 권의 대작을 발표했는데, 이는 다윈이 오랜 기간 숙고를 거듭하다가 《종의 기원》

을 세상에 내놓았던 방식과 비슷하다. 울프럼의 대작《새로운 종류의 과학A New Kind of Science》은 2002년에 자비로 출판되었는데, 분량이 1274페이지나 되지만 그런 당혹스러운 스타일의 책을 써야 하는 이유를 기술한 부분은 한 문단밖에 안 된다. 필자가 이 책을 탈고하는 시점에《새로운 종류의 과학》은 15만 부 가까이 팔렸으니 결코 작은 성공이 아니다.

울프럼의 비유에서는 '세포 자동자'라는 것(이 개념을 처음 고안한 사람은 IAS의 스탠리 울람이다)이 중요한 역할을 한다. 이를 이해하기 위해, 먼저 무수한 작은 정사각형으로 구성된 그리드(격자판)가 있다고 치자. 정사각형은 모두 같은 색깔이고, 아주 많은 극소 픽셀(화소)로 구성된 컴퓨터 화면 같은 식으로 구성되어 있다. 울프럼은 자신의 중요한 발견이 정사각형 하나를 여러 줄 가운데에서 다른 색깔(예를 들면 흰색 위에 검은색)을 가진 맨 윗줄에 놓으면 어떨까 하는 발상에서 비롯되었다고 말한다. 이어 이 발상을 컴퓨터 프로그램과 연결지었다. 한 세트의 단순한 규칙을 컴퓨터 시스템에 주입했다는 얘기다. 이렇게 해서 규칙들은 격자판 저 아래쪽 열에 들어 있는 정사각형들이 어떤 색깔인지까지를 결정하고, 이런 과정은 계속된다. 아주 간단히 말하면, 규칙은 어떤 세포(하나의 정사각형)가 그 양쪽 세포 가운데 어느 한쪽이 검다면 검게 만들고, 양쪽 모두 희다면 희게 만든다. 좀 더 복잡한 규칙은, 양쪽 모두가 아닌 어느 한쪽만 검다면 해당 세포는 검게 되는 방식이다.

이렇게 시작은 간단했지만 울프럼은 그런 식의 규칙 세트가 256가지나 가능하다는 사실을 발견했다. 그런데 여기서 그치지 않고 더욱 놀라운(그리고 그에게 가장 중요한) 사실은, 시간이 가면서 이런 프로그램을 컴퓨터에 계속 가동하고 경우에 따라 **수백만 번** 반복하자, 두 가지 기본적인 결과가 나타났다는 것이다. 하나는 오랜 시간에 걸쳐 산출되는 패턴들이 믿을 수 없을 만큼 복잡하고 무작위적이며 비반복적인 반면, 다른 하나는 경우에 따라 특정한 패턴들이 나타나면서 일정한 간격으로 반복되었다는 것이다.

울프럼에게 이것은 놀라운 발견이었고, 그는 이 발견을 우리 모두와 공유하고자 한다. 소수의 간단한 규칙이 나중에 엄청난 복잡성과 질서 **둘 다**를 만들어낼 수도 있으며, 질서와 복잡성은 같은 동전의 양면이라는 발상은 그에게 우주에 관한 가장 중요한 사태다. 왜냐하면 우주 자체가 질서 있는 것이기도 하고 무작위적인 것이기도 하며 단순한 양상과 복잡한 양상을 모두 포함하고 있기 때문이다. 울프럼에게는 이런 간단한 규칙들이 모든 것을 설명해준다.

책 전반에 걸쳐 울프럼은 세포 자동자의 행태만을 기술한다. 패턴들은 검게 나타나기도 하고 희게 나타나기도 하며, 경우에 따라 회색 같은 다른 색을 띠기도 한다. 예를 들어 일부 패턴은 우리가 자연에서 보는 패턴과 유사하다. 예를 들면 호랑이의 줄무늬, 또는 모래언덕의 형상, 달팽이와 조개껍질의 나선형 문양과 흡사하다. 한편 울프럼은 공간 자체가 낱낱의 단위들로 구성되어 있을 가능성이 높다고 주장한다. 세포 자동자의 세포들과 흡사한 셈이다. 이를 통해 소립자도 설명할 수 있다고 본다. 소립자들은 본질적으로 그런 단위들의 네트워크에 들어 있는 일종의 '엉킴'이다. 움직이면서 상호작용을 하는 것은 바로 그런 엉킴이며, 이것이 바로 질량의 정체라는 것이다(힉스 입자와 그다지 다르지 않다. 이에 대해서는 잠시 후에 설명하기로 한다).

이런 식으로 공간을 보면 양자역학, 그리고 '중첩superposition'과 같은 현상을 이해하는 데 도움이 된다고 그는 말한다. 중첩이란 실체들은 본질적으로 공간 네트워크를 통해 연결되어 있으므로 동시에 두 장소에 존재할 수 있다는 개념이다. 울프럼은 또 세포 내지는 픽셀(더 마땅한 표현이 없다)의 기본 형태가 정사각형이 아닌 육각형이라면 아인슈타인이 말한 대로 공간이 당연히 휘어져 있을 것임을 시사한다. 또 다른 비유는 인간의 기억에 관한 것이다. 기억은 뇌의 픽셀 속에 들어 있는 패턴이고, 픽셀들은 그런 패턴들을 산출하는 단순한 규칙을 구현하고, 규칙에 따르거나 규칙에서 연원하는 것이다. 이것이 우리가 기억을 복원할 수 있는 이유다. 왜냐하면 유사한 기억들은 유사한 수학적 배열을 따르기 때문이다.

끝으로, 울프럼은 자신의 접근법이 자유의지의 미스터리를 이해하는 데 도움을 준다고 말한다. 어쩌면 이것이 가장 근본적으로 의미 있는 부분일 것이다. 생명이 시작되게 하는 단순한 규칙들은 나중에 엄청난 복잡성을 만든다. 게다가 그가 기술하는 다수의 규칙을 가지고는 특정 시점의 복잡성 상태를 기준으로 어떻게 그런 상태에 도달하게 됐는지를, 어떻게 그런 규칙들이 그 시점까지의 혼돈 또는 질서 상태의 픽셀을 유발했는지 알기가 불가능하다. 따라서 규칙들은 과거로 소급해 추적하기가 불가능하다. 이는 우리가 자유의지에 대해 현재 생각하고 있는 상황과 비슷하다고 그는 말한다. 우리는 모종의 규칙들이 우리를 이 지점까지 몰고 왔다는 것을 안다. 하지만 그 규칙들이 무엇인지는 알지 못하고, 앞으로도 결코 알아낼 수 없다. 따라서 우리는 우리가 자유의지를 갖고 있는 것처럼 느낄 뿐이다. 우리의 행동을 좌우하는 저변에 깔려 있는 규칙들은 결코 알 수 없기 때문이다. 생명 역사의 수학은 우리 인식의 한계를 넘어서는 것이다.

울프럼의 생각에 대한 평가는 엇갈렸다.[27] 어떤 면에서는 세포 자동자라는 것이 생명과 유사하기는 하지만 생명 자체는 아니기 때문이다. 게다가 그는 세포 자동자에 너무 많은 의미를 부여했다. 그런가 하면 그는 책에서 "나는 강력히 추정한다" "가능한 것으로 보인다" "그럴 것 같다" "내

말이 맞는다면" 같은 식의 표현을 너무 많이 쓴다. 비유들 위에 쌓아올린 사변을 대다수 사람들은 과학이라고 생각하지 않는다.

그러나 울프럼의 대작을 당장 말도 안 되는 소리라고 치부하는 사람은 거의 없다. 그리고 울프럼을 여기서 소개하는 이유도 그의 결론들이 의미가 있기 때문이다. 그중에서도 가장 타당해 보이는 대목은 다음과 같다.

- "그럴듯해 …… 보이는 부분은, 공간과 그 내용물 모두 어떤 식으로든 동일한 질료로 구성되어 있어야 하며, 따라서 어떤 의미에서 공간은 우주에서 유일한 물체가 된다는 것이다."[28]
- "근본 단위는 자연과 기타 장소에서 벌어지는 어마어마하게 많은 과정들 전반에 걸쳐 존재한다."[29]
- "다소 추상적인 차원에서 말하면, 우리는 자연과 수학 사이에 존재하는 기본적인 유사성을 즉각 알아챌 수 있다. …… 이는 수학과 자연의 전반적인 유사성이 좀 더 깊은 연원을 가지고 있음이 분명함을 시사한다."[30]

수학, 심리학, 진화론

리 스몰린과 로베르토 웅거는 이와 생각이 다르다. 스몰린은 미국의 저명한 물리학자로 양자 중력, 끈 이론, 상대성 이론의 세련화 작업을 하고 있고, 웅거는 브라질 출신의 철학자다. 두 사람은 함께 쓴 책《특이한 우주와 시간의 실재성The Singular Universe and the Reality of Time》(2014)에서, 우리가 지금까지 살펴봤던 견해들과 달리 수학과 자연 간의 연계성은 착각이며,

한 시점에는 단지 하나의 우주만 존재한다고 주장한다. 물론 시차를 두고 추가로 생겨난 우주들(추가 과정은 선적일 수도 있고 순환적일 수도 있다)이 있었을 수도 있고, 우주들이 성장하면서 거기서 다른 우주가 가지를 치고 나오듯이 생겨날 수도 있다고 본다. 이런 주장은 언뜻 보기보다는 훨씬 큰 차이를 내포하고 있다. 다중우주 또는 평행우주라는 관념 뒤에는 그런 우주들은 다른 법칙을 가지고 있을 것이라는 이론이 숨어 있다. 반면에 웅거와 스몰린은 가지를 쳐나가는 우주는 전부 동일한 법칙을 갖고 있으며, 따라서 커뮤니케이션—우주들 간의 정보 교환—이 가능하다고 본다. 평행우주는 원리적으로 경험적 탐구 영역을 벗어나 있다. 우리의 특이한 우주는 "지극히 균질적이고 공간의 방향에 따라 물리적 성질이 변하지 않는 등방성等方性을 가지고 있다, 따라서 동일한 현상이 반복되고 규칙적인 연관관계가 존재하기에 적합한 설정이다."[31] 그러나 우주가 무엇인가로부터 생겨났다면 그 무엇인가는 빅뱅에 앞설 것이다. 빅뱅 시점에는 "우연적인 연관관계들이 아직 법칙과 같은 형태를 취하지 않았을 것이고, 자연이 지속적인 특질들을 갖는 방향으로 분화되는 현상도 아직 발생하지 않았을 것이다."[32]

이 두 사람이 펼친 또 다른 주장은 시간은 실재라는 것이다. 여기서 나오는 가장 중요한 결론은 자연의 구조와 규칙성 속에 존재하는 모든 것은 조만간 변하며, '변화'가 '존재'에 우선하고, 과정이 구조에 우선한다는 것이다. 두 사람은 현재 상황을 놓고 본다면 식어버린 우주의 상태는 대단히 안정적이지만 자연법칙은 우주의 역사에서 적어도 한 번은 변했다고 지적한다. 앞서 살펴본 대로, 급팽창 시기에 중력은 일시적으로 척력이었을 것이라고 본다. 스몰린과 웅거는 여기서 한 걸음 더 나아가, 시간이 가면서 변했을 다른 자연법칙이 있을지 모른다는 점(이것이 DNA에 관한 슈뢰딩거의 아이디어임을 기억하시라)을 고려한다. 웅거와 스몰린은 특히―지나가면서 살짝 언급하는 식이기는 하지만―이런 변화들이 성性의 발명 및 정신의 발명 과정에서 일어났을지 모른다고 지적한다. (두 사람 말고도 물리법칙의 문제에서 정신은 특수한 경우가 아닐까 하고 생각하는 사람이 적지 않다.) 웅거와 스몰린은 자연을 좌우하는 더 깊은 차원의 '메타 법칙들meta-laws'이 있을지 모른다는 질문을 던진다. 메타 법칙이란 변화가 일어나는 과정의 근저에서 작용하는 법칙이다. (여기서 울프럼의 세포 자동자 개념과 연결된다.)[33] 그리고 공간은 시간으로부터 생겨나는 것일지 모른다고 두 사람은 말한다.

그러나 두 사람은 또 도이치 및 울프럼의 시각에 반대해, 수학은 선택적으로만 실재적이라고 주장한다. ("무한 개념은 수학의 속임수이며 …… 그것을 우주론에 적용하는 것은 부당하다.") 두 사람은 수학의 관심사는 두 가지인데, 하나는 자연법칙이고 또 하나는 수학 자체라고 말한다. "수학은 시간과 현상적 특수성이 소거된 세계 속에서 가장 일반적인 관계들을 탐색하는 데에서 시작한다. 그러나 수학은 곧 우리의 지각 경험이 지닌 한계를 벗어난다. 수학은 새로운 개념들과 그것들을 연결시키는 새로운 방법들을 고안해낸다. 여기서 수학에 자극을 주는 것은 자연과학의 신비들뿐 아니라 그 이전에 있었던 수학적 관념들이다."[34] 두 사람은 수학이 자연에 관한 것이든, 아니면 자연을 벗어난 수학적 대상들의 '특수한 영역'에 관한 것이든, 소멸되지 않는 대상들에 대한 영원한 진리로 가는 지름길을 제공해주지는 않는다고 주장한다. "〔수학은〕 과학적 발견과 상상력이 하는 역할을 대신하지 못한다. …… 수학이 숨겨둔 핵심 과제는 수학이 탐구 대상으로 삼고 있는 자연계의 내면―시간에 얽매인 특수성들―을 제거하는 것이다."[35] 수학은 시간 바깥에 존재하고 시간 바깥에 존재하려는 **의도**

를 가지고 있다는 사실 자체가 수학의 유용성과 그 실재성을 제약한다.

수학의 수수께끼, 즉 '수학의 불합리한 효용성'(원래 유진 위그너가 사용한 표현이다)은 심리학과 진화론으로 설명된다고 두 사람은 말한다. 수학은 현상의 특수성과 자연의 일시적 변화를 '무시한다'는 점에서 효용성이 있다. 따라서 우리는, 수학자들 사이에 만연해 있는(두 사람의 평가다) 사이비 플라톤주의를 피하려면 자기비판적 각성이 필요하다. 사이비 플라톤주의는, 추상물은 '실재의 특수한 부분에 거처하는' 특별한 유형의 대상들이라고 하는 무근거한 가정이다.[36] 소수素數는 물이 섭씨 0도에서 어는 이 세계의 양태와 마찬가지로 사실이다. 그러나 소수는 그와 동일한 방식으로 참이거나 실재인 것은 아니다. 세계의 실재성과 다양성, 그리고 상호관계들 사이의 연계를 수학적으로 (누군가가) 표현할 수는 있지만, 그것은 '우리가 고안한 게임', 즉 '2등급짜리' 실재('천박한 플라톤주의')에 불과하다. ('시간과 흐릿하게 구별되는') 세계의 현상적 특수성은 결코 말살할 수 없으며, 추상물과 똑같이 흥미롭고 대단히 중요하다. "물리적 직관 또는 실험을 통한 발견, 수학적 표현 사이에 사전에 성립된 조화란 없다."[37] 실재는 영구적인 것이 아니며, 새로운 것의 출현은 "우주의 역사에서 반복되는 사건이다."

우리 책의 입장에서 보자면 웅거와 스몰린의 주장은 두 가지 의미에서 중요하다. 첫째, 평행우주가 점차 설득력을 얻어가는 상황에 명백히 의문을 제기한다는 것이다. 둘째, 질서를 이해하는 데에서 수학이 지극히 중요한 역할을 한다는 상식에 역시 명백히 찬물을 끼얹는다는 것이다.

만유 이론들: 사실상 완전한 물리학과 수학의 통합

이른바 '만유 이론theory of everything'이라는 것도 아이러니한 표현이기는 하지만, 방식은 약간 다르다. 이 이론은 모든 근본적인 물리학을 한 세트의 방정식으로 기술하려는 시도이지, 그 이상은 아니다. 물리학자들은 이런 '최종 해결책'이 임박했다고 수십 년 동안 떠들어왔지만 (아인슈타인이 통일장 이론을 추구하다 실패한 것이 벌써 반세기도 더 된 일임을 상기하라) 모든 것을 설명하는 만유 이론은 사실 여전히 오리무중이다.

1960년대까지 중력, 전자기력, 강력(강한 핵력), 약력이라는 네 가지 힘이 밝혀졌고, 문제는 이들을 조화시키는 일이었다. 1960년대에 하버드 대학교의 셸던 글래쇼가 한 세트의 방정식을 고안해냈고, 이를 런던 임페리얼 칼리지의 압두스 살람과 텍사스 대학교의 스티븐 와인버그가 더 발전시켰다. 문제의 방정식은 약력과 전자기력을 동시에 설명하면서 W^+, W^-, Z^0라는 새 소립자 3종의 존재를 가설로 제시했다. 이들 소립자는 1983년에 제네바 CERN에서 실험을 통해 관찰되었다. 이렇게 해서 쿼크가 어떻게 상호작용을 하는지 설명하는 새로운 이론(11장 참조)과 더불어 전자기력, 약력, 강력이 한 세트의 방정식으로 통합되었다.[38] 이는 놀라운 성취였다. 그러나 중력은 여전히 그대로 남아 있다. 그래서 물리학자들로서는 중력을 전체 틀 속에 통합시키는 것이 만유 이론에 주어진 최대 과제다.

처음에 물리학자들은 중력 양자론 쪽으로 나아갔다. 말하자면 한두 가지 소립자의 존재를 이론화해 중력을 설명하려 했으며 그런 중력 입자에 '중력자graviton'라는 명칭을 붙였다. 하지만 새로 나온 이론들은 그런 입자가 종류가 훨씬 많을 것이라고 추정한다. (어떤 물리학자는 8종, 또 어떤 학자는 154종이 있다고 본다. 그만큼 앞으로 설명하는 과정이 험난하리라는 것을 짐작할 수 있다.) 그런데 1980년대 중반 들어 물리학자들은 '끈 혁명string revolution'에 경도되었고, 이어 1995년에는 '초끈 혁명superstring revolution'이 일어나 과학계를 뒤집어놓았다. 묘하게도 20세기로 접어드는 시기에 물리학자들을 사로잡았던 것과 같은 흥분이 21세기가 다가오는 시점에 재연되면서 완전히 새로운 탐구 영역이 개화할 듯이 보였다.

끈 혁명이 나온 것은 근본적인 역설 때문이었다. 거대 규모의 우주 구조를 설명하는 일반 상대성 이론과 아원자 차원의 미시 구조를 설명하는 양자역학은 각각의 차원에서는 성공적이지만, 앞서 설명한 대로, 호환이 되지 않았다. 물리학자들은 자연이 그런 상태를 용인한다고는 도저히 믿을 수 없었다. 뉴턴이 말한 대로 '자연은 단순함을 흡족해하기' 때문이다.

끈 이론가들에게 닥친 또 다른 근본적인 문제들도 있었다. 왜 네 가지 기본 힘이 존재하는가? 왜 소립자 수는 지금과 같고, 그 속성은 또 왜 지금과 같은가? 등등. (메리 서머빌이 살아 있었다면 역시 이런 문제에 매료됐을 것이다.) 끈 이론가들이 제시한 답은 물질의 기본 구성 요소는 일련의 입자(점 형태의 실체)가 아니라 미세한 1차원 끈들이며, 종종 고리 모양인 경우도 있다는 것이었다. 이런 끈들은 너무도 작아서 10^{-33}센티미터쯤 된다. 현재의 관찰 도구로 직접 관찰할 수 있는 범위를 넘어선다는 얘기다. 따라서 어쨌거나 현재로서는 전적으로 이론적인(수학적인) 구성물이다. 그럼에도 불구하고 끈 이론에 따르면 전자는 하나의 방식으로 진동하는 끈이고, 업 쿼크는 다른 방식으로 진동하는 끈이며, 타우 입자는 제3의 방식으로 진동하는 끈이다. 한 대의 바이올린에서 여러 현이 서로 다른 방식으로 진동하면서 다른 음들을 만들어내는 것과 마찬가지다. 추정치에 따르면 지금 우리가 논하는 실체들은 지극히 미세해서 원자핵보다 10^{20}배나 작다. 그러나 이런 차원에서는 중력과 양자론을 조화(통합)시키는 것이 가능하다고 끈 이론가들은 말한다. 또 그 부산물(보너스)로서 중력 입자(중력자)가 계산 과정에서 자연스럽게 도출된다고 주장한다.[39]

끈과 같은 미시적 실체를 다루는 과정에서 전에는 물리학자들의 관심을 끌지 못했던 가능성들이 나타났다. 그중 하나가 '감춰진 차원들'이 있을 수 있다는 것인데, 이를 설명하려면 다시 비유가 필요하다. 입자는 우리의 관측 도구가 아주 무뎌서 대단히 작은 것은 볼 수 없으니 입자로 보인다는 아이디어부터 검토해보자. 브라이언 그린이 저서 《우아한 우주: 초끈과 숨겨진 차원들, 그리고 궁극적 이론의 탐구The Elegant Universe: Superstrings, Hidden Dimensions, and the Quest for the Ultimate Theory》에서 든 예를 따른다면, 멀리서 보는 호스를 생각해볼 수 있다. 멀리서 보는 호스는 1차원의 가는 실처럼 보인다. 종이 위에 선을 하나 찍 그어놓은 것과 같다. 물론 실제로 가까이 다가가서 보면 호스는 2차원이다. 우리가 가까이 가서 들여다보지 않아서 그렇지, 항상 2차원이었다. 물리학자들은 끈 차원도 마찬가지라고(또는 마찬가지일 것이라고) 말한다. 감춰진 차원들이 말려 있는데 현재로서는 우리가 그것을 알지 못할 뿐이라는 주장이다. 학자들은 다 해서 **열한 개**의 차원이 있을 것이라고 본다. 공간 차원이 열 개, 시간 차원이 한 개다. 상상하거나 그려보기가 불가능하지는 않지만 매우 어려운 개념이다. 과학자들이 이런 주장을 하는 근거는 수학—수학자들도 어렵다고 고개를 절레절레 흔드는 수학—이다. 그래도 이런 식으로 설명하면 우주의 많은 부분들이 훨씬 잘 맞아떨어진다. 예를 들어 블랙홀은 소립자와 유사한 실체, 그리고 다른 우주로 통하는 관문으로 설명된다. 여러 차원이 필요한 것도 그것들이 휘거나 굽는 방식에 따라 끈들의 진동 규모와 빈도가 결정되기 때문이라고 끈 이론가들은 말한다. 다른 말로 하면, 우리가 잘 알고 있는 '소립자들'이 왜 지금과 같은 질량과 에너지와 수를 갖는지를 설명할 수 있다는 얘기다. 끈 이론 최신 버전은 끈 너머의 것을 끌어들인다. 2차원, 3차원, 그리고 그 이상 차원의 막膜, 또는 작은 다발들이 있다고 말한다. 이 주장을 잘 이해하는 것이 21세기의 주요 과제가 될 것이다.[40]

끈 이론은 우리 이해력의 한계를 시험한다. 끈 이론은 아직은 99퍼센트 이론(본질적으로 수학)이다. 물리학자들은 이제 신종 이론들을 실험적으로 검증할 방법을 찾기 시작했다. 그러나 지금으로서는 끈이라는 게 과연 존재하는지조차 회의하는 사람들이 많다(우리 책 〈맺는말〉 참조). 이런 미세한 차원들을 통해 우리는 '시간과 공간이 존재하지 않는 영역'으로 들어갈 수 있을지도 모른다.

그린은 끈 이론이 과학적으로는 물론이고 철학적으로도 중요한 진전 내지는 돌파구가 되리라고 본다. "우주가 어떻게 시작되었고, 시간과 공간 같은 것들이 왜 존재하는가 하는 질문에 답을 줄 수 있을 것이기 때문이다. 왜 무가 아니라 유가 존재하느냐는 라이프니츠의 질문에 대한 답에 한 걸음 가까이 다가가게 해줄 것이라는 얘기다." 끝으로 초끈 이론에서 우리는 사실상 물리학과 수학의 완전한 통합을 목격한다. 두 분과의 관계는 늘 가까웠지만 지금만큼 가까운 적은 없었다. 우리는 이제 어떤 의미에서, 그리고 웅거와 스몰린이 한 말에도 불구하고, 실재의 토대 자체가 수학적인 것일 가능성에 점차 다가서고 있다.

양자역학과 정보 이론이 수학을 통해 수렴되다

그렇다고 해서 반드시 깔끔한 해결이 이루어질 것이라는 말은 아니다. 실제로는 오히려 상황이 훨씬 더 복잡해질 수 있다. 그렇다고 그런 질문을 회피하는 것은 옳지 않다. 양자역학과 정보 이론은 수학적인 방식으로 통합되었는데, 이것이야말로—아이러니한 것이든 그렇지 않든 간에—우리 대부분에게는 참으로 혼란스러운 사태다. 1982년에 프랑스 물리학자 알랭 아스페가 처음으로 '양자 얽힘'이 사실임을 밝혀냈지만 그가 한 실험은 종종 다른 학자들에 의해 다시 시도되었다.[41] 실제로 스위스 제네바 대학교에서는 니콜라스 지생 교수와 그의 동료들이 칼륨, 니오브(니오븀), 산소로 구성된 결정체를 레이저로 '쏘는' 방식으로 문제의 실험을 계속하고 있다. 찰스 사이프가 소개하는 바에 따르면, 결정체가 레이저에서 광자를 흡수하면 광자가 얽힘 상태인 두 개의 입자로 쪼개지고 이 두 입자는 반대 방향으로 날아가는데, 이들 입자를 유리 케이블에 넣는 방식이다. 케이블은 제네바 호수 주변의 여러 마을을 통과하도록 되어 있다. 2000년에 지생 교수 연구팀은 얽힘 상태의 광자들을 10킬로미터 가까이 떨어진 베르네 마을과 벨레뷔 마을로 발사했다. 연구팀은 초정밀 시계를 사용해 입자들이 "아인슈타인이 예측한 방식으로 움직인다"라는 사실을 입증했다. "측정 결과 두 입자는 중첩 상태이며, 시종일관 서로 협력해서 동등하면서도 상반된 성질을 띠는 것으로 보였다"라고 한다.

양자역학에서는 양자의 불가사의가 정점에 달한다. 중첩의 원리란 하나의 입자가 동시에 두 가지 양자 상태에 있을 수 있음을 의미한다. 입자가 업 스핀과 다운 스핀을 동시에 가질 수 있다는 말이다. 정보 이론식 용어를 사용하면 동시에 1과 0일 수 있다는 말이며, 동시에 두 곳에 존재할 수 있다는 의미다. 이 정도는 크게 놀랄 일도 아니라는 듯이, 제네바 대학교 연구팀은 두 입자 사이로 모종의 '메시지'를 보내면 광속의 1000만 배속도로 전달될 것이라는 연구 결과를 내놓았다.[42]

물리학자들은 이런 문제를 수학적으로 설명할 수 있는데, 이런 분야를 양자 정보quantum information 이론이라고 한다. 물리학자들은 또 양자 정보가 "물리학의 기본 법칙들과 한층 더 밀접하게 연계되어 있다"라고 말한다. 양자 비트quantum bits, 즉 큐비트qubit는 중첩 상태를 점하고 있으며, 심지어 한 번 이상 쪼개져서 사실상 동시에 네 곳에 존재할 수도 있다. 그리고 그것들의 얽힘을 포착할 수 있다면(아직 확실치는 않다) 계산을 훨씬 빨리 할 수 있을 것이다. 그러면 양자 컴퓨터는 일반 컴퓨터를 어마어마한 정도로 능가하게 될 것이다.[43]

이 단계의 양자론은 초끈 이론과 마찬가지로 모든 사람(특히 관련 방정식들을 따라갈 만큼 수학 지식을 갖추지 못한 이들)의 이해력의 한계를 시험한다. 그러나 여기에는 몇 가지 문제가 있다. 하나는 왜 미시적 실체는 거시적 실체와 다르게 행동하는가 하는 근본적인 의문이다(게다가 우리가 미시적 실체를 관측하는 도구들 자체는 결국 거시적 실체다). 또한 정보 이론이 상대성 이론과 부합하지 않은 것도 사실이다. 세 번째 문제는, 얽힘은 정보 교환을 내포하고 있지만 이는 이론적으로 불가능하다는 점이다. 네 번째 문제는, 블랙홀이 정보(예를 들면 우주선線이나 광자)를 소비한다면, 이는 에너지 보존 법칙(이 책 초입에서 소개했다. 1장 참조)의 등가물인 정보 보존 법칙에 위배된다. 따라서 우리는 수학을 통한 물리학의 완벽한 통합과 관련해서는 아직 목표점에 도달했다고 말할 수 없다.*

---

* 2015년 10월에 옥스퍼드 대학교에서 열린 한 학술회의에서는 여러 팀이 2020년까지 양자 컴퓨터의 실제 가동을 목표로 연구 중이라는 소문이 돌았다.[44]

컨버전스 — 우주의 가장 심오한 아이디어

포스트모던 계열의 많은 비판자들(대개는 과학사가, 철학자, 사회학자)은 20세기 말에 발전된 여러 과학들이 통일적이라는 의견에 반대하지만 대부분의 과학자들은 전혀 다른 시각을 보였다. IAS 물리학 교수인 프리먼 다이슨은 환원주의자는 아니다. 그러나 1988년에 출간한 저서《무한한 다양성을 위하여Infinite in All Directions》에서 이렇게 말했다. "각 분야에서 대단히 탁월한 과학자들이 통일론자라는 것은 현재 일반적으로 사실이다. 특히 물리학의 경우가 그렇다. 뉴턴과 아인슈타인은 통일론자로서 최고였다. 물리학의 위대한 업적들은 줄곧 통합이 낳은 위업이었다. 우리는 물리학이 발전하는 길은 더욱더 많은 현상을 몇 가지 근본 원리로 포섭하는, 더욱 큰 통합임을 거의 당연시한다."[45]

여기서 압두스 살람(전자기력과 약상호작용의 '통일'에 기여한 공로로 1979년에 노벨 물리학상을 공동 수상했다는 사실을 기억하자)이 1988년에 케임브리지 대학교에서 '기본 힘들의 통일The Unification of Fundamental Forces'이라는 제목으로 한 폴 디랙 강연 내용의 한 구절을 들어보자.

소립자물리학이 중요한 자극을 준 또 다른 분야는 초기 우주론이 다룬 주제로, 초기 우주론은 소립자물리학과 동의어가 됐을 정도다. 심지어 초기 우주론과 그 이후 우주론의 차이를 가져온 요인 역시 하나의 궁극적인 통일적 힘이 둘(중력과 핵전기력)로, 셋(전자약력, 강한 핵력, 중력)으로, 그리고 종국에는 넷(전자기력, 약력, 강한 핵력, 중력. 이는 우주의 온도가 전반적으로 낮아지면서 생긴 현상이다)으로 변환되는 메커니즘에 관한 것이다.*

위의 두 사람만이 통일과 통합을 강조하는 유일한 인물은 아니다(예를 들어, 대단히 전문적인 책이지만, 존 C. 테일러의 《자연법칙에 숨겨진 통일성 Hidden Unity in Nature's Laws 》(2001)을 보라). 그러나 만유 이론을 철저히 환원주의적 시각에서 적극적으로 주장한 가장 저명한 인물은 텍사스 대학교 오스틴 캠퍼스 물리학 교수인 스티븐 와인버그였고, 지금도 그럴 것이다. 위에서 언급한 살람 및 글래쇼와 함께 1979년에 노벨 물리학상을 공동 수상한 인물이 바로 와인버그였다는 사실을 다시 상기하자. 와인버그는 1993년에 《최종 이론의 꿈Dreams of a Final Theory》을 출간했는데, 여기서 그는 다소 전통적인 환원주의적 과학관을 옹호하면서 근본입자(소립자)가 근본적인 것은 그 밖의 다른 것은 없다는 차원의 이야기이며, 물리학은 세계를 그런 기본적인 차원에서 기술할 뿐 아니라 세계를 설명하고자 한다고 주장했다(왜 중력이 존재하는가, 왜 양자역학인가? 등등).

그는 당시 환원주의가 과학에서 '대표적인 몹쓸 짓'이 되고 말았다는 사실을 인정하면서도 "설명의 화살표들이 줄곧 그 근원을 가리키는 양상을 추적함으로써 우리는 하나의 지점을 향해 수렴하는 놀라운 패턴을 발견했다. 이것은 **아마도 우리가 지금까지 우주에 관해 알게 된 가장 심오한 아이디어일 것**"(강조는 필자)이라고 주장했다. 그러면서 우리는 현재의 지식이 '순수하게 연계되어 있음'을 익히 알고 있는 만큼, 컨버전스가 확대되고 더 정밀해지리라 예상할 수 있다고 말했다.[47]

《최종 이론의 꿈》이 출판된 데에는 나름의 배경이 있었다. 당시 미국 의회는 초거대 가속기Superconducting Super Collider(SSC) 건설 예산 지원을 고

---

* 공교롭게도 살람은 물리학뿐 아니라 물리학자들을 통합하는 데에도 열성을 보였다. 그는 볼프강 파울리는 폴 디랙을 존경하고, 디랙은 하이젠베르크를 존경하며, 하이젠베르크는 보어를 존경하고, 보어는 아인슈타인을 존경한다고 생각했다.[46]

려하고 있었다. SSC는 실용적인 목적은 전혀 없는 장비였고, 미국민의 혈세가 약 80억 달러나 들어갈 것으로 예상되었다. 케임브리지 대학교와 프린스턴 대학교의 명예교수인 필립 앤더슨 같은 다른 물리학자들은 물리학의 다른 측면들—예를 들면 응집물질물리학condensed matter physics—도 똑같이 근본적인 분야인 동시에 장기적으로 잠재적 유용성이 훨씬 크다며 소립자물리학만큼, 아니 그보다 더 많은 지원을 받을 자격이 있다고 주장했다.

반면에 와인버그는 응집물질물리학이 중요하고 연구 자금 지원이 적다는 사실에 동의하면서도 소립자물리학은 **더** 근본적인, 사실 다른 어떤 것보다도 더 근본적인 분야라고 주장했다. 그러나 과학의 많은 측면들—예를 들면 난류 이론(해양학), 의식, 기억, 고온 전도성 등등—이 만유 이론의 발견으로 아무런 영향도 받지 않으리라는 점은 인정했다.

와인버그는 물리학이 '좀 더 통일적인 세계관'으로 관심을 돌린 계기는 1929년 베르너 하이젠베르크와 볼프강 파울리가 입자와 힘 모두를 더 깊은 차원의 실재, 즉 '양자장quantum fields 차원'으로 서술하면서부터라고 말했다.[48] 이것은 '충격적인 종합'이며, 핵심은 종합이라고 그는 지적했다. 당시 아무도 그런 종합이 어떤 결과를 낳을지 몰랐으며, 21세기로 접어드는 지금, 우리는 그와 유사한 상태에 놓여 있다는 것이 그의 주장이었다. 만유 이론이 발견된다 해도 그것이 어떤 결과를 낳을지 아무도 알 수 없다는 말이다. 하지만 와인버그는 끈 혁명은 결국 앞으로 나아가는 또 하나의 거대한 발걸음이 될 것이라고 생각했다.

와인버그는 다른 과학 분야들의 발전이 만유 이론의 발견으로부터 직접적인 도움을 받으리라는 보장은 없다고 인정했다. 하지만 '자연에 본래부터 각인된 논리적 질서'가 존재하며, 환원주의는 사실 자연을 대하는 하나의 태도라고 확신했다. "환원주의란, 과학적 원리들이 현재와 같은 모습으로 있는 이유는 더 깊은 차원의 과학적 원리들(그리고 경우에 따라서는 역사적 사건들) 때문이며, 후자의 원리들을 추적해 올라가면 서로 연결된 한 묶음의 단순한 법칙들이 있다는 인식일 따름이다."[49]

의구심의 눈길(우리가 연구하는 법칙이란 우리의 관찰을 통해 자연에 부과된 것이라고 생각하는 사람들도 있었다)에도 불구하고, 와인버그는 자신의 감으로는 저기 어딘가에서 최종 이론이 발견되기를 기다리고 있으며, 우리는 그것을 발견할 능력이 있다고 말한다. 가장 근본적인 문제를 다룬 그 책에서 와인버그가 가장 근본적인 차원에서 느끼는 감정은, 환원주의적 태도는 모든 분야의 과학자들을 추구할 가치가 없는 생각에 시간을 낭비하지 못하도록 막아주는 '유용한 여과 장치'라는 것이었을 듯하다. "그런 의미에서 우리는 지금 모두 환원주의자다"라고 와인버그는 주장한다.[50]

한편 살람은 1988년에 '기본 힘들의 통일'이라는 제목의 폴 디랙 강연에서 물리학의 표준 모형을 구성하는 여러 입자와 힘을 명쾌하게 설명하는 두 개의 표를 제시했다. 그러면서 다른 입자들은 모두 정확히 존재한다고 알려져 있는데, 톱 쿼크와 힉스 입자만은 예외라고 소개했다. 톱 쿼크는 나중에 1995년에 확인되었고, 그로부터 한참 뒤에는 조각 그림 맞추기의 마지막 조각이 그 모습을 드러냈다.[51]

통일의 종착점, 새로운 통일의 문턱

2012년 7월 4일 호주 멜버른. 고에너지물리학 국제회의 개막일. 이 회의는 2년에 한 번씩 도시를 바꿔가며 열리는 소립자물리학계의 축제와 같은 행사다. 그런데 오늘은 뭔가 '큰 건'이 발표된다는 소문이 미리 돈 터라 주요 행사장은 강연 시작 한참 전부터 만원이다. 한편 지구 반대편인 제네바의 유럽 입자물리연구소CERN에서는 주요 강연 두 건을 호주 행사장으로 생중계할 예정인데, 같은 내용의 소문이 돌아서 수백 명의 물리학자가 강연 시작 몇 시간 전부터 진을 친 상태다.

두 건의 주요 강연은 미국 물리학자 조 인칸델라와 동료인 이탈리아 물리학자 파비올라 자노티가 하기로 되어 있다. 두 사람은 CERN 내의 경쟁적 연구팀인 ATLAS와 CMS의 팀장으로, CERN이 2009년 두 팀을 발족시킨 이후, 협력과 경쟁의 절묘한 조화를 이루며 줄곧 대결을 벌여왔다.

강연의 핵심은 몇 개 되지 않는 그래프로, 극히 전문적인 고에너지물리학자(소립자물리학자) 외에는 누구에게도 별 의미가 없는 것이었다. 하지만 물리학자 숀 캐롤이 전하는 바처럼, 문제의 그래프들은 사건들이 어떤 특별한 에너지를 가지고 있음을 예상보다 많이 보여준다(두 양성자의 단일 충돌에서 발생하는 입자들을 검출한 것이다). "그것이 무슨 의미인지 청중석의 모든 물리학자는 즉각 알아챘다. 새로운 입자였다. 거대강입자가속기Large Hadron Collider(LHC)가 지금껏 절대 보지 못했던 자연의 일부를 살짝 엿본 것이다."[52]

멜버른에서는 힘찬 박수가 터져 나온다. 제네바에서는 강연 내용을 미리 알았다고 폼을 잡던 기자들까지도 열렬한 박수를 보낸다. 두 연구팀이 '그토록 멋진 의견의 일치'를 보았다는 사실에 모두가 감동하는 분위기다.

이번에 발견된 것은 '힉스 입자Higgs boson'였다. 아니, 최소한 이론상 딱 들어맞는 질량과 딱 들어맞는 에너지 준위를 가지고 있고, 예상했던 방식으로 붕괴하는 어떤 것이었다. 힉스 입자라는 명칭은 스코틀랜드 출신 물리학자 피터 힉스의 이름에서 딴 것이다. 힉스는 바로 그날 주요 행사장에 앉아 있었는데, 그의 나이 83세였다. 그는 그런 입자가 자신의 살아생전에 발견되리라고는 꿈에도 생각지 못했다. 그가 처음으로 그런 입자의 존재를 예견한 것은 아주 오래전인 1964년으로 일부 동료들도 의견을 같이했다.*

힉스 입자가 중요한 이유는 그것이 단순히 또 하나의 소립자여서가 아니라 대단히 특별한 실체이기 때문이다. 지금까지 살펴본 대로 입자에는 세 종류가 있다. 물질을 구성하는 입자(예를 들면 전자와 쿼크), 힘 입자(광자, 글루온), 그리고 그 다음에 발견된 것이 힉스 입자다. 힉스 입자는 힉스장場이라고 하는 장에서 나온다. 힉스장은 모든 공간에 퍼져 있고, 사실상 다른 입자에 질량을 부여하는 배경이다. 힉스 입자가 없으면 물질은 존재할 수 없다.

힉스 입자 발견은 CERN과 LHC, 제네바를 비롯해 세계 곳곳에서 활동하는 과학자 조직이 이룩한 놀라운 업적이었다. LHC는 믿어지지 않을 정도의 인간 활동을 지칭하는 이름치고는 너무 싱거운 것이 사실이다. '믿어지지 않을 정도'라고 하는 것은 건조하는 데 90억 달러나 들었고, 의료나 수송 같은 차원의 실용성에는 애당초 관심이 없었기 때문이다. 하지만 애초에 의도하지는 않았다지만 월드 와이드 웹을 탄생시킨 것은 LHC를 운용한 CERN이다.**

가속기는 둘레가 27.3킬로미터이고 강력한 초전도 자석들이 장착되어 있다. 가속기 내부는 온도가 빅뱅 이후 남은 우주 배경복사 수준보다 낮을 정도로 우주 공간보다 춥다. CERN은 지금도 많은 실험을 진행하고 있

---

* 피터 힉스와 벨기에 물리학자 프랑수아 앙글레르는 '입자가 질량을 갖는 이유를 아는 데 도움이 되는 메커니즘을 이론적으로 발견한 공로'로 2013년에 노벨 물리학상을 공동 수상했다.
** 물론 입자 조작 능력은 의료, 식품 기술 및 기타 생물학 분야에 많이 응용되었다.

지만 힉스 입자 탐색에 참여한 것은 ATLAS(A Toroidal LHC Apparatus)와 CMS(Compact Muon Solenoid)로, 양성자 충돌 결과를 검측하는 두 가지 방식이 기본이 되었다.

방식이 약간 다르기는 하지만 두 팀에게 동일한 실험을 맡긴 것은 결과가 서로에게 도움이 되도록 하려는 전략의 일환이었다. 첫째는 큰 틀에서 경쟁심을 불어넣어 연구 속도에 자극을 주자는 것이었고, 둘째는 두 팀이 동일한 결론을 내놓으면 확실성이 크게 높아진다는 이점이 있었다. 팀별로 배정된 인원은 3000명 정도였다. 이 규모만 보더라도 그야말로 거대한 실험이었음을 알 수 있다.[53]

두 팀이 거의 동일한 시점에 동일한 실험 결과, 즉 100GeV gigaelectron volts(1000억 전자볼트에 해당한다)의 질량을 가진 입자를 검측한 것은 CERN이 낳은 최대의 위업 가운데 하나인 동시에 힉스 입자가 온갖 우여곡절 끝에 그 존재가 입증되는 소설 같은 이야기의 정점이었다. 또 하나 중요한 의미가 있는 부분은, 계산 결과 힉스 입자의 수명이 10^{-21}초보다 '약간 짧다'는 점이었다. 힉스 입자는 10억 분의 1인치(1인치는 약 2.54센티미터—옮긴이)도 이동하지 못하고 소멸한다는 뜻이다.[54]

이런 차원의 이야기를 일반인이 이해하기는 어렵지만 힉스 입자 발견은 여러 면에서 중요하다. 우선 일상 현실에 대한 이해에서 마지막 남은 미진한 부분을 채워준다. "이는 인간 지성의 역사에서 탁월한 업적이다"라고 숀 캐롤은 단언한다. 동시에 그런 발견이 결국 가능했다는 것은, 막대한 연구비가 들어가는 거대과학의 시대가 아마도 아직 끝나지 않았음을 뜻한다. 힉스 입자가 완전히 검증되고 물리학의 표준 모형이 어느 정도 완성됐으므로 이제 우리는 통일의 종착점에 도달했지만, 어떤 면에서는 오히려 새로운 통일의 문턱 앞에 서 있는 셈이다.

이렇게 말하는 이유는 힉스 입자가 암흑 물질을 이해하게 해주는 길잡이일지도 모르기 때문이다. 그리고 '암흑 물질'과 '암흑 에너지dark energy'(이 둘은 각각 우주 구성 물질의 23퍼센트와 73퍼센트를 차지한다고 추정된다. 우리가 알고 있는 물질은 그 나머지에 불과하다—옮긴이)의 존재는 물리학의 표준 모형에 뭔가 부족한 부분이 있다는 증거다.

막스 플랑크가 물리학 공부를 시작한 해가 1875년이었는데, 당시 그는 지도 교수로부터 물리학은 사실상 완성되어서 더는 극적인 발견을 기대하기 어려우니 전공을 바꾸는 게 좋겠다는 충고를 들었다. 그런 그가 몇 년 안 가서 양자 개념을 포착했고, 전자가 검출됐으며, 방사성이 발견되었고, 상대성 이론이 대두했다. 이런 획기적인 지적 혁신들은 실용적이거나 상업적인 가능성을 염두에 둔 것은 전혀 아니지만 얼마 안 가서 결국 우리의 삶을 이전에 있었던 발견들만큼이나, 아니 그 이상으로 뒤바꾸어 놓았다.

암흑 물질의 본질을 의심하는 사람들은 그것이 과거에 운위되던 플로지스톤이나 발광성 에테르 같은 개념이며, 실재라기보다는 상상력의 산물이라고 말한다. 그러면서 LHC도 암흑 물질 개념을 뒷받침할 아무런 증거를 제시하지 못하는 마당에 그런 연구를 계속하는 것은 막대한 연구비만 잡아먹는 낭비라고 생각한다. 그러나 바로 그 점이 힉스 입자의 중요성 및 그것이 지닌 딜레마를 말해준다. 현재 우리는 이 우주에는 어떤 종류의 물질보다 암흑 물질이 더 많으며, 힉스 입자야말로 암흑 물질의 정체를 탐구할 수 있는 수단이라고 생각한다. 어쩌면 와인버그의 최종 통합의 꿈이 성큼 가까이 다가왔는지도 모른다. 그런데 무슨 돈으로?

장기적 관점에서 더더욱 문제가 되는 것은 조지프 실크와 조지 엘리스라는 두 저명한 학자가 제기한 주장이다. 두 사람은 2014년 말 과학 전문지 《네이처》를 통해 '일부 과학자들'은 우리의 가장 야심 찬 이론들이 '대단히 우아하고 설명력이 있는데도' 실험을 통해 검증할 필요성을 '단호히 거부'한 것 같다는 취지의 발언을 했다. 두 사람은 또 우리가 과학 지식을 경험적 지식으로 규정하는 '오랜 철학적 전통과 단절함으로써' 한 시대의 종말에 이르렀다고 불평한다.

따라서 문제는 사실 이른바 '표준 모델'이라고 하는 것 자체에 있기도 하다. 표준 모형은 그동안 '여러 차례 모형이 참임을 입증하는 대단한 성과를 거두었지만'(특히 힉스 입자의 발견) 동시에 '대략 난감' 상태에 처해 있다. 대략 난감이라고 하는 이유는 양자 세계와 아인슈타인의 상대성 개념을 통합할 새로운 길을 전혀 제시하지 못하고 있기 때문이다. 실크와 엘리스 같은 이들이 지적하는 대로, 물리학자들은 그동안 표준 모형을 넘어서기 위해 고군분투했다. 특히 우리가 현재 알고 있는 모든 입자에 대해 짝을 이루는 입자가 있을 것이라고 추정하는 초대칭Supersymmetry 이론이 그러하다. 이 이론은 수학적으로 우아할 뿐 아니라 암흑 물질의 존재를 설명해줄 수도 있다. 문제는, 초대칭 입자들 가운데 지금까지 실제로 발견된 것이 하나도, 단 하나도 없다는 사실이다.

이는 LHC에 대한 강력한 문제 제기이기도 하다. 이런 식으로 앞으로도 계속 실패한다면 책임은 누가 지느냐는 말이다. 많은 물리학자들은 초대칭성은 멋진 아이디어이기는 하지만 아이디어에 불과할 뿐이라고 결론내릴 것이다. 하지만 더 큰 문제가 있다. 실크나 엘리스 같은 학자들이 주장하는 것처럼, 다른 과학자들은 'LHC의 감지 능력을 넘어서는 수준의 질량을 가진 초대칭 입자들의 존재를 예측하기 위해' 기존 모형들을 그저 '재조정'하는 데 그칠 것이라는 점이다. 그런 이론가들에게는 우아함이 경험적 확인보다 중요하다. 그들은 또 이렇게 반문한다. 그런 경험적 확인을 위해 또 우리는 얼마나 오래 기다려야 한단 말인가? 힉스 입자를 감지하는 데 반세기가 걸렸다. 물리학 연구에 비용이 점점 더 많이 들어가는 상황에서 우리가 얼마나 더 오래 기다릴 수 있단 말인가?[55] 위기임은 분명하다.

거대한 좌절

아니, 딜레마라는 표현이 낫겠다. 컨버전스는 강력한 아이디어지만 그런 과정에 따르는 문제는 최후의 종착점을 전제로 한다는 것이다. 컨버전스는 과학 전반에서 일어나고 있고, 이 책의 의도 역시 그런 양상을 소개하자는 것이다. 그런데 현재 물리학의 문제는 비용이 너무 많이 들어서 최종적인 컨버전스를 가능케 할(가능성일 뿐이다) 장비를 건조할 수 없다는 사실이다. '거대한 좌절'이란 이런 지경을 두고 하는 말이 아닐까.

자생적 질서: 분자 구조, 진화 패턴, 양자생물학

10장에서 우리는 고생물학자 조지 게일로드 심프슨이 《한 진화론자의 생명관》에서 자연의 통일성이라고 하는 프랜시스 베이컨의 생각과 과학의 개념들을 '일반성 확장의 원리라는 형태'로 통합하려 했던 아인슈타인의 시도는 '가치 있는 일이고, 생산적인 결과를 낳았다'라고 언급한 것을 보았다. 그런데 심프슨은 여기서 한 걸음 더 나아가, 생물학이 우리의 이해에 보완적이면서도 성격이 전혀 다른 원리를 추가할 기회를 제공한다고 주장했다. 물리적 원리나 화학적 원리, 또는 역학적 원리 차원의 설명인 환원에 더하여 '물리학보다 훨씬 복잡한' 생물학이 두 번째 종류의 설명—심프슨은 이를 '구성주의적' 설명이라고 칭한다—으로 우리를 초대한다는 것이다. 우리는 구조를 환원주의적 관점에서뿐 아니라 유기체 전체 및 그 유기체가 속한 종에서 일어나는 과정과 구조의 효율적 환경 적응력이라는 관점에서도 이해해야 한다. 나아가, 문제의 종이 속한 생물 군

집이 발휘하는 생태학적 기능 차원에서도 이해해야 한다.[1]

이와 관련하여 심프슨은 아원자 수준의 입자들에서 여러 종이 공존하는 생물 군집에 이르는 '계층 구조의 어느 지점에서는' 분자생물학적 수준의 '차이가 확연히' 나타난다는 논점을 제시했던 일을 기억하자. 바로 이것, 그리고 유기체의 **조직화**가 이제부터 과학에서 중대한 사실, 즉 중심적 사실이라는 것이 그의 시각이었다. 진화론자로서 심프슨은 과학만이 아니라 역사나 심지어 철학에 대해서도 적응주의적 시각을 강조했다. 그는 환원주의적 접근은 나름의 의미가 있다고 말했다. 먹이사슬은 어떤 면에서 생명의 기초가 되는 화학적·물리적 속성들을 매개하는 효소의 작용으로 설명할 수 있고, 효소의 구성은 DNA가 지정하며, DNA 분자는 당연히 원자로 되어 있다. 그러나 이런 설명은 완전한 설명일 수 없다. 왜냐하면 이런 식으로 해서는 결과에 대한 예측이 불가능하기 때문이다. 나아가 이는 동물이 생존하고 번식하는 적응 차원의 맥락을 빠뜨린 설명이다.[2] 심프슨이, '사자의 효소'가 얼룩말 고기를 소화하는 것은 사자를 생존하게 해주기 **때문**이라는 주장은 우리의 이해를 위해 필요한 것일 뿐이라고 봤다는 점을 상기해야 할 것이다. 그는 유전학의 발견들이 환원주의적 이해를 심화시키고 있음을 인정하지만 고생물학의 발견들이 구성주의적 이해를 심화시킨다는 점을 강조했다.[3] 두 접근법은 똑같이 필요했다.

이머전스의 원리

심프슨의 논점은 명쾌하지만 그런 지적을 한 사람이 그가 처음은 아니다. 아서 에딩턴은 심프슨보다 조금 앞서 1928년에 출간된《물리적 세계의 본질The Nature of the Physical World》에서 1차적인 자연법칙과 2차적인 자연 법칙을 구분했다. 그는 '1차적인 법칙'은 개별 입자들의 행동을 관장하는 반면, '2차적인 법칙'은 원자나 분자의 결속체에 적용될 수 있다고 주장했다. "2차적인 법칙을 강조하는 것은, 소립자의 행태에 대한 서술만으로는 전체로서의 시스템을 이해하는 데 충분치 않다는 사실을 강조하는 것이다."[4]

이런 논리를 이어받아 한층 더 발전시킨 사람이 어니스트 네이글이다. 오스트리아-헝가리계 미국 이주민인 그의 대표작은 1961년에 나온《과학의 구조The Structure of Science》다.[5] 여기서 네이글은 에딩턴의 1차적인 과학과 2차적인 과학이라는 발상을 검토하면서, 일부 과학 영역은 다른 과학 영역으로 환원될 수 있지만 전부 다 그렇지는 않다고 주장한다. 환원주의가 지극히 성공적인 경우에는 새로운 발견으로 이어진다('긴밀하면서도 종종 놀라운, 상호 의존의 관계'), 환원은 지식의 조직화에서 '중요한 진전'일 수 있지만 그저 형식적인 행위에 불과할 수도 있다, 환원주의의 요체는 중요한 연구를 위해 '강화된 힘'을 제공하는 것이라는 게 그의 요지다.[6]

그러나 네이글의 주된 관심사는 '이머전스의 원리doctrine of emergence'였다(emergence는 '떠오르다' '드러나다' '솟아나오다'라는 뜻의 라틴어 emergere에서 파생된 말로, 어떤 체계를 이루는 구성 요소들이 상호작용을 한 결과로 완전히 새로운 특성이 생겨나는 것을 말한다. '창발創發'로 번역하기도 한다—옮긴이). 이머전스란 자연에는 '낮은' 수준에서 발견된 속성들을 가지고는 예측할 수 없는 높은 수준의 조직화가 존재하며, '미래는 예측 불가능한 새로움을 계속 만들어낸다'는 개념이다.[7] 그는 이런 '이머전스식 진화 Emergent Evolution'야말로 과학이 이룩한 가장 중요한 발견이라고 봤다. 예를 들면 '물이 투명하다'는 사실은 물을 구성하는 수소와 산소에 관한 설명을 모두 동원해도 도출해낼 수 없다. "이머전스식 진화의 본질은 새로운 것이 외부로부터 추가되지 않는다는 것이며, '이머전스'는 이미 있는 것들이 새롭게 연결된 결과다."[8] 예를 들어 질소와 수소가 결합해 암모니아가 생성되는 것을 예측할 수 있을지는 모르지만 그 독특한 냄새까지 예상할 수는 없다. 네이글은 자연의 법칙들이 그토록 경이로운 이유는 특히, 우리가 아는 한, 자생적으로 진화해왔다는 사실 때문이라고 말했다. 그렇다면 역사적으로 볼 때 하나의 법칙은 또 다른 법칙과 어떻게 연결되는 것일까? 선율의 바탕이 되는 법칙(그런 게 있다면)은 과연 무엇일까?

네이글은 기본적으로 우리가 '수학적으로 연속적인 공간'에 거주하고 있으며, 그런 사실이 언젠가 법칙, 입자, 거시적 실체 들을 설명해주리라고 생각했다.[9] (17장에서 논의한 데이비드 봄의 사상과 비교해보라.)

이머전스와 자생적 조직화에 초점을 맞춘 이런 접근은, 수학이 생물학적 과정에 점점 더 많이 응용되는 가운데, 20세기 말로 가면서 그 대중적 인지도와 중요성이 점점 커졌다. 이와 관련해 적어도 초기에는 노벨상을 수상한 두 명의 저명한 물리학자가 관심을 끌었다.

첫 번째 인물은 필립 앤더슨이다. 케임브리지대와 프린스턴대 교수인 노벨 물리학상 수상자 앤더슨은 1972년 《사이언스》에 대단히 영향력 있는 논문 〈많아지면 달라진다More is Different〉를 발표했다. 첫 구절은 이렇게 시작된다. "우리는 모두 환원주의로 시작해야 한다. 나는 환원주의를 전적으로 수용한다. …… 환원주의 가설은 여전히 철학자들 사이에서는 논쟁거리일 것이다. 하지만 내가 생각하기에 현역 과학자들 대다수에게는 아무런 문제 제기 없이 받아들여지고 있다." 그런데 그는 뒤이어 본질적으로 심프슨의 '구성주의적' 시각을 토대로 한, 점차 인기가 높아진 개념을 소개한다. 이것이 그가 말하는 '이머전스'였다. 이는 복잡계에서 소립자들의 단순 대칭이 깨지고, 환원주의가 '구성주의'로 대체될 수밖에 없는 과정이다. 즉, 자연에는 복잡성의 규칙들(법칙들)이 있어서, 소립자물리학의 법칙을 절대로 깨지 않으면서 거기에 새로운 구성의 법칙을 **추가한다**는 얘기다. 구성의 법칙은 예컨대 전자와 광자를 관장하는 비교적 단순한 규칙들과 **똑같이 근본적인 것**이다. 우리가 과학의 사다리를 올라가다 보면 "마주칠 것으로 예상되는 것은…… 대단히 근본적인 질문들이다. 덜 복잡한 조각들을 좀 더 복잡한 체계에 끼워 맞추고 그 결과로 나타날 수 있는 기본적으로 새로운 유형의 행태를 이해하는 과정의 매 단계마다 그러하다."[10] 초전도 현상supeconductivity과 분자생물학은 앤더슨이 바로 그런 예로 거론한 주제였다.

이런 새로운 맥락에서 초전도 현상은 새로운 의미를 띠게 되었다. 예를 들어 물과 얼음 사이에 질적 차이가 있다는 점은 이미 알려진 사실이다. 결정체에서는 분자들이 규칙적으로 배열되어 분자들 사이에 작용하는 힘으로 형태가 유지된다. 액체에서는 그런 장거리 규칙도가 존재하지 않는다. 마찬가지로, 존 C. 테일러가 든 사례를 예로 든다면, 자기화된 니켈 알갱이의 경우, 개별 원자들은 아주 작은 자석과 같아서 온도가 낮아지면 원자 자석들은 전부 동일한 방식으로 배열되고 그 효과가 합해져서 그 전체가 거대한 자석과 같이 된다. 그러나 이 니켈을 가열하면 자기화 정도가 떨어지기 시작해 절대온도 631도가 되면 자기화는 0이 된다. 세 번째 경우는 금속의 온도가 임계점으로 떨어질 때 초전도성이 생기는 현상이다. 전기 저항이 완전히 사라지고 한번 전류를 흘리면 무한히 지속된다.[11] 이런 현상을 기초로 온갖 기술이 등장했지만, 여기서 우리가 주목하는 이유는 그런 현상들이 자생적 질서를 보여준다는 사실 때문이다.

자연의 진화와 물리학의 법칙

이런 입장을 견지하고 발전시킨 두 번째 노벨상 수상자는 일리야 프리고 진이다. 동료 철학자 이자벨 스텡게르스와 함께 쓴 《혼돈으로부터의 질서 Order Out of Chaos》(1984)와 《확실성의 종언The End of Certainty》(1997)을 비롯한 일련의 저서에서 프리고진—아인슈타인과 보어의 양자역학 논쟁으로 유명했던 벨기에 브뤼셀 소재 국제 솔베이 물리·화학협회 회장을 지냈고, 비평형 열역학 수립에 기여한 공로로 1977년에 노벨 화학상을 수상했다—은 우리는 새로운 과학의 시대에 살고 있다는 시각을 제시했다. 그가 말하는 시대는 복잡성의 시대다. 따라서 낮은 에너지 수준에서(거시적 물리학, 화학, 생물학의 영역을 말한다. 인간이 존립하는 영역도 바로 여기다) 말하는 자연법칙들은 변경되거나 새로운 방식으로 이해되어야 한다고 주장한다. "우리는 물리학의 기본 법칙들을 새롭게 정리해야 한다."

특히 프리고진은 "자연의 진화론적 양상은 물리학의 기본 법칙으로 표현되어야 한다"라고 인정했다. 그러나 이 모든 것의 핵심은, 자연이 시간을 거스를 수 있는 과정과 시간을 거스를 수 없는 과정을 동시에 가지고 있다는 점이라고 주장한다. "하지만 제대로 말하자면, 비가역적 과정이 일반적인 경우이고, 가역적 과정이 예외다."[12] 따라서 그가 보기에 우리에게 필요한 새로운 통합은 역학(본질적으로 뉴턴 역학을 말한다)과 열역학(1장에서 살펴본 것처럼, 시간과 관련된 엔트로피라는 대단히 중요한 현상을 포함한다)의 통합이다. 이런 측면을 처음으로 알아챈 사람은, 프리고진이 보기에, 루트비히 볼츠만이다. 볼츠만은 자연의 **통계학적** 본질을 확인함으로써 '시간의 화살'이 모든 것의 배후에 있다는 새로운 시각을 도출했다.

볼츠만과 다윈은 둘 다 개체 연구를 개체군 연구로 대체했고, "오랜 세월에 걸친 …… 약간의 변이도 집단적 수준의 진화를 유발할 수 있다는 사실을 보여주었다"는 점에 프리고진은 주목했다. 프리고진은 생물학적 진화란 개체 차원에서 정의될 수 있는 것이 아니라고 말했다. 이 역시 대단히 중요한 논점이다. "우리는 요동이 자주 나타나는 세계에서 살고 있고, 그 요동들은 미시적 차원의 불안정한 역학 시스템에서 발생하는 요동들이 지닌 기본 속성의 거시적 표현이다."[13]

비평형 열역학non-equilibrium thermodynamics은 확률론적 방식으로 진행되며 비가역적이다. 이런 측면을 처음으로 인식한 사람이 볼츠만(과 맥스웰)이다. 여기서 프리고진은 에딩턴이나 심프슨, 앤더슨보다 더 명쾌하게, 그런 과정들이 결국에는 **자생적 자기조직화**spontaneous self-organization에 도달한다는 사실을 새로이 짚었다. 자기조직화란 자연의 통일성과 다양성 둘 다를 설명해주고 반영하는 개념이다. 자연에서 그런 식의 조직화가 지속되는 것을 볼 때 중앙 관리 방식으로는 그렇게 이루어질 수 없다고 프리고진은 말했다. "질서란 자기조직화에 의해서만 유지될 수 있다."[14] 그래서 자연은 질서 정연하면서도 다양하다고 하는 것이다.

물리학과 생물학은 어떤 면에서 일심동체가 되고 있지만 둘 사이의 본질적 차이는 생물학적 유기체와 생물학적 과정은 훨씬 복잡한 양상을 보인다는 점이다. 이런 인식은 수학과 이론물리학의 새 장, 즉 혼돈과 복잡성 연구의 문을 열어젖힌다고 프리고진은 말했다. "카오스의 문제는 개체의 궤적 수준에서는 안 되고 앙상블(전체 시스템—옮긴이) 차원에서 해결할 수 있다"라는 것이 프리고진 주장의 요체다.[15] 그는 또 무산霧散 구조와 자기조직화가 대두되는 비평형 상황에서는 물질이 새로운 속성을 띤다고 강조했다. (살아 있는 유기체가 무산 구조라는 것은 음식물과 같은 새로운 에너지원을 섭취해야만 평형 상태를 유지할 수 있다는 의미다.)

이런 논리를 제대로 이해하려면 '혼돈복잡성chaoplexity'에 대해 간단히 설명할 필요가 있다. 혼돈복잡성은 그 자체가 하나의 종합이다(이번에는 혼돈chaos과 복잡성complexity을 합쳤다). 1987년《카오스: 새로운 과학 만들기Chaos: Making a New Science》에서 제임스 글릭은 새로운 지적 활동 영역을 대중에게 소개했다. 카오스(혼돈) 연구는, 수학자들이 말하는 것처럼 이 세계에는 비선형非線型 현상, 즉 **원리상** 예측이 불가능한 현상들이 많다는 개념에서 출발한다. 그런 현상의 가장 유명한 사례가 이른바 '나비 효과butterfly effect'다. 예를 들어 미국 중서부에서 나비 한 마리가 날개를 치면 수많은 사건을 연쇄적으로 촉발시켜 극동 지역에 태풍을 몰고 올 수 있다는 식이다.

복잡성 이론의 두 번째 측면은 '예기치 않게 나타나는 특성emergent property'에 관한 것인데, 프리고진도 말했듯이, '단순히 체계를 구성하는 부분들을 조사하는 일만으로는 예측하거나 이해할 수 없는' 현상들이 존재한다는 사실을 의미한다. 의식이 그 좋은 예다. 의식은 설령 이해할 수 있다고 해도(논란이 많은 부분이다) 두뇌 속의 뉴런과 화학물질을 조사함으로써 이해할 수 있는 현상이 아니다. 그런데 이런 정도는 카오스 이론을 연구하는 과학자들이 하는 이야기의 절반에 불과하다. 그들은 컴퓨터의 등장으로 말미암아 우리가 그 어느 때보다도 복잡한 수학적 처리를 많이 할 수 있게 되었고, 그 결과 종국에는 큰 분자나 신경망, 인구 증가, 날씨 패턴 같은 복잡계complex systems를 모델화하고 시뮬레이션할 수 있을 것이라고 주장한다. 다른 말로 하면, 표면적으로는 혼돈으로 보이지만 그 아래 심층 질서가 있고, 그런 질서를 찾아낼 수 있다는 뜻이다.[16]

혼돈복잡성의 기본 아이디어를 제시한 사람은 유대계 폴란드인 브누아 망델브로인데, 그는 열한 살 때인 1936년에 부모와 함께 프랑스로 탈출하여 응용수학자가 되었다. 2차 대전 종전 이후에는 IBM 연구원으로 일하면서 '프랙털fractal'('깨진 유리'라는 뜻의 라틴어 fractus에서 차용한 말이다)이라고 불리는 현상을 밝혀냈다. (그의 유명한 저서 《자연의 프랙털 기하학The Fractal Geometry of Nature》은 1982년에 출판되었다.) '망델브로 집합Mandelbrot set'(SF 소설가 아서 클라크에 따르면 가장 놀라운 수학적 발견 가운데 하나다)으로 표현되는 완벽한 프랙털은 해안선이지만 눈송이와 나무 같은 것들도 프랙털에 포함된다. 그런데 해안선은 가까이 다가가면 더 복잡해지고, 종종 동일한 패턴들이 다른 크기로 반복된다. 긴 다리에 장화를 신은 모양을 한 이탈리아 해안선은 비행기를 타고 지상 11킬로미터 높이에서 내려다보면 5킬로미터 높이에서 내려다볼 때의 모습과 다르기도 하고 같기도 하다. 이런 윤곽선들은 매끈한 선으로 정리되지 않기에—다른 말로 하면, 절대 간단한 수학적 함수로 표현할 수 없기에—망델브로는 이를 '수학에서 가장 복잡한 대상'이라고 칭했다. 그러나 이와 동시에, 단순한 수학 규칙들을 컴퓨터 프로그램에 넣어주면 여러 차례의 프로그래밍을 거쳐서 복잡한 패턴들을 만들어내는 것으로 밝혀졌다. 그리고 이런 패턴들은 반복되지 않는다. 이런 점에서 볼 때, 그리고 현실의 프랙털 현상들을 고찰한 결과를 볼 때, 현재 수학자들은 자연에는 혼돈스럽고 복잡해 보이는 시스템들을 지배하는 대단히 강력한 어떤 규칙들이 있고, 그 규칙들이 밝혀질 날이 올 것이라고 보고 있다. (스티븐 울프럼의 주장과 비교해보라. 17장 참조.)

그러나 평형에서 평형과는 거리가 먼 상태로 옮겨가면, 반복적이고 보편적인 것에서 구체적이고 독특한 것으로 바뀐다(바로 이 대목이 프리고진과 그 뒤에 등장한 여러 학자들의 관심을 끈 부분이다). "평형 상태에 가까운 물질은 '반복적인' 방식으로 행동한다. 반면에 평형에서 아주 멀어지면 다양한 메커니즘이 출현한다……. 시계 반응(일정 시간이 경과한 후 변색이나 침전과 같은 뚜렷한 변화를 일으키는 화학반응—옮긴이)의 출현—일관되고 리드미컬한 방식으로 진행되는 화학반응—을 목격할 수도 있다. 또 비균질적인 구조와 비평형 결정체를 만들어내는 자기조직화 과정을 포착할 수도 있다."[17]

이런 현상을 잘 보여주는 간단한 두 가지 사례가 있다. 첫 번째 사례는 액체를 가열할 때 생기는 이른바 '레일리-베나르 불안정성Rayleigh-Bénard instability'이라는 현상이다. 우선 액체가 담긴 용기의 아랫부분을 가열하면 열류가 지속적으로 형성되어 아랫부분에서 윗부분으로 이동한다. 이러한 변화가 한계치에 도달하면 액체의 안정 상태—대류는 일어나지 않은 상태에서 전도만으로 열이 전달되는 정상定常 상태—가 불안정해지고, 분자들의 앙상블이 보이는 일관된 움직임에 따라 대류 현상이 일어나 열전도 속도가 더욱 빨라진다. 실제로 발생한 대류 운동은 시스템의 복잡한 공간적 조직화로 구성되어 있다. 수백만 개 분자가 일관되게 움직임으로써 특정한 크기의 육각형 대류 세포를 형성하기 때문에 그렇다.[18]

두 번째 사례는 '벨루소프-자보틴스키 반응Belousov-Zhabotinsky(B-Z) reaction'이라는 현상인데, 보리스 벨루소프와 아나톨 자보틴스키가 발견하고 아트 윈프리와 잭 코언이 발전시킨 개념이다. 얕은 접시에 특정 화학물질 네 가지를 엄밀한 비율에 따라 혼합해 넣으면 처음에는 단일한 파란색 막이 형성된다. 그러다가 갑자기 적갈색으로 변한다. 이어 얼마 후 알 수 없는 이유로 작은 파란 점이 몇 개 나타난다. 이 점들이 차츰 커지면서 점의 중앙부는 붉게 변한다. 파란 원이 된 점들은 점차 더 팽창하고 그 안의 붉은 점도 커진다. 그러다가 붉은 점 안에 파란 점이 더 많이 생겨난다. 접시는 곧 붉은색과 파란색의 동심원들로 가득 차고, 동심원들은 천천히 팽창하면서 서로 충돌한다. 조건이 약간 다른 상황에서는 B-Z 반응이 나선형을 보일 수도 있다. 하지만 중요한 사실은, 그리고 나중에 큰 영향을 미치는 점은 이것이 자동적으로, 그것도 **무기물**에 의해 만들어지는 자생적 질서라는 것이다.[19]* B-Z 반응이 만들어내는 무늬들은 실제로 진균류에 속하는 아메바(학명은 *Dictyostelium discoideum*) 군체에 나타나는 패턴에서도 발견된다. 이 아메바는 열과 습기가 부족하면 서로 모여서 다세포 몸체를 형성한 뒤 좀 더 좋은 환경을 찾아서 이동한다. 집단화는 '개척자' 세포라고 불리는 어떤 세포들이 분비한 특수한 물질에 의해 촉발된다. 프리고진은 생명이 이런 방식으로, 무기물의 자기조직화에 의해 시작되었을 것으로 추정했다. 이를 간접적으로 설명해주는 한 가지 근거는 빅뱅과 지금의 우리를 갈라놓은 150억 년 가까운 시간이 "놀라울 정도로 짧다는 것"이다. 연 단위로 계산하기 위해 지구를 시계라고 가정해보자. 150억 회의 지구 공전은 사실 작은 수다. 수소 원자의 전자는 원자핵 주위를 초당 10조 회 돈다는 사실을 기억하시라!"[20]

또 다른 두 학자가 이런 추론을 더 발전시켜 수학과 생물학의 통합을 가속화했다.

현대 수리생물학의 르네상스: 자연언어로서의 수학

미국의 이론생물학자 스튜어트 카우프먼은 "생물학은 분명 물리학보다 엄밀한 학문이다"라고 주장한다. 그는 산타페, 시애틀, 버몬트, 옥스퍼드

---

* B-Z 반응을 유발하는 물질은 말론산과 브롬산염 및 브롬화 이온을 포함하는 염류다. 반응하는 과정에서 말론산은 브로모말론산으로 변환된다.

의 여러 기관에서 다양한 연구 작업을 했지만 주저 《질서의 기원: 진화에서의 자기조직화와 선택The Origins of Order: Self-Organization and Selection in Evolution》(1993)에서는 "살아 있는 세계를 매혹적으로 만드는, 경이롭고 아름다운 그 질서의 기원은 무엇인가?"라는 질문에 대한 답을 시도한다.[21] 카우프먼은 수리생물학의 관점에서 이 작업을 진행하는데, 한 저서 논평자의 말에 따르면, 그는 "현대 수리물리학의 르네상스를 개척한 사람들 가운데 한 명이다."(메리 서머빌이 그런 시대에 살았더라면 정말 좋아했을 것이다.)[22]

《질서의 기원》은, 저변에 깔려 있는 생물학적 질서가 열역학 제1법칙과 제2법칙을 따르며, 분자 차원의 성격을 띤다고 결론짓는다(오펜하이머와 퍼트넘, 조지 게이로드 심프슨이 분자 수준을 환원론적 위계에서 가장 중요한 접점으로 규정했다는 사실에 유념하시라). "생물학적 질서에 대한 개념적 논의는 물리학과 화학에 확고히 토대를 두고 있다." 카우프먼의 생각은 두 가지 주요 분야로 나뉜다. 세포, 특히 단백질에서 자생적 질서가 생겨나며, 유기체의 '질서 있는 형태' 역시 구조를 형성하는(따라서 수학적인) 어떤 규칙을 가지고 있다는 것이다. 자연선택은 그런 규칙들 안에서 작동한다. 이렇게 되면 형태의 다양성을 제약할 수도 있지만 진화 과정을 촉진하는 데 도움이 되기도 한다.

개략적으로 말하면, 카우프먼은 다윈의 자연선택 이론이 지금까지 우리가 주변에서 보는 유기적 형태들의 다양성을 설명하는 차원에서만 효과를 발휘한다고 본다. 자연선택을 도운 것은 분자들의 고유한 물리·수학적 속성이지만, 복잡성 이론은 근래 들어 우리가 아직은 이해하지 못한, '대단히 내재적인' 복잡한 질서를 제시한다.[23]

카우프먼은 분자생물학은 우리를 세포의 궁극적 메커니즘의 '핵심 영역', 즉 복잡성과 진화 능력으로 인도한다고 말한다. 동시에 "수학, 물리학, 화학, 생물학은 현재 그런 자기조직화의 힘이 얼마나 막강한지를 밝혀내고 있다. 특정 단백질의 아미노산 배열 순서를 계통학적으로 비교해보면 진화의 속도는 장기간에 걸쳐 거의 일정하다. 아미노산 배열 순서가 달라지는 치환 과정은 진화 발생 시기를 알려주는 '진화의 분자 시계molecular evolutionary clock'라고 할 정도다."[24] 이것이야말로 놀라운 자기조직화다.

카우프먼의 성과는, 이런 주장만 하는 데에서 그치지 않고 그 주장을 특정한 생물물리학적, 생리학적 과정에 **구체적으로** 연결시켰다는 데 있다. 예를 들어 그는 비교적 고등한 후생동물 세포의 게놈 시스템이 1만~10만 개의 구조·조절 유전자의 순서를 어떻게 암호화하는지를 보여준다. "이 유전자들의 총합적 활동이 바로 수정란에서 개체발생으로 나아가게 하는 발달 프로그램이다." 인간의 면역 체계는 '조화로운 패턴을 이루는' 약 1억 개의 서로 다른 항체 분자로 이루어져 있고, 신경 조직은 수십억 개의 뉴런으로 내외 환경을 감지하고 범주화한다. 따라서 "우리가 물어야 할 것은, 그렇게 경이로운 시스템들이 어떻게 해서 그저 무작위적인 돌연변이와 자연선택을 통해 생겨나는가 하는 점이다." 카우프먼의 논점은 "우리가 보통 생각하는 바와는 딴판으로, 대단히 무질서한 시스템들이 자생적으로 고도의 질서를 '확고하게 형성한다'는 것이다."[25] 여기서 그는 시간에 따른 움직임의 과정을 다루는 동역학계動力學系, dynamical system 수학 이론—그는 이 이론을 통합적 행태를 표현하는 '자연 언어'라고 말한다—을 동원한다.

동역학계는 뉴턴의 미분방정식을 발전시킨 것으로, 수학자들이 **끌개**attractor라고 부르는 것이 등장한다. 이는 계들이 '동결'되고, 그럼으로써 안정적이거나 규칙적으로 진동하는, 상호 연결된 커다란 클러스터들을 형성하는 지점이다. 끌개들은 자생적 조직화의 지극히 자연스러운 양상이며, 진화를 구성하는 기본 요소다(구체적인 사례는 아래 설명 참조).

그런데 카우프먼의 또 다른 성취는 불 수학Boolean mathematics, 즉 0과 1의 비트 개념을 사용해서 분자가 처음에 어떻게 형성되는지, 이어 유전자(인식 가능한 아미노산 패턴들이 성게, 초파리, 생쥐, 인간과 같은 서로 다른 동물들의 유전자에서 **반복적으로 나타난다**), 그 다음에는 세포(효모는 세 가지 유형의 세포가 있고, 해파리는 20~30가지, 인간 성인은 254가지 세포가 있다)가 어떻게 형성되는지를 역시 대단히 구체적으로 보여준 점이다. 예를 들어 유충의 경우, 어떤 세포가 나중에 어떤 기관으로 발전하는지를 보여주는 '발생 예정 지도fate map'를 제시했다. 그런 다음, 끝에 가서 발생 예정 지도에 있는 세포들이 수학적 질서를 이루면서 기관을 형성하는 과정을 보여주었다. 이런 과정들은 시종 수학적 원리를 **따르는** 것으로 간주될 수 있다.

진화의 기본 유형

로버트 웨슨은 거의 동일한 문제를 《자연선택을 넘어서Beyond Natural Selection》(1993)라는 책에서 집중적으로 탐구했다.[26] 미국의 공공 정책 연구 기관인 후버 연구소 선임연구원인 웨슨은 이 저서에서 두 가지를 목표로 삼았다. 하나는, 자연선택은 그 자체로 우리가 주변에서 접하는 다양성을 설명할 수 없다는 것(우선 서로 모순되거나 분명히 환경 적응에 도움이 안 되는 양태가 너무 많다)을 설득력 있게 구체적으로 보여주는 것이었다. 다른 하나는, 자연선택을 보강해주는 진화의 다른 동력을 제시하는 것이었다.

웨슨은 다르시 톰프슨과 마찬가지로 생물학자들이 진화를 너무 쉽게 설명했다고 생각했다. "우리는 관찰됐거나 추정되는 어떤 특질이 환경 적응에 얼마나 유리한지에 대해 그럴듯한 설명을 언제든지 만들어낼 수 있다."[27] 그러나 실제로는 다윈주의의 어떤 측면들에 반대되는 증거가 도처에 널려 있다고 웨슨은 생각했다. 어떤 과의 식물들—속새, 석송, 은행나무—은 수천만 년에서 수억 년 동안 변화를 겪지 않았다. 이 식물들의 화석은 많고 많은데 점진적 변화의 증거가 거의 없다. 또 웨슨이 조류의 출현을 놀랍게 보는 이유는 당시 하늘은 이미 '효율적으로 보이는' 날도마뱀과 익룡이 장악하고 있었기 때문이다. 어류에서 양서류로 나아가는 단계들이 어떠했는지 우리는 아직 알지 못하고, 최초의 육상 동물이 등장할 때는 이미 "훌륭한 사지와 어깨, 다리이음뼈, 갈비뼈, 또렷한 두부를 갖추고 있었다. …… 3억 2000만 년 전부터 지금까지의 시간을 살펴볼 때, 수백만 년 사이에 열두 종의 양서류가 갑자기 화석 기록에 등장한다. 그런데 다른 종류의 조상으로 보이는 동물은 하나도 없다."[28]

다른 예도 있다. 새는 과거의 경험 없이도 비행한다. 그리고 종종 이정표도 없이 어마어마한 거리를 여행한다. 또 예를 들어 어린 청동뻐꾸기는 뉴질랜드에서 부모 품을 떠난 지 한 달 만에 바다 위를 1900킬로미터 넘게 날아서 호주로 갔다가, 다시 북쪽으로 1600킬로미터를 비행해 솔로몬 제도와 비스마르크 제도에 도착한다. "그런 여행은 불필요해 보인다. 온난한 겨울을 벗어나 다른 곳으로 갈 필요가 별로 없기 때문이다. …… 부모 새가 왜 새끼새들을 혼자 비행하게 하는지도 불명확하다."[29] 초파리의 경우, 수천 가지 돌연변이가 관찰됐지만 대개는 사소하거나 병리학적인 변이였다. 새로운 기관이 생겼음을 시사하는 변이는 전혀 없었다. 잠수하는 새로 알려진 물까마귀(속명 *Cinclus*)는 개울 바닥에 서식하는 곤충을 잡아먹는 작은 새인데, 생김새는 보통의 육상 조류를 닮았다. 물까마귀는 날개를 사용해서 수영을 하지만 바다이구아나와 마찬가지로 발에 물갈퀴가 생기지는 않았다. 지네의 수많은 다리는 이동용으로서는 전혀 좋은 생각이 아니다.[30] 뱀은 대부분 청력을 상실했다. 분명 쓸모가 있을 텐데 말이다. 그리고 새는 왜 이빨이 없을까? 왜 수사슴은 매년 새 뿔이 자라는 것일까? 양과 수소와 영양은 그렇지 않은데…….

많은 적응 형태가 아무런 이유가 없는 듯이 보인다(예를 들어 사자 수컷의 갈기는 사냥감을 은밀히 추적하는 데 방해가 된다). 낭비적인 적응 형태도 있다(아보카도나무는 다 자라면 100송이나 되는 꽃이 핀다). 여러 암컷을 거느리는 종이 많은데, 이 경우 수컷은 씨 뿌리는 일 외에는 하는 일이 거의 없다. 그리고 대나무는 왜 꽃이 피고 나면 곧바로 죽는 걸까?

이런 이유도 없어 보이고 낭비적인 측면들을 고려할 때, 진화와 자연선택이 과연 우리가 생각하는 것처럼 효율적으로 작동하는 거대한 힘이라고 볼 수 있을까?

그렇다고 웨슨이 진화를 의심한다는 말은 아니다. 의심하지 않는다. 그는 다만 진화가 종종 너무 어렵게 이루어지고, 그렇기 때문에 고전적인 다윈식 장치인 자연선택은 우리가 보는 다양성을 설명하기에 충분하지 않다고 생각할 뿐이다. 그의 답변은 다윈식 설명보다는 역시 수학적 설명이다. 웨슨은 프리고진과 카우프먼이 사용한 것과 같은 '끌개' 개념이 도움이 된다고 확신한다. 유전자에 의해 전달되는 정보가 자연적으로 패턴, 즉 물질의 물리·수학적 속성으로부터 도출되는 자기조직화를 형성한다는 것이다. 이는 "거대한 단일 청사진이 아니라 중첩되는 수많은 부분적 청사진들로 이루어진 하나의 세트다." 예를 들어 손상을 입은 뒤, 원래의 패턴을 알아서 복구하는 능력이 분명히 있다. 어떤 패턴들, 곧 어떤 끌개들이 다른 것들보다 강력하다는 점 역시 분명하다. 그리고 부분들에 선행하는 것은 바로 그 패턴이다. 예를 들어 '다리가 여섯인 끌개'는 '다리가 넷인 끌개'보다 강하다. 다리가 여섯인 경우는 수백만 종의 곤충에서 대단히 유사한 형태로 나타나는 반면, 사지라는 몸체 구조는 공룡, 조류, 어류, 포유류마다 매우 다른 방식으로 변화해왔다.[31]

다른 말로 하면, 진화는 일련의 '기본 계획'의 전개, 즉 단백질 사이에서 자생적으로 조직화되는 규칙성에 따라 진행된다. 이것이 바로 고차원의 생물 분류군이 확립되는 방식이다. 이 점을 강조하기 위해 웨슨은 캄브리아기 초기(5억 4000만 년에서 4억 8000년 전) 이후 새로운 생물 문門의 출현은 전혀 없었고, 최소한 1억 2500만 년 동안은 새로운 강綱의 등장도 없었으며, 지금으로부터 6500만 년 전 공룡이 멸종한 뒤로 생물이 환경 적응 과정에서 분화를 이룬 이후에 새로운 목目이 모습을 드러낸 적도 없었다고 지적한다. "진화는 그 모든 단계를 거치고 나서야 겨우 새로운 문과 새로운 강을 탄생시킬 수 있었다."[32] 바다는 생명이 시작된 곳이지만 오랜 기간 중요한 혁신이 등장하지 않았다. 그런데 구조들이 점점 진화하면서, 더 복잡한 혁신들은 그 중요도가 떨어진다. 이것이 엔트로피의 생물학적 표현일까?

결국 우리 인간조차 생물학과 수학의 통합체다. 웨슨이 말한 대로 쥐 크기의 생물도, 코끼리 크기의 생물도 불을 다루거나 금속을 제련하거나 기타 기술 문명의 필요들을 충족시키지 못했다. 자연선택은 수학적·물리학적 원리에 바탕을 둔 물질의 자기조직화에서 도움을 받은 것인데, 그것이 어느 정도인지는 우리가 이제 겨우 실감하기 시작한 단계다.

엽록소의 퀀텀 워크

이 책 7장에서 소개한 대로 독일의 양자물리학자 파스쿠알 요르단이 양자물리학과 생물학의 결합 가능성을 처음으로 구상했고, 이 문제를 닐스 보어와 코펜하겐에서 1930년대에 논의했다는 점을 상기하자. 또 요르단이 나치 이데올로기가 과학에 은연중에 스며들게 하는 데 나름의 역할을 하다가 결국은 2차 대전 종전 후 완전히 밀려났다는 점도 상기하자.

양자생물학이 재조명되는 데에는 약간 시간이 걸렸지만 그 성과는 2012년 영국 서리 대학교에서 열린 작은 학술 모임에서 어느 정도 인정을 받았고, 그런 흐름 덕분에 2010년 수학, 컴퓨팅, 물리과학, 엔지니어링, 생명과학, 사회과학의 새로운 협력을 모색하는 '생명·사회과학의 모델과 수학Models and Mathematics in Life and Social Sciences'이라는 프로젝트가 출범했다.[33]

물리학자 짐 알칼릴리와 생물학자 존조 맥패든은 서리 대학교 학술 모임 결과물로 펴낸 양자생물학 관련 저서에서 실재의 세 가지 '층위'를 생각해보자고 권한다. 맨 위층에 있는 가시 세계는 떨어지는 사과, 대포알, 증기 기차, 비행기 같은 대상으로 가득 차 있다. "이들의 운동은 뉴턴 역학으로 서술할 수 있다." 그 아래층에는 '당구알 같은 입자들'로 구성된 열역학 층위가 있다. 이것들의 운동은 거의 전적으로 무작위적이며 증기엔진과 같은 대상들의 행태를 관장하는 '무질서에서 질서로'라는 법칙을 만들어내는 요인이다. 맨 아래층은 '정연한 양자의 법칙이 지배하는' 소립자들의 층위다. 우리가 마주하는 대다수 대상들의 가시적 양태는 뉴턴 층위나 열역학 층위에 뿌리박고 있는 듯이 보인다. "그러나 살아 있는 유기체는 양자 차원의 실재의 근저로 바로 이어지는 뿌리를 가지고 있다."[34] 알칼릴리와 맥패든은 또 과학의 가장 큰 미스터리 세 가지는 우주의 기원, 생명의 기원, 의식의 기원이라고 말한다. 양자역학은 이 셋과 모두 관련이 깊다고 두 사람은 주장한다.

양자생물학자들이 개척한 탐구 분야에는 일부 철새, 곤충, 어류의 이동 행태, 효소의 촉매 작용에 대한 설명, 광합성, 유전자, 의식 등이 있다. 그야말로 신생 분야라고 할 수 있는 학문으로서는 야심 찬 목표가 아닐 수 없다. 우리는 그중에서도 광합성과 유전학에 집중해보고자 한다. 의식에 관한 연구는 현재로서는 대부분 사변적이니 말이다.

양자생물학자들의 핵심 주장은, 분자 수준에서는 많은 중요한 생물학적 과정이 대단히 빠른 속도(수조 분의 1초 단위)로 진행되며, 아주 짧은 원자핵 간 결합 간격에 국한된다는 것이다. 바로 이런 차원에서 중첩, 얽힘, 양자 터널 효과 같은 특성이 고전 역학에서는 불가능한 어떤 과정들을 발생시킨다.

엽록소를 예로 들어보자. 이 물질이 지구상에서 (DNA에 이어) 두 번째로 중요한 분자일 것이라고 알칼릴리와 맥패든은 지적한다. 엽록소는 대개 탄소와 질소 원자가 중앙부의 마그네슘 원자를 탄소, 산소, 수소 원자의 기다란 꼬리로 감싸고 있는 육각형 배열 2차원 구조라고 볼 수 있다. 마그네슘 원자의 맨 바깥쪽 원자는 나머지 부분들과는 느슨하게 결합되어(보어의 전자 궤도 법칙과 파울리의 배타 원리에 따라) 있으며, 태양 에너지의 광자를 흡수하면 튀어나와 주변을 감싸고 있는 탄소 '우리' 속으로 뚫고 들어갈 수 있다. 단순화해서 설명하면, 이때 자극을 받은 전자('엑시톤 exciton')는 반응 센터라고 불리는 분자 구성 단위로 변환됨으로써 광합성 과정을 촉발할 수 있다.

전통적으로 이러한 시나리오가 지닌 문제는 반응 센터들이 자극을 받은 엽록소 분자들과 아주 멀리 떨어져 있다는 점이었다(10억 분의 1미터 수준이다). 따라서 문제의 전자가 어떤 경로를 택할지, 혹은 어떤 경로를 택해야 할지를 '아는지' 여부는 누구도 알 수 없었다. 한 가지 이론은 전자가 단순히 '랜덤 워크random walk'를 한다는 것이다. 물론 무작위로 아무 길이나 가는 것은 효율적이지 않고, 그런 의미에서 일반 생물 세계와도 다른 양상이다. 특히 광합성은 대단히 효율적인 과정으로 알려져 있다.

2007년에 캘리포니아 주립대 연구팀이 이 문제에 대한 해결을 시도했다. 이들은 극소 규모의 분자 시스템 내부와 움직임을 조사할 수 있는 특수 전자 분광법(5장과 9장 참조)을 사용해 녹색 유황 박테리아green sulphur bacteria라는, 광합성을 하는 미생물에 레이저 빛을 잇달아 세 차례 발사했다. 레이저 펄스는 에너지를 싣고 급속도로 나아가, 정해진 시간에 맞추어 분출했다. 이것이 빛 신호를 발생시켜 엽록소 내 수용체에 포착된다고 칼릴리와 맥패든은 설명한다. 펄스화 레이저는 단 1초 만에 20억의 100만 배나 되는 펄스를 방출할 수 있다. 여기서 중요한 점은, 이런 속도는 분자가 단 한 차례 분자 진동을 하는 데 걸리는 시간보다 수천 배나 짧다는 것이다. 연구팀은 50~60펨토초(1펨토초는 10^{-15}초) 범위의 실험 결과를 조사했다. 거기서 발견한 내용은 오르락내리락하는 신호 하나가 "최소한 600 펨토초 동안 진동한다'는 사실이었다.[35] 이런 기술적 연구 결과는 그러한 진동이, 빛을 두 개의 미세한 틈새를 통과시키는 실험에서 양자적 활동 양상을 보이는 밝고 어두운 무늬의 간섭 현상이 배경 스크린에 나타난 것과 비슷함을 의미한다. 다른 말로 하면 들뜬 상태의 엑시톤은 하나의 길을 지나 '엽록소의 미로'를 통과하는 것이 아니라, '여러 경로를 동시에 통과한다.' 이러 과정은 랜덤 워크 개념을 좀 더 확대해서 '퀀텀 워크quantum walk'라고 명명되었다. 이런 현상은 그 이후 조류藻類와 시금치에서도 관찰

되었다.[36]

유전자의 경우, 양자적 활동은 '토토메리 현상tautomerisation'과 관련이 있다. 수소 원자의 위치가 달라짐으로써 생기는 두 가지 이성질체가 서로 변화하고 균형을 유지하는 이 현상을 처음 발견한 인물은 왓슨과 크릭으로, 이 두 사람은 1953년에 DNA 구조를 다룬 두 번째 논문에서 그 내용을 발표했다. 호변이성互變異性이라고도 부르는 토토메리 현상은, 한 분자 내에서 이루어지는 양성자들의 이동, 본질적으로는 가변적인 양성자들의 위치 변화와 관련이 있다. 바로 이런 변화가 돌연변이 형태의 뉴클레오티드nucleotide를 만들어낼 수 있다. 수소 결합을 유지해주는 양성자들은 양자적 실체, 다시 말해 입자인 동시에 파동이므로 반대 방향으로 움직일 수 있다. 복제가 일어날 때 양성자들이 호변이성체 상태가 되면 양자 터널 효과를 거쳐 일반적인 상태에서 천연적으로 존재하는 에너지 격차가 극복될 수 있다. 이는, 예를 들면, 티민 분자가 구아닌과 짝을 이루어―고전적인 설명으로는 불가능한 일이다―돌연변이를 일으킬 수 있다는 의미다. 이런 현상은 아직은 간접적으로만 관측되었다. 단일 효모 유전자, 생쥐 유전자, 인간 유전자를 대상으로 한 연구에서는 유전 정보가 DNA에서 RNA로 전사되면 단백질 합성에 앞서 대개는 '붉은색' 유전자들이 30배 이상 자주 변이를 일으킨다(여기서 '해독'은 양자론에서 알고 있는 바와 같이 측정되는 양자에 '간섭'하게 된다). 극히 최근에 이루어지고 있는 이런 연구는 유전적 돌연변이 자체가 양자적 과정이라는 사실을 말해주는 것으로 보인다.

최근의 일이기는 하지만, 양자생물학의 등장은 어떤 점에서 볼 때 우리가 이 책에서 지금까지 살펴본 과학사의 정점이다. 양자적 과정이 돌연변이를 **야기한다면**, 그것은 어떤 측면에서 에너지가 진화를 직접 가속화하는 것이고, 이 장에서 소개한 두 거대한 조류가 통합되었음을 의미한다.

분명 한 가지는 확실하다. 생물학이 물리학보다 복잡한지는 대단히 복잡한 문제라는 것이다. 하지만 그보다 중요한 문제는 최근의 생물학 발전이 컨버전스를 더욱 촉진해 진화론을 풍부하게 만들어줄 것으로 기대된다는 점이다. 돌연변이의 양자적 특성이 확인되면 우선 다양성이 어떻게 생겨나는지, 그리고 진화가 대체 어떻게 가능한지를 설명하는 데 도움이 될 것이다. 실질적 의미에서 진화는 양자적 과정일 것이다. 또 자생적 질서에 관한 수학적 연구, 특히 끌개 개념 같은 것은 진화가 어떻게 촉발되고 가속화됐는지를 보여준다. 온전히 자연적으로 조직화된 과정들이 우리가 예상할 수 있는 시간 내에 도저히 도달할 수 없다고 여겨지는 수준의 다양성을 만들어냈기 때문이다.

종합해서 말하면, 우리는 다윈이 1859년에 자연선택이라는 독창적인 아이디어를 내놓은 이후 다윈주의에 가장 중요한 수정을 가해야 할 시점에 도달했다는 얘기다. 이는 환원주의, 곧 컨버전스가 어떻게 새로운 탐구 영역에 도달하는지, 그리고 새로운 이해 수준에 도달하는지를 잘 보여주는 사례다. 양자적 과정과 진화론의 연계는 말할 나위 없이 대단한 컨버전스가 아닐 수 없다.

예술의 생물학적 기원, 물리학과 철학,
사회물리학, 신경학 그리고 인간 본성

먼저 참으로 신기하면서도 도발적인 사안 한 가지를 소개하고자 한다. 전 세계의 언어는 색깔을 나타내는 말의 종류가 다르지만 거기에는 어떤 질서가 있다는 것이다. 색채어가 두 개뿐인 언어는 검정과 흰색만을 구분한다. 색채어가 세 개뿐인 언어는 검정, 흰색, 빨강만 구분한다. 색채어가 네 개뿐인 언어는 검정, 흰색, 빨강 그리고 녹색이나 노란색이라는 표현을 쓴다. 색채어가 다섯 개뿐인 언어는 검정, 흰색, 빨강, 녹색, 노랑이라는 단어를 쓴다. 색채어가 여섯 개뿐인 언어는 검정, 흰색, 빨강, 녹색, 노랑 그리고 파랑이라는 단어를 쓴다.

13장에서 만나본 사회생물학자 에드워드 윌슨은 1998년에 발표한 저서 《컨실리언스: 지식의 통일Consilience: The Unity of Knowledge》(한국어 번역본 제목은 《통섭: 지식의 대통합》—옮긴이)에서 이 목록을 제시했다.[1] 기본적인 색채어를 무작위로 조합하면 수학적으로 가능한 2036가지 경우의 수

중에서 아무 경우나 선택될 것 같지만 여러 연구에 따르면 실제로 색채어에 해당하는 단어는 대개 스물두 가지 정도에 불과하다는 것이 윌슨의 논점이다.

이는 "유전자가 문화를 속박한다"라는, 사소하지만 생생한 윌슨의 전반적인 주장 가운데 일부다.[2] 일각에서는 그의 주장이 논란의 대상이 되고 있지만, 윌슨은 최대한 폭넓은 맥락을 활용하고자 한다. 지금 이 마지막 19장에서 그를 소개하는 것도 그 때문이다. 지난 200년 동안 여러 과학들이 상호 수렴되어 왔다면—과학 일반 및 환원주의적 접근 방식이 거둔 상당한 성과를 고려할 때—과학이 다른 인간 활동까지 과학의 영역에 포함시키려 하는 것은 별로 놀랄 일이 아니다.

윌슨은 같은 책에서 "정신이 벌인 가장 위대한 모험은 언제나 과학과 인문학을 연계하려는 시도였으며, 앞으로도 계속 그럴 것이다"라고 말한다.[3] 더구나 '미지의 것에 대한 성찰'인 철학은 "설자리가 점점 줄어들고 있다. 우리는 가급적 많은 철학을 과학으로 변환시킨다는 공통의 목표를 가지고 있다." 이 말은 그저 오만한 언사가 아니다. 지난 두 세대 동안 "르네상스와 계몽주의가 유산으로 남겨준 학문의 통일이라는 이상은 거의 폐기됐다"라고 그는 말한다. 그 결과 중 하나가 사회과학이 여러 부문에서 인문학을 대체해왔다는 사실이다.[4]

윌슨은 이런 양상을 강력히 비판하는 대신, 여러 과학이 밝혀낸 질서가 문화 및 문화에 대한 평가를 어떻게 설명하고 풍부하게 하는 데 도움이 될 수 있는지를 보여주려고 한다. 그는 사회가 여섯 가지 사회생물학적 원리, 즉 **혈연 선택, 양육 투자, 짝짓기 전략, 지위, 영토 확장 및 방어, 합의 계약**을 중심으로 질서화되어 있다고 말한다(13장에서 잠시 언급했다). 여기에 자연과학과 사회과학을 연결하는 '다리'가 네 가지, 즉 **인지신경과학, 인간행**

동유전학, 진화생물학, 환경과학이 추가된다. 이런 매개 과정들을 거쳐서 유전자와 문화의 공진화共進化가 이루어졌고, 바로 이런 차원이야말로 인간이 다른 동물과 다른 점이라고 윌슨은 말한다.[5]

시간이 지나면서 그러한 매개 과정들은 보편적인 것 또는 거의 보편적인 것이 문화의 진화에 등장하는 상황을 야기했다. 윌슨은 예술은 특정 형식과 주제를 '본원적으로 지향'하지만 그 외의 부분은 '자유롭게 구성된다'라고 주장한다.[6] 그러면서 다시 한참 더 나아가, "예술은 일탈적 천재가 역사적 상황과 특이한 개인적 경험을 바탕으로 만들어내는 것만은 아니다. 영감의 뿌리는 아주 먼 과거로, 인간 두뇌의 유전적 기원으로까지 거슬러 올라가며, 거의 변함이 없다"라고 확언한다. 이보다 더한 주장도 한다. "은유란 발전 과정에서 두뇌 활성화가 확산된 결과로서, 창조적 사고를 가능케 하는 구성 요소다." 초기의 사원들은 산, 강, 동물의 은유로써 건설되었다. 인기를 끈 그림들은 대부분 두뇌의 뇌파 활동을 가장 잘 자극할 가능성이 제일 높은 이미지임을 여러 연구가 밝혀내고 있다. 예술이 모방하고, 강화하고, '정형화하는 것'은 선명성을 위해서다. 예술은 "아주 오래 전부터 유전적으로 물려받은 기본 규칙들에 여전히 충실하다. 그런 규칙들이 인간의 미학을 규정한다."[7]

소설을 비롯한 허구적 이야기에서도 소수의 기본적인 '원형原型'을 볼 수 있다고 윌슨은 말한다. 그 원형들은 후성유전학적 규칙 속에서 진화해왔으며, 내러티브에 반복적으로 등장하는 다음의 양상을 보면 식별할 수 있다는 것이다.

- 태초에……
- 종족은 떠나고……

- 종족은 악의 세력을 만나게 되는데……

- 주인공은 지옥으로 내려가고/또는 추방당하고……

- 세상은 대재앙으로 끝나고……

- 엄청난 힘의 근원이 발견되고(생명의 나무, 생명의 강)……

- 양육하는 여성이 위대한 여신 또는 어머니 신으로 신격화되는데……

- 예언자는 특별한 지식을 가지고 있었으니……

- 성모마리아는 순결의 힘을 가지고 있으니……

- 여자가 성적 각성을 얻다……

- 사기꾼이 기존 질서를 어지럽히고……

- 괴물이 인류를 위협하는데……

예술을 낳은 것은 '지성으로 야기된 혼란에 질서를 부여하려는' 필요였다.[8] 고대인들은 주변 환경의 풍부함을 (때로는 주술로) 표현하고 통제하고자 했다. 그리고 예술은 지금도 그런 '근원적 기능'을 수행하고 있다.

예술의 생물학적 기원은, 작업가설에 불과하기는 하지만(윌슨의 말이다), 예컨대 할리우드 영화가 싱가포르에서 잘 먹힌다거나 유럽인뿐 아니라 아프리카인과 아시아인도 노벨 문학상을 받는다는 사실로도 뒷받침된다. 거의 보편적인 주제가 거의 보편적으로 통한다는 얘기다. 마찬가지로 두뇌 자극 활동은 아시아어 계통의 상형문자, 고대 이집트와 마야의 그림문자, 대부분의 사람들이 예쁜 여자라고 생각하는 사진을 보여줄 때 극대화된다. 이렇게 보면 아름다움에는 생물학적 차원이 분명 존재하는 듯하다.

많은 사람들은 이를 헛소리라고, 과학을 본연의 영역이 아닌 너무 먼 곳으로 끌고 갔다고 말할 것이고, 실제로 그렇게 말하기도 한다. 하지만 윌슨은 우리가 정서적으로는 여전히 구석기 시대 세계에 살고 있다고 단언한다. 또 자연과학과 사회과학이 점점 더 긴밀히 연계되는 것이 앞으로 예술에 다시 활기를 불어넣는 최선의 길, 사실상 유일한 길이라고 주장한다. 그는 신학은 이제 통하지 않으며, 철학은 "유망한 대체물이 되지 못한다"라고 결론짓는다. 그는 또 "철학의 복잡한 사고와 지나치게 조심스러운 태도가 현대 문화를 의미가 실종되는 상태로 만들었다"라고 주장한다.[9]

윤리, 미개척 과학 분야

2014년 2월에 게이 형제들을 대상으로 한 사상 최대 규모의 조사 결과가 공표되었다. 유전체의 두 영역—Xq28이라는 X염색체 부위와 8q12라는 8번 염색체 중앙부—에서 남성의 성적 지향이 생물학적으로 결정된다는 것을 강력히 시사하는 증거가 나왔다는 내용이었다. 이 조사와는 전혀 별개의 다른 실험에서는, 인간은 물론이고 유인원(꼬리감는원숭이와 침팬지, 올빼미원숭이와 히말라야원숭이는 여기에 해당하지 않는다)도 전체적인 보상이 어지간하고 파트너십이 유지된다면, 받고 싶은 보상의 일부를 포기하고 파트너에게 양보한다는 사실이 밝혀졌다.[10]

동성애가 범죄인 지역이 여전히 존재한다는 사실을 고려할 때, 앞에서 소개한 조사 결과가 그런 사람들의 태도를 바꾸는 데 어느 정도 도움이 될지도 모르겠다. 두 번째 예로 든 실험은 공정함이라는 감정의 진화에 증거가 될 것으로 보인다. 둘 다 우리가 윤리를 이해하는 데 중요한 근거이고, 과학이 중요한 방식으로 그 영역을 넓혀가고 있으며 인간 활동의 서로 다른 측면들을 좀 더 긴밀하게 연결하고 있다는 증거이기도 하다.

미국의 철학자이자 신경과학자인 샘 해리스는 2010년에 출간한 저서

《윤리의 지형 The Moral Landscape》에 '과학은 어떻게 인간의 가치를 결정할 수 있는가How Science Can Determine Human Values'라는 부제를 달았다. 이 책은, 의미나 윤리, '더 큰 삶의 목적' 같은 것은 사실 의식이 있는 존재의 행복에 관한 질문이라는 요지를 담고 있다. 따라서 가치는 "과학적으로 이해될 수 있는 사실들로 변환된다. …… 기독교 물리학이나 이슬람 대수 같은 것이 존재하지 않는 것처럼, 우리는 기독교 윤리나 이슬람 윤리 같은 것도 없음을 알 수 있다. 사실 나는, 윤리는 미개척 과학 분야로 간주해야 한다고 주장하고 싶다." 그는 과학이 '삶의 가장 깊은 문제들을 점차 망라할 것'이라고 주장한다. 그는 그런 문제들을 인간 번영의 '윤리적 지형'이라고 표현하는데, 그 지형에서 제일 높은 봉우리는 잠재적 복지의 정점에 해당하고, 그 제일 낮은 계곡은 가장 심각한 고통이다.[11]

해리스는 인간이 어떻게 번영하는지를 우리가 충분히 이해했다고 말하기는 너무 이르다고 하면서도 설명할 가능성이 점차 높아지고 있다고 주장한다. 예를 들어 우리는 유아기의 경험과 훗날 건전한 인간관계를 형성할 수 있는 능력 사이에 연관성이 있다는 것을 알고 있다(13장 참조). 또 우리는 양육이 두뇌의 어떤 물질과 관련이 있음을 알고 있다(이에 대해서는 이 장 뒷부분에서 살펴보자).

이런 논거들을 근거로 그는, 친절이란 어떤 특정 종교나 철학의 주장대로 하는 것이 아니라 타인은 물론이고 우리 자신의 행복에도 잠재적으로 영향을 미치는 태도, 선택, 행동의 총체로 규정할 수 있다고 주장한다. 주변을 둘러보면 어떤 사람들은 다른 사람들보다 더 좋은 삶을 살고 있음을 알 수 있다. 이런 차이는 '완전히 임의적인 방식이 아니라', 어떤 질서가 있는 방식으로 '인간 두뇌의 상태 및 세계의 상태'와 연관되어 있다는 주장이다. 해리스는 이것이 우리에게 반드시 필요한 출발점이라고 하면서,

결국에는 물리학의 문제에 옳은 답과 틀린 답이 있는 것과 마찬가지로 윤리적 문제에도 옳은 답과 틀린 답이 있다고 말한다. "그리고 언젠가는 그러한 답이 서서히 성숙해지고 있는 정신과학의 영역 안으로 들어올 것이다." 인간의 의식은 유일하게 이해 가능한 가치의 영역이고, '행복'은 우리가 중시하는 모든 것을 말해준다. 이것이 바로 우리의 활동과 관심을 집중해야 할 지점이다.[12]

이런 접근을 통해 그는, 인간의 협력보다 더 중요한 것은 없으며, 우리의 윤리적 진화―혈연선택, 상호 이타주의, 성선택이 주요 요소(모두 사회생물학의 영역이다)이다―에 대한 충분한 이해가 우리가 어떻게 '단순히 자기이익에 매몰된 원자화된 자아가 아닌 타인들과의 공동 이익에 복무하는 사회적 자아'로 진화했는지를 설명하는 데 도움이 된다고 본다.

이는 우리 자신의 행복을 위해서는 우리의 자기이익의 범위를 타인에게로 확장해야 함을 의미한다(가족, 친구, 심지어 전혀 모르는 사람들의 즐거움과 고통이 우리에게도 문제가 된다). 이런 점을 우리가 아는 것은, 어떤 측면에서는 인간 사회에 존재하는 윤리적 위계를 쉽게 알아챌 수 있기 때문이라고 그는 말한다. 많은 '원시' 종족들은 실제로 야만인이다. 예를 들어 더 진화된 사회보다 잔혹성과 의심이 훨씬 뚜렷이 나타난다. 해리스는 좀 더 공정하고 좀 더 평등주의적인 사회(스웨덴, 노르웨이, 네덜란드)는 폭력(강간과 강도)이 덜하고, 범죄가 덜하고, 기대수명이 높고, 유아 사망률이 낮고, 부패가 없고, 가난한 나라에 자선을 더 많이 베푸는 특징을 보인다고 지적한다. 그리고 이런 추세와 상관관계들은 우연히 그렇게 된 것이 아니라고 말한다.[13]

그는 윤리적 인지와 관련이 있는 두뇌 영역(전전두엽 피질과 측두엽)을 열거한 뒤, 신경 촬영 연구 결과가 두뇌 보상 영역의 활동 증가와 협력이 서로 관련이 있음을 보여준다고 주장한다. fMRI를 이용한 두뇌 연구는 수학 방정식을 이해할 때(또는 이해하지 않을 때)와 윤리적 명제를 이해할 때(또는 이해하지 않을 때), 동일한 뇌 영역이 동일한 방식으로 동원된다는 것을 보여준다는 말이다. 이로써 과학적 냉철함과 가치 판단 사이에 실질적으로 차이가 없음이 입증된다는 것이 그의 주장이다. 우리의 행복은 종교에 달려 있는 것이 아니라 '우리 두뇌에서 일어나는 사건들과 세계에서 일어나는 사건들'의 상호작용에 달려 있고, 그런 상호작용을 우리가 잘 이해할수록 좀 더 살 만한 가치가 있는 삶을 만들어낼 가능성이 높다.[14]

보살핌의 화학

해리스가 일반적인 접근을 한다면, 캐나다계 미국 신경철학자 패트리샤 처칠랜드는 좀 더 특정한 측면에 집중한다. 그녀의 저서 《브레인트러스트: 신경과학은 윤리에 대해 무엇을 말해주나Braintrust: What Neuroscience Tells Us About Morality》의 출발점 가운데 하나는, 우리 자신과 최대 다수의 행복을 극대화하기 위한 여러 윤리적 문제를 검토하면서 맞닥뜨린 '악몽'(처칠랜드의 표현임)이다. "500만 명의 어지간한 두통과 세 명의 부러진 다리를 어떻게 비교해야 할지…… 내 두 자녀에게 필요한 것과, 나와는 무관한 세르비아의 두뇌 손상을 입은 아이 100명에게 필요한 것을 어떻게 비교해야 할지, 누구도 모른다."[15] 그러면서 처칠랜드는 윤리는 진화와 애착 이론에서 시작된다고 말한다. 또 애착 이론 자체도 진화와 무관하지 않다.

가족은 인간 사회성의 '모태'이며, 가족을 보살피고 신뢰하는 것은 그런 사회성의 기초라고 그녀는 말한다. 따라서 윤리는 본질적으로 최대한 넓은 범위에서 사회성을 유지하는 문제다. 가족은 우리에게 어떻게 누구를 신뢰해야 할지를 가르쳐주고, 경험은 어떻게 그런 신뢰를 혈족으로, 혈족을 넘어 우리가 속한 다양한 소집단의 동료 구성원들에게로, 그리고 다시 비즈니스 파트너와 잠재적 경쟁자들에게로 확대할지를 가르쳐준다.

심리학적으로 보면 윤리는 사회적 행동을 위한 4차원의 틀로 되어 있다. 구체적으로 말하면 사회적 행동은 서로 엇물리는 과정들, 즉 보살핌, 타인의 심리 상태에 대한 인식, 사회적 맥락에서 문제를 해결하는 것, 사회적 관습의 학습으로 형성된다. 이런 가설에 따르자면 가치관이 규칙보다 중요하다고 처칠랜드는 말한다.[16]

그런데 뉴런이 어떻게 남을 보살필 수 있을까? 처칠랜드의 답은 뇌에 있는 두 가지 신경펩티드, 즉 옥시토신과 아르기닌 바소프레신의 활동을 설명하는 방식으로 제시된다. 두 펩티드는 다른 호르몬들과 더불어 우리의 사회적 행동, 특히 '모성' 행동에 영향을 미친다. 그리하여 어머니로 하여금 자녀를 돌보게 하고, 우리로 하여금 타인을 신뢰하게 만든다. 처칠랜드는 줄곧 이런 행동이 어떻게 진화했는지를 지적하며 옥시토신과 바소프레신의 '초고대 버전'인 바소토신이 양서류의 짝짓기 행동에 중요한 역할을 했다고 강조한다. 반면에 원숭이를 대상으로 한 실험에서는 또 다른 화학물질 날록손—이 경우는 오피오이드 수용체를 억제하는 역할을 한다—이 이와 유사한 과정을 거쳐서 자식들에게 무관심하게 만드는 작용을 한다는 사실이 확인되었다.

이런 물질의 수용체는 두뇌에서도 매우 특정한 영역에서 발견되는데, 사회적 행동에 모종의 역할을 하며, 만약 손상되면 행동에 나쁜 영향을 미친다.[17] 처칠랜드의 기본 논점은 "사회적 행동과 윤리적 행동은 동일한 행동 스펙트럼의 일부로 보인다"는 것이다. 경제적 경쟁과 협력을 다룬 실험에서, 코 스프레이로 옥시토신을 투여한 피실험자들은 그런 처치를 받지 않은 경쟁자들보다 신뢰 행동과 협력적인 자세를 훨씬 많이 보였다. 다른 경우에는 옥시토신 투여가 사회적 상황에서의 공포와 불안 수준을 낮추었고, 어떤 경우에는 (주로 남성) 피실험자들이 남들은 어떻게 생각하는지를 알아내게 하는 데 도움을 주었다.[18] 또 다른 여러 실험에서 신경과학자들은 피실험자의 세로토닌 감소가 실험실 상황에서 '불공정' 제안을 거부하는 강도를 높이는 것과 관련이 있으며, 이 역시 뇌의 특정한 영역에서 일어나는 작용임을 입증했다.

처칠랜드가 소개한 또 다른 실험들은 우리가 무의식적으로 존경하는 인물을 모방하며, 아기들은 천성적으로 자신과 비슷한 사람에게 끌리고, 신뢰하는 사람과 함께 있을 때는 옥시토신 수준이 증가한다는 것을 보여주었다. 윤리, 즉 우리의 가치관은 가족 체험에서 생겨나며 뇌의 특정 영역에서 작동하는 구체적인 일련의 물질에 의해 매개된다는 것이 처칠랜드의 결론이다. 이런 고도로 환원주의적 설명이 완벽하지는 않다. 이런 점을 최초로 인정한 사람도 처칠랜드다. 그러나 이는 윤리가 신이나 진화와는 무관한 어떤 철학에서 유래한다는 통념을 무력화한다.

사회물리학

'사회미적분학' 같은 것이 있을 수 있을까? 과학 저술가 필립 볼은 이런 문제를 2004년에 출간한 《임계 질량: 어떻게 어떤 것이 다른 것이 되는가 Critical Mass: How One Thing Leads to Another》에서 검토한다. 여기서 그는 물리학이 사회과학을 넘볼 정도의 자신감, 혹은 '어쩌면 심지어 오만함'을 품게 되었다고 지적한다. 의도적으로 사회물리학을 구성하려고 시도한 사람은 없었다고, 그는 말한다. "단지 물리학자들이 그런 새로운 과제에 적용할 수 있는 도구를 손에 넣었음을 실감해서 생긴 일이다."[19] 이어 그는 군중 속에서 사람들이 보이는 행동, 교통 흐름, 주식 시장, 범죄, 동네 간의 상호작용, 도시의 성장, 질병의 확산, 심지어 결혼까지 좌우하는 수학적 규칙 같은 다양한 현상을 고찰했다.

그 결과 인간 행동에서 자생적 조직화가 상당히 많이 이루어지고 있음을 알아냈다. 예를 들어 복도 맞은편에서 걸어오는 사람들은 자동으로 스스로를 조직해 한쪽으로 이동하는 흐름을 형성하는 경향이 있다. 그럼으로써 마지막 순간에 충돌을 피하느라 허둥대는 사태를 미리 막는다. 보도 한가운데에 나무나 기타 다른 물건이 놓여 있으면 따로 어떻게 하라는 지시가 없어도 사람들은 그것을 자동으로 분리 표시로 활용한다. 위험한 상황에서, 예를 들어 나이트클럽에서 불이 났을 경우에 사람들은 패닉 상태가 되어 한꺼번에 출구로 몰려 나가는데, 그런 행동은 오히려 건물을 벗어나는 데 필요한 시간을 지연시킨다. 이런 비상 상황을 가지고 컴퓨터 시뮬레이션을 해본 결과, 사람들이 차분한 속도인 초당 1.5미터 미만으로 움직이면 질서 있게 탈출할 수 있는 것으로 나타났다. 이보다 높은 속도로 움직이면 서로 부딪쳐 충돌이 일어난다. 어깨가 서로 끼고 해서 '코앞에 열려 있는 출구를 뻔히 보면서도 문을 통과할 수 없게' 되고 만다.[20] 흥미롭게도 이와 정확히 동일한 사태가 구멍이 숭숭 뚫린 식탁용 소금통에서도 벌어질 수 있다. 구멍보다 큰 소금 알갱이가 하나도 없는데도 말이다.

교통과 관련해서는 차량들이 어떻게 움직이고 어떻게 정체되는지를 이해하는 데 통계물리학이 큰 도움을 준다. 액체와 기체를 다루는 물리학도 도움이 된다. 특히 교통 흐름의 변화와 박테리아의 성장 양상 간에는 유사성이 일부 밝혀졌다.[21] 그렇다고 해서 당장 교통 문제를 해결하지는 못하지만, 안전 조치 확보와 정체 차량 행렬의 경로를 좀 더 정확히 예측하는 데 도움이 된다.

이 이론에서는 무엇보다 운전자가 어떤 일반적인 특성을 공유한다고 가정하는데, 그런 특성이 대단히 중요한 결과를 가져온다. 뻥 뚫린 도로에서 운전자들은 원하는 속도까지 액셀러레이터를 밟고, 앞 차와의 차량 거리를 유지하기 위해 브레이크를 밟고, 잘못된 반응을 보여 과잉 행동을 유발하기도 한다. 이런 양태를 교통 흐름의 세 가지 상태와 결합시켜서 해석해야 한다. 이 세 가지 상태, 즉 자유 유동(기체), 혼잡(액체), 정체(고체)는 유체역학과 대단히 흡사하다. 교통 흐름에서 핵심 요소는 속도와 차량 밀도다. 차량 밀도가 높아지고 교통량이 증가해도 운전자들이 집단적으로 위험을 무릅쓰고 원래 속도를 유지하기로 한다면 교통 흐름이 유지될 수 있다. 마치 모든 운전자가 동일한 정속 주행 장치(크루즈 컨트롤)를 사용하는 것과 같다. 그러나 이런 상태는 취약하다. 물리학에서는 이를 준안정準安定 상태라고 하는데, 기체와 액체와 고체 모두가 준안정 상태일 수 있다. 예를 들어 액체는 갑자기 응결되지 않는 상태로 어는점 아래까지 냉각할 수 있다. 일반적인 상전이相轉移를 거치지만 준안정 상태가 되는 것이다. 이를 과냉각이라고 한다. 그러나 갑자기 작은 변화라도 생기면 액체는 바로 응결된다. 또 하나, 물리학과 유사하게도 준안정 상태는 어느 한쪽으로만 진행된다. 자유 유동 상태는 교통 밀도를 낮은 단계(느린 속도)에서 차츰 증가시킴으로써만 달성할 수 있다. 액체도 마찬가지다. 물을 서서히 냉각시킴으로써 과냉각된 물을 만들 수는 있어도 얼음을 서서히 덥혀서 과냉각 상태를 만들 수는 없다.

교통에서는 속도가 비교적 높고 교통량이 고밀도인 상황에서 준안정 상태가 유지되는데, 준안정 상태의 액체와 같아서 어떤 작은 변화도 혼잡을 유발할 수 있다. 한 운전자가 갑자기 속도를 낮추는 경우가 대표적이다. 문제의 운전자는 전방 차량과 너무 가깝다고 생각해서 그랬을 수도 있고, 휴대전화로 통화를 하거나 옆길에서 고속도로로 진입하는 차량에게 양보하려고 그랬을 수도 있다. 그런데 아주 잠깐의 교란만으로도 흐름이 깨지고 혼잡이 촉발될 수 있다.

흐름에 관한 이런 식의 물리학적 분석에서 두 가지 현실적인 가능성이 생긴다. 사람들이 갑자기 속도를 낮추는 가장 큰 이유는 다른 운전자들이 차선을 변경하는 경우다. 러시아워 때만이라도 차량들을 한 차선에 묶어놓으면 작은 변화를 막아 흐름을 안정화할 수 있다. 이는 어느 차선에서나 어떤 속도도 가능한 미국식 시스템이, 느린 차량은 '느린' 차선을 타도록 하는 유럽식보다 낫다는 것을 시사한다. 대부분의 화물차는 느린 차선을 타므로 그 뒤를 따라가는 승용차들은 종종 차선을 바꾼다. 그러나 화물차가 다른 차선도 탈 수 있게 하고, 그들이 뒤따르는 승용차 운전자들이 편안할 만큼 일정한 (그리고 비교적 높은) 속도를 유지할 경우, 그리고 모두가 자기 차선을 잘 지킨다면 고속 흐름이 유지될 것이다.[22]

범죄와 범죄가 동네에 스며드는 정도에서도 동일한 현상이 발견되었다. 동네는 준안정 상태에 있는 것과 같아서, 사회적 조건이나 범죄자 처벌 수준 같은 차원에서 갑자기 작은 변화가 생기면 범죄가 급증하거나 급감하는 급속한 변화가 일어날 수 있다. 필립 볼은 1990년에 뉴욕 시 여러 동네에서 일어난 변화를 인용한다. 5년 사이에 전체 범죄가 절반 수준으로 줄었고, 살인은 64퍼센트나 감소한 경우였다. 물리학의 준안정 상태라는 비유가 여기서도 통한다면, 범죄율이 낮은 지역이라도 거기에 범죄율이 높은 동네가 포함되어 있다면 더 큰 규모의 사회로 볼 때는 위협이 된다. 확

인만 할 수 있다면, 사회의 준안정 상태는 매우 유용한 개념이다.[23]

볼이 내린 결론 가운데 하나는 처칠랜드의 결론과 가깝다. 볼은 영국 통계학자 윌리엄 뉴마치가 1860년에 런던 통계학회에서 했던 강연을 인용한다.

비와 해가 주술사와 점쟁이의 지배에서 벗어난 지는 오래되었습니다. 종교는 대부분 주교와 사제를 대단히 제한적인 기능을 하는 단순한 목회자로 격하시켰습니다. …… 그리고 이제, 사람들은 사건과 관련된 사회적 상황을 면밀하게 고려하지 않는 법률을 만들고 집행하려는 모든 시도는 가장 거대하고 위험한 형태의 사기에 불과하다는 것을 점차 깨닫고 있습니다.[24]

수학과 미술

방대한 문화사 시리즈인 《보이지 않는 것의 탐구: 미술, 과학, 영적인 것 Exploring the Invisible: Art, Science and the Spiritual》(2002)과 《수학 + 미술 Mathematics + Art》(2015)에서 뉴욕 시각예술학교 강사 린 갬웰은 특히 수학 사상이 예술에 미친 영향을 고찰했다. 그녀는 주로 독일어권에서 현대 수학과 추상미술이 어떻게 함께 등장했는지를 추적하면서 추상미술을 낳은 독일 관념론—1750년부터 최소한 200년 동안 독일 사상을 지배했다—은 그 자체가 일종의 추상화라고 주장했다. 그녀는 초기 추상화의 '의미가 소거된 색채와 형식', 그리고 구성주의의 형식성은 '수학 자체는 의미가 소거된 독자적 기호 체계'라고 한 수학자 다비트 힐베르트의 사상과 맥을 같이한다고 주장한다. 갬웰은 고틀로프 프레게와 버트런드 러셀이 고안한 기호논리학이 분석철학을 낳았으며, "분석철학은 조각가 헨리 무어와 바버라 헵워스, 작가 T. S. 엘리엇과 제임스 조이스에 의해 표현되었다"라고 주장한다. 대칭성의 추구—아인슈타인의 질량과 에너지 관련 연구가 대표적이다—는 막스 빌이 주도하는 스위스 구체 미술concrete artists 작가들에게 '놀라운 대칭성을 지닌 미술 작품을 창작하도록' 영감을 주었다. 갬웰은 또 쿠르트 괴델의 수학적 결론들—예를 들면 인위적이고 상징적인 언어에는 한계가 있으므로 '공리들을 가능케 하는 확고부동한 근거는 존재할 수 없다'—은 벨기에 화가 르네 마그리트와 네덜란드 판화가 M. C. 에셔의 역설적 이미지들과 근본적 차원을 공유한다고 주장한다.

갬웰의 주장과 논리는 풍부한 도판과 치밀한 연구 성과가 곁들여져 읽을수록 매력을 느끼지 않을 수 없다.[25]

신경철학과 낡은 형이상학: 근육의 수학

우리는 이제 악령이나 4체액설, 플로지스톤, 생기력生氣力이나 발광성 에테르를 믿지 않는다. 그런 것들은 철 지난 과학 이전 시대의 개념으로, 과학이 이미 그것들을 사실상 폐기했다. 똑같은 논리를 우리의 인간 본성 이해에 적용할 수 있을까? 많은 사람들은 그렇다고 믿고 있다. 다음은 서로 매우 다른 두 분과인 철학과 신경학이 통합된 분야다.

기본 발상은 이렇다. 정신과 인간 본성에 대한 우리의 전통적이고 상식적인 이해, 즉 '민간 전통식 심리학'이라 칭할 수 있는 것은 과학 이전 단계의 것으로 2500년 동안 정체되어 있었다. 그 결과 우리 사고의 틀을 이루는 범주들—믿음과 욕망 같은 정신 상태들—조차 번지수를 잘못 찾았거나, 간단히 말해서 존재하지 않는 것들이었다. 그런 범주들은 종국에 가서는 형이하학적 신경생리학의 과정이라는 차원에서 해명될 것이다. 결국 민간 전통식 심리학, 민간 전통식 생물학, 민간 전통식 우주론 같은 과학 이전 단계 고대의 이론들은 모두 과학으로 대체되었고, 민간 전통식 심리학이 비교적 오래 생명을 유지했다는 이유로 믿어줘야 할 이유는 전혀 없다. 우리는 우리의 직관이 틀린 경우가 적지 않다는 사실을 알고 있다.

이런 접근법을 표현하는, 선뜻 받아들이기 어려운 용어가 '제거적 유물론eliminative materialism'이다. 극단적인 경우에 제거적 유물론은 '의도' '사랑' '의식' 같은 단어와 개념은 실재적인 어떤 것을 지칭하는 것이 아니며, 신경과학의 발전에 따라 결국은 다른 개념으로 대체될 것이라고 주장한다. 어떻게 보면 이런 새로운 학제적 접근은 철학자들이 오랫동안 신경학에 주목한 결과였다. 그들은 사유에 대해 다양한 분야에서 훈련을 해왔으며, 그러는 동시에 두뇌과학의 최근 연구 성과와 손을 잡는다면 새로운 전진이 가능할지를 모색해왔다.

어떤 의미에서 그런 과정의 일부는 이 책 16장에 포함시켰을 만했다. 철학자들이 최근 두뇌 연구에 대해 일부 명쾌한 설명을 제시함으로써 어떻게 심리학의 여러 측면들이 신경학으로 엄밀화되는지를 보여줬기 때문이다. 예를 들어 《브레인트러스트》보다 먼저 나온 책 《신경철학: 정신-두뇌 통합과학을 위하여Neurophilosophy: Toward a Unified Science of the Mind-Brain》에서 처칠랜드는 안드라스 펠리오니스와 로돌포 이나스의 연구 성과 및 유기체에 투입된 감각 자극이 근육의 반응으로 변환되는 과정을 밝힌 두 사람의 텐서 네트워크 이론tensor network theory에 대한 명쾌한 설명을 제시한다.[26] 두 사람의 연구는, 신경학적 자극을 한 가지 유형의 (수학적) 벡터라고 보고 근육의 운동을 다른 유형의 벡터라고 보면, 둘 사이에는 계산 가능한 수학적 관계가 존재한다는 것을 보여준다(이런 함수를 수학자들은 텐서라고 부른다). 처칠랜드는 두 번째 사례로, 양서류의 시각 연구에서, 뉴런의 외부 자극 수용 네트워크가 근육의 운동을 자극하는 광범위한 격자망 내지는 지도 **위에** 2차원에 가까운 격자망 내지는 지도를 형성한다는 것을 보여준다. 유기체는 두 격자망 사이의 연계 덕분에 공간 속에서 반응을 할 수 있다.[27]

이 모든 것은 뇌의 시냅스가 어떻게 환경 변화에 반응하면서 변화하는지—증가하거나 소멸한다—를 보여주는 많은 연구와 함께 고려해야 한다. 뉴런은 2진법적인 방식으로 점화點火된다고 알려져 있고, 기하학(대단히 복잡한 기하학이지만)이 뇌 구조의 한 양태를 이룬다는 사실, 이 모든 것은 수학적 실체이며, 제거적 유물론자들에게는 우리가 언젠가 '민간 전통식 심리학'을 폐기하고 다시 앞으로 나아갈 수 있을 것이라는 확신을 제공한다.

많은 사람들은 이런 전제에 전혀 동의하지 않으며, 사실상 민간 전통식 심리학이 대단히 유용하며, 나아가 꽤 괜찮고 효율적인 설명 체계라고 생각한다. 그래서 그런 심리학이 지금까지 살아남았다고 본다.

논란이 극심한 부분은 '감각질感覺質, qualia'이다. 노랑의 질이 뉴런에서 어떻게 표현되는지, 또는 우리가 제한된 수의 미뢰만을 가지고 어떻게 자두 맛과 사과 맛을 구분하는지를 따지는 것이다. 일부 제거적 유물론자들은 그런 것들은 우리가 더 많은 부분을 알아내면 사라질 의미론적 문제라고 말한다. 반면에 그런 것들은 우리가 어떤 식으로 이야기해야 할지조차 모르는 복잡한 전체의 일부라고 믿는 사람들도 있다.

발전—발전이라는 것이 **있다면**—은 점진적이며, 느닷없이 일어나는 사태로 보인다. 하지만 독자 여러분도 그런 것을 기대하실 것이다. 일부 결과, 예컨대 펠리오니스와 이나스의 경우는 대단히 매혹적이며, 그래서 분명 중요하다.

과학 시대의 철학: 인간 본성의 본질

과학에서, 그리고 신경학에서 이루어진 급속하고도 극적인 발전은 무엇보다 많은 새로운 정치적·사회적·윤리적 딜레마를 우리에게 안겨주었다. 지구 온난화, 안전한 피임법, 인구 과잉, 비만, 특히 진화 자체의 함의들에 이르기까지. 그러나 지금까지 이 책에서 펼쳐진 이야기를 마감하는 딜레마는—처칠랜드가 누구 못지않게 절감하는 것처럼—인간 본성 자체의 본질이다. 우리는 지금 우리 자신의 생물학적 질서에 개입하고, 그것을 수정하고, 심지어 방향을 유도할 수 있는 시점에 다가가고 있다(어쩌면 이미 도달했는지도 모른다). 우리는 어디로 가고 있는가, 우리는 어떤 질서를 추구하는가? 그런 것이 (가능하다고 해도) 과연 우리가 지금 추구하는 과학에 어떤 영향을 미칠 것인가, 심지어 영향을 미칠 수나 있을까? 우리가 조명해야 할 네 명의 철학자가 있다. 이들은 최근 과학이 우리의 정체성과 우리의 사고방식을 이해하는 데 미친 광범위한 영향을 집중적으로 성찰한 이들을 대표하는 인물로, 대니얼 데닛, 힐러리 퍼트넘, 조너선 글로버, 위르겐 하버마스다.

미국의 철학자이자 인지과학자인 데닛은 자유의지 문제를 고찰한 것으로 유명하다. 수 세기 동안 신학자들과 철학자들을 매료시키거나 심지어 집착하게 만든 문제다. 데카르트, 칸트, 쇼펜하우어 같은 탁월한 인물들이 모두 이 문제와 씨름했다. 이 문제는 사실 과학이 눈부신 성공을 거둔 이후로는 점점 다루기가 어려워졌다. 세계를 구성하는 기본 요소들이 불변의 법칙을 따라 움직인다는 사실이 이미 입증된, 완전히 물질적인 세계에서는 '결정론'이 확고히 자리를 굳혔다. 따라서 이론적으로는, 우주의 모든 것이 애초부터 세팅되어 있었으며 줄곧 그랬던 것처럼 보인다. 물론 지극히 복잡하기는 하지만, 결국은 불가피하다는 얘기다.

2003년에 출간한 《자유는 진화한다Freedom Evolves》라는 책에서 데닛이 의도한 바는 결정론과 불가피성 또는 운명론은 전혀 같은 것이 아님을 보여주는 것이었다. 이를 위해 그는 자유 자체가 어떻게 진화해왔는지를 강조한다. 창공을 나는 새는 좁은 해역을 유영하는 해파리보다 자유롭다. 우리 인간은 화학적 스위치에 따라 움직이는 박테리아나 뭐가 닿으면 반사적으로 조가비를 꼭 닫는 대합조개보다 많은 자유를 가지고 있다. 성인은 어린아이보다 더 많은 자유를 가지고 있다.[28]

우리 인간은 자의식이 있는, 자신을 성찰하는 행위자로 진화해왔기 때문에, 언어를 사용하기 때문에, 의식적으로 또 의도적으로 선택에 앞서 여러 가지 행동의 대안을 성찰할 수 있다. 우리는 복잡한 사회에서 동일한 지능을 갖추고 성찰할 줄 아는 타인들과 더불어 살고 있다. 이처럼 우리는 '아, 사람은 똑같구나' 하는 인식이 있기에 옳고 그름을 구별할 줄 안다. 이것을, 우리가 알고 눈으로 보는 한, 다른 생명체는 갖지 못한 자유의 또 다른 측면인 양심이라고 한다.

다른 말로 하면, 우리가 가지고 있는(또는 있다고 생각하는) 자유란 자연적 과정natural process을 통해 지금 이 단계까지 왔다. 우리가 하등 동물보다 자유롭다는 것은 의문의 여지가 없다. 따라서 결정론(과 진화)이 다양한 수준의 (상대적) 자유를 만들어낸 것이다. 그러니 우리 자신의 자유에 대해 의문을 가질 필요가 무엇이겠는가? 우리는 완전히 자유롭지는(이것이 무슨 의미이든) 않을지 모르지만, 다른 종보다는 자유롭다. 운명론은 일어나는 일에 대해 인간의 노력이 아무 소용없다고 가르치지만, 인간의 노력이 종종 결정적 차이를 만들어내는 경우도 분명 볼 수 있다. 우리는 '양자적 불확정성이라는 반창고 같은 것'을 근거로 들이대며 결정론을 '막고 나설' 필요가 없다고 데닛은 말한다. 그런 것은 '자유가 아닌, 무작위의 경련'을 일으킬 뿐이다. 인간의 사고와 감정을 자연 진화의 일부로 본다면, 자연이 자유를 진화시켜 왔음을 깨닫게 된다. 그것이 바로 사고와 감정의 진화가 사람들이 최선의 행동을 선택할 수 있도록 도와주게 된 이유다.[29]

철학자(수학자이자 컴퓨터 과학자이기도 하다) 힐러리 퍼트넘은 데닛보다 관심의 폭이 훨씬 넓다. 우리는 10장에서 통일과학을 살펴보면서 퍼트넘을 만나봤다. 그는《과학 시대의 철학Philosophy in an Age of Science》(2012)에서 여러 주제를 다루는데, 특히 양자역학의 함의, 괴델의 정리와 이 정리가 인간 본성과 관련해 주는 교훈, 인지과학의 위상, 복제의 문제를 집중적으로 고찰했다.

퍼트넘은 입장을 자주 바꾸기로 유명했다. 그래서 그의 입장을 간단명료하게 설명하기가 어려울지 모르겠다. 하지만 저명한 사상가가 자신의 과거 견해가 잘못됐음을 그렇게 자주 인정한다는 것은, 어떤 면에서 보면 대단히 신선하다. 그는 아마도 우리들 대다수가 생각하는 것보다 훨씬 치밀하게 인간의 조건을 성찰하고 있을 것이다.[30]

과학에 대한 철학적 탐구는 자연에 대한 탐구와 '인간 이성의 어떤 한계'를 연결하는 것이라고 그는 말한다.[31] 그가 우려의 눈길로 깊은 관심을 가지고 살펴보는 것은, 첫째, '정신적 상태'가 **컴퓨터적** 상태(은연중에 우리의 뇌가 '가동'하도록 내장된 '프로그램' 같은 것으로 규정된다)에 불과한 것이 아닌가 하는 문제다. 여기서 '소프트웨어' 비슷한 것이라는 설명은 인간의 의도나 직관을 포착하지 못한다. 둘째, 진리를 '인식론적으로 이상적인 상

태에서' 발견할 수 있는가 하는 문제다. 그렇게 되려면 '과학 탐구는 무한
정 길어져서' 오히려 그런 이상을 영영 달성할 수 없을지도 모른다.[32] "진
리는 우리가 사실의 문제로서 검증할 수 있는 수준을 넘어서는지도 모른
다." 본질적으로 괴델의 정리가 '비컴퓨터적 과정'(메모리 공간이 무한대라
고 해도 원리적으로 디지털 컴퓨터로 수행할 수 없는 과정)은 우리의 뇌가 우리
의 정신과 동일할 수 없다는 것을 의미함을 보여주고, "따라서 우리의 정
신은 비물질적인 것이다"라고 한 옥스퍼드대 철학자 존 루카스와 옥스퍼
드대 명예교수인 수리물리학자 로저 펜로즈의 주장에 대해서도 퍼트넘은
우려를 표한다.[33]

퍼트넘은 또 양자역학 관련 토론에 적극 참여했다. 특히 우리가 사용
하는 측정 도구가 우리가 인식할 수 있는 범위를 얼마나 제한하는지, 우
리의 지성이 우리가 인식할 수 있는 범위를 얼마나 제한하는지를 깊이 성
찰했다. 그는 일부 과학자들이, 양자혁명 이후 인간의 정신은 양자의 불가
사의로 인해 한계에 도달했고, 양자의 불가사의는 본질적으로 우리의 이
해 능력을 넘어서는 것임을 너무 쉽게 받아들인다고 생각했다. 반면에 많
은 과학자들은 우리가 양자론을 사용해 예측을 하고 그 예측이 실험으
로 입증된다면(11장에서 소개한 것과 같은 엄청난 정확도로 입증된다면) 그것
으로 족하다는 입장을 보인다. 하지만 퍼트넘은 거기에 만족하지 않는다.
그는 물리학 이론들은 예측을 만들어내는 형식적 체계에 불과한 것이 아
니며, 우리는 왜 그런 예측이 먹혀들고 그 근저에 있는 실재는 무엇인가를
이해해야 한다는 점에서, 아인슈타인과 의견을 같이한다. 퍼트넘의 시각으
로 보면 관찰 가능한 미시 세계가 관찰 가능한 거시 세계와는 다른 원리
에 따라 작동되는 한, 우리의 인식과 이해에는 뭔가 빠진 부분이 있는 셈
이다. 예를 들어 파동-입자 이중성을 나타내는 파동 함수는 본질적으로

수학적 실체다. 그렇다면 어떤 의미에서 그런 함수 관계가 존재한다고 말할 수 있을까? 관찰 가능한 것들에 적용되지 않는 관찰 불가능한 것들에 대해 진술한다는 것은 무엇을 의미할 수 있을까? 그의 생각에 양자역학이 과학적 실재론과 양립할 수 없다는 식으로 이해하는 것은 문제가 있었다.[34]

마찬가지로 일부 물리학자들의 주장처럼, 관찰 가능한 미시적인 것들은 측정될 때까지는 존재하지 않지만 관찰 가능한 거시적인 것들은 항상 특정 값을 보유한다고 말하는 것은 무엇을 의미하는가? (퍼트넘은 언젠가 아인슈타인을 만났을 때 아인슈타인이 했던 다음과 같은 말을 인용한다. "나는 방을 나서는 순간, 내 침대가 사라지거나 모양이 바뀌거나 치수가 달라질 것이라고 생각하지 않는다.") 결국 관찰 가능한 미시적인 것들을 측정한다는 것은 일종의, 관찰 가능한 미시적인 것과 관찰 가능한 거시적인 것의 상호작용이다. 퍼트넘은 이렇게 묻는다. 양자 세계에서 에너지 보존 원리는 깨지지만 극히 미미한 수준이어서 관찰할 수 없는 것일까? 이 물음은 수사학적 질문만은 아니다.[35] 그는 과학에서조차 사실과 가치의 절대적 구분이 불가능하다고 주장했다. 우리는 어떤 사실과 관찰 결과를 믿을 수 있는지를 알아야 하며, 그것은 우리의 경험과 우리의 합리적 판단에 달렸다는 것이다.[36]

과학에 관심이 있는 많은 철학자들과 마찬가지로, 퍼트넘은 1997년 2월에 영국 에든버러 로슬린 연구소의 이언 윌머트 박사와 그 동료들이 '돌리Dolly'라는 이름의 양을 복제하는 데 성공했다는 발표를 듣고 크게 흥미를 느꼈다. 사실 퍼트넘이 주로 우려한 사태는 당연히 인간이 자녀를 복제하는 일이었다. 그럴 경우 어떻게 해야 할지 우리에게 길잡이가 되어 줄 만한 전통적인 윤리 원칙이 없어 보였기 때문이다. 물론 돌리 복제는 불임 부부에게는 자녀 임신의 새 길을 열어줄 기회였지만, 정상적으로 임신이 가능한 부부에게는 자녀를 '디자인'할 수 있는 기회이기도 했다. 그는 바로 그런 사태가 사람들에게 우려를, 나아가 공포를 느끼게 한다고 생각했다. 퍼트넘은 인간이라는 존재의 존엄성이 복제로 말미암아 위태로워질 수 있고, 처칠랜드도 말한 것처럼 자연스러운 가정이야말로 사회의 기초가 되는 윤리적 이미지이며, 사회가 온전히 자율적이고 품위가 있으려면 그런 이미지들이 다양하고 '예기치 못한' 것이어야 한다고 생각했다. 그는 인간 복제 가능성 때문에 새로운 인간의 권리가 생겨났다고 보았다. 그것은 바로 "저마다의 신생아가 부모에게 완벽한 깜짝 선물일 '권리'다."[37]

어떤 종류의 인간이 생길까?
— '된 인간'과 '만들어진 인간'

우리가 인간을 '입맛에 맞게' 만들어내고, 미래 세대를 위해 사실상 '신神 노릇'을 할 가능성을 두고 옥스퍼드 대학교의 조너선 글로버도 《어떤 종류의 인간이 있을 것인가?What Sort of People Should There Be?》와 《자녀 고르기: 유전자, 장애, 디자인Choosing Children: Genes, Disability and Design》이라는 두 권의 책에서 심도 있게 고찰했다.[38]

　직설적으로 말하면, 주된 문제는 "우리는 미래 세대의 유전자 구성을 변경하려고 할 것인가, 어느 정도까지 그럴 것인가, 그에 따른 책임은 누가 질 것인가?"이다. 그러나 글로버는 이런 문제들이 거기에서 끝나지 않음을 보여주었다. 이런 방식으로 개입한다는 발상을 많은 사람들이 잘못된 일이라고 생각했고 지금도 여전히 그렇게 생각한다. 하지만 글로버는 우리가 의학 연구, 빈곤 퇴치 프로그램 가동, 세제 개편, 다양한 형태의 우생학적 교배 등등의 방식으로 오랜 세월 인간의 삶에 개입해왔음을 상기시킨다. 그리고 많은 사람들이 장애 퇴치를 위한 DNA 연구를 좋게 보고 있지만 그것 자체가 어느 정도까지의 장애가 결함인가 하는 의문을 제기한다. 그는 둘 다 귀가 먹은 레즈비언 커플이 자식도 귀가 먹도록 선천성 청각 장애 남성의 정자를 이용해 인공수정을 하기로 한 사례를 인용한다. 이에 대해 우리는 어떤 태도를 가져야 할까? '자연의 질서'에 어긋나는 것일까?

독일 철학자 위르겐 하버마스도 이런 문제들을 고찰했다. 저서 《인간 본성의 미래The Future of Human Nature》(2003)에서 그는 앞으로 우리가 우리 자신에게 안겨줄지 모르는 새로운 형태의 '망가진 삶'을 예측했다. 그는 어떤 선을 넘으면 자유에 대한 우리의 인식에 심각한 파급 효과를 미칠 것이고, 따라서 기술적-과학적-정신의학적 해결책이 아닌 철학적 해결책이 필요한 시점이라고 경고한다.[39]

미래에는 한 세대의 아이들이 다른 세대(그들의 부모 세대)에 의해 돌이킬 수 없는 특성을 부여받을 것이다. 하버마스는 그런 사태가 개인의 자기 자신에 대한 인식 내지는 존재감에 어떤 영향을 미칠지를 묻는다. 하버마스가 보기에 그런 새로운 기술은 '된 것'과 '만들어진 것', 우연과 선택—이 모두가 우리가 누구이며 우리 자신을 누구라고 느끼느냐를 구성하는 본질적 요소다—의 경계를 흐려놓는다. 하버마스가 보기에 그런 과정들이 계속 허용된다면 미래 세대들은 **존재**라기보다는 **사물**이 될 것이다. 그의 표현대로 하면, '우여곡절 끝에 자기 자신이 되는 데 성공하는' 윤리가 이미 많이 깨졌다고 할 수 있다.[40]

하버마스는 이런 사태가 우리의 본질적인 '존재감'에 위협이 될 뿐 아니라 우리 자신을 옆 사람과 똑같이 자유롭고 자율적인 존재로 보는 우리의 능력, 즉 인간은 어디서나 똑같다는 '인류학적 보편성'이라는 관념에 위협이 된다고 본다. 이런 과정에 개입하는 것은 최소한 인류사에 새 시대가 왔음을 의미한다. 문제는 지금보다 훨씬 나쁜 시대일 가능성이 높다는 것이다. 그는 부모가 아무리 좋은 의도를 가졌다 하더라도 진화란 **되는 대로 만들어내서는** 안 된다고 강조한다.[41]

하버마스가 우려하는 바는 그런 개입이 결국 그야말로 우리 세계관의 (코페르니쿠스와 다윈 이후) 세 번째 '중심 상실'이라는 점이다. 개인의 '나'라는 느낌과 '우리'라는 인식이 돌이킬 수 없을 만큼 변하고, 우리가 공유하는 윤리적 삶에 예측 불가능한 엄청난 결과를 야기할 것이기 때문이다.

최대의 혁신, 최고의 딜레마

이런 것들은 누구라도 난감해지지 않을 수 없는 거대한 문제다. 그리고 절대로 사라지지 않을 문제다. 우리가 우리 자신의 진화에 개입할 힘을 갖는다는 것은 어쩌면 모든 시대를 통틀어 가장 대단한 혁신인 동시에 가장 큰 딜레마일 것이다. 왜냐하면 적어도 이론적으로는 가장 큰 기회이기도 하기 때문이다. 분자생물학, 양자생물학, 유전학, 행동이 서로 수렴된다는 점이 점점 확실해지고 있고, 우리가 질병의 본질에 대해 점점 더 많이 알아가고 있는 만큼, 인간의 조건을 개선할 기회는 더욱 확대될 것이다.

비교적 쉽거나 쉬워 보이는 결정들이 있다. 합리적 인간이라면 에이즈와 에이즈의 원인인 HIV(인간 면역 결핍 바이러스)가 근절된 세상을 보고 싶어하지 않을 사람이 있을까? 하지만 지금도 이미 세계는 인구 과잉인데…….

훨씬 더 어려워 보이는 결정도 있다. 그래서 글로버와 하버마스는 공동으로 가장 난감한 문제들을 몇 가지 집중 조명했다. 예를 들어 자아감 sense of self을 임의로 바꾸는 것은 그런 생각을 하지 않는 대부분의 우리에게는 대단히 불안할 것이다(하버마스도 불안해한다). 그러나 상호 수렴되는 과학들은 우리를 그런 지경으로까지 몰고 갔다. 어떤 면에서 과학은 우리의 전통적인 윤리적 딜레마의 일부를 분명히 밝혀내기도 하고 재조정하는 데 도움을 주기도 한다. 그러나 다른 면으로 보면, 과학은 무수히 많은 **새로운** 딜레마를 안겨준다. 미래에는 어떤 종류의 인간이 존재할까? 25년 전만 해도 이런 문제가 제기될 줄을 누가 알았겠는가? 이보다 더 어려운 딜레마가 있을까?

중첩, 패턴, 위계: 선재하는 질서가 있는가?

신은 사랑이다. 사랑은 맹목적이다. 레이 찰스(미국의 가수)는 눈이 멀었다. 따라서 레이 찰스는 신이다. 좀 짓궂기는 하지만 스탠퍼드 대학교 물리학과 교수 로버트 로플린이 한 삼단논법이다. 1998년에 노벨 물리학상을 수상한 로플린은 현재 저술 활동을 하고 있는 과학자들 중에서 현명하고 위트가 넘치는 인물 가운데 하나다. 자연에 관한 그의 이론들, 과학의 의미에 관한 그의 이론들은 종종 웃음을 유발할 정도로 흥미로운 만큼이나 깊이가 있다. 2005년에 로플린은 중요한 저서 《새로운 우주: 다시 쓰는 물리학A Different Universe: Reinventing Physics from the Bottom Down》을 발표했는데, 책 내용을 함축성 있게 담기에는 제목이 너무 싱겁다. 책은 깊이 있는 농담과 흥미로운 일화를 많이 담은 것은 물론이고, 우리 책이 지금까지 해온 이야기와 직접 관련이 있는 중요한 주장을 제기한다. 특히 우리가 지금 여기서 이제 어디로 나아갈지를 다룬 부분이 의미심장하다. 로플린은 21세기 과학자들이 소중히 여기는 몇 가지 관념에 상식이라는 찬물을 퍼부었다. (끈 이론은 점 입자point particle라기보다는 크기와 형태를 갖춘 대상들로 구성된 '상상의' 물질에 대한 연구다. "우리가 아는 모든 물질이 지금까지 실험을 통해 존재하는 것처럼 보였던 것과 마찬가지다." 우주 빅뱅의 기원에 관한 이론은 우주 배경복사 등 널리 인용되는 '증거'—따옴표는 로플린—가 있지만 "본질적으로 반증이 불가능하다.")[1] 여기서는 로플린을 본격적으로 다루기에 앞서 준비 작업을 먼저 해볼까 한다.

우리 책의 주제는 거대한 컨버전스, 즉 다양한 과학 분야들 사이에 상호 연관성이 커지고, 과학들은 서로 얽히고 물리면서도 일관된 내러티브를 함께 말해준다는 것이었다. 지금까지 우리는 그런 흥미롭고도 내용적으로 풍부한, 다양한 과학 분과들의 중첩을 강조한 주요 인물을 여럿 언급했다. 그들은 놀라운 지점에서 여러 유형과 위계를 발견했다. 그중 일부─메리 서머빌, 헤르만 폰 헬름홀츠, 알베르트 아인슈타인, 에르빈 슈뢰딩거, 오토 노이라트, 루돌프 카르나프, 힐러리 퍼트넘, 필립 앤더슨, 에드워드 윌슨, 일리야 프리고진, 압두스 살람, 스튜어트 카우프먼, 스티븐 와인버그─는 그런 상호 연관관계의 함의와 더불어 최종적인 통일성이 있다면 어떤 형태를 띠는지, 그리고 그것이 의미하는 바가 무엇인지를 탐색해왔다. (지금까지 살펴본 대로) 이런 사람들을 환원주의자라고 부르고, 그들이 추구하는 접근법을 환원주의라고 한다(다시 한 번 상기하자).

여기서 중요한 것은 최근, 그러니까 1970년대와 1980년대에 시작해서 1990년대 들어 환원주의 반대 운동이 부쩍 확산되었다는 사실이다. 운동의 주요 구성원은 주류 과학자보다는 철학자, 역사학자, 사회학자, 심지어 소수의 컴퓨터 전문가들이다. 이쪽 진영에서는 환원주의가 죄악과 다를 바 없다고 주장한다. 과학들은 단일한 통합 프로젝트를 구성하는 것이 절대 아니며, 사실 측면에서는 **비**통일이고, 환원주의를 달리 표현한다면 '제국주의적'이고 '가부장적'이라고 주장한다.[2] 이들은 우리 주변에 보이는 세계에는 **사전에 존재하는** 선재적先在的 질서가 있다는 견해에 회의적이다. 이들은 '겉으로 드러나 보이는 질서'는 여러 면에서 우리가 세계를 연구하기 위해 사용하는 방법들이 만들어낸 인위적 산물이라고 주장하고, 과학은 우리에게 세계가 '실제로' 어떻게 작동하는지에 대해 특별히 우월한 시각을 제공하지 않는다고 강조한다. 오히려 한 철학자의 말을 따르면, 세계에는 '난잡한 실재론'과 '다양성에 대한 사전적事前的 의식'만 있을 뿐이다. 또 관찰 가능한 세계를 이해하는 서로 다른 많은 방법이 있으므로 그중에서 어느 한 방법이나 설명이 우위를 점하지는 않는다고 본다.[3]

이와 관련된 유명한 예가 있다. 굴토끼와 산토끼의 차이를 강조한 이야기로, 굴토끼와 산토끼에 대한 사냥꾼의 인식을 잘 보여준다. 굴토끼는 위험을 감지하면 굴로 돌아가서 숨고, 산토끼는 안전을 위해 재빨리 달려서 쫓아오는 여우를 따돌린다고 한다. (산토끼를 다시 두 종류로 나누는 농담은 제발 사양함.) 여기서 주장하는 바는 두 종의 관계에 대한 진화론적 이해만큼이나 두 종의 차이점 하나가 '본질적'이라는 것이다. 더구나 그런 차이는 두 종이 이론적으로 진화 계통수에서 어디에 위치하느냐보다 굴토끼와 산토끼의 생존에 더 중요하다. '진화 과정의 무수하고 다양한 산물들'을 분류하는, 신이 내려주신 단 한 가지 방법이란 없다는 것이다. 오히려 상황에 따라 '설득력 있고 옹호 가능한 분류 방법이 많다'는 뜻이다.

이런 시각에서 보더라도, 목적과 용도에 따라 여러 단계의 본질주의가 존재한다. 그래서 생물학에서는 개체들이 진화와 관련된 유전적 세부 사항만큼이나 역사적 환경 때문에 유사점이 많다는 이유를 들어, 일반적으로 통용되는 종 개념을 문제 삼아 철저히 구분하려는 예가 많지 않다는 점이 지적되기도 한다.[4] 이런 논리는 한 걸음 더 나아가, 예를 들면 고양이와 산, 개와 두더지가 파놓은 흙더미는 '원자와 쿼크가 존재하는 것만큼이나(물론 일단 이것들이 존재한다고 가정하고) 형이상학적으로 동일하게 탄탄한 의미에서' 존재한다고 말한다.[5]

이 모든 것이 물리과학에 부여되는 '과다한 경의'의 반영이며, '물리과학의 성취에 대한 말도 안 되는 과장'과 맥을 같이한다는 주장이 있다. 모든 것은 그 자체의 '독특한 어떤 것'으로 만들어지며, 우리가 '어떤 물질로 만들어진 것들에 대해 일체의 존재론적 우위'를 부여할 이유는 없다는 것이다. 환원은 어떤 종류의 사물이 **어떻게** 생겨나는지를 설명하는 데에는 도움이 되지만, 어떤 복잡한 사물이 **무엇을** 할지 이해하는 데에는 도움이 되지 않는다고 본다.[6]

또 과학의 통일성을 부정하는 사람들은, 예를 들어 분자유전학은 너무도 복잡해서 환원을 허용하지 않는다며 다음과 같은 주장을 펼치기도 한다. "환원주의는 과학 탐구의 일부 영역에서 일어나는 현상이지 과학 전체를 정연한 패턴에 쓸어 담는, 거부할 수 없는 사조가 아니다." "우리는 단순한 시스템을 추가하거나 통합함으로써 복잡한 시스템에 관한 이론을 [수립할 수는] 없다."[7] 특정 집단 안에 특정 유전자를 가진 생물이 얼마나 존재하는지를 나타내는 유전자 빈도의 배열이 어떤 기능에 적합화된 것일 가능성이 높다는 주장은 '수학적으로 사소한 것'이며, 어떤 경우에도 그런 주장은 불가능하다. "정신 상태란 신경 상태에 대한 물리적 기술記述을 여러 단계로 추상화해 나타낸 것이므로 전자와 후자를 동일시할 수 있는 자연법칙은 존재할 수 없다."[8] "정신적 실체—과연 정신적인 것이 '실체'를 구성한다고 말할 수 있다면—는 어떤 것으로 만들어졌다고 보이지 않는다." "현대 철학에서 과학과 형이상학의 관계는 종종 불건전하다. 많은 현대 형이상학은 과학에 거의 광적인 경외심을 보이고 있다."[9]

반환원주의자들

좀 더 분석적으로 말한다면 우리는 반反환원주의를 '연성'과 '강성'으로 나눌 수 있다. 연성 반환원주의(과학철학자 이언 해킹, 리처드 크리스)에서는, 전자공학과 문화인류학 사이의 이론적 연계는 존재하지 않으며 두 분야는 너무 멀리 떨어져 있어서 뭔가가 통일되어 있다는 주장의 증거가 될 수 없다고 지적한다. 모든 과학은 경우에 따라 이런저런 측면에서 통합되어 있지만, 과학의 통일성이란 사실 '일관성에 대한 선호'를 드러내는 것이지 현재 진행되고 있는 과학의 사실이 아니라는 것이다. 가장 위대한 통일주의자라고 할 수 있는 제임스 클러크 맥스웰조차 '조화'를 말했을 뿐이지 단일성을 말하지는 않았다는 것이다.[10] 이와 관련해 종종 '푸앵카레-뒤엠-콰인 테제'를 언급하기도 한다. 한마디로 어떤 이론도 한 가지 실험만으로 반증되었다고 주장하기는 매우 어렵다는 뜻이다. 그럴 경우 대개 너무도 많은 대안적 설명이 가능하기 때문이다. 연성 반환원주의자들은 과학적 방법에 대한 합의는 존재하지 않으며—방법론적으로 말하면 과학적 방법이 통일되어 있지 않다는 얘기다—, 특정 과학 작업을 결정하는 단일한 '원리적 매트릭스'도 존재하지 않는다고 주장한다. 이들은 통일이 어느 시점까지 작동할 수 있듯이 다기화도 그렇게 작동할 수 있다고 지적한다. 예를 들어 생물학의 경우, 여러 대학에서 미생물학과 거시생물학은 행정적 목적에 따라 다른 취급을 받는다. 결국 연성 반환원주의자들은 수학이 과학에 부여하는 **것처럼 보이는** 통일성은 사이비라고 말한다. 이들은

비트겐슈타인이 주장한 대로 수학 자체가 '잡동사니'이지 단일한 것이 아니기 때문이라고 본다.[11]

  '강성' 반환원주의자들(과학철학자 존 뒤프레, 철학자 리처드 로티, 과학사학자 피터 갤리슨)의 언사는 훨씬 심하다. 뒤프레는 다른 모든 형태의 지식보다 과학에 우위를 부여하려는 모든 시도를 일종의 과학주의scientism라고 본다. 이 같은 모멸적 표현을 일부러 사용했다고 그 자신도 밝힌 바 있다. 그는 과학의 '제국주의', 미시물리학의 '독재'와 '거들먹거리는 제국주의'에 분노한다. 로티 역시 동일한 주장을 하며 문학비평 활동과 화학의 본질적 차이, 혹은 생물학과 윤리의 본질적 차이를 알 수 없다고 지적한다. 피터 갤리슨은 소립자물리학은 1960년대에 근본적인 변화를 겪었는데, 그 이유는 컴퓨터 과학의 영향 탓이라고 주장한다. 컴퓨터 과학이 새로운 종류의 핵과학자를 만들어냈으며, 이들은 "이론가도 아니고, 데이터를 받기만 하는 사람도 아니고, 컴퓨터 사용을 전문으로 하는 데이터 처리 장치 같은 존재다"라고 주장한다. 그 과정에서 컴퓨터는 도구이기를 멈추고 자연 자체의 대체물이 되었다고 갤리슨은 말한다. 전에는 만나본 적도 없는 과학자들을 인위적으로 하나로 묶는 역할을 했다는 것이다. 이런 맥락에서 어떤 견해에 따르면 수학은 다이아몬드를 캐는 일과 같은 역할을 하게 되었다. 말하자면 '별 볼 일 없는 관찰 결과들 중에서 특이한 법칙을 찾아내는' 작업이 되었다.[12]

  지금까지의 설명에서 알 수 있듯이, 강성 반환원주의자들은 과학과 과학자에 대해 온갖 험담을 아끼지 않는다. 뒤프레는 수학이 '신비화를 부추기는 겉치레'일 수 있으며, 수학이 없다면 일부 과학 분야는 사라져버릴 것이라고까지 주장한다.[13] 이런 정도도 부족하다는 듯이 그는 이렇게 덧붙인다. "모든 형태의 환원주의를 거부하고, 완벽한 인과관계라는 가정을 거부하고, 어느 정도의 질서가 이 세계에 있는지 입증되도록 그저 온전히 두어라. 흥미로운 그 어떤 패턴도 발견할 수 없는 많은 종류의 현상들이 있을 것이다. 모종의 패턴들이 있다고 해도 얼마나 보편적인 의미를 떨지는 여전히 의문 거리다."[14] 뒤프레는 법칙이란 특정 개체군 및 그와 관련된 우연적 요인들에 국한될 뿐이라는 태도를 견지한다. 예를 들면 담배를 피우는데도 폐암에 안 걸리는 사람들이 있다. 이런 시각에서 보면 우리는 어떤 경우든 무엇이 어떤 결과를 야기하는지 **알 수** 없다.[15] 이런 논리에 따라, 그는 또 하나의 중요한 결론에 도달한다. "이처럼 어떤 맥락에서 만장일치를 고집하다 보면(원인과 결과는 모든 곳에서 항상 예외 없이 적용되어야 하고, 원인에 대한 환원주의적 설명을 고집한다면) 우리는 그야말로 흡연이 질병을 야기한다는 증거가 없다는 담배 제조 회사들의 주장에 동의하지 않을 수 없는 상황으로 내몰리고 만다." 끝으로 한마디가 더 있다. "아마도 모든 것을 아우르는 사회학, 인간심리학 또는 기상학 이론은 결국 받아들여질지 모른다. 그러나 나는 그런 발전을 기대하거나, 심지어 환영해야 할 선험적 이유를 전혀 알지 못하겠다."[16]

이런 논란은 여러 가지로 짚어봐야 할 요소들이 존재한다. 첫째는 그 감정적 열기다. 핏대를 올리고 자제할 줄 모르고 폭력적이다. 왜 그래야 할까? 과학 논쟁이 적대적 진영으로 나뉘고 폭언으로까지 치닫는 것은 이해할 수 있다. 예를 들어 기후변화 논쟁의 경우를 보자. 지구가 온난해지고 있는지 그렇지 않은지, 인간의 활동이 그런 온난화를 유발하는지 아닌지가 문제다. 어느 쪽이 옳은가와 무관하게, 기후변화 논쟁이 많은 사람들의 삶에 영향을 미친다는 점은 누구나 쉽게 알 수 있다. 화석 연료나 교통, 운송, 관광 분야에 종사하는 사람 등등. 섬이나 저지 연안 지역에 사는 사람들은 더 말할 것도 없다. 해수면 상승으로 가옥이 침수되어 살 곳을 잃을 수도 있으니 말이다. 해수면은 과거에도 상승과 하강을 거듭했다. 이 문제는 장기적으로 볼 때 생존과 직결되는 논쟁이다. 인종과 지능(아이큐)에 관한 끝없는 언쟁도 그러하다. 소득 능력, 가족 부양 능력, 자신감, 차별 경험으로 겪은 불쾌감 등등이 이 논쟁의 결과에 따라 달리 설명될 수 있다. 관련 수치의 정확성 자체가 인종과 지능의 상관관계를 논하는 주요 근거다.

그런데 과학이 통일적이냐 비통일적이냐 하는 문제는 어떤가? 우리 대다수 사람들의 삶에 영향을 미치는가? 과학자들이 전하는 컨버전스의 이야기는 놀라울 정도로 일관성이 있다. 이 책에서 그 점을 충분히 보여주었기를 기대한다. 컨버전스의 이야기는 책 서두에서 말했듯이, 지금까지 존재했던 과학사의 가장 위대한 이야기이며 많은 유익함과 통찰을 제공한다. 그것은 우리에게 우리가 누구인지를 말해준다. 그리고, 대단히 일반적인 차원에서, 그보다 중요한 것은 없다. 그러나 그것이 우리 삶에 기후변화처럼 즉각적인 영향을 미치는가? 아니면 인종의 차이(그런 게 있다면)처럼 불쾌감을 유발하는가? 아니다.

과학의 통일성 관련 논쟁이 심히 귀에 거슬리게 된 것은 강성 반환원주의자 일부가 사용하는 언어 탓이다. 이들은 물리학의 '제국주의', 그런 제국주의에 대한 **공포**, 미시물리학의 **독재**라는 표현을 쓰고, 물리학이 **헤게모니**를 추구하며 **가부장적**이라고 말한다. 이런 표현들은 모두 포스트모던 계열 비판자들이 근현대 서구 사상을 두고 흔히 쓰는 용어다. 그 원조는 프랑스 철학자 미셸 푸코라고 할 수 있다. 푸코의 핵심 메시지는 "권력은 어디에나 있다", 일반적인 삶에서 그렇고 특히 서구의 삶에서 그러하다는 것이다. 그 자신이 언급한 것처럼 "지식은 항상 서로 얽혀 있고 권력 관계와 더불어 서로를 강화해주는 역할을 한다."[17] 그가 한 말 중에 가장 유명한 것을 그대로 인용한다면, "진리는 권력의 가면에 불과하다."

일부 반환원주의자들은 이성에 대한 '작금의 분노'―포스트모더니즘이 20세기 말 하나의 세력이었을 때, 그 흐름 역시 그런 분노의 표현이었다―가 타당하다며, 과학자들을 폄하하려는 분위기가 있음을 분명히 인정한다.[18] 존 뒤프레는 여기서 한 걸음 더 나아가, 과학들은 '너무 미성숙해서' 통일되어 있지 않다고 다시 강조한다. 또 많은 사람들에게 수학은 너무 어려워서 수학 입문에 장애가 되지만 "과학자들에게 돌아갈 경제적 보상, 그리고 기타 여러 가지 보상을 키워주는 데 복무한다"라고 주장한다.[19]

통일과학에 대한 포스트모던 계열 비판자들의 입에서 쏟아져 나오는 독설을 고려할 때, 결국에 가서 그들이 내리는 결론이 그토록 취약하다(달리 적당한 표현이 없다)는 사실은 일종의 충격이다. 그들은 모든 과학 분과가 통일적이지 않고 '가족 유사성 정도를 보여줄' 뿐이며, 작은 끈들을 꼬아 만든 하나의 밧줄에 가깝다고 주장한다. 과학 분과들은 통일적이라기보다는 단지 '오케스트라처럼' 조화를 이룰 뿐이라고 말하는 사람도 있다. 단일성이 아니라 '통합적인 조화'를 말한다면 허용할 수 있는 얘기라고 하는 이도 있다. 이 모든 논란과 매도가 도대체 왜 벌어졌는지 의아해하실 분들도 계실 것이다.

138억 년 전 빅뱅에서부터 타지마할이나 카네기홀 또는 시드니 오페라하우스나 거대강입자가속기까지의 변화를 인과관계에 따라 설명할 수 있는 통일된 이야기를 우리는 아직 갖지 못했고 앞으로도 절대 그렇게 될 수 없다는 것은 완벽한 진실이다. 통일성에 매료되어 그것만 찾으러 다니게 해서도 안 된다. 앞서 살펴본 대로, 아인슈타인은 생애 말년에 그런 통일성에 매료되었던 듯한데, 그 결과 사실은 존재하지도 않는 연계들을 확인하느라고 헛심을 쓰는 꼴이 되어버렸다. 하지만 이 책에서 개략적으로 제시한 내러티브는 중첩되고, 위계가 분명하며, 일정한 패턴을 갖춘 상호 엇물리는 과학적 발견들을 조각조각 꿰맞춘 것으로, 어느 정도 근본적인 (그리고 폭넓은) 수준에서 환원주의가 사실로 성립되지 않고는 불가능한 이야기다.

반환원주의자들의 태도가 지닌 또 다른 문제점은, 새로운 발견들이 과학 분야에서 항상 일어나고 있다는 점이며, 그것들은 그들의 주장을 날카롭게 반박할 수 있는 증거다. 예를 들어 우리는 이제 안구에 광자를 포획하는 여러 겹의 막으로 된 간상체杆狀體라는 광세포(광전지)가 있다는 사실을 안다. 또 박쥐와 돌고래가 초음파까지 포함하는 일종의 음파탐지기를 이용해 길을 찾는다는 것도 안다. 우리는 젖소와 완두콩이 히스톤 H4라는 거의 동일한 유전자를 가지고 있다는 것을 안다. 이 DNA 텍스트는 306개의 문자로 되어 있는데, 젖소와 완두콩의 경우는 길이도 거의 동일하다. 젖소와 완두콩은 그 306개 중에서 두 개만 다르다. 화석 증거는 젖소와 완두콩의 공통 조상이 약 15억 년 전에 존재했음을 시사한다.[20] 우리는 진화론적으로 볼 때 행동에 관여하는 신경전달물질 옥시토신과 바소프레신의 초고대 버전이라고 할 수 있는 바소토신이 양서류의 짝짓기 행동에 중요한 역할을 한다는 것을 알고 있다. 이런 과정들—복잡성의 수준은 다양하다—을 환원주의적 방식 말고 어떤 방식으로 설명할 수 있단 말인가? 전자만 먹고 사는 박테리아도 여덟 종이 발견되었다. 대개 해저 침전물 속에 사는 녀석들은 중간 매개체 없이 순수한 형태의 에너지(광물 표면에서 빨아들인 전자)만을 사용하여 살아갈 수 있는 생명체가 존재할 수 있음을 보여준다.

심리학의 엄밀과학화를 다룬 장에서 우리는 MRI(자기공명영상)가 자기화 상태에서 건강한 조직과 병든 조직이 어떻게 다른 양상을 나타내는

지를 보여주는 방식으로 작동한다고 이야기했다. 초전도 양자 간섭 장치 Superconducting Quantum Interference Device(SQUID)는 현재 뇌종양 부위, 그리고 심장 부정맥 및 뇌전증 초점(간질 발작의 연원이 되는 지점)과 관련된 이상 전기 경로를 정확히 짚어낼 수 있다. 그리고 존 뒤프레의 흡연 관련 주장에 대해서는, 16장에서 흡연자의 경우 지단백질 지방분해효소 유전형 및 아포지질단백질 E4(APOE4) 유전형에 따라 관상동맥성 심장 질환이 발병하기도 하고 **그렇지 않기도** 한다는 연구 결과를 소개한 것을 답으로 대신하고자 한다. 뒤프레의 문제 제기는 이미 환원주의적 과학에 의해 답변이 끝난 상태다.

그런데 최근에는 축소 진화reductive evolution라는 현상이 발견되었다. 질병을 야기하는 일부 기생충의 경우, 예전의 복잡성을 상실하고, 특수화되어 한결 단순한 환경에서 살아가는 것을 가리킨다. 이 모든 것에는 현재 미토콘드리아에서 파생되었다고 여겨지는 구조가 담겨 있다. 그런 구조들을 생물학자들은 하이드로게노좀hydrogenosome과 미토좀mitosome이라고 부른다.[21] 다른 말로 하면, 이들 유기체는 단순한 상태에서 복잡한 상태로 갔다가 다시 단순한 상태로 돌아온다. 위계에서 오르막과 내리막 양쪽을 다 취할 수 있다는 말이다.

끝으로, 〈책을 시작하며〉에서 소개했던 2015년 5월에 보고된 연구 결과를 다시 강조하고자 한다. 연구자들은 사지마비 환자의 후두정엽에 작은 실리콘 칩 두 개를 삽입했다. 칩에는 96개의 미세 전극이 들어 있어서 약 100개 신경세포의 활동을 동시에 감지할 수 있다.[22] 앞서 소개한 대로, 연구자들은 전극이 이들 100개 세포의 서로 다른 활동을 분석함으로써 환자가 팔을 어느 방향으로 **움직이려고 하는지를** 잘 읽어낼 수 있다는 사실을 발견했다. 심지어 얼마나 빨리 움직이려고 하는지, 왼팔을 움직이려

고 하는지, 오른팔을 움직이려고 하는지도 예측할 수 있었다. 한 신경세포
는 환자가 어깨를 돌리려는 상상을 하면 활동이 증가하고, 코를 만지려는
상상을 하면 활동이 감소했다. 이런 실험이 인간의 **의도**를 이해하는 데 중
요한 역할을 할 수 있다는 것이야말로 과학의 발전 앞에서 이러지도 저러
지도 못하는 반환원주의자들에게는 크나큰 도전이다. 가장 거친 반환원
주의자 중 한 명인 뒤프레는 정신적 실체는 "어떤 것으로 만들어졌다고
보이지 않는다"라고 말한다. 그는 정말로 그렇게 생각하는 걸까? 그렇다면
그런 실체를 뒷받침해주는 에너지는 어디에서 나오는가?

　다시 강조하거니와, 사지마비 환자 실험은 환자의 의도—정신적 실
체—가 뇌 속에 있는 불과 100개의 세포(뇌에는 860억 개의 뉴런이 있다)의
유형화된 활동에도 반영된다는 것을 입증하는 실험으로 보인다. 이런 사
실을 충분히 고려한다면, 이제 반환원주의자들의 주장을 더는 고려할 필
요는 없겠다. 이제 다시 앞으로 나아가보자.

이머전스와 자생적 질서

이제 로버트 로플린 얘기로 돌아갈 차례다. 그에 앞서 18장에서 만나봤던
스튜어트 카우프먼 얘기를 잠시 해야겠다. 복잡계 연구만을 전문으로 하
는 산타페 연구소에서 주로 활동한 카우프먼은 분자생물학 분야에서는
필립 앤더슨의 사상을 계승하고자 했다. 카우프먼의 논지는 우리 주변 세
계에는 '자생적 질서'를 보여주는 많은 사례가 있고(17장 참조), 물질을 연
구하는 물리학과 수학은 어느 정도는 '저절로 생겨난 질서order for free'를
보여준다는 것이다. 이는, 완전히 동일한 얘기는 아니지만, 세계에는 어느

수준에서 사실상 사전에 존재하는 질서가 있다고 말하는 것과 가깝다. 카우프먼이 한 가장 큰 기여는, 앞에서 소개했듯이, 생물학적 질서에 관한 수학을 개발한 것이다. 그 토대를 이루는 것은 역시 앞서 지적한 대로 자연선택 자체는 우리 주변에 보이는 어마어마한 조직적 다양성을 절대 설명할 수 없다는 기본 입장이었다. 앞 장에서 지적한 것처럼, 카우프먼은 생명은 효소와 유사한, 기본적인 분자 구조들의 집단적 자가 촉매 반응이라는 과정에 의해 생겨났다고 주장한다. 이런 논리를 토대로 카우프먼은 생명은 단순히 우연히 발생한 것이 아니라, 자생적 질서의 원칙들에 입각해 **예상된** 사건이라고 주장했다.

카우프먼은 나중에 쓴 책《신성神聖 다시 만들기: 과학, 이성, 종교에 대한 새로운 견해Reinventing the Sacred: A New View of Science, Reason, and Religion》(2008)에서 **이머전스**야말로 가장 중요하고도 근본적인 새로운 과학관이며, 나아가 '새롭게 발견된' 환원주의의 한계를 넘어서 '우주의 양상'을 설명할 수 있게 해주는 이단적 시각이라고 주장한다.[23] 그러나 그는 여전히 통일의 희망을 품고 있다. 물론 새로운 종류의 희망이기는 하지만……. 그는 이머전스의 원리가 '물질, 에너지, 정보를 하나의 통일된 틀로 연계시킬 수 있을 것'이라고 말한다.[24]

이런 비전의 이런저런 측면은 흥미롭다(아인슈타인이 지적한 대로 진정한 중첩과 상호 연관 관계를 파악하는 것은 그 자체로 즐거운 일이다). 그러나 두 가지 주의할 점이 있다. 카우프먼은 과학계의 이단아를 자처하지만, 실제 이상으로 이단아라는 점을 너무 즐기고 있는 듯하다. 진정한 이단자는 광야에서 오랜 세월을 보내며, 뉴멕시코 주 사막 언저리에 자리 잡은, 연봉 많이 주는 연구소에서 일하지도 않는다. 그는 이단아라기보다는 이제 새로운 정통설로 떠오르는 이론을 복음처럼 전파하는 사람이라고 할 수 있다. 그러나 아마도 더 중요한 점은, 생명의 기원을 발견하는 일이 '얼마 남지 않았다'는 그의 관측이 이제는 1990년대 초에 처음 그런 주장을 했을 때만큼 인상적으로 들리지 않는다는 점이다. 게다가 분자생물학에 대한 그의 수학적 해석은 지금도 제자리에 머물러 있다. 실제로 그저 일종의 이론생물학일 뿐 실질적이거나 폭이 넓어지는 어떤 결과를 아직 내놓지 못하고 있다. (예를 들면 어떤 유기체 세포 종류의 개수는 유전자 수의 제곱근에 해당한다는 주장은 대단히 흥미롭지만, 지금까지는 그 이상의 검증 같은 것이 이루어지지 않았다.)

스티븐 스트로가츠는 자연계의 많은 측면이 실제로 자생적 질서를 분명히 보여주고 있음을 입증했다. 캄캄한 밤에 떼를 지어 일제히 불빛을 깜빡이는 반딧불이에서부터, 연주장에서 누가 시키지도 않았는데 청중이 일제히 박수갈채를 보내는 현상, 수녀나 수감자, 기숙사에서 생활하는 여학생 들이 같은 시기에 생리를 하는 현상 등등. 또 교통 상황에도 자생적 패턴이 있고, 심장도 일정한 박동을 잃으면 심각한 결과를 낳을 수 있다. 따라서 자생적 질서는 사실로 확인되었고, 소립자의 법칙을 넘어서는 구성주의의 법칙이 존재한다는 조지 게이로드 심프슨과 필립 앤더슨의 본래 주장을 확인해주는 것으로 보인다.[25] 이것이 핵심이다.

이머전스의 시대: 분수령

그러면 이제 어디로 가는가?

앤더슨과 마찬가지로 로버트 로플린은 환원주의에서 시작한다. "모든 물리학자는 나 자신을 포함해 내심으로는 환원주의자다. 나는 환원주의를 전체적인 큰 틀에서 분수를 지켜야 한다고 말할 정도로 비난하고 싶지는 않다. …… 우리는 모두 내심 궁극적인 하나의 이론을 희구한다. 모든 진리가 거기서 흘러나오는 핵심적인 소수의 법칙들 말이다. …… 궁극적 원인에 대한 [우리의] 관심은 이론물리학에 특별한 매력을 부여한다. 어떤 기준으로 보아도 전문적이고 난해한 내용인데 과학자가 아닌 사람들도 그렇게 느낀다. …… 물리학자들은 세계가 정밀하고 질서 정연하다고 가정한다."[26] 이어 로플린은 다음과 같은 입장을 분명히 강조한다. "자연계는 필수적인 요소들과 거기서 흘러나오는 강력한 조직화의 원리, 그 두 가지 모두에 의해 규정된다. 후자의 원리는 초월적이다. …… 우리가 생각하는 자연법칙은 …… 집단적 자기조직화를 통해 그 모습을 드러내며, 그 과정에서 반드시 구성 요소들에 대한 지식을 잘 이해하고 활용할 필요는 없다."[27] 이것이야말로 가장 중요한 논점이라고 로플린은 생각한다. 그리고 바로 그 때문에 그는 우리가 한 시대의 종점에 서 있으며, 환원주의의 '변경邊境'은 이제 '공식적으로 폐쇄됐다'라고 말하는 것이다.[28]

자연계는 여전히 후대로 가면서 진화하는 과정에서 '상호 의존적인 위계'를 이룬 체제로 볼 수 있고, 사정이 그러하기 때문에 '우리가 세계를 알 수 있는' 것이다. 그러나 엄밀화와 조직화와 질서 사이에는 그보다 훨씬 중요한 연계성이 있다. 그런 연계는 삶의 모든 영역—심리학이나 양자생물학은 물론이고 경제학도 마찬가지다—이 점점 '엄밀화되는'(로플린은 이 말을 더 정밀하고 예측 가능해진다는 의미로 사용한다) 과정의 일부다. 진공 상태에서 광속은 측정 정확도가 1조 분의 1초보다 나은 수준이고, 원자시계는 정확도가 10조 분의 1초 수준이다.[29]

물질의 상태, 즉 고체, 액체, 기체도 조직화 현상이다. 어느 경우든 우리가 중시하는 속성은 질서다. 그리고 이 부분이야말로 소립자의 통계학적 특성인 불확정성이 좀 더 확실해지면서 현상들이 더욱 커지고 더욱 복잡해지는 지점이다. 요점은, 미시계의 규칙은 완전히 참이지만 거시계의 현상에는 제대로 적용되지 않는다는 것이다.[30] 다시 정리하자. **자생적으로 발현되는 엄밀성은, 불확정적이고 개연적이며 통계학적인 입자들의 속성으로부터 생성되지만 가장 중요한 이머전스라고 할 수 있다.** 소립자의 통계학적 불확정성과 놀라울 정도로 조직화된 엄밀성은 **자생적**이다. 이는 분자들이 **저절로** 스스로를 조직화하는 방식의 작용이다.

이런 새로운 자연관의 분수령을 로플린은 1980년으로 잡았다. 프랑스 그르노블에 있는 고자기장실험실High Magnetic Field Laboratory에서 근무하는 독일 물리학자 클라우스 폰 클리칭이 전자를 측정하는 상황에서 고도의 재현성을 발견한 시점이다. 더구나 클리칭은 전자 측정 결과가 일정 범위의 자기장 강도에서는 전반적으로 안정적이었으며 저항을 발생시킨다는 것을 발견했다. 저항은 세 가지 기본 상수, 즉 전하 e, 플랑크 상수 h, 광속 c의 조합이었던 것이다. 이런 컨버전스 현상은 그 자체로 놀라운 업적으로, 극적이고 놀라운 정밀도와 측정의 재현성(신뢰성)을 보여주었다. 그 덕분에 중요한 업적으로 평가되어 전 세계 물리학자들의 관심을 끌었다. 저항 측정 수준은 100억 분의 1의 정확도를 보였다. 이는 이 세상 모든 인간의 수를 세는 데 단 하나의 오류도 없는 것과 같은 수준의 정확도였다. 이에 못지않게 놀라운 것은 그런 엄청난 신뢰도가 샘플이 너무 작을 경우에는 완전히 사라진다는 사실이었다. 이는 결국 물질의 새로운 단계에 대한 발견으로 이어졌다. 그중 하나는 공교롭게도 전하량이 정확히 3(e/3)이라는 것이었다. 이는 쿼크의 전하량과 정확히 일치한다.[31] 예기치 못한 컨버전스였다. 그야말로 예기치 않은 컨버전스 현상으로, 이에 관한 수학은 메리 서머빌이었더라도 흥분을 금치 못했을 것이다.

자연은 어떻게 스스로를 조직화하는가

이런 실험들의 요체, 그리고 왜 그런 것들이 하나의 분수령인지는, 로플린이 표현한 대로, 근본적인 실체들의 **조직화**와 그것들의 질서를 보여주기 때문이다. 그로 말미암아 새로운 형태가 출현했고, 이는 전혀 예상치 못한 결과였다. 이때가 결정적 순간이었다고 로플린은 말한다. "물리과학은 이제 환원주의의 시대에서 확실히 벗어나 이머전스의 시대로 들어섰다. 이런 변화를 대중 언론에서는 흔히 물리학의 시대에서 생물학의 시대로의 이행이라고 표현하지만, 썩 옳은 진단은 아니다. 우리가 지금 보고 있는 것은 세계관의 변혁이다. 자연을 점점 더 작은 부분으로 쪼개는 방식으로 이해하는 것이 목표였던 시대에서, 자연이 스스로를 어떻게 조직화하는지를 이해하는 것이 목표인 시대로 바뀌었다."[32] 조직화의 원리, 곧 예기치 않게 나타나는 질서는 초전도체에서도 작동하고, 소리나 진공 상태에서도 작동한다.[33] 나노 기술에서 보이는 특성도 마찬가지다. 이 역시 세계에는 선재적 질서가 있다는 말과 거의 같은 얘기다. 자생적 질서라는 현상은 자연에 이미 각인되어 있다는 말이다.

이런 점들을 고려할 때, 이제는 조직화라고 하는 집단적 원리가 생명에서 어느 정도 규모로 문제가 되는지를 물어야 할 때라고 로플린은 말한다. 그의 답변은, 안정적인 이머전스와 불안정한 이머전스가 이미 개별 단백질 분자 수준에서 일어나고 있다는 정황적 증거가 상당하다는 것이다.[34] 단백질은 큰 분자여서 효과적으로 활동하려면 기계적 강도와 유사한 무언가가 필요한데, 이는 '규모가 큰 시스템에서만 예기치 않게 발생하는 질서'다. 그리고 누차 언급한 단백질의 접힘 패턴들은 원자 간의 힘에 의존하는 것이 아님을 보여준다. 그렇지 않다면 접힘 패턴은 운동 방정식에 부합해야만 하기 때문이다. 신진대사나 형질 발현과 같이 규모가 큰 생물학적 과정은 모두 집단적 원리에 의존한다.

궁극적 진리에 목을 매는 사람은 제발 내 돈 좀 빼앗아가 달라고 애걸하는 사람과 같다고 로플린은 비꼰다. 그러나 그 자신도 스탠퍼드 대학교에서 열린 '학문 간 이머전스 워크숍Interdisciplinary Workshop on Emergence'에 참석한 바 있다. 하루 동안 계속된 워크숍에는 로플린 못지않게 저명한 과학자들이 참여했다. 피임약을 발명한 칼 제라시, 중동에서의 문자 탄생 이론(지금은 거의 정설이 되었다)을 제시한 프랑스계 미국 인류학자 드니즈 슈망베세라 등등. 이들은 이런저런 논의를 하고 나서 해변 언덕을 산책하고 포도주를 여러 박스(여러 박스나?) 비운 뒤, 다음과 같은 결론을 내놓았다. "이머전스는 단순한 규칙들에서 생겨나는 복잡한 조직적 구조들을 의미한다. 이머전스는 어떤 사태가 현재와 같은 안정 상태를 유지하는 불가피성을 의미한다. 이머전스는 작은 사태들이 더 큰 사태의 질적이고도 거대한 변화를 야기한다는 의미에서 예측 불가능성을 의미한다. 이머전스는 인간도 거기에 종속되는 자연법칙이다."[35]

로플린은 이런 결론 어디에도 이견을 달지 않았지만 스스로 다음과 같은 표현을 사용했다. "양자물리학의 법칙, 화학의 법칙, 신진대사의 법칙, 우리 대학 뒷동산에서 여우에게 쫓겨 달아나는 토끼의 법칙은 모두 서로서로에게서 유래한다. 하지만 결국 토끼에게 중요한 것은 마지막 법칙이다."[36]

우리는 "자연은 단순함을 흡족해한다"라고 한 뉴턴의 말이 완전히 옳지는 않다는 것을, 내키지는 않지만 인정하지 않을 수 없다. 퍼트넘과 로플린과 카우프먼과 프리고진과 앤더슨과 심프슨이 옳다면, 소립자와 분자, 특히 유기분자 사이에는 모종의 주요한 자연의 원리가 개재되어 있다.

유기분자는 입자 자체의 속성과는 거의 무관해 보이는 방식으로 자생적으로 조직화된다. 분자가 입자의 속성을 침해하지는 않지만 입자 속에 담긴 정보는 분자의 행태와 형식에 분명히 영향을 준다. 돌연변이의 양자적 성격과 마찬가지다(18장 참조). 또 세상을 구성하는 다양한—그러면서도 상호 연관되고 질서 정연한—복잡계를 생성한 것은 바로 이 자생적 조직화다. 슈뢰딩거가 처음 지적했듯이, 양자 세계의 불확정성이 우리의 감각 기관에 비치는 세계의 불확정성으로 화하는 것은 바로 분자들의 특성 탓이다. 그래서 분자는 크기가 대단히 크고 수많은 원자로 구성되어 있다. 특히 자생적 조직화—이는 자연 전반에 고루 영향을 미친다—는 컨버전스가 존재하는 이유이며, 컨버전스의 중요성을 설명해준다. 컨버전스는 자생적 질서의 증거다.

에너지와 진화 다시 생각하기

지금까지 살펴본 논의의 마지막 단계는 카우프먼이 원했던 물질·에너지·정보의 통합과 관련된다. 모든 좋은 이야기는 어떤 의미에서 처음 시작한 지점으로 돌아가 끝나는 법인데, 이 이야기 역시 별반 다르지 않다.

이 이야기의 끝의 시작은 (지금까지는) 2010년 5월에 일본 생물학자 팀이 미요진 둔덕Myojin knoll, 明神海丘이라는 해저 화산 인근 태평양 수역에서 그물을 끌며 생물 채집을 하다가 열수공熱水孔에 붙어서 살아가는 다모류多毛類 벌레를 발견한 사건에서 시작된다. 해저 지하에서 뜨거운 물이 솟구쳐 나오는 구멍을 뜻하는 열수공hydrothermal vent이 처음 발견된 시기는 1970년대 말인데, 지질학자와 해양학자 들은 물론 생물학자들에게도 대단히 획기적인 사건이었다. 태양과 멀리 떨어져 완전한 암흑과 엄청난 수압이 지배하는 바다 밑 깊은 곳에서 살아남은 이상한 모양의 생명체가 발견되었으니 말이다.

특히 일본 생물학자들이 발견한 다모류(발견자들은 학명을 '파라카리온 미요지네시스*Parakaryon myojinensis*'라고 붙였다)는 박테리아로 보기에는 크기가 컸고, 자세히 조사해보니 생물학적으로 분류하기가 어려웠다. 아니, 분류가 불가능했다. 일본 학자들은 문제의 벌레를 세포핵이 없는 원핵생물과 세포핵이 있는 진핵생물(12장 참조)의 중간 형태라고 보고 '파라카리요테parakaryote', 즉 '유사類似핵생물'이라고 칭했다. 그런데 이 신종 유기체가 영국 생물학자 닉 레인에게는 훨씬 더 흥미로운 존재로 보였다. 레인은 유사핵생물이 세포벽, 세포막으로 둘러싸인 세포핵, 그리고 세포 내 공생체共生體(예컨대 동물의 장에 서식하는 세균과 같은 것—옮긴이)를 몇 개 가지고 있다는 사실을 알아냈다. 그 순간, 그의 뇌리에 이것은 세포 내 공생체를 획득한 뒤에 '진핵생물과 유사한 세포로 변해가는 도중에 있는 생물체'라는 생각이 떠올랐다. 말하자면 "어떤 의미에서 **오래전에 있었던 진화과정이 지금 재연되고 있다**"라는 생각이었다(강조는 저자의 것이다).[37]

레인이 왜 그렇게 흥분했는지는 쉽게 짐작할 수 있다. 보통 사람들은 말할 것도 없고, 생물학자라면 누구나 생명이 어떻게, 어디서, 왜 시작됐는지, 그리고 여기 지구상이나 어디 다른 행성에서 다시 그런 일이 생길 수 있는지를 궁금해한다. 그뿐만 아니라 진화가 다시 시작된다면 다른 경로를 취하게 될지도 궁금해한다. 파라카리온 미요지네시스('미요진의 유사핵생물'이라는 뜻—옮긴이)가 초기 진화적 전이轉移에서 가장 중요한 것 가운데 하나를 재연하고 있다는 발상은 분명 대단히 중요한 일이었다.[38]

유감스럽게도 파라카리온 미요지네시스 표본은 지금까지 단 한 개만 발견되어서 우리는 그 이상은 알지 못한다. 희귀종이어서 사실은 이미 멸종했을 수도 있다. (북대서양 심해 펄에서 또 다른 미생물이 발견되어 2015년 5월에 관련 논문이 발표되었는데, 또 하나의 전이적 형태로서 역시 진핵생물의 조상으로 추정되었다.)[39]

그런데 레인이 파라카리온 미요지네시스에 특히 관심을 가진 이유는 또 있었다. 그 자신이 일단의 생물학자들과 함께 생명의 기원에 천착하는 선구적 연구를 진행하고 있었기 때문이다. 이 연구는 다른 분자생물학 분야에 가려져 주목을 받지는 못했으나 근본적 차원의 연구라고 할 수 있다. 연구팀은 화학물질로 구성된 '수프'(죽)에 번개가 쳐서 유기물질로 변하면서 생명이 시작되었다는 정설은 이제 더는 성립하지 않는다고 주장했다. 사실 레인은 광합성 하나만 생겨나는 데 "바다 1제곱킬로미터당 1초에 네 번씩 번개가 쳐야 한다"라는 계산을 내놓은 적이 있다. 문제는 '한 번 번개가 칠 때마다 방출되는 전자가 그리 많지 않다는 것'이다.[40]

그와 많은 동료들이 공유하는 입장은, 현재는 **원자 수준**까지 분석이 진행된 일로(반환원주의자들은 이 부분을 제발 주목하기 바란다) 여러 실험과 관찰을 통해 뒷받침되고 있는데, 지구상의 생명은 열수공에서 시작되었다는 것이다. 열수공은 지구 중심에서 에너지(방사성 붕괴)가 열의 형태로 빠져나오는 거대한 지각 판들 주변에 위치한다. 열수공은 블랙 스모커 black smoker와 알칼리성 열수공 두 종류가 있는데, 거대한 굴뚝 모양을 이루기도 하고 일부는 크기가 20층짜리 건물만 하다. (대서양 중앙해령에서 2000년에 발견된 한 열수공은 '사라진 도시'라는 별명이 붙었다. 탄산칼슘 덩어리가 굴뚝과 탑 같은 형상을 하고 있어서였다.)[41] 레인과 동료들이 생명이 시작되었다고 생각하는 곳은 알칼리성 열수공이다.

이런 상황이 흥미로운 이유는, 레인의 표현을 빌리면, '에너지가 진화에 핵심 역할을 하기' 때문이다. 여기서 우리는 이 책 서두를 장식했던 1850년대의 위대한 두 통일 이론을 떠올리게 된다. 레인의 생각(많은 동료들의 의견을 반영한 것이다)은 생명의 기원을 추동한 것은 에너지의 흐름이며, 양성자 기울기 현상이 세포 출현에 핵심 역할을 했고, 세포의 활용이 모든 생명체의 형태를 제약했다는 것이다. 양성자 기울기의 중요성을 처음 지적한 사람은 영국의 괴짜 생물학자 피터 미첼이었다. 양성자 기울기는 대개 세포 호흡 과정에서 형성된다. 지질막 한쪽의 양성자 $H+$의 밀도가 반대쪽보다 높아지면서 마치 댐 한쪽으로 나오는 물이 터빈을 돌려 전기를 생산하는 것과 같은 작용을 하는 것이다. 여기서 생기는 일종의 에너지를 레인은 '양성자 흐름'이라고 부른다.

40억 년 전 바다는 지금보다 이산화탄소가 풍부해서 바닷물이 약산성이었기에 이 점은 중요하다. 따라서 열수공의 알칼리성 용액이 바다의 산성과 만나면 유사한 양성자 기울기 현상이 자동으로 발생했을 것이다. 또 양성자 기울기 현상은 대양에서뿐 아니라 알칼리성 열수공에 존재하는 물질에서 형성되는 미세한 구멍들에서도 일어났다.[42] 현재 알려진 바에 따르면, 지질은 특히 이 미세한 구멍들 속에 갇히면 자동으로 꽈리 같은 소포小胞를 형성한다. 바로 이 부분이 어떻게 어디에서 미네랄이 풍부한 용액이 최초로 농축되었는지, 그리고 어디서 어떻게 호흡을 하는 유기 세포가 형성되었는지를 밝혀줄 가능성이 높다. 지구의 화학작용이 양성자가 이산화탄소와 결합하면서 생명 탄생의 화학작용을 촉발했다는 말이다. 이 방법 말고는 달리 설명할 길이 없어 보인다. 이는 호흡 효소의 중심부에서 황화철이 왜 발견되는지도 설명해준다. 철과 황은 열수공에 흔하며, 열수공 역시 에너지 기울기를 만들어내는 데 중요한 역할을 했을 것이다.[43]

레인은 또 이런 식으로 등장했을 초기 박테리아는 이후 20억 년 동안 더는 진화하지 않았다고 말한다. 계속 단순한 형태를 유지했다는 말이다. 다음 단계는, 12장에서 살펴본 바와 같이, 하나의 세포가 다른 세포를 세포 안으로 흡수해(세포 내 공생) 진핵세포를 형성하는 과정이었다. 세포 내 공생체가 미토콘드리아가 됨으로써 결국에는 다른 형태의 복잡한 생명체, 즉 식물, 동물, 균류 등등을 낳았다는 주장이다. 여기서 눈여겨볼 대목은, 미토콘드리아(지금은 기존에 우리가 알고 있던 것보다 훨씬 중요한 기관으로 평가되고 있다) 덕분에 진핵세포가 원핵생물보다 훨씬 더 많은 에너지를 사용해 신진대사를 할 수 있었다는 점이다. 한 계산 결과에 따르면, 진핵세포는 박테리아보다 **5000배**나 큰 게놈 하나를 가동시키는 에너지를 공급할 수 있다.[44] 미토콘드리아가 세포의 '배터리'로서 에너지를 풍부하게 공급하지 않는다면 복잡성이 생겨날 수가 없다.

이런 '코페르니쿠스적 혁명'(남용된 상투어지만 이 경우는 적절한 표현이겠다)에는 지금까지 설명한 것 이상으로 짚어봐야 할 의미가 많다. 우리는 지금 왜 미토콘드리아가 어머니에게서만 전달되는지, 왜 어떤 동물은 다른 동물보다 수명이 긴지, 왜 성은 세 가지 이상이 아니라 두 가지만 존재하는지를 알고 있다고 생각한다. 이 모든 것은 피터 미첼의 독창적인 개념인 양성자 기울기—이 공로로 그는 1978년에 노벨 화학상을 수상했다—가 물리학 분야의 아인슈타인, 하이젠베르크, 슈뢰딩거와 어깨를 나란히 하는 생물학적 발상으로, 다윈 이후 생물학 분야에서 '상식을 가장 과감히 깬' 아이디어라는 다수 생물학자들의 주장을 뒷받침한다.

이런 발상들이 확인된다면 수렴하는 세계의 질서에 관한 우리의 인식을 더욱 확대해줄 것이다. 그러나 생물학적 질서의 역사에서 기억해야 할 가장 중요한 기본적인 사실은, 생명을 처음으로 촉발시킨 것은 특정한 형태의 에너지라는 점, 그리고 20억 년 동안 별다른 변화가 없다가 복잡한 생명체가 형성되고 확산될 수 있게 만든 것은 생명에너지 차원의 2차 혁신이라는 점이다. 이 두 단계 생명에너지 과정은 아마도 새로운 정설로 자리 잡을 것이다.[45]

대전환

이러한 생물학적 과정은 현재 원자 수준에서 이해되고 있다는 점을 다시 한 번 강조해야겠다. 세계가 **왜** 지금과 같은 형태를 띠고 있는지 우리는 모른다는 반환원주의자들의 말은 옳다. 그러나 우리는 세계가 **어떻게** 작동하는지 점점 더 잘 이해하고 있고, 여러 과학들 간의 연계가 급속도로 확대되고 있다는 사실을 그들은 더 이상 숨길 수 없다. 레인의 연구는 지질학, 해양학, 물리학, 화학, 생물학이 긴밀하게 혼합된 결과다. 이는 메리 서머빌이 예감했던 과학들 간의 통합 수준을 훌쩍 뛰어넘는다. 그리고 "이제 한 과학 분과가 어디서 끝나고 다른 분과는 어디서 시작되는지가 더는 문제 되지 않는다"라는 패트리샤 처칠랜드의 말을 뒷받침해준다.

여기서 '왜'라는 질문은 착각만 유발할 뿐 성립되지 않는 질문일 것이다. 지금까지 이 장에서 소개한 이야기는 우리 책 서두에서 지적한 것처럼 직선은 아니지만 확실히 하나의 선을 이룬다. 조각조각들이 서로 잘 들어맞는 하나의 내러티브. 우리의 이야기는 관찰을 수행하는 도구 같은 인위적 구성물이 아니다. 그렇게 보기에는 컨버전스의 일관성이 너무도 광범위하다. 우리 세계에는 질서가 존재하고, 그렇기 때문에 지금 이 자리까지 우리의 이야기가 진행된 것이다. 그 질서는 우리가 미리 구상한 것이 아닌데도 점진적으로 짝이 맞춰지고 있다는 점에서 더더욱 놀랍고 흥미롭다.

그리고 우리의 관심을 끄는 것은 컨버전스, 중첩, 상호 연관, 즉 통일성을 보여주는 발견과 그런 발견의 함의, 패턴과 위계, 선재적 질서를 시사하는 사태 등등이다. 그렇기 때문에 아서 에딩턴, 조지 심프슨, 필립 앤더슨, 일리야 프리고진에서 스튜어트 카우프먼과 로버트 로플린에 이르는 논의와 주장이 그토록 크게 관심을 끌고 중요한 것이다. 자생적 질서와 자기조직화를 이머전스라는 개념으로 통합한다는 발상 자체가 현대를 사는 우리가 질서와, 그 질서가 우리의 삶에서 차지하는 위치를 이해하는 방식에서 획기적인 변화를 겪고 있음을 의미한다.

또 이제 우리는, 어떤 선재적 질서를 엿볼 수 있다면, 최근의 연구 성과들은 (스튜어트 카우프먼이 언급한 대로) 결국 그런 질서가 물질과 에너지와 정보를 연계하는 내용일 것임을 의미한다는 점을 알고 있다. 이것이야말로 궁극적 컨버전스가 될 것이다.

더 많은 과학이 엄밀화될까?

우리는 앞서 '덜 엄밀한' 과학 가운데 하나인 심리학이 최근 약 50년 사이에 엄밀해졌다는 사실을 살펴봤다. 아마도 이제는 새로운 시각의 등장에 힘입어 일부 덜 엄밀한 과학, 즉 사회학, 경제학, 인류학, 범죄학도 좀 더 조직적인 체계를 갖추어 예측력이 더 높은 결과를 산출할 것이다. (유전자 지문 감식은 이미 범죄 적발 수준을 혁명적으로 높였다. 필라델피아 드렉셀 대학교 애덤 벤포라도 교수는 특히 fMRI로 특정 집단에 편견을 보이는 배심원을 걸러내는 방법을 제안한 바 있다.) 컴퓨터 연산 능력의 개량과 빅데이터—소셜미디어를 활용해 비교적 싼 값에 만들어낼 수 있다—의 확산이 결합해 이 복잡한 세계에 존재하는 더 높은 차원의 질서를 밝혀내게 될까?

예를 들어 수학자, 물리학자, 심리학자 들은 자본주의 체제의 다양한 측면을 탐구해왔다. 한 연구(샘플 수는 좀 적다)는 투자 금융 회사에 다니는 사람은 일반인보다 정직하지 않다는 사실을 밝혀냈다(별로 놀라운 일은 아닐 것이다). 그런데 여기서 가장 주목해야 할 점은 《사이언스》지가 한 특별호에서 〈불평등의 과학The Science of Inequality〉이라고 명명한 내용이다. 이 개념은 자본주의 체제에서 많은 선진 산업 국가들이 20세기 양차 대전 이후 몇십 년간 재정적으로 아주 나빴지만 그 기간을 제외하면 기본 경제 질서가 부의 불평등이 심화되는 방향으로 진행되었다는 인식(사태 파악치고는 너무 늦은 것이겠다)에서 출발한 것이다.[46]

이런 결론은 지난 **2세기** 동안의 소득세 관련 신고 내역을 조사한 빅데이터를 근거로 나왔으니 논란의 여지가 없어 보인다. 이 자료는 그 잠재적 효용성 면에서, 약간은 과장이 있겠지만 인간 게놈 프로젝트와 같은 빅데이터라는 평가를 받았다. 게놈 프로젝트는 의학 분야에서 특정인의 유전자 구성에 맞는 개인별 맞춤 치료와 같은 새로운 질서를 창출하고 있다. 이것이 현재 과학이 나아가고 있는, 또는 나아가리라 예상되는 방향일까? 풍부한 소득세 관련 신고 내역 데이터는 《사이언스》 기사의 표현을 빌리면, '과학이라는 것'이 분석, 인과관계 추론, 가설 정립 등에 응용될 수 있음을 의미한다.[47]

불평등이 확대되고 있다는 핵심 결론에 대한 설명을 제시한 사람들은 복잡한 수학을 좋아하는 경제학자들이었다. 이들은 역사적으로(방금 언급한 2차 대전 종전 후 기간은 제외) 자본 수익률이 항상 평균 경제성장률보다 높았다(현재는 4~5퍼센트 대 2퍼센트)고 주장한다. 따라서 자본 보유자가 노동으로 생계를 유지하는 사람보다 부를 더욱 확대하는 것은 불가피하다는 것이다.[48]

수학자들이 제시하는 이론은 좀 다르다. 암울한 설명이기는 마찬가지지만. 미국 메릴랜드 대학교 이론물리학자 빅토르 야코벤코는 소득 분배를 기체의 엔트로피에 비유한다(여기서 엔트로피 역시 비유다). 그는 무작위적인 활동이 이루어지는 곳은 어디든, 어떤 실체든 간에 결국 한 기체에 들어 있는 서로 다른 분자들의 에너지 준위 분포처럼 (일정하기보다는) 기하급수적인 분포로 결론이 난다고 말한다. 다른 말로 하면, 무작위성의 요소들을 구비하고 있는 자유시장의 본질 자체가 우리가 현재 목도하고 있는 불평등을 낳게 되어 있다는 말이다.[49]

이제 문제는, 그런 결과에 우리가 어떤 태도를 취해야 하는가이다. 그런 결과를 과학 '법칙'이 허용한 것이니, 사실상 불가피한 일로 받아들여야 할까? 기후변화의 과학적 증거가 있느냐를 놓고 사기다, 오해다 하며 최근 곳곳에서 벌어지고 있는 소동은 다른 방향을 시사한다. 최근의 연구 성과가 시장 자본주의를 추동하는 '보이지 않는 손'이라는 애덤 스미스의 비유 이상으로 우리에게 어떤 새로운 지침을 줄 수 있을까?

여러 과학 분야에서, 엄청난 불평등이 불리한 쪽에 있는 사람들의 신체적·정신적 건강에 미치는 영향을 조사한 결과, 그 영향이 상당하다는 사실을 밝혀냈다. 시간이 지나면 이런 연구 결과를 토대로 한 정책들이 악영향을 어느 정도 개선할 수는 있겠지만 경제학자들이 밝혀낸 모든 적자를 만회할 수 있을 것 같지는 않다. 일부 경제학자는 불평등의 확대는 결국 사회 불안으로 이어지리라고 예측했지만, 가난한 나라, 특히 아프리카(소득 불평등이 선진 서방 국가들만큼이나 확연하다)에서는 열악한 쪽에 있는 사람들이 결국 질병에 걸릴 확률이 대단히 높다.

이런 이야기를 듣고 있기란 참으로 불편한 일이다. 하지만 시스템 관련 수학의 최근 연구 성과로 보면 우리가 주변에서 보는 사회 문제들은 어떤 정치적 정책의 **실패**가 아니라 시스템에 **내장된** 구조적 문제다. 아니, 그 이상이다. 사회 문제는, 표현이 좀 그렇기는 하지만, 이 세계에 선재하는 질서를 구성하는 요소들의 결과물이다. 이런 얘기는 많은 사람들, 아니 우리 모두에게 받아들이기 어려운 결론이다. 하지만 우리는 과학에 근거한 교통망 계획, 시장 분석, 범죄학, 네트워크 디자인, 게임 이론 같은 것으로 이상적인 세계를 구축할 수는 없다는 과학 저술가 필립 볼의 말에 동의하지 않을 수 없다. 그러나 동시에 과학은, 인간 사회 문제의 세계는 모든 선택이 가능한 것은 아님을 보여준다는 그의 말에도 유념해야 한다. 그는 "문제는 우리가 자신 있게 도덕률과 물리법칙을 구분할 수 있느냐다"라며 과학 이론이 윤리 차원의 선택을 정당화하는 도구가 된다면 '그것은 과학의 역할을 넘어선 것'이라고 결론짓는다.[50]

그런데 이게 맞는 말일까? 과학은 늘 발전을 거듭하고 있고, 컨버전스 또한 그러하다. 워싱턴 대학교 교수 페드로 도밍고스는 최근 저서 《마스터 알고리듬The Master Algorithm》에서 스스로 학습하는 기계가 지금 우리가 쏟아내고 있는 데이터의 홍수 속에서 패턴, 곧 질서를 식별할 날이 곧 올지 여부를 고찰한다.[51] "세계관에 따라 마스터 알고리듬 개발은 그야말로 흥미진진한 일이 될 수도 있고 참으로 섬뜩한 일이 될 수도 있다."

소립자 세계에서 통용되는 법칙을 이해한다고 해서 수백만 년에 걸쳐 진행되는 진화의 경로를 예측하거나, 로플린 교수가 다니는 대학 뒷동산 토끼의 행태를 예측할 수 있는 것은 아니라는 것은 과연 맞는 말이다. 동시에 모든 과학의 컨버전스라는 거대한 흐름이 진행되고 있다. 레인의 연구가 이를 입증하고 양자생물학이 이를 보여준다. 또 컨버전스가 새로운 분야로 확산되고 있다는 것은 교통물리학과 새로운 윤리학 탐구가 보여주고 있다. 나아가 데이비드 도이치와 스티븐 울프럼과 조지프 실프 같은 사람들의 말이 맞다면, 그리고 우리의 연산 능력이 계속 증대된다면―양자 컴퓨터가 곧 실현될 가능성이 높은 것으로 보인다―지금까지 우리가 살펴본 기이한 발상들 중 일부는 과거처럼 그리 멀리 있어 보이지는 않을 것이다. 마스터 알고리듬이 영원히 불가능하다고 과연 말할 수 있을까?

흥미진진하든 섬뜩하든, 윤리나 정치나 사회 문제에 대해 과학은 할 말이 없다고 주장하는 것은 분명 번지수를 잘못 찾은 주장이고, 우리가 당면한 난제들을 회피하거나 지연시키려는 태도다. 한 가지만 예를 든다면, 부의 불평등이 자유시장 자본주의 체제가 작동한 결과이고 이런 견해가 상당수 군중에게 먹힌다면, 그러면 어떻게 될까? 이처럼 새로이 정립된 확신이 급진적인 사고 과정을 촉발해 실질적으로 새로운 현실의 가능성을 접게 만들까?

최소한 이 자리에서 우리가 말할 수 있는 것은 더 높은 질서의 표출에 관한 새로운 생각들이 시급히 요청된다는 것이다. 컨버전스는 질서를 의미하고, 질서는 로플린이 말하듯이 좀 더 정교한 예측을 의미하고, 정교한 예측은 과학의 생명줄이다. 지금까지 질서에 관한 최근의 과학적 연구 성과를 소개하는 데 시간이 좀 걸렸다. 하지만 큰 희망이 있다. 그 희망이 곧 실현되기를 우리 모두 기대하자.

감사의 말

이 책을 제작하는 과정에서 여러 현명한 분들의 도움을 많이 받았다. 이 자리에서 그분들께 심심한 감사의 뜻을 표한다. 그분들의 함자는 데이비드 앰브로즈, 앤 배링, 피터 벨우드, 조너선 콕스, 마이크 존스, 데이비드 헨, 앤드루 존, 토머스 르비엥, 제라르 르루, 조지 루동, 브라이언 모이내헌, 잉보르그 뮐러, 앤드루 넌버그, 니컬러스 피어슨, 나바라트나 라자람, 크리스 스커리, 앨런 스콧, 로빈 스트라우스, 랜들 화이트, 데이비드 윌킨슨이다. 오류나 잘못이 있다면 모두 필자인 나의 책임이다. 최근 출간된 여러 책의 저자들께, 그리고 과학사에서 학문적 열정의 황금시대를 구가하고 있는 분들께 감사의 뜻을 전하고 싶다. 무엇보다도 존 그리빈 선생에게 감사한다. 그리빈 선생은 아마도 21세기 현재 시점에서 글을 쓰는 과학사가들 중에 가장 상상력이 넘치면서도 수많은 저서를 정력적으로 쏟아내는 분일 것이다. 그분의 저서는 일반 역사에서 영국왕립학회와 양자 같은 특정 주제에 이르기까지 매우 다양하다. 헬게 크라그, 폴 데이비스, 필립 볼 선생은 협력 연구를 통해 과학과 물리학 관련 연구 기관 양쪽을 철저히 조사했다. 이언 잉크스터, 마거릿 제이콥, 조엘 모키어 선생은 과학과 기술의 관계를 냉철하게 재조정하는 데 많은 역할을 했고, 그런 부분이 이 책을 집필할 때 상당히 큰 영감을 주었다. 오랜 세월에 걸친 과학의 특성 변화에 관한 스티븐 셰이핀 선생의 발상도 마찬가지다. 제임스 시커드 선생은 빅토리아 시대 과학의 모습을 누구보다도 생생한 필치로 재현해냈다.

어쨌거나 필자가 가장 크게 빚진 이들은 질서라는 개념에 가장 치열하게 천착한 연구자들이 아닌가 싶다. 우주와 소립자와 분자와 복잡계와 생명체와 두뇌와 수학의 질서 말이다. 필립 앤더슨, 데이비드 봄, 패트리샤 처칠랜드, 브라이언 그린, 조지 존슨, 스튜어트 카우프먼, 데이비드 나이트, 로버트 로플린, 자크 모노, 세바스찬 숭, 에드워드 윌슨 같은 이들의 이름이 떠오른다. 지금까지 이 책에서 언급한 저서를 쓰신 다른 많은 분들께, 그리고 런던 도서관과 케임브리지 대학교 해던 도서관 관계자분들께도 감사의 말씀을 드린다.

나는 사상사 내지 지성사 분야의 책을 제법 썼는데, 이 책에 실린 자료의 일부는 과거에 쓴 책을 거의 그대로(그러나 다른 방식으로) 인용했다. 그렇게 겹치는 부분은 주석의 적절한 자리에 분명히 밝혀놓았다. 그러나 여기 게재한 자료는 모두 이 책의 관점에 맞춰 최신 연구 성과를 최대한 반영했음을 강조하고자 한다.

옮긴이의 말

번역을 하면서 뜬금없이 퇴계 선생의 시조가 떠올랐다. "고인古人도 날 못보고 나도 고인 못 봬……." 필자 피터 왓슨 선생이 퇴계가 말씀하신 옛사람(성현)은 아니겠지만 역자와의 '일면식 없는 인연' 때문인 모양이다. 그러니까, 2008년쯤이었을 것이다. 선생의 베스트셀러 가운데 하나인《생각의 역사 II: 20세기 지성사》라는 책을 번역하게 되었다. 페이퍼백이지만 비교적 큰 판형에 그야말로 깨알 같은 글씨의 원서가 총 847페이지였다. 철학, 사회과학, 경제학, 문학, 문학비평, 음악, 미술, 영화, 패션, 특히 20세기 과학·기술 분야의 굵직한 업적까지를 망라한 참으로 방대한 저서였다.

그러다가 어찌어찌하여 이제 왓슨 선생을 다시 만나게 되었다.

하여, 우선, 현대 과학을 다룬 책이니까 어렵다는 생각은 하실 필요가 없다는 말씀을 드리고 싶다. 그이가 어떤 주제든 그렇게 난해하거나 짜증나게 책을 쓸 분은 아니기 때문이다. 이 책은 거대한 모자이크와 같다. 역자도 들어보지 못한 양자생물학이나 후성유전학의 최신 연구 성과 같은 내용이 많이 나오는데, 독자분들이 잘 모르겠다 싶은 대목은 그 모자이크를 구성하는 유리 조각, 돌멩이, 조개껍데기, 달걀 껍데기 같은 것으로 생각하시면 되겠다. 모자이크란 약간 거리를 두고 감상하면 되는 것이지 재료가 무엇인지, 그 재료는 어떻게 구하고 가공 방법은 무엇인지 등등을 전문가 수준으로 자세히 알아야 할 필요는 없다. 그러고 보니, 대학교 1학년 '철학 입문' 강의 때 하이젠베르크의 불확정성의 원리에 대해 과학철학 하신 교수님에게 분명히 설명을 들었고 이 책 번역하면서 여러 관련 자료를 다시 찾아봤는데, 이제 와서 보니 무슨 얘기인지 다 까먹었다. 그래도 남는 건 있었다.

21세기 과학의 현 단계가 어떤 과정을 거쳐 어떤 수준에 와 있고 인문·사회과학 등 성격이 다른 분야에는 어떤 영향을 미치고 있는지를 보여주자는 것이 원서의 취지인 만큼 디테일에 너무 신경을 쓰실 필요는 없겠다. 역자가 생각하기에 이 책은 역시 교양서이지 전문 과학서는 아닌 것 같다. 과학서를 지향했다면 시시콜콜한 설명을 위해 분량이 지금보다 한 열 배는 넘어야 했을 것이다.

요즘 유행한다는 '먹방'에 비유하면, 하나의 테마를 가지고 잘 차린 풍성한 진수성찬? 그 많은 음식을 무슨 재료로 어떻게 만들었는지는 몰라도(알 이유도 없다) 입은 그저 즐겁다. 레서피 익히고 소매 걷어붙이고 일일이 따라 배우자면 못 할 것도 없겠지만, 그저 '아하, 현대 과학은 이런 식으로 그림이 그려지는군……' 하는 정도 느끼시면 좋을 듯.

여기서 우리 왓슨 선생을 믿어볼 필요가 있다는 말씀을 드리고 싶다. 역자는 필자의 프로필(약력)을 책 표지 날개에 쓰기 위해 관련 자료를 많이 찾아야 하는데, 그러다 보니 '사람'도 좀 알게 된다. 더럼 대학교라고,

영국의 어지간한 대학 학사에 로마와 미국에서 약간 유학을 하고, 석·박사 학위는 없고, 잡지와 신문사에서 탐사 보도 전문 기자로 좀 일하다가, 사상사 내지 지성사에 밝고, 특히 미술에 조예가 깊어서 그런 분야 칼럼을 여기저기 쓰다가, 글재주가 있어 소설도 필명 포함해 일곱 편이나 발표한, 올해 나이 7학년 5반의 할배. 역자도 직접은 '못 뵈'고 구글의 이런저런 사진으로만 많이 봤는데 사상과 과학과 예술을 요리하시는 분치고는 푸근한 느낌?

왓슨 선생의 책을 여러 종 읽으면서 든 느낌은 "아하, 단순, 명쾌, 심오하네"였다. 이 양반이 박사학위를 땄다면 전공에 묶이거나 빠져서 그토록 넓은 범위에 걸치는, 치밀하면서도 사근사근한 책은 쓰지 못했을 가능성이 매우 높다. 모든 늙은이가 푸근하고 지혜로운 것은 아니지만 이 양반은 정말 그러려니 하고 한번 믿어보자.

독자 제위께는 역자의 얕은 학식과 재주 없음이 혹 독서에 누가 되지는 않았을지 항상 걱정된다는 말씀을 드리고 싶다.

머리말_ 컨버전스—현대 과학사에서 일어난 가장 위대한 지적 전환

1 Ruth Moore, *Niels Bohr: The Man and the Scientist*, London: Hodder & Stoughton, 1967, p. 51.

2 Helhe Kragh, 'The Theory of the Periodic System', in A.P. French and P. J. Kennedy (eds), *Niels Bohr: A Centenary Volume*, Cambridge, MA and London: Harvard University Press, 1985, p. 62.

3 C. W. Ceram, *The First Americans: A Study of North American Archaeology*, New York: Harcourt Brace Jovanovich, 1971, p. 126.

4 A. E. Douglass, *Climatic Cycles and Tree Growth*, Volumes 1~11, Washington D.C. Carnegie Institution, 1936, pp. 2 and 116~122; Ceram, 위의 책 p. 128도 참조하라.

5 John Bowlby, *Child Care and the Growth of Love*, London: Penguin Books, 1953.

6 Bowlby, 위의 책, pp. 161ff.

7 볼비는 나중에 이를 주제로 '애착과 상실(Attachment and Loss)'이라는 큰 제목하에 세 권의 책을 썼다. 1권은 《애착(Attachment)》(1969), 2권은 《분리(Separation)》(1973), 3권은 《상실, 슬픔, 우울(Loss, Sadness and Depression)》(1980)이다. 볼비는 동물행동학 및 진화론적 접근을 시종일관 강조하면서 자신과 에인스워스가 (지금은 많은 사람이) 관찰한 행동은 진화 과정에서 수렵·채집인이 환경에 적응한 결과와 연관이 있다고 주장했다. 한마디로 애착의 궁극적 기능은 생존이라는 이야기다.

8 Bowlby, *Child Care and the Growth of Love*, pp. 181ff.

서론_ 눈으로 볼 수 있는 세계의 통일성

1 Allan Chapman: *Mary Somerville and the World of Science*, Bristol, Canopus, 2004, p. 23.

2 Chapman, 위의 책, p. 23. Kathryn A. Neeley, *Mary Somerville: Science, Illumination and the Female Mind*, Cambridge, UK: Cambridge University Press, 2001도 참조하라.

3 Neeley, 위의 책, p. 23.

4 Chapman, 위의 책, p. 27.

5 Elizabeth Chambers Patterson, *Mary Somerville and the Cultivation of Science, 1815~1840*, Boston and The Hague: Martinus Nijhoff, 1983, p. 331.

6 Patterson, 위의 책, p. x.

7 Chapman, 위의 책, p. 38.

8 Mary Somerville, *Collected Works of Mary Somerville*, James Secord 편찬·서문, Bristol: Thoemmes Continuum (9 volumes), 2004, Volume 4, p. xxviii.

9 Patterson, 위의 책, p. 123.

10 James Clerk Maxwell, 'Grove's "Correlation of Physical Forces"', *Nature*, 10 (20 August, 1874), 3024, p. 303. Secord, 위의 책 p. 266에서 재인용.

11 Joanna Baillie가 Mary Somerville에게 보낸 1832년 2월 1일자 편지; Martha Somerville (ed.), *Personal Recollections, from Early Life to Old Age, of Mary Somerville*, London: John Murray, 1873, p. 206; Secord, 위의 책, p. 267에서 재인용.

12 Secord, 위의 책, p. 413.

13 Kathryn Neeley, 위의 책, pp. 35~37.

14 같은 책, p. 40.

15 같은 책, pp. 2~3.

16 Secord, 위의 책, p. 59.

17 Secord, 같은 책, vol 4, p. viii.

18 같은 곳.

19 Neeley, 위의 책, pp. 121~123.

1장 가장 위대한 일반화 이론

1 Iwan Rhys Morus, *When Physics Became King*, London: University of Chicago Press, 2005, p. 63. Thomas Kuhn, *The Essential Tension, selected studies in scientific tradition and change*, Chicago: University of Chicago Press, 1977, p. 68.

2 P.M. Harman, *Energy, Force and Matter: The Conceptual Development of Nineteenth-Century Physics*, Cambridge, UK: Cambridge University Press, 1982, p. 144. J.C. Poggendorff, *Annalen der Physik und Chemie*, Leipzig: J.A. Barth, 1824.

3 Harman, 위의 책, p. 145.

4 Dan Charly Christensen, *Hans Christian Ørsted: Reading Nature's Mind*, Oxford: Oxford University Press, 2013, p. 4. Richard Holmes, *The Age of Wonder: How the Romantic Generation Discovered the Wonder and Terror of Science*, London: Harper Press, 2008, p. 208.

5 Thomas S. Kuhn, *The Essential Tension*, 위의 책, pp. 97~98.

6 Crosbie Smith, *The Science of Energy: A Cultural History of Energy Physics in Victorian Britain*, London: Athlone, 1998, p. 9. John Theodore Merz, *A History of European Thought in the Nineteenth Century*, New York: Dover, 1904 and 1965, Volume 1, pp. 23, 204.

7 Crosbie Smith, 위의 책, p. 72.

8 같은 곳.

9 John Gribbin, *Science: A History: 1543~2001*, London: Allen Lane, 2002, p. 586.

10 Crosbie Smith, 위의 책, p. 110.

11 같은 책, p. 8.

12 같은 책, p. 74.

13 같은 곳.

14 *Dictionary of Scientific Biography*, III, pp. 303~310.

15 http://www-history.mcs.stand.ac.uk/Biographies/html.

16   Harman, 위의 책, p. 149.

17   Morus, 위의 책, p. 65.

18   L. Campbell and W. Garnett, *The Life of James Clerk Maxell*, London: Macmillan, 1882, p. 143.

19   Basil Mahon, *The Man who Changed Everything: the Life of James Clerk Maxwell*, London and New York: Wiley, 2003, p. 2; Raymond Flood et al (eds), *James Clerk Maxwell, Perspectives on his Life and Work*, Oxford: Oxford University Press, 2014, p. 241.

20   Flood et al., 위의 책, p. 14.

21   Mahon, 위의 책, p. 36.

22   Flood et al., 위의 책, p. 14.

23   Mahon, 위의 책, p. 69.

24   같은 책, p. 61.

25   Gribbin, 위의 책, p. 432; Flood et al., 위의 책, pp. 190~191.

26   Flood et al, 위의 책, p. 279.

27   C. Jungnickel and R. McCormmach, *The Intellectual Mastery of Nature*, volume 1, p. 164. Morus, 위의 책, p. 147에서 재인용. Yehuda Elkana, *The Discovery of the Conservation of Energy*, London: Hutchinson, 1974도 참조하라.

28   Harman, 위의 책, pp. 148~150. 열 사망에 관한 클라우지우스의 입장은 Engelbert Broda, *Ludwig Boltzmann: Mensch, Physiker, Philosoph*, Vienna: Franz Deuticke, 1955, pp. 57~66, pp. 74ff를 보라.

29   Carlo Cercignani, *Ludwig Boltzmann: The Man Who Trusted Atoms*, Oxford: Oxford University Press, 1998. 엔트로피의 통계학적 해석에 대해서는 특히 pp. 120ff를 보라. 이 책에는 Karl Przibram이 그린 재미난 볼츠만 카툰도 여러 점 들어 있다.

30   Carl Boyer, *A History of Mathematics*, second edition, revised by Uta C. Merzbach, New York: Wiley, 1991, p. 497.

2장 생명, 의미, 목적, 물리법칙을 단번에 통합하다

1   Richard Holmes, *The Age of Wonder: How the Romantic Generation Disco-vered the Beauty and Terror of Science*, London: Harper Press, 2008, p. 60.
2   Holmes, 위의 책, p. 65.
3   같은 책, p. 71.
4   같은 책, p. 81.
5   같은 책, p. 87. Sir William Herschel, *The Herschel Chronicle: The Life Story of Sir William Herschel and his sister Caroline Herschel*, Constance A. Lubbock 편찬, Cambridge, UK: Cambridge University Press, 1933.
6   Holmes, 위의 책, p. 88.
7   같은 책, p. 91. Flamsteed에 대해서는 *Flamsteed's Stars: New Perspectives on the Life and Work of the First Astronomer Royal, 1646~1719*, Francis Willmoth, Woodbridge 공편, Suffolk: Boydell Press, National Maritime Museum, London, 1997를 보라.
8   Holmes, 위의 책, p. 102.
9   같은 곳.
10   같은 책, p. 112.
11   같은 책, p. 123.
12   같은 책, 192. 라플라스에 대해서는 Charles Coulston Gillispie, Robert Fox and Ivor Grattan-Guinness, *Pierre-Simon Laplace, 1749~1827, a Life in Exact Science*, Princeton, N.J. and Chichester: Princeton University Press, 1997을 보라.
13   Holmes, 위의 책, p. 203.
14   Maria Rosa Antognazza, *Leibniz: An Intellectual Biography*, Cambridge, UK: Cambridge University Press, 2009, p. 177.
15   Peter Bowler, *Evolution: The History of an Idea*, Berkeley: University of California Press, 1989, p. 40.
16   Mott T. Greene, *Geology in the Nineteenth Century: Changing Views of a Changing World*, Ithaca, N.Y.: Cornell University Press, 1982, p. 36; Abraham Gottlob Werner, *Kurze Klassifikation und Beschreibung der verschiedenen*

Gebirgsarten, 1789; 1971년에 Alexander Ospovat의 해제를 달아 N.Y. Haber에서 다시 출간됨; Rachael Laudan, *From Mineralogy to Geology: The Foundations of a Science: 1650~1830*, Chicago and London: University of Chicago Press, 1987, pp. 48ff. 베르너의 색채 이론에 대해서는 Patrick Syme, *Werner's Nomenclature of Colours*, Edinburgh: W. Blackwood, 1821을 보라.

17 Charles Gillispie, *Genesis and Geology: A Study of the Relations of Scientific Thought, Natural Theology, and Social Opinion in Great Britain, 1790~1850*, Cambridge, MA: Harvard University Press, 1951, p. 48; Jack Repcheck, *The Man Who Found Time: James Hutton and the Discovery of the Earth's Antiquity*, London: Simon & Schuster, 2003. Repcheck는 허턴의 글이 '이해 불가' 수준이었으며, 당시 사람들은 지구의 먼 과거에는 별로 관심이 없었다고 지적한다. http://www-groups.dcs.st-and.ac.uk/history/Printonly/Hutton James.html

18 Gillispie, 위의 책, pp. 41~42.

19 같은 책, p. 68.

20 같은 책, p. 84.

21 같은 책, p. 101.

22 Bowler, 위의 책, p. 116.

23 같은 책, p. 110.

24 http://www.ucmp.berkeley.edu/.history/Sedgwick/html. 버클랜드에 대해서는 Nicolaas A. Rupke, *The Great Chain of History: William Buckland and the English School of Geology (1814~1849)*, Oxford: Clarendon Press, 1983을 보라.

25 Gillispie, *Genesis and Geology*, p. 133.

26 Bowler, 위의 책, p. 138.

27 같은 책, p. 130.

28 Peter J. Bowler, *The Non-Darwinian Revolution*, Baltimore and London: Johns Hopkins University Press, 1988, p. 13.

29 James A. Secord, *Victorian Sensation: The Extraordinary Publication, Reception, and Secret Authorship of 'Vestiges of the Natural History of Creation'*, Chicago and London: University of Chicago Press, 2000, p. 388; p. 526에는 《창조의 자연사의 흔적》과 《종의 기원》의 출판 과정을 비교한 내용이 서술되어 있

다.

30 아가시가 빙하 시대라는 개념을 가다듬은 과정에 대해서는 Edward Lurie, *Louis Agassiz: A Life in Science*, Chicago: University of Chicago Press, 1960, pp. 97ff를 보라. 하지만 다른 측면도 있었다. 빙퇴석에서 상당량의 다이아몬드가 발견되었기 때문이다. 다이아몬드는 지구 깊은 곳에서 생성되는데, 화산 활동에 따라 용융 상태의 마그마와 함께 지표면으로 튀어나온 것이다. 따라서 이런 과정은 지속적인 화산 활동의 또 다른 증거인 동시에, (여러) 대빙하 시대의 발견은 지구가 대단히 오래되었으며 지질학에 대한 동일과정설식 접근이 타당하다는 것을 확인해주는 사실임을 입증한다. J. D. Macdougall, *A Short History of Planet Earth*, New York and London: John Wiley & Sons, 1996, pp. 206~210.

31 Ernst Mayr, *The Growth of Biological Thought*, Cambridge, MA: The Belknap Press of Harvard University Press, 1982, p. 590.

32 Mayr, 위의 책, p. 321.

33 월리스의 동남아시아 여행에 대해서는 James T. Costa, *Wallace, Darwin and the Origin of Species*, Cambridge, MA: Harvard University Press, 2014, pp. 223~231을 보라.

34 토지 개혁에 대한 관심에 대해서는 Martin Fichman, *An Elusive Victorian: The Evolution of Alfred Russel Wallace*, Chicago and London: University of Chicago Press, 2004, pp. 145~146을 보라.

35 Peter Bowler, *Charles Darwin, the Man and his Influence*, Cambridge, UK: Cambridge University Press, 1990, p. 36.

36 같은 책, p. 39.

37 같은 책, p. 42. Jonathan Conlin, *Evolution and the Victorians: Science, Culture and Politics in Darwin's Britain*, London: Bloomsbury Academic, 2014도 참조하라.

38 Bowler, 위의 책, p. 47.

39 같은 곳.

40 같은 책, p. 60.

41 같은 책, p. 64. Peter Godfrey-Smith, *Darwinian Populations and Natural Selection*, Oxford: Oxford University Press, 2009.

42 Secord, 위의 책, pp. 224, 230.

43 Mayr, 위의 책, p. 501.

44 Bowler, *The Non-Darwinian Revolution*, p. 132.

45 위의 책, p. 145.

46 위의 책, p. 175. 월리스는 말년에 진화론에 관한 생각을 180도 바꾼다. 이에 대해서 는 Thomas Nagel, *Mind and Cosmos: Why the Materialist, Neo-Darwinian Conception of Nature is Almost Certainly False*, Oxford: Oxford University Press, 2012를 보라.

47 David Dennett, *Darwin's Dangerous Idea*, New York and London: Simon & Schuster, 1995, p. 21.

3장 원소들의 패턴 너머를 보다

1 Paul Strathern, *Mendeleyev's Dream: The Quest for the Elements*, London: Hamish Hamilton, 2000, p. 262.

2 Strathern, 위의 책, p. 265.

3 같은 책, p. 267.

4 같은 책, p. 275. Michael Gordin, *A Well-Ordered Thing: Dimitrii Mendeleev and the Shadow of the Periodic Table*, New York: Basic Books, 2004, pp. 18ff.

5 Strathern, 위의 책, p. 282.

6 같은 책, p. 285.

7 같은 책, p. 292. Gordin, 위의 책, p. 182.

8 Helge Kragh, *Quantum Generations: A History of Physics in the Twentieth Century*, Princeton and Oxford: Princeton University Press, 2002, p. 8.

9 *New Dictionary of Scientific Biography*, III, pp. 291~294.

10 *Physicists' Biographies*, p. 2. http://physicist.info/.

11 Rollo Appleyard, *Pioneers of Electrical Communication*, London: Macmillan, 1930, p. 131.

12 Kragh, 위의 책, p. 30.

13 *Dictionary of Scientific Biography*, XI, pp. 519~521.

14 Kragh, 위의 책, p. 107.

15 Dennis Brian, *The Curies: A Biography of the Most Controversial Family in Science*, New York and London: Wiley, 2005, p. 52.

16 Brian, 위의 책, p. 54.

17 같은 책, p. 55.

18 J. G. Crowther, *The Cavendish Laboratory: 1874~1974*, London, Macmillan, 1974. p. 107. G. P. Thomas, *J. J. Thomson and the Cavendish Laboratory in His Day*, London: Nelson, 1964; Richard P. Brennan, *Heisenberg Probably Slept Here: The Lives, Times and Ideas of the Great Physicists of the Twentieth Century*, New York and Chichester: Wiley, 1997. p. 115도 참조하라.

19 Steven Weinberg, *Facing Up: Science and Its Cultural Adversaries*, Cambridge, MA and London: Harvard University Press, 2001, p. 71.

20 Brennan, 위의 책, p. 94. 막스 플랑크 연보는 Brandon R. Brown, *Planck: Driven by Vision, Broken by War*, Oxford: Oxford University Press, 2015, p. xvii을 보라.

21 Richard Rhodes, *The Making of the Atomic Bomb*, New York and London: Simon & Schuster, 1988, p. 50.

22 Brennan, 위의 책, p. 109.

23 같은 책, p. 122.

24 Weinberg, 위의 책, p. 105. Sir Mark Oliphant, *Rutherford: Recollections of the Cambridge Days*, Amsterdam and New York: Elsevier, 1972도 참조하라.

25 Kragh, 위의 책, p. 53.

26 Rhodes, 위의 책, p. 50.

27 C. P. Snow, *The Physicists*, London: Macmillan, 1981, p. 56.

28 Rhodes, 위의 책, p.69; Snow, 위의 책, p. 58.

29 Ruth Moore, *Niels Bohr: The Man and the Scientist*, London: Hodder & Stoughton, 1967, p. 71. Rhodes, 위의 책, pp. 69~70도 참조하라.

4장 시간과 공간의 통합, 질량과 에너지의 통합

1   Walter Isaacson, *Einstein: His Life and Universe*, New York and London: Simon & Schuster, 2007, p. 92.

2   Isaacson, 위의 책, p. 38.

3   같은 책, pp. 36~37.

4   Ronald W. Clark, *Einstein: The Life and Times*, London: Hodder & Stoughton, 1973, pp. 61~62.

5   Brennan, 위의 책, p. 57.

6   같은 책, p. 89.

7   Isaacson, 위의 책, p. 108.

8   같은 책, p. 111.

9   같은 책, p. 120. 일반적인 철학적 배경에 대해서는 Jimena Canales, *The Physicist and the Philosopher: Einstein, Bergson and the Debate that Changed Our Understanding of Time*, Princeton and Oxford: Princeton University Press, 2015, 특히 15장 'Full-Blooded Time'을 보라.

10 Isaacson, 위의 책, p. 126.

11 Brian Cox and Jeff Forshaw, *Why Does E=mc²(and Why Should We Care)?*, Cambridge, MA: Da Capo Press, 2009, p. 100.

12 Cox and Forshaw, 위의 책, p. 130.

13 같은 책, p. 49.

14 Richard Wolfson, *Simply Einstein*, New York: Norton, 2003, p. 156; Isaacson, 위의 책, p. 138도 참조하라.

15 Isaacson, 위의 책, pp. 148, 157.

16 같은 책, p. 193. Jeroen van Dongen, *Einstein's Unification*, Cambridge, UK: Cambridge University Press, 2010. 특히 3장과 6장을 보라.

17 Albrecht Fölsing, *Albert Einstein: A Biography*, translated and abridged by Ewald Osers, New York: Viking, 1997, p. 374. Isaacson, 위의 책, p. 224도 참조하라.

18 A. Vibert Douglas, *The Life of Arthur Stanley Eddington*, London: Thomas

Nelson & Sons, 1956, p. 38; L. P. Jacks, *Sir Arthur Eddington: Man of Science and Mystic*, Cambridge, UK: Cambridge University Press, 1949, pp. 2, 17; John Gribbin, *Companion to the Cosmos*, London: Weidenfeld & Nicolson, 1996, pp. 92, 571.

19 Douglas, 위의 책, p. 39; Brennan, 위의 책, p. 76.

20 Douglas, 위의 책, p. 40; Brennan, 위의 책, p. 77.

21 Kragh, 위의 책, p. 344.

22 Paul Halpern, *Einstein's Dice and Schrödinger's Cat: How Two Great Minds Battled Quantum Randomness to Create a Unified Theory of Physics*, New York: Basic Books, 2015.

5장 물리학과 화학의 진정한 통합

1 C. P. Snow, *The Search*, New York: Charles Scribner's Sons, 1958, p. 88.

2 Rhodes, 위의 책, p. 137.

3 David Wilson, *Rutherford: Simple Genius*, London: Hodder & Stoughton, 1983, p. 404.

4 Rhodes, 위의 책, p. 137; Moore, *Niels Bohr*, p. 21.

5 Emilio Segrè, *From X-Rays to Quarks*, London and New York: W. H. Freeman, 1980, p. 124.

6 Kragh, 위의 책, p. 145.

7 Arthur I. Miller, *Deciphering the Cosmic Number: The Strange Friendship of Wolfgang Pauli and Carl Jung*, New York and London: W. W. Norton, 2009, p. 55.

8 Moore, 위의 책, p. 137.

9 Strathern, 위의 책, p. 74.

10 Werner Heisenberg, *Physics and Beyond*, New York: Harper, 1971, p. 38.

11 Moore, 위의 책, p. 138.

12 Heisenberg, 위의 책, p. 61.

13 Moore, 위의 책, p. 139.

14 Snow, *The Physicists*, p. 68.

15 Moore, 위의 책, p. 14.

16 John A. Wheeler and W. H. Zurek (eds), *Quantum Theory and Measurement*, Princeton: Princeton University Press, 1983, p. 209. Werner Heisenberg, 'Theory, Criticism and a Philosophy', in Abdus Salam, *Unification of Fundamental Forces, The First of the 1988 Dirac Memorial Lectures*, Cambridge, UK: Cambridge University Press, 1990, pp. 85~124도 참조하라.

17 Moore, 위의 책, p 138.

18 Gerald Holton, *Thematic Origins of Scientific Thought*, Cambridge, MA: Harvard University Press, 1973, p. 120.

19 Kragh, 위의 책, p. 167.

20 David Wilson, 위의 책, p. 449.

21 Rhodes, 위의 책, p. 155.

22 같은 책, pp. 160~162.

23 Brian, 위의 책, p. 209.

24 James Chadwick, 'Some personal notes on the search for the neutron', *Proceedings of the Tenth Annual Congress of the History of Science*, 1964, p. 161.

25 Kragh, 위의 책, p. 185.

26 같은 책, p. 187.

27 같은 곳. 'The First Cyclotrons,' American Institute of Physics, www://aip.org도 참조하라.

28 Kragh, 위의 책, p. 189.

29 Thomas Hager, *Force of Nature: The Life of Linus Pauling*, New York: Simon & Schuster, 1995, p.113.

30 Hager, 위의 책, p. 138.

31 같은 책, p. 141.

32 같은 책, p. 148.

33 같은 책, p. 142. J. D. Dunitz, 'Linus Carl Pauling', *Biographical Memoirs of*

Fellows of the Royal Society, 1996, Volume 42, pp. 316~326.

34 Hager, 위의 책, p. 143.

35 같은 책, p. 145.

36 같은 책, p. 159. Suman Seth, *Crafting the Quantum: Arnold Sommerfeld and the Practice of Theory: 1890~1926*, Cambridge, MA and London: MIT Press, 2010, 특히 6장.

37 Hager, 위의 책, pp. 154~155. John Horgan, 'Profile: Linus C. Pauling—Stubbornly Ahead of His Time', *Scientific American*, Volume 266 (3), pp. 36~40.

38 Hager, 위의 책, p. 159. Weisskopf의 영향에 대해서는 Kurt Gottfried and J. David Jackson, 'Mozart and Quantum Mechanics: An Appreciation of Victor Weisskopf', *Physics Today*, Volume 56, No. 2, pp. 43~47 (February 2003)을 보라.

39 Hager, 위의 책, p. 165.

40 같은 책, p. 166. A. Rich, 'Linus Pauling' (1901~1994), *Nature*, Volume 371, Issue 6495, 1994, p. 285.

41 Hager, 위의 책, pp. 182, 282.

42 같은 책, p. 168. George Wheland의 연구 업적 소개는 Kostas Gavroglu and Ana Simoes, 'From Physical Chemistry to Quantum Chemistry: How Chemists Dealt with Mathematics,' *International Journal for Philosophy of Chemistry*, Volume 18, No. 1, 2012, pp. 45~69을 보라.

6장 화학과 생물학의 상호작용: 두 왕국이 손잡다

1 Henry J. John, *Jan Evangelista Purkyně: Czech Scientist and Patriot, 1787~1869*, Philadelphia: The American Philosophical Society, 1959. 6장은 괴테와 푸르키네를 다루고 있으며, 푸르키네가 생리학에 기여한 부분을 다룬 부록이 실려 있다.

2 Henry Harris, *The Birth of the Cell*, New Haven, Conn.: Yale University Press, 1999, p. 88.

3 T. Schwann, *Mikroskopische Untersuchungen über die Vebereinstimmung in*

der Struktur und dem Wachstum der Thiere und Planzen, Berlin: Sander-schen Buchhandlung, 1839. Harris, 위의 책, p. 100에서 재인용.

4 John Buckingham, *Chasing the Molecule*, Stroud: Sutton, 2004, p. 109.

5 Diarmuid Jeffreys, *Aspirin: The Remarkable Story of a Wonder Drug*, London: Bloomsbury, 2004, pp. 56~57. R. Benedikt, *The Chemistry of the Coal-Tar Colours*, translated by E. knecht, London: George Bell, 1886, pp. 1~2 도 참조하라.

6 John Joseph Beer, *The Emergence of the German Dye Industry*, Urbana: University of Illinois Press, 1959, p. 10.

7 Beer, 위의 책, p. 33.

8 같은 책, p. 88.

9 *New Dictionary of Scientific Biography*, VII, pp. 157~161.

10 같은 곳.

11 피르호와 코흐의 관계에 대해서는 Frank Ryan, *Tuberculosis: The Greatest Story Never Told*, Bromsgrove: Swift Publishing, 1992, pp. 9ff. Bernhard Möllers, *Robert Koch: Persönlichkeit und Lebenswerk, 1843~1910*, Hannover: Schmorl & von Nachf, 1950, 4장, pp. 512~517을 보라.

12 Ragnhild Münch, *Robert Koch und sein Nachlass in Berlin*, Berlin: Walter de Gruyter, 2003, pp. 41~46에서 콜레라 조사단 관련 대목을 보라. Möllers, 위의 책, pp. 139~147도 참조.

13 Thomas Dormandy, *The White Death: A History of Tuberculosis*, London: Hambledon, 1999, pp. 132, 199n, 265n.

14 Claude Quétel, *Le Mal de Naples: Histoire de la Syphilis*, Paris: Editions Seghers, 1986; translated as *History of Syphilis*, London: Polity Press in association with Basil Blackwell, 1990, pp. 2ff.

15 Martha Marquardt, *Paul Ehrlich*, London: Heinemann, 1949, p. 160.

16 Marquardt, 위의 책, pp. 175~176.

17 Joseph Fruton, *Proteins, Enzymes, Genes: The Interplay of Chemistry and Biology*, Newhaven, Conn.: Yale University Press, 1999; Ernst Mayr, *The Growth of Biological Thought*, 위의 책, pp. 750~751.

18 Bruce Wallace, *The Search for the Gene*, Ithaca, NY: Cornell University Press, 1992, pp. 57~58.

7장 통일과학 운동: "통합이 새 목표다"

1 Bryan Magee, *Men of Ideas: Some Creators of Contemporary Philosophy*, Oxford: Oxford University Press, 1978, p. 96.
2 Magee, 위의 책, pp. 102~103.
3 Rudolf Carnap, *The Unity of Science*, London: Kegan Paul, 1934, p. 10.
4 Otto Neurath, Rudolf Carnap and Charles Morris (eds), *International Encyclopaedia of Unified Science*, Chicago: Chicago University Press, 1938~1955, p. 2.
5 위의 책, p. 15.
6 같은 책, p. 20.
7 같은 책, p. 28. James Scott Johnston, *John Dewey's Earlier Logical Theory*, Albany, NY: State University of New York Press, 2014, 7장도 참조하라.
8 Neurath et al., 위의 책, p. 34.
9 같은 책, p. 46.
10 같은 책, p. 49. A. W. Carus, *Carnap and Twentieth-Century Thought: Explication and Enlightenment*, Cambridge, UK: Cambridge University Press, 2007, 3장도 참조하라.
11 Neurath et al., 위의 책, p. 59.
12 같은 책, p. 61.
13 같은 책, p. 28. Michael Friedman and Richard Creath, *The Cambridge Companion to Carnap*, Cambridge, UK: Cambridge University Press, 2007, 11장도 참조하라.
14 Neurath et al., 위의 책, p. 35.
15 같은 책, p. 64.
16 같은 책, p. 66. 일반적인 배경에 대해서는 Hans Reichenbach, *Modern Philosophy*

of Science: Selected Essays, translated and edited by Maria Reichenbach, London: Routledge and Paul; New York: Humanities Press, 1959를 보라.

17 Neurath et al., 위의 책, p. 97.

18 Jim Al-Khalili and Johnjoe McFadden, *Life on the Edge: the Coming of Age of Quantum Biology*, London: Bantam, 2014, p. 50.

19 Al-Khalili and McFadden, 위의 책, p. 51.

20 위의 책, p. 52.

21 D'Arcy Wentworth Thompson, *On Growth and Form*, Cambridge, UK: Cambridge University Press, 1961, abridged and edited by John Tyler Bonner, p. 178.

22 Wentworth Thompson, 위의 책, p. 278.

23 같은 책, p. 2.

8장 허블, 히틀러, 히로시마: 아인슈타인이 옳았다

1 Gale Christianson, *Edwin Hubble: Mariner of the Nebulae*, New York: Farrar, Straus & Giroux, 1995, p. 199. John Gribbin, *Companion to the Cosmos*, London: Phoenix, 1997, pp. 2, 186ff도 참조하라.

2 Clark, *Einstein*, 위의 책, p. 406.

3 Christianson, 위의 책, p. 55.

4 Gribbin, *Companion to the Cosmos*, pp. 92~93.

5 Kragh, 위의 책, p. 230.

6 Philip Ball, *Serving the Reich: The Struggle for the Soul of Physics under Hitler*, London: Bodley Head, 2013, p. 85.

7 Albert Einstein, *The Born-Einstein Letters: friendship, politics and physics in uncertain times*; 앨버트 아인슈타인, 맥스 본, 헤드윅 본 사이에 오간 서신들에 맥스 본의 해설이 추가된 자료, translated by Irene Born, Basingstoke: Macmillan, 2005, pp. 113ff.

8 John Cornwell, *Hitler's Scientists*, London: Viking, 2003, Penguin, 2004, p.

130. 아인슈타인에 대한 특이한 평가는 Dennis P. Ryan (ed.), *Einstein and the Humanities*, New York and London: Greenwood Press, 1987에서 특히 상대성 이론의 도덕적 함의, 상대성에 대한 시적 반응, 상대성과 심리학에 관한 장을 보라.

9   Ball, 위의 책, p. 133. Ruth Lewin Sime, *Lisa Meitner: A Life in Physics*, Los Angeles and Berkeley, University of California Press, 1996.

10 Cornwell, 위의 책, pp. 208~210.

11 Robert Jungk, *Brighter than a Thousand Suns*, London: Victor Gollancz in association with Rupert Hart Davis, 1968, pp. 67~77.

12 Rhodes, 위의 책, p. 261.

13 Peter Watson, *A Terrible Beauty: The People and Ideas that Shaped the Modern Mind*, London: Phoenix, 2000, pp. 392~393.

14 David C. Cassidy, *Uncertainty: the life and science of Werner Heisenberg*, New York: W. H. Freeman, 1992, p. 420.

15 같은 곳.

16 Ball, 위의 책, p. 188. Ruth Lewin Sime, 'Lisa Meitner's Escape from Germany', *American Journal of Physics*, Volume 58, No. 3, 1990, pp. 263~267.

17 Rhodes, 위의 책, p. 119.

18 파이얼스가 제시한 수치에 관한 좀 더 상세한 설명은 Ronald Clark, *The Birth of the Bomb*, London: Phoenix House, 1961, p. 323을 보라.

19 Rhodes, 위의 책, p. 212.

20 Laura Fermi, *Atoms in the Family*, Chicago: University of Chicago Press, 1954, p. 123.

21 Kragh, 위의 책, p. 265; Rhodes, 위의 책, p. 379.

22 Rhodes, 위의 책, p. 389; Kragh, 위의 책, p. 266.

23 Rhodes, 위의 책, pp. 450~451. Leslie R. Groves, *Now It Can Be Told: The Story of the Manhattan Project*, New York: Harper Bros, 1962.

24 Jane Wilson (ed.), 'All in Our Time', *Bulletin of the Atomic Scientists*, 1975; Rhodes, 위의 책, p. 440에서 재인용.

25 Rhodes, 위의 책, pp. 494, 496~500.

26 Jungk, 위의 책, chapters XI, XII, XIV.

27 Paul Tibbets, 'How to Drop an Atomic Bomb', *Saturday Evening Post*, 8 June 1946, p. 136.

9장 칼텍과 캐번디시: 원자물리학에서 양자화학과 분자생물학으로

1 Hager, 위의 책, p. 184.
2 같은 책, p. 185.
3 Ernst Mayr, 위의 책, pp. 722~726.
4 Robin Marant Henig, *A Monk and Two Peas, The Story of Gregor Mendel and the Discovery of Genetics*, London: Weidenfeld & Nicolson, 2000, p. 16.
5 멘델의 발견 과정에 대해서는 Peter J. Bowler, *The Mendelian Revolution: The Emergence of Hereditarian Concepts in Modern Science and Society*, London: Athlone Press, 1989, 특히 p. 100을 보라.
6 Bowler, *The Mendelian Revolution*, p. 282.
7 예를 들어 Eileen Magnello, 'The Reception of Mendelism by the Biometricians and the Early Mendelians (1899~1909)', in Milo Keynes et al. (eds), *A Century of Mendelism in Human Genetics*, Proceedings of a Symposium organised by the Galton Institute and held at the Royal Society of Medicine, London/Boca Raton: CRC Press, 2004, pp. 19~32를 보라.
8 Mayr, 위의 책, pp. 750~751.
9 Bruce Wallace, *The Search for the Gene*, Ithaca: Cornell University Press, 1992, p. 57~58; Mayr, 위의 책, p. 748.
10 Augustine Brannigan, *The Social Basis of Scientific Discoveries*, Cambridge, UK: Cambridge University Press, 1981, pp. 89~119.
11 Peter J. Bowler, *The Mendelian Revolution*, p. 132.
12 Raphael Falk, *Genetic Analysis: a History of Genetic Thinking*, Cambridge, UK: Cambridge University Press, 2009, pp. 81ff.
13 T. H. Morgan, A. H. Sturtevant, H. J. Muller and C. B. Bridges, *The Mechanism of Mendelian Heredity*, New York: Henry Holt, 1915. Bowler, *The Mendelian*

Revolution, p. 134도 참조.

14 David Kath (ed.), *The Darwinian Heritage*, Princeton: Princeton University Press, in association with Nova Pacifica, 1985, pp. 762~763.

15 Ian Tattersall, *The Fossil Trail*, Oxford and New York: Oxford University Press, 1995, pp. 89~94.

16 Tattersall, 위의 책, p. 95.

17 Hager, 위의 책, p. 189.

18 같은 책, p. 190.

19 Erwin Schrödinger, *What Is Life?*, Cambridge, UK: Cambridge University Press, 1944, p. 77.

20 Moore, 위의 책, p. 396.

21 Hager, 위의 책, p. 285.

22 J. G. Crowther, 위의 책, p. 301; Soraya de Chadarevian, *Designs for Life: Molecular Biology after World War II*, Cambridge, UK: Cambridge University Press, 2002, p. 252.

23 De Chadarevian, 위의 책, p. 7.

24 같은 책, p. 98.

25 같은 책, p. 109.

26 Crowther, 위의 책, p. 302.

27 같은 책, p. 61.

28 같은 책, p. 69.

29 Hager, 위의 책, p. 373.

30 같은 책, p. 383.

31 같은 책, p. 399.

32 Paul Strathern, *Crick, Watson and DNA*, London: Arrow, 1997, pp. 37~38; James D. Watson, *The Double Helix*, London: Weidenfeld & Nicolson, 1968.

33 Robert Oltby, *Francis Crick: Hunter of Life's Secrets*, Cold Spring Harbor, NY: Cold Spring Harbor Lab Press, 2009, p. 4.

34 Oltby, 위의 책, p. 128.

35 Strathern, 위의 책, p. 42.

36 Moore, 위의 책, p. 397. Matt Ridley, *Francis Crick: Discoverer of the Genetic Code*, London: Harper Press, 2006, pp. 32~33.

37 James D. Watson, 위의 책, p. 85.

38 James D. Watson, 위의 책, pp. 82~83; Strathern, 위의 책, pp. 57~58. 인물들 간의 충돌에 대해서는 Anne Sayre, *Rosalind Franklin and DNA*, New York: W. W. Norton, 1975, 특히 5장과 8장을 보라.

39 Oltby, 위의 책, p. 59.

40 같은 책, p. 180.

41 Strathern, 위의 책, p. 82.

42 Oltby, 위의 책, p. 185. De Chadarevian, 위의 책, p. 184.

10장 생물학, 가장 통합적인 과학: 환원에서 구성으로

1 Paul Oppenheim and Hilary Putnam, 'Unity of Science as a Working Hypothesis', in Herbert Feigl, Michael Scriven and Grover Maxwell (eds), *Concepts, Theories and the Mind-Body Problem*, Minneapolis: University of Minnesota Press, 1958. p. 8.

2 Oppenheim and Putnam, 위의 책, p. 16.

3 같은 책, p. 17.

4 같은 책, p. 21.

5 같은 책, p. 23. Hilary Putnam, *Words and Life* (edited by James Conant), Cambridge, MA: Harvard University Press, 1994, 6장 'The Diversity of the Sciences'도 참조하라.

6 Oppenheim and Putnam, 위의 책, p. 24.

7 같은 책, p. 28.

8 같은 책, p. 30.

9 George Gaylord Simpson, *This View of Life: The World of an Evolutionist*, New York: Harcourt Brace and World Inc., 1964.

10 Gaylord Simpson, 위의 책, p. viii.

11 같은 책, p. 37.

12 같은 책, p. viii.

13 같은 책, pp. 172~173. Leo F. Laporte, *George Gaylord Simpson: Palaeontologist and Evolutionist*, New York: Columbia University Press, 2000, 9장 참조.

14 Simpson, 위의 책, p. 93.

15 같은 책, p. 107.

16 같은 책, p.105.

17 같은 책, p. 107. 예컨대 'Species as an evolutionary concept', Laporte, 위의 책, pp. 109ff를 보라.

18 Simpson, 위의 책, pp. 110~111.

19 같은 책, p. 181.

11장 물리학+천문학=화학+우주론: 제2의 진화종합설

1 John Gribbin, *Q is for Quantum: Particle physics from A to Z*, London: Phoenix, 1998, pp. 381ff.

2 George Gamow, *The Creation of the Universe*, New York: Viking, 1952. 우주 공간의 현재 온도에 대한 가모프의 설명은 p. 42를 보라. Gino Segrè, *Ordinary Geniuses: Max Delbrück, George Gamow, and the Origins of Genomics and Big Bang Cosmology*, New York: Viking, 2011, p. 13도 참조하라.

3 Gribbin, *Q is for Quantum*, p. 190.

4 위의 책, p. 547.

5 쿼크에 대한 초기 연구에 관해서는 Gribbin, *Q is for Quantum*, pp. 190~191의 'quark' 'baryon' 'lepton' 항목을 보라. 겔만이 '쿼크'라는 단어를 선택한 배경에 대해서는 Murray Gell-Mann, *The Quark and the Jaguar*, New York: Little, Brown, 1994, p. 11을 보라.

6 Gribbin, *Cosmos*, 위의 책, p. 51; Kragh, 위의 책, p. 347.

7 Steven Weinberg, *The First Three Minutes: A Modern View of the Origin of the Universe*, New York: Basic Books, 1977, p. 47.

8   Weinberg, 위의 책, p. 49.

9   위의 책, pp. 126~127.

10   같은 책, p. 52.

11   Kragh, 위의 책, p. 359.

12   Gribbin, *Q is for Quantum*, p. 371.

13   Gribbin, *Companion to the Cosmos*, p. 401.

14   같은 곳.

15   Richard Mason (ed.), *Cambridge Minds*, Cambridge, UK: Cambridge University Press, 1994, p. 55.

16   Brian Cox and Jeff Forshaw, 위의 책, p. 168.

17   Weinberg, 위의 책. 특히 5장, 특히 pp. 101ff. 또 다른 종합 및 비교적 최근의 천문학적 관측 내용에 대해서는 John Gribbin, *The Birth of Time*, London: Weidenfeld & Nicolson, 1999, pp. 50~52를 보라.

18   Gribbin, *Companion to the Cosmos*, p. 401.

19   같은 책, pp. 353~354.

20   Gribbin, *Cosmos*, p. 5.

21   같은 책, p. 41.

22   같은 책, p. 108.

23   같은 책, p. 112.

12장 지구의 일대기: 지질학·식물학·언어학·고고학의 통합

1   W. Wertenbaker, *The Floor of the Sea: Maurice Ewing and the Search to Understand the Earth*, Boston: Little, Brown, 1974, p. 205.

2   Wertenbaker, 위의 책, p. 205.

3   Roger M. McCoy, *Ending in Ice: The Revolutionary Idea and Tragic Expedition of Alfred Wegener*, Oxford: Oxford University Press, 2006, p. 7.

4   David. R. Oldroyd, *Thinking about the Earth*, London: The Athlone Press, 1996, p. 250.

5 McCoy, 위의 책, p. 22.

6 같은 책, p. 25.

7 같은 책, p. 29.

8 Oldroyd, 위의 책, p. 257.

9 R. Gheyselinck, *The Restless Earth*, London: The Scientific Book Club, 1939, p. 281. 위의 책, p. 275에 실린 Oldroyd 지역 지향사(geosynclines) 지도를 보라.

10 George Gamow, *Biography of the Earth*, London: Macmillan, 1941, p. 133.

11 Wertenbaker, 위의 책, p. 364.

12 같은 책, p. 371.

13 같은 책, p. 374.

14 Robert Muir Wood, *The Dark Side of the Earth*, London: Allen & Unwin, 1985, pp. 165~166.

15 점액균에 대해서는 Richard Fortey, *The Earth: An Intimate History*, London: HarperCollins, 2004, pp. 81ff를 보라. 에디아카라 동물군(群)이라는 표현은 화석이 처음 발견된 호주 남부 에디아카라 힐(Ediacara Hill)에서 딴 명칭이다.

16 J. D. MacDougall, *A Short History of Planet Earth*, New York: Wiley, 1996, p. 52.

17 Fortey, 위의 책, pp. 102ff.

18 John Noble Wilford, *The Riddle of the Dinosaurs*, London and Boston: Faber & Faber, 1986, pp. 221ff.

19 Walter Alvarez, *T. Rex and the Crater of Doom*, Princeton and London: Princeton University Press, 1997, p. 69.

20 MacDougall, 위의 책, p. 160; p. 162의 해양 생물 멸종 현황표 참조.

21 Donald R. Prothero, *After the Dinosaurs: The Age of Mammals*, Bloomington, IN: Indiana University Press, 2006, p. 130.

22 Prothero, 위의 책, p. 199.

23 같은 책, pp. 240~241.

24 Willard F. Libby, *Radiocarbon Dating*, 2nd edition, Chicago: Phoenix Science/ Chicago University Press, 1965, p. 26.

25 Colin Renfrew, *Before Civilisation: The Radiocarbon Revolution and*

Prehistoric Europe, London: Jonathan Cape, 1973.

26 Renfrew, 위의 책, p. 93.

27 같은 책, pp. 160, 170.

28 Virginia Morrell, *Ancestral Passions: The Leakey Family and the Quest for Humankind's Beginnings*, New York: Simon & Schuster, 1995, p. 57.

29 협곡의 상세한 지도는 Mary Leakey, *Olduvai Gorge: My Search for Early Man*, London: Collins, 1979, pp. 52~53을 보라.

30 Morrell, 위의 책, p. 181.

31 Mary Leakey, 위의 책, p. 74.

32 L.S.B. Leakey, 'Finding the World's Earliest Man', *National Geographic*, September 1960, pp. 421~435.

33 Walter Bodmer and Robin McKie, *The Book of Man: The Quest to Discover our Genetic Heritage*, London: Little, Brown, 1994, p. 218.

34 Brian M. Fagan, *The Journey from Eden: The Peopling of Our World*, London: Thames & Hudson, 1990, pp. 27~28; Bodmer & McKie, 위의 책, pp. 218~219.

35 Colin Renfrew, *Archaeology and Language*, London: Jonathan Cape, 1987, pp. 9~13.

36 Fagan, 위의 책, p. 186.

37 Renfrew, *Archaeology and Language*, pp. 9~13.

38 같은 책, p. 205.

39 Dan O'Neill, *The Last Giant of Beringia: The Mystery of the Bering Land Bridge*, New York: Westview, 2004, p. 6.

40 O'Neill, 위의 책, p. 8. 이 지역에 대한 최근 연구는 다음 자료를 보라. 'Welcome to Beringia', *Science*, Volume 343, pp. 961~963, 979~980, 28 February 2014. 고대 인들이 지금까지 우리가 생각했던 것보다 육교 지역에 훨씬 더 오래 체류했을 것으로 추정하는 수많은 연구들을 요약·정리한 논문이다.

41 O'Neill, 위의 책, p. 13.

42 같은 곳.

43 같은 책, p. 17.

44 J. Louis Giddings, *Ancient Men of the Arctic*, London: Secker & Warburg,

1968.

45 O'Neill, 위의 책, p. 114.

46 같은 책, pp. 145~147. Renée Hetherington et al., 'Climate, African and Beringian subaerial continental shelves, and migration of early peoples,' *Quarternary International* (2007), DOI:10.1016/j.quaint.2007.06.033.

13장 동물행동학, 사회생물학, 행동경제학이 중첩되다

1 Robert A. Hinde, 'Konrad Lorenz (1903~89) and Niko Tinbergen (1907~88)', in Ray Fuller (ed.), *Seven Pioneers of Psychology*, London: Routledge, 1994, pp. 76~77, 81~82. Niko Tinbergen, *The Animal in its World* (2 volumes), London: George Allen & Unwin, 1972, 특히 Volume 1, pp. 250ff; Hans Kruuk, *Niko's Nature: The life of Niko Tinbergen and his science of animal behavior*, Oxford: Oxford University Press, 2003. p. 74. Richard W. Burkhardt, Jr, *Patterns of Behaviour: Konrad Lorenz, Niko Tinbergen and the Founding of Ethology*, Chicago: University of Chicago Press, 2005도 참조하라. 이 책은 동물행동학과 사회생물학, 심리학과 생물학, 동물행동학과 '행동생태학'의 연계성을 강조한다.

2 Jane Goodall, *Through a Window: Thirty Years with the Chimpanzees of Gombe*, London: Weidenfeld & Nicolson, 1990, p. 13.

3 Goodall, 위의 책, p. 12.

4 같은 책, p. 30.

5 같은 책, pp. 101ff.

6 같은 책, p. 242.

7 Robert Ardrey, *African Genesis*, London: Collins, 1961.

8 예를 들면 다음과 같다. F. W. Marlowe, 'Hunter-gathers and human evolution,' *Evolutionary Anthropology: Issues, News and Reviews*, Volume 14, No. 2, 2005, pp. 54~67.

9 Clifford Geertz, *Local Knowledge*, New York: Basic Books, 1983, p. 8.

10 Geertz, 위의 책, p. 435.

11 Geertz의 연구 작업은 두 차례의 강의로 이어졌고, 이어 다음 두 권의 책으로 나왔다. *Works and Lives*, London: Polity, 1988; *After the Fact*, Cambridge, MA: Harvard University Press, 1995.

12 Noam Chomsky, *Language and the Mind*, New York: Harcourt Brace, 1972, pp. 13, 100ff.

13 John Lyons, *Chomsky*, London: Fontana/Collins, 1970, p. 14. Noam Chomsky, *Syntactic Structures*, The Hague: Mouton, 1957.

14 R. L. Trivers, 'The Evolution of Reciprocal Altruism,' *The Quarterly Review of Biology*, Volume 46, No. 1, 1971, pp. 35~57; 'Parent-Offspring Conflict', *American Zoologist*, Volume 14, No. 1, 1974, pp. 249~264.

15 Daniel Kahneman and Amos Tversky. 'Judgment under Uncertainty: Heuristics and Biases', *Science*, Volume 185, Issue No. 4157, 1974, pp. 1124~1131.

16 Jacques Monod, *Chance and Necessity: An Essay on the Natural Philosophy of Modern Biology*, New York: Alfred A. Knopf, 1970, p. 158.

17 Monod, 위의 책, p. 168.

18 같은 책, p. 177.

19 Edward O. Wilson, *Sociobiology: The New Synthesis*, Cambridge, MA: Harvard University Press, 1975; abridged edition, 1980, p. 19.

20 Wilson, 위의 책, p. 17.

21 E. O. Wilson, *Consilience: The Unity of Knowledge*, New York: Vintage, 1998, pp. 125, 218.

22 Wilson, *Sociobiology*, p. 253.

23 같은 책, p. 331.

24 같은 책, p. 340.

25 Wilson, *Consilience*, pp. 125, 218.

26 John Alcock, *The Triumph of Sociobiology*, Oxford: Oxford University Press, 2001, pp. 177~178.

27 Alcock, 위의 책, pp. 200~201.

28 같은 책, pp. 200~201.

29 Noam Chomsky, *Language and Problems of Knowledge*, Cambridge, MA: MIT Press, 1988, p. viii.

30 Chomsky, 위의 책, p. 152.

14장 빅 히스토리

1 John Savino and Marie D. Jones, *Supervolcano: The Catastrophic Event that Changed the Course of Human History*, Franklin Lakes, NJ: New Page, 2007, p. 125.

2 Savino and Jones, 위의 책, 같은 곳.

3 같은 책, pp. 132, 144. Michael D. Petraglia et al., 'Middle Paleolithic Assemblages from the Indian Subcontinent Before and After the Toba supereruption,' *Science*, Volume 317, July 2007, pp. 114~116도 참조하라.

4 Michael Petraglia et al., 위의 책. Kate Ravilious, 'Exodus on the Exploding Earth', *New Scientist*, 17 April 2010, pp. 28~33도 참조하라.

5 흥미로운 점은 토바 화산 폭발 상황 지도를 보면 2004년 크리스마스 때 수마트라 북서부 연안 시메울루에 섬에서 발생한 지진 때문에 몰아닥친 쓰나미의 진로와 겹친다는 것이다. 당시 지진은 스리랑카 대다수 지역과 인도 남부에까지 영향을 미쳤다.

6 Stephen Oppenheimer, *Eden in the East: The Drowned Continent of South East Asia*, London: Weidenfeld & Nicolson, 1998, p. 17.

7 Savino and Jones, 위의 책, p. 47.

8 C. Leonard Woolley, *The Sumerians*, Oxford: Clarendon Press, 1929, p. 6.

9 Oppenheimer, 위의 책, p. 17.

10 같은 책, p. 18.

11 같은 곳.

12 Peter Bellwood, *First Farmers: the Origins of Agricultural Societies*, Oxford: Blackwell, 2005, pp. 130, 133.

13 Oppenheimer, 위의 책, p. 35.

14 같은 책, p. 24.

15 같은 책, p. 32.

16 같은 책, p. 39.

17 같은 책, p. 62.

18 Geoff Bailey, 'World Prehistory from the Margins: The Role of Coastlines in Human Evolution', *Journal of Interdisciplinary Studies in History and Archaeology*, Volume 1, No. 1 (Summer 2004), p. 43.

19 David Frawley and Navaratna Rajaram, *Hidden Horizons: Unearthing 10,000 Years of Indian Culture*, Shahibaug, Amdavad-4: Swaminarayan Aksharpith, 2006, pp. 61, 65.

20 Georg Feuerstein et al., *In Search of the Cradle of Civilisation*, Wheaton, Illinois and Chennai, India: Quest Books, 2001, p. 91.

21 Oppenheimer, 위의 책, p. 317.

22 같은 책, p. 208 옆의 삽화 1을 보라.

23 같은 책, p. 378.

24 같은 책, p. 359.

25 같은 책, p. 373.

26 Johanna Nichols, *Linguistic Diversity in Space and Time*, Chicago and London: University of Chicago Press, 1992, pp. 9~10.

27 Mircea Eliade, *A History of Religious Ideas*, Volume 1, London: Collins, 1979, p. 20.

28 Eliade, 위의 책, p. 5.

29 Anne Baring and Jules Cashford, *The Myth of the Goddess: Evolution of an Image*, Arkana/Penguin Books, 1991/1993, pp. 9~14.

30 Elizabeth Wayland Barber and Paul Barber, *When They Severed Earth from Sky: How the Human Mind Shapes Myth*, Princeton and Oxford: Princeton University Press, 2006.

31 *Nature*, DOI:10.1038/nature07995.

32 Haim Ofek, *Second Nature: Economic Origins of Human Evolution*, Cambridge, UK: Cambridge University Press, 2011. 특히 pp. 185, 188의 지도를 보라.

33 *Nature*, DOI:10.1038/nature08837.

34 Malcolm Potts and Roger Short, *Ever Since Adam and Eve: The Evolution of Human Sexuality*, Cambridge, UK: Cambridge University Press, 1995, p. 85.

35 *The Human Past*, edited by Chris Scarre, London: Thames & Hudson, 2006. 5장 Chris Scarre, 'Climate change and faunal extinction at the end of the Pleistocene' p. 13을 보라. Peter Bellwood, *First Farmers*, 위의 책, p. 65도 참조하라.

36 David R. Harris (ed.), *The Origin and Spread of Agriculture and Pastoralism in Eurasia*, London: University College London Press, 1996, p. 135.

37 Peter Watson, *Ideas: A History from Fire to Freud*, London: Phoenix/Weidenfeld & Nicolson, 2006, p. 77; Harris (ed.), 위의 책, p. 264.

38 Jacques Cauvin, *The Birth of the Gods and the Origins of Agriculture*, Cambridge, UK: Cambridge University Press, 2000 (프랑스어판은 1994년 출간, 번역: Trevor Watkins), p. 15.

39 Cauvin, 위의 책, pp. 39~48.

40 Peter Watson, *The Great Divide: Nature and Human Nature in the Old World and the New*, Harper Perennial, 2013, p. 133.

41 Brian Fagan, *The Long Summer: How Climate Changed Civilization*, New York: Basic Books, 2004, p. 103.

42 Michael Balter, *The Goddess and the Bull: Çatalhöyük: An archaeological journey to the dawn of civilization*, New York: Free Press, 2005, pp. 176ff. David Grimm, 'Dawn of the dog', *Science*, Volume 348, Issue 6232, 17 April 2015.

43 http://wholehealthsource.blogspot.com/2008/08/life-expectancy-andgrowth-of.html.Posted 5August 2008.

44 Elaine Pagels, *Adam and Eve and the Serpent*, London: Weidenfeld & Nicolson, 1988, p. 29.

45 Pagels, 위의 책, p. 27.

46 '피난처'로서 베링기아에 대해서는 다음의 자료들을 보라. *Science* 특별호, 'Welcome to Beringia', Volume 343, 28 February 2014, pp. 961~963, 979~989; Heather Pringle, 'Ancient Infant was Ancestor of Today's Native Americans', *Science*,

Volume 343, 14 February 2014, pp. 716~717; Timothy Taylor, *The Prehistory of Sex*, London: Fourth Estate, 1997, pp. 132, 144.

47 Charles Seife, *Decoding the Universe: How the New Science of Information Is Explaining Everything in the Cosmos, from Our Brains to Black Holes*, New York and London: Viking/Penguin, 2007.

48 같은 책, p. 137.

49 *New Scientist*, 25 April 2015, pp. 8~9; *Meteoritics & Planetary Science*, doi. org/3vn을 보라.

15장 문명은 왜 서로 다를까

1 Jared Diamond, *Guns, Germs and Steel: the Fates of Human Societies*, New York and London: W. W. Norton, 2005, p. 47.

2 Peter D. Clift and R. Alan Plumb, *The Asian Monsoon: causes, history and effects*, Cambridge, UK: Cambridge University Press, 2008, p. 136.

3 Brian Fagan, *The Long Summer: How Climate Changed Civilisation*, London: Granta, 2004, p. 170.

4 Fagan, *The Long Summer*, 같은 곳.

5 Clift and Plumb, 위의 책, p. 214.

6 Andrew Sherratt, 'Alcohol and Its Alternatives', in Jordan Goodman et al. (eds), *Consuming Habits: Drugs in History and Anthropology*, London and New York: Routledge, 1995, pp. 16~17.

7 Sherratt, 'Alcohol and Its Alternatives', 위의 책, pp. 17~18.

8 Peter T. Furst, *Hallucinogens and Culture*, Novato, CA: Chandler & Sharp, 1976/88, pp. 2~3.

9 Elisabeth Benson and Lisa Lucero (eds), *Complex Polities in the Ancient Tropical World*, Archaeological Papers of the American Anthropological Association, No. 9, 1999, pp. 151~165.

10 Carl O. Sauer, *Agricultural Origins and Dispersals*, Cambridge, MA: MIT

Press, 1952/1969, p. 73.

11 Peter Watson, *The Great Divide: Nature and Human Nature in the Old World and the New*, New York: HarperCollins, 2011, p. 431의 삽화를 보라. 이 책은 우리가 15장에서 논의한 이슈에 대해 한층 상세한 설명을 담고 있다.

12 Stuart Piggott, *Wagon, Chariot and Carriage*, London and New York: Thames & Hudson, 1992, p. 16. Robert Drews, *The End of the Bronze Age: Changes in Warfare and the Catastrophe ca. 1200 BC*, Princeton, NJ: Princeton University Press, 1994, pp. 104, 106, 112, 119, 125.

13 Sherratt, 위의 책, p. 392.

14 Gérard Chaliand, *Nomadic Empires: From Mongolia to the Danube*, trs. A. M. Berrett, Rutgers, NJ: Transaction, 2005, pp. 8~10. A. M. Khazanov, *Nomads and the Outside World*, trs. Julia Crookenden, Cambridge, UK: Cambridge University Press, 1984, p. 92.

15 Daniel Hillel, *The Natural History of the Bible: An Environmental Exploration of the Hebrew Scriptures*, New York: Columbia University Press, 2006, pp. 16~18, 56~62. Dafna Langgut, Israel Finkelstein and Thomas Litt, 'Climate and the Late Bronze Collapse: New Evidence from the Southern Levant', *Tel Aviv*, Volume 40, 2013, pp. 149~175도 참조하라.

16 Guy G. Stroumsa, trs. Susan Emanuel, *The End of Sacrifice: Religious Transformation in Late Antiquity*, Chicago: University of Chicago Press, 2009, pp. 53~54.

17 Geoffrey W. Conrad and Arthur A. Demarest, *Religion and Empire: The Dynamics of Aztec and Inca Expansionism*, Cambridge, UK: Cambridge University Press, 1984, pp. 26, 29; Davíd Carrasco, *Quetzalcoatl and the Irony of Empire: Myths and Prophecies in the Aztec Tradition*, Revised Edition, Boulder, CO: University Press of Colorado, 2000, pp. 104ff.

18 Colin Barras, 'Dawn of a Continent', *New Scientist*, 4 July 2015, pp. 28~33; Watson, The Great Divide, 위의 책, pp. 512ff도 참조하라.

19 Hillel, 위의 책, pp. 56~62.

16장 심리학의 엄밀과학화, 심리학과 경제학의 통합

1   Gilbert Ryle, *The Concept of Mind*, London: Hutchinson, 1949, pp. 36ff, 319ff.

2   Miles Weatherall, *In Search of a Cure: A History of Pharmaceutical Disco-very*, Oxford: Oxford University Press, 1990, p. 254.

3   Weatherall, 위의 책, p. 257.

4   James Le Fanu, *The Rise and Fall of Modern Medicine*, London: Little, Brown, 1999, p. 68.

5   Le Fanu, 위의 책, 같은 곳.

6   David Healy, *The Anti-Depressant Era*, Cambridge, MA: Harvard University Press, 1997, pp. 52~54. 여기서는 이 문제와 관련해 1960년 《네이처》에 실린 영향력 있는 논문을 평가한다.

7   Michael Rutter, *Genes and Behaviour: Nature-Nurture Interplay Explained*, Oxford: Blackwell, 2006, pp. 71ff.

8   Rutter, 위의 책, pp. 71ff. Nicholas Rose and Joelle M. AbiRached, *Neuro: the New Brain Sciences and the Management of the Mind*, Princeton and Oxford: Princeton University Press, 2013, pp. 78~81도 참고하라.

9   Rose and Abi-Rached, 위의 책, pp 131~132.

10   Rutter, 위의 책, p. 147. Lucas A. Mongiat and Alejandro F. Schindre, 'A price to pay for adult neurogenesis', *Science*, vol. 344, pp. 594~595, 9 May 2014; Emily Underwood, 'Lifelong memories may reside in nets around brain cells', Science Weekly News, *Science*, 30 October 2015.

11   Clare Wilson, 'Psychiatry: The Reboot Starts Here', *New Scientist*, 10 May 2014, pp. 10~12. J. Andrew Pruszynski and Jörn Diedrichsen, 'Reading the Mind to Move the Body', *Science*, 22 May 2015, Volume 348, Issue 6237, pp. 860~861; Tyson Afialo and eleven others, 'Decoding motor imagery from the posterior parietal cortex of a tetraplegic human', pp. 906~910 of the same issue. 'Paralysed man thinks to walk', *New Scientist*, 3 October 2015, p. 17; *Journal of Neuroengineering and Rehabilitation*, doi.org/7wc.

12   Paul Gilbert and Kent G. Bailey (eds), *Genes on the Couch: Explorations in*

Evolutionary Psychology, London: Psychology Press, 2002, pp. 127~ 129, 168~169. Kalman Glantz and John D. Pearce, *Exiles from Eeden: Psychotherapy from an Evolutionary Perspective*, New York and London: W. W. Norton, 1989도 참고하라.

13 Rutter, 위의 책, pp. 178~210.

14 같은 책, p. 112.

15 Nessa Carey, *The Epigenetics Revolution: How Modern Biology is Rewriting our Understanding of Genetics, Disease and Inheritance*, London: Icon Books, 2011, pp. 67~72.

16 Carey, 위의 책, pp. 247~249.

17 Daniel Kahneman, *Thinking Fast and Slow*, London: Allen Lane, 2011, Part 7, pp. 277ff.

18 Michael S. Gazzaniga, *Who's in Charge? Free Will and the Science of the Brain*, London: Robinson, 2012. Chapter 3, pp. 75~103은 해석자 메커니즘을 집중적으로 다룬다. pp. 108~114, 168~172도 참조하라.

19 Richard Thaler, *Misbehaving: The Making of Behavioural Economics*, London: Allen Lane, 2015.

20 Thaler, 위의 책, p. 314.

21 같은 책, p. 339.

22 같은 책, p. 330.

23 David C. Parkes and Michael P. Wellman, 'Economic reasoning and artificial intelligence', *Science*, 17 July 2015, Volume 349, Issue 6245, pp. 267~272; Samuel J. Gershman et al., 'Computational rationality: A converging paradigm for intelligence in brains, minds and machines', *Science*, 17 July 2015, Volume 349, Issue 6245, pp. 273~278.

17장 최종 통합의 꿈: 물리학, 수학, 정보, 우주

1 Charles Seife, *Decoding the Universe: How the New Science of Information is*

Explaining Everything in the Cosmos, from our Brains to Black Holes, New York: Viking, 2006, p. 59.

2 Seife, 위의 책, 같은 곳.

3 같은 책, p. 101.

4 George Dyson, *Turing's Cathedral: The Origins of the Digital Universe*, London: Penguin, 2012, p. 11.

5 Dyson, 위의 책, p. 9.

6 Katie Hafner and Matthew Lyon, *Where Wizards Stay up Late: The Origins of the Internet*, New York: Simon & Schuster, 1996, pp. 253~254. John Naughton, *A Brief History of the Future: The Origins of the Internet*, London: Weidenfeld & Nicolson, 1999, pp. 92~119 등등.

7 Naughton, 위의 책, pp. 140ff; Hafner and Lyon, 위의 책, p. 192.

8 Hafner and Lyon, 위의 책, pp. 204, 223~227.

9 같은 책, pp. 253, 257~258.

10 Brian Winston, *Media, Technology and Society: a History from the Telegraph to the Internet*, London: Routledge, 1998.

11 Seife, 위의 책, p. 58.

12 같은 책, p. 89.

13 같은 책, p. 95.

14 같은 책, pp. 116~117.

15 Michael White and John Gribbin, *Stephen Hawking: A Life in Science*, New York and London: Viking, 1992, pp. 137~138.

16 White and Gribbin, 위의 책, pp. 154~155.

17 같은 책, pp. 208, 274~275.

18 같은 책, pp. 292~301.

19 Martin Rees, *Just Six Numbers: The Deep Forces that Shape the Universe*, London: Weidenfeld & Nicolson, 1999; White and Gribbin, 위의 책, pp. 216~217.

20 예컨대 *New Scientist*, 11 March 2014를 보라.

21 David Bohm and B. J. Hiley, *The Undivided Universe: An Ontological*

Interpretation of Quantum Theory, London: Routledge, 1993, p. 358.

22 David Deutsch, *The Fabric of Reality*, London: Penguin Books, 1997, pp. 352ff.

23 Frank J. Tipler, *The Physics of Immortality: Modern Cosmology, God and the Resurrection of the Dead*, London: Macmillan, 1995.

24 Deutsch, 위의 책, p. 358.

25 같은 곳.

26 Stephen Wolfram, *A New Kind of Science*, Champaign, Illinois: Wolfram Media, Inc., 2002, pp. 715~716.

27 예컨대 Steven Weinberg, 'Is the Universe a Computer?', *New York Review of Books*, October 24 2002; Philip Ball, 'Life, the Universe and a Game of Chequers', *Guardian*, 14 July 2002; George Johnson, 'A New Kind of Science: You know that Space-Time thing? Never Mind', *New York Times*, 6 June 2002; Judith Rosen, 'Weighing Wolfram's "New Kind of Science"', *Publishers Weekly*, 13 January 2003을 보라.

28 Wolfram, 위의 책, p. 474.

29 같은 책, p. 719.

30 같은 책, p. 772.

31 Lee Smolin and Roberto Mangabeira Unger, *The Singular Universe and the Reality of Time*, Cambridge, UK: Cambridge University Press, 2014, p. 331.

32 Smolin and Unger, 위의 책, p. 142.

33 같은 책, p. 275.

34 같은 책, p. xii. Lee Smolin, *The Trouble with Physics: The Rise of String Theory, the Fall of Physics and What Comes Next*, London: Penguin, 2013과 비교해보라. 이 책에서는 끈 이론의 대안을 검토한다.

35 Smolin and Unger, 위의 책, pp. 102, 112.

36 같은 책, p. 301.

37 같은 책, pp. 328, 346.

38 Brian Greene, *The Elegant Universe: Superstrings, Hidden Dimensions and the Quest for the Ultimate Theory*, London: Jonathan Cape, 1998, pp. 174~176.

39 Greene, 위의 책, pp. 10~13.

40 같은 책, pp. 329~331.

41 Seife, 위의 책, p. 177.

42 같은 책, p. 178.

43 같은 책, p. 181.

44 Jacob Aron, 'Quantum Technology to hit the streets', *New Scientist*, 17 October 2015, p. 10.

45 Freeman Dyson, *Infinite in All Directions*, New York: Harper and Row, Cornelia and Michael Bessie Books, 1988.

46 Steven Weinberg, *Dreams of a Final Theory: The Scientist's Search for the Ultimate Laws of Nature*, New York: Vintage, 1993, pp. 14, 33. John C. Taylor, *Hidden Unity in Nature's Laws*, Cambridge, UK: Cambridge University Press, 2001도 참조하라. '질서가 대칭을 깨다' '무엇이 쿼크를 묶어주는가' '우리는 어떻게 미래와 과거를 구분하는가?' '그리고 끈 이론' 등등의 장에서 양자론과 특수 상대성을 잘 소개한다. 이 책의 강점은 독창성보다는 명쾌한 정리다.

47 Abdus Salam, 'The Unification of Fundamental Forces', *The 1988 Paul Dirac Lecture*, Cambridge, UK: Cambridge University Press, 1988, p. 128.

48 Weinberg, 위의 책, p. 136.

49 같은 책, p. 141.

50 같은 책, p. 50.

51 Salam, 위의 책, pp. 29~30.

52 Sean Carroll, *The Particle at the End of the Universe: The Hunt for the Higgs and the Discovery of a New World*, New York and London: Oneworld, 2012, p. 4.

53 Carroll, 위의 책, p. 89.

54 같은 책, p. 99.

55 같은 책, p. 170. 이 문제에 관한 논의는 *New Scientist*, 20 June 2015, pp. 5, 33~35; Adam Frank and Marcelo Gleiser, 'A crisis at the edge of physics', *International New York Times*, 9 June 2015를 보라.

18장 자생적 질서: 분자 구조, 진화 패턴, 양자생물학

1 Gaylord Simpson, *This View of Life*, 위의 책.

2 같은 책, p. viii.

3 같은 책, pp. 110~111.

4 Arthur Eddington, *The Nature of the Physical World*, London: Macmillan, 1928, pp. 172~173.

5 Ernest Nagel, *The Structure of Science: Problems in the Logic of Scientific Explanation*, London: Routledge & Kegan Paul, 1961. Ilya Prigogine and Isabelle Stengers, *Order Out of Chaos: Man's New Dialogue with Nature*, London: Flamingo/Fontana, 1984, p. 8에서 재인용.

6 Nagel, 위의 책, pp. 362~363.

7 같은 책, pp. 367~380, 433~435.

8 같은 책, p. 372.

9 같은 책, p. 380.

10 Philip Warren Anderson, 'More is Different: Broken Symmetry and the nature of the hierarchical structure of science', *Science*, 4 August 1972, Volume 177, No. 4047, pp. 393~396. Ilya Prigogine, *The End of Certainty*, New York: Free Press, 1997, pp. 16, 18도 참조하라.

11 John Taylor가 제시한 사례는 그의 저서인 다음 책에 나온다. *Hidden Unity in Nature's Laws*, Cambridge, UK: Cambridge University Press, 2001, pp. 290~295.

12 Prigogine, *End of Certainty*, p. 18.

13 Prigogine, *Order Out of Chaos*, p. 162.

14 같은 책, p. 71.

15 같은 책, p. 87.

16 James Gleick, *Chaos: Making a New Science*, New York: Penguin, 1987.

17 Prigogine, *Order Out of Chaos*, p. 13; *End of Certainty*, p. 173.

18 예컨대 Paul Davies (ed.), *The New Physics*, Cambridge, UK: Cambridge University Press, 1989, p. 321; Prigogine, *Order Out of Chaos*, p. 152를 보라.

19   Davies, 위의 책, pp. 322~323. B-Z 반응의 상세한 내용에 대해서는 Philip Ball, *Designing the Molecular World*, Princeton: Princeton University Press, 1994, pp. 308~309를 보라.

20   Prigogine, *Order Out of Chaos*, p. 152. 아메바의 반응에 대해서는 Ball, 위의 책, p. 310을 보라.

21   Stuart Kauffman, *The Origins of Order: Self-Organization and Selection in Evolution*, Oxford: Oxford University Press, 1993.

22   Ronald Fox, *Biophysics Journal*, Volume 65, December 1993, pp. 2698~2699.

23   Kauffman, 위의 책, p. 154.

24   같은 곳.

25   같은 책, p. 173.

26   Robert Wesson, *Beyond Natural Selection*, Cambridge, MA: MIT Press, 1991.

27   Wesson, 위의 책, p. 17.

28   같은 책, p. 50.

29   같은 책, p. 70.

30   같은 책, p. 89.

31   같은 책, p. 200.

32   같은 책, p. 297.

33   Al-Khalili and McFadden, *Life on the Edge*, p. x.

34   같은 책, p. 297.

35   같은 책, p. 128. Philip Ball, *Designing the Molecular World*, p. 99도 참조하라.

36   같은 책, p. 131.

19장 예술의 생물학적 기원, 물리학과 철학, 사회물리학, 신경학 그리고 인간 본성

1   Edward O. Wilson, *Consilience: The Unity of Knowledge*, New York: Knopf, 1998, p. 162.

2   Wilson, *Consilience*, pp. 125, 218.

3   같은 책, p. 8.

4   같은 책, p. 12.

5   같은 책, p. 127.

6   같은 책, p. 218.

7   같은 책, p. 221.

8   같은 책, p. 225.

9   같은 곳.

10 A. R. Sanders et al., 'Genome-wide scan demonstrates significant linkage for male sexual orientation', *Psychological Medicine*, doi:1017/SOO33291714002451. http://www.sciencedaily.com/releases/2014/09/140918141151.htm도 참조하라.

11 Sam Harris, *The Moral Landscape: How Science Can Determine Human Values*, New York: Free Press, 2010, p. 4.

12 Harris, 위의 책, pp. 28~30.

13 같은 책, p. 73.

14 같은 책, p. 191.

15 Patricia Churchland, *Braintrust: What Neuroscience Tells Us About Morality*, Princeton and Oxford: Princeton University Press, 2011, p. 178.

16 Churchland, 위의 책, p. 9.

17 같은 책, p. 52.

18 같은 책, p. 77.

19 Philip Ball, *Critical Mass: How One Thing Leads to Another*, London: William Heinemann, 2004, p. 35.

20 Ball, 위의 책, pp. 165~178.

21 같은 책, p. 195.

22 같은 책, p. 199.

23 같은 책, p. 398.

24 같은 책, p.415.

25 Lynn Gamwell, *Mathematics + Art: A Cultural History*, Princeton and Oxford: Princeton University Press, 2015.

26 Patricia Churchland, *Neurophilosophy: Toward a Unified Science of the Mind-Brain*, Cambridge, MA: MIT Press, 1986. 특히 3장(Andras Pellionisz와

Rodolfo Llinás의 연구 성과 소개), 5장, 7장을 보라.

27 Churchland, Braintrust, 위의 책. 옥시토신과 바소프레신 관련 자료는 pp. 48~59, 77~78, 201~202를 보라.

28 Daniel Dennett, *Freedom Evolves*, London: Allen Lane, 2003; Mary Midgley가 *Guardian* (1 March 2003)에 쓴 흥미로운 서평을 참고하라.

29 Dennett, 위의 책, p. 89.

30 Hilary Putnam, *Philosophy in an Age of Science: Physics, Mathematics and Skepticism*, edited by Mario de Caro and David Macarthur, Cambridge, MA: Harvard University Press, 2012, chapter 2, pp. 51ff.

31 Putnam, 위의 책, p. 52.

32 같은 책, p. 59.

33 같은 책, p. 244.

34 같은 책, p. 131.

35 같은 책, p. 138.

36 같은 책, pp. 41~42. Yemima Ben-Menahem (ed.), *Hilary Putnam*, Cambridge, UK: Cambridge University Press의 6장 Tim Maudlin, 'The Tale of Quantum Logic'과 7장 Nancy Cartwright, 'Another Philosopher looks at Quantum Mechanics'도 참조하라

37 위의 책, p. 336.

38 Jonathan Glover, *What Sort of People Should There Be?*, London: Penguin, 1984; *Choosing Children: Genes, Disability and Design*, Oxford: Oxford University Press, 2006. Julian Savulescu and Nick Bostrom, *Human Enhancement*, Oxford: Oxford University Press, 2013도 참조하라.

39 Jürgen Habermas, *The Future of Human Nature*, Cambridge: Polity Press, 2003, p. 38.

40 Habermas, 위의 책, pp. 39, 48.

41 같은 책, pp. 56, 79~78, 87.

맺는말_ 중첩, 패턴, 위계—선재적 질서?

1 Robert Laughlin, *A Different Univers: Reinventing Physics from the Bottom Down*, New York: Basic Books, 2005, p. 211.

2 John Dupré, *The Disorder of Things: Metaphysical Foundations of the Disunity of Science*, Cambridge, MA: Harvard University Press, 1993, p. 1.

3 Dupré, 위의 책, p. 19.

4 같은 책, pp. 62~63.

5 같은 책, p. 89.

6 같은 책, p. 92.

7 Peter Galison and David J. Stump (eds), *The Disunity of Science: Boundaries, Contexts, and Power*, Stanford, CA: Stanford University Press, 1996, p. 135.

8 Dupré, 위의 책, p. 147.

9 같은 책, p. 167.

10 Galison and Stump, 위의 책, p. 39.

11 같은 책, p. 68.

12 같은 책, p. 139.

13 Dupré, 위의 책, p. 224.

14 같은 책, p. 115.

15 같은 곳; Dupré, 위의 책, p. 182도 참조하라.

16 같은 책, p. 199.

17 Galison and Stump, 위의 책, p. 402.

18 같은 책, p. 67.

19 Dupré, 위의 책, p. 224.

20 Richard Dawkins, *The Blind Watchmaker*, London: Longman, 1986/Penguin 1988 and 1991, p. 123.

21 Nick Lane, *The Vital Question: Why Is Life the Way It Is?*, London: Profile Books, 2015, p. 39.

22 *Science*, 22 May 2015, Volume 348, Issue 6237, pp. 860~861, 906.

23 Stuart Kauffman, *Reinventing the Sacred: A New View of Science, Reason,*

and Religion, New York: Basic Books, 2010, p. 36.

24 Kauffman, *Reinventing the Sacred*, p. 98.

25 Steven Strogatz, *Sync: The Emerging Science of Spontaneous Order*, London: Penguin, 2003/2004, 특히 pp. 168~183.

26 Laughlin, 위의 책, pp. xv, 4, 12.

27 같은 책, p. xi.

28 같은 책, p. 5.

29 같은 책, p. 15.

30 같은 책, p. 50.

31 같은 책, p. 63. Robert Laughlin, *The Crime of Reason and the Closing of the Scientific Mind*, New York: Basic Books, 2008도 참조하라. 이 책에서 그는 (블랙홀과 같은) 과학 전문 용어 몇 가지를 더 난도질한다.

32 Laughlin, *A Different Universe*, p. 76.

33 같은 책, p. 109.

34 같은 책, p. 170.

35 같은 책, pp. 200~201.

36 같은 책, p. 219.

37 Nick Lane, 위의 책, p. 132.

38 같은 책. p. 133.

39 같은 책, p. 134. *Science*, Volume 348, Issue 6235, 8 May 2015, pp. 615~616.

40 Nick Lane, 위의 책, p. 92.

41 같은 책, p. 107.

42 같은 책, p. 173. 레인은 앞서 출간한 책 *Power, Sex, Suicide: Mitochondria and the Meaning of Life*, Oxford: Oxford University Press, 2005에서 미토콘드리아와 '양성자'의 힘이 지닌 중요성을 소개했다.

43 Lane, The Vital Question, pp. 103~104.

44 같은 책, p. 173.

45 같은 책, p. 134.

46 Adam Benforado, *Unfair: The New Science of Criminal Injustice*, New York:

Crown, 2015. *Science*, 28 November 2014, Volume 345, Issue 6213, p. 1146.

47 같은 책, p. 1147.

48 같은 책, p. 1148.

49 같은 책, p. 1146.

50 Philip Ball, *Critical Mass*, pp. 581~583.

51 Pedro Domingos, *The Master Algorithm: How the quest for the ultimate learning machine will remake our world*, New York and London: Basic Books/Penguin, 2015.

찾아보기

컨버전스
현대 과학사에서 일어난 가장 위대한 지적 전환

1판 1쇄 2017년 12월 25일
1판 4쇄 2020년 3월 20일

지은이 | 피터 왓슨
옮긴이 | 이광일

펴낸곳 | (주)도서출판 **책과함께**
　　　　주소 (04022) 서울시 마포구 동교로 70 소와소빌딩 2층
　　　　전화 (02) 335-1982
　　　　팩스 (02) 335-1316
　　　　전자우편 prpub@hanmail.net
　　　　블로그 blog.naver.com/prpub
　　　　등록 2003년 4월 3일 제25100-2003-392호

ISBN 979-11-86293-98-0 03900

이 도서의 국립중앙도서관 출판시도서목록(CIP)은
서지정보유통지원시스템 홈페이지(http://seoji.nl.go.kr)와
국가자료공동목록시스템(http://www.nl.go.kr/kolisnet)에서 이용하실 수 있습니다.
(CIP제어번호 : CIP2017032400)